中國生肖集郵

周天復始 生生不息

图书在版编目（CIP）数据

中国生肖集邮 / 生肖集邮研究会编著 .-- 苏州：苏州大学出版社，2024.9.--（中华全国集邮联合会学术成果丛书）.--ISBN 978-7-5672-4949-3

Ⅰ. G262.2

中国国家版本馆 CIP 数据核字第 20242HU586 号

书　　　名	中国生肖集邮
	ZHONGGUO SHENGXIAO JIYOU
编 著 者	生肖集邮研究会
主　　编	郑　炜
责任编辑	薛华强
装帧设计	柒设计
封面题字	肖　讯
出版发行	苏州大学出版社
地　　址	苏州市十梓街 1 号
邮　　编	215006
电　　话	0512-67481020
印　　刷	苏州工业园区美柯乐制版印务有限责任公司
开　　本	787mm×1092mm　1/16　印张 58.75　字数 750 千
版　　次	2024 年 9 月第 1 版
印　　次	2024 年 9 月第 1 次印刷
书　　号	ISBN 978-7-5672-4949-3
定　　价	580.00 元

图书若有印装错误，本社负责调换
苏州大学出版社营销部　电话：0512-67481020
苏州大学出版社网址　http://www.sudapress.com
苏州大学出版社邮箱　sdcbs@suda.edu.cn

中国生肖集邮　　　　　　　　　　　　　　　　China Shengxiao Philately

1980年2月15日发行的T.46《庚申年》邮票，是中国第一套生肖邮票。

邮票上的"庚申年"三字为黄永玉题写。

手书原件右侧是邵柏林用铅笔书写的说明：黄永玉先生手书 一九七九.十二月。

原件尺寸：187mm×65mm。

The T.46 "Gengshen Year" stamp issued on February 15, 1980 is China's first set of shengxiao stamp. The three Chinese characters "庚申年" on the stamp are written by Mr. Huang Yongyu.

On the right side of the original handwritten document is a note written in pencil by Mr. Shao Bailin: handwritten by Mr. Huang Yongyu in December, 1979.

Original size: 187mm × 65mm.

黄永玉先生"庚申年"手书

Handwritten calligraphy of "庚申年" by Mr. Huang Yongyu

黄永玉先生于 1979 年创作。

原件尺寸：193mm×260mm。

Mr. Huang Yongyu created it in 1979.

Original size: 193mm × 260mm.

T.46《庚申年》邮票画稿

Original artwork of the T.46 "Gengshen Year" stamp

检验流水号：62443，版号：78664，印刷日期：1980 年 5 月 7 日。

T.46《庚申年》邮票邮局全张共 80（8×10）枚，最高拍卖价格达 168 万元，是中国珍邮。

中国自 1980 年发行首轮生肖邮票以来，已连续发行生肖邮票 40 多年，目前发行至第四轮。生肖邮票已成为中国最重要、发行量最大的系列邮票，也是最具中国传统文化特色的邮票。

原件尺寸：235mm×328mm。

Inspection serial number: 62443, plate number: 78664, printing date: May 7, 1980.

The T.46 "Gengshen Year" stamp post office sheet has a total of 80 stamps, with a highest auction price of 1.68 million Yuan (RMB), making it a rare stamp in China.

Since the first series of the Chinese shengxiao stamp was issued in 1980, China has continuously issued the shengxiao stamp for more than 40 years. Currently, the shengxiao stamp has reached the fourth series and become the most important and largest series of stamp in China, as well as the most distinctive stamp of traditional Chinese culture.

Original size: 235mm × 328mm.

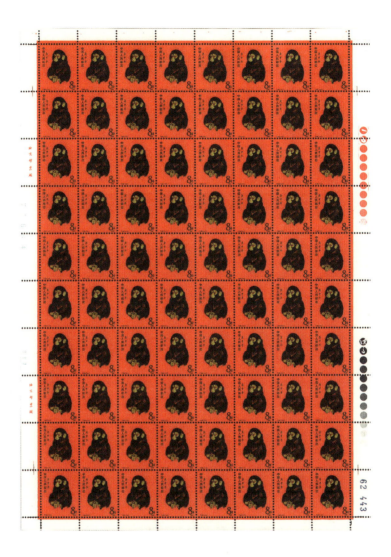

T.46《庚申年》邮票邮局全张

T.46 "Gengshen Year" stamp post office sheet

日本 1950 年（中国农历庚寅虎年）2 月 1 日发行的贺年邮票，是世界第一套生肖邮票。
图案是日本江户时代画家圆山应举（1733—1795）名画《龙虎图》中之"虎"图。
原件尺寸：邮票 26mm×30mm；邮局全张 278mm×258mm。

The Greeting New Year stamps issued by Japan on February 1, 1950 (the Year of the Tiger in the Chinese lunar calendar) were the world's first set of shengxiao stamps. The picture of the tiger is from the famous painting "Loong and Tiger" by the Japanese painter Maruyama Ōkyo (1733—1795) in Edo period.
Original size: 26mm×30mm; post office sheet: 278mm×258mm.

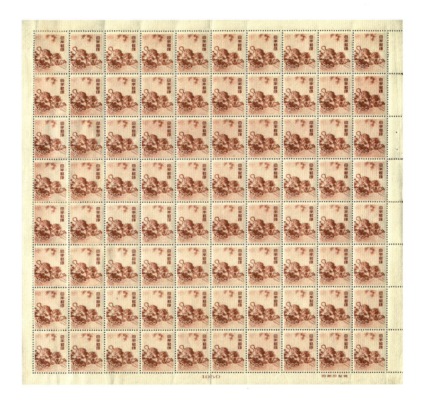

日本 1950 年贺年邮票

1950 greeting New Year stamp of Japan

韩国 1957 年 12 月 11 日发行的 1958 年（中国农历戊戌狗年）贺年邮票，是韩国第一套生肖邮票。其无齿小型张发行量仅 2000 枚。

原件尺寸：90mm×60mm。

The 1958 (Chinese Lunar Year of the Dog) greeting New Year stamps issued by the Republic of Korea on December 11, 1957, were the first set of shengxiao stamps in the Republic of Korea. The quantity of the imperforation miniature sheet issuance is only 2000.

Original size: 90mm×60mm.

韩国 1958 年贺年邮票（无齿小型张）

1958 greeting New Year stamp of the Republic of Korea
(imperforated miniature sheet)

《中国生肖集邮》

编辑委员会

主　　任：赵晓光

副 主 任：高洪涛　　唐清辉　　郑　炜

委　　员（以姓氏笔画为序）：

　　　　　马　骥　王宏伟　成冬青　孙海平　张　杰

　　　　　陈建政　夏　斌　翁　磊　黄　海

编撰工作委员会

主　　编：郑　炜

副主编、执行主编：马　骥

编　　撰（以姓氏笔画为序）：

　　　　　刘建辉　孙海平　李少可　李汇祥　李近朱

　　　　　李毅民　赵国强　夏育磊　翟　瀚　戴定国

图片编辑：王宏伟

秘 书 处：赵国强　　陈建政

特邀审稿

　　　　　成冬青

China Shengxiao Philately

Editorial Committee

Director: Zhao Xiaoguang

Deputy Director: Gao Hongtao, Tang Qinghui, Zheng Wei

Committee Members (in order of Chinese surname strokes):

Ma Lin, Wang Hongwei, Cheng Dongqing, Sun Haiping, Zhang Jie, Chen Jianzheng, Xia Bin, Weng Lei, Huang Hai

Compilation Working Committee

Editor in Chief: Zheng Wei

Deputy Editor in Chief and Executive Editor: Ma Lin

Editors (in order of Chinese surname strokes):

Liu Jianhui, Sun Haiping, Li Shaoke, Li Huixiang,

Li Jinzhu, Li Yimin, Zhao Guoqiang, Xia Yulei, Zhai Han, Dai Dingguo

Photo Editor: Wang Hongwei

Secretariat: Zhao Guoqiang, Chen Jianzheng

Invited Reviewer

Cheng Dongqing

序一
承接历史 开创未来

人类文明的一大特点就是追根溯源、继往开来。

先贤大哲一再谆谆教诲"鉴往知来，向史而新"。在生肖集邮这一概念提出不久、生肖集邮研究会成立至今27年时间里，我国光彩耀目的民族、民俗文化遗产——生肖文化，不仅陆续被众多学者梳理出来，生动地述说着过往斑斑可稽的岁月，也深刻影响着当下和未来。

有部《何以中国》纪录片，通过海量的细节寻找中华上下五千年文明传承的源头，试图回答"何以中国"这一宏大的问题。而这本《中国生肖集邮》集国内12位专家、学者，在甲辰龙年这一恰当的时间阐释了"何以生肖"这个问世不久的集邮命题。

弘扬中华优秀传统文化，要处理好继承和创造性发展的关系，重点做好创造性转化和创新性发展。创造性转化，就是要按照时代特点和要求，赋予其新的时代内涵和现代表达形式，激活其生命力。创新性发展，就是要按照时代的新进步新进展，对中华优秀传统文化的内涵加以补充、拓展、完善，增强其影响力和感召力。

秉承这一指导思想，《中国生肖集邮》编撰者的研究和论述方向自然是明确而清晰的。除此而外，我认为还要把握好以下三个方面。

一是提升生肖集邮的国际水平。生肖集邮的历史既是中国集邮的历史，也是亚洲集邮的历史，更是世界集邮的重要组成部分；没有完整的生肖文化和生肖邮票，就不可能有完整的当今中国乃至世界集邮。12位编撰者虽在努力探索当下生肖文化、生肖集邮之"道"，挖掘其厚重的人文历史、文化艺术为当代服务，但显然是要向"历史"讨教，弄清楚其本源，掌握生肖文化的真谛，避免谬误，在古今通道上看清发展的目标。不言而喻，这是何等重要啊！因此，与其说是生肖集邮国际化水平的提高，毋宁说是生肖集邮融入并赋能国际化的特定使命和时代重任。

二是溯源生肖集邮的发展性传承。通过对生肖集邮进行正本清源的系统梳理，寄希望对生肖集邮形态类别形成演变的生肖文化背景，包括生肖集邮独特的培植体系、生肖邮集编组参展体系的形成，都有一个整体性、系统性、专题性等的全方位了解认识，从而为生肖集邮及生肖邮品提供理论和实践的系统参考。

三是形成生肖集邮的史学观和理论体系。迄今为止，有关生肖集邮文化的研究及其成果汗牛充栋，但基本都存在着碎片化特点，构不成规范化的生肖集邮研究的史学观和理论体系。《中国生肖集邮》采取生肖文化、生肖邮票、生肖集邮、生肖集邮文化有机结合的结构方法，将这些碎片化的研究成果编撰整理，以形成与中国独特的生肖集邮发展史相一致的具有科学性、系统性和完整性的理论体系。

文献典籍历来是文化传承发展的基础，而这部生肖集邮著作注定会在中国集邮文献中留下浓墨重彩的印迹。作为首批国家历史文化名城之一，苏州素称人文渊薮、文献之邦，自古以来著述宏富，文献典籍源远流长。本书一方面注重从学术理论的高度来挖掘、梳理，另一方面也充分考虑将其活化，让更多的集邮者能够走近具有悠久历史的传统文化，走进美妙的生肖邮票和生肖集邮，近距离了解优秀的生肖文化和实践生肖集邮文化。

当此盛世，由诞生于苏州的生肖集邮研究会来牵头组织编撰这部《中国生肖集邮》，这既是时代的召唤，更是使命之使然。

中华全国集邮联合会 常务副会长

赵晓光

于北京

Preface 1
Inheriting History and Creating the Future

A major characteristic of human civilization is to trace its roots and carry forward the past to open the future.

The ancient sages and great philosophers repeatedly taught us to foresee the future by reviewing the past. Soon after the concept of shengxiao philately was proposed, and in the 27 years since the establishment of the Shengxiao Philatelic Society, the splendid national and folk cultural heritage of our country—shengxiao culture—has been sorted out by numerous scholars in the cumbersome pile of old papers, vividly narrating the past colorful and verifiable years, and profoundly influencing the present and future.

There is a documentary called *China Before China*, which tries to answer the grand question of "What has made China?" by searching for the source of China's 5,000-year cultural heritage through a vast amount of details. This book, *China Shengxiao Philately*, brings together 12 domestic experts and scholars to explain the question of "What is Shengxiao like?", a new philatelic topic, at the right time of the Year of the Dragon.

To carry forward the excellent traditional Chinese culture, we must properly handle the relationship between inheritance and creative development and focus on creative transformation and innovative development. Creative transformation means giving it new contemporary connotations and modern forms of expression in accordance with the characteristics and requirements of the times, and activating its vitality. Innovative development means supplementing, expanding, and improving the connotation of excellent Chinese culture in accordance with the new progress and development of the times, and enhancing its influence and appeal.

Adhering to this guiding ideology, the research and narration of the editors of *China Shengxiao Philately* are clear. In addition, I think the following three aspects must be grasped.

The first is to improve the international level of shengxiao philately. The history of shengxiao philately is not only the history of Chinese philately, but also the history of Asian philately, and it is also an important part of the world philately. Without a complete shengxiao culture and shengxiao stamps, there would be no complete philately in China, and even in the world today. Although the twelve editors of this book are trying to explore the way of current Chinese shengxiao culture and shengxiao philately, and digging into its rich human history, culture and art to serve the contemporary world, they obviously need to learn from history, figure out its origin, grasp the true meaning of shengxiao culture, avoid fallacies, and see the development goals clearly through the ancient and modern channels. It goes without saying how important this is! Therefore, rather than saying that the internationalization level of shengxiao philately has been improved, it is more accurate to say that shengxiao philately has been integrated into and empowered with the specific mission and task of the times for internationalization.

The second is to trace the developmental inheritance of shengxiao philately. Through the systematic sorting out of the origins of shengxiao philately, we hope to have a comprehensive understanding of the shengxiao culture backgrounds on the formation and evolution of shengxiao philately forms and categories, including the unique cultivation system of shengxiao philately and the formation of the shengxiao stamp collecting grouping and exhibition system, so as to provide theoretical and practical systematic references for shengxiao philately and its postal products.

The third is to form a historical perspective and a theoretical system of shengxiao philately. So far, there are numerous studies and achievements on shengxiao philately, but they are basically fragmented and cannot form a standardized historical view and a theoretical system of shengxiao philately research. This book adopts a structural method that organically combines shengxiao culture, shengxiao stamps, shengxiao philately, with shengxiao philately culture to compile and organize these fragmented research results to form a scientific, systematic, and complete theoretical system that is consistent with the unique development history of shengxiao philately in China.

Literature and classics have always been the foundation of cultural inheritance and development. This book is destined to leave a rich and colorful imprint on Chinese philatelic literature. As one of the first national historical and cultural cities, Suzhou is known as a place of cultural heritage and literature. Since ancient times, there have been a great number of writings and a long history of literature and classics. On the one hand, this book focuses on exploring and sorting out from the perspective of academic theory; on the other hand, it also fully considers its revitalization, allowing more stamp collectors to approach so that more philatelists can get close to the traditional culture with a long history, the wonderful shengxiao stamps and shengxiao philately, and get a close look at the excellent shengxiao culture and practise shengxiao philatelic culture.

In this prosperous era, the Shengxiao Philatelic Society, born in Suzhou, took the lead in compiling *China Shengxiao Philately*, which is not only a call of the times, but also a mission of philatelists.

Executive Vice President of the All-China Philatelic Federation

Zhao Xiaoguang

In Beijing

序二

文脉国脉 生肖集邮

古往今来，对于流年过往，世界各国都有自己的纪岁之创。早在遥远的数千年前，中国就有了"干支"纪年方式并传承至今。更有与之相系并衍生的形象化、人格化"十二生肖"，它成为每一个人有形的又一"身份"。

因此，"十二生肖"是中国古老的科学纪年的重大成就，是中国悠久传统文化的重要遗产，是中国独有民风习俗的旷远承续，也是热系每个中国人的神圣符号，更是联结和贯通历史、现在与未来的中华文脉。它既古老，又现代。

传邮万里，国脉所系。作为源于邮政、体现国家形象的邮票，中国生肖是一项重要选题。自1980年起，中国邮政以大系列、大规模发行了四轮生肖邮票。40余度春秋，生肖邮票将中国的生肖文化推向全国，推向世界。这种从"国家名片"高度隆重发行的邮票，既赓续国家与民族的深厚文化传统，也作为"个人名片"深深植根于大众百姓之中，始终成为一个文化的热点与亮点。

中国生肖邮票在世界范围内产生巨大影响是必然的。中国生肖邮票自身的深刻文化内涵，得到世界各国的认同。早在20世纪50—60年代，受中华文化影响的一些亚洲国家，如日本、韩国、越南等就已经先后发行了融合本民族文化的生肖邮票。改革开放以来，随着中国综合国力的发展和国际影响力的提升，由美国开始，百余国家和地区的邮政，借鉴中国生肖的原创成果，从20世纪

90年代起，不约而同地以"中国生肖"为题，陆续发行了邮票。小小邮花承载着生肖形象，飞往世界各地，成为中国与各国交往的文化使者。

如今，广泛流通于世界的生肖邮票，让人们深深感到：这是中国特色大国外交中的国家形象，这是中华民族文化的最美载体，这是中国邮票和中国集邮的宝贵财富。

生肖邮票的发行，催生了生肖集邮。作为一个新兴的集邮方式，生肖集邮有遍及全社会、全世界的爱好者群体，它富蕴中国传统文化的深厚内涵，有拓展知识与学术研究的广阔空间。

方兴未艾的生肖集邮活动，在形成集藏成果的同时，逐步形成承载着中国传统文化深刻印记的中国生肖集邮文化。其特征在于，它紧紧系住一个也不会少的中国最广大的受众，深刻、广阔地彰显中国传统文化的魅力。生肖邮票和生肖集邮，激活了一个有深度的文化时空，也激活了一个难以相媲的广泛的受众层面。

与生肖邮票相伴而行、相向而行的生肖集邮，已有40多个年头。其实践成果的背后是集邮有识之士的思考。在整合与提升中，碎片化的思考逐渐形成理性的完整认识。"在交流中探讨，在探讨中提升"积40余载学术性探究的成果，今日终见以"中国生肖集邮"为书名出版，交付给读者及留给历史检视。

生肖的根脉在中国。"中国的"生肖，影响了世界。因此，"中国生肖"这个概念，深刻表明了生肖文化就是中国传统文化。从这个根脉基点出发，响亮提出"中国生肖集邮"，并践行在邮票发行与集邮行为中，是在更高站位和更广视野中，是在文脉传承和国脉彰显中，确立了"中国"的民族自信和文化自信。

这部较为系统论述中国生肖、中国生肖文化及生肖邮票、生肖集邮、生肖集邮文化的著述，正是对中国生肖在中国传统文化和在世界文化共同体中的重大影响、重要地位、重磅价值的具体体现和全面展示。这既是中国的，也是世界的。

来源于集邮践行中的理性认知，无疑会促进中国生肖集邮文化及整个社会的集邮文化活动的开展。在信息化社会，富含传统文化精粹的邮票，如何与时俱进、迭代传续、历久弥新，中国生肖集邮这个具有社会性的文化行为，迈出了引领性的一步。

理论的完善在于正确的践行。我相信，中国生肖集邮会在40度春秋之后的更漫长岁月中，取得更大更多更好的成果与成就。

中华全国集邮联合会 会士
中国邮政邮票博物馆首任馆长、邮票发行局邮票设计室首任主任
《中国邮票史》主编
《中国集邮史》（1999年版）主编
《中国集邮大辞典》（1996年版）主编
孙少颖
于北京

Preface 2
Shengxiao Philately to Show National Pulse Culture

Throughout the ages, countries all over the world have created their own ways of recording the passing of years. As early as thousands of years ago, China had the "Heavenly Sterns and Earthly Branches" chronology method, and it has been passed down to this day. There are also the image-based and personified Twelve Shengxiao Signs that are related to and derived from the "Heavenly Sterns and Earthly Branches" chronology method, which have become another tangible "identity" for everyone.

Therefore, the "Twelve Shengxiao Signs" are a major achievement in ancient Chinese scientific chronology, an important heritage of China's long-standing traditional culture, a far-reaching continuation of China's unique folk customs, and a sacred symbol that is closely related to every Chinese, and a Chinese cultural lineage that connects past, present and future. It is both ancient and modern.

Mail travels thousands of miles, which is the lifeline of the nation. As a stamp that reflects the national signs, the Chinese shengxiao is an important subject. Since 1980, China Post had issued four rounds of shengxiao stamps on a large scale. For more than 40 years, shengxiao stamps have promoted Chinese shengxiao culture throughout the country and to the world. This kind of stamps, which is issued with great ceremony as a "business card" of a nation, not only continues the profound cultural traditions of the nation, but also is deeply rooted in the masses as a "personal identity card", which has always been a cultural hotspot and highlight.

It is inevitable that Chinese shengxiao stamps will have a huge worldwide impact. The profound cultural connotations of Chinese shengxiao stamps themselves have been recognized by countries around the world. As early as the 1950s and 1960s, some Asian countries that were greatly influenced by Chinese culture, such as Japan, the Republic of Korea, Vietnam, etc., had successively issued shengxiao stamps that integrated their own national culture. Since the Reform and Opening-up Policy, with the development of China's comprehensive national strength and the improvement of China's international influence, more than a hundred countries and regions have issued shengxiao stamps since the 1990s. Among them, the United States, which started to issue shengxiao stamps in 1993, played an important role. The small stamp carries the signs of the Chinese shengxiao, becoming a cultural envoy for China's exchanges with other countries.

Today, the shengxiao stamps widely circulated in the world make people deeply realize that this is the national image of China in its great power diplomacy, the most beautiful carrier of Chinese national culture, and the precious wealth of Chinese stamps and Chinese philately.

The issuance of shengxiao stamps gave birth to shengxiao philately. As an emerging philatelic method, shengxiao philately has a fan base throughout the whole society and the world. It is rich in the profound connotation of Chinese traditional culture and has a broad space for expanding knowledge and academic research.

The flourishing activity of shengxiao philately, while forming philatelic research results, gradually form the Chinese shengxiao philately culture that carries the profound imprints of Chinese traditional culture. Its characteristic is that it tightly ties the largest audience in China, and deeply and broadly demonstrates the charm of Chinese traditional culture both locally and globally. Shengxiao stamps and shengxiao philately have activated a profound cultural spacetime, and also activated wide audience level that is incomparable.

Shengxiao philately, which has been accompanying and moving in the same direction as shengxiao stamps, has a history of more than 40 years. Behind its practical achievements are the thoughts of knowledgeable philatelists. In the process of integration and improvement, fragmented thinking gradually forms a rational and complete understanding. Discuss in communication and improve in discussion. The results of more than 40 years of academic research are finally written down in *China Shengxiao Philately*, delivered to readers and left for historical review.

The roots of the shengxiao culture are in China. The "Chinese" shengxiao has influenced the world. Therefore, the concept of "Chinese shengxiao" profoundly indicates that the shengxiao culture is the Chinese traditional culture. Starting from this fundamental point, loudly proposing the "shengxiao philately" and practicing it in stamp issuance and philatelic behavior are to establish national confidence and cultural confidence of "China" in a higher position and a broader vision, in the inheritance of cultural context and the display of national pulse.

This book, which systematically discusses the Chinese shengxiao, culture, as well as shengxiao philately culture, is a concrete manifestation and comprehensive display of the strong influence, important status, and great value of the Chinese shengxiao in Chinese traditional culture and the world cultural community. This is both for China and the world.

The rational cognition derived from philatelic practice will undoubtedly promote the development of Chinese shengxiao philatelic culture and the philatelic cultural activities of the whole society. In the information era, how can stamps rich in the essence of traditional culture keep pace with the times, and develop constantly? Chinese shengxiao philately, a social and cultural behavior, has taken a leading step.

The perfection of theory lies in correct practice. I believe that Chinese shengxiao philately will achieve greater and greater achievements in the future.

Fellow of the All-China Philatelic Federation

First Director of China National Post and Postage Stamp Museum

First Director of the Stamp Design Department of the Stamp Issuing Bureau

Editor in Chief of the History of Chinese Postage Stamps

Editor in Chief of the Philatelic History of China (1999 edition)

Editor in Chief of the Philatelic Dictionary of China (1996 edition)

Sun Shaoying

In Beijing

中国生肖集邮　　　　　　　　　　　　　　　China Shengxiao Philately

主编导言

生肖是中华民族的文化符号，生肖邮票是承载中华文化的"国家名片"，生肖集邮是中国集邮的宝贵财富。

1

中国生肖文化是中国传统文化的重要组成部分，是最具影响力的中国文化符号之一。生肖集邮异军突起，如今已是在中外有影响的具有中国特色和创新意义的一项新兴集邮文化活动，是一项弘扬中华优秀传统文化的群众性集邮文化活动。

中国生肖集邮的发展主要体现在五个方面。一是生肖邮票具有鲜明的中国特色和民族特色。生肖邮票在中国是最受欢迎的邮票，世界上发行生肖邮票的国家越来越多，到2023年年底，累计已经有138个国家、地区和联合国邮局发行过生肖邮票，全世界共发行生肖邮票5500多枚。二是广泛的群众基础。生肖邮票最适宜大众集邮和快乐集邮，特别是老年人和青少年群体的集邮，其门槛适宜，入门不难，起步较快，所以成立生肖集邮组织的地方越来越多，成为最具中国特色的集邮门类。三是编组生肖邮集的人越来越多，不仅各地都在举办生肖邮展，国家级邮展上生肖邮集及其获奖的占比也在不断扩大，并开始"金榜题名"。四是生肖集邮的学术研究不断深入，形成了理论体系，呈国际化趋势。五是生肖集邮的群众性活动越来越活跃，社会影响越来越广泛深入，已经成为世界邮苑最美之花。

2

世界最早的生肖邮票发行于 1950 年。中国生肖邮票发行于 1980 年。中国生肖集邮有组织的活动和研究起源于 1997 年。

1997 年，世界第一个生肖集邮研究会在中国苏州成立。27 年来，生肖集邮研究会在推动中国生肖集邮的队伍建设、组织建设、理论建设、邮展建设和各项活动开展等方面都做出了创造性和富有成效的工作，促使生肖集邮成为影响全国乃至世界的，具有中国特色的新的集邮门类。27 年来，生肖集邮研究会会员累计达万人，且涉及全国各地，乃至海外，曾在全国 100 多个城市成立了分会，成为全国最大的民间集邮组织。中华全国集邮联合会 2022 年 8 月公布的"全国先进基层集邮组织"中，生肖集邮研究会作为全国唯一的专业研究会获此殊荣。

生肖集邮研究会每年开展的全国性的生肖集邮活动已形成系列。连续 22 年举办了生肖邮票首发式系列活动，同时举办了全国性生肖集邮展览，其中 10 次为竞赛性全国生肖邮展（2007 年的第 3 届全国生肖集邮展览和苏州 2024 中华全国生肖集邮展览由全国集邮联主办）；还举办了 2 次全国生肖集邮研讨会、12 次世界最佳生肖邮票评选和 20 届全国生肖个性化邮票青少年创意设计大赛等一系列全国性的生肖集邮活动。创办了生肖集邮嘉年华活动，组织编写了《世界生肖邮票目录》，组织修订了《生肖邮展评审规则》。会刊《生肖集邮》已出刊 153 期。

值得高兴的是，2024年首次冠名"中华全国"的生肖集邮展览在苏州隆重举行，其间还举办了国际生肖集邮论坛。国际集邮联合会（FIP）主席普拉科·吉拉凯特、荣誉主席郑炳贤对中国和世界生肖集邮的发展给予了肯定、赞美和鼓励。同时，两位主席成为生肖集邮研究会的荣誉会员。

3

《中国生肖集邮》是一部集当前生肖集邮研究最新成果于一体的生肖集邮教科书和工具书，具有知识性、资料性、理论性、研究性、趣味性，标志着我国生肖集邮研究日趋成熟。全书共10章，51节，158目。编著人员由中国生肖集邮研究领域有较高造诣的集邮家组成。

《中国生肖集邮》从生肖集邮的要义及其文化价值，生肖邮票的发行与兴盛，中国的四轮生肖邮票，生肖集邮的兴起和发展，生肖邮票的收集、品鉴和研究，生肖邮品的收集和研究，生肖集邮展品的编组和参展，生肖集邮展览和评审规则，生肖集邮展品的社会价值和发展前景等十个方面，布局谋篇，答疑解惑，授业论道。内容全面而系统，章节架构有一定的内在逻辑，从生肖文化到生肖邮票再到生肖集邮和生肖集邮文化。既揭示了生肖邮票承载的传统文化，又阐述了生肖集邮的社会文化价值；既详解了生肖集邮的研究对象，又概述了生肖集邮文化的现实意义和发展前景。全书自生肖文化出发，沿途经过风光无限的两个大站：生肖邮票篇和生肖集邮篇，最后到达终点——生肖集邮文化。由生肖文化到生肖集邮文化，都定义在生肖文化，看似回归，实为升华。所谓"升华"，就是生肖集邮文化不再是本源上的生肖文化，而是交汇了集邮文化的一道从远古到未来的风景线，这其中最大的看点、最美的风光，就是生肖邮票和生肖集邮。十个章节，每个章节有实践的提炼与思考，有理论的定位与导引，有深入的论述与阐释，有丰富的实例与举证。

《中国生肖集邮》的理论架构，符合辩证唯物主义认识论的规律：一是各个章节之间的逻辑关系和内在联系，与生肖邮票产生和兴盛、生肖集邮兴起和发展的历史轨迹完全一致，体现了逻辑与历史统一的科学思维；二是书中归纳的理论认识，是从实践中来到实践中去，进而指导实践，认识是建立在实践基础上的认识，实践是认识指导下的实践，体现了实践与认识统一的辩证关系。

4

纵观《中国生肖集邮》，我认为有三大特点和意义：

一是既古老又现代。生肖在中国是一个古老的话题，全书既有对古老文化的梳理与解读，更重要的是大部分内容贴近现代人的生活。生肖文化包含的内容极为丰富，与人民群众的思想感情、精神追求息息相关，其中包括文化、艺术、民俗、传说、纪年等。生肖邮票有着旺盛的生命力，不仅成为人民群众越来越喜爱的民族吉祥物，而且日益成为集邮界热门的研究课题。特别令人欣慰的是生肖集邮受到年轻人的喜爱。今天的伟大祖国繁荣昌盛，文化自信自立自强的基础雄厚，当此之际，弘扬生肖文化，倡导生肖集邮，是对中华优秀传统文化的一种传承，是新时代中国式现代化建设中文化强国的举措之一。

二是既中国又世界。全书立足于中国特色，是中国特色集邮文化、集邮方式的具体表现。但生肖集邮也不能孤立地存在，不能孤芳自赏，更不能故步自封。它要像生肖邮票一样，在世界邮票园地里百花齐放，虽是中国的题材与事物，却引来如此众多的国家和地区持续地系列化发行。因此，全书不仅立足国粹，也在放眼世界上做足文章。特别是在生肖集邮展览评审规则的修订上，对标 FIP 集邮展览评审规则，既坚持大众化集邮之路，有自己特色的适用范围，继续办好全国范围的生肖集邮专项展览；也瞄准竞赛性邮展方向，循规蹈矩遵从世界通行规则，并首先从传统、邮政历史、邮政用品、专题等适合生肖集邮主题的几个门类上取得突破，以优异的参展成绩让生肖集邮跻身世界邮坛。普及与提高两轮驱动，比翼齐飞，使生肖集邮不仅能很"接地气"，也能很"高大上"，为促进世界集邮可持续发展提供中国力量、中国办法。

三是既深刻又易懂。全书的定位是突出学术性和理论性，体现生肖文化和集邮文化及生肖集邮文化研究的历史成果和最新成果。由于生肖文化贴近人们的生活，通俗易懂，生肖集邮是中国集邮人自发形成、自觉推动的一种新型集邮方式，尽管已发展成为一门独立的学科，但它也是自下而上发展起来的，从实践中来，到实践中去，从群众中来，到群众中去，因此，生肖集邮研究成果是众手浇出的，而且是在多年实践中自然形成的，它深刻但不深奥。

5

诚然，生肖文化源远流长，但在历史长河和时代潮流中，生肖邮票的发行和生肖集邮的兴起仍属于新生事物。生肖集邮历经近 30 年发展，已取得了许多重要研究成果，但还存在一些未知或知之不深的问题，有待集邮界去探索研究。

生肖集邮的发展方向问题，是广大生肖集邮爱好者最为关注的重要课题。面临世界百年未有之大变局，在中国的文化自信和文化繁荣的当下，真正做到守正创新、行稳致远，对生肖集邮来说，既是难得机遇，也是空前挑战。生肖集邮活动、生肖集邮研究仍在路上，并且永远在路上。我们坚信，有强大的祖国和中华文化作为支撑，在中国式现代化的征程上，生肖集邮一定能不断焕发出新的熠熠光芒。

在此，特别致敬和感谢第十二届全国政协副主席王家瑞对本书的关心。

衷心感谢中华全国集邮联合会、中国邮政和世界各地生肖集邮爱好者对《中国生肖集邮》编撰工作给予的大力支持和指导。

越民族，越世界；越民俗，越通俗！世界互联，民心相通。生肖是中国的，更是世界的。中国生肖集邮，又何尝不是世界生肖集邮。

中华全国集邮联合会 会士

生肖集邮研究会 会长

郑 炜

于苏州

Chief in Editor's Introduction

About the English translation of the Chinese shengxiao stamps.

The twelve shengxiao signs are an ancient traditional culture of the Chinese nation, with rich and profound connotations and specific content. They are the quintessence of Chinese culture and have been passed down to this day.

The connotation of the Chinese shengxiao signs is difficult to be fully interpreted by the word "zodiac". Various translation methods show that English words based solely on Western culture cannot fully and accurately express the profound connotation of the Chinese shengxiao signs.

In China's foreign cultural exchanges, "Kungfu" and "Pipa" are all literally translated according to Chinese Pinyin System. In view of this, the translation of Chinese shengxiao signs should also adopt the literal translation of the Chinese Pinyin System, that is, "Shengxiao". On July 1, 2005, this scheme was officially announced by the Shengxiao Philatelic Society as an important academic achievement and has been used to this day.

The shengxiao is a unique culture symbol of the Chinese nation. The shengxiao stamps are the "business card" of a nation that carries Chinese culture. Shengxiao philately is a precious treasure of Chinese philately.

1

The Chinese shengxiao culture is an important component of Chinese traditional culture and one of the most influential symbols of Chinese culture. Shengxiao stamp collecting has emerged as a new type of philatelic cultural activity with Chinese characteristics and innovative significance that has an impact both domestically and internationally. It is also a philatelic cultural mass activity that promotes Chinese traditional culture.

The development of Chinese shengxiao philately mainly embodies in five aspects. First, shengxiao stamps have distinct Chinese and ethnic characteristics. Shengxiao stamps are the most popular stamps in China. More and more countries in the world have issued shengxiao stamps. By the end of 2023, the post offices in a total of 138 countries, regions, including the United Nations, have issued shengxiao stamps, and more than 5,500 shengxiao stamps have been issued worldwide. Second, it has a broad mass base. The shengxiao philately is most suitable for people to collect stamps joyfully, especially for the elderly and the young. Therefore, more and more places have established shengxiao stamp collecting organizations, making the most Chinese philatelic category. Third, more and more people are compiling shengxiao collections. Not only are shengxiao stamp exhibitions held in various regions, but the proportion of shengxiao stamp exhibits and their awards at national stamp exhibitions is also expanding. Fourth, the academic research on shengxiao philately has continued to be deepen, forming a theoretical system and showing an international trend. Fifth, the mass activities of shengxiao collecting stamps are becoming more and more active, and the social impact is becoming more and more extensive and profound.

2

The world's earliest shengxiao stamps were issued in 1950, while the Chinese earliest shengxiao stamp was issued in 1980. The organized activities and research on Chinese shengxiao philately originated in 1997.

In 1997, the world's first shengxiao philately research association was established in Suzhou, China. Over the past 27 years, the Shengxiao Philatelic Society has made creative and effective efforts in promoting the team building, organizational construction, theoretical construction, philatelic exhibitions construction, and various activities, making Chinese Shengxiao Philatelic a new philatelic class with Chinese national characteristics that affects the whole country and even the world. Over the past 27 years, the members of the Shengxiao Philatelic Society has accumulated to tens of thousands, covering various parts of the country and even overseas. It has established branches in more than 100 cities across the country, becoming the largest private philatelic organization in the country. In the "National Advanced Grassroots Philatelic Organizations" announced by the All-China Philatelic Federation in August 2022, the Shengxiao Philatelic Society was awarded this honor as the only professional research association in the country.

The Shengxiao Philatelic Society has launched a series of nationwide shengxiao philatelic activities every year. For 22 consecutive years, it has held a series of events for the first day issuance ceremony of shengxiao stamps, as well as national shengxiao stamp exhibitions, including 10 competitive national shengxiao stamp exhibitions (the 3rd National Shengxiao Stamp Exhibition in 2007 and Suzhou 2024 All-China Shengxiao Philatelic Exhibition were hosted by the All-China Philatelic Federation); it has also held 2 national shengxiao philatelic seminars, 12 world best shengxiao stamp selections, and 20 National Shengxiao Personalized Stamp Youth Creative Design Competitions. It has established the Shengxiao Philatelic Carnival, organized the compilation of *World Shengxiao Stamp Catalogue*, and organized the revision work of the Shengxiao Philatelic Exhibition Evaluation Rules. The association journal *Shengxiao Philately* has been published for 155 issues.

It is gratifying that the first shengxiao philatelic named "All- China" in 2024 was grandly held in Suzhou during which the international shengxiao philatelic forum was also held. The President of the International Philatelic Federation (FIP), Dr. Prakob Chirakiti, and the Honorary President of FIP, Mr. Tay Peng Hian affirmed the development of Chinese and world shengxiao philately. At the same time, the two presidents became honorary members of the Shengxiao Philatelic Society.

3

China Shengxiao Philately is a textbook and reference book that integrates the latest achievements in current research on shengxiao philately. It is informative, theoretical, research-oriented and interesting, marking the increasing maturity of shengxiao philatelic research. The book has a total of 10 chapters, 51 sections, and 158 subsections. The editorial team is composed of philatelists with high attainments in the field of shengxiao philatelic research.

The book covers ten aspects, including the cultural value of shengxiao philately, the issuance and prosperity of shengxiao stamps, China's four rounds of shengxiao stamps, the rise and development of shengxiao philately, the collection and appreciation of shengxiao stamps, the collection and research of shengxiao philatelic collectibles, the composition and exhibition of shengxiao stamp collections, the exhibition and evaluation rules of shengxiao philatelic exhibits, and the social value and development prospects of shengxiao philately. The content is comprehensive and systematic, and the structure has a certain internal logic. The ten chapters in the book range from shengxiao culture to shengxiao stamps, and then to shengxiao philately and shengxiao philatelic culture. The whole book not only reveals the traditional culture carried by shengxiao stamps, but also expounds the social and cultural value of shengxiao philately. It not only explains the research object of shengxiao philately, but also outlines the practical significance and development prospects of shengxiao philatelic culture. This book starts from the shengxiao culture, passing through two major stations with infinite scenery along the way: the shengxiao stamps and the shengxiao philately, and finally reaches the end point—shengxiao philately culture. From shengxiao culture to shengxiao philately culture, they are all defined in shengxiao culture. It seems to be a return, but it is actually a sublimation. The so-called "sublimation" means that shengxiao philatelic culture is no longer the original Chinese shengxiao culture, but a scenic line that intersects the philatelic culture from ancient times to the future. The biggest attraction and the most beautiful scenery are the shengxiao stamps and philately. There are ten chapters, each having practical refinement and thinking, theoretical positioning and guidance, in-depth discourse and interpretation, and rich examples and evidence.

The theoretical framework of *China Shengxiao Philately* conforms to the laws of dialectical materialism epistemology: first, the logical relationship and internal connection between each chapter are completely consistent with the historical trajectory of the emergence and prosperity of shengxiao stamps and the rise and development of shengxiao philately, reflecting the scientific thinking of the unity of logic and history; second, the theoretical understanding summarized in the book, comes from practice and goes back to practice, and then guides practice. "Knowledge is based on practice, and practice is under the guidance of knowledge." This sentence reflects the dialectical relationship of the unity of practice and knowledge.

4

The book *China Shengxiao Philately* has three characteristics and significances.

First, it is both ancient and modern. The Chinese shengxiao is an ancient topic in China. The book not only sorts out and interprets the ancient culture, but more importantly, it is close to the lives of modern people. The content of shengxiao culture is extremely rich, which is closely related to the people's thoughts, feelings, and spiritual pursuits, including culture, art, folklore, folk customs, legends, and chronology. Shengxiao stamps have a strong vitality. They have become a national mascots among the people, a hot research topic in the philatelic community. It is particularly gratifying that shengxiao stamp collecting is loved by young people. Our country today is prosperous and has a solid strong foundation for cultural self-confidence, self-reliance, and self-improvement. At this time, promoting the culture of the Chinese shengxiao and advocating the stamp collection of the Chinese shengxiao are the best inheritance of China's excellent historical culture and one of the measures to strengthen the country culturally in the new era of Chinese-style modernization.

Second, it is both national and global. The book is based on Chinese characteristics, and it is a concrete manifestation of Chinese philatelic culture and methods. However, shengxiao philately cannot exist in isolation, be self-admiring, or be self-contained. It should bloom in the world's philately garden. Although it is a Chinese theme and thing, it has attracted so many countries and regions to issue it in series. Therefore, the entire book is based not only on the essence of China, but also the whole world. As to the revision of the review rules for shengxiao philatelic exhibitions, it is based on the FIP philatelic exhibition review rules, adheres to the popular philately path, has its own unique scope of application, and continues to hold special shengxiao philatelic exhibitions across the country; it also aims at the direction of competitive exhibition, follows the rules of the world, and makes breakthroughs in several classes suitable for the theme of shengxiao philately, such as tradition, postal history, postal stationery, and thematic philately, with excellent exhibition results, making shengxiao philately enter the world philatelic arena. The popularization and improvement fly together, making shengxiao stamp collecting not only very down-to-earth but also very high-to-sky, providing Chinese strength and methods for promoting the sustainable development of world stamp collecting.

Third, it is both profound and easy to understand. The book is positioned to highlight the academic and theoretical nature, reflecting the historical and latest achievements of the shengxiao culture, philatelic culture, and research on shengxiao philatelic culture. Since the shengxiao culture is close to people's lives and easy to understand, shengxiao philately is a new type of stamp collecting method formed and consciously promoted by Chinese philatelists. Although it has developed into an independent discipline, it has also developed from the bottom to the up, from practice to practice, from the masses to the masses. Therefore, the research results of shengxiao philately are the result of many persons, and are naturally formed in many years of practice. It is profound but not difficult to understand.

5

Undoubtedly, the shengxiao culture has a long history, but in the long river of history and the trend of the times, the issuance of shengxiao stamps and the rise of shengxiao philately are still new things. After nearly 30 years of development, shengxiao philately has achieved many important research results. However, there are still some unknown or poorly understood issues that need to be explored and studied by the philatelic community.

The development direction of shengxiao philately is an important issue which the majority of shengxiao stamp collectors pay the most attention to. Faced with the great changes in the world that have not been seen in a century, at the moment, China's cultural confidence and cultural prosperity are truly keeping the right path and innovating, and moving forward steadily. For shengxiao philately, it is both a rare opportunity and an unprecedented challenge. Shengxiao philatelic activities and its research are still on the road, and will always be on the road. We firmly believe that , with the support of a strong motherland and Chinese culture, the shengxiao philately will continue to shine with new brilliance on the journey of Chinese-style modernization.

Here, I would like to express my special tribute and gratitude to Wang Jiarui, Vice Chairman of the 12th National Committee of the Chinese People's Political Consultative Conference, for his concern for this book.

Sincerely thank the All-China Philatelic Federation, China Post, and shengxiao philatelic enthusiasts from all over the world for their strong support and guidance in the compilation of *China Shengxiao Philately*.

The more ethnic it is, the more global it is. The more folk it is, the more popular it is. The world is interconnected and people's hearts are connected. The shengxiao signs belong not only to China, but also to the world. The China's shengxiao philately is also the world's shengxiao philately.

Fellow of the All-China Philatelic Federation
President of the Shengxiao Philatelic Society
Zheng Wei
In Suzhou

目 录

序一　承接历史　开创未来　　　　　　　　　　　　　　赵晓光　　15
序二　文脉国脉　生肖集邮　　　　　　　　　　　　　　孙少颖　　21

主编导言　　　　　　　　　　　　　　　　　　　　　　郑　炜　　29

第一章　绪论　　　　　　　　　　　　　　　　　　　　　　　　67

第一节　从生肖集邮起步到《中国生肖集邮》　　　　　　　　　72
第二节　生肖集邮的学科特色　　　　　　　　　　　　　　　　77
第三节　生肖集邮的研究对象　　　　　　　　　　　　　　　　80
第四节　生肖集邮的研究方法　　　　　　　　　　　　　　　　85
第五节　生肖集邮的英文译名　　　　　　　　　　　　　　　　90

第二章　生肖集邮的文化价值　　　　　　　　　　　　　　　　　93

第一节　生肖与生肖文化　　　　　　　　　　　　　　　　　　95
　　一、生肖的渊源　　　　　　　　　　　　　　　　　　　　95
　　二、十二生肖的构成　　　　　　　　　　　　　　　　　　104
　　三、生肖文化的形成　　　　　　　　　　　　　　　　　　110

第二节 生肖文化与集邮文化　　　　　　　　　　127
　　一、生肖文化和国家名片的链接　　　　　　　127
　　二、集邮文化构成载体：邮票　　　　　　　　128
　　三、集邮文化构成要素：集邮行为　　　　　　130
　　四、生肖文化与集邮文化的紧密联系　　　　　132

第三节 生肖与生肖邮票的美学特征　　　　　　　133
　　一、生肖文化的美学价值　　　　　　　　　　134
　　二、生肖邮票的审美视角　　　　　　　　　　139
　　三、生肖邮票的审美过程　　　　　　　　　　141

第四节 生肖集邮中的经济元素　　　　　　　　　143
　　一、集邮的两种属性　　　　　　　　　　　　143
　　二、集邮的经济属性　　　　　　　　　　　　144
　　三、集邮经济与集邮文化　　　　　　　　　　148

第五节 生肖集邮文化的形成　　　　　　　　　　150
　　一、生肖邮票是生肖集邮文化的载体　　　　　150
　　二、生肖集邮发展的动力在于群众性　　　　　152
　　三、生肖文化与集邮文化的双向结合　　　　　155

第六节 生肖集邮的价值体系　　　　　　　　　　159
　　一、历史价值和现实价值　　　　　　　　　　159
　　二、文化价值和社会价值　　　　　　　　　　161
　　三、民族价值和国际价值　　　　　　　　　　165

第三章 生肖邮票的发行与兴盛　　　　　　　　　　　　　　　　*167*

第一节　生肖邮票的定义、内涵和外延　　　　　　　　　　*170*
一、定义生肖邮票的基本要素　　　　　　　　　　　　　*170*
二、生肖邮票的主要特征　　　　　　　　　　　　　　　*173*

第二节　生肖邮票在亚洲的兴起　　　　　　　　　　　　　*186*
一、日本和韩国开启生肖邮票发行先河　　　　　　　　　*187*
二、中国唱响生肖邮票发行主旋律　　　　　　　　　　　*189*

第三节　中国生肖邮票的发行　　　　　　　　　　　　　　*194*
一、中国邮政发行的生肖邮票　　　　　　　　　　　　　*194*
二、中国香港地区的生肖邮票　　　　　　　　　　　　　*204*
三、中国澳门地区的生肖邮票　　　　　　　　　　　　　*212*
四、中国台湾地区的生肖邮票　　　　　　　　　　　　　*216*

第四节　世界生肖邮票的发行　　　　　　　　　　　　　　*218*
一、中国改革开放的国际影响力　　　　　　　　　　　　*218*
二、世界出现发行中国生肖邮票的热潮　　　　　　　　　*228*
三、生肖邮票的世界第一　　　　　　　　　　　　　　　*234*

第五节　各国（地区）生肖电子邮票的发行　　　　　　　　*239*
一、从邮资标签到电子邮票　　　　　　　　　　　　　　*239*
二、电子邮票的概念及应用　　　　　　　　　　　　　　*242*
三、生肖电子邮票的问世与发展　　　　　　　　　　　　*246*

第四章 中国的四轮生肖邮票 　　　　　　　　　　　　　　　　251

第一节 中国生肖邮票诞生的背景及《庚申年》邮票　　　　253
一、中国生肖邮票诞生背景及主要成因　　　　　　　　　253
二、《庚申年》邮票的印制过程一波三折　　　　　　　　261
三、《庚申年》邮票首日封设计　　　　　　　　　　　　264

第二节 第一轮生肖邮票的发行与设计　　　　　　　　　　267
一、第一轮生肖邮票的发行　　　　　　　　　　　　　　267
二、第一轮生肖邮票发行、设计工作确定的几项原则　　　272

第三节 第二、三轮生肖邮票的发行与设计　　　　　　　　276
一、第二轮生肖邮票发行与设计的特点　　　　　　　　　276
二、第三轮生肖邮票：提前做好整轮规划　　　　　　　　279
三、第三轮生肖邮票的发行与设计　　　　　　　　　　　282
四、第三轮生肖邮票增加版式三　　　　　　　　　　　　286

第四节 四轮生肖邮票发行工作的启示　　　　　　　　　　288
一、第四轮生肖邮票的发行与设计　　　　　　　　　　　288
二、一至四轮生肖邮票发行工作的启示　　　　　　　　　294

第五章 生肖集邮的兴起和发展　　　　　　　　　　　　　305

第一节 生肖集邮研究会的成立和发展之路　　　　　　　　309
一、生肖邮票的发行热引起生肖集邮热　　　　　　　　　309
二、生肖集邮研究会的成立　　　　　　　　　　　　　　315

三、生肖集邮研究会的组织建设　　　　　　　　　　　　　　318

　　四、生肖集邮研究会的守正创新和新发展　　　　　　　　　323

第二节 《生肖集邮》的创刊和生肖集邮的普及　　　　　　　　331

　　一、《生肖集邮》的创办及特色　　　　　　　　　　　　　331

　　二、普及生肖集邮从青少年开始　　　　　　　　　　　　　337

　　三、普及生肖集邮的多种形式　　　　　　　　　　　　　　340

　　四、举办最佳世界生肖邮票评选活动　　　　　　　　　　　345

第三节 生肖邮票博物馆的创办和对生肖文化的传播　　　　　　350

　　一、创办生肖邮票博物馆　　　　　　　　　　　　　　　　350

　　二、生肖邮票博物馆对生肖文化的传播　　　　　　　　　　352

第四节 生肖集邮学术活动　　　　　　　　　　　　　　　　　355

　　一、生肖集邮学术活动与其重要成果　　　　　　　　　　　356

　　二、正式出版的生肖集邮重要著述　　　　　　　　　　　　370

　　三、使用出版物内部准印证出版的生肖集邮书籍　　　　　　376

第五节 生肖集邮展览活动　　　　　　　　　　　　　　　　　381

　　一、生肖集邮展览活动推动生肖集邮从普及向提高进军　　　384

　　二、举办多样化的普及型生肖邮展　　　　　　　　　　　　385

　　三、苏州 2024 中华全国生肖集邮展览成功举办　　　　　　394

　　四、中华全国生肖集邮展览永久落户苏州　　　　　　　　　398

第六章 生肖邮票的收集、品鉴和研究　　　　　　　　　　　401

第一节 生肖邮票的收集和整理　　　　　　　　　　　　　　　405

一、生肖邮票的收集方式	405
二、生肖邮票的分类与整理	410
三、最实用的集邮工具书	418

第二节 生肖邮票的审美和欣赏　422
　　一、生肖邮票审美的艺术角度　422
　　二、生肖邮票审美的自身特点　429
　　三、生肖邮票的审美功能　432

第三节 生肖邮票的研究和主要课题　436
　　一、源远流长的生肖文化　436
　　二、中国生肖邮票40年的探索　441
　　三、对生肖邮票文化内涵的反思　444
　　四、为下一轮生肖邮票策划争鸣　449
　　五、对生肖邮票设计发行规律的探索　453

第四节 生肖邮票的鉴别和辨识　458
　　一、中国生肖邮票的赝品与辨伪　458
　　二、注意辨识国外生肖邮票和臆造的生肖邮票　470

第五节 生肖邮票的珍品　478
　　一、收藏的理念与"珍品"的定义　478
　　二、《庚申年》邮票的市场效应　484
　　三、《庚申年》邮票雕刻原版样张　486
　　四、《庚申年》邮票印刷全张　489
　　五、日本和韩国第一套生肖邮票　492

第六节 中外生肖邮票比较研究	495
一、日本首创生肖邮票	495
二、朝鲜和韩国生肖邮票选题的特色	499
三、世界生肖邮票和而不同	505
四、世界各国生肖邮票设计的四种模式	512

第七章 生肖邮品的收集和研究　　　　　　517

第一节 生肖邮品的界定与分类	520
一、邮品与生肖邮品	522
二、生肖邮品的特征	525
三、生肖邮品的分类与整理	528
四、收集生肖邮品的注意事项	531
第二节 生肖邮票实寄封片	534
一、生肖邮票首日封片	534
二、贴生肖邮票的普通封片	539
三、生肖邮票的原地邮品	542
四、生肖邮票的趣味性邮品	545
第三节 生肖邮政用品	553
一、生肖邮资信封	553
二、生肖邮资明信片	559
三、生肖邮资邮简和生肖邮资信卡	567
四、生肖电报纸	570

第四节 生肖邮戳 … 573

　　一、干支邮戳 … 573

　　二、生肖纪念邮戳 … 580

　　三、生肖地名邮戳 … 585

　　四、干支代号邮戳 … 589

第五节 其他生肖邮品和生肖收藏品 … 592

　　一、史前生肖邮品 … 592

　　二、生肖邮政标签与单据 … 599

　　三、生肖印花（税票） … 602

　　四、生肖极限明信片 … 605

　　五、生肖极限封和生肖纪念张 … 608

　　六、生肖图画明信片 … 614

　　七、生肖集邮的非邮品素材 … 617

第八章 生肖集邮展品的编组和参展 … 627

第一节 生肖集邮展品的发展过程和分类特点 … 629

　　一、生肖集邮展品的确立 … 630

　　二、生肖集邮展品的成熟 … 632

第二节 传统集邮类型的生肖集邮展品 … 634

　　一、传统集邮类型的生肖集邮展品的编创 … 635

　　二、传统集邮类型的生肖集邮展品的适用素材 … 637

　　三、传统集邮类型的生肖集邮展品示例之一 … 638

　　四、传统集邮类型的生肖集邮展品示例之二 … 659

第三节 邮政历史类型的生肖集邮展品 … 663
　一、邮政历史类型的生肖集邮展品的主要模式 … 664
　二、邮政历史类型的生肖集邮展品示例 … 665

第四节 邮政用品类型的生肖集邮展品 … 670
　一、贺年片展品的选题 … 671
　二、贺年片展品的编排 … 675
　三、贺年片展品的适用素材 … 678

第五节 专题集邮类型的生肖集邮展品 … 681
　一、生肖专题集邮类展品的编组 … 682
　二、生肖专题集邮类展品的组成 … 683
　三、生肖专题集邮类展品的适用素材 … 685
　四、生肖专题集邮类展品的不适用素材 … 687
　五、生肖专题集邮类展品素材的优选 … 688
　六、生肖专题集邮类展品示例——要讲好专题故事 … 689

第六节 其他类型的生肖集邮展品 … 693
　一、一框类生肖集邮展品 … 693
　二、极限类生肖集邮展品 … 697
　三、开放类和试验类生肖集邮展品 … 700

第九章 生肖集邮展览和评审规则 … 703

第一节 集邮展览和评审规则 … 706
　一、集邮展览的历史与现状 … 706

二、各级集邮展览的评审规则　　　　　　　　　　　710

　　三、生肖集邮展览的发展历程　　　　　　　　　　　713

第二节　生肖集邮展览的专用评审规则　　　　　　　　　716

　　一、生肖集邮竞赛性展品　　　　　　　　　　　　　716

　　二、生肖集邮展品的适用素材　　　　　　　　　　　716

　　三、适合编组生肖集邮展品的类别　　　　　　　　　717

　　四、生肖集邮展品的评分标准　　　　　　　　　　　719

　　五、评审方式的变化　　　　　　　　　　　　　　　721

第三节　生肖集邮展品评审的指导要点　　　　　　　　　722

　　一、展品的处理和重要性（30分）　　　　　　　　　722

　　二、知识与研究（35分）　　　　　　　　　　　　　726

　　三、品相与珍罕性（30分）　　　　　　　　　　　　730

　　四、外观（5分）　　　　　　　　　　　　　　　　 732

第四节　首届中华全国生肖集邮展览与评审办法　　　　　733

　　一、首次冠名"中华全国"举办国家级生肖主题邮展　733

　　二、首届中华全国生肖集邮展览评审办法　　　　　　736

第五节　生肖集邮展览及展品的发展趋势　　　　　　　　737

　　一、人文性、亲和性　　　　　　　　　　　　　　　737

　　二、丰富性、研究性　　　　　　　　　　　　　　　737

　　三、国际性、包容性　　　　　　　　　　　　　　　743

　　四、创新性、传播性　　　　　　　　　　　　　　　743

第十章 生肖集邮的社会价值和发展前景　　745

第一节 生肖集邮奠基人周治华　　749
一、人格魅力与奉献　　749
二、躬耕邮坛与业绩　　753
三、理性思考与著述　　756

第二节 生肖集邮的积极意义　　758
一、生肖邮票热带动生肖文化热　　758
二、感受吉祥文化的生活情趣　　761
三、传播积极的生肖文化　　768

第三节 生肖集邮的群众基础　　772
一、生肖文化的普遍性　　772
二、生肖邮票的普及性　　774
三、生肖集邮的传播性　　777
四、生肖集邮文化的社会功能　　781

第四节 生肖集邮的国际影响　　783
一、生肖文化是中华民族的伟大创造　　783
二、中国生肖邮票成了国家交往的"文化使者"　　788
三、用生肖邮票展现中国文化　　791
四、生肖集邮对世界文化交流的贡献　　795

附录 *801*

附录1 中国生肖集邮理论文章篇目索引表（1997—2023年） *802*
附录2 历年发行生肖邮票的世界各国和地区个数速查表（1950—2023年） *826*
附录3 世界各国和地区各年度发行生肖邮票速查表（1950—2023年） *828*
附录4 中国农历和公历对照表 1948年（戊子鼠年）—2030年（庚戌狗年） *835*
附录5 中国清代干支邮戳汇集详表 *838*
附录6 中国生肖地名邮戳资料表 *842*
　（1）十二生肖地名邮戳 *842*
　（2）生肖文字地名邮戳 *843*
附录7 生肖集邮展品评审专用规则（试行） *874*
附录8 苏州历年举办的全国性生肖集邮展览一览表（2001—2024年，共22次） *878*

索引 *884*
一、要览索引 *884*
二、图片索引 *888*

参考文献 *927*

后记 *932*

Contents

Preface 1 Inheriting History and Creating the Future (Zhao Xiaoguang)	*18*
Preface 2 Shengxiao Philately to Show National Pulse Culture (Sun Shaoying)	*24*
Chief in Editor's Introduction (Zheng Wei)	*35*

Chapter 1   Preamble — *69*

Section 1   From the beginning of shengxiao philately to *China Shengxiao Philately* — *72*
Section 2   Disciplinary characteristics of shengxiao philately — *77*
Section 3   Research objects of shengxiao philately — *80*
Section 4   Research methods for shengxiao philately — *85*
Section 5   English translation of shengxiao philately — *90*

Chapter 2   Cultural Value of Shengxiao Philately — *94*

Section 1   Shengxiao and shengxiao culture — *95*
1. Origin of shengxiao concept — *95*
2. Composition of the twelve shengxiao signs — *104*
3. Formation of shengxiao culture — *110*

Section 2   Shengxiao culture and philatelic culture — *127*
1. Link between shengxiao culture and national culture cards — *127*
2. Carrier of philatelic culture: stamps — *128*
3. Elements of philatelic culture: philatelic behavior — *130*

4. Close connection between shengxiao culture and philatelic culture	*132*
Section 3 Aesthetic characteristics of shengxiao and shengxiao stamps	*133*
1. Aesthetic value of shengxiao culture	*134*
2. Aesthetic perspective of shengxiao stamps	*139*
3. Aesthetic process of shengxiao stamps	*141*
Section 4 Economic elements in shengxiao philately	*143*
1. Two attributes of stamp collecting	*143*
2. Economic attributes of philately	*144*
3. Philatelic economy and philatelic culture	*148*
Section 5 Formation of shengxiao philatelic culture	*150*
1. Shengxiao stamps being the carrier of shengxiao philately	*150*
2. The driving force behind the development of shengxiao philately lying in its mass appeal	*152*
3. Dual integration of shengxiao culture and philatelic culture	*155*
Section 6 Value system of shengxiao philately	*159*
1. Historical and practical value	*159*
2. Cultural and social value	*161*
3. National and international value	*165*

Chapter 3 Issuance and Rise of Shengxiao Stamps	*168*
Section 1 Definition, connotation, and denotation of shengxiao stamps	*170*
1. Basic elements of defining shengxiao stamps	*170*
2. Main features of shengxiao stamps	*173*
Section 2 Rise of shengxiao stamps in Asia	*186*
1. Japan and the Republic of Korea pioneering the issuance of shengxiao stamps	*187*

2. China singing the main melody of the shengxiao stamp issuance	*189*
Section 3 Issuance of Chinese shengxiao stamps	*194*
1. Shengxiao stamps issued by China Post	*194*
2. Shengxiao stamps of Hong Kong	*204*
3. Shengxiao stamps of Macao	*212*
4. Shengxiao stamps in Taiwan, China	*216*
Section 4 Issuance of shengxiao stamps around the world	*218*
1. International influence of China's Reform and Opening-Up Policy	*218*
2. Craze of issuing shengxiao stamps around the world	*228*
3. The world's No.1 in the area of shengxiao stamps	*234*
Section 5 Issuance of ATM shengxiao stamps in various countries (regions)	*239*
1. From postage labels to ATM stamps	*239*
2. Concept and application of ATM stamps	*242*
3. Coming out and development of ATM shengxiao stamps in China	*246*
Chapter 4 Four Rounds of Shengxiao Stamps in China	*252*
Section 1 Background of the birth of Chinese shengxiao stamps and the first "Gengshen Year" stamp	*253*
1. Background and main causes of the birth of Chinese shengxiao stamps	*253*
2. A printing process of "Gengshen Year" stamp	*261*
3. Design of the FDC for the "Gengshen Year" stamp	*264*
Section 2 Issuance and design of the first round of shengxiao stamps	*267*
1. Issuance of the first round of shengxiao stamps	*267*
2. Several principles for the issuance and design of the first round of shengxiao stamp	*272*

Section 3 Issuance and design of the second and third rounds
of shengxiao stamps   276
1. Characteristics of the issuance and design of the second round of
shengxiao stamps   276
2. The third round of shengxiao stamps: making plans for the entire
round in advance   279
3. Issuance and design of the third round of shengxiao stamps   282
4. Adds version three to the third round shengxiao stamps   286

Section 4 Inspiration from the issuance of four rounds of
shengxiao stamps   288
1. Issuance and design of the fourth round of shengxiao stamps   288
2. Inspiration from the issuance of four rounds of shengxiao stamps 294

Chapter 5 Springing Up and Development of Shengxiao Philately   307

Section 1 Establishment and development path of the
Shengxiao Philatelic Society   309
1. Issuance of shengxiao stamps having sparked a craze for
collecting shengxiao stamps   309
2. Establishment of the Shengxiao Philatelic Society   315
3. Organizational construction of the Shengxiao Philatelic Society   318
4. Tradition, innovation, and new development of the Shengxiao
Philatelic Society   323

Section 2 Founding of the journal *Shengxiao Philately* and the
popularization of shengxiao stamp collection   331
1. Founding and characteristics of the journal *Shengxiao Philately* 331
2. Popularizing shengxiao philately from adolescents first   337
3. Promoting various ways of promoting shengxiao philately   340

4. Organizing the Best World Shengxiao Stamp Selection Event　　*345*

Section 3　Establishment of the Shengxiao Stamp Museum and the spread of shengxiao culture　　*350*

1. Establishment of the Shengxiao Stamp Museum　　*350*
2. The spread of shengxiao culture promoted by the Shengxiao Stamp Museum　　*352*

Section 4　Academic activities in shengxiao philately　　*355*

1. Academic activities and important achievements in shengxiao philately　　*356*
2. Important writings on officially published shengxiao philately　　*370*
3. Books on shengxiao philately published with internal permits　　*376*

Section 5　Shengxiao philatelic exhibition　　*381*

1. Shengxiao philatelic exhibitions promoting shengxiao philatelic from popularization to advanced development　　*384*
2. Organizing diversified popular shengxiao stamp exhibitions　　*385*
3. Successful holding of Suzhou 2024 All-China Shengxiao Philatelic Exhibition　　*394*
4. All-China Shengxiao Philatelic Exhibition permanently settled in Suzhou　　*398*

Chapter 6　Collection, Appreciation, and Research of Shengxiao Stamps　　*403*

Section 1　Collection and organization of shengxiao stamps　　*405*

1. Collection methods of shengxiao stamps　　*405*
2. Classification and organization of shengxiao stamps　　*410*
3. Most practical philatelic reference book　　*418*

Section 2　Aesthetics and appreciation of shengxiao stamps　　*422*

1. Artistic perspective of shengxiao stamps　　*422*

2.	Aesthetic characteristics of shengxiao stamps	*429*
3.	Aesthetic function of shengxiao stamps	*432*

Section 3　Research and main topics of shengxiao stamps　　*436*

1.	The long history of shengxiao culture	*436*
2.	40 years of exploration of Chinese shengxiao stamps	*441*
3.	Reflection on the cultural connotation of shengxiao stamps	*444*
4.	Debate on the planning of the next round of shengxiao stamps	*449*
5.	Exploration on the design and issuance rules of shengxiao stamps	*453*

Section 4　Identification and recognition of shengxiao stamps　　*458*

1.	Counterfeit and identification of Chinese shengxiao stamps	*458*
2.	Identifying foreign shengxiao stamps and fabricated shengxiao stamps	*470*

Section 5　Treasures of shengxiao stamps　　*478*

1.	Concept of collection and definition of "treasures"	*478*
2.	Market effect of "Gengshen Year" stamp	*484*
3.	Carved mother set of "Gengshen Year" stamp	*486*
4.	Full printing sheet of "Gengshen Year" stamp	*489*
5.	First set of shengxiao stamps in Japan and the Republic of Korea	*492*

Section 6　Comparative study of Chinese and foreign shengxiao stamps　　*495*

1.	Japan's pioneering issuance of shengxiao stamps	*495*
2.	Characteristics of shengxiao stamps selected by DPR Korea and the Republic of Korea	*499*
3.	Harmony but different world shengxiao stamps	*505*
4.	Four modes of the design of shengxiao stamps in various countries around the world	*512*

Chapter 7 Collection and Research of Shengxiao Philatelic Items *518*

Section 1 Definition and classification of shengxiao philatelic items *520*
1. Philatelic items and shengxiao philatelic items *522*
2. Characteristics of shengxiao philatelic items *525*
3. Classification and organization of shengxiao philatelic items *528*
4. Precautions for collecting shengxiao philatelic items *531*

Section 2 Shengxiao stamp cover and mailed postcards *534*
1. FDCs of shengxiao stamps *534*
2. Ordinary cover and card with shengxiao stamps *539*
3. Locality philatelic items of shengxiao stamps *542*
4. Interesting philatelic items for shengxiao stamps *545*

Section 3 Shengxiao postal stationeries *553*
1. Shengxiao stamped envelopes *553*
2. Shengxiao stamped postcards *559*
3. Shengxiao stamped letter sheet and letter cards *567*
4. Shengxiao telegraph papers *570*

Section 4 Shengxiao postmarks *573*
1. Heavenly sterns and earthly branches postmarks *573*
2. Shengxiao commemorative postmarks *580*
3. Shengxiao related post office name postmarks *585*
4. Heavenly sterns and earthly branches code postmarks *589*

Section 5 Other shengxiao philatelic items and shengxiao collectibles *592*
1. Prehistoric shengxiao post items *592*
2. Shengxiao post labels and forms *599*
3. Shengxiao revenue stamps *602*
4. Shengxiao maximum cards *605*

5. Shengxiao maximum covers and commemorative sheets	*608*
6. Shengxiao picture postcards	*614*
7. Non-philatelic materials for shengxiao philately	*617*

Chapter 8 Composition and Participating Exhibition of Shengxiao Exhibits *628*

Section 1 Development process and classification characteristics of shengxiao philately exhibits *629*
1. Establishment of shengxiao exhibits *630*
2. Maturity of shengxiao exhibits *632*

Section 2 Traditional philately class shengxiao exhibits *634*
1. Compilation and creation of traditional philately class shengxiao exhibits *635*
2. Applicable materials for traditional philately class shengxiao exhibits *637*
3. Example one of traditional philately class shengxiao exhibits *638*
4. Example two of traditional philately class shengxiao exhibits *659*

Section 3 Shengxiao exhibits within postal history class *663*
1. Main models of postal history class shengxiao exhibits *664*
2. Examples of postal history class shengxiao exhibits *665*

Section 4 Shengxiao exhibits within postal stationery class *670*
1. Topic selection for greeting New Year stamped postcard exhibits *671*
2. Compilation for greeting New Year stamped postcard exhibits *675*
3. Applicable materials for greeting New Year stamped postcard exhibits *678*

Section 5 Thematic philately class shengxiao exhibits *681*
1. Compilation of shengxiao thematic philately class exhibits *682*
2. Composition of shengxiao thematic philately class exhibits *683*

3. Applicable materials for thematic philately class exhibits *685*
4. Inappropriate suitable materials for shengxiao thematic philately class exhibits *687*
5. Selection of materials for shengxiao thematic philately class exhibits *688*
6. Example of thematic philately class exhibits—telling the feature story well *689*

Section 6　Other types of shengxiao philatelic exhibits *693*
1. One frame shengxiao philatelic exhibits *693*
2. Shengxiao maximum card exhibits *697*
3. Open class and experimental class shengxiao exhibits *700*

Chapter 9　Regulations for Shengxiao Philatelic Exhibition and Evaluation *704*

Section 1　Regulations for philatelic exhibition and evaluation *706*
1. History and present of philatelic exhibitions *706*
2. Judging rules for philatelic exhibitions at all levels *710*
3. Development history of shengxiao philatelic exhibitions *713*

Section 2　Special judging rules for shengxiao philatelic exhibits *716*
1. Competitive exhibits of shengxiao philately *716*
2. Applicable materials for shengxiao philatelic exhibits *716*
3. Categories suitable for organizing shengxiao philatelic exhibits *717*
4. Scoring criteria for shengxiao philatelic exhibits *719*
5. Changes in judging methods *721*

Section 3　Guidelines for the evaluation of shengxiao philatelic exhibits *722*
1. Handling methods and importance of exhibits *722*
2. Knowledge and research *726*
3. Condition and rarity *730*

4. Appearance	*732*

Section 4 The first national shengxiao themed philatelic exhibition named "All- China" *733*

1. First titled "All-China" shengxiao thematic exhibition	*733*
2. Evaluation method for the first all-China shengxiao philatelic exhibition	*736*

Section 5 Development trend of shengxiao philatelic exhibitions and exhibits *737*

1. Humanity and affinity	*737*
2. Richness and research orientation	*737*
3. Internationality and inclusivity	*743*
4. Innovation and transmission	*743*

Chapter 10 Social Value and Development Prospects of Shengxiao Philately *747*

Section 1 Zhou Zhihua, the founder of shengxiao philately *749*

1. Personal charm and dedication	*749*
2. Dedication to the stamp world and achievements	*753*
3. Rational thinking and writing	*756*

Section 2 Positive significance of shengxiao philately *758*

1. Popularity of shengxiao philately bringing the craze for shengxiao culture	*758*
2. Experiencing the charm of auspicious culture in daily life	*761*
3. Spread of positive shengxiao culture	*768*

Section 3 Mass base of shengxiao philately *772*

1. The universality of shengxiao culture	*772*
2. The popularity of shengxiao stamps	*774*
3. The spread of shengxiao philately	*777*

4. The social function of shengxiao philatelic culture	*781*
Section 4 International influence of shengxiao philately	*783*
1. Shengxiao culture — a great creation of the Chinese nation	*783*
2. Chinese shengxiao stamps — the cultural ambassadors for international exchanges	*788*
3. Displaying Chinese culture with shengxiao stamps	*791*
4. Contribution of shengxiao philately to world cultural exchange	*795*

Appendixes *801*

1. Index table of Chinese theoretical articles about shengxiao philately (1997—2023) *802*
2. Quick reference table for quantity of issuance shengxiao stamps by country or regions in calendar year (1950—2023) *826*
3. Quick reference table of annual issuance of shengxiao stamps by countries and regions around the world (1950—2023) *828*
4. Comparison table of Chinese lunar calendar and gregorian calendar *835*
5. Detailed table of collection of Chinese Qing Dynasty postmarks of Heavenly Sterns and Earthly Branches *838*
6. Data table of Chinese shengxiao place names postmarks *842*
(1) The postmarks' name by twelve Chinese shengxiao signs *842*
(2) The postmarks' name with shengxiao characters *843*
7. Special regulations for evaluation of shengxiao exhibits in national shengxiao philatelic exhibitions *874*
8. List of national shengxiao philatelic exhibitions held in Suzhou over the years (2001—2024) *878*

Indexes *884*

1. Index of shengxiao philately *884*
2. Index of pictures *905*

References *929*

Postscript *934*

第一章 绪论

上下5000年历史之初,既是世界文明史的肇始,也是中国文明史的开端。由此及今,其间有两行清晰可辨的文明足迹,从不同的时间、不同的地域出发,却在21世纪到来之前的半个世纪中,出现了交集,产生了融合,继而走成了一条直线,向着同一个方向,连接着历史和未来,联通了中国和世界,以此不断地朝前迈进!

这两行文明的足迹,一个名叫"生肖",2000多年前从中国起步;一个名叫"集邮",180多年前从英国起步。1950年,日本在庚寅虎年首发生肖邮票。1980年,中国开始从庚申猴年起发行生肖邮票。1993年,美国开始从癸酉鸡年起发行生肖邮票。这三个重要的时间节点,标志着生肖邮票在中国文化影响广而深的亚洲首先出现,继而在创造生肖和传播生肖的文化母国认祖归宗并持续发行至今,再继而在世界引起发行生肖邮票的热潮,迄今方兴未艾。生肖邮票的发行,促使"生肖"与"集邮"两种文化产生了结合,随之产生了"生肖集邮"。生肖集邮的出现,特别是1997年生肖集邮研究会的成立,随之也产生了"生肖集邮文化"。又经过生肖集邮研究会近30年的实践发展和理论总结,以生肖集邮文化为对象的一门专业的集邮学科理论——生肖集邮学日趋成熟,在万众期待下,《中国生肖集邮》一书正式出版。

　　本章即《中国生肖集邮》的绪论。开宗明义,说明这部关于生肖集邮学的专著从何而来,作为集邮学的一门独立学科和边缘学科,其独有的学科特色、独立的研究对象、独到的研究方法,以及关于生肖集邮基本内容的英文译名。

　　纵观世界邮坛,传统集邮出现与流行了180多年,邮政历史集邮出现与流行了90多年,专题集邮出现与流行了100多年,然而,迄今为止,虽然关于这几种主流集邮方式的知识普及读物和个人邮集专著数不胜数,但尚未见完整、全面和系统的一部理论学说。有鉴于此,生肖集邮学的创立和《中国生肖集邮》的出版,有着异乎寻常的重要价值和深远意义,本书不仅是关于生肖集邮的全面、完整、系统的教科书和工具书,也对各个门类集邮学科构建并进而创建整个集邮学理论,具有有益的借鉴和有力的推动作用。

Chapter 1 Preamble

5,000 years ago, the beginning of Chinese culture marked the beginning of the world civilization and also the beginning of Chinese civilization. Up to now, there are two clear identifiable traces of civilization, starting from different times and different regions, but in the half century before the arrival of the 21st century, they collided, intersected, and merged, and then formed a straight line, heading in the same direction, connecting history and the future, connecting China and the world, and constantly moving forward!

One of these two traces of civilization is called "shengxiao", which started in China more than 2,000 years ago; the other is called "philately", which started in Britain more than 180 years ago. In 1950, Japan issued the first shengxiao stamp in the year of the Tiger. In 1980, China began issuing shengxiao stamps in the year of the Monkey, and 13 years later, in 1993, the United States began issuing shengxiao stamps in the year of the Rooster. These three important time points mark the first appearance of Chinese shengxiao stamps in Asia, where Chinese culture has a wide and profound influence. Then, China, the motherland of shengxiao culture that created and spread the shengxiao stamps, continued to issue them until now. Ultimately, it sparked a wave of issuing shengxiao stamps around the world, which is still going strong.

The issuance of shengxiao stamps has led to the combination of the two cultures of Chinese shengxiao and philately, and thus shengxiao philately was born. With the occurance of shengxiao philately, especially the establishment of the Shengxiao Philatelic Society in 1997, the Shengxiao Philately Culture was also born. After nearly 30 years of practical development and theoretical summary by the Shengxiao Philatelic Society, a professional philatelic discipline theory based on the shengxiao philately culture—shengxiao philatelic studies is becoming more and more mature. With the support of the public, the book *China Shengxiao Philately* will be officially published.

This chapter is the introduction to *China Shengxiao Philately*. It begins with a clear explanation of where this monograph on China shengxiao philatelogy comes from. As an independent and marginal discipline of philately, the unique disciplinary characteristics, independent research objects, unique research methods of shengxiao philately and an English translation of the basic content of *China Shengxiao Philately* are also included in this chapter.

In the world's stamp community, traditional stamp collecting has been for more than 180 years, postal history stamp collecting has been for over 90 years, and special thematic stamp collecting has been for over 100 years. However, although there are numerous popular reading and personal stamp collecting monographs on these mainstream philatelic methods, there isn't any complete, comprehensive, and systematic theoretical doctrine. In view of this, the establishment of China Shengxiao Philatelogy and the publication of *China*

Shengxiao Philately have extraordinary important values and far-reaching significance. This book is not only a comprehensive, complete, and systematic textbook and reference book on Chinese shengxiao philately, but also has a useful reference and a strong driving force for the construction of various philatelic disciplines and the creation of the entire philatelic theory.

第一节
从生肖集邮起步到《中国生肖集邮》

生肖集邮起步于中国。1997年6月14日生肖集邮研究会成立。2008年1月，生肖集邮研究会原会长周治华主编的《生肖集邮概说》一书由陕西人民出版社出版。全书6章，27节，200多页。在生肖集邮研究会的精心策划、组织下，编写人员尽了最大努力，汇集了当年生肖集邮研究的最新成果，编纂完成了这本《生肖集邮概说》。这部专著是集体智慧的结晶，有助于集邮者全面、系统地认识和理解生肖集邮丰富的文化内涵和广阔的发展前景。为广大集邮爱好者打开文化之窗，使其发现艺术之美。生肖集邮研究会在研究著述方面群策群力、发挥集体智慧的这一成功实践，对促进生肖集邮的进一步发展产生了积极的影响，在一定程度上引导着中国生肖集邮的发展方向。

15年过去了，生肖集邮在理论与实践上都有了长足的发展与进步。2010年生肖集邮研究会与中华全国集邮联合会（简称"全国集邮联"）联合举办了中国生肖集邮学术征文，收到24个省（自治区、直辖市）的116位作者撰写的131篇论文，评出一等奖2篇，二等奖6篇，三等奖11篇。参评者从多个视角对生肖集邮文化、中外生肖邮票、生肖集邮发展、生肖集邮展览、生肖集邮组织等进行深入浅出的论述。例如，关于生肖文化的起源问题，生肖邮票的界定问题，生肖邮票的题材选择与设计问题，生肖邮集的创作思路问题，生肖邮展的评审规则问题，生肖集邮的扩大宣传、交流问题，等等。这些问题对生肖集邮的发展至关重要，只有在实践中不断地探索研究，进而从理论上加以总结提高，才能由浅入深、由表及里，形成比较客观、完整、成熟的认识。可以这样说，这次征文对我国生肖集邮研究起到了承上启下的重要作用。

2001年始，特别是2004年以来，生肖集邮研究会每年1月5日都会举办不同类型的全国生肖集邮展览，至今已举办了9届，其他还有诸如生肖集邮国际交流展、一框生肖集邮展览、生肖集邮邀请展、生肖集邮新人新作展等。其中第3届为全国集邮联主办的专项邮展（成绩记为国家级集邮展览）。2024年更是被冠以"中华全国生肖集邮展览"，再次成为中华全国集邮联合会主办的全国主题性邮展。国际集邮联合会（FIP）现任主席普拉科·吉拉凯特，荣誉主席郑炳贤亲临现场，对中华全国生肖集邮展览给予极大的关注和很高的评价。2011年生肖集邮研究会联合文献集邮研究会、东联原地封研究会，在无锡亚洲国际集邮展览期间，同场举办新兴集邮展览，其中展出11部50框生肖邮集，从不同集邮类别展示了中国近年生肖邮集的水平。2016年中国台湾地区王志仁的专题邮集《谈谈生肖文化》获台北世界集邮展览大镀金奖，2022年又获印尼世界集邮展览金奖；2019年李少可的专题邮集《生肖文化的魅力》获新加坡第36届亚洲集邮展览大银奖；2014年胡志杰的邮政用品类邮集《中华人民共和国第一套贺年（有奖）邮资明信片》获韩国世界集邮展览大银奖；2023年刘德利的现代（邮政用品）类邮集《1993年中国邮政贺年（有奖）明信片》获泰国世界集邮展览镀金奖。这些获奖邮集表明生肖集邮展品已进入世界（国际）集邮展览的殿堂并披金戴银。

生肖集邮研究会会刊《生肖集邮》每年按期出版，至今已达150多期，每期刊物上都有各种类型的研究文章发表，它以"弘扬中华民族传统生肖民俗文化，

图1 国际集邮联合会荣誉主席郑炳贤（左）成为生肖集邮研究会荣誉会员

图2 生肖集邮研究会会长郑炜向国际集邮联合会主席普拉科·吉拉凯特介绍生肖邮票特展展品

团结联络海内外生肖集邮爱好者,倡导高尚邮德邮风,增进邮谊和交往,开展世界各国和地区发行的生肖邮资票品和资料的收集、研究、整理活动,不断提高生肖集邮水平"为宗旨,经过多年的努力,在生肖集邮研究领域已经取得了一大批丰硕成果。此外,在国家级报刊《集邮》《集邮博览》《中国集邮报》等已发表成百上千篇生肖集邮研究文章。

生肖集邮研究会多次举办生肖集邮论坛或学术交流会。2024年1月5日,由中华全国集邮联合会主办,生肖集邮研究会承办的"国际生肖集邮论坛"在苏州举行。8位海内外生肖集邮研究学者登台与听众分享他们最新的研究成果,表明生肖集邮学术研究已取得长足进步与持续发展。

图3 全国集邮联合会常务副会长赵晓光在国际生肖集邮论坛上致辞

在《生肖集邮概说》出版 15 年后，生肖集邮从实践发展到理论建树，又获得了累累硕果。可以这样说，当年周治华在主编这部《生肖集邮概说》时，多少受到现状的限制，原定书名不是"概说"，曾设想过用"概论"，但权衡再三，还是认为书名定在"概说"范畴更符合实际，也为后续发展留足了空间。而今，伴随生肖邮票在全球的发行，生肖集邮的发展超乎预期，已实现新的跨越，从实践到认识，早已不是当年的起步阶段和发展初期，而是作为一个中国特色并影响世界的专项集邮门类而进入全新发展时期。当今的诸多成果，充实了当年预留的空间。生肖集邮的实践和理论，不仅是可以"概说"的，也是可以"概论"的；而且，实际也是可以成其为一门学说的。客观上的"水到渠成"和主观上的努力促成，这就是我们创建生肖集邮学和出版《中国生肖集邮》一书的缘起和初衷。

《中国生肖集邮》不仅是生肖集邮整体研究水准的提升，更是生肖集邮内涵与外延的延展，是生肖集邮实践天地的开拓，是生肖集邮理论大厦的构建，是生肖集邮走向新时代的标志，标志着中国的生肖集邮逐步成为一门独立的学科。

第二节
生肖集邮的学科特色

从历史的眼光来看，生肖集邮的本质意义在于它是对民族传统文化和精神产品的尊重、认可和传承，是对不同国家、不同文化融会造就的新兴集邮方式的保存和弘扬。生肖集邮是对传统集邮观念的一种突破，对现代集邮方式的一种创新，是中国集邮有别于国外的具有原创性的集邮新门类之一。作为一门新兴的学科，它有着鲜明的特征。

民族性。生肖有着浓郁的民族特征，是中华文化的符号之一，它深刻地影响着中国人的生产、生活与思维方式。生肖是数千年前先民在生活中创造的，它来源于长期生产劳动中形成的农耕文明。它同时与中华民族先民的原始图腾息息相关，有着鲜明的中华印记。湖北云梦睡虎地发掘的两批秦代竹简和甘肃天水放马滩发掘的秦代墓葬出土的甲乙两种竹简，均有生肖次第的记载。目前为止发现最早完整记述十二生肖且与现代相同的是东汉王充的《论衡》，这说明在东汉时期中国的十二生肖已完全定型并相传至今。

世界性。生肖文化不仅具有顽强的生命力，始终与时俱进，长盛不衰；而且具有强大的影响力，魅力远播，传遍全球。生肖文化的影响力如今早已超出传统中华文化圈的东亚、东南亚、中亚地区，面向全球范围扩展；在许多国家，生肖文化热超出了海外华人文化圈，逐渐成为影响许多国家节庆习俗、民间文化的新民俗、新时尚，成为中华文化向海外传播的一种象征。

普及性。它也可称为群众性。每一个中华儿女都有一个生肖属性，而且贯穿其一生。所以生肖文化有着极大的大众认同性，它与每个人息息相关，因此在中国收集生肖邮票的集邮爱好者特别多。每年生肖邮票发行时，都能感受其受欢迎的程度，常常是深夜就有人开始排队购买生肖邮票，集邮门市部准备的生肖邮票很快就销售一空。随着生肖集邮在全国的深入发展，收集、研究生肖邮票的爱好者不断增多。生肖集邮容易入门，老少皆宜，是快乐集邮的源泉，是大众化集邮的最好体现。

学术性。学术是指系统专门的学问，是对存在物及其规律的学科化，学术研究是通过系统性的方法和过程，对某一特定的主题或问题进行探索，以获得新的见解、知识和理论。生肖集邮作为一门学科，学术性是必然的学科特色。生肖集邮的学术研究主要是对生肖邮票、邮品的研究，包括对与此相关的生肖文化的研究、对生肖邮集展品编组和展出的研究等。

专业性。中华文化博大精深，源远流长，生肖文化作为中华文化的一个分支，有着深厚的专业蕴含。以生肖邮票及相关邮品为载体，以生肖文化为背景的生肖集邮理论，同样有着一定的专业性。

多学科性。生肖集邮源自生肖文化，因而具有深厚的文化底蕴，其中涉及属相与历法、十二生肖动物的民俗象征意义、生肖文化的美学价值与对外传播等天文学、民俗学、美学、心理学、民间文学、文化史等，这可视为生肖学的范畴。生肖集邮活动亦包括丰富的文化内容，其中包含着对生肖邮票及封片戳卡的收集与研究，编组生肖邮集，举办生肖邮票首发式、生肖集邮展览、生肖集邮研讨会，成立生肖集邮组织，编纂出版生肖集邮刊物、图书等，而这些是集邮学的内容。从两种文化的结合来看，生肖集邮学是生肖学与集邮学的交叉学科。而生肖学也并不完全是一门独立的学科，它与《诗经》《易经》《道德经》《佛经》都有一定的内在联系，生肖文化内涵涉及"儒""释""道"；同样集邮学也不是完全独立的学科，而是多学科融合下产生的一门学科。可见，无论从内容还是形式上看，生肖集邮都体现出多学科的特点。

图 4 全国集邮联合会副会长高洪涛参加 2024 第二届全国生肖集邮嘉年华活动

第三节
生肖集邮的研究对象

从现实的意义来看，举世出现的生肖邮票发行热潮，是中华文明走向世界的重要标志之一，是中外艺术家、设计师们以形象语言描绘、颂扬生肖动物，从而使这一古老的非物质文化遗产升华为一种最受公众关注的吉祥物，一种可以充分发挥想象力的当代民俗艺术品，进而成为广大民众锁定的收藏目标。

生肖集邮就是收集与研究生肖邮票和相关邮品的集邮方式。其研究对象是生肖邮票及与其相关的集邮活动和由其承载的生肖文化，包含三个方面：首先是源头，包括生肖文化来源、传承和传播；其次是源泉，包括生肖邮票、邮政用品、邮戳、复合邮品（首日封片或纪念封片）等集邮对象；最后是源流，包括生肖集邮的客体和主体，客体是生肖邮集和生肖集邮文献，主体是生肖集邮研究者、集邮组织和活动。

生肖文化的传承。生肖集邮的研究必定离不开生肖文化，生肖文化是生肖邮票诞生和发展的源泉与基础。生肖作为中国的文化符号，历史悠久。但对于生肖的起源有不同的说法，溯本清源，还原真实的历史，需要对生肖的起源、生肖文化的形成、生肖文化的历史演变、生肖文化的时代特征、生肖文化对人民生活的影响等进行深入研究。生活无处不生肖，2000多年的历史传承，生肖早已融入中华民族的血脉。生肖文化从本质本体说，是优秀传统文化，但它历经了不同的社会制度。在生产力不发达、社会制度不民主的情况下，人们畏惧自然力和惑于统治阶级的文化影响，生肖文化不可避免地包含少许愚昧、迷信、认命等消极成分，传承时要分清传统文化中的精华与糟粕，去其糟粕而继承其精华。因此对生肖文化的研究应该成为生肖集邮研究的基础。

生肖文化的传播。只有民族的，才是世界的。中华生肖文化恰恰是这一理念的真实见证者。根植于中华传统文化的生肖，是怎么在日本、朝鲜半岛、东南亚地区生根、发芽的？这种移植是基于怎样的历史背景？生肖文化对这些国家的影响力何在？进入20世纪90年代后，为什么世界多数国家纷纷发行生肖邮票？西方国家是基于什么背景而开始认同生肖文化的？生肖文化向世界各国传播的条件、路径、方法等也将是生肖集邮研究的对象之一。在当代中国倡导"一带一路"新的对外开放格局，推进构建人类命运共同体的时代背景下，研究生肖文化传播更具有全新的民族意义和世界意义。

生肖邮票。毋庸置疑，生肖邮票自然是生肖集邮研究最主要的对象。自1950年日本发行世界上第一枚生肖邮票至2023年12月，世界上已有138个国家、地区和联合国邮局发行了5500多枚生肖邮票（含电子邮票）。[1]这些生肖邮票各具特色，宛如百花齐放，美不胜收，融知识性、艺术性、趣味性于一体。无论邮票图案有多么不同，发行目的却是高度的统一：庆祝中国农历新年。因此，各式各样的邮票图案都具有浓厚的中华民俗色彩。这些邮票的设计、印制、发行、使用及承载的文化内涵都值得深入研究。

---

[1] 引自郑炜《世界生肖邮票目录》编著记。

有生肖元素的邮政用品。邮政用品指事先预印有邮资图、分级标识或说明文字的封、片、简、信卡等。所谓有生肖元素，是指邮资图以生肖图案为主图的，或邮资图上的文字表述是生肖或贺年的，以及邮政用品的正面或反面印上生肖图案或文字的。这些邮政用品与生肖邮票一样是生肖集邮的主要研究对象之一。

邮戳。生肖集邮要研究的邮戳可以分为三类：一是生肖地名戳。尽管集邮界对生肖地名戳有着较大的争议，但这种争议恰恰是研究的价值所在。二是干支邮戳。1904—1911年，大清邮政启用了干支纪年日戳，从甲辰年到辛亥年，共用了8年。辛亥革命胜利之后，1912年以民国元年开始纪年，干支邮戳停用，但有的地方还继续沿用至乙卯年（1915年）。经集邮者发掘，在1902—1904年就有地方已启用干支日戳，有干支日戳实寄的封片目前已成为生肖邮集中的古典素材。此外，在明、清时期的官驿封、华洋书信馆实寄封片和民信局封上也可见干支纪年的戳记。三是生肖纪念邮戳。它是指邮政部门同意刻制的各种生肖纪念邮戳，有生肖邮票发行时的首日戳，也有大年初一的拜年戳、贺年戳、迎春戳等，内容与形式也是各式各样。近年又开发出生肖图案、文字内容的彩色邮资机戳，包括自粘式、打印式的加盖方式，后者可类同自动化邮票，属于生肖邮资凭证的组成部分。

复合邮品。复合邮品即邮票贴用后由复合载体、邮戳、签条等多个元素形成的生肖封片类邮品，包括实寄的和未实寄的。自从1980年猴年生肖邮票发行以来，各地集邮公司都相应发行了生肖邮票首日封或生肖贺年纪念封（大年初一），广大集邮者也热衷自制此类邮品，这些封片富有中国集邮特色和浓郁的生肖气息，深受人们喜爱。同样，其他国家发行生肖邮票时，也相应诞生了生肖首日（纪念）封片等。

生肖邮集。如何编组生肖邮集参加各种级别的集邮展览也是生肖集邮的研究对象之一。目前有两种类型的邮集值得关注与研究：一是符合 FIP 集邮展览评审规则的生肖邮集，这必须遵守各个类别的评审规则和指导要点。二是不受 FIP 集邮展览评审规则限制的邮集，这种邮集作者可以自由发挥，不一定必须遵守 FIP 集邮展览评审规则，而是在此基础上有一定灵活性。这类邮集在基层集邮展览中能大显身手，受众比较广泛，有积极意义。

生肖集邮文献。它是指与生肖有关的邮品、集邮活动的各种信息载体。包括生肖集邮图书、生肖集邮报刊、非集邮出版物上的生肖集邮资料及与生肖集邮有关的文件、照片、电影片、录像带等。也可以是因生肖集邮活动而衍生的资料，如集邮者互通的信件，参加生肖集邮活动的请柬、通知、照片、讲稿，以及个人集邮日记、获奖证书等。

生肖集邮研究者。上文所列，都是对物（或非物质）的研究，该项是对人的研究。生肖集邮学是一门学科，必将产生这门学科的带头人、专业研究者、集邮家。这一群体形成的内因、外因，个体成长的路径、心理、行为等，值得关注与研究。对优质个体的剖析和褒扬、对典型案例的呈现和宣传，能创造主动、积极的条件，让一部分人脱颖而出，从而带动生肖集邮群体的提升与发展。可见，对某些特定人士的研究也应是生肖集邮研究的对象之一。

生肖集邮组织。这一项也属于对人的研究，区别在于，相对个体而言，此为群体研究。北京、上海、广东、江苏、浙江、湖南、贵州、黑龙江等省市是中国开展生肖集邮活动较早的地方。1988 年，上海就出现了以集邮家唐无忌、徐星瑛、贾淡园等为代表的一批生肖集邮爱好者，他们定期聚会，交流生肖邮票信息。1997 年 6 月成立的生肖集邮研究会是中国最大的民间集邮团体，会员遍及全国各省、区、市及海外。全国各地也相应成立了独立的小组或分会。这些生肖集邮组织的产生、发展及未来的走向值得关注与研究。

图 5　时任全国集邮联合会副会长王新中在观看生肖邮展

图 6　集邮家林衡夫在与集邮者交流生肖邮集的编组心得

第四节
生肖集邮的研究方法

生肖集邮的研究方法包括两大方面。一方面是生肖集邮作为社科类学科，要运用社科研究的普遍性方法。诸如：

文献研究法。文献研究法主要指搜集、鉴别、整理文献，并通过对文献的研究形成对事实的科学认识的方法。文献研究法的目的是获取关于研究对象的相关信息，如历史背景、理论基础、研究现状等，并通过系统性搜集、综合分析与评价文献来达到这一目标。这个过程涉及文献的定量分析、统计描述等技术手段，以确保得出的认识是科学的。研究生肖集邮必然要基于中华生肖文化，通过阅读、分析文献间接地对生肖文化的本质和规律进行研究。我们无法直接接触2000多年的生肖文化，只能依赖于文献来形成对事实的科学认识。

跨学科研究法。它是指运用多学科的理论、方法和成果从整体上对某一课题进行综合研究的方法，也称"交叉研究法"。科学发展的规律表明，科学在高度分化中又高度综合，形成一个统一的整体。据有关专家统计，现在世界上有2000多种学科，且学科分化的趋势还在加剧，同时，各学科间的联系愈来愈紧密，在语言、方法和某些概念方面，有日益统一化的趋势。生肖集邮学本身就具有多学科性，因此跨学科研究法自然成为生肖集邮的主要研究方法之一。

生肖集邮学所跨学科，首先是生肖学和集邮学。在生肖学范畴，涉及天文、地理、民俗、宗教、文学、艺术等自然科学和社会科学许多领域，蔚为大观；在集邮学范畴，涉及的方面也很广泛，除了后面还要谈到的一些具体的应用集邮学方法，理论集邮学的内容均可为这一研究方法所用，包括集邮观和集邮价值观，集邮与通信产业特别是邮政的关系，集邮在社会生活中的地位和作用，集邮研究的原则和方法，集邮审美，集邮心理，集邮行为，集邮教育，集邮道德，集邮的政策和法规，集邮文化，集邮经济，等等。

比较研究法。它是一种用于分析和理解事物之间相似性和差异性的研究方法。这种方法涉及将具有共同特征或属性的事物置于相同的标准下进行对比，以便识别它们之间的异同点。通过比较，能够探究事物的本质特性和内在联系，以及这些特性如何随着环境或其他因素的变化而变化。无论是对生肖文化的发展及生肖集邮的形成与发展的研究，还是对生肖集邮文化的探究，处处体现着比较法的运用。例如，中外生肖邮票的比较、生肖邮票的鉴别、集邮文化与生肖集邮文化的异同、生肖文化的民族性与世界性等都是本书重墨书写的部分。

个案研究法。它也称为个案调查，是一种针对特定个体、单位、现象或主题的研究方法。它通过收集和分析相关资料，详细了解研究对象的产生与发展过程及其内在与外在因素，以及内外因素间的相互关系，以形成对相关问题的深入全面认识。个案研究的对象可以是个人、群体、组织、事件或某一类问题。其过程包括确定研究对象、收集个案资料、诊断与假设、对个案展开分析、形成结论等。生肖集邮研究采用个案分析法有助于从普遍现象中找取典型案例，对某些典型案例深入剖析，能厘清生肖集邮发展的源泉、脉络、走向、趋势，总结成功经验，从而指导生肖集邮更好地向前发展。例如，对生肖集邮研究会产生、发展壮大的个案调查，对生肖邮票博物馆创办的案例分析，对生肖集邮研究会原会长周治华个人成就的探究，对某邮票设计师（如黄永玉、靳埭强）设计生肖邮票美学的个案分析，对某优秀生肖邮集的赏析，等等，都可以采用这一研究方法。

另一方面是生肖集邮作为集邮学科，要应用本体研究方法，体现集邮专业的特殊性。诸如：

传统集邮方法。传统的集邮方法，就是对邮票自身要素的表现与研究。它起源于传统集邮方式。传统集邮是集邮的一个类别，指收集某一国家或地区在一定时期发行的邮票，研究其版式特征及发行时间、发行机构等。它是集邮活动中出现最早、历时最久的一种集邮方式。以传统集邮方式为基础的传统集邮方法，也应用于邮政用品集邮和印花类集邮等以单元邮品为对象的集邮方式。生肖传统集邮方法即对生肖邮票自身的研究，主体内容是生肖邮票的设计、印制、发行和使用。从设计图稿、未采用的试印样，经过试模印样，再到发行邮票的过程，以及相应印刷阶段状态和各种变异。对以上各种特征、变异进行归类分析，提出简明扼要的研究见解。生肖传统集邮方法，同时也应用于生肖内容的邮资封、片、简等邮政用品，即对印有生肖图案的邮资封、片、简和其他符合邮政用品特征的单据、电报纸等进行收集与归类。可以按国别、时间顺序或某种用品类别进行分类研究，也可以结合邮政业务进行研究，还可以重点研究某种邮政用品的自身存在形式（版别、图案变异等），其研究方法和传统集邮相同。

邮政历史集邮方法。邮政历史的集邮方法，就是对邮政业务发生与发展过程的表现与研究。它起源于传统集邮对邮票贴用后形成的邮政历史的研究，但研究的重点，与邮票的印制、发行和使用等传统内容无关，而是通过对实寄邮品的分析与考据，反映邮政通信产业的发展历史，从邮政历史角度折射社会经济、政治、文化史。邮政历史集邮是较早从传统集邮中分离出来的一种专门的集邮方式。它收集和研究与邮政业务发生、发展密切相关的实寄封、实寄邮资封片简、信销票、邮戳和邮政单式，以综合的邮政业务及邮资、邮路、邮戳等单一邮政要素为主体内容。以邮政历史集邮为基础的邮政历史的集邮方法，也应用于航空集邮、航天集邮等以复合邮品为对象的集邮方式。生肖邮政历史集邮方法是对生肖邮票的邮政应用及生肖内容邮品（如干支邮戳、驿站封等）的研究，主体内容是相关邮政业务，包括邮资、邮路、戳记、应用及邮政的其他方面。

专题集邮方法。专题的集邮方法，就是对邮票上的科学、文化、历史等知识的表现与研究。它起源于传统集邮对邮票自身要素的研究，但研究的内容，不再是邮票的版式特征、齿孔、刷色、用纸、变体等传统集邮要素，而是邮票的发行目的和图案文字，以及邮票使用过程中隐含的专题知识。其范围不限于邮政领域，还延伸到广阔的知识领域，目的是拓展集邮的社会价值，反映集邮者对邮票邮品更广泛的认知与其创作的成果。专题集邮是一种专门的集邮方式，也是具有普遍指导意义的集邮方法。这是以与所选专题密切相关的邮票和其他邮品为收集对象，以其收集对象提供的专题知识和集邮知识为研究内容，以其专题的阐述和拓展为研究方式的一种集邮方法。推而论之，生肖专题集邮方法是对生肖邮票、邮品的发行目的、图案及其他专题要素和关于生肖文化主题的集邮方式的研究。其要旨在于故事性和合理的拓展，"意料之外，情理之中"被视为专题集邮思路创新的最佳表达。

创新的个性化集邮方法。它是指充分发挥生肖集邮群众性、创造性的自创研究内容和方法。此类方法没有一定的模式和固定的格式要求，只要自己喜欢即可，以喜闻乐见与快乐集邮为要，适合自娱自乐和基层邮展。

研究成果展示方法。集邮文化较其他文化类型具有更广泛的世界交流性，在长期的集邮活动中逐步形成国际适用同一规则的竞赛性集邮展览，并建立了全面反映集邮成果的展品体系和专门方法。这就是竞赛性集邮展品及其各个类别的评审规则。邮展展品包括按各种集邮方式编组的集邮展品和以集邮著述、集邮期刊、邮票目录等出版物构成的集邮文献展品；邮展层级分为基础的、省级的、国家级的、国际的、世界的；竞赛奖项一般分为金、银、铜奖系列或按一、二、三等级评奖。

图表1 生肖集邮的研究方法

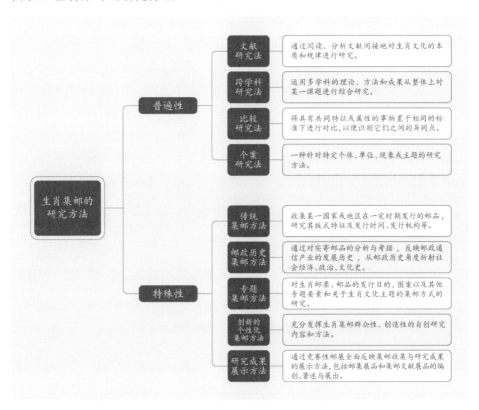

第五节
生肖集邮的英文译名

十二生肖是中华民族的古老传统文化，有着丰富深刻的内涵和特定的内容，如何将其译成英文是个难题。世界上现有多种译法，如译成"动物""黄道十二宫""占星术"等，既不统一，又不确切。为此，生肖集邮研究会于2003年7月在会刊《生肖集邮》上展开专题讨论。

在两年多的时间内，《生肖集邮》发表了几十篇文章和来信，其中英文表述出现了十几种不同译法，但大多数参与讨论者认为，"生肖"采用音译比较好。集邮家郭润康认为，采用音译，一则可去繁就简，避免争论；二则可以克服意译中一词多义、词不达意之弊。集邮家唐无忌认为，生肖是国粹，任何外来语都难以确切包含生肖的全部含义，现在多种译法说明还没有一个英文单词能对口"生肖"。专用名词用音译早有先例，如"功夫"直译为KUNGFU，"琵琶"直译为PIPA。集邮家马佑璋认为，当年甲戌邮票会《甲戌邮刊》之"甲戌"两个字就是因为找不到适当译法，而采用音译，"邮票会""邮刊"用意译、音译和意译结合组成会名和刊名。现在就"生肖"而言，还是用音译比较妥当。许多参与讨论者认为，专用名词的特性是字数少、简单，便于书写和对话，字面上不一定必须反映出专用名词的内在含义，因此英文中译、中文英译中用音译也是常见现象，如沙龙、沙发、巴士、武术等。"生肖"一词用音译，一旦推出，只要集邮界口径一致，长期坚持，约定俗成，相信能够被中国社会和外国人士广泛认可与接受。

生肖集邮研究会根据讨论的情况，经研究认为，既然"生肖"一词难以用英文表述，现有多种译法又难以统一，以采用汉语拼音为宜，并于 2005 年 7 月 1 日正式公布了以下试用意见，一直沿用至今：

（1）"生肖"，用汉语拼音连写，即 shengxiao（中国社会科学院语言研究所词典编辑室编、2002 年商务印书馆出版的《现代汉语词典》增补本 1131 页"生肖"词条）。根据 1988 年 7 月 1 日国家教育委员会、国家语言文字工作委员会公布的《汉语拼音正词法基本规则》中"专有名词的第一个字母大写"的要求，故会名、刊名中拼音 shengxiao 第一个字母大写，即 Shengxiao。

（2）"生肖集邮"，作为一般集邮词条，译为 shengxiao philately，如同 aerophilately（航空集邮）、astrophilately（航天集邮）等。根据英语专有名词前冠词用法，报纸名前加定冠词，而杂志名前一般不加，以及书刊、机构名称等词的第一个字母或全部字母大写的做法，会刊《生肖集邮》英文名定为：Shengxiao Philately 或 SHENGXIAO PHILATELY。

（3）"生肖集邮研究会"，根据英语机构名称书写习惯，全称定为：The Shengxiao Philatelic Society 或 THE SHENGXIAO PHILATELIC SOCIETY，缩写形式：SPS 或 S.P.S.。

（4）"生肖集邮研究会会刊"，定为：The Journal of the Shengxiao Philatelic Society。

第二章 生肖集邮的文化价值

从干支纪年的中国古代科技重要成就，到生肖与生肖文化的悠久流传和广泛普及；从在生肖的根脉之地中国发行生肖邮票，到生肖集邮的兴起兴盛和生肖集邮文化的形成，本质上看，这是在邮政、邮票、集邮三"邮"之领域，构筑"生肖集邮"的文化体系与其价值。

作为一种集藏行为，集邮的本体是邮票。因此，生肖邮票承载着生肖文化，是生肖集邮行为萌生、发展、升华的实物载体和基础。从生肖文化到生肖邮票，从生肖邮票到生肖集邮，40多年来，以及由此上溯世界生肖邮票发行的 70 多年来，在这个不短不长的时间之河中，生肖集邮的价值体系正逐渐形成。

Chapter 2
Cultural Value of Shengxiao Philately

From the important scientific and technological achievements of ancient China in the calendar of the Heavenly Sterns and Earthly Branches, to the long-standing and widespread dissemination and popularization of Chinese shengxiao and shengxiao culture; from the issuance of shengxiao stamps in China, the root of the Chinese shengxiao, to the rise and prosperity of shengxiao philately and the formation of shengxiao philately culture, the essence is to build the cultural system and value of shengxiao philately in the intersection of postal services, postage stamps, and philately.

As a collection behavior, the basis of philately is stamps. Therefore, shengxiao stamps carry the culture of the Chinese shengxiao and serve as the physical carrier and foundation of the emergence, development, and sublimation of shengxiao philately behavior. From Chinese shengxiao culture to shengxiao stamps, from shengxiao stamps to shengxiao philately, over the past 40 years, and from more than 70 years ago since the issuance of shengxiao stamp around the world, the value system for shengxiao philately is being formed in the long span of time.

第一节
生肖与生肖文化

在中华文明的发展史上，时间的记录方式渊源悠久，流脉深远。

"干支"纪年方式的发现与完善，是中国古代科学技术的卓越成就。由这一纪年方式衍生而出的"十二生肖"，正是"干支"纪年的形象化体现。

作为在社会广泛流传且与每一个体人相联系的生肖形象，在一年一度辞旧迎新中，成为民族的图腾和吉祥的符号。由此，衍生出了历史悠久的生肖文化，并成为中国传统文化的主脉之一。

一、生肖的渊源

中国的十二生肖，起源于干支纪年。

史蒂芬·霍金[1]在《时间简史》中说：宇宙是以一种不变的形态，已经存在了无限长的时间。

---

[1] 斯蒂芬·威廉·霍金（Stephen William Hawking,1942—2018），出生于英国牛津，理论物理学家、宇宙学家、科学思想家。

人类在时间中繁衍，社会在时间中发展。时间的被记录，从来就是记录历史的重要方式。于是，人类的纪年，就在不同时间以不同的方式，留在了遥远的历史上。

西方，在公元6世纪的罗马帝国时期，才有了纪年方式。而在中国，纪年可远溯至上古时期。

近年，在神农架[1]地区发现了汉族的创世史诗《黑暗传》[2]。其中，就有讲述"干支"来历的一个故事："开天辟地之初，玄黄骑着混沌兽遨游，遇到女娲。女娲身边有两个包，大包有10个男子，小包有12个女子。玄黄说：'这是天干、地支之神，来治理乾坤的。'于是，为他们分别取名，配夫妻，成阴阳。男的统称天干，女的则为地支。"这一创世神话故事，讲了"干"与"支"，讲了玄黄神，讲了女娲神，还讲了乾坤阴阳，将"干支"的身世推溯得十分久远。

图 7 神农架

---

[1] 神农架，全国唯一以"林区"命名的行政区，位于湖北，是全球瞩目的生物多样性富集地和物种基因库。
[2]《黑暗传》是一部长达3000多行的罕见史诗，明清时代起就在神农架地区口头传唱。《黑暗传》彰显了中华根文化特质及其生命力。

到了黄帝[1]时代,也有干支纪年的传说。在这个远古时代,已经形成了"干支"历法及"岁"时雏形。那时,"干支"名曰"岁"。据所传《盘古王表》[2]与《三命通会》[3]等古籍记载:"天皇始制干支之名以定岁之所在。"

到了西汉初期,自王莽[4]始,就有了"干支"纪年方式的文字记录。以王莽公元前23年去世的下限计,仅中国有纪年记录,就比罗马帝国至少早了百数年;更何况远在"天皇始制干支之名"时,则更早出西方纪年不知多少个世纪了。

到了东汉时期,中国的干支纪年方式,已经成为时间记录的一个通行系统。那是汉章帝元和二年,亦即公元85年,朝廷下令在全国推行干支纪年法。从此,干支纪年法被固定下来,并一直延续下去。由此可见,干支纪年法就是萌生在中国本土的一种古老的科学纪年方式。

那么,干支纪年法的原理和优势是什么?

干支纪年,指的是计算每一年的年月日,以"天干"和"地支"两个支撑点,作为计算的基础。

所谓"天干"有十,即甲、乙、丙、丁、戊、己、庚、辛、壬、癸。

所谓"地支"有十二,即子、丑、寅、卯、辰、巳、午、未、申、酉、戌、亥。

"干"与"支"还各自蕴有深厚内涵。

---

[1] 黄帝,号轩辕氏,古华夏部落联盟首领,中国远古时代华夏民族的共主,被尊为中华"人文初祖"。
[2] 《盘古王表》,上古史书,传为大禹所著。记述上古帝王世系,沿用至今。
[3] 《三命通会》,中国古典命学四大名著之一,涉及子平理方方面面,后人把它看作一部命理学的汇总之作。
[4] 王莽,西汉外戚王氏家族的重要成员。公元8年,王莽代汉建新,建元"始建国",推行新政,史称"王莽改制"。

十"天干"，蕴含着万物从萌芽到成长、兴旺、衰退、消亡的整个过程。其具体规示为：

甲：象征着自然界草木破土而生，阳气虽较弱，但依然充分蕴聚在内；而阴气盛，包裹了阳气。此时，阴阳并存，阳在内而为阴所裹。

乙：标示着草木萌生之时，枝叶仍呈柔弱屈曲之态。

丙：为"炳"之谐音，彪炳了自然界中的太阳，其炽若火，光明昭著；于是，大千万象，万生万物，现一片光明。

丁：昭示着花草树木成长壮实起来，犹如人丁已到中年。

戊：以笔画析，有"茂"之意，象征着大地已现花草树木茂盛之貌。

己：有"起""纪"之意，表示万物正从屈曲中起，已经有形可"纪"之。

庚：有"更替"之意，预示着万物到秋，丰获在望，正待来年春到。

辛："金"味为辛。物成而后，方有味道。"辛"又有"新"之意，揭示了万物正肃然更新。

壬："壬"即"妊"，带有孕育之意。其时，万物怀妊，阳气潜伏在内。

癸：讲的是万物闭藏，怀妊于地下，等待着发芽生长；有若四季之"冬藏"。

由此可见，十"天干"正是刻画了自然界万生万物从萌生到壮大到衰败的轮回过程，也契合了一年四季时令的过往与继续。

十二"地支"，也与自然生态息息相关。

"地支"犹若树木之枝，包含了万生万物从孕育、生长、繁盛到衰亡的过程。

子：为"孳"之意，说的是阳气开始萌发，孳生于其下。

丑：依字形析之，亦为"纽"；"纽"的形状，恰似寒气屈曲而来。

寅：有"演"与"津"之意；说的是在寒土中，草木蜷伏，迎着春阳从地面上正慢慢伸展开来。

卯：为"茂"之意；这时，日照东方，大地温煦，万生万物正在滋润中繁茂生长。

辰：其意为"震"，为"伸"；说的是万生万物已振作而生，阳气的生发，已经过半了。

巳：巳字象形，本意是胎儿，说的是阳气已经布陈完毕。

午：有"忤"之意；其时，万生万物已经丰满长大，阴阳交相，天地阳气充盛，但阴气始萌。

未：有"昧"之意；其时，日中则昃，阳正向幽。

申：其字就有"伸束"之意；但伸束以成，万生万物之体在这个时候已渐长成。

酉：有"就"，也就是"完成"之意；说的是万生万物已经成熟，犹如秋之丰获尽收。

戌：有"灭"之意；此时，万生万物，皆已灭尽。此状颇似隆冬已至。

亥：按字形析，意之为"核"；此刻，万生万物，皆似坚核，紧裹其身，正待冬藏。

"天干""地支"又分阳干阴干,阳支阴支。每一天干,可以和一地支相配排列。天干在前,地支在后。天干由"甲"起,地支由"子"起。阳干,只能配阳支,不与阴支相配;阴干,要配阴支,不与阳支相配。此配之果,共有60个组合,所以又称为"六十甲子"。

十天干与十二地支相匹配,形成干支纪年的甲子、乙丑、丙未、丁申等年份,并在轮回中形成60年一个甲子的循环纪年序列圈。自古以来,我国就是用六十甲子来计算年、月、日、时的。此外,据《鹖冠子·环流》[1]记载,干支纪年是根据一天初昏时北斗星斗柄所指方向来决定季节:"斗柄东指,天下皆春;斗柄南指,天下皆夏;斗柄西指,天下皆秋;斗柄北指,天下皆冬。"

图8 先秦典籍《鹖冠子·环流》中的宇宙论

---

[1]《鹖冠子·环流》,《鹖冠子》是道家著作,传为战国时期楚国隐士鹖冠子所作。

此时，配有阴阳五行的天干地支，不仅含有时间概念，还含有空间概念。《淮南子·天文训》中记载：东方"甲乙、寅卯，木也"，主春；南方"丙丁、巳午，火也"，主夏；西方"庚辛、申酉，金也"，主秋；北方"壬癸、亥子，水也"，主冬；中央"戊己，四季（辰丑未戌），土也"。

干支纪年的十二计数的产生，还有着天文学的背景。在原始时代，先民经历着寒暑交替、晨昏变换的循环往复。宋代洪皓在《松漠纪闻》[1]中记载：女真旧绝小，正朔所不及，其民皆不知纪年，问则曰"我见青草几度矣"，盖以草一青为一岁也。宋代赵珙的《蒙鞑备录》[2]中也记载：其俗每草青为一岁，有人问其岁，则曰几草矣。又有观天者发现，月亮盈亏周期也可以用来丈量岁年之长短，十二次月圆为一岁。这一发现，是初期历法精度最高的成果之一。于是，"十二"便被视为传达天意的"天之大数"。天干须与地支为伴，日月相应，天地相对，则非十二之数莫属了。

干支纪年，标志着中国历法的出现。配合数字计算年岁方式，在传承发展中，后世又简化为一个字，即"岁"。这个简化，在《尔雅》[3]与《史记》[4]中均有记载。如"岁"在甲子，则曰"阏逢"等。

萌发自远古中国的干支纪年之法，是中国古代科技的最高成果之一，也昭示着中华文明的渊源久远。

---

[1]《松漠纪闻》，宋代洪皓所作。此书乃其所记金国杂事，随笔纂录。
[2]《蒙鞑备录》，南宋赵珙所撰民族史。全书分立国、鞑主始起、国号年号、风俗、祭祀、燕聚舞乐等17目，为了解当时蒙古汗国和幽燕一带的历史提供了有价值史料。
[3]《尔雅》，中国最早一部解释词义的专著，第一部按照词义系统和事物分类编纂的词典。《尔雅》最早收录于《汉书·艺文志》。
[4]《史记》，西汉史学家司马迁编撰，是中国历史上第一部纪传体通史，记载了从上古传说中的黄帝时代，到汉武帝太初四年（前101）共3000多年的历史。

那么，干支纪年与传统十二生肖又有什么关系呢？

干支纪年法，用了十天干和十二地支两相搭配，来表示年、月、日之序。60年一个周期，正为五个干支，名谓五轮循环。为了便于记忆，古人形象化地选取了人们常见的12种动物，名之为"十二生肖"，并与十二地支互相搭配。生肖之意，指生命与岁月的一个形象的肖像。12个生肖对应了十二地支，并加上了天干名谓，以每一生肖表示着一个岁年。

这就形成了十二地支的生动形象：子—鼠、丑—牛、寅—虎、卯—兔、辰—龙、巳—蛇、午—马、未—羊、申—猴、酉—鸡、戌—狗、亥—猪。

图9 殷墟出土的甲骨文

十二生肖这个概念和实体，在公元前14世纪的殷墟甲骨文[1]上就有了记载，可见干支纪年和生肖的历史，在中国渊源久远。

最初，生肖和地支一组字词相联系并相互应用；后来，演变成了纪年年号。为更便于记住关于天干地支之岁，人们选择了12个动物，代表十二辰刻，十二生肖也就形象化地象征了纪年。

十二生肖不仅是纪年的一个方式，而且由于生肖与每一个人相关，随着历史的发展，它逐渐融入民俗生活，形成民间的习俗、信仰与观念。在对婚姻、年运、吉顺等人生际遇的祈愿中，每一种生肖在每一岁年，都有丰富的传说与演绎，以此形成一种期冀性的预言般的阐释系统，成为中国文化中一种特殊的现象。

---

[1] 河南安阳殷墟是中国商朝晚期都城遗址，是中国历史上第一个有文献可考并为考古学和甲骨文所证实的都城遗址。甲骨卜辞中又称其为"商邑"。甲骨文行用于商周时期，是迄今为止中国发现的年代最早的成熟文字系统，是汉字源头，1899年在殷墟最早发现。

二、十二生肖的构成

12年一轮的中国十二生肖，实际上是选择了在中国民间广为人知的动物形象——鼠、牛、虎、兔、龙、蛇、马、羊、猴、鸡、狗、猪。

其中，虽然"龙"并没有实体，但其构成也是古人结合了鱼、鳄、蛇、猪、马、牛等实体动物，与云雾、雷电、虹霓等自然天象，虚实相间，特征集合，塑造出的一种图腾式的神物。

因此，自然界的实体动物走入十二生肖，就背负起"天干""地支"纪年的重任。这些常见的动物形象，也就演化成为纪年的象征物，并带有了神圣的图腾性质。

十二生肖形象，从来就被人们认为不是动物实体的简单复现，而是赋予了精神含义的"神物"一般的图腾性符号。这个性质，成为多元生肖艺术的载体，也是文化创意和艺术创作中所遵循的一个原则。

在明确了干支纪年的排序，以及由此对应的十二生肖名目之后，我们发现，在中国悠久的传统文化中，早已有了对于十二生肖的构成及其特征、内涵和规律的系统的说法。

首先，十二生肖的取数，渊源自干支本身，具体到与十二生肖的关联，则有可归纳为"十二"的因由——

《周礼·春官·冯相氏》[1]有载：掌十有二岁，十有二月，十有二辰，十日，二十有八星之位，辨其叙事，以会天位。时间的分割，则以十二累进，一纪十二年，一年十二个月，一日十二时辰。

《国语·晋语四》[2]有载：黄帝之子二十五宗，其得姓者十四人，为十二姓。甚至天子妻妾也有"十二女"之说。《后汉书·荀爽传》[3]曰：故天子娶十二妇，天之数也；诸侯以下各有等差，事之降也。

十二生肖对应十二地支，亦属干支纪年范畴。干支的历元，为二十四节气中的立春。十二生肖，正是中国古已有之的十二地支纪年的形象化表述。这不仅是科学年历的记载，也是深入民间的一个民俗。一年一度，在"千门万户曈曈日，总把新桃换旧符"的时刻，人们总会以生肖的更替，迎来以"立春"为标志的新的一年。

当然，民俗学家也指出，"立春"不在正月初一农历新年。生肖从"立春"时辰开始，是历法学者根据地球的自转和公转精确计算出来的，有准确的科学依据。

但是，同为中国民俗专家、学者，更多人持不同观点。如上海民俗文化学会会长、华东师范大学仲富兰教授认为"生肖是以干支纪年为坐标的，节气是以农业社会符合农事季节规律为坐标的"，这两个不同的系统不能混同起来，生肖

---

[1]《周礼》，儒家经典。西周时期著名政治家、思想家、文学家、军事家周公旦所著，通过官制表达治国方案，内容极为丰富。

[2]《国语》，相传为春秋末鲁国左丘明所撰，也有学者判断为战国时期学者依据当时史官记录的原始材料整理编辑而成。

[3]《后汉书》，南朝宋时期历史学家范晔编撰，为记载东汉历史的纪传体史书。与《史记》《汉书》《三国志》合称"前四史"。

属相与立春节气无关。中国民俗学会副会长乌丙安教授说，算生肖时看立春，这实际上是过去的算命先生的特殊方法，并不普及，如果以此定生肖，只会造成混乱。生肖集邮研究会会长、中国民俗文化研究者周治华提出，生肖从何日算起要持慎重态度，应以约定俗成的习惯算法为准，不要轻言改变，并说，长时期以来，中外公认的生肖算法，是从农历正月初一算起。这一算法不仅简便易行，而且是有依据的。众所周知，人的生肖属相是同干支纪年紧密联系在一起的，以十二地支对应十二生肖，12年一个轮回；十个天干与十二地支相配纪年，60年一个轮回，称为一个甲子。干支纪年一年之始，是从正月初一算起的。

根据中华人民共和国国家标准（GB/T33661-2017）《农历的编算和颁行》[1]的规定，正月初一被定为当年生肖属相的起始时间。由此而看，生肖的起始时间存在不同标准，一是民俗标准中的不同说法，一是国家标准，前者结合的是物候变化或约定俗成，后者结合的是节庆需要。关于生肖的国家标准，有基于自然科学和人文科学上的双重考虑。本书确认的生肖起始时间，是以国家标准为依据的，但对民俗标准，也应有所认知。

十二生肖的选用与排列，虽有多种说法，但根据动物每天活动的时间确定排序，正是自然形态的一个活生生事实。

早于汉代，中国便已根据太阳升起的时间，将一个昼夜划分为十二个时辰，并采用十二地支计时法来做记录，也称"大时"。每个时辰，相当于两个小时。如"子夜"，指的是23点至1点。子夜又称为午夜、夜半、夜分、宵分、未旦、未央等。子夜是十二时辰的第一个时辰。中国十二时辰以子时为首，按十二地

---

[1] 2017年5月12日，国家质量监督检验检疫总局、国家标准化管理委员会批准《农历的编算和颁行》等334项国家标准，并予以公布。

支之序，从23时起至一日后夜1时，循回到"子时"。以零点分前日和次日。如此一昼夜，便是现在所称的24小时，以及古称的十二时辰。

夜晚23点，也就是深夜11时到凌晨1时的"子时"，鼠最活跃。凌晨1时到3时，是丑时，牛正在反刍。据说这也是牛开始耕田的时刻。3时到5时，是寅时，此时老虎到处游荡觅食，最为凶猛。5时到7时，为卯时，这时太阳尚未升起，月亮还挂在天上，此时玉兔捣药正忙。人间的兔子也开始出来觅食。上午7时到9时，为辰时，这正是神龙行雨的好时光。9时到11时，为巳时，蛇开始活跃起来。上午11时到下午1时，阳气正盛，为午时，正是天马行空的时候。下午1时到3时，是未时，羊在这时吃草，会长得更壮。下午3时到5时，为申时，这时猴子活跃起来。5时到7时，为酉时，夜幕降临，鸡开始归窝。晚上7时到9时，为戌时，狗开始守夜。晚上9时到11时，为亥时，此时万籁俱寂，猪正在鼾睡。

十二生肖的各个属相尊位，取决于在一昼夜十二时辰中，它们的行为模式。这才有了流传至今的十二生肖的所排座次——子鼠、丑牛、寅虎、卯兔、辰龙、巳蛇、午马、未羊、申猴、酉鸡、戌狗、亥猪。

图10 十二生肖排序——SB(11)《甲子年》小本票内页

十二生肖起源于干支纪年的十二历数，也与自然界的十二畜兽相联系。其渊源，从时间上看堪为古远；从空间上看，其分布地域，有中国、埃及、巴比伦、印度等，4个亚非文明古国皆在其流行范围内。

十二生肖记载了人的生年属相，亦称"十二属相"。这个用以纪年、纪月、纪日、纪时的辰时，还称作十二"兽历"。这个由十二生肖构成的"兽历"，广泛流行于亚洲之外诸多民族及某些国家，几乎是一个具有世界性的民俗事象。

历史记载中，十二生肖的流传区域，虽广及亚洲大陆以外的北非、东欧、北美等地域，但主要还是集中在亚洲地域。由此可以推断，生肖的造型及其文化传统，当起源于古远传说年代的中华民族。其后，始逐步扩散，先后广及这一地区的诸多民族，以至漂洋过海，为全球许多地域所接受。当然，这只是一个尚未公认的推断，至今应是一个未解的课题。

十二生肖之"兽历"，其构成及顺序，各个民族各个国家各有不同。现今，中国的汉、回、藏、哈尼、畲、拉祜、纳西、阿尔泰语系等诸民族，以及亚洲的朝鲜、韩国、日本的生肖"兽历"，在构成及顺序上完全一致，均为鼠、牛、虎、兔、龙、蛇、马、羊、猴、鸡、狗、猪。但有些民族和国家的十二生肖之"兽历"构成与排序，却因地区不同而有别。

越南有十二生肖，与中国的生肖属相基本相同，但第二位是水牛而非家牛，第四位是猫而非兔。日本的十二生肖与中国的生肖基本相同，只是最后一位是野猪而非家猪。泰国的生肖与中国的生肖基本相同，只是其中有蛇妖而无龙。埃及人的十二生肖则分别是牡牛、山羊、猴子、驴、蟹、蛇、犬、猫、鳄、红鹤、狮子、鹰。希腊也有十二生肖，与埃及生肖基本相同，只是希腊有鼠无猫，埃及则有猫无鼠。墨西哥的生肖有虎、兔、龙、猴、狗、猪,并与墨西哥特有的动物或古代常见动物,组成十二生肖。欧洲各国的生肖,多以天文学上的星座为称。如法国人以宝瓶、双鱼、摩羯、金牛、白羊、巨蟹、双子、狮子、室女、天秤、天蝎、人马等组成了他们的"十二生肖"。

作为世界范围的纪年方式,将人类常见的生物形象作为"兽历"和生肖属相,这是中国乃至世界的一个相通又有异的科技文化现象。这就可以解释,为什么中国古老的生肖形象在当今世界有如此巨大的影响。

中国十二生肖的构成,上可承接古远纪年的科技成就,下可承续绵延至今的生肖文化的繁盛发展。这就是从生肖渊源、生肖构成到生肖文化的一脉相承。

图 11 香港特区《西方十二星座》邮票

三、生肖文化的形成

人类对于时间的记录，本属科技范畴的一个成果，因有了形象化的生肖"兽历"，而有了一个与社会生活相联系的载体。这就从文化角度进入到了民间习俗、艺术造型等多元领域。在历史沿革中，逐渐形成了丰富多彩的生肖文化。

首先，生肖的起源与动物崇拜有关。在人类历史上，人与动物本就有着一种特殊关系。从原始社会开始，我们的祖先就认为，人与动物有着血缘关系。因此，对于动物的崇拜，几可与人和人之间的紧密关系相媲，甚至有过之而无不及。这个"崇拜"，融入了人的情感和观念，这就构成了文化形成的基点。

据考证，在湖北云梦睡虎地[1]和甘肃天水放马滩[2]等地曾出土了大量秦简。其中记载着，早在先秦时期就有了比较完整的生肖体系。

而与当今十二生肖相同的文字记载，最早的传世文献则在公元1世纪东汉王充的《论衡》[3]中。这是传之后世的完整十二生肖循环序列的最早史载。南北朝时，中国就开始使用生肖"兽历"了。《周书·列传》[4]中，记载了宇文护之母写的一封信。信中说："昔在武川镇生汝兄弟，大者属鼠，次者属兔，汝身属蛇。"

这种史上之记，详尽阐释了十二生肖的文化内涵。从中可见，最早的文物

---

[1] 1975年在湖北云梦县睡虎地秦墓考古发掘中发现的秦简，具有重要学术价值。其内容主要是秦律和日书。
[2] 1986年在甘肃天水市放马滩考古发掘中，发现公元前238年下葬的秦墓。墓中出土了7幅木刻地图及秦简。
[3]《论衡》，东汉时期思想家王充的重要著作。全书共计13卷85篇，主要阐述了作者无神论的思想观点。《论衡》也是最早和最全地记载十二生肖的古代文献，其《物势篇》和《言毒篇》记述：子为鼠；丑为牛；寅为虎；卯为兔；辰为龙；巳为蛇；午为马；未为羊；申为猴；酉为鸡；戌为犬；亥为豕。
[4]《周书》，唐令狐德棻主编，53卷，其中本纪8卷，列传42卷。《周书》虽以"周"题名，实际上记述了从公元534年东、西魏分裂到杨坚代周为止48年的西魏、北周历史。

与文献展示的生肖的 12 个动物，已经成为人类景仰的形象，并深入人心。即使是为人类所不齿的鼠辈或所避的虫蛇，也被赋予了温馨美好的寓意，成为带有祥瑞气息的吉祥符号。

十二生肖中的 12 个动物形象，也各有隐含的内蕴。对于十二生肖，先祖曾经留下了两两组合的六组形态，体现出人格化、社会化的深刻含义。

鼠和牛。

代表智慧的鼠与代表勤奋的牛，以智慧和勤奋的紧密结合，揭示了一个深刻道理：单有智慧而不勤奋，那是小聪明，不会持久；光是勤奋而不动脑筋，

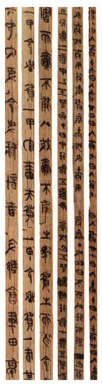

图 12 睡虎地出土秦简

图 13 2012-25《里耶秦简》特种邮票套票全张

那就是愚蠢。

虎和兔。

虎代表了勇猛，兔代表了谨慎。勇猛和谨慎要紧密结合，才会形成胆大心细的优势。勇猛离开了谨慎，就变成了鲁莽；而没有勇猛劲头，则是胆怯。

龙和蛇。

在这个组合中，龙代表了威猛，蛇则代表柔韧。所谓"刚者易折"；但如果只有柔，又会丧失主见和缺乏决断。因此，历来我们的祖训就是"刚柔并济"。

马和羊。

马代表了勇往直前，羊代表了柔和温顺。只顾直奔目标，不顾及周围环境，会有坎坷，最终未必能达到目标。但一味和顺，会失却方向和执行力。因此，勇往直前要与顺势而为结合，方得圆满。

猴和鸡。

猴代表着灵活；鸡鸣报晓，代表了恒定。灵活和恒定要相结合。单有灵活而无恒定，就不会有好的收获。具有稳定性，保持和谐与秩序，同时能在变通中灵活前行，才是要旨。

狗和猪。

狗代表着忠诚，猪代表了随和。有忠诚而不随和，会对周围有排斥性。反之，只是随和而无忠诚，就会失去原则。忠诚与随和的结合，才能保持内心深处的平衡。

十二生肖以朴素的辩证思维，揭示了事物和人际间的互补性，提升了人所熟知的 12 个动物的象征意义，使十二生肖具有了深邃的人文内涵。

在十二生肖中，有 11 个形象皆为人们所知所见所熟悉。唯有"龙"，其在天不在地，似有却无；是一个在现实中所不见、所未有的被神化了的幻象。

《说文解字》[1] 有解："龙，鳞虫之长，能幽能明，能大能小，能长能短，春分而登天，秋分而入渊。"

在悠久的中华文化传统中，在人们的观念和行为中，"龙"始终居于至高至尊之位，以至等同于皇权。如是众闻，龙所缠绕着的宫阙之筑，以及"真龙天子"的帝王称谓，乃至稳坐的龙椅、穿着的龙袍，都表现出了"龙"的尊贵风范。

《清朝通志·器服略》[2] 中记载："皇帝龙袍，色用明黄，棉袷纱裘，惟其时，领袖具石青片金绿，绣文金龙九，列十二章，间以五笔型色去。领前后正龙各一，左右衣襟处各一，袖端正龙各一，下幅八宝立水裾左右开。"在清代，龙袍一般绣有九龙，但从正面或背面看，都是五条龙，这正合了"九五之尊"的帝王称号。龙袍下端，排列着许多"水脚"。精绣的水浪，俗称"海水江涯"，包含了一统江山及万世绵延的寓意。在十二生肖中，"龙"具有图腾的基本特征，为中华各民族所共同崇奉景仰。

传说炎帝、黄帝、尧、舜和汉高祖刘邦的诞生及其形貌，都与龙有关，是龙种、龙子。十二生肖中的龙，已然升华为中华民族的神圣图腾，成为中国传统文化的典型写照。此外，置身于十二生肖中，龙是唯一一个能够被称为中华民族象征的崇高形象。

---

[1]《说文解字》，中国古代第一部系统分析字形和考证字源的辞书。作者许慎在东汉建光元年（121）完成了这部中国古代辞书的奠基之作。
[2]《清朝通志·器服略》，清爱新觉罗·弘历敕撰，嵇璜、刘墉等编修。通志所载典章制度，自清初至乾隆五十年止。

图 14 2012 年马来西亚发行的华人龙袍异型小型张 2 枚

直至今日，人们常说的"龙的传人""龙的子孙"，都是将龙图腾化，做了民族的标志，并衍生出龙的"图腾神"的观念。其不仅成为 LOGO 一般外在的至尊造型，而且被普遍认同为威武的龙具有无限的力量，且成为民族崛起、腾飞、兴盛的象征。

由于十二生肖中的龙具有图腾性质，这就提升了生肖形象本身的文化内涵，形成了以"图腾"概念为核心的"生肖文化"的根脉。

1903 年，中国近代启蒙学者严复[1]在翻译英国学者甄克思的《社会通诠》[2]一书时，首将"totem"一词音译成"图腾"。他指出："图腾"就是原始人类笃信某种动物或自然物，与本氏族有着深远的血缘关系，因而用来做本氏族的徽号或标志。"图腾"，就是感召和凝聚群体的一个神化了的形象。

图 15 严复

---

[1] 严复（1854—1921），清末资产阶级启蒙思想家、翻译家、教育家，是中国近代史上向西方国家寻找真理的"先进的中国人"之一。
[2] 1900 年英国学者甄克思出版的政治进化史著作《政治史》，1903 年严复将其译为《社会通诠》。作者用历史发展阶段的观点，把历史描述为从图腾社会到宗法社会再到军国社会的过程。

严复认为，中国古代也有与澳大利亚人和印第安人相似的图腾现象。自此，图腾概念引进我国，并移用于中国相应事物中。以其内涵，图腾成为中国学术界通用的一个概念。以至在中国传统文化流脉间，也以这个外来语作为对于龙的深入诠释。更有"图腾神"的称谓，在中西文化结合中，准确概括了龙的至高的特殊地位。

因此，以十二生肖的一个特殊属相"龙"形象为主的诸多文化形态，形成丰富的外延，成为中华民族的一种文化现象，极大地充实了"龙"本身的内涵。

山东沂南北寨村出土的东汉石墓，中室东壁有乐舞百戏石刻。其上，就有汉代鱼龙之戏的形象。只见龙形为：双角、鳞身、双翼、长尾，背上负一大圆口双耳瓶。这是"龙"图腾现于世俗的最早造型之一。

图 16 东汉墓出土的铜镜、牌饰上的龙纹图案拓片

中国的民俗节日，有不少与"龙"相关。宋人吴自牧《梦粱录》[1]中记述了元宵之夜龙灯盛况："以草缚成龙，用青幕遮草上，密置灯烛万盏，望之蜿蜒如双龙飞走之状。"文字中现出的，是静态观赏的龙灯。词人辛弃疾则有"凤箫声动，玉壶光转，一夜鱼龙舞"的词句，描绘了人众舞动的动态龙灯。

明清两代，舞龙之风更为盛大。据清道光年间《沪城岁事衢歌》[2]记载："游手环竹箔作笼状，蒙以绘，绘龙鳞于上，有首有尾，下承以木柄旋舞，街巷前导师为灯牌，必书'五谷丰登，官清民乐'。"清嘉庆年间，姚元之《竹叶亭杂记》中载："今圆明园正月十五日，筵宴外藩，放烟火，转龙灯。其制人持一竿，竿上横一竿，状如丁字。横竿两头，系两红灯，按队盘旋，参差高下，如龙之宛转。少顷则中立，向上排列'天下太平'四字。"

舞龙灯的民间习俗，非正月元宵节独有，在中秋节及各种庙会聚庆中，都可见其盛况。

在中国传统文化中，"龙"是吉祥瑞兽，人们用光华四射的灯笼衔接成"龙"，正是在吉日之时取吉祥之意，且形成传承至今的重要民俗。

农历的二月二，民间有句俗语，叫作"龙抬头"。此时，正值惊蛰、春分时节，蛰伏一冬的"龙"在这一天抬起了头。于是，潇潇春雨也翩然而至。明代文人沈榜所著《宛署杂记》[3]中就有二月引龙熏百虫的记载："宛人呼二月二日为龙

---

[1]《梦粱录》，南宋吴自牧著，成书于南宋末年。是记载南宋都城临安府（今浙江杭州）城市生活和文化生活的一部史籍。
[2]《沪城岁事衢歌》，清人张春华著，是一部通俗记述上海地区民间风情、土产风物和人文景观等的诗集。
[3]《宛署杂记》，明代沈榜撰，共20卷，成书于明万历二十一年（1593）。作为古代史志书，其记载了明代社会政治、经济、历史地理、风俗民情等。

抬头。乡民用灰自门外委婉布入宅厨，旋绕水缸，呼为'引龙回'。用面摊煎饼，熏床炕令百虫不生。"

当时，中国北方多旱少雨，将"龙"引入家中，为的是风调雨顺。于是，在民间就有了"二月二，龙抬头；大仓满，小仓流"的谚语。"二月二"这一天，人们的饭桌上要有龙须面、龙鳞烙饼、龙耳饼子等餐食。

农历五月初五是端午节。按地支推算，"五"与"午"谐音。近代诗人闻一多[1]曾将端午节称为"龙的节日"。在那一天，人们为了纪念古代诗人屈原，有赛龙舟、吃粽子的习俗。即使皇家，也要驾着豪华贵气的龙舟，参与到这个龙腾热烈的端午节中来。南宋画家李嵩在他的画作《中天戏水岫》[2]中，就有皇家龙舟的刻画：龙的头、尾、鳞，皆雕镂金饰，舟上建层楼台阁，廊栏环围，槛设御座。龙舟两舷各有三桨，气势雄伟，金碧辉煌。

在幅员广阔的中国，分布于西南地域的少数民族，如壮族、瑶族、哈尼族等，每年都有"祭龙节"。农历二月壮族的祭龙节，农历三月三瑶族的祭龙节，其时隆重祭龙，以及祭谷娘、祭盘古、祭玉皇、祭神农等，以祈愿龙佑人畜平安。

作为中国民俗的重要标志，龙图腾以创意性的民间艺术样式，有着丰富的展现。这充分体现出以"龙"为代表的生肖文化，正在形成着、发展着、传承着。

当然，在十二生肖中，还有不少活跃在人们身边的活灵活现的动物形象。和"龙"的节日一样，它们也形成了动态性的民俗。如彝族，至今仍以历史渊

---

[1] 闻一多（1899—1946），爱国主义者，坚定的民主战士，中国民主同盟早期领导人，中国共产党的挚友，新月派代表诗人和学者。
[2]《中天戏水岫》，南宋画院待诏李嵩所画。笔下大龙舟之头、尾、鳞皆雕镂金饰，舟上建层楼，尽显古时皇家龙舟建造的奢华。

远的天文学知识,运用十二兽纪日。有鼠日,有牛日,到了虎日,就要赶"虎街"(集市),猪日就去赶"猪街"。有些地方还建有十二兽神庙,一年一度,在肃穆气氛中,人们跳起十二兽神舞蹈,举行祭礼活动。

远古时代的不少氏族、部落,认为自己的始祖是鼠,并引为自豪。他们在仪式或节目里,隆重祭祀先祖,祈求鼠祖护佑平安。

古往今来,留下大量描绘十二生肖形象和内涵的诗歌、春联、绘画、图书及诸多民间工艺创作。这些静态的生肖图腾,与文化艺术相结合,构成了源远流长的生肖文化长廊。

自古至今,在中国传统艺术遗存中,有诸多描绘、刻画动物形象的经典。十二生肖则是将这些动物升华了的高端创作。这些成果反映出历代民间艺人和艺术家对于文化传承的接续,以及对美好生活的向往。

图 17 清院本《十二月令图册》之五月——龙舟竞渡局部

古时，有一种十二时盘，盘的四周装饰着十二生肖图案。宋代陶谷在《清异录器具》[1]中记载："唐库有一盘，色正黄，圆三尺，四周有物象。元和中，偶用之，觉逐时物象变更。且如辰时，花草间皆戏龙，转巳则为蛇，转午则成马矣，因号'十二时盘'。"此盘十二生肖图形，随着时辰的变化而变换图案。

在湖南湘阴的唐代墓中，曾出土一套生肖陶俑，为兽首人身造型，人身着宽袍，两手置于胸前，作揖拱状。中间，有可以插物的长形小孔。这十二件生肖俑，分别置放在墓四周壁龛内，用来表示方位。

图 18 现藏于陕西省历史博物馆的唐代生肖陶俑

---

[1]《清异录器具》，作者陶谷，完成于五代末至北宋初。此书是古代中国文言琐事小说。作为笔记，它保存了中国文化史和社会史方面很多重要史料。

唐代铜镜，其纹饰式样中亦有生肖造型，且在北方铜镜的朴素简约、南方铜镜的精巧华丽中，透出了生肖的生动。

在民间，自古流传的"十二生肖"剪纸，代代传承，祖辈相续，其多元化的主题中，始终不离十二生肖。在纤巧的剪刀下，剪纸风范犹在，但生肖形象单幅独秀或双双入图，成了一份宝贵的民间杰作。人们常见的《蛇盘兔》剪纸，剪出了蛇首兔头相对，蛇躯环绕兔身。这个造型应了民间"蛇盘兔，必定富"的民谚。当然，生肖与人的密切关系，也启迪了剪纸艺人的思路，不少构图就是生肖与人共一框中。

一年一度，农历新年，也就是春节将到时，贴年画是一个不可或缺的民俗，城里乡下，概莫能外。年画中，十二生肖作为必不可少的传统题材，体现出丰富精湛的内容、形式与风格。

年画多以雕刻木版，单色或套色印刷。杨柳青年画是中国著名民间木版年画，与苏州桃花坞年画并称"南桃北柳"。产生于明代崇祯年间的杨柳青年画，被列入第一批国家级非物质文化遗产名录。以"连年有余"等题材为代表，杨柳青年画将中国民间习俗，包括生肖图案，精致地表现在历代画作中。杨柳青年画对河北武强年画及陕西凤翔等地年画很有影响。

河北武强清代年画也有《莲生贵子图》，用红、黄、绿、紫 4 色套印。画面主图双圆之上，为生肖图案。龙、虎、兔居中央，鼠、羊、牛、马依次排于右侧，蛇、鸡、狗、猴、猪依次列在左侧。这幅年画将十二生肖全部纳入，以祈多儿多女。

图 19 连年有余图

在十二生肖中，鼠是冠居首位、排行第一的生肖形象。在年画中，诸如"鼠咬天开""老鼠嫁女"等题材，体现了生肖主题的丰富蕴涵。观赏四川夹江清代年画《老鼠嫁女》图，可见这个"天府之国"物产丰饶，既是米粮满仓，也是硕鼠颇多。于是，就有了老鼠嫁女场面。婚嫁仪仗齐全，有提灯、有旗锣、有伞盖、有鼓手、有花轿……执事与轿夫均为鼠演，只新郎与新娘绘成人形，画面趣味盎然。这幅生肖年画，构图设色颇具绵竹年画特色，浸透了深厚的民间艺术色彩。

作为民间工艺创作的重要主题，十二生肖曾经出现在泥塑这个创意中。陕西凤翔彩绘泥塑，有数千年历史，从毛稿、制模、翻坯、黏合成型，经彩绘、勾线、装色、上光等数十道工序，精创而成。其中，十二生肖中诸多动物形象，以精湛的构思，以拙朴、洗练、夸张、粗犷的写意造型，在似像非像之间，升华为图腾的刻画。坐虎、卧牛、驻马等生肖动物，以及十二属相的大胆构思，洋溢着浓烈的乡土气息和深厚的民俗格局。

从以泥土创作的小小塑造，到城市中的大型雕塑，常有生肖形象彰显着生肖文化的深远影响。

在十二生肖中，"羊"与"祥"谐音。西汉儒学大家董仲舒[1]曰："羊，祥也，故吉礼用之。"《汉书·南越志》[2]也有记："尉佗之时，有五色羊，以为瑞。"这是对于生肖羊作为祥瑞象征含义的解释。

图 20 加拿大 2020 年 1 月 17 日发行的鼠年生肖邮票

图 21 国家博物馆展出过的陕西凤翔泥塑生肖作品

---

[1] 董仲舒（前 179—前 104），西汉儒学大家，思想家、政治家、教育家，唯心主义哲学家和今文经学大师。
[2]《汉书》，东汉历史学家班固编撰。中国第一部纪传体断代史，二十四史之一，是继《史记》之后中国古代又一部重要史书。

广州号称羊城,就源自"羊"的美好传说:周夷王时,五个仙人骑着口衔六串谷穗的五羊,降临古称楚庭的广州地界。普降谷穗,以护佑此地永无饥荒。仙人隐去,羊化为石。战国时,广州厅室、梁上就画五羊。如今,广州市越秀山公园有雄伟的五羊石雕,高11米,带着祥瑞之气,瞰望着羊城,成为闻名于世的城标雕塑。

作为属相,生肖本与每一位中华儿女息息相关。因此,有些人在所喜配的玉饰上,往往刻镂着自己的属相。在传统的认知中,每个年份运势皆受天体变化影响而有不同。作为年龄的记录载体,人们以生肖属相之名,温婉含蓄地报出了自己的年岁。用翡翠雕刻成的生肖挂件、吊坠,分别拥有美好寓意。佩戴于身,不仅有玉石养人的美妙功效,还能驱邪避险,给自己带来好运。自古以来,生肖承玉,附着个体,这也成为一种深入人心的文化习俗。

图22 2010-16《珠江风韵·广州》特种邮票(4-1)五羊衔谷雕塑

图23 2000-4《龙(文物)》特种邮票(6-2)战国·龙形玉佩

此外，在古代社会流通的钱币上，也常有生肖的造型。《古钱大辞典》中引用《稗史类编》[1]有言：命钱，面有十二生肖字。张端木曰：此钱旧称命钱，有地支十二字，又有生肖形。此钱有一字者、两字者、四字者、十二辰全者，大小不等，品种尤繁。因此，生肖钱币又称作十二支钱、命钱。在生肖形象中，也体现出了干支纪年的体系，成为生肖文化进入社会实用领域的一个载体。

因此，十二生肖形象从剪纸、年画到泥塑、雕塑等，有数不胜数的多元形式，生肖文化呈现出五光十色、斑斓璀璨的光彩。

因此，从远古年代走来的生肖形象，从天象到人寰，从群体到个人，从纪年到艺术，从微观到宏观，从小到大，总是带着情感的温度和丰沛的文化含量，彰显着这个体现了中国古代科技伟大成就的纪年方式所独具的文化性质。

以干支纪年为根脉的生肖，在漫长的社会生活和时代变迁中，逐渐形成了生肖文化。

图 24 铸有董奉行医民间传说故事的生肖命钱

---

[1]《稗史类编》，明文献学家、藏书家王圻所撰，计 175 卷，书中记载了大量奇闻轶事。

综上所述，什么是生肖文化？

生肖文化是发端于干支纪年而在华夏先民的生产生活中日积月累所形成的精神成果及其他文化现象，它是民族品格的独特体现，是民族精神的图腾化象征，是民族风俗的多彩聚合，是中华民族古老的文化血脉。

生肖文化就是民族品格的一种独特体现。属相的内涵所深蕴的寓意，都是在祝福和祈愿中，追求着祥瑞和美好。这就是一个民族对新的一年所寄予的阳光一般的希望，并投射出一个民族向善向上的美好品格。

生肖文化就是民族精神的一种图腾化。特别是居于至尊之位的生肖龙，成为民族形象的一个缩影。生肖文化就是民族风俗的一个多彩的聚合。丰富有别的样式，皆为耳目一新的创意。每个载体，每个寓意，无不深蕴积淀起丰富多彩的生肖民俗文化。

图 25 个 5《天安门》个性化服务专用邮票副票——华表

第二节
生肖文化与集邮文化

一、生肖文化和国家名片的链接

生肖文化就是中华民族传统艺术屹立于世界民族之林的一个标帜。自古以来，中国生肖纪年的伟大创造，催生了独具中国特色的生肖艺术。从古文物到新创作，从民间到专业，在艺术的多元造型领域，生肖都被作为一个重大主题进行生生不息的艺术创造，且产生了影响世界的杰出成果。

说到底，生肖文化就是对于一个民族形态、一个国家形象的塑造。这里，我们提出一个有着"国家名片"称谓的艺术载体，那就是邮票。

中国生肖从1980庚申年走入邮票这个方寸天地迄今40余年，按照生肖循序轮回不辍地进行系列化发行，这个小小的微型艺术画面，已经成为生肖文化一个重要的载体。邮票，体现了民族品格、民族精神，彰显了中国艺术的博大与精湛，同时在自古就有的生肖民俗中，也造就了具有时代特征的新的风俗，那就是吃饺子、放鞭炮、看春晚、赏邮票。

自此，中国独有的生肖文化，已经与中国的"国家名片"——邮票链接，迅速形成从集邮领域到整个社会的集藏热潮。生肖文化已经和集邮文化接壤，逐渐表现出更有特色的中国生肖集邮文化现象。

二、集邮文化构成载体：邮票

以集邮行为作为基础的集邮文化具有哪些构成？

任何形态的文化，都是以其本体的文化属性作为构成前提的。从集邮本体的文化属性来看，文化在集邮行为中处于主体地位。

首先来看集邮之"邮"的文化属性。

"邮"是集邮的载体。"邮"的构成的最基本元素是作为"邮资凭证"的邮票。自1840年邮票诞生以来，邮票的形态就具有了文化属性。这一属性主要表现在，邮票是一种有主题、有内容、有造型、有风格的艺术化的用于支付邮资的纸质凭据。人们通过邮票可以透视一个国家、一个民族、一个地区的社会形态及文化风尚。因此，邮票又有"国家名片"的称谓。这一称谓的实质，是从文化角度反映一个国家的主体形象。

从主题来说，每一套邮票，都有一个鲜明的主题。有的是纪念性的，有的是专题性的，有的是信息性的。以新中国邮票为例，在这些主题类型下，就有了纪念邮票、特种邮票、实用性的普通邮票，以及功能性限定使用邮票与个性化邮票等之分别。这种分别，反映了作为邮资凭证的邮票首先是有主题的。主题的背后，体现的是丰厚的文化内涵。

从内容来说，在主题之下，每一枚邮票都有体现主题的内容，无论单枚或多枚，皆是内容构成主题。可以说，在每一枚邮票中都能够解读出它所反映所表达的内容；无论何种题材，每一枚邮票的内容都相对独立地构成信息点，这些信息点作为明确的内容在方寸之间显现出丰富的文化内涵。

从造型来说，邮票作为一种微缩的造型艺术，以其色彩、线条等要素构成了表现主题与内容的基本形态。在不同的文化背景下，形成不同的艺术与技巧的表现方式。从造型艺术角度来看，每一枚邮票都是一幅艺术作品。因此，作为微缩造型艺术的邮票，渗透着深厚的文化底蕴。

从风格来说，邮票是体现不同国家、不同民族风格的一种微型艺术作品。风格的形成，不单单来自艺术技巧、艺术表现等层面，而是融会了一个国家、民族的人文历史。因此，一种艺术风格，实质上是一种文化。邮票作为"国家名片"，在直观的艺术风格上成为一个国家的文化符号。

对于中国邮票而言，清代、民国邮票打下了中国传统文化的烙印，而人民革命战争时期的邮票与新中国邮票，从主题到内容，从造型到风格，在传统文化的基础上，更反映了时代文化的特征。这些邮票还特别注重对于以生肖文化为主题的中国传统文化的系列性表达。因此，形成了具有民族风尚、富于中国特色的邮票艺术风格。这种风格既与中国传统文化一脉相承，又具有鲜明、强烈的时代色彩，构成了新中国的一套完整的"国家名片"。

三、集邮文化构成要素：集邮行为

从另一个层面来看，集邮之"集"的行为，也具有文化属性。

从世界范围来看，自邮票诞生之时，就有了集邮这种收藏行为。这种集藏活动与其他收藏行为相比较，既有共性，又有不同之处。最大的不同是集邮这一收藏行为有着鲜明的文化属性。

集藏邮票，若溯其渊源，可能是无意识的行为，即看到邮票图案与色彩赏心悦目，才有了集藏的动机。"美"是激发集邮的原动力。这本身体现了邮票这个具有文化属性的载体的文化因素。

此后，集邮发展到了因邮票图案的主题、内容及艺术化感染力，而使人们产生了理性的收藏动机。以传统性收藏为例，是从求全目的出发，最终走向对于邮政文化研究的定位；以专题集邮为例，最初的收藏动机是自己的爱好或与自己的职业行当有关，最终达到对于某一专题的文化内涵探究的定位。生肖集邮的肇始，就是专题集邮中的主题集邮形式。因此，作为收藏行为的集邮之"集"，离不开文化的属性。

收藏邮票的过程亦有文化的参与。集邮是一个过程，在这个过程中，人们不可能游离于邮票的主题、内容、造型、风格等文化属性之外，而是在收藏过程中不断去挖掘邮票本身所蕴含的文化内涵，调动收藏者自身的文化积累，这便使集邮过程充溢着文化气息。以专题集邮为例，几乎没有哪一个收藏者不去从文化角度弄清自己收藏的每一枚邮票的信息与背景，这就是对于邮票的文化蕴涵的发掘，以及对于更丰富的信息与知识的扩展与拓宽。这本身就是一种文化探讨的行为，是收藏过程中文化属性的鲜明体现。

收藏邮票的目的是多元的，但重要的一点是集藏者在文化上的获取，也就是通过集邮达到增长知识的目的。这几乎是广大集邮爱好者的共识。

因此，从收藏邮票的动机、过程与目的三个方面来看，集邮之"集"，是一个充满了文化属性的特定行为方式。从集邮的"邮"，到集邮之"集"，从载体的属性到行为的属性，毫无例外地具备了文化属性，这便给集邮的性质确立了文化性的定位，也就是从集邮的本体上，确定了集邮的文化性质，这对于倡导集邮活动中文化性的彰显是一个重要的基础。

四、生肖文化与集邮文化的紧密联系

中国传统文化中的十二生肖，以"国家名片"邮票为载体，将生肖文化和集邮文化有机结合起来，从中国纪年方式到个体属相造型，塑造了民族的和国家的形象。同时，附着属相的生肖邮票，既是"国家名片"，又是"个人名片"，显现出生肖文化与集邮文化的紧密关系。

从本质上讲，具有悠久传统的生肖文化，体现了中国古老科技纪年方式的卓越成就，同时，也在体现民族精神、塑造国家形象中独树一帜，历久弥新。而其与集邮文化结合所形成的"生肖集邮文化"，在几近半个世纪的践行中，已经构筑起这一集邮类别的特殊的价值体系。

第三节
生肖与生肖邮票的美学特征

从干支纪年、生肖属相到生肖文化，再到生肖集邮文化，一个重要的载体，就是作为邮资凭证的邮票。

1950年，日本以贺年邮票形式，在虎年发行了世界上第一枚生肖邮票（彩插4）。但这个"第一"尚未构成生肖本体邮票的系列发行，因此，也就未能完整地揭示出生肖与生肖文化的深刻蕴涵。

自20世纪80年代初庚申年属相那一年始，迄今40余年，中国邮政发行了四轮生肖邮票系列，这构成中国乃至世界邮票发行的最大系列，也就有了从多层面认知生肖邮票价值的一个广袤空间。

在正形成的生肖集邮价值体系中，生肖邮票的美学特征首先进入我们的视野。

一、生肖文化的美学价值

美学是从哲学高度审视艺术的一门科学。从黑格尔[1]的美学大系到丹纳[2]的艺术哲学之见，连篇累牍的大部头美学论著，已经把这个命题推到理性认知艺术的金字塔尖。其实，直白简洁说来，美学就是把人类对于艺术本体之美的感性感受，做理性的概括和提升而已。特别是在2023年癸卯年的"蓝兔子"生肖邮票面世之后，在开放的议论中，"大众审美"在生肖邮票中开始出现，这就很简单又很深刻地诠释了美学的基本构成。

论及生肖邮票的美学特征，首要的是回溯其基础，也就是生肖文化的美学价值。

中华民族独创的丰富的生肖文化，是一种积极的、健康的民俗文化，因而也是一种"美善相乐"的民俗文化。在中国乃至世界民俗文化园地里，它是一株永不凋谢的奇葩。

生肖文化的美学价值，不仅体现在它独特的存在形式中，还体现在它博大精深的内涵里。生肖文化的美学价值，在于它与生俱来的鲜明的中国特征。

第一，从根本上说，生肖文化是一种积极向上的励志文化，它以中华民族的传统美德，激励每个个体的人去追求个性之美，以共同营造群体性的社会之美。

---

[1] 黑格尔（1770—1831），德国古典哲学代表人物。世界哲学史上第一个自觉地、全面地、系统地阐述辩证法的哲学家。
[2] 丹纳（1828—1893），法国文艺理论家和史学家，历史文化学派的奠基者和领袖人物，被称为"批评家心目中的拿破仑"。其代表作为《艺术哲学》（中文译者傅雷）。

随着历史的演进，在十二生肖属相中，早已融入人类的美好愿望、理想追求、精神向往、感情寄托和心理平衡。其所寓意的美好吉祥、奋发向上，内核就是普世价值"真、善、美"。这正是中华民族传统美德的精髓。孔子[1]主张"里仁为美""尊五美，屏四恶"；孟子[2]提出"充实之谓美"；儒家提倡的是"美善相乐"。中国古代美学学说强调个体的人要自觉以全社会公认的美德去修养规范磨砺自己，"使之不虚，是为美人，美德之人也"。生肖文化之所以历千古而不衰，生生不息而远播四方，正是因为它是诲人为善、导人向上的积极的、健康的精神文化。

第二，生肖文化从外在到内在，体现了"天人合一"[3]的哲理，崇尚人与自然和谐共处的生态文明。

十二生肖属相之中，除了龙之外，其余都是人格化的与人类共存共荣的可见动物。远古先民从芸芸万物中，筛选了12种与人类最为亲近的动物，赋予它们以人格的灵性，把它们尊为每一个人的"生命符号"，表现出华夏先民朴素而执着的生态文明的理念。从根本上看，十二生肖属相最终表现为人格化了的自然界的生灵。

人类不是在征服自然中肯定自己，而是在生态文明中肯定自己。因此，生肖文化可谓是一种至善至美的传统文化。

---

[1] 孔子（前551—前479），名丘，字仲尼，生于春秋时期鲁国陬邑（今山东省曲阜市）。中国古代思想家、教育家、政治家。
[2] 孟子（约前372—前289），名轲，字子舆，战国时期邹国（今山东邹城市）人。中国古代思想家、教育家，儒家学派代表人物，与孔子并称"孔孟"。
[3] "天人合一"为中国古代重要哲学思想，强调人与自然相统一，认为人是自然的一部分，人的行为和思想应该与自然规律相协调，与自然和谐共生。

第三，传统的生肖文化又是与时俱进的先进文化，它闪烁着人类文明进步的时代之美。

所谓传统，既是传承已经形成的固定的既成事实，也是在时代与社会进步中不断突破更新变化着的现实。十二生肖属相不是子虚乌有的想象或幻象，而是原始人类对于自然事物的重要价值的认识。例如，牛、马、羊、鸡、猪、兔是人类生产生活的主要资源；狗是人类狩猎、护宅的好伴侣；猴是人类近亲的智灵动物；蛇、鼠位居维持生态平衡的生育繁衍之"冠"；虎则在威严烈猛之中蕴含着仁与义；龙是人类神化了的避凶迎吉的一个创造性的图腾。

生肖文化在不同的历史阶段有不同的功用。如在先秦，官差曾以生肖属相去推测人的善恶，借以判断是否有犯罪之嫌。在封建社会，它又曾被用作占卜看相的工具。而在科学昌明的新时期，生肖文化又被赋予了崭新寓意。以属相马为例，其在跋涉中从不懈怠、奋进不息。"马不停蹄"在启迪着人——马尚如是，人岂可止步……

第四，生肖文化的社会影响力，在于它具有"润物细无声"的潜移默化的教化作用。没有经文，没有戒律，每一个人都义无反顾地努力着，让自己的属相这个"生命符号"，闪耀着成长的光辉。

在中国，数千年来生肖文化以人们喜闻乐见的形式融进神话、寓言、民间故事、戏剧、雕塑、陶瓷、绘画、诗歌以至邮票等文化艺术及工艺美术品类之中，并在民俗学、社会学、心理学、美学等范畴占有一席之地。

美学家王朝闻[1]曾指出，巨大的社会功利的内容和效果，经由实用到审美的过渡的漫长历史进程，已沉淀在一种似乎是非实用、非功利的（如娱乐、游戏的）心理形式里，恰恰正是通过这种似是而非实用功利的形式，来实现重大的社会功利的目的。通过这种娱乐、观赏，人们在思想感情上得到熏陶、潜移默化，起了不能为其他意识形态所能代替的教育作用。

第五，生肖文化蕴含着中国古代辩证哲理的思想光辉。

在宗教信仰中，人们顶礼膜拜的偶像总是完美无瑕的、崇高圣洁的和高不可及的。然而，在十二生肖属相这个大家庭里，有令人喜爱的，有令人敬畏的，也有令人讨厌的。因为，每一生肖属相的原型，是优点缺点兼而有之的。这正体现了中华民族的辩证审美观："金无足赤，人无完人。"特别是人们普遍存在的对于老鼠与蛇的负面感受，更是在生肖造型的过程中，从"丑"象中挖掘出了"美"感。这个辩证实例，是哲学也是美学，它使得十二生肖属相在人们心目中更为真实可信，更加亲切自然。

在中国古代美学思想中，认为"丑中寓美，美中寓丑，美丑杂糅，瑕不掩瑜"。美丑的意识说到底是人的一种生命意识：美，是人的生命力的重要表征；丑在一定的境况下也有利于人的生命发展，它折射出了人的别样生命力。因此，古人强调，既要懂得审美，也要知悉审丑。对于美和丑，采取辩证的认识和理解。陶醉于美，警醒于丑，美丑皆可为人生镜鉴。这正是生肖文化胜于其他民俗文化的可贵之处。

---

[1] 王朝闻（1909—2004），中国当代雕塑家、文艺理论家、美学家，著有《一以当十》《新艺术论集》《论艺术的技巧》，主编《美学概论》等著作。

生肖文化中这种对立统一、相互转化的哲理，在生肖邮票设计与生肖集邮中也有充分体现——美与丑、庄与谐、奇与正、大与小、多与少、实与虚、黑与白、动与静、情与景、张与弛、疏与密，都在方寸之间发挥得淋漓尽致，美不胜收。

中国的生肖文化是既古老又年轻的文化，是既具有悠久历史渊源又有强大生命力的文化。在世界文化宝库中，鲜有一种专一的文化可与生肖文化相媲，这当使我们引以为豪。生肖文化的美学价值，需要在与时俱进中不断认知和开掘，也需要在细细观赏解析中去品味、去鉴赏、去认知。对于生肖文化美学价值的探究还有很大空间，依然任重而道远。

从生肖文化到生肖邮票，要从广大受众和邮学专业两个视角对生肖邮票之"美"做一审视。这个审美结果，就是生肖文化之下的生肖邮票的美学特征。

二、生肖邮票的审美视角

美学的一个视角，就是探究"美"存在于主观抑或客观中。这个曾争辩已久的观点放在生肖邮票上，就简单明确多了。

首先，根脉在中国的生肖形象，有着几千年的悠久历史，也有着同样长度的以生肖民俗为代表的生肖文化的浸透；因此，在广大受众中，也就是在每一个人的心目中，已经有了主观审美的标准。那就是，生肖的动物实体形象并不能完全体现生肖符号的祥瑞本质。正是生肖符号所带有的人们赋予的美好寓意，才体现了生肖的本真。因此，在主观审美意识中，人们对于十二生肖的形象变成"动物园"是不认同的，也是排斥的。这个认知体现出的美学主观性，非常典型地诠释了主观美学的形态，表明生肖文化本身具有哲学化的美学特征。因此，当下我们提倡的"大众审美"的提法，就是要调动广大受众本就有的主观审美意识。这个意识，是中国传统文化年深日久潜移默化的结果。因此，承载生肖形象的生肖邮票，要有"大众审美"这个主观美学视角的认定。而"大众"二字，正表明艺术创意中的生肖形象，要符合大众几千年来的普遍化认同，也要符合邮票这一微型艺术表现的规律。一句话，生肖形象既要为大众所认同，也要符合邮票设计的艺术要求。邮票上的生肖形象，不是艺术家风格探索和试验的空间，那是一个严谨的符合"大众审美"意识的艺术美学课题。

其次，美是客观的。人的主观感受到的美，源自实体本身就存在着的美的元素。这个"美"附着于客观实体上，就是所谓的客观的美。人的主观性的审美，正是面对着客观的美的存在。这个审美，无论是高端理论化的，还是大众感受性的，都以美的存在为前提。美的客观性，让我们聚焦于实体的美的创造。从中，可见其美学的特征。从根本上讲，美的客观性，体现了哲学关于"物质存在是第一性的"理念。同时，这也是审美过程中的一个存在事实。因此，对于美的客观性的认知是审美的一个前提。生肖邮票主观审美的源头，就是生肖邮票本身客观存在着的美。有这个存在，才会有审美的行为和结果。于是，从客观美学观来看，这就要求生肖邮票本身在创造中具有美感。这个美感，来自生肖这个主题的蕴涵，也就是在中国悠久的生肖属相传承中，蕴含着深厚的文化元素。这些元素，体现在为大众所认同的典型造型中。这是生肖形象的本真性内涵，也是生肖之美的出发点与归宿。在这个基础上，才有了邮票设计这一特殊的艺术创意行为。这个创造，则使其升华为更高层次的艺术创作。于是，便形成了创造客观美感的一个源头性的艺术美学成果。生肖邮票这个实体所体现出的美学特征，就是对于客观存在着的美的挖掘，就是探讨其美的存在的种种表现。

从美学角度审视生肖邮票，重要的是解析生肖邮票的美学特征。

美学并不深奥，它是发现美和认知美的一个从感性到理性的过程。主观与客观的结合，才构成了美学本身。我们探究生肖邮票的美学特征，正是要拿起这两把"放大镜"。

三、生肖邮票的审美过程

生肖邮票本体客观存在着美的元素，并且浸透在审美过程中。

首先，在美学领域就有一个著名的论断——"美"就是生活。因此，美首先就在生活中。

十二生肖的动物实体，就在人们身边。每一个生肖都寄托着人们对于生活的美好向往。就是实际上不存在实体的"辰龙"，也强烈地走进人们对于崛起奋进腾飞的时代与生活的寄望，龙腾天地的气象在人们面前展现。此刻，生肖形象本身，就有了一种与人们身处的美好生活实际相系相融的特质。于是，生肖之美，首先就在人们的生活中，是切近人们的一种存在。生活，是最大的客观存在，也是最大的审视和体验实体。因此，审视生肖邮票之美学特征，首先要看到其与生活之美的结合。这就是美学的原理——美就是生活。

其次，生肖邮票发掘了生肖形象的美的内涵。作为普遍存在于每个人身份中的形象化表征，作为民俗所谓之属相，实际上是人类对于动物的一种美好刻画。因此，在审视邮票上的生肖形象时，首先不是聚焦于动物实体，而是其被赋予的美好内涵。于是，"过街老鼠"也有了"鼠咬天开""老鼠嫁女"的美好传说；属相为"蛇"，也有"金蛇含珠"的祥瑞，以及一个美好别称"小龙"。在这种情势下，生肖之"美"脱离了动物实体具象的刻画，而升华为一种美好的精神。与其说生肖有着图腾神的尊誉，不如说生肖有着一种图腾美。这就是邮票上所塑造的生肖形象的"美"的内涵。

生肖邮票的另一个美学特征，就是系统地体现了美的造型。中国生肖邮票自 1980 年发行至今，已有 40 余年历史。40 多个生肖造型，在将近四轮的循环中反复出现，没有雷同，没有烦絮，有的只是愈发引人入胜的美感。这就是生肖本身提供的创意千变的可能性。造型艺术本身，就是一种对于生活之美的描画。40 余年生肖邮票所展现的造型，从民间民俗的创造到专业画技的创意，从传统化的写意到艺术化的写实，其造型无不以美为特征，且涵盖了审美上的大众意识。这本身彰显出生肖邮票中的生肖造型，就是以美为原则。生活本身有着综合美，生肖本身有着内涵美，生肖形象本身有着造型美。

最后，应当看到在生肖邮票这个选题定势之下，有一个广阔的艺术空间。美学中的艺术，是体现"美"和审视"美"的聚焦点。生肖邮票本身的小小尺幅，就是追求艺术"美"的一个广阔空间。在这个空间中，设计语言及其成果就是艺术美学的体现。生肖邮票的设计，不仅要适合生肖文化的内涵，还要体现这一主题的大系列特点。"大系列"所提出的挑战，就是避免同质化。历来，在十二生肖已经限定的形象中，要创造出不同的感觉，这就铺开了一个再大不过的艺术创造空间。因此，生肖邮票设计，从美学价值上看，是在一个更具艺术创造的天地中，奉献给人们美的享受。事实上，从艺术美出发，走进四轮的 40 余年生肖邮票，已然是一席美的"盛宴"。

从美学视野看生肖邮票，其特征就在于与生活这个"美"的渊源相关，与文化这个"美"的内涵相系，与造型这个"美"的创造相连；一句话，与"美"的艺术这个广阔空间比肩而立。在已走进四轮的小小生肖邮票中，美的存在及由此生发的审美行为，皆表明生肖邮票已跻身美学行列。

第四节
生肖集邮中的经济元素

邮票本就是带有经济属性的一种邮资凭证。在其诞生180余年的历程中，只以经济眼光来看，在市场上有着增值、贬值、保值三个状态。因此，邮票在"邮资"和"集藏品"这两个领域的表现，正是其经济属性、经济特征及其力量的反映。

一、集邮的两种属性

其实，集邮与生俱来就是文化和经济两种属性的并存。我们曾经有过将集邮的文化属性不但放在"第一"，而且视为"唯一"的偏颇。随着改革开放时代的到来，其属性已经归于正常。如今，更是可以名正言顺地大谈集邮的经济属性。这是社会大环境所带来的集邮领域开放性的真实状态。

集邮的本来面目就是文化与经济两种属性并行不悖。如果把集邮比作一辆列车，那么，这趟"列车"有两个轮子，一个是文化价值，一个是经济价值。两个轮子同时启动，集邮"列车"才能前行。

当然，集邮的本质是文化，同时也是集邮文化价值与经济价值的结合。这是对集邮的全面的和完整的认识。

二、集邮的经济属性

说到经济价值，先要说其由来。集邮的载体是邮票。邮票作为邮资凭证有面值，实质上是流通的有价证券。此外，邮票有世界性的规定，那就是不可复制。因此，从流通的消耗和发行的定量两个角度来看，发行量的大小，消耗量的多少，以及存世量的数据，都是决定邮票经济价值的因素。

在生肖邮票发行中，有着经济属性方面的共性和个性。

共性就是发行量、消耗量、存世量的数据，这些决定了诸如 1980 年生肖猴票的升值神话；个性就是生肖邮票在市场上有着其他题材邮票所没有的广泛的社会性，亦即集邮的和不集邮的人，皆对这一题材有共同的喜爱，且进行追捧。

这个共性与个性，决定了只在生肖题材的邮票发行中才会出现所谓"升值神话"现象。

在集邮领域，还有一个"珍邮"概念。其中一个重要的衡量标准，就是其经济表现，也就是其经济价值的"重量级"的彰显。

从世界范围来看，包括中国在内，珍邮大多是年代久远的古典邮票。这个时间跨度，往往决定了邮票消耗量的巨大与存世量的稀少。

中国邮票中的珍邮，大多集中于清代和民国时期，以及 1930 年至 1950 年仅有 20 年历史的中国人民革命战争时期发行的邮票中。新中国邮票历史离我们并不远，有一些"珍邮"，大多集中在 20 世纪 60 年代前后的新中国早期邮票中。但是，一枚已被世界公认的新中国珍邮却是近期发行的，且就属于中国生肖邮票，那就是 1980 年发行的 T.46《庚申年》生肖邮票。

这是中国第一枚生肖邮票，也是生肖系列邮票的第一枚。其地位的重要及发行量之少，是奠定其珍邮地位的基础。当然，还有更重要的因素，那就是当时的邮票主要和大量用于通信，因此，消耗量很大，存世量很少，加上设计精湛和印制精美，追捧集藏者与日俱增，故有了一票难求的态势。

于是，一枚面值只有 8 分的小小的生肖第一轮第一枚邮票，创造出一个几十年来为人称道的金猴神话。这个"神话"，就是它的经济价值的飙升，犹如孙悟空一个筋斗十万八千里，从面值 8 分涨到万元一枚。而 80 枚一版的生肖猴票，则存世量更为稀少，当年 6.4 元一版的价位，竟升至现今市场价百数万元。

图 26 集邮者们在听生肖邮票的升值潜力讲座

图表 2 T.46《庚申年》邮票单枚价格历年走势

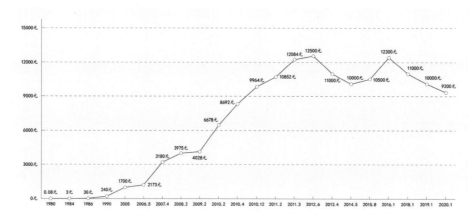

图表 3 T.46《庚申年》邮局全张价格历年走势

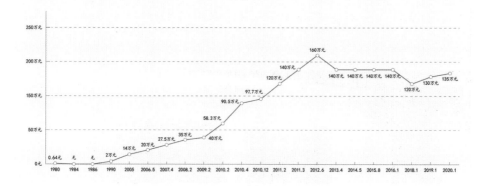

这个离人们最近的 20 世纪 80 年代的邮票升值的事例，是多年来邮票市场上所没有过的一个奇迹。

"猴票"增值几十万倍的神话，最鲜明地体现了邮票和集邮的经济价值，是邮票升值的一个最有冲击力的典型，最有力度地说明了集邮在经济上的实实在在的力量。

金猴神话，还昭示了中国生肖系列邮票所独具的另一个标志。与其说"金猴"是邮市价位的一个风向标，不如说它从一个侧面带动了整个生肖邮票价值的全面提升，成为生肖邮票价值体系中一个不可或缺的亮点。

同时，它也成为集邮这个文化集藏行为最有感召力的切入点。在当下市场经济形势下，从经济价值角度进入集邮领域是无可厚非的。金猴神话像一个放大声音的"号筒"，召唤不少人跨过集邮门槛。

金猴惊人的升值增值空间，促进了集邮的人更执着于集邮，吸引了很多不集邮的人开始集邮。如果说，邮票的美学特征、集邮的美学价值使得集邮可以从"美"这个文化切入点开始；那么，事实还表明，集邮也可以从经济价值这个"入口"起步。

三、集邮经济与集邮文化

经济价值的实质，也在文化构成中。从人类社会历史发展过程的角度看，文化是人类在社会历史发展过程中所创造的物质财富和精神财富的总和。它涵盖了从物质财富到精神财富的各个方面。经济在文化体系中是与文化相互关联、相互作用的。特别是从本就有的"邮资凭证"这个经济属性来看，集邮不可能脱离经济属性而独立于文化性质中。

因此，作为集邮这个集藏行为，不可回避其经济元素。对于中国生肖邮票系列的认知，更不可忽视金猴神话所标志的文化价值中的经济表现。这个表现，就是物质性的可见的经济元素，还有不可见的文化与经济拉动生肖文化进阶提升的双重力量。

正是因为有了金猴神话这个看似纯经济性的现象，才有了40余年生肖邮票在文化与经济价值上的重要地位。就像列车运行的两个轮子，文化的和经济的双轮驱动，带动了生肖邮票持续性发行，以及热度不减的世界性的生肖邮票发行。这个事实本身充分证实了集邮是一个文化与经济相结合的集藏现象。同时，具有影响力和推动力的经济属性，还是集邮文化发展的内在基础。

生肖邮票的经济元素，这个活跃的能动性的价值表现，不仅是本就有的客观存在，还具有与时俱进的特征。在更广泛的群体中，特别是在青年中，它有着愈益强大的影响力；并且从集邮这个集藏小领域，逐渐走到了社会大领域。正如生肖成为每一个人的生命符号一样，生肖邮票引人瞩目的价值优势，已经成为文化市场的能动力量，促进着文化发展，也将文化带到更广阔的领域。

从这个基点上看，这也推动了生肖文化内涵的弘扬与传承。从这个意义上说，生肖邮票的经济元素也是生肖文化价值体系中的一个重要构成。将集邮作为文化集藏行为来审视，生肖邮票和生肖集邮所体现出的经济元素，也是一种价值，且已为集邮这个概念做了完整诠释，给出了有影响的、标志性的定义。

生肖邮票和生肖集邮的经济特征，显示了中国集邮正在走入市场经济的轨道。从根本上讲，这对于中国集邮事业的发展是有利和有益的，这也是现代中国集邮的一个不可忽视的特征和特色。

集邮离不开市场。作为具有经济属性的邮资凭证和艺术集藏品，邮票必然在其文化性之外，鲜明地体现着经济属性。

我们应当强化集邮的文化性，但我们还要正视集邮的经济属性及其推动集邮文化的力量。

很多情况下，重视经济属性会成为弘扬集邮文化的一个介入点，甚至是一个基础。从这个意义上讲，集邮的文化与经济属性不是对立的，而是相辅相成、不可分割的。

特别是在当代中国，集邮已成为社会主义精神文明的组成部分，集邮的经济力量，实际上扩大了集邮的实力、魅力和吸引力。愈益增多的集藏者，将集邮的文化性和经济性等量齐观，促使集邮的影响力不断增强。这对于社会进步和文化建设，起到了不可低估的作用。

第五节
生肖集邮文化的形成

集邮,既是集邮界域中的一个积攒、集藏、品赏、探研、展示的文化行为,也是一个走出集邮界域,有着广泛社会基础的群体性的文化共享过程。这个行为与过程,谓之集邮,它是建立在邮票发行这个物质载体之上的。

一、生肖邮票是生肖集邮文化的载体

生肖集邮行为源自生肖邮票这个载体。生肖邮票是生肖文化的基础。随着生肖邮票的发行,生肖集邮才开始萌生、发展、兴盛,并愈益成为一种带有自身特征的生肖集邮文化现象,并在集邮界域和社会中产生了日益广泛的影响。

首先应当看到,生肖集邮行为的重要目的,就是发掘生肖和生肖文化的内涵。这个内涵集中体现在生肖邮票上。这就表明,当邮票所体现的生肖文化被注入生肖集邮行为中时,生肖集邮文化才有了形成的可能和发展的基点。因此,生肖集邮文化是建立在生肖邮票这个实体基础之上的。

生肖集邮文化形成的第一步,就是通过生肖邮票体现悠久而深厚的生肖文化。凡是出现在生肖文化中的特征和亮点,无不在生肖邮票上有所体现。因为,

生肖文化是生肖邮票艺术创意与艺术设计的基础。从干支纪年法的时间记录，到十二属相的形象与寓意，从历史久远的文物遗存到民间和专业的艺术造型，再到独有艺术规律的微型创意的邮票设计，这就形成了两种文化，也就是生肖文化和集邮文化的首度结合。

二、生肖集邮发展的动力在于群众性

生肖集邮文化还有自身所独具的特征,最重要的,就是生肖集邮有着广泛的群众基础。

由于日本、韩国等世界上早期发行生肖邮票的国家,是将生肖邮票列入贺年邮票这个主题系列中发行,加上开始几年所发邮票中的生肖图案只是断续出现,故当时并未引起集邮者的特别关注。因为,当时生肖邮票这个概念尚未形成。

正式以农历干支纪年形式系列发行生肖邮票,是从中国香港地区开始的。香港地区1967年羊年至1978年马年发行的12年一轮生肖邮票,每个生肖邮票一套2种,图案都是当年生肖属相,均印有"岁次"干支年份字样。无论是形式、内容还是文字,都具有了生肖邮票的鲜明特征,于是生肖邮票的概念逐步形成。

图27 生肖集邮活动走进梅州

到 1980 年，日本已发行生肖邮票 21 年，韩国发行 17 年，琉球地区发行 11 年，中国香港地区发行 12 年，中国台湾地区发行 12 年，还有越南、蒙古国、老挝各发行过 1 年。尽管如此，这些地区发行的生肖邮票，对于当时处在相对封闭状态下的中国大陆集邮者来说，很少拥有或者见过，了解发行生肖邮票的非集邮人则更为稀少。

因此，1980 年 2 月 15 日中国人民邮政发行的第一套生肖邮票，即庚申年"猴票"，影响深远。以后每年照例发行的邮票，年首开门票通常均为生肖邮票。连年成系列的发行，引起强烈反响，在中国出现了前所未有的生肖邮票热。这个"热"，实际上就是生肖集邮之始。那时，生肖邮票成为最引人注目的邮票，原因是生肖与每一个人相关联，可谓人见人爱，许多家庭和个人争相收藏，且不拘于集邮者。中国的生肖邮票热，不仅促使世界上一些国家和地区也相继发行生肖邮票，同时，生肖集邮这个新兴的集邮行为，在中国乃至世界也开始兴起。它的一个重要特征，就是与传统集邮、邮政史集邮、航空航天集邮乃至专题集邮等相比较，具有任何其他集邮类别所没有的广泛的群体性。

生肖集邮是以收集、鉴赏、研究生肖邮票及相关邮品为主要内容的集邮方式。这是首先在中国出现的新兴的集邮方式。这一集邮方式也包括对生肖文化有关邮品的收集和研究，并根据需要进行扩展和延伸。

随着生肖邮票和生肖邮资封、片的不断发行，由生肖邮资票品而形成的封、片、戳等邮品的大量出现，促进了生肖集邮的兴起，涌现出一批生肖集邮的爱好者和研究者。

集邮是一种业余文化娱乐活动，具有广泛的群众性和趣味性。作为群众性的文化娱乐活动，有着多层次性。既有"阳春白雪"，又有"下里巴人"。最重要的是立足于普及，增强吸引力，使更多人参与。犹如群众体育活动一样，既有国际、国内各个层次的竞技性比赛，又有广播体操等便于人人参与的体育活动。集邮也是如此，既要重视学术研究和编组邮集展品，举办学术研讨会和高层次邮展，力争在国内和世界产生有影响的成果；更要多开展各种群众性的集邮活动，吸引普通集邮爱好者积极参与。在集邮爱好者中，能够编组邮集参加高水准邮展的毕竟是少数。因此在市、县一级特别是基层邮展中，要注意降低门槛，使大家有机会参与。

为了推动群众性集邮活动的开展，要倡导和鼓励支持趣味集邮、快乐集邮。在这方面，生肖集邮具有独特优势。这是因为十二生肖关系着每个家庭每个人，最能引起人们的感情共鸣；生肖文化博大精深，涉及天文、地理、宗教和文化艺术等众多领域，还有许多神奇故事和美丽传说，别有情趣；生肖邮票的连年系列发行，形成大量的封、片、戳，生肖邮品丰富多彩，别具一格。在生肖集邮活动中，要充分发挥"普及"这一特点和优势，发展趣味集邮，使生肖集邮的道路越走越宽，参加生肖集邮的人越来越多，以此推动群众性集邮活动蓬勃开展。

三、生肖文化与集邮文化的双向结合

从生肖集邮多元化形式的群众性活动中，可以看到生肖文化与集邮文化的双向结合。这个结合，首先是生肖这个主题以极其丰富的文化内涵，附着在生肖邮票、邮品载体上。生肖集邮文化，正是生肖传统文化在集邮行为中获得的特殊的传承形式。这个传承形式，就表现为两种文化，即生肖文化与集邮文化的结合。

如前所述，生肖文化是发端于干支纪年而在华夏先民的生产生活中日积月累所形成的精神成果及其他文化现象，它是民族品格的独特体现，是民族精神的图腾化象征，是民族风俗的多彩聚合，是中华民族最古老的一条文化血脉。

那么，什么是集邮文化？集邮文化是伴随1840年"黑便士"邮票在英国诞生，以及随之邮票陆续在全世界各国发行并同时产生了集邮活动，由此起源与发展的以邮票邮品等通信载体及其承载的社会文明为主要内容的文化形式。言简意赅地说，集邮文化就是人们在收集、鉴赏、研究邮票及其他集邮品的活动中所创造的精神成果及其他文化现象，是社会文化的一部分，也是世界文化的一部分。

它们本来是平行发展的两种文化形式，各自内容没有交集。生肖文化是中国特有的传统文化，随着中国对世界影响力与日俱增而被世界广泛认识，它既是民族的文化，也是世界的文化。集邮文化早已是世界性文化，中国从1878年发行"大龙"邮票起，集邮活动开始萌芽，到新中国成立特别是改革开放时期，集邮活动取得长足发展，中国集邮文化也进入兴盛时期，同时融入世界集

邮文化并体现出自己的特色。假如没有生肖邮票的发行，这两种文化依然是平行发展的，各自内容依然没有交集。但偏偏历史的发展有着自身的逻辑。生肖邮票早在1950年已经由受中国传统文化深刻影响的日本发行，随后在同样受中国传统文化广泛影响的亚洲其他国家和地区发行。当生肖遇到邮票，二者共有的文化性，就成为它们相互结合的必然性；反过来说，当邮票遇到生肖，结果也一样。生肖需要传承传播，邮票需要丰富题材，文化的内生动力促使它们二者结合，这是生肖邮票发行的必然性。1980年中国开始发行生肖邮票，这个"迟到"是有历史原因的，可以迟到，但终归要来。再一个必然，是1992年年底美国开始发行生肖邮票，同样的逻辑，这也是终归要来之事。随着生肖邮票在亚洲、在美国，随之在世界的发行，生肖文化和集邮文化便产生了交集。从在个别国家的交集到亚洲众多国家和地区的交集，再到世界众多国家和地区的交集，自此，生肖集邮文化的形成已然水到渠成，从涓涓细流到奔腾不息的江河，再到百川交会的浩瀚海洋。

由此可见，所谓生肖集邮文化，是由于生肖邮票的发行与媒介，带来生肖文化和集邮文化的双向结合，由此产生的以生肖为主题内容的集邮文化。生肖集邮文化体现人们在收集、鉴赏、研究生肖邮票及其他生肖邮品的活动中所创造的精神成果及其他文化现象，是集邮文化中的生肖文化，也是生肖文化中的集邮文化。

集邮文化具有社会性、创造性、继承性、复合性、民族性、群众性等特性，具有娱乐、审美、认识、宣传、教育、交往等社会功能。集邮文化形成的主要标志是社会上集邮群体的形成、集邮在社会生活中产生的一定影响力和集邮广泛、持续地普及与提高。集邮文化的发展有赖于邮政通信产业的发展，有赖于集邮活动的广泛开展和不断创新，有赖于借鉴和融合其他社会文化，有赖于集邮市场的发育和健全，有赖于集邮理论研究的进一步深入。集邮文化的这些特性、社会功能、形成标志及其发展的基础和动力，同样体现在生肖集邮文化的形成与成熟全过程当中。

在集邮文化范畴中，生肖集邮文化的唯一不同点是形成和发展的时期稍迟，并在经济全球化趋势下呈现世界一体化的特点。

世界集邮文化的形成和发展，大体经历了从集邮之始到 19 世纪 70 年代的萌芽时期，从 19 世纪 80 年代到第二次世界大战结束的形成时期，此后为发展时期；中国集邮文化的形成与发展，则是从 19 世纪后期到 20 世纪 20 年代初为萌芽时期，此后到 80 年代初为形成时期，20 世纪 80 年代后为发展和兴盛时期。生肖集邮文化的形成和发展，是在亚洲萌芽，中国兴起，同时影响世界，因而在中国、在世界是同步同向的，其萌芽和形成时期是在 20 世纪 50 年代到 80 年代；发展和成熟时期是在此后的 90 年代至今。当代中国集邮文化自觉遵循中国特色社会主义文化的发展方向，与中华优秀传统文化、革命文化、社会主义先进文化紧密融合，体现出文化自信自强的时代特点。当代生肖集邮文化一经产生，便汇入中国集邮文化大潮中，具有很强的中国特色和时代性，也在世界上产生了较大和深远的影响。

生肖集邮文化具有如下特征：

生肖集邮文化底蕴最深。这是由于干支纪年法和生肖形象之中蕴藏着中国传统文化的精粹和生肖集邮文化的根脉。

生肖集邮的系列性最长。生肖邮票系列的四轮发行，迄今已长达 44 年，在中国邮票发行历史上,这是一个最长系列,并且还在延续。

生肖集邮的类别最全。以生肖主题编组的邮集,涵盖了从传统到现代 10 余个类别,几乎包括了现行各个集邮门类,是邮展中一个主题多类别的唯一对象。

生肖集邮的受众面最广。其因不囿于集邮界域,而走向了更广阔的社会,成为一个最具社会热度的新兴集邮方式。

生肖集邮的生命力最强。生肖集邮文化彰显中国特色的民族性和世界性,是传统文化与现代文化结合的与时俱进的时代文化。

第六节
生肖集邮的价值体系

生肖集邮是由生肖文化演化出来的一种特殊的文化行为。作为一种文化现象，生肖集邮深入到了生肖文化领域的各个层面，并在中国邮政迄今44年系列发行过程中，以及生肖集邮的兴起和发展中，彰显了历史的、现实的价值，文化的、社会的价值，民族的、世界的价值，正逐渐形成一个价值体系。探研这个体系本身，对于生肖集邮有着前瞻性的引导意义。

一、历史价值和现实价值

生肖集邮具有民间文化的内涵，大众文化的色彩。其最具魅力之处在于雅俗共赏，为广大民众喜闻乐见；其最大优势在于依托生肖文化普及传统文化知识，成为一种最具人性化、最贴近生活，并且持续不断的系列性的大众收藏。

生肖集邮价值体系的根基，在于对生肖文化的诠释。事实表明，生肖文化既可以是"阳春白雪"式的高端专业性研究，也可以是所谓"下里巴人"式的普及性的民间交流。正因为千百年来生肖文化植根于民俗、民间、民众，所以才能深入人心，生生不息。

今日倡导和发展生肖集邮，同样应该有两个视角：既要重视对生肖文化的历史渊源和艺术风范的研究，也不可忽视对生肖文化雅俗共赏、生动活泼的特色的采撷与感受。从普及与提高两个方面进入生肖文化，可以让更多的人认知生肖集邮，热爱生肖集邮，推动生肖集邮。这也是生肖集邮为强化文化自信建设所做的贡献。

二、文化价值和社会价值

生肖集邮的群众基础，来自中国传统文化的深厚积淀，来自人民群众文化生活的不断丰富，来自中外集邮文化的广泛交流。

生肖文化源自中国古代纪年成果，也是孕育在大众生活之中的民俗文化、民间文化的形象化体现。生肖的生动性和深刻的寓意性，首先在不同阶层、职业、地位、信仰的每个人心中扎根，成为人人皆有的一个形象的身份标志，一个生肖定终身。这种广泛的群众性，一方面由于生肖文化与人们的生产、生活、思维方式密切相关，有着较强的实用价值；另一方面是生肖的精神内涵，涵盖了中国传统的美德与品格，寄托了人们对美好生活与光明未来的希冀。真善美的传统价值观被注入生肖形象中，成为人们追求和恪守的信仰。这个构筑在强大群众基础之上的价值，从"知"到"行"，从理念到实践，多层面多元化地形成一个丰富而深刻的价值体系。

中国邮政每年发行的生肖邮票，被几亿人视为自己本命年的象征，有着强烈的贴近感和亲切感。社会上，人人乐于以此在新的一年互致良好祝愿。生肖邮票的发行及生肖集邮的兴起，为新年、春节增添了欢乐喜庆的祥和气氛，也成为自20世纪80年代以来的一个新的民俗。年年都有的辞旧迎新的"吃饺子""放鞭炮"，又在"看春晚"之后，加上了"买邮票"。这邮票，就是美丽生动的一轮轮发行着的生肖邮票。以至可以认为，生肖集邮行为不仅是一种大众化的文化集藏行为，而且也是一种对民俗文化的弘扬。这就把生肖集邮的价值从其自身扩展到了社会，使其成为传统文化、民间习俗、社会生活、个体共享的一个美好的载体。这就在多元价值的叠加中，逐步孕育出一个新的价值体系。

图 28 美丽邂逅

中国首套生肖邮票《庚申年》猴票是在 1980 年 2 月 15 日农历除夕发行的。由于当时集邮人数尚少，猴票的出售与购买，就在邮局的柜台上，以实用性为主，在社会大众寄信中正常贴用。当时，并没有显现出与其他邮票的不同。但当猴票进入大众视野后，很快引起全社会反响。集邮的和不集邮的，只要同是一个属相，都在追捧生肖邮票，都急于在新年伊始获得当年的生肖邮票。于是，从社会需求出发，邮票发行部门决定，从 1981 年第二套生肖邮票《辛酉年》鸡票开始，发行日期一律改为春节前的 1 月 5 日，使生肖邮票成为每年发行的开门票，这一天也成为社会上特别是集邮人所瞩目、所期待的盛大集邮节日。

由于生肖邮票广受人民群众喜爱，中国首轮生肖邮票的发行量，从首套猴票的 400 余万枚起逐年增加；到第 6 年的牛票，发行量达到 9555.26 万枚。此后，生肖邮票每年印量均在亿枚左右，仍十分紧俏，供不应求。1990 年《庚午年》马票，发行量竟高达 1.3 亿枚。在生肖邮票热中，为缓解群众"购票难"，上海曾在生肖邮票发行首日，让集邮者先买门票进体育场坐等，再按顺序购买新发行的生肖邮票，其热烈壮观的场面，非其他题材邮票的发行可比。

从生肖邮票衍生的各种邮品，如首日封片、纪念戳和纪念邮资戳、带有生肖名字的地名日戳等，长期以来备受集邮者和社会各界人士厚爱。每年在新的生肖邮票发行首日，广大受众纷纷购票盖戳发封，呈现出一派繁忙景象。

20 世纪 80 年代中期到 90 年代中期，全国各地每年设计印制的生肖首日纪念封片种类繁多，不少市、县邮局、邮协及企业单位也印制生肖首日纪念封片，更多的个人也创意创作生肖首日手绘封、剪纸封、书法封等。特别是到了 21 世纪，随着信息化时代的到来，生肖电子邮票萌生并发展起来，这是传统文化与现代电子科技的结合，带有鲜明的时代、时尚气息，备受广大青年群体的青睐，由此，生肖集邮历久弥新，焕发出传统集邮所没有的现代光彩。

繁花似锦的生肖邮品，与生肖邮票一起，构成了生肖集邮一道璀璨的风景线。无数充满时代气息、地域特色和浪漫情趣的生肖邮品，不仅令人赏心悦目，也为生肖集邮向高端提升，也就是编组各类别的主题邮集，提供了丰富的素材。

生肖集邮的价值，首先以生肖邮票邮品自身客观存在的价值为基础，同时在广大受众主观认知中，又得以弘扬光大。集邮者和社会各界人士对于生肖邮票的设计和造型，一直有着活跃的广泛的品评和议论。这本身就是大众审美意识在生肖文化中的体现。主观、客观两个层面的结合，方显出生肖集邮的价值所在，才自然和必然地构成了这一丰富而深刻的价值体系。

在生肖集邮的价值中，最突出的是其文化魅力。因为生肖包含着中华民族传统文化的精髓，承载着民族智慧与人民的创造力。生肖文化的特征就是构建人类与自然的共同体，把人与动物联系在一起，使之充满人性化色彩，促进社会文明和生态文明的和谐统一。因此，它才称得上是民族文化的血脉，与每一个人相系相关，深获人们的认同。由生肖衍生出来的生肖民俗，作为一种文化现象，极为丰富、极富创意、极有内涵，其系之于人们的生活，得天独厚，为生肖集邮的载体邮票邮品，提供了丰富的素材和健康生长的沃土。

三、民族价值和国际价值

在生肖集邮的价值中，最突出的是其民族价值。特别是作为民俗文化的生肖，与农耕经济密切相关。因此，随着农村经济的发展、农民生活水平的提高，集邮也深入到广大农民群众中。农民对于生肖属相情有独钟，生肖邮票的创作素材，特别是第二轮生肖邮票设计的定位，就是民间艺术。来自农村、出自农耕文化的民间剪纸艺术、泥塑艺术、手工艺品，成为生肖形象创意的根脉。生肖集邮自然成为包括广大农民在内的大众集邮的主流。这是与生肖文化最为贴近的一种集邮行为，也是集邮文化所遍及的一个独特的重要群体。

在生肖集邮的价值中，突出的还有中国生肖文化的国际化。改革开放以来，让世界认识中国、认识中国文化的一个窗口，就是生肖出现在邮票这一国家名片上。自20世纪80年代中国发行生肖邮票之后，1993年从美国开始，世界各国发行中国生肖邮票日渐成风。这表明海外各国对于中国生肖和生肖文化的喜爱。从邮票开始，从集邮起步，世界对于中国生肖文化的认同，既体现在邮票发行与其日臻精美的艺术设计上，也体现在越来越多的外国人对生肖邮票的收藏和欣赏上。生肖集邮，作为一种主题集邮的邮集编组方式，现已为国际集邮界所瞩目。例如，近期曲终奏雅的苏州2024中华全国生肖集邮展览，得到国际集邮联主要领导人普拉科·吉拉凯特、郑炳贤的肯定和赞赏，为这一集邮类别逐渐步入国际邮展殿堂开辟了道路。事实表明，生肖集邮所体现的生肖文化，既是中国的，也是世界的。这充分说明生肖文化的价值具有国际性，且对于在世界范围内塑造腾飞的中国形象，具有重要的宣传作用。

生肖集邮的价值体系的形成，在于其本身具有的价值元素。纵看这一集邮文化现象，它是在纪年、生肖、生肖文化的基础上，也就是中国传统文化的价值上，分段构筑起生肖邮票、生肖集邮、生肖集邮文化的系列载体。这其中，每一阶段、每一载体，都承载着以文化为主体的价值元素。因此，作为生肖，从其根脉的悠久深厚，到其主体的丰厚精深，生肖集邮价值的多元元素从不同侧面构筑了它的价值体系。尽管还在探研过程中，但这个体系所昭示的价值，前有中国历史和传统文化的深深根脉，后有与时俱进的、时代的、时尚的、未来可期的发展空间。两者结合，正是传统与时代的两杆文化大旗，昭示着生肖与生肖集邮文化的价值趋向。

第三章 生肖邮票的发行与兴盛

什么是生肖邮票？生肖邮票是邮政部门有意识发行的，以生肖属相或生肖文字为图案的邮票。这个定义是在生肖邮票已然出现，特别是1980年中国开始发行生肖邮票，1997年生肖集邮研究会在苏州成立，生肖集邮自此兴起且方兴未艾之际，由生肖集邮研究会创会会长周治华集中广大会员的集体智慧，在深入研究、广泛研讨、专家论证的基础上提出来的。经过迄今近30年实践检验，加之对前端生肖邮票在亚洲发行40余年的回顾总结，关于生肖邮票的这一定义，符合客观实际，是对生肖邮票的科学认识和经典概括。

确认生肖邮票定义，是生肖集邮研究会成立以来取得的第一个重大理论成果，也是奠定中国生肖集邮理论基础的基石，是中国生肖集邮发展历程中标示着"起步"二字的里程碑。

生肖邮票的定义，明确了生肖邮票乃至生肖邮品的内涵与外延，从而也明确了生肖集邮的收集研究对象与其邮集编创的基本素材。这对于生肖集邮活动的普及与发展，都具有重要的、长远的理论指导意义。

Chapter 3
Issuance and Rise of Shengxiao Stamps

What is a shengxiao stamp? Shengxiao stamps are stamps issued consciously by the postal authorities, with the shengxiao signs or characters as patterns. This definition was proposed by Mr. Zhou Zhihua, the founding president of the Shengxiao Philatelic Society. In 1980, China began to issue shengxiao stamps, and in 1997 the Shengxiao Philatelic Society was established in Suzhou. Chinese shengxiao philately has been rising since then and is still in the ascendant. Mr. Zhou gathered the collective wisdom of the society members and put forward the idea on the basis of in-depth research, extensive discussions, and expert demonstration. After nearly 30 years of practice, as well as a review of the issuance of shengxiao stamps in Asia for more than 40 years, this definition of shengxiao stamps conforms to the objective reality and is a scientific understanding and classical summary of shengxiao stamps.

Confirming the definition of the shengxiao stamp is the first major theoretical achievement since the establishment of the Shengxiao Philatelic Society. It is also the cornerstone of laying the theoretical foundation of shengxiao philately and a milestone in the development history of shengxiao philately.

The definition of shengxiao stamps clarifies the connotation and denotation of shengxiao stamps and even shengxiao philatelic items, thereby clarifying the collection and research objects of shengxiao philately and the basic materials for the compilation and creation of stamp collections. This has important and long-term theoretical guiding significance for the popularization and improvement of shengxiao philatelic activities.

第一节
生肖邮票的定义、内涵和外延

一、定义生肖邮票的基本要素

世界上较早、成系列发行生肖邮票的是位于东亚的日本和韩国。其中，日本 1950 年 2 月 1 日发行的虎图案贺年邮票，是世界上第一套生肖邮票。日本、韩国发行的有生肖图案的邮票是列入贺年邮票系列的，其他国家和地区发行的生肖邮票，一般也都在公历[1]新年前后或农历[2]新年前发行。"生肖邮票"一词在中国台湾、香港地区 20 世纪 70 年代才开始出现，中国《集邮》杂志 1980 年 3 月方始见这一名词。在较长一段时间内，中国出版的集邮辞书一般均以"贺年邮票""新年邮票"释义生肖邮票，生肖邮票只有名词解释，没有正式定义。当时集邮报刊上常出现一些混乱的说法，其中包括将没有生肖属相图案的贺年邮票误认为生肖邮票；把有与十二生肖属相相同的动物题材邮票误称为生肖邮票；把某些国家新年前后发行的巧遇该年生肖属相的动物图案邮票误称作生肖邮票。例如多家集邮报刊和地

---

[1] 公历的标准名称为格里高利历，是国际通用历法，是一种阳历。阳历是太阳历的简称，这种历法与地球环绕太阳的周年运动有关，与月相无关。相对于中国所创农历，公历旧称"西历"。
[2] 农历取月相的变化周期，即朔望月为月的长度，加入干支历"二十四节气"成分，参考太阳回归年为年的长度，通过设置闰月以使平均历年与回归年相适应。农历是以阴历为基础，融合阳历成分而成的一种历法。从严格意义上说是阴阳合历。

方报刊发表的《十二生肖邮票世界之最》的文章中所述及的邮票，实际上是世界上最早发行的 12 种动物邮票，文中将 1899 年英属北婆罗洲发行的猴图邮票说成是世界上第一套猴生肖邮票，将中国 1878 年发行的大龙邮票称为最早的龙生肖邮票，等等。再如还有的报刊将日本 1935 年 12 月 1 日发行的富士山图案的第一套贺年邮票，称为世界上发行的第一套生肖邮票。

发行生肖邮票国家和品种数量的增加，促进了对生肖邮票定义等的研究。最早出现的研究文章是 1994 年 4 月 9 日、16 日《集邮报》分两篇刊出的周治华的《生肖邮票定义初探》。江苏人民出版社 1997 年 5 月出版的周治华的《世界生肖邮票大观》一书中，专写一章"生肖邮票定义初探"。

周治华提出的生肖邮票定义，表述为"邮政部门有意识发行的以生肖属相或生肖文字为图案的邮票"。这一表述包含三个要素，注意了三个区别：第一个要素是，邮政部门发行的生肖邮票。这是最基本的标准，以区别于世界上有些财政、税务部门发行的税票，区别于邮政部门和非邮政部门发行的无邮资的纪念张。第二个要素是，邮政部门有意识发行的生肖邮票。这也是一个基本标准，以区别于邮政部门不是有意识发行而邮票图案与新年或者当年生肖属相巧合的动物、绘画、文物、工艺等题材的邮票。第三个要素是，以生肖属相或生肖文字为图案的邮票。这是最重要的特征，以区别于没有以生肖属相或生肖文字为图案的贺年邮票、新年邮票。

在这一表述中，未用"贺年"或"新年"字样。虽然生肖邮票源于贺年邮票，而且许多国家和地区的生肖邮票是作为贺年邮票在新年前后发行的，但也有些国家和地区发行的生肖邮票，并非在新年前后发行。生肖邮票不是节日邮票，因为人的生肖属相是以年度计算的，凡在一个干支年内均为同一属相，发行生肖邮票不必限定在新年前后。贺年邮票图案中也有不是生肖图案的，贺年邮票不等于都是生肖邮票;生肖邮票中也有不是在新年前后发行的,生肖邮票也不都是贺年邮票,不宜用"贺年"限制生肖邮票的界定。在这一表述中,所言"以生肖属相或生肖文字为图案的邮票",未提"当年"两字。因为有些国家和地区,曾一次发行12个生肖属相的全套邮票,并不限于单一的当年生肖属相或生肖文字,如蒙古国1972年12月4日发行的十二生肖全套邮票12种。所以不宜用"当年"两字加以限制。

2003年,生肖集邮研究会通过会刊《生肖集邮》以"生肖邮票的定义"为题,展开了讨论;并于2003年11月第16届亚洲国际邮票展览期间,在四川绵阳召开了生肖集邮学术研讨会,邀请不同方面专家到场论证。此后,经过一年多的研讨、论证,对生肖邮票的定义基本上达成一致意见,认为周治华提出的生肖邮票定义是可行的,是符合客观实际的科学认识,但其文字表述可简化为"生肖邮票是以生肖属相或生肖文字作为图案的邮票"。

图29 蒙古国1972年发行的《东方十二生肖与太空探测器》邮票小版张(蒙古国第一套生肖邮票)

二、生肖邮票的主要特征

按照生肖邮票的定义界定生肖邮票,在实践中还有许多方面需要研究和鉴别。对生肖邮票的界定,有 3 个前提条件:

(1) 这里所述界定生肖邮票的生肖内涵,是特指以中国古老的干支纪年中的十二地支配以 12 种动物而形成的十二生肖,是人的生肖属相,即子鼠、丑牛、寅虎、卯兔、辰龙、巳蛇、午马、未羊、申猴、酉鸡、戌狗、亥猪。包括与此基本相同而因国情不同造成的异常,如十二生肖名目的不同:越南以猫代兔、哈萨克斯坦以蜗牛代龙等。不包括缅甸、印度、埃及等国的生肖和西方的十二星座。

(2) 对生肖邮票的界定,是为了便于邮票的分类和研究,同生肖集邮虽有密切关系但并不等同。对邮票的分类,应按照邮票的本身特征来界定。作为生肖集邮,则不局限于生肖邮票,应根据其定义进行扩展和延伸,如邮资封片卡、邮资标签、戳类等相关素材和边缘邮品,也是生肖集邮重要的收集研究对象。

(3) 界定生肖邮票应以邮票为主体,以邮票图案本身的特征为主要依据。由于十二生肖的原型是相对应的 12 种动物,生肖邮票的特征也是以 12 种动物的形象来体现的,是经过艺术升华了的 12 种动物形象,所以,界定生肖邮票要划定一个最基本的界限,就是区分图案的形象是动物还是生肖。区分的办法,主要是看邮政部门发行邮票的主题和目的,或者看邮票图案的特征。从现在世界上已发行的生肖邮票来看,其特征主要体现在以下 6 个方面:

其一,在贺年邮票中以生肖形象为图案的是生肖邮票,反之没有生肖形象的，都不是生肖邮票。如日本发行的贺年邮票中，1950虎年主图为虎，1951兔年主图为兔，此后1952—2006年，连续54年发行的贺年邮票，其中有10年（1952年、1953年、1955年、1956年、1957年、1959年、1972年、1973年、1974年、1975年）的主图与生肖无关，不是生肖邮票；其余各年均以当年的生肖为图案，是生肖邮票。韩国每年发行的贺年邮票中，大多数邮票图案有生肖形象，有些则没有。中国从2007年开始，成系列发行贺年专用邮票，其中有部分是以生肖为主图。2016年10月9日发行的贺年专用邮票的主图是2017年生肖鸡图案的吉祥装饰画，随后连续至2023年，均有至少1枚邮票主图带有属相图案。

图30 2024年《龙腾贺岁》贺年专用邮票

图31 菲律宾2022虎年生肖邮票

图32 多哥2014马年生肖邮票小型张和小全张

其二，以干支纪年命名或印有干支纪年字样的新年邮票。如中国（包括香港、澳门、台湾地区）发行的新年邮票。我国1980年新年邮票命名为《庚申年》，主图为"金猴"，并印有"庚申年"字样，此后至今逐年发行。第一轮每套1枚邮票上，均印有与主图相对应的票名干支年字样；第二轮每套2枚，主图分别是当年生肖形象和生肖书法体文字，均印有票名干支年字样；第三轮同第一轮，每套1枚，主图为当年生肖造型并印有相应的干支年字样；第四轮同第二轮，每套2枚，主图都是当年生肖造型并印有相应干支年字样。再如越南、菲律宾、多哥等一些国家和地区在新年前后发行的有当年生肖图案、生肖年文字（如"鸡年""虎年""马年"等）的邮票。

日本2004年12月1日发行的干支文字邮票也属于这一类型。这套邮票共10枚，印成小版张，是作为季节性礼仪问候邮票而发行的。全套邮票均以"鸟"和"酉"的汉字书法作为图案。在日文中，"鸡"字也可以写作"鸟"。随后成系列每年发行，至2015年发行一轮结束，由酉鸡到申猴计12套。

第三章 生肖邮票的发行与兴盛　　　　　　　　　　　　　　　　　　　　　　　　　　　　　　　　　　第一节

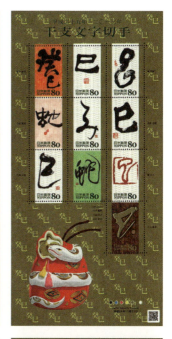

图 33　日本连续 12 年发行的干支文字邮票小版张（2005—2016），第 1 枚为 2005 鸡年

其三，以祝贺中国农历新年为题材、图案为中国当年生肖形象的外国邮票。如美国、加拿大、法国、古巴、新西兰等国家发行的生肖邮票。美国邮政从 1993 年（鸡年）开始发行中国农历新年邮票。邮票主图为剪纸大公鸡，印有中文草书"鸡年"和英文"新年好"字样。在鸡年邮票小版张的边纸上印有英文说明，指出：农历 1993 年以鸡为生肖，鸡在十二生肖动物中排名第十。

图 34 美国 1993 年发行的中国农历新年邮票小版张

其四，一次发行的有 12 种生肖全套的邮票。如蒙古国 1972 年 12 月 4 日发行的《东方十二生肖与西方太空探测器》邮票 1 套 12 枚、小全张 1 枚，每种邮票上的主图为 1 个生肖形象和 1 个航天器，12 枚邮票的图案为从鼠至猪的 12 个生肖形象，小全张边纸上印有西方十二生肖黄道十二宫[1]的天文符号。这类邮票虽然不是以当年生肖属相为主图的贺年邮票或新年邮票，但已具有明显的生肖邮票特征。塞拉利昂、加纳、中非、尼加拉瓜、荷属安的列斯和美国、泰国、新加坡，以及中国香港、澳门、台湾地区等，也都一次性发行过十二生肖全套邮票。

---

[1] 黄道十二宫（zodiac）来自希腊语 zodiakos。在希腊人眼里，星座是由各种不同的动物形成的，这也就是十二个星座名称的由来。在天文学上，以地球为中心，太阳环绕地球所经过的轨迹称为"黄道"。黄道宽 16 度，环绕地球一周为 360 度，黄道面包括了除冥王星以外所有行星运转的轨道，也包含了星座，恰好约每 30 度范围内各有一个星座，总计为十二个星座，称"黄道十二宫"。

图 35 塞拉利昂 1996 年发行的中国农历十二生肖小版张

图 36 尼加拉瓜 1996 年发行的中国农历十二生肖小版张

其五，不在贺年期间发行的以当年生肖属相为主图的邮票。如中国香港地区 1987 年（兔年）至 1998 年（虎年）发行的电子生肖邮票，有 5 年不在贺年期间发行，兔年为 8 月 18 日，龙年为 3 月 23 日和 9 月 1 日，猴年为 3 月 12 日，狗年为 3 月 1 日，牛年为 3 月 12 日。每种电子邮票上的主图均为当年生肖形象，形成一轮十二生肖完整系列。再如古巴在 1996 鼠年年底 (12 月 18 日) 发行了印有中文"鼠年"字样和鼠图案的生肖邮票；时隔 42 天，又于 1997 年 1 月 30 日发行了中国农历牛年生肖邮票。

贺年邮票是为祝贺新年而发行的邮票，是节日邮票，时间必须在新年之前或者新年期间，图案内容比较广泛。生肖邮票的内容，则必须是与生肖属相或生肖文化等方面有关的。一年只有一个生肖属相，最佳发行日期是新年，但不一定限定在新年之前或新年期间，各个月份均可。

图 37 中国香港地区 1987 兔年电子生肖邮票

图 38 古巴 1996 年发行的鼠年生肖邮票

其六，不以生肖为主题而图案内容是生肖的邮票。如1994年2月18日，十几个国家和地区为"香港'94邮展"发行的主图是狗、印有中英文"狗年"字样的邮票。其中有些国家（地区）发行的一套6枚邮票的小版张中，内有1枚邮票图案是狗并印有中、英文"狗年（犬年）"字样，这枚邮票是生肖邮票；其余5枚邮票，有的小版张是瓷器，有的小版张是兵马俑或者是龙舟、帆船等，则不是生肖邮票。又如新加坡从1996年开始至今，除每年一、二月份发行一套2枚生肖邮票外，每年还为祝贺世界邮展、国际邮展而发行内含当年一套2种生肖邮票的小全张，每年发行1次至3次不等，发行日期均在邮展开幕当天，小全张上印有邮展徽志。再如奥地利2005年4月21日、7月22日、10月24日3次发行的题为《星座》的邮票，每套4枚，其中3枚是黄道十二宫星座邮票，1枚邮票图案是鸡，印有中文"鸡"字，这枚鸡票是生肖邮票，其他3枚则不是生肖邮票。

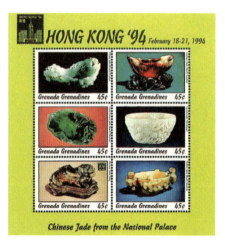

图39 格林纳达和格林纳丁斯1994年发行的"香港'94邮展"小全张

图40 新加坡1997年发行的中国香港地区第11届亚洲邮展小全张

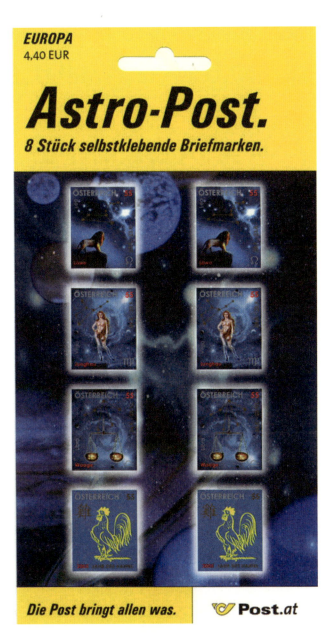

图 41 奥地利 2005 年发行的星座邮票

中国邮政 2005 年 11 月 6 日发行的题为《岁岁平安》的个性化专用邮票，图案是十二生肖剪纸，还有"十二像万古传"字样，应列入生肖邮票。

值得一提的是，中国报刊上曾出现过一些不应称为生肖邮票而被误认的"生肖邮票"，主要有以下几种类型：

（1）将动物邮票误认为生肖邮票。如将世界上最早出现的 12 种动物邮票称为"世界生肖邮票之最"。

（2）将贺年邮票、新年邮票等同于生肖邮票。如苏联 1989 年 11 月 22 日发行的"新年好"邮票，图案是一位圣诞老人手抱圣诞树骑在木马上，1990 年是马年，于是被误认为马年生肖邮票。

图 42 个 10《岁岁平安》个性化专用邮票

（3）邮票图案与生肖无关而边纸内容有生肖特征的小型（全）张。如爱尔兰1994年2月18日、1995年1月24日、1996年1月23日发行的爱心邮票小型张，内含的3枚邮票均不是生肖内容，而边纸图案和文字分别是：狗图和中、英文"狗年"，猪图和中、英文"猪年"，鼠图和中文"鼠年"。界定生肖邮票应以邮票图案作为主体，尽管这些小型张上印有明显的可以利用的生肖文化信息，但将其定为生肖邮票小型张是不正确的。

（4）以工艺、美术、文物为题材有生肖动物形象的邮票。如越南1989年12月22日发行的《亚洲著名作品——徐悲鸿奔马》邮票，虽在1990马年将要到来时发行，但这是一套绘画艺术题材邮票，而不是生肖邮票。

（5）不属于邮票范围的税票、鸭子票[1]等。如俄罗斯1994年发行的一种税票小型张，是税务部门印发的贴于狩猎许可证上的凭证，有齿孔、面值、背胶，图案是一只卷毛狗，印有英文、俄文"狗年"字样，虽酷似生肖邮票小型张，但不是生肖邮票小型张。

至于有些国家和地区并无相同于中国十二生肖的民间文化，却发行了生肖邮票，那么凡是符合生肖邮票定义的邮票，都是生肖邮票。有少数国家和地区发行的生肖邮票，主要不在本国邮政使用，属于以赚取外汇为目的的邮票，但只要不是"花纸头"，并为权威的世界邮票目录认定、符合定义的均可列入生肖邮票，至于其收藏和参展价值较低，则另当别论。

---

[1] 鸭子票（duck stamp），又称狩猎许可证票，专供狩猎者贴于狩猎许可证上，与邮票相似，属于税票类。这种票券的发行，是为了保护野生鸟类，维护生态平衡，所获税收用于自然保护，因印有野鸭等不同鸟类图案，故名"鸭子票"。在《斯科特邮票年鉴》上，被列入"半邮政邮票"。

第二节
生肖邮票在亚洲的兴起

从 1950 年世界第一套生肖邮票诞生以来至今已 74 年，纵观世界生肖邮票发行史，大体可分为三个阶段：第一为初始阶段（1950 虎年至 1979 羊年），这个阶段日本、韩国、琉球地区、越南、中国香港地区、中国台湾地区、蒙古国、老挝等 8 个亚洲国家和地区发行了生肖邮票。第二为发展阶段（1980 猴年至 21 世纪初），这个阶段又分为两个阶段：第一阶段（1980 猴年至 20 世纪 90 年代中期），中国率先发行了第一套生肖邮票猴票，随后亚洲很多国家和地区参与发行生肖邮票；第二阶段（1993 鸡年至 21 世纪初），美国、澳属圣诞岛、加拿大、法国等开始发行生肖邮票，生肖邮票在五大洲形成发行热潮。第三为创新与发展新阶段（21 世纪初开始），生肖邮票已经成为世界性的邮票选题，生肖邮票和邮品进入数字化、个性化时代。近年来，生肖集邮学术研究不断成熟，呈国际化、理论化、专业化和系统化的发展趋势，生肖集邮成为国际集邮的生力军。

在世界生肖邮票发行史上，中国成为亚洲发展阶段的中坚力量，而亚洲成为全球发展阶段的中坚力量。

一、日本和韩国开启生肖邮票发行先河

日本从 1936 年起，在世界上首创于新年前发行贺年邮票。1935 年 12 月 1 日发行首套贺年邮票，图案是富士山，后以不同图案连续发行三年，每年均发行邮票 1 枚。1938 年贺年邮票停止发行，直到 1949 年恢复发行。

1950 年是庚寅虎年。这是日本第一套生肖邮票，于 2 月 1 日发行贺年邮票和小型张各 1 枚。邮票选用江户时代画家圆山应举（1733—1795）绘画作品《龙虎图》中的"虎"图作为邮票图案，开了世界上发行生肖邮票之先河。邮票规格 26mm×30mm，发行量 1000 万枚（见彩插 4）；小型张规格 90mm×128mm，内含 5 枚呈十字形排列的虎图贺年邮票，齿孔是印刷型模拟虚孔，发行量 89.8 万枚。1951 年是辛卯兔年，日本在 1 月 1 日发行贺年邮票和小型张各 1 枚，图案是少女怀抱白兔。1952—1959 年，日本只有 1954 马年、1958 狗年的贺年邮票图案是生肖形象，其余 6 年的图案均与生肖无关。这说明日本邮政当时在设计贺年邮票时，虽然想到了民俗生肖内容，但还没有按十二生肖成系列发行的计划。

从 1960 鼠年开始，日本邮政正式把生肖内容纳入贺年邮票的发行计划。至 1971 猪年，按十二生肖从鼠至猪的顺序，完整地连续发行 12 年一轮生肖图案的贺年邮票，每年发行邮票和小型张各 1 枚。这也是世界上第一次出现的十二生肖完整系列的生肖邮票。以此为标志，生肖邮票的发行进入了有意识有计划发行的阶段。此后 4 年，日本的贺年邮票图案虽未采用生肖内容，但从 1976 龙年至今，每年的贺年邮票均是生肖形象，日本成为世界上发行生肖邮票年份最多的国家。

琉球地区在美军占领期间单独发行邮票。从1961牛年至1972鼠年发行的贺年邮票中，其图案除1962虎年外，都是生肖内容，也算发行了一个轮回。

韩国从1958年开始发行贺年邮票。1957年12月11日，发行1958年圣诞节和贺年邮票1套3枚，图案分别为伯利恒之星和松果、圣诞树和饰物、狗和圣诞树；同时发行同图同面值无齿邮票小型张3枚。1958年是戊戌狗年，其中30圜面值、有狗图案的邮票和小型张（见彩插5）为韩国首次发行的生肖邮票。此后发行的1959年贺年邮票，票图与生肖属相无关。1959年12月15日发行的1960年贺年邮票1套3枚和同图同面值无齿邮票小型张3枚，图案分别为老鼠成亲和双喜字、儿童唱圣歌、丹顶鹤飞翔。1960年是庚子鼠年，其中第1枚有老鼠成亲、双喜字图案的邮票，被认定为生肖邮票。1960年12月15日发行的1961年贺年邮票3枚、同图同面值无齿邮票小型张3枚，其中第1枚的图案是水牛和牧童，属生肖邮票。1962—1965年韩国未发行贺年邮票，1966年发行的贺年邮票2枚、小全张1枚，图案与生肖无关。1967羊年，韩国开始有计划成系列地发行有生肖图案的贺年邮票，除1989年、1990两年贺年邮票无生肖内容外，其余各年邮票均有生肖图案。

图43 琉球地区1961牛年生肖邮票（琉球地区第一套生肖邮票）

图44 韩国1958年贺年邮票（30圜面值票为韩国第一套生肖邮票）

二、中国唱响生肖邮票发行主旋律

继日本、韩国和琉球地区之后，亚洲其他国家和地区也陆续开始发行生肖邮票。越南也是深受中华传统文化影响的国家之一，唯个别属相和中国有差异，越南在 1966 年、1985 年、1987 年分别发行了以马、牛、猫（代兔）等生肖造型为主图的新年邮票；从 1993 年鸡年开始，越南生肖邮票一直逐年发行未中断。中国香港地区于 1967 年开始发行生肖邮票，以生肖造型和"岁次"加"干支"文字为图，持续至今，蔚为大观。中国台湾地区紧跟其后，从 1969 年开始，以新年邮票为名连续发行生肖邮票，迄今已进入第五轮，凸显两岸文化血脉的相通。蒙古国 1972 年以小版张形式，一次发全十二生肖一轮邮票，后于 1994 年开始连年发行。老挝于 1975 年发行兔年生肖邮票，一套 3 枚，其中 2 枚连印，邮票图案是一个老者在解读十二生肖图表；另一单枚图案是一只硕大的兔子，一人举旗骑于其上，旗面书"兔年来了"字样。此后老挝生肖邮票停发 20 余年，直到 1996 丙子鼠年开始连年发行。

作为生肖文化源头的中国，于 1980 年以《庚申年》生肖邮票为序幕，开演生肖邮票发行的主创大剧。1984 年中国澳门地区开始发行生肖邮票，自此，中华文化根脉所系的中国内地（大陆）及中国香港、澳门和台湾地区全都发行了生肖邮票，每年不约而同以各自的生肖邮票，迎接与祝贺中华民族共同的新年！随着中国影响力的扩大，亚洲其他国家和地区也纷纷登上生肖邮票发行的舞台，共同书写了世界生肖邮票的亚洲篇章。

泰国从 1991 羊年开始至 2002 马年，完成第一轮生肖邮票的发行。每年发行日期固定在 4 月 13 日泼水节，每套 1 枚，同时发行印有编号的有齿和无

图 45 越南 1966 马年生肖邮票（越南第一套生肖邮票）　　图 46 老挝 1975 兔年生肖邮票（老挝第一套生肖邮票）

图 47 泰国第一轮生肖邮票

齿小全张各1枚。每年的票图设计风格保持一致，图案中央是一尊骑坐在当年生肖动物身上的神将，外围圆环均分12格，每格呈扇面形，各有一种生肖投影，当年属相位于票面上方一格，寓"本年轮值"之意。其余属相则顺时针依次排列，一轮下来，恰好逆时针旋转一周。其中1996年和2002年还先后发行了前、后半轮生肖邮票的6图小全张，各为有齿和无齿1对。2003年至2014年，泰国完成了第二轮生肖邮票的发行，票幅加大并改为正方形，取消有、无齿小全张，设计风格依然统一，是以装饰画的形式表现十二生肖动物形象。每年发行时间改在新年元旦。2008年和2014年分别发行前、后半轮生肖邮票的6图小全张各1枚，边纸上各印有后、前半轮6种生肖形象，组成完整的十二生肖图。

图48 泰国第二轮生肖邮票小全张

图 49 泰国第二轮十二生肖邮票烫金全息小全张

2014年还增发1枚烫金全息第二轮十二生肖全部邮票的小版张。2015年泰国开启第三轮生肖邮票的发行，由诗琳通[1]公主殿下御笔亲绘生肖形象，每套邮票上均附有"诗琳通"泰文落款及泰、英文的生肖年字样，一直延续至今。

新加坡是海外华人居多数的国家，受中华传统文化影响也较深。该国从1996鼠年开始至2007猪年，完成第一轮生肖邮票的发行。新加坡生肖邮票发行伊始，就体现出较强的计划性。每年发行1套2枚，设计风格统一，生肖图案采用装饰画法，造型别致，色彩厚重。全套邮票，一枚无面值限本地使用，等值于国内平信邮资；一枚面值2元新币，为通用邮资，是国内、国际信函及印刷品等各种邮件的统一挂号费。另外，每年还会推出与生肖邮票同图的小全张1—3种，均为当年举办的世界邮展或国际邮展而发行，是生肖邮票中饶有特色的一个"邮展系列"品种。一轮之后，新加坡继续完成了第二轮并开始第三轮生肖邮票的发行，同时继续保持了计划性强、一轮设计风格统一、增发"邮展系列"生肖邮票小全张等特色。

在中国发行生肖邮票之后，亚洲首次发行生肖邮票的国家和地区还有：朝鲜，1987年；阿富汗，1989年；菲律宾，1991年；不丹、哈萨克斯坦，1993年；吉尔吉斯斯坦，1994年；柬埔寨，1996年；马来西亚，2000年；马尔代夫、塔吉克斯坦，2002年；印度尼西亚，2007年；孟加拉国，2009年；尼泊尔，2010年。

---

[1] 玛哈·扎克里·诗琳通 (Maha Chakri Sirindhorn) 公主，泰国已故前任国王普密蓬·阿杜德的次女，诗丽吉·吉滴耶功王后的第3个孩子。文学学者、翻译家、国际事务活动家。在摄影、卡通绘画、集邮、乐器演奏等文艺方面有卓越才能。在中泰文化交流及推进生肖集邮活动等方面做出长期努力和较大贡献。

第三节
中国生肖邮票的发行

一、中国邮政发行的生肖邮票

中国是十二生肖的发源地，有着深厚的生肖文化底蕴，在中国周边受此影响的一些国家及中国香港、中国台湾地区相继发行生肖邮票之后，中国内地（大陆）生肖邮票的发行早已是水到渠成之事。

1978年年底党的十一届三中全会以后，中国进入了改革开放新时期。在"解放思想、实事求是"的思想路线指引下，邮票选题工作发生了历史性的转变。这一转变首先体现在生肖题材邮票的发行过程中。

据《中国邮票史》第9卷披露：1978年邮票发行局副局长薛铁曾建议发行马年生肖邮票，但未被采纳。于是打算改出一套"良马"邮票，以畜牧题材发行，寓意马年。后来又决定发行一套由著名画家徐悲鸿[1]创作的国画马的邮票，但票名又不能提及作家的姓名，不能取名"徐悲鸿美术作品"，于是就起了个似是而非的名称——"奔马"。总算在马年发行了一套与生肖沾边的邮票。由此

---
[1] 徐悲鸿（1895—1953），中国现代画家、美术教育家。曾留学法国学西画，归国后长期从事美术教育，先后任教于国立中央大学艺术系、北平大学艺术学院和北平艺专。1949年当选全国文联常委和全国美协主席，任中央美术学院院长。

可见，当时人们的思想仍受极"左"思想的影响和束缚。

《中国邮票史》还披露：1979年4月，中国邮票总公司代表团从中国香港地区访问回来后，建议仿照香港的做法每年发行生肖邮票。6月上旬，邮票发行局宋兴民局长便开始组织"猴票"的设计，从而使中国生肖系列邮票的发行计划正式启动。中国邮票总公司、邮票发行局分别向邮电部党组和部领导写请示报告提出："为满足广大人民群众的希望和出口需要，我们考虑在每年春节前发行一枚'年票'，图案是十二生肖。即'猴年'发行一枚以'猴'为主题的邮票，'马年'发行一枚以'马'为主题的邮票……每年一次。""邮票送审年是庚申年，按照'五行'的说法，庚申年即金猴年，故我们特请中央美术学院著名画家黄永玉设计了'猴年'特种邮票1枚，画面就是一只金猴，拟在明年春节前发行。"报告很快获得邮电部批准。邮票发行局随即向北京邮票厂发出"庚申年特种邮票的订印函，规定：邮票志号：T.46(1-1)1980年。邮票面值8分，规格26×31毫米，印量500万枚，雕刻影写印制"。

在策划发行生肖系列邮票的过程中，邮票发行局考虑的主要因素是：我国是干支纪年的创始国，目前亚洲一些国家沿用的旧历，也是我国创立的。日本和我国香港地区每年也发行类似"年票"。我们出十二生肖的年票，既可宣传我国悠久的科学文化传统，普及天文知识，又可满足广大群众的需要，给传统的节日增添一项喜庆内容。

虽然，最初曾使用"年票""猴年"等名称，但最终发行是以干支纪年作为邮票名称的。《庚申年》猴票于1980年2月15日发行。这枚由著名画家黄永玉创作、邵柏林设计、姜伟杰雕刻的金猴，顽皮而富有灵气，喜庆而有立体感，猴毛挺立，令人喜爱。由于印量不大，随着生肖邮票系列连年发行，身价不断攀升。

图 50 T.46《庚申年》邮票，黄永玉签名和姜伟杰签名

图 51 T.46《庚申年》邮票，邵柏林签名"永玉先生原画"

1980—1991年，中国发行第一轮生肖邮票12套，发行时间除首套猴票外，一般均在每年1月5日；每年1套1枚，票幅为26mm×31mm，规格、版式统一，面值为国内平信邮资。邮票底色选用6种，每年换一种，隔年用白底色，票面不设边框，形成精巧简明的艺术风格。每套邮票约请一位知名美术家进行创作，一名专业邮票设计师进行版式设计，一名雕刻师进行雕刻。在保持设计形式统一的前提下，创作者、设计者每年更换，不重复，各显其能。从1981鸡年至1991羊年，每年还增发小本票1本，这是世界生肖邮票中首次出现的小本票。这一轮生肖邮票的创作精品较多，广受好评。

图52 SB（3）《辛酉年》小本票

1992—2003年，中国发行第二轮生肖邮票。发行时间除首套猴票在1月25日外，其余通常均在每年1月5日；每年1套2枚，一枚为生肖图，一枚为生肖文字，规格同第一轮保持一致。面值一枚为国内平信、一枚为国内挂号信函邮资（羊票为挂号费）。设计的总体原则是"一明一暗"，两枚邮票一枚有底色，一枚无底色；"两平两立"，生肖形象一图，两年采用平面造型，两年采用立体造型；"三年一换"，生肖文字一图，真、草、隶、篆四种书法字体，每三年换一种。

鉴于中国第二轮生肖邮票的设计，从总体上来看比第一轮大为逊色，集邮界对此议论纷纷，这引起邮政主管机构的高度重视。有关方面提前在2000年就开始策划和运作第三轮生肖邮票的发行。2001年4月，由中国邮政报社、国家邮政局邮票印制局、江苏省集邮协会、苏州市邮政局主办，生肖集邮研究会、苏州市集邮协会承办，在苏州召开了中国第三轮生肖邮票设计研讨会，共收到论文27篇，国内一些知名美术家、集邮家参加了会议。《中国邮政报》《中国集邮报》《集邮报》等报刊还辟专栏组织讨论，收到1000多份来稿来信，这些来稿来信表达了广大集邮爱好者对我国生肖邮票的设计和发行工作的殷切期盼。

国家邮政局综合各方意见后，确定第三轮生肖邮票仍从2004年猴年开始发行。2002年5月6日，国家邮政局邀请一些艺术家研讨后确定，每年生肖邮票发行1套1枚，雕刻版印刷，在规格上有所变化，确定为正方形。以反映生肖文化为宗旨，不以动物代替生肖，用现代设计方法表现中国传统艺术的风貌，12套邮票的风格在统一中求变化。2004年1月5日发行的《甲申年》生肖邮票，由陈绍华设计，以猴桃献瑞为生肖主题，用时尚新颖的设计手法，以圆弧简约成形，突出灵猴眉开眼笑的生肖形象，形神兼备，动感十足，将古老的生肖文化与现代的设计艺术结合起来，反映了新年团圆、喜庆、祝福的热烈气氛，广受好评。

《甲申年》特种邮票除了设计新颖外，在版式和印制上也有许多新的特点：第一次采用36mm×36mm较大的正方形票型，改变了第一、二轮采用26mm×31mm的小型票幅，显得端正庄重。在技术防伪工艺上，第一次采用六角形异形齿孔；第一次按照邮票技术指标的要求，专门为这次生肖邮票的印制生产了特制的纸张；还采用了加密的荧光防伪等方法。在中国生肖邮票的发行上，第一次采用多种版式，分4枚票小版、6枚票小版、24枚票大版和小本票四种，其中4枚票小版不对外出售，只赠送给全额预订2004年全年邮票的订户。这些都为这套生肖邮票增添了亮点。

中国邮政还为《甲申年》生肖邮票的发行，破例于2004年1月5日在苏州隆重举办了首发式。十二生肖是中华民族的传统民俗文化，本无特定的原地首发地点，中国生肖邮票在发行两轮24年中从未举办过正式的首发仪式。由于生肖集邮研究会所在地在苏州，苏州已成为生肖集邮的中心，中国邮政从2004年之后，连续在苏州举办生肖邮票首发式。为配合中国邮政主办的首发式，江苏省、苏州市的邮政局、集邮协会和生肖集邮研究会，每次都组织开展生肖集邮的系列活动，使每年生肖邮票的发行日，成为生肖集邮系列活动日。这一天，也成为广大集邮爱好者的盛大节日，在海内外产生了良好和深远的影响。苏州因此在海内外被公认为中国生肖集邮的发祥地。

2005年后的生肖邮票，规格、面值、版式和发行日期均与2004猴年相同。吕胜中设计的《乙酉年》邮票，创新出彩，是又一成功之作。他采用夸张写意的设计手法，巧妙地运用国画、书法、剪纸、刺绣等多种艺术形式，绘出鸡身

图 53 2005-1《乙酉年》特种邮票

从头至尾似为一个"乙"字；浓墨刷出的鸡翅、鸡足和象征大地的横扫一笔，加上一轮红日，又像是一个"酉"字。直观票图，雄鸡高唱，旭日东升，霞光满天，寓意乙酉鸡年吉祥如意，朝气勃勃，蒸蒸日上；鸡冠、红日、牡丹，红、绿、黄主色，喜气洋洋，体现出"雄鸡一唱天下春"的意境，显示了新年欢乐、祝福、传情的热烈气氛。同样由吕胜中设计的《丙戌年》邮票，改变了原定的设计思路，采用装饰画的设计手法，用繁杂的画面反映生肖文化内涵，与前两年《甲申年》《乙酉年》相比，稍显繁琐，但也不失为好作品。陈绍华设计的《丁亥年》邮票，赞声连连，继续出彩。之后，《戊子年》《己丑年》《庚寅年》《辛卯年》《壬辰年》《癸巳年》《甲午年》《乙未年》陆续登场，各有特色。这些生肖邮票，多由陈绍华、吴冠英"二人转"设计，他们的艺术风格近似，都注重装饰和细节，创作手法多元化，善于把中国传统艺术理念与现代视觉艺术风格完美结合，使传统的和现代的创作元素融为一体，出自他们之手的几套生肖邮票十分耐看，既满足民族情感释放，又符合国际审美要求。至2015年，第三轮生肖邮票在吴冠英笔下圆满收官。

2016 年，中国生肖邮票发行进入第四轮。本轮生肖邮票的规格、面值、版式和发行日期与第三轮无异，唯枚数恢复为第二轮的 1 套 2 枚。大师"重现江湖"，是这一轮生肖邮票的设计初衷。黄永玉设计的《丙申年》邮票，果然不负众望，除再现了"猴爸"精湛的绘画技艺外，这套邮票还富有时代特色，其中一枚，以一只母猴怀抱两只小猴为主图，为放开计划生育的国策做了巧妙的宣传。其后，韩美林设计的《丁酉年》《己亥年》《庚子年》、周令钊[1]设计的《戊戌年》、姚钟华设计的《辛丑年》、冯大中设计的《壬寅年》、黄永玉再度设计的《癸卯年》和王虎鸣设计的《甲辰年》等，依序发行。显然，这一轮生肖邮票，由于可知的原因，难以周全。人们在肯定其长处的同时，也提出了一些质疑。其中以《癸卯年》生肖邮票引起的"蓝兔子"争议，让社会各界普遍关注，反响空前。

图 54 2023-1《癸卯年》特种邮票

---

[1] 周令钊（1919—2023），中国现代艺术家、美术教育家，中央美术学院教授。中国壁画运动开拓者之一，被誉为"中国艺术设计大师"。曾多次设计中国生肖邮票。

除了每年以生肖主题发行的系列邮票外，中国邮政发行的其他系列邮票中，也出现了生肖邮票。在贺年专用邮票中，2016年10月9日发行的《富贵吉祥》、2017年10月9日发行的《祥瑞平安》及2018年10月9日发行的《福寿圆满》等邮票，均以生肖属相为主图案。在个性化服务专用邮票中也有生肖邮票出现，2005年11月16日发行的《岁岁平安》，邮票主图案是十二生肖剪纸图，反映的是中国传统剪纸题材中常用的人与生肖动物的关系图，票面上还印着画龙点睛作用的"十二生肖"篆刻印章及表达十二生肖历史意义的"十二像万古传"字样。更有意思的是，票面上的防伪暗记共有12处，而且也是生肖元素。每一个暗记，用的都是十二属相对应的十二地支名称的第一个拼音字母（在高倍放大镜下可清晰显现)，用意明显。

图55 2017贺年专用邮票《富贵吉祥》

图56 2018贺年专用邮票《祥瑞平安》

图57 2019贺年专用邮票《福寿圆满》

第三章 生肖邮票的发行与兴盛　　　　　　　　　　　　　　　　　　　　第三节

图58　个10《岁岁平安》邮票上的12处暗记文字

二、中国香港地区的生肖邮票

中国香港地区于 1967 年丁未羊年首次发行生肖邮票,是世界上继日本、韩国、琉球地区和越南之后,第五个发行生肖邮票的地区。这套邮票于 1 月 17 日发行,一套 2 枚,图案分别是 3 个羊头和 3 只羊,印有"岁次丁未"字样,寓意"三阳开泰";主色红黄,喜庆吉祥。至 1978 年戊午马年,中国香港地区连续 12 年发行了一组。这组生肖邮票,均为 1 套 2 枚,每枚邮票上均印有岁次干支字样,以及英文农历生肖年和正月初一日期;其中 7 套由三位英籍人士设计,猪、鼠、兔、龙、马 5 套由香港平面设计师靳埭强设计。中国香港地区发行的这轮生肖邮票,是世界生肖邮票史上第一次以庆贺农历新年为主题,有计划发行的生肖邮票。从第一套开始,就在图案上直接标明主题,印有干支纪年文字,显示了生肖邮票的特征。

图 59 中国香港地区 1967 年发行的《岁次丁未》生肖邮票(中国香港地区第一套生肖邮票)

中国香港地区发行第一轮农历新年生肖邮票后，停发了8年，于1987年兔年开始发行第二轮农历新年生肖邮票，至1998年虎年完成了第二轮的发行。这轮12年生肖邮票，每年发行邮票1套4枚、小全张1枚。12套均由靳埭强一人设计，风格统一，以刺绣手法绘出生肖形象，配以花卉或山水、云彩，富有灵气、神韵和立体感。从1989年蛇年开始增发小本票1本，至1997年共发行9本。1997年7月1日香港回归祖国。1998年1月4日发行的戊寅虎年生肖邮票，是香港特别行政区发行的第一套生肖邮票，邮票上印有"中国香港"和英文"HONG KONG, CHINA"字样，去掉了过去香港邮票上印有的英国王冠和英文"EⅡR"标记。

图60 香港特区1998年发行的《岁次戊寅》生肖邮票及小全张

香港特区第三轮农历新年生肖邮票，从 2000 年龙年开始发行，中间隔开了 1999 年兔年。这年 1 月 31 日发行了一套贺年邮票，图案均是兔，仍然具有生肖邮票的特征，属于过渡一年的生肖邮票。这套贺年兔票 1 套 4 枚，是世界上首次出现的刮擦式生肖邮票。邮票主图是一只兔子和新年祝贺用语，在邮票铭记"中国香港"左边印有"贺年邮票"字样。每枚邮票的祝贺用语上均印有金色印墨，刮擦去印墨后，方出现庆贺农历新年的吉祥物及贺词。从低面值开始，吉祥物及贺词分别是红包封、"恭喜发财"，挥春、"身体健康"，大橘、"大吉大利"，全盒、"心想事成"。香港邮政同日还发行了单枚票的 4 种小版张，小版张的 10 枚邮票上均印有不同的新年贺词，除上述 4 种贺词外，还有花开富贵、富贵吉祥、五福临门、竹报平安、万象更新、万事如意 6 种。这样，4 种小版张在 4 枚邮票上共有 40 种不同贺词的邮票，形成一个大全套，独树一帜。

图 61 香港特区 1999 年贺年邮票

同年 2 月 21 日,香港特区还发行了十二生肖邮票小版张。是在已发行的第二轮生肖邮票 12 套中,各取一枚集中于一版印制发行;主图不变,统一面值和票面文字内容,从鼠到猪顺时针依次排列;每枚邮票上印有生肖属年和"中国香港"中英文铭记及"1999"字样,去掉从兔至牛这 11 枚邮票上原有的英王冠标记。这是香港回归祖国后,第一次发行的十二生肖大团圆的生肖邮票。

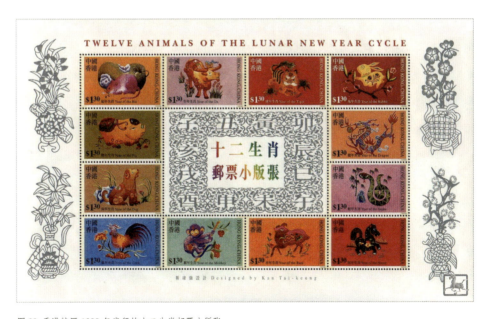

图 62 香港特区 1999 年发行的十二生肖邮票小版张

香港特区从 2000 龙年开始发行的第三轮农历新年生肖邮票，由关信刚设计，全套枚数、规格和设计风格，基本保持一致。每年发行邮票 1 套 4 枚、小全张 1 枚、无齿小型张 1 枚。2001 年 2 月 1 日为纪念香港邮展开幕，增发 1 种生肖金银邮票小型张，内含上年度龙和本年度蛇生肖邮票各 1 枚，分别以 24K 金箔及 99.9% 纯银箔压印而成，面值均为 50 港元，成为世界生肖邮票中生肖交替的独特品种。从 2002 年开始，每年发行生肖邮票的同时，还续发这一独特品种，称"十二生肖金银邮票小型张"，其边纸上印有祥瑞票名，依次为：灵蛇骏马，骏马吉羊，吉羊灵猴，灵猴金鸡，金鸡灵犬，灵犬宝猪，宝猪巧鼠，巧鼠瑞牛，瑞牛傲虎，傲虎巧兔，巧兔飞龙，至本轮完成，创意十足。

图 63 香港特区发行的金银邮票小型张

2003年1月19日增发绒面生肖邮票。这一品种采用质感独特的绒面纸张印制，为世界首创。一套4枚，面值均为10港元，主图分别为此前发行过的4种属相的生肖邮票，各取其中1枚凑成一套。每4年发行1次，首套绒面生肖邮票的组合为龙、蛇、马、羊，之后的两个组合是猴、鸡、狗、猪和鼠、牛、虎、兔。2011年是香港特区第三轮生肖邮票发行收官之年，香港特区邮政照例在本轮12套生肖邮票中各取一枚，统一设计成十二生肖邮票小版张发行，以此画上第三轮生肖邮票完成的句号。

2012年开始，香港特区开启第四轮农历新年生肖邮票的发行，依旧按传统模式，每套4枚，票型则改为与第二轮相同的横式。从这一轮开始，香港特区生肖邮票不再发行小全张及无齿小型张，而是发行另外设计的小型张、丝绸小型张各1枚。同时，增发个性化邮票1套2枚，用生肖年+"心思心意"命名，如首套称《壬辰龙年 心思心意》个性化邮票，后续依此类推。2023年完成第四轮生肖邮票的发行。

在2012年和2024年这两个新一轮生肖邮票启动之年，香港特区邮政还特别推出一种《十二生肖金银邮票小型张——完全珍藏版》，已发行两辑，每辑为1套2枚，是将历年发行的金银邮票小型张中的邮票拆分，重组成"金""银"两枚十二生肖"全家福"小型张。第一辑包含从2001年的龙蛇金银邮票到2012年的"巧兔飞龙"；第二辑包含从2013年的"飞龙灵蛇"至2024年的"瑞兔飞龙"。两辑各以12套金银邮票，合成一个完整循环，闪耀悦目，尽显华贵，分别为第三轮和第四轮生肖邮票做了一个圆满总结。

图 64 香港特区发行的十二生肖金银邮票小型张

2024 年香港特区邮政开启第五轮农历新年生肖邮票的发行。开篇《岁次甲辰》龙年生肖邮票，票型依然横式，1 套 4 枚，另发行剪纸龙图案的同图小型张 2 枚，分 10 港元面值和 50 港元面值，后者的龙图剪纸经过激光镂刻透雕，纤毫毕现，尤显精美。这组邮票由黄镇康设计，他以灵动的龙造型和喜庆的色彩，成功表现了飞龙贺岁的欢腾与祥瑞。

中国香港地区邮政发行的生肖邮票，富有创意。从 1987 兔年至 1998 虎年，中国香港地区邮政还发行了一轮 12 年的电子生肖邮票，在世界生肖邮票发行中开了先河。

三、中国澳门地区的生肖邮票

中国澳门地区第一套生肖邮票是从1984鼠年开始，并连续发行，是世界上第一个按照十二生肖的排列顺序，系列发行生肖邮票的地区。第一轮12年，每年发行邮票1套1枚、小本票1本，由金地道一人设计，风格一致。邮票设计采用民族风格与西洋技法相结合的手法，画面背景的明月和深沉的底色，透出中国绘画的意境之美。写实画法的生肖动物（龙年装饰画法除外）及厚重的彩色边框，又显然受到西方审美观念的影响，颇具审美价值。在完成第一轮生肖邮票发行后，将已发行的12套生肖邮票集中而成小版张印制发行，主图不变；统一了面值和票面文字内容及排列，在不变中又有变。

图65 中国澳门地区发行的十二生肖大团圆小全张

第二轮从1996年鼠年开始，每年发行邮票1枚、小型张1枚，取消小本票。也是一人统一设计，设计师廖文畅，其设计改用带有装饰画色彩的漫画手法，邮票及小型张上经过艺术夸张的生肖形象，具有强烈的视觉效果。邮票画面与小型张画面，看似一个整体；邮票截取生肖形象头部，小型张利用边纸描绘完整的生肖形象。邮票上的文字和图案增添了"岁次干支"及当年生肖名称的朱红色篆刻印章，从而赋予邮票更加浓郁的中华文化韵味。至2007年完成第二轮生肖邮票的发行。

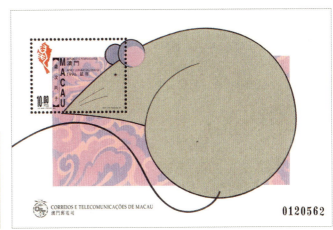

图66 中国澳门地区1996鼠年生肖邮票和小型张

第三轮从 2008 年开始,由林子恩统一设计。邮票设计理念突出中国传统文化,以"金,木,水,火,土"五行概念[1]融入创作,发行 1 套 5 枚生肖邮票、1 枚生肖邮票小型张,分别为不同艺术造型的金鼠(金饰)、木鼠(木刻)、水鼠(水墨画)、火鼠(焰火)、土鼠(陶壶),并衬以相应背景和色彩,5 枚邮票自左至右横连印,构成一幅"五行"完整画面。当年五行代天干与地支相配,生肖为土鼠,所以,5 枚邮票中的土鼠为主角,小型张中的邮票也是"土鼠"。这一设计理念贯穿本轮始终。每年发行邮票 1 套 5 枚及小型张 1 枚,都有当值的生肖属相为主角,都按同样模式设计与发行。2019 年完成本轮生肖邮票的发行。

图 67 澳门特区 2008 年发行的鼠年生肖邮票和小型张

---

[1] "五行"是中国传统文化核心内容之一,是认识世界的基本方式。中国古代哲学家用五行理论来说明世界万物的形成及其相互关系。根据五行学说和前人观察,得出五行与生肖之间存在对应关系:鼠属水,牛属土,虎属木,兔属木,龙属土,蛇属火,马属火,羊属土,猴属金,鸡属金,狗属土,猪属水。这种对应关系表明,每个生肖都与对应的五行元素有着一定的共性和特性。

第四轮从 2020 年开始，设计理念以四季的春夏秋冬来诠释，四季更迭，更是岁月流转；春华秋实，映衬岁月如歌。本轮生肖邮票设计风格不再求统一，呈现多样化；每年发行 1 套 4 枚，加小型张 1 枚。首套邮票采用漫画的形式，4 枚票图分别以春节、盛夏、中秋、圣诞为背景，描绘出生肖鼠的四季萌态及欢乐场景，画面充满童真童趣。2021 年的生肖牛年邮票，以肉牛、奶牛、黄牛和牦牛四个常见牛种为题材，采用中国画写意表现，辅以春花、夏叶、秋枫和冬松，寓意四季更迭；小型张是牧牛图，牧童水牛，桃红柳绿，春江水暖，将一幅典型的田园画面收入方寸之中，极大地丰富了生肖邮票的内涵与美感。此后的虎、兔、龙，皆依此理念以不同艺术手法设计，从不同角度丰富生肖邮票内容。尤其是 2024 年的龙票，装饰感极强，1 套 4 枚邮票，是一幅拼图，可分可合，分则为四季飞龙，合则为一个龙字。

澳门特区邮政还从 2013 蛇年开始发行生肖电子邮票，生肖图像较为细腻，底色明快，招人喜爱。

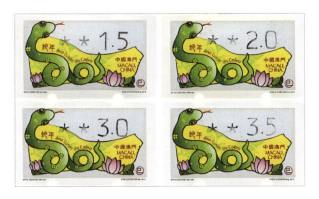

图 68 澳门特区蛇年生肖电子邮票

四、中国台湾地区的生肖邮票

中国台湾地区从1969年开始，于年前发行新年邮票，至今未中断，其图案都是生肖形象。1969年鸡年至1980年猴年的第一轮生肖邮票，除了鼠票一套8枚印成两个四方连外，其余每年均为1套2枚。图案为多人分别设计，风格各异，有写实、装饰、剪纸、古画、玩具、变形等多种形式。由于一些民众对生肖属相与相应动物之间的联系和区别缺乏理解，邮政部门在设计生肖邮票时遇到不少麻烦，特别是人们十分厌恶自然界中的鼠与蛇，设计图稿难以获得通过，最后只好将鼠图用松鼠形象代替，蛇图则以代表医学的"蛇杖"形式设计。

中国台湾地区邮政为了杜绝第一轮生肖邮票因没有统一规划而出现的整体不协调问题，对1981鸡年至1992猴年第二轮生肖邮票的设计，采用公开向社会征集图稿的办法，要求将12年的生肖邮票图案一次绘出参评。在26名应征者中，著名装饰画家庄珠妹的图稿被选中。她设计的图稿运用简洁抽象、变形夸张的艺术手法，以圆形组成生肖动物装饰图案，背衬横八竖七的生肖篆字，象征新春团圆和谐。中国台湾地区这一轮的生肖邮票，除了保持每年1套2枚外，每年又加发由2套邮票四方连构成的小全张1枚。

在第二轮新年生肖邮票发行完成后，于1992年2月18日又将已发行的第二轮生肖邮票每套取1枚，按原图集中重印，再次发行，1套12枚，并发行了这套邮票的小全张。小全张上端边纸上印有"生肖邮票"字样。这12枚生肖邮票，主图与已发行的生肖邮票相同，但面值、底色均改为12枚一致，每枚邮票的左上角又加印了一个与生肖图案相对应的地支文字。中国台湾地区采取这种形式集中一次发行12种生肖邮票，在生肖邮票发行史上为首创。

中国台湾地区邮政部门为了避免第二轮生肖邮票风格单一的不足，对第三轮生肖邮票的图稿设计又改变了征集办法，将12年票图分为4组，每组3年，每组分别提前邀约12位知名艺术家进行设计，每位设计3年的图稿参评。这一轮(1993—2004年)除每年发行邮票2种、小全张1种外，还增发小本票1本。从2005鸡年开始，中国台湾地区发行第四轮新年生肖邮票，每年发行邮票2种、小型张1种，小全张、小本票停发，图案又出现了新的设计风格，但做法与上一轮一样，设计师3年一换，统一中有变化。

2017年新年前，中国台湾地区邮政部门开启了第五轮生肖邮票的发行。本轮组合为生肖邮票1套2枚、小型张1枚，另外发行与邮票同图的贺岁版小全张1枚，该小全张为购买其邮票年册的赠品，年末兑现，不单售。2017年是丁酉鸡年，为此发行的2枚邮票及1枚小型张，分别以金鸡报喜、吉（鸡）庆有余和吉（鸡）祥如意之意境，传达一日之计在于晨、生活富庶有余和圆满如意、幸福绵延的美好愿望。邮票图案设计以剪影方式表现，辅以温暖的色调及吉祥花卉花纹，传递吉祥喜庆的新年氛围。2018年戊戌狗年，为此发行的生肖邮票，设计风格依旧；本年遇邮资大幅调整，往年面值3.5元（新台币）的邮票调整为6元，面值13元的邮票保持不变，小全张由面值12元调整为15元。至2024年甲辰龙年，中国台湾地区此轮生肖邮票已发行到第8年，均采用统一风格延续。

第四节
世界生肖邮票的发行

一、中国改革开放的国际影响力

改革开放以来，中国邮政和港、澳、台三个文化源流一脉相承的地区邮政，连年不断地发行生肖邮票，在世界上产生了很大的影响，引发了一些国家和地区相继发行生肖邮票。

世界生肖邮票发行热出现在 1993 年前后。中国改革开放的伟大成就令世人震惊，世界上出现的"中国热"，带动了发行中国题材邮票热，其中，以中国传统民俗十二生肖为题材更受青睐。1993 年鸡年，美国、不丹、哈萨克斯坦、法属波利尼西亚、南非的博普塔茨瓦纳等国家和地区第一次发行生肖邮票。由此，发行生肖邮票的国家和地区，开始从亚洲发展到世界。

在这一过程中，广泛分布于世界各地的华侨华人，对推动中华文化走向世界，扩大祖国的国际影响力，起到了至关重要的作用。1989 年美国的华人社团组织提出了争取发行华人纪念邮票的构想，并拿出最早的邮票图稿，图案具有生肖内容，是雄鸡头部图像，但没有获得邮政总局下设的公民邮票审查委员会的初选通过。于是华裔纪念邮票委员会 1990 年直接给布什总统去信，终获再审，同意发行一枚纪念华人的邮票。按美国邮政的要求，夏威夷华裔艺术家李健文设计的以中国鸡年生肖为内容的图稿被选中。邮票图稿是大红底色上的一只具有中国剪纸风格的大公鸡，右上角印有英文"THE YEAR OF ROOSTER"（鸡年）字样，左侧印有中文草书"鸡年"二字。在正式发行时，该图稿有所改动：右上角英文为"HAPPY NEW YEAR!"（新年快乐）。这一改动，既避免了与左侧汉字草书"鸡年"的重复，又兼顾到西方人的新年祝贺习惯，让更多人更容易理解和接受这枚新年邮票。邮票画面富丽堂皇，富有中国传统喜庆色彩，飘逸潇洒，很有气势，促成中国生肖文化在美国主流社会的传播。

图 69 美国华人社团最早的邮票设计稿

图 70 李健文设计的鸡年邮票图稿及正式发行的邮票

1992 年 12 月 30 日，美国邮政总局特地选择在旧金山举行了盛大而隆重的邮票首发仪式。邮票印数 1.05 亿枚，发行后得到一致好评，反响热烈，仅旧金山中国城邮局就售出了 200 多万枚。以往的美国纪念邮票，其邮局全张均含 50 枚邮票，而公众倾向于购买 20 枚或 25 枚邮票，这就需要邮局职员耗用时间去撕开。鸡年邮票是美国第一种 20 枚小版张。鸡年邮票的畅销，不仅因为题材新颖，与其版式的设计也不无关系。这也从此规范了美国所有纪念邮票的发行格式。随着鸡年邮票的发行，美国成为亚洲地区以外最早发行生肖邮票的国家。

其实，美国邮政总局在鸡年邮票刚发行时，还未考虑续发这个题材的邮票，在 1993 年很晚的时候，才做出发行该系列邮票的决定，主要是看第一套邮票发行后的民众反应。鸡年邮票良好的社会影响和经济效益，促使美国邮政总局把发行中国农历新年生肖邮票正式列入计划，并加速完成了狗年邮票从设计到印刷发行的全过程，赶在狗年春节前 5 天，也就是 1994 年 2 月 5 日发行了发行量为 1.05 亿枚的狗年邮票。同时决定，连续 12 年发行一个完整系列 12 套，全部由夏威夷华裔艺术家李健文设计，以保持风格一致。

到猪年邮票发行时，美国邮政重新确定了全系列邮票的色彩变化。美国邮政总局邮票发展部经理麦卡夫雷表示："我们希望所有 12 枚邮票呈现出彩虹般的颜色。""最近我们重新考虑了这个问题。如果持续变化，会使系列进入浅色背景和深色图形，这不符合最初的构思，因此我们的颜色变化改为以 6 枚邮票为单位，然后重新开始色彩循环。"

图 71 美国第一轮生肖邮票（1993—2004）的刷色效果

2003年，华裔集邮专栏作家戴定国应邀去哥伦布市参加美国邮政与集邮媒体的联谊会。戴先生将已发行的11枚生肖邮票贴在同一个信封上，请与会的美国邮票发行负责人麦卡夫雷签名，并建议其在一轮完成后，再发行一枚十二生肖邮票大团圆小全张。这一建议得到美国邮政的重视与采纳。这年12月29日，美国第一轮十二生肖邮票小全张图稿在夏威夷揭幕，美国邮政总局局长波特出席并为图稿揭幕。

2004年是中国农历甲申猴年，美国邮政以猴票完成第一轮生肖邮票的发行。2005年至2007年，美国邮政在中国农历戊子年到来之前，对发行生肖邮票按下了"暂停"键。正好用上这段时间，分别在2005年、2006年各发行了一种《中国新年》十二生肖小全张。小全张上的邮票，图案不变，统一面值、规格和年份。2005年版，统一面值为37美分。有意思的是，这枚小全张12枚面值37美分的邮票加起来，总面值是4.44美元，美国邮政也知道，这个数

图72 用邮票边纸及已发行的11枚生肖邮票贴合成的信封

图 73 美国第一轮生肖邮票大团圆小全张正反面

图 74 美国第一轮生肖邮票第二种大团圆小全张

字的谐音为华人所忌讳。为了解决这一难题，他们利用不干胶邮票有底纸的特点，将这枚小全张设计成不干胶双面小全张的特殊版式。如此一来，正反两面共 24 枚邮票总面值为 8.88 美元，刚好与中文"发"字谐音，皆大欢喜。这同时也成为美国邮票发行史上唯一的双面小全张。2006 年版的《中国新年》十二生肖小全张，赶上美国邮资调整，从 37 美分调整为 39 美分。故此，这枚小全张上的邮票，统一面值为 39 美分。这样，美国发行的第一轮 12 年的生肖邮票，均有 3 个不同年份的版本，前 10 年的 3 枚面值均不相同，别具一格。

表 1 美国第一轮生肖邮票的首发资料

序号	生肖	面值	斯科特编号	首发日期	首发城市
1	鸡年	29 美分	2720	1992-12-30	加州旧金山
2	狗年	29 美分	2817	1994-02-05	加州波莫那
3	猪年	29 美分	2876	1994-12-30	加州萨克拉门托
4	鼠年	32 美分	3060	1996-02-08	加州旧金山
5	牛年	32 美分	3120	1997-01-05	夏威夷檀香山
6	虎年	32 美分	3179	1998-01-05	华盛顿州西雅图
7	兔年	33 美分	3272	1999-01-05	加州洛杉矶
8	龙年	33 美分	3370	2000-01-06	加州旧金山
9	蛇年	34 美分	3500	2001-01-20	加州奥克兰
10	马年	34 美分	3559	2002-02-11	纽约州纽约
11	羊年	37 美分	3747	2003-01-15	伊利诺伊州芝加哥
12	猴年	37 美分	3832	2004-01-13	加州旧金山
双面小版张		37×24 枚	3895	2005-01-06	夏威夷檀香山
小版张		39×12 枚	3997	2006-01-29	华盛顿特区

从 2008 年戊子鼠年起，美国开始发行新一轮中国农历新年生肖邮票，由出生于中国香港地区的华裔艺术家麦锦鸿统一设计。这轮新年生肖邮票仍为 1 套 1 枚，但小版张从 20 枚改为 12 枚，首套以大红灯笼的喜庆主题开场。美国邮政用 12 年时间，完成第一轮生肖邮票的发行，让许多美国人知道了十二生肖，知道了自己的属相是什么，但是美国人并不了解中国人是怎么过年的。于是，对第二轮农历新年邮票，他们总的设计理念是中国的年节文化。从 2008 年挂红灯笼开始，2009 年，舞狮；2010 年，水仙花；2011 年，金橘；2012 年，舞龙；2013 年，鞭炮；2014 年，大鼓；2015 年，果盘；2016 年，牡丹花；2017 年，红包；2018 年，富贵竹；2019 年，以桃花收尾。美国人不用去中国，就能通过邮票了解中国人怎么过年。这轮中国新年邮票，虽然主图不是生肖，但每一枚票图左侧都有金色的当年生肖剪纸造型和中文字样。这轮生肖邮票在美国民众中产生的影响也是久远的。2015 年，在美国旧金山中国城举办的羊年生肖邮票首发式上，时任旧金山市长的李孟贤接受采访时曾说，中国的农历新年不仅是华人华裔移民的节日，也是美国多元化历史和文化的一部分。

美国第三轮生肖邮票独辟蹊径。从 2020 年开始推出由 Camille Chew（卡米尔·周）设计的生肖面具系列，乍一看很不美，但非常耐看和令人回味。这轮生肖邮票，是多元文化相结合的范例，到 2024 年已发行 5 套。

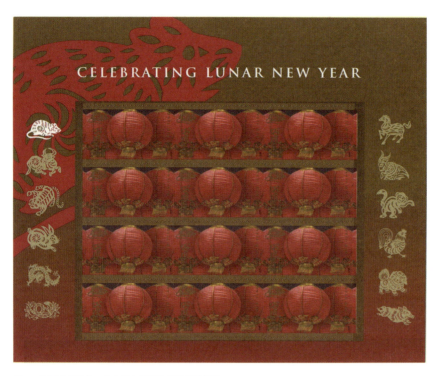

图 75 美国发行的第二轮中国农历新年邮票开场版张

图 77 美国 2020—2024 年面具图案新年生肖邮票

图 76 美国发行的第二轮生肖邮票（2008—2019）

二、世界出现发行中国生肖邮票的热潮

从 1994 年开始，世界上出现了发行中国生肖邮票的热潮，每年均有首发国家（地区）出现。1994 狗年尤为突出，有 19 个国家和地区首次发行生肖邮票；这一年共有 34 个国家和地区发行生肖邮票（小型、全张）151 种。1994 年 2 月 18 日中国香港地区邮展开幕，美国、英国等几家国际邮票代理商，以祝贺这次邮展开幕为名，为美洲、非洲、大洋洲的一些国家和地区代理发行了一大批中国题材邮票，其中一部分是印有中、英文"狗年""犬年"和狗图案的生肖题材。这部分生肖邮票，多是不在本国（地区）邮政使用的邮票，却仍然广受集邮者欢迎。中国文化与日俱增的影响和国际邮票市场的引导，促使新的生肖邮票源源不断地大量出现。而且，世界生肖邮票发行的主流，逐渐转移到各国（地区）邮政，包括法国、爱尔兰、奥地利、瑞典、列支敦士登、澳大利亚（圣诞岛）、新西兰、加拿大、秘鲁、南非等国家在内，每年参与发行生肖邮票的国家和地区越来越多。

从 1994 年至今，每年都有 50 个左右的国家和地区发行生肖邮票 100 多种。有 30 多个国家和地区是连年发行，有的已发行三轮、四轮甚至五轮。从 1950 年至 2023 年，累计已有 138 个国家、地区和联合国邮局发行生肖邮票 5500 余枚。联合国从 2022 年开始发行的第二轮生肖小版张，虽然仍属个性化邮票，但生肖图从原先第一轮在附票上改为正票主图，是印有面值的邮票，而且形成左右对称的 1 套 2 枚生肖邮票，备受关注。

目前，生肖邮票已成为世界上连续发行时间最长、发行国家（地区）最多的同一题材、同一内容的专门类别邮票，成为世界邮票家族中新兴旺盛的一员，

成为方寸天地一道亮丽的风景线,其影响越来越大,引起越来越多集邮者的关注。1998年8月,在以色列举行的国际集邮经营研讨会上评选出的世界十大邮票最流行的题材中,"十二生肖"仅次于"动物与花卉",与"交通工具"并列第二名。

世界上发行生肖邮票的国家和地区,大体上有四种类型:

图78 联合国发行的第二轮虎年小版张

（1）本国（地区）流传十二生肖民俗，作为本国（地区）的题材而发行。亚洲地区发行的生肖邮票，如中国（包括香港、澳门、台湾地区）、日本（含琉球群岛）、韩国、朝鲜、蒙古国、哈萨克斯坦、吉尔吉斯斯坦、塔吉克斯坦、不丹、越南、老挝、泰国、菲律宾、新加坡等，属于这种类型。一般特点是：发行的年份早，连续发行的时间长，图案设计生肖文化内涵丰富，是世界生肖邮票的主体部分。

（2）为表彰本国华人的贡献或表示同中国的友好，发行中国农历新年题材的邮票。如美国、加拿大、古巴、南非、法国等。这些国家发行生肖邮票，在选题上很慎重，设计讲究，一般只发行1种至2种邮票。古巴于1995年猪年开始发行，至2006年已发行一轮，2010年开始续发。加拿大从1997年牛年开始，一直持续发行，每年发行邮票和小全张各1枚，小全张均采用不同的异形设计，形成了独特的系列。法国于2005年中法友好年开始发行生肖邮票1枚，图案是雄鸡，印有中文"鸡年"字样。2006年以后继续发行生肖邮票1枚，增发小型张1枚，并保持风格一致。2009年2月5日，法国邮政邮票自助购买网站开通，只要登录网站，从邮局提供的12大类200余种图案中选出所爱，然后输入邮寄地址等信息，在完成计费、付费等手续后，即可将所选邮票打印出来。其中也有中国生肖邮票题材，这种个性化网络邮票[1]每次至少打印一版，最少的是12枚票1版，每种邮票在两个月后就会从网络上消失，不能再使用。

---

[1] 个性化网络邮票，又称网络邮票，是指经过邮政部门授权、专业公司设计开发的符合现行邮政资费标准的邮票。用户通过登录相应网站，申请服务并付足邮资后，即可用打印机将所需网络邮票打印在信封上，并可在指定区域内添加个性化的图案或文字。

第三章 生肖邮票的发行与兴盛　　　　　　　　　　　　　　　　　　　　第四节

图 79 加拿大 1997 牛年生肖邮票小全张　　　　　　　图 80 法国 2005 鸡年生肖邮票

图 81 法国 2009 年个性化网络生肖邮票

图 82 澳属圣诞岛 2019 年发行的第二轮生肖邮票不干胶小全张

（3）本国（地区）有相当数量的华人，为庆祝华人的农历新年而发行生肖邮票。如澳大利亚、新西兰、巴西等。澳大利亚国家邮政从 1994 狗年开始，每年都以其属地圣诞岛名义，发行一套全国通用的中国农历新年生肖邮票，作为一个系列持续发行至今。其间，还多次发行其各轮生肖邮票的不干胶材质圆形、方形十二生肖小全张，引人瞩目。新西兰从 1997 年牛年开始，每年都为中国农历新年发行小型张 1 枚，内含生肖邮票，边纸绘有十二生肖图。1999 年开始，小型张边纸上均印有中文"新西兰邮政局庆祝中国农历年"或"新西兰邮政局恭祝中国农历年大吉"等字样。

(4) 少数国家和地区，以商业赢利为目的而发行的中国生肖题材邮票。这些邮票一般品种多，面值高；由一人设计几个国家（地区）的邮票，其风格甚至图案雷同；对中国传统生肖文化内涵理解不够，往往会出现一些似是而非的设计；通常由美、英等国有关公司经授权而代为设计、印制和销售。这部分生肖邮票，很少在本国（地区）邮政使用。由于不是"花纸头"，在世界著名的斯科特等邮票目录上，大多数仍被收录。

图表4 发行生肖邮票的国家和地区数量

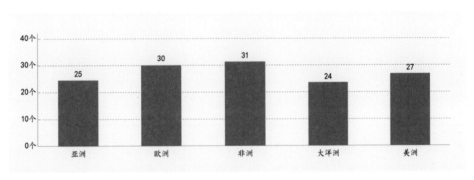

图表5 历年生肖邮票世界各国和地区发行总数量

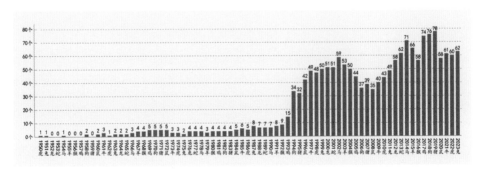

三、生肖邮票的世界第一

第一枚生肖邮票：日本1950年2月1日发行的1950年虎图案贺年邮票，对应当年的中国农历生肖，被公认为是世界上最早的生肖邮票。

第一枚生肖小版张：日本1950年贺年邮票发行当日，还发行了一枚无齿邮票小版张，含呈"十"字排列的5枚虎票，这也是第一枚无齿生肖邮票。

第一枚生肖小型张：1957年12月11日，韩国发行《圣诞节和新年》邮票一套3枚，同时发行3枚与邮票同图的无齿小型张，其中1枚邮票图案为"圣诞树与狗"。

第一个完成整轮生肖邮票发行的地区：1967羊年开始，至1978马年，中国香港地区邮政连续12年发行一套2枚生肖邮票，成为世界上第一个完成整轮生肖邮票发行的地区。

第一套十二生肖"全家福"邮票：1972年11月7日，蒙古国发行《十二生肖与航天器》小版张，含邮票一套12枚，每枚邮票的主图均为一种中国生肖和美国及苏联的一种著名航天器。

第一枚生肖小全张：中国台湾地区于1980年12月1日发行《岁次辛酉》邮票1套2枚，同日发行小全张，含2套共4枚圆形鸡图邮票。

第一本生肖小本票：1981年1月5日，中国发行T.58《辛酉年》生肖邮票1枚，同时发行含12枚邮票的小本票，封面为雄鸡图与十二生肖纹样。

第一套生肖电子邮票：中国香港地区邮政1987年8月8日在自动售邮机

上首发丁卯兔年机售电子邮票，基票为花草纹纸，打印图为兔，共 4 种基本面值。

第一枚有奖生肖邮票：1989 年 12 月 1 日，日本发行生肖马邮票 2 枚，除 1 枚常规邮票外，还有 1 枚票幅狭长的有奖邮票。其下方为生肖马，上方为兑奖号码与说明。兑奖奖品为当年生肖邮票的特供小全张，这个品种的小全张不单售。

第一套生肖邮票集成全张：1992 年 2 月 18 日，中国台湾地区将刚完成整轮发行的第二轮生肖邮票集中在一起，分别发行了含 1 套 12 枚邮票的小全张和含 5 套 60 枚邮票的大全张。

第一枚无面值生肖邮票：新加坡于 1996 年 2 月 9 日发行的丙子鼠年生肖邮票。全套 2 枚连印，其中第 1 枚是无面值生肖邮票，用于国内普通信函，主图是两只装饰画鼠。

第一枚激光全息生肖邮票：匈牙利于 1996 年为纪念北京亚洲国际邮展而发行的丙子鼠年生肖邮票，采用激光全息技术印制，是最早的激光全息生肖邮票。

第一枚异形生肖邮票：古巴于 1996 年 12 月 28 日鼠年将尽时，补发了一枚《鼠年》邮票，为等腰直角三角形，主图为花鼠与"丙子"篆印。

最早的金、银箔生肖邮票：格林纳达属格林纳丁斯于 1997 年 1 月 2 日发行的丁丑牛年生肖邮票，为金、银箔小全张各 1 枚，内含 3 枚邮票，面值均为 2 元，使生肖邮票首次披金挂银。

最早的卡通图生肖邮票：圭亚那于 1997 年 1 月 2 日发行的乙丑牛年生肖邮票。图案是卡通米奇手牵着黄牛在田间耕作，两旁是一副长联，上联"丁丑时岁来春早，高下种植物得收，蚕娘初嫌桑叶贱，丝茧相盈未免愁"；下联"春夏雨水多淹没，秋冬风疆少横流，当年六畜有瘴难，此是人间似忧游"。这也是方寸中最长的楹联。

第一套生肖刮擦邮票：1999年1月31日，中国香港地区邮政发行1套4枚兔年邮票，每枚上除生肖兔图案外，还有一个覆膜区，刮擦掉覆膜后，可以看到不同的四字吉祥语，共10种，全套组合可达40枚之多。

最早的兑奖生肖邮票小版张：2001年1月5日，中国邮政发行2001-2《辛巳年》版式二小版张一套2枚，每版含同图生肖邮票6枚。此生肖邮票小版张为中国邮政贺年（有奖）明信片三等奖奖品，兑奖专用，不出售。2001年中国邮政贺年（有奖）明信片于2001年2月8日公布中奖号码，兑奖日期为2001年2月15日至5月1日。

第一枚圆形生肖邮票：南非于2001年11月2日发行壬午马年生肖邮票小型张，其中的邮票为圆形，是世界上最早的圆形生肖邮票。

第一枚八角形生肖邮票：加拿大于2002年1月5日发行壬午马年生肖邮票，全套1枚，图案为剪纸中国画，票形八角形，是世界上最早的八角形生肖邮票。

第一枚双面生肖邮票小全张：美国于2005年1月6日发行第一轮十二生肖小全张，采用不干胶双面小全张的特殊版式，是世界上第一种双面生肖邮票小全张。

第一枚永久生肖邮票：美国于2011年1月22日发行第二轮新年生肖邮票的第四套兔年邮票，以金橘和剪纸兔、中文"兔"字为图。始自这套邮票，美国的生肖邮票不再印面值，而是标示为"FOREVER"（永久使用），即无论邮资以后如何变化，其永远等值于寄发一封国内信函的资费。

第一套DIY（自己动手）立体生肖邮票：汤加于2015年1月5日发行了世界上第一套DIY立体邮票，为不干胶异形小全张，含2枚羊年生肖邮票，可自己动手，折叠成立体的灯笼形状。

第一枚激光镂空生肖邮票：2012年11月14日，列支敦士登发行《中国十二生肖系列：猪年》邮票，以剪纸形式设计，是采用激光技术制作的不干胶邮票，铭文都采用高品质的金箔印刷而成。

图83 汤加2015年发行的DIY立体可折叠生肖邮票

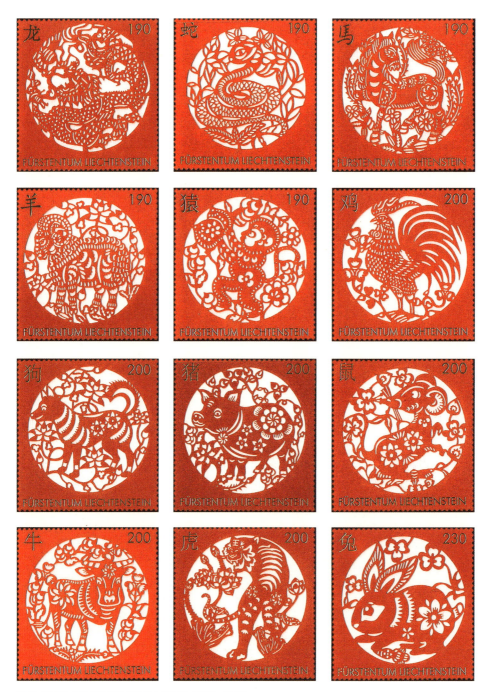

图 84 列支敦士登发行的激光镂空生肖邮票（2012—2023）

第五节
各国（地区）生肖电子邮票的发行

一、从邮资标签到电子邮票

邮资标签和电子邮票是邮政自动化出现与发展的产物。这是科学技术发展和社会物质文明进步带来的必然结果，在以计算机和网络通信为代表的信息技术快速发展的现代社会，机器取代人工的自动化和智能化，早已融入工农业生产和大众工作、生活的方方面面。在日常生活中，银行 ATM 机及自动售货机、高铁自助售票机、街头图书借阅机等随处可见。同理，大数据信息技术和自动化处理手段在邮政业务中的运用也是顺理成章、水到渠成之事。

邮资机及机打邮资标签，正是在这种大背景下出现和应用的。与作为邮资凭证的普通邮票一样，最早的邮资标签，仅仅是寄递邮件所需，唯一不同的是，它是用于大宗邮件的自动化处理。邮票在发行和使用过程中，逐步被赋予更多功能，从普通邮票到纪念邮票和特种邮票，从预付邮资的凭证，到成为集邮对象的方寸艺术品和特殊的文化商品。邮资标签亦然，其发展过程完全复制了邮票的前世今生。

早期，邮资标签与电子邮票并无区别，二者长期以来一直被混为一谈。或者准确地说，邮资标签是在发展的成熟期，出现了电子邮票的概念与称谓，它们二者才成为两个不同的集邮名词和集邮对象。至少，在1996年版《中国集邮百科全书》中，还是将邮资机签条与电子邮票放在一起进行溯源和给出定义与描述的。中国香港地区邮政1986年启用自动售票机，通过该机售出的电子邮票至今仍被称为邮资标签。

邮政是集邮之母。自动化邮政产生了包括邮资标签和电子邮票在内的自动化邮品，随后也产生了自动化集邮[1]。自动化集邮出现之后，反过来又促进了自动化邮政的长足发展。这一发展，既有实践成果，也有理论成果。实践成果是，自动化邮品不断对标邮票所具有的功能完善自己，如增加主题和图案，增强计划性和讲求设计。而其理论成果则是，对自动化集邮对象的深入研究和科学分类。这就逐步深化了人们对邮资标签和电子邮票的认识：二者之间有联系，也有区别。

邮资标签，也称邮资机签条，是由邮政部门使用或认定的邮资机打印出来的邮资凭证。其出现的历史最早可追溯到1884年，一位名叫卡尔·布希的法国人发明了一种设备，可以在信封上印出"邮票"。此发明获得了英国专利。这项技术的成熟是在20世纪30年代，欧美大多数国家相继将各种型号的邮资机投入使用。中国也早在1937年首次在上海使用邮资机。

电子邮票，也称自动化邮票，脱胎于邮资标签，但其具有更明显的邮票特征。

---

[1] 自动化集邮，以经过邮政自动化设备制售的邮品为收集对象的集邮方式。其收集对象包括：①邮票自动售票机、邮资机、电脑制签打印机等自动化设备打印、出售的各种邮资凭证，包括电子邮票、邮资机符志、邮资标签等；②邮政混合信函；③机盖或电脑打印的邮政日戳、邮资戳、邮资已付戳；④邮政自动化设备打印的各种条码与其签条；⑤邮政自动化设施机盖、分拣处理的邮件及相关邮品；⑥自动化集邮文献。

2009年版《中国集邮大词典》对其定义为"根据邮资需要，由自动售票机加盖不同面值出售的邮票。这种邮票无齿孔、无背胶，上下两端各有两个半圆形凹槽，在自动售票机中起固定位置作用"。由此可见，邮资标签和电子邮票有联系，也有本质上的区别。

与常规邮票比较，邮资标签和电子邮票是同类，都属于自动化集邮对象，它们的共同点是，都是适应邮政自动化需要而产生的用于支付邮资的有价凭证。二者相比较，则是同类中的不同分支，邮资标签是即时付费打印使用，有固定使用地点和日期，贴用后不必再以邮戳盖销；电子邮票是预付邮资凭证，使用不受时间和地点的限制，邮政业务处理方式与邮票等同。如今的电子邮资标签和电子邮票都十分接近邮票，同样有铭记、图案和面值，而从前面的三个不同点进行区分就显而易见了，电子邮票具备现代邮票所有的特征及功能，故可谓之邮票。

在一般的集邮实践中，特别是生肖集邮活动中，对邮资标签和电子邮票，有上述明确认识就够了，将它们等量齐观，放在一起收集、整理和研究也无妨。

二、电子邮票的概念及应用

电子邮票概念的产生是邮政自动化发展和集邮实践与理论不断深化的结果。在早期邮资机的基础上，叠加新的实用电子技术特别是计算机技术，1981年由联邦德国首次试验成功并启用自动售票机。当年1月2日，自动售票机在波恩、法兰克福、科隆、慕尼黑等15个城市的邮政局内启用，同时发售电子邮票。该票票幅43.5mm×25mm，图幅32mm×19mm，使用预印彩色纹路的底纸，以象征邮政的号角为图，有德意志联邦邮政铭记；上下各2个半圆孔，不是邮票齿孔，而是邮票底纸在自动售票时的定位孔；可投币打印出预设的从10芬尼到280芬尼的13种面值的邮票。实际根据自助选择，可打印从1芬尼到999芬尼近千种面值的电子邮票。这种邮票可即时使用，也提供预售使用，除了出售方式的自动化及外形上的特点外，其他再无与常规邮票的不同。很快，进入集邮领域里的这种邮票，就被命名为"电子邮票"。也就是说，其名称在它诞生前是没有的，谁也不知道。电子邮票也好，自动化邮票也好，这是在它诞生后才起的名字。

根据电子邮票特点追溯，世界上第一枚电子邮票是法国1969年发行的。1969年3月25日，在法国蒙日隆一个叫SUMA的超市中，放置了一台庞大的机器，这是法国邮政设置的试验性自助服务邮局，通过自助售票机出售一种预付邮资标签。购票者选择的邮资面值，是用红色油墨打印在白色底纸上。该标签由标有地名的圆戳和带有机号的邮资戳两部分组成。整体看像邮资机戳，但其已具有电子邮票的预售功能和基本要素，因此被公认为是世界上第一枚电子邮票。

图 85 法国的自助服务邮局

图 86 法国发行的世界上第一枚电子邮票

法国的试验期很短,该票存世量也很少,成为世界各地集邮家争相收藏的珍邮。随后瑞士(1976)、挪威(1978)、巴西(1979)先后发行了类似的电子邮票,直到联邦德国于 1981 年发行具有现代意义的电子邮票。

图 87 中国邮政第一套电子邮票

1984年在德国汉堡召开的第19届万国邮政联盟大会上，自动化邮票被正式确认为邮票，按照万国邮联的有关规定，自动化邮票上，标注日期和地点，使用不受日期、地点的限制。其使用方法和传统意义上的邮票相同，可以单独贴用或者和传统邮票混贴，使用时必须加盖邮戳销资。

中国的电子邮票，是1999年12月30日开始在位于北京西客站主楼东侧的北京西站自助邮局试用的，邮票目录编号为"自1"。采用德国生产的Nagler714型打印设备和邮票底纸。因面值打印部分为黑色，故俗称"黑电子票"。2000年2月中下旬的半个月时间左右，由于误装蓝色油墨，以致出现蓝色面值的"自1"邮票，俗称"蓝电子票"。随着油墨消耗，不断打印出的"蓝电子票"面值渐次呈现蓝黑、蓝灰、蓝近黑等色泽，因其面世时间短和乏人知晓，"蓝电子票"存世量相对很少，已成为自动化邮票中的珍稀品种。2001年7月3日，该自动售票机停用，次月被拆除。

电子邮票的面值设定，起初只有常用的几种，例如中国香港地区设为4种面值，新加坡设为16种面值，后来，为适应多种需求，一般的自动售票机都可启用自助面值打印功能。中国香港地区的是从0.1元到270元，以0.1元差额可以随便选择；新加坡的是从5分到10元；中国北京西站的是从0.1元到99.9元；中国澳门地区的是从0.5元到50元；中国台湾地区的是从1元到99元。自助面值的设定，大大增加了面值数量，这是常规邮票无法实现的。电子邮票大全套，往往数以百计，这是自动化集邮特有的趣味性。

三、生肖电子邮票的问世与发展

随着电子邮票在世界范围内的兴盛，已经有越来越多的国家和地区开始发行电子邮票。这其中，受中华传统生肖文化的影响，已有国家和地区开始有计划成系列地发行生肖图案或生肖主题的电子邮票，其设计和打印效果也越来越精美。

1986年中国香港地区邮政引进瑞士FRAMA公司FE264型自动售票机，编号01。当年12月30日发行中国香港地区第一套鲤鱼图电子邮票，反响热烈。1987年该公司引进FE1610型自动售票机，编号02，并于8月18日发行兔年生肖电子邮票，这是世界上首套生肖电子邮票。

其后，中国香港地区每年按农历生肖年份发行生肖电子邮票，至1998年发行虎年生肖电子邮票，已连续12年发行了一轮十二生肖电子邮票，为世界上首轮生肖电子邮票。中国香港地区十二生肖电子邮票先后由澳大利亚Leigh-Mardon公司、英国Walsall Security Printers公司提供印有底纹和底色的电子邮票底纸，其纹路设计和色彩效果与打印出来的生肖图案相互映衬，既弥补了早期生肖电子邮票仅以线条描绘生肖造型的单薄，也通过背景的衬托丰富了邮票上生肖造型的意境。如，兔、蛇和鸡的背景为树叶，龙的背景为祥云，马、牛和虎的背景为山丘，羊的背景为草地，猴的背景为粉桃，狗的背景为小球，猪和鼠的背景直接书以生肖年名称。还有底色搭配，与这些生肖形象所处的生态环境相适应，显得十分和谐自然。

2012年，中国台湾地区开始发行龙年生肖电子邮票。至2023年兔年，完成首轮十二生肖电子邮票的系列发行。此后，仍延续以往的风格和模式，发行

图 88 中国香港地区发行的世界上首轮生肖电子邮票

新一轮生肖电子邮票。中国台湾地区生肖邮票中规中矩，生肖形象刻画细腻，图案布局富于变化，色彩调配冷暖适宜，每一枚邮票都有一个好听的名字：从祥龙开头，依次为灵蛇、骏马、吉羊、禧猴、金鸡、旺狗、富猪、财鼠、福牛、瑞虎，到鸿兔。

2013蛇年，中国澳门地区邮政也开始发行首套生肖电子邮票，至2024龙年完成一轮十二生肖电子邮票的发行。相比较而言，还是中国澳门地区的生肖电子邮票有特色，最耐看。在有限的空间内，这轮生肖电子邮票做足了文章，无论是生肖造型，还是背景描绘和色彩渲染，都可圈可点，简约而不失大气，诙谐而不失庄重，淡雅而不失静美，让人赏心悦目。

图 89 中国澳门地区发行的首轮十二生肖电子邮票

新加坡邮政于2019年开始发行以十二生肖文化为主题的第一套生肖电子邮票。随后从2020鼠年开始逐年发行生肖系列电子邮票。新加坡的生肖电子邮票构图丰满,色彩淡雅,多以生肖形象和生肖文字组合为画面。

2016年2月17日,欧洲的直布罗陀邮政发行第一套生肖电子邮票。直布罗陀,是位于欧洲伊比利亚半岛南端的港口城市,是英国的海外自治领地之一。这套邮票1套1枚,图案与该地区当年1月30日发行的1套2枚猴年生肖邮票双连票中右边1枚的票图相同,富有装饰性。此后,按这一模式,直布罗陀生肖电子邮票逐年续发至今。

2024年开年不久，又传来西班牙发行龙年生肖电子邮票的消息。由此可见，世界发行中国生肖邮票的热潮，正在转向邮政自动化领域。随着邮政自动化程度愈来愈高，随着中国的生肖文化愈来愈被世界认知和了解，可以预测，在世界生肖邮票的百花园中，生肖电子邮票也将继续生根发芽，开放出更多争奇斗艳的美丽花朵。

图 90 新加坡发行的十二生肖电子邮票

图 91 直布罗陀发行的猴年生肖电子邮票

图 92 西班牙发行的龙年生肖电子邮票

第四章 中国的四轮生肖邮票

　　古老的生肖文化，诞生于中国的农耕文化。生肖邮票就是植根于生肖文化的一枝璀璨之花。中国从 1980 年开始发行生肖邮票，到目前为止，已发行了完整的第一轮、第二轮和第三轮生肖邮票，第四轮生肖邮票已发行了猴、鸡、狗、猪、鼠、牛、虎、兔和龙等 9 套。本章分别详细介绍了第一轮至第四轮（前 9 套）生肖邮票的设计特色、发行规律、邮票规格、版式安排、面值设置等。对第一轮至第四轮（前 9 套）生肖邮票设计得失做了简要分析，并据此总结出生肖邮票在设计和发行方面的若干启示。

Chapter 4
Four Rounds of Shengxiao Stamps in China

The ancient Chinese shengxiao culture was born on the basis of China's agricultural culture. Shengxiao stamps are rooted in Chinese shengxiao culture. China began issuing shengxiao stamps in 1980. So far, the first, second, and third rounds of shengxiao stamps have been issued. Nine sets have been issued in the fourth round of Chinese shengxiao stamps, including Years of the Monkey, Rooster, Dog, Pig, Rat, Ox, Tiger, Rabbit, and Loong (Dragon). This chapter introduces the design features, issuance rules, stamp specifications, layout arrangement, face value setting of the first to fourth round (the first 9 sets) of shengxiao stamps in detail and so on. A brief analysis is made on the gains and losses of the design of the first to fourth round (the first 9 sets) of shengxiao stamps, and based on this, several inspirations for the design and issuance of shengxiao stamps are summarized and proposed.

第一节
中国生肖邮票诞生的背景及《庚申年》邮票

一、中国生肖邮票诞生背景及主要成因

中国是东亚农耕文化的发祥地，也是古老的生肖文化诞生地。几千年来生肖文化的诞生、延拓与传承，伴随着中华民族生生不息的繁衍与发展。

生肖文化在诞生和发展的过程中，各种民间的载体成为生肖文化浸润先人生活和传播生肖文化的重要媒介，如年画、泥塑、窗花、剪纸、龙舟等。由于这些都属于视觉艺术，因而传播广，影响大。这些民间艺术形式无疑对生肖文化潜移默化的传播起到了促进的作用。我国很多设计家在设计生肖邮票时，无一例外地吸收过民间艺术的灵感。

在东亚农耕文化的生活圈里，率先将生肖形象设计到邮票中去的是日本。日本曾于1950年（庚寅年）发行了世界上第一枚生肖邮票——虎票。采用的是圆山应举的作品"虎图"。从此之后，日本发行生肖邮票一发不可收，直至今天。后来，韩国、越南、蒙古国等国家和中国香港、台湾地区也陆续发行了生肖邮票。改革开放以后，生肖文化开始进入我国邮票领域已经指日可待了。

直接促成中国大陆第一枚生肖邮票发行的成因有四：

（1）两位艺术家聊出第一枚生肖"猴票"。

1979年1月1日，中国邮票总公司的邮票设计家邵柏林[1]去看望曾经的老师、著名艺术家黄永玉[2]，并提出请黄永玉画一组动物邮票。黄永玉一口应允，并向邵柏林建议："为何不发行一组生肖邮票呢？12年的生肖邮票我都给你们画。"

邵柏林觉得这是个好主意，并与黄永玉商定，一周后来取图稿。

1月9日，邵柏林如约到黄永玉家取图稿，一幅红地、端坐其上的黑色毛猴呈现在邵柏林的面前。这让邵柏林兴奋异常，毫无疑问，一套精彩的邮票呼之欲出了。这幅图稿（彩插2）是在玉版宣纸上画的，为了保护好图稿，邵柏林立即赶往琉璃厂的荣宝斋，为这幅图稿做了装裱。邵柏林将裱好的图稿交到邮票发行局，并建议1980年春节，即进入庚申年的第一天，发行"猴票"。

（2）一些国家和地区发行生肖邮票的信息在中国引发关注。1979年3月1日，邮电部邮票发行局首次派出代表团参观中国香港地区，代表团团长为邮票发行局副局长薛铁，团员为于名川和吴凤岗[3]。参观的目的是了解和考察中国

---

[1] 邵柏林（1930—2023），著名邮票设计家、摄影家，原邮电部邮票发行局总设计师。1953年从中央美术学院毕业后，分配到邮电部从事邮票设计工作，在30多年的邮票设计生涯中，共创作设计了23套103枚邮票，创作出许多脍炙人口的经典之作。还培养了众多邮票设计人才。代表作品有《庚申年》《齐白石作品选》《西周青铜器》等邮票。

[2] 黄永玉（1924—2023），笔名黄杏槟、黄牛、牛夫子。土家族人。中国画院院士，中央美术学院教授，曾任版画系主任。原邮电部邮票图稿评审委员会副主任，曾手绘猴票原稿，设计《林业建设》《白鹤》《丙申年》等邮票。

[3] 吴凤岗（1920—2000），满族人，原姓乌吉特，取其首字谐音改姓吴。邮政文史专家、邮学家。1941年考入陕西邮政管理局。1949年11月奉调邮电部邮政总局邮票科工作。1983年任中国邮票博物馆筹备处主任。1986年任国家文物鉴定委员会委员。1979年3—5月间代表中国邮票总公司赴中国香港地区考察团起草建议发行生肖邮票的专题报告，这份报告催生了《庚申年》猴票的诞生。

香港地区邮票展览会。这次参观,让代表团大感意外的是,中国古老的生肖文化,已经成为一些国家和地区的邮票题材,而且受到集邮者的欢迎。作为发明干支纪年的故乡——中国内地,却没有任何反应。代表团成员之一的吴凤岗回内地后,就在发行局编发的《参考资料六》上发表了《香港生肖邮票和生肖金币——兼谈今年邮票发行和全套发行的利弊》一文,介绍了生肖邮票发行的情况,并建议内地也应考虑发行生肖邮票。这则消息,在邮票发行局内部为我国第一枚生肖邮票的发行做好了铺垫。

(3) 中国邮票总公司作为发行生肖邮票的承办单位,从1979年1月中旬至9月中旬,始终未敢对发行生肖邮票做出决断。后经中国邮票总公司总经理宋兴民[1]与邮票设计室认真研究后,终于决定将发行猴年生肖邮票的请示上报邮电部审批。1979年11月6日,具有历史意义的邮票发行局《关于拟发行<猴年>特种邮票的请示》正式上报邮电部。

部领导:

春节,是我国人民的传统节日,有悠久的历史。在日本、朝鲜、东南亚各国和海外广大华侨中,有广泛的影响。为满足广大人民群众的希望和出口需要,我们考虑在每年春节前发行一枚"年票",图案是十二生肖,即"猴"年发行一枚"猴"为主题的邮票,"马"年发行一枚"马"为主题的邮票……,每年一次。

---

[1] 宋兴民(1923—2000),1943年1月参加革命工作,历任邮电部邮票发行局副局长、邮电部邮政总局副局长、代局长。1979年调任中国邮票总公司总经理至1985年6月离休。曾任中华全国集邮联合会第一、二、三届副会长,第四届常务理事。

我国是干支纪年的创始国，目前亚洲一些国家沿用的旧历，也是我国创立的。日本和香港地区每年也发行类似的"年票"，我们出十二生肖邮票，既可宣传我国悠久的科学文化传统，普及天文知识，又可满足广大人民群众的需要，给传统的节日增添一项喜庆内容。

明年是庚申年，按照"五行"的说法，庚申年即金猴年，故我们特请中央工艺美术学院名画家黄永玉同志设计了《猴年》特种邮票一枚，画面就是一只金猴，拟在明年春节前发行。

妥否？请批示。

邮票发行局　宋兴民（签名）
一九七九年十一月六日

（4）1979年11月12日，邮电部部长、党组书记王子纲主持召开邮电部部长办公会议，审查批准了中国邮票总公司《关于拟发行〈猴年〉特种邮票的请示》。

在上述文件供部领导批示的空白处，有邮电部值班室（与邮电部办公厅秘书处合署办公）的注："一九七九年十一月十二日部长办公会议审查同意发行。"

在这个请示中，虽然指的是发行"年票"，"庚申年"的名称还未出现，但是按照干支纪年并从"猴年"开始发行系列生肖邮票的提议已获得邮电部的批准。所以，这个文件是发行生肖系列邮票及"猴年"生肖邮票的依据。

总之，促成我国第一枚生肖邮票立项成功的上述因素，可以总结为：天时、

第四章 中国的四轮生肖邮票

第一节

地利、人和。

就在邮电部批准发行猴年邮票的当天，即1979年11月12日。邮电部邮票发行局副局长倪贯一签发了下达给北京邮票厂的《关于＜庚申年＞特种邮票的订印函》。

主送：北京邮票厂

文号：（1979）票发字第58号

我局特请黄永玉同志设计的《庚申年》特种邮票，业经邮电部批准，并定于明年春节前发行，现请你厂印制。详情如下：

《庚申年》特种邮票，志号 T.46（1-1）1980。

邮票面值8分，规格26×31毫米，印量500万枚，雕刻影写印制。

这份文件不仅将"年票"正式改为《庚申年》，而且正式向北京邮票厂下达了生产印量500万枚的任务，并明确要求使用"雕刻影写印制"。我国从1967年以后，绝大部分邮票的印制均采用影写，即照相凹版。为什么这套《庚申年》邮票要用雕刻影写方式印制呢？源于邵柏林对雕刻版的钟爱。在他的一再坚持下，从第一套生肖邮票开始，雕刻影写方式就融进了生肖系列邮票的血脉。

黄永玉不仅是一位美术家，也是木刻家、版画家。他特别擅长小型的砧板刻。他听说《庚申年》采用雕刻版印刷，就想亲自操刀试试。邵柏林请他到邮票雕刻室看看，他看到雕刻师要伏在放大镜下屏住呼吸在钢板上雕刻，完全是另一种功夫，遂作罢。

邮票雕刻室当年有 7 个人，高品璋、孙鸿年两位师傅，赵顺义、阎炳武、李庆发、呼振源、姜伟杰 5 个徒弟。最后由姜伟杰圆满完成雕刻任务。

邵柏林为确保《庚申年》邮票按时发行，早在 1979 年 11 月 12 日（邮票发行局关于《庚申年》邮票的订印函下达日）之前的 9 月中下旬，在得知发行这套邮票的请示已上报之后，即开始着手《庚申年》邮票的设计。根据黄永玉的原画稿及提议，他除了设计邮票图稿外，还为这套邮票设计了首日封和纪念邮戳。

从近期（2024 年）披露出来的《庚申年》邮票设计资料看[1]，可知邵柏林在十分紧迫的时间中，有条不紊地为这套邮票如期顺利发行做好了充分的准备。

首先，他在尚不明确邮票将发行一套几枚的情况下，准备了最有可能的两个方案：1 套 1 枚和 1 套 2 枚。其中的第二个方案，他是按照当时常用的国内平信 8 分邮资和主要用于寄发亚太地区国际航空信函以及国际航空明信片的 60 分邮资，将《庚申年》邮票设计为两种底色、两种面值。一种红底黑猴，8 分面值；一种绿底黑猴，60 分面值。只不过最后结局是，邮票发行局决定发行一枚，邵柏林的第二个方案自此搁置，沉睡箱底，一直不为人知。

其次，1979 年 12 月，他请黄永玉专门为《庚申年》邮票手书"庚申年"三个大字。这三个字就是现在我们看到的、邮票画面左上方与"中国人民邮政"铭记并排竖列印在一起的票名。黄永玉这幅"庚申年"手书墨宝，没有落款，

---

[1] 2024 年 5 月 27 日，国家邮政局邮资票品管理司原司长刘建辉参观邵新（邵柏林之子）设计艺术馆。该馆为邵新开办，主要展陈邵新与其父、母三位艺术家的作品。刘建辉从中首次发现邵柏林设计《庚申年》邮票时所绘绿底猴票的草图和黄永玉手书"庚申年"票名墨宝等几件史料，随即公之于众。这一"新发现"具有重大的集邮学术价值，可深化对于《庚申年》特种邮票的研究。刘建辉相关文章载《集邮博览》2024 年第七期。

第四章 中国的四轮生肖邮票　　　　　　　　　　　　　　　　　　　　　　　　　第一节

图93 邵柏林设计的《庚申年》邮票草图及首日封、戳样稿

写在一张 187mm 长、65mm 宽的竖条宣纸上；经过托裱，底纸也是宣纸，长 211mm、宽 102mm，上面留有邵柏林以铅笔书写的说明："黄永玉先生手书一九七九．十二月。"（彩插 1）黄永玉留下的这幅墨宝，也清楚印证了《庚申年》邮票设计图稿的完成时间是在 1979 年 12 月或稍迟。此际，离这套邮票的发行时间已不足两个月。

二、《庚申年》邮票的印制过程一波三折

《庚申年》猴票的印刷，是在北京邮票厂的"维发机"上完成的。维发机是从瑞士引进的设备。由于设计者邵柏林的坚持，下达给北京邮票厂的订印函明确要求采用雕刻版套影写版印刷。雕刻版的印刷品，手摸上去有凸起感，这种印刷方式不仅表现力强，也有利于防伪。谁知印猴票时，套印后红底色总是透过雕刻版线条向上泛红，致使黑的不黑，红的不红。印出来的都是废品。这可难坏了邵柏林和值机的师傅。

邵柏林回忆说：那时整天在机器旁，时间这么紧，看着那些效果不佳的样票，真是急坏了。那个年月没有老师教给你，怎么办？他就画了一个黑色影写版稿衬在下面，用来遮盖红色，防止向上泛红。套印后果然墨色饱满厚重，猴子毛发和浑身茸毛闪闪发亮。难题总算解决了。

第一个难题刚刚得到解决，第二个难题又横在印刷车间面前。由于多年没有印刷雕刻版套影写版的邮票，库存雕刻油墨年久干结。邮票印版上机后，由于油墨太黏稠，机器走不起来。买新油墨吧，一问生产厂家，6个月后才能生产出来！时间紧迫，为此工人们就想了一个办法，在雕刻墨中加上一种无色透明的混合剂。结果机器是走起来了，可印出来的邮票雕刻线条不黑不立。后来工人又想了个补救办法，往雕刻墨中加铅印墨。但铅印墨不是邮票专用快干墨，机器是走起来了，邮票雕刻线条也立起来了，可邮票印出来一下子干不了，上一版邮票就把下一版邮票的背胶沾脏了。这在行内称为"粘连挂脏"现象。 为了解决这个问题，北京邮票厂领导连夜动员职工，在邮票厂的完成车间和邮票库房临时赶制了许多类似养蚕用的晾票架，一个架子五六层，一层放七八摞，

图 94 邵柏林手绘的《庚申年》印刷墨稿,解决了黑猴翻红问题

一摞 20 版。晾干后,经检验车间检验,剔除了不少邮票背胶严重挂脏的整版废品,但检验后的成品上仍有斑斑点点的挂脏墨点。这个墨点,也成为日后人们在鉴别真假猴票时的参考依据。邮票"挂脏"还是给猴票的成品率打了大大的折扣。北京邮票厂的工人为了减少损失,在"挂脏"的版票上将半版合格的邮票撕下来,再和另外合格的半版加起来,就算一个整版,业内行话叫"拼版"。一般来说,拼版最小的底线是四分之一版。由于合格的猴票数量大大低于 500 万枚,所以"拼版"最后只能降低到四方连,用四方连来拼版。猴票一版是 80 枚,即用 20 个合格的四方连加起来,就算拼成一版。这样算起来,猴票真正整版的数量远远低于理论数量。由于成品率低,故原本下达的 500 万枚没有完成,成品入库只有 4431600 枚。

图 95 猴票背面的"挂脏"

三、《庚申年》邮票首日封设计

邵柏林曾说过,《庚申年》邮票首日封是"天意吾作"。

《庚申年》经邮电部批准发行之后,黄永玉特意嘱咐邵柏林,设计一枚首日封和一枚邮戳。为了设计好这两个与邮票密切相关的副产品,邵柏林请黄永玉用墨笔题写"庚申年"三个字。很快,黄先生笔力遒劲的"庚申年"送到了邵柏林面前。正是邵柏林将干支纪年中的"庚申年"三个字设计到了邮票图案之中,由此开启的第一轮生肖邮票,均沿袭了这个做法。

《庚申年》邮票首日封怎么设计?设计什么?这的确给邵柏林出了个难题,因为艺术创作最忌重复,邮票是猴子,首日封则不宜再画猴子。加之十二生肖干支纪年又是一个十分抽象的时间概念,用什么表现庚申年,则成了设计首日封的难题。正在此时,报载 1980 年 2 月 16 日,即农历庚申年正月初一日,也就是原定生肖猴票发行的第二天,在亚洲、非洲一个狭长地带将发生百年不遇的天象奇观——日全食。世界上将有 70 多个国家的 1000 多位科学家跟踪观测,我国在云南瑞丽也设站进行科学观测。邵柏林根据这一难逢的巧合,就设计了日全食作为庚申年首日封的图案,用以表现中国人民在阔别了"德先生"和"赛先生"[1]多年之后,终于迎来了讲科学、讲民主的艺术春天。这枚首日封获得 1980 年度最佳邮票首日封设计奖。

---

[1] "德先生"和"赛先生"是对民主和科学的形象称呼,也是中国新文化运动的两面旗帜。"德先生"即"Democracy"(德莫克拉西)的音译,意为"民主",所谓"民主"是指民主思想和民主政治;"赛先生"即"Science"(赛因斯)的音译,意为"科学",所谓"科学"是指近代自然科学法则和科学精神。与独裁和封建迷信对立。

图96《庚申年》邮票首日封和签名纪念封

据邵柏林口述，《庚申年》邮票首日封是他亲自在老旧的首日封机器上制作的，由于废品较多，只制作了4000多枚。

1980年2月15日，中国首枚生肖邮票《庚申年》正式发行。无论造型还是工艺都堪称精品。邮票上的猴，眼睛炯炯有神，毛发根根可见。中国传统的大红衬底烘托着喜庆的节日气氛，也折射出刚刚走出封闭的中国渴望腾飞的迫切心情。《庚申年》邮票的发行，标志着中国传统文化正式回归到"国家名片"之中，也拉开了中国传统文化宣传的大幕。40多年过去了，我们欣喜地看到，我国生肖邮票的发行已进入第四轮。在这期间，随着祖国经济的快速发展和影响力的大幅提升，生肖文化和生肖邮票已经不胫而走。特别是生肖邮票被世界大多数国家和地区的邮政部门列为邮票选题。到目前为止，发行生肖邮票的国家和地区已超过130个。中国古老的生肖文化，在现代科技的助推下，短短几十年，已经成为世界性的邮票选题。在中国生肖文化成功走向世界这一点上，我们既值得自豪，也值得总结。

第二节
第一轮生肖邮票的发行与设计

第一轮生肖邮票自1980庚申年开始发行，于1991辛未年结束。这里从几个方面来系统、全面地解读一下第一轮生肖邮票。

一、第一轮生肖邮票的发行

第一轮生肖邮票的发行，正值党的十一届三中全会召开一年之后，全国人民以极大的热情投入社会主义建设的伟大征程中。老艺术家们也焕发了青春，纷纷拿起画笔，热情奔放地描绘改革开放的新时代。参与设计第一轮生肖邮票的著名老艺术家包括黄永玉（猴）、张仃（鸡）、周令钊（狗）、韩美林（猪）、詹同（鼠）、姚钟华（牛）、张国藩（虎）以及当时已崭露头角的年轻的平面设计家，如李芳芳（兔）、祖天丽（龙）、吕胜中（蛇）、邹建军（马）、雷汉林（羊）等。这些艺术家以极大的热情投入生肖邮票的设计中，使第一轮生肖邮票成为至今一直难以超越的经典。

1979年，刚刚走出困境的黄永玉抛开所有的顾虑，第一个提出发行"猴年"生肖邮票的建议，并很快手绘出邮票图稿。大红底上，一只黑猴端坐其上，双

图 97 第一轮生肖邮票（1980—1991）

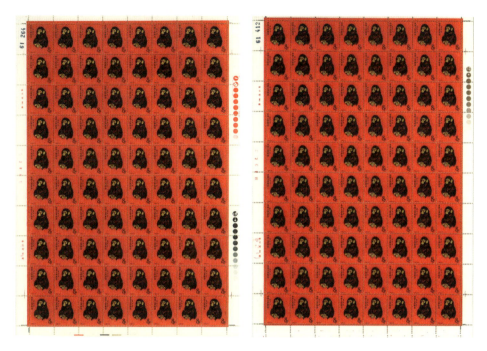

图 98 T.46《庚申年》特种邮票邮局全张 A 版（上格）和 B 版（下格）
A 版（上格）：检验流水号 61264，版号 53351，印刷日期 1980 年 7 月 4 日
B 版（下格）：检验流水号 61412，版号 02618，印刷日期 1980 年 2 月 5 日

眼炯炯有神，预示红红火火的年代已经来临。果不其然，邮票发行后，成为集邮者追逐的焦点。

第一轮生肖邮票的第二枚是《辛酉年》鸡票。设计者是原中央工艺美院院长张仃[1]。张仃是从延安走出来的艺术家，曾设计了中国人民政治协商会议会徽。

---

[1] 张仃（1917—2010），中国当代著名国画家、漫画家、壁画家、书法家、工艺美术家、美术教育家、美术理论家。曾任中国文联委员、中国美术家协会常务理事，中国美术家协会全国壁画工作委员会主任委员，中国工艺美术家协会副理事长，中国画研究院院务委员，黄宾虹研究会会长，中央工艺美术学院院长。

1949年10月8日发行的新中国第一套纪念邮票《庆祝中国人民政治协商会议第一届全体会议》就是张仃和钟灵担纲设计的。张仃画的鸡票第一稿，画面是公鸡和五毒。因为端午节"驱五毒"是民间传统，而公鸡是五毒的天敌。后来，张仃为了突出生肖"鸡年"这个主题，第二稿索性去掉了五毒，只保留了大公鸡画面。张仃非常喜欢毕加索的艺术风格，并曾几次邀请毕加索来华访问，但因种种原因，毕加索临终前也未能如愿。这幅鸡票图稿，白底上的大公鸡丰满挺拔，鸡头昂起，略偏其左，大有舍我其谁之态。鸡腿铿锵有力，牢牢抓住地面。图稿给人以朝气，给人以力量，是"一唱雄鸡天下白"最好的注释。公鸡身上的各种色块组合，既体现出雄鸡羽毛的五彩斑斓，也把毕加索的艺术风格融合到自己的作品中。《辛酉年》融合了中西方绘画的精髓，无疑是第一轮生肖邮票中极精彩的一枚。

周令钊是第一轮生肖狗票《壬戌年》的设计者。在他几十年的美术创作生涯中，最著名的作品非开国大典天安门城楼上的毛主席像莫属。特别值得一提的是，周令钊从20世纪50年代开始，就参与了多套邮票的设计工作。特别是第一轮生肖狗票《壬戌年》，曾勾起周老对孩童时代的回忆。周老孩童时代在农村生活，家里养了一条大黑狗。每次进城，大黑狗都要送他一程。原来，周令钊进城必经的村头有一只黄狗，常出来咬人。每逢这时，大黑狗肩头的毛都要竖起来，黄狗一看就会溜之大吉。这条大黑狗在周老的心中留下了深刻的印记。20世纪80年代初，周老在设计第一轮生肖狗票时，自然而然把这只大黑狗的形象设计到邮票图稿里。

韩美林是第一轮生肖猪票《癸亥年》的设计者。这位中国当代极具影响力的卓越造型艺术家，在绘画、书法、雕塑、陶瓷、设计乃至写作等诸多领域都有很高造诣。大至气势磅礴，小到洞察精微，艺术风格独到，个性特征鲜明，尤其致力于汲取中国两汉以前文化和民间艺术精髓，并体现为具有现代审美理念和国际通行语汇的艺术作品。韩美林称自己为"陕北老奶奶的接班人"，这个称号源于他在陕北采风的经历，韩美林被"陕北老奶奶"充满乡土气息的剪纸、泥塑、农民画深深折服，并从中汲取了丰富的营养。第一轮生肖猪票，就是植根于民间和民俗文化沃土中盛开的一朵方寸艺术之花。

在十二生肖邮票中，最难设计的有3枚：鼠、蛇和龙。老鼠和蛇是普遍被人们厌恶的动物，人们对它们没有什么好感，但生肖文化不仅给它们披上了祥瑞吉祥的外衣，还注入了向善的灵魂。在历年来出土的文物中，十二生肖不仅站立起来，还穿上了人的服装，从这一点可以看出，古人并没有把十二生肖当作动物看待，而是把它们看作与人类亲近的灵物。因此生肖鼠与生肖蛇不能等同于自然界的老鼠与蛇类，它们已成为干支纪年更替而出现在民间的祈福灵物。如何把这些人们厌恶的动物设计成人们能普遍接受的生肖邮票图案，那就要看设计者的功夫和能力了。可喜的是，在第一轮生肖邮票中，设计家詹同设计了一只憨态可掬、作拜年拱手状的老鼠，非常适合春节迎春拜年的应景画面。而民间传统文化设计大家吕胜中设计的蛇则是全身布满四季花卉，口衔灵芝，完全没有一点自然主义蛇的恐怖。这两位平面设计大家设计的邮票图案已经从自然主义的动物脱胎换骨升华为人们普遍接受的祈福灵物。祖天丽设计的龙充分吸收了民间艺术的精髓，用斑斓的色块组成了龙的形象，赢得了广大集邮者和消费者的一致肯定。这些生肖邮票的设计者对生肖文化的深刻理解和变丑恶为神奇的艺术想象力，无疑为后续生肖邮票的设计提供了借鉴及示范。

二、第一轮生肖邮票发行、设计工作确定的几项原则

(1)发行时间。《庚申年》邮票确定的发行时间为1980年2月15日(除夕),即农历己未年的大年三十（农历庚申年的前一天）。按理说,这一天发行生肖邮票是再好不过了。但这给发行过程带来一些问题,比如除夕邮局的工作人员要放假过年,给广大集邮爱好者实寄首日封带来不便,同时集邮爱好者也要回家团圆。邮票发行部门权衡利弊,于是从第二年开始,将生肖邮票的发行时间改为每年的1月5日,便于集邮者从容地去制作、寄发各类相关邮品。

图99 邮电部通知发行《庚申年》特种邮票的文件

一直延续至今。[1]

(2) 第一轮 12 枚生肖邮票，采取多人设计的方式，防止设计风格雷同。邮票发行局每年特约一位美术家进行生肖邮票的绘画设计，每年换一位。专职邮票设计师进行版式设计，也是每年换一位。雕刻师也是每年换一位，专职雕刻师不足 12 人，可由现有人员顺序轮流。

(3) 用国内信函常用面值，每年 1 枚，规格统一，版式统一，底色每年换一种。考虑到 12 种底色必然复合色增多，各枚之间颜色差别太小，不利于邮政内部处理的识别，决定只用 6 种底色，隔年一个白底。规律性交替引起集邮者的憧憬和期待，但也给邮票设计者出了一些难题。如 1987 年 1 月 5 日发行的《丁卯年》兔票，由于当年邮票底色必须为白，白兔遇到白底，这给设计者带来不少麻烦。兔票的设计者是中央工艺美术学院的李芳芳，她为了在图稿上最大限度地不用黑颜色，在拙朴的轮廓外施以浅淡的灰色，以突出柔和洁白的兔身，并汲取剪纸的表现手法作为装饰，从而达到洁白、柔和之感。

(4) 邮票的票幅。从第一套《庚申年》开始，生肖邮票的票幅一直保持 26mm×31mm，始终如一。除普票外，这种规格在 20 世纪 80 年代以后很少在纪特邮票中采用。加之生肖邮票的设计不留边框，由此形成精巧玲珑的艺术风格。第一轮生肖邮票均采用大版式，每一版为 80（8×10）枚。

(5) 邮票面值的设置。第一轮生肖邮票前 11 枚的面值为 8 分，最后 1 枚由于邮资上调，调整为 20 分。除第 1 枚《庚申年》外，其他 11 枚生肖邮票都

---

[1]《壬申年》特种邮票发行时间为特例：经国务院批准，原邮电部于 1992 年 1 月 1 日调整邮票上的邮政铭记，将原"中国人民邮政"改为"中国邮政 CHINA"。为了妥善完成这一工作，邮电部将该年发行的第一套邮票《壬申年》发行时间推迟到 1992 年 1 月 25 日。1993 年生肖邮票的发行时间仍恢复到 1 月 5 日。

发行了小本票。羊年小本票发行后，第二轮生肖邮票的小本票戛然而止，直至9年后的2000年小本票才重新登场。

（6）邮票发行量。第一轮生肖邮票的发行量从第一枚《庚申年》开始呈逐年递增的阶梯状。《庚申年》邮票的实际发行量一直是个谜，原因是邮票在印制过程中由于背胶"挂脏"，入库的合格率大大低于计划发行量的500万枚。而《中华人民共和国邮票目录》公布的数量却仍为500万枚。由此，集邮者对《庚申年》邮票发行量的各种猜测众说纷纭，为了搞清这一悬而未决的课题，老邮政人刘建辉经过细致采访后，在北京邮票厂领导和有关人员的协助下，最终查到《庚申年》邮票入库数量的原始数据为4431600枚。这个数量与同时期邵柏林在邮电部档案室查到的数量相同。最终确认了《庚申年》邮票真实的邮票发行数量[1]。

生肖邮票发行以后，由于和每个人的属相相关，因此不仅获得集邮爱好者的喜爱，普通大众也加入购买队伍中来。邮票发行部门适时对邮票的发行量进行了调整。《庚申年》猴票的发行量为443.16万枚；《辛酉年》鸡票的发行量为931.16万枚；《壬戌年》狗票发行量为1411.16万枚。而到了1985年发行《乙丑年》牛票时，发行量已高达9555.26万枚（前一年的《甲子年》鼠票发行量只有2187.68万枚），随后发行的第一轮生肖邮票都超过了亿枚大关。第一轮生肖邮票的设计工作，由于之前没有可资借鉴的案例，因此是带有探索性的。总体来看，第一轮12枚生肖邮票发行之后，社会反响是好的，总体上设计是成功的。不论是老艺术家还是年轻新秀，在祖国古老的生肖文化土壤的长期滋

---

[1] 详见《集邮》杂志两篇署名文章：2015年第12期《"猴票"设计印制过程中尘封的秘闻》，2020年第2期《"猴票"曲折的诞生始末——纪念〈庚申年〉邮票发行40周年》。作者刘建辉。

养之下,这些生肖在他们的手下个个都被准确拿捏,形神兼备,因而获得了广大集邮爱好者的认可和钟爱。

第一轮生肖邮票总体是成功的,但个别生肖设计上也有瑕疵。1990年发行的《庚午年》马票,共有邮票发行局内部的专业邮票设计师和社会美术家设计的多款方案。经邮电部邮票评审委员会评议,推荐了两个方案报到邮电部,但邮电部并没有选择推荐的方案,而是选中了未被评委会推荐的另一个方案。这个方案就这样经印制之后发行了。等邮票面世之后,才发现马的前腿设计不符合其生理结构,是画错了。

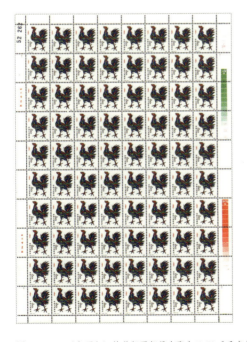 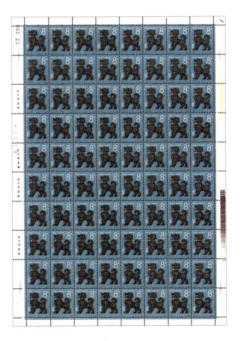

图 100 T.58《辛酉年》特种邮票邮局全张和 T.70《壬戌年》特种邮票邮局全张

第三节
第二、三轮生肖邮票的发行与设计

一、第二轮生肖邮票发行与设计的特点

图101 第二轮生肖邮票（1992—2003）

第二轮生肖邮票的发行起始于 1992 年的《壬申年》，终止于 2003 年的《癸未年》。第二轮生肖邮票的发行和设计有以下几个特点。

（1）第二轮生肖邮票的设计强调的是原汁原味，这个建议源于漫画家、民间美术家、民间艺术收藏家李寸松。李寸松谙熟中国民间传统艺术，如年画、剪纸、泥塑、布艺、竹编等。他强调，生肖就是民俗的东西，用原汁原味的民间艺术就是最佳方案。因此，第二轮生肖的图稿基本取自现有的民间艺术，如剪纸、泥塑等。毫无疑问，这些民间艺术非常质朴，也被世人所熟知。但邮票发行之后，却反应冷淡，远没有第一轮生肖邮票发行之后的热烈反响。主要问题是，尽管民间味道很浓，但这些作品未必适合邮票的语言。同时，由于离开了时代感、现代感，因此和者甚寡，远没有达到预期的目的。

（2）第二轮生肖邮票与第一轮最大的不同是由 1 套 1 枚改为了 1 套 2 枚。设计原则是：1 套 2 枚，一图一文，一明一暗，两平两立，篆、隶、草、楷 3 年一换。

一图，表现民间工艺品如年画、剪纸、玩具、布艺、泥塑等的图案；一文，即文字，当年生肖对应的汉字，如 1992 年生肖对应的汉字为"猴"。

一明一暗，每套邮票一枚背景为白，另一枚带颜色。次年邮票白暗分配与上年相反。

两平两立，每 2 年更换一次生肖造型，如猴、鸡票为剪纸图案，平面造型；狗、猪票为布艺玩具，立体造型。依此类推。

书法文字，每 3 年更换一次字体，即 1992 年至 1994 年为篆体；1995 年至 1997 年为隶书；1998 年至 2000 年为草书；2001 年至 2003 年为楷书，12

年刚好将我国最具代表性的4种字体呈现在生肖邮票上。

（3）第二轮生肖邮票面值的安排，由于受到两次邮票调整资费的影响，邮票的面值发生了几次变动。1992年第一枚为平信邮资20分，第二枚为挂号信邮资50分。1997年，根据国务院的部署，平信面值调整为50分，挂号信邮资调整为150分。2000年，国务院批准，平信面值由50分调整为80分，挂号信邮资由150分调整为2.80元。

（4）第二轮生肖邮票仍然沿袭了第一轮生肖邮票26mm×31mm的规格。整版枚数与第一轮整版生肖邮票的枚数相比，大幅度减少了。第一轮整版为8×10=80枚，而第二轮则为一图8×4=32枚，二图8×4=32枚。但由于面值连续调整的原因，集邮者的负担大幅度加重了。1992年一位集邮者购买一套整版的《壬申年》只需花费22.4元，到2000年购买整版的《庚辰年》生肖邮票时，则要花高出5倍的钱，达115.2元。正是这个原因，使得一部分集邮者放弃了预订、购买整版邮票的计划。虽然国家邮政局成立以后陆续对纪特邮票的发行量进行了调减，但1997年邮票市场"狂潮"之后价格断崖式的下跌也加持了市场供大于求的状况。邮票发行部门为了减少集邮者的负担，于2003年将二图2.8元的面值调整到2元，直接的效果是，集邮者购买整版邮票则可以少支出25.6元。

（5）1992年，邮票的票面发生了两个变化。一是从1974年开始使用的邮票志号"J""T"终止，从1992年1月1日开始采用新的志号，即按年份编号纪念、特种邮票。二是邮票票面原来的"中国人民邮政"改为"中国邮政"，同时在票面上加印英文"CHINA"。

二、第三轮生肖邮票：提前做好整轮规划

对 12 枚生肖邮票进行调研、论证和整体规划，并成立专家组指导生肖邮票的设计工作，是第三轮生肖邮票获得成功的关键步骤。第三轮生肖邮票起始于 2004 年的《甲申年》，终止于 2015 年的《乙未年》。为了做好第三轮生肖邮票的策划和设计工作，当时的国家邮政局邮资票品管理司从 2000 年就开始了对第三轮生肖邮票的调研工作。一方面征求各省邮票公司对第三轮生肖邮票发行工作的建议；另一方面通过集邮报刊广泛听取集邮者对第二轮生肖邮票的反映和对第三轮生肖邮票的发行建议。在此基础上，邮资票品管理司于 2002 年 4 月正式下达了成立"第三轮生肖邮票专家组"的意见，由专家组具体指导第三轮生肖邮票的策划和设计。具体组建和日常工作由邮票印制局负责。专家组的成员为：袁运甫（国家邮政局邮票图稿评审委员会副主任、清华美院教授）、邵柏林（国家邮政局邮票选题咨询委员会委员、原邮票发行局总设计师）、杜大恺（国家邮政局邮票图稿评审委员会委员、清华美院教授）、吕胜中（中央美术学院教授、民间艺术专家）、吕敬人（著名书籍装帧、平面设计专家）、陈绍华（著名平面设计专家），以及邮资票品管理司和印制局的相关工作人员。

2002 年 5 月 16 日，第三轮生肖邮票专家组在邮票印制局召开了第一次会议。会议详细分析了前两轮生肖邮票在设计、印制等方面的得与失，着重就第三轮生肖邮票组稿的总体思路及组稿方式进行了深入、详尽的讨论。会议达成了如下共识：

（1）生肖文化是非常有代表性的中国传统文化，在世界范围内产生了相当

图 102 第三轮生肖邮票（2004—2015）

广泛的影响。目前，全世界已有 80 多个国家和地区发行过生肖邮票，中国作为生肖文化的发源地，生肖邮票的设计必须争取最优。

（2）第三轮生肖邮票每套出 1 枚，继续沿用雕刻影写版套印的印刷方式。

（3）建议第三轮生肖邮票的票形改为四方形。方形比较大气灵活，形式新颖，适合设计表现。邮票规格可定在 30mm-40mm 之间，后实际确定为 36mm×36mm。

（4）第三轮生肖邮票的设计应以现代设计语言来诠释传统艺术精髓。整轮的设计风格要在统一中求变化，给艺术家留有充分的创作空间。

（5）生肖邮票的设计，关键在造型，造型一定要生动，要美。生肖不等于动物，生肖是吉祥物，是人格化了的动物形象。

（6）考虑到距离第三轮生肖邮票的发行时间已近，以及社会发展变化等因素，不宜一次设计出 12 年的图稿，可将设计分段进行，第一阶段先按 3 枚来设计，即首先安排"猴""鸡""狗"生肖邮票的设计工作。

三、第三轮生肖邮票的发行与设计

根据第三轮生肖邮票专家组的研究和推荐，确定了5位参加第一阶段邮票设计的艺术家，分别是吕敬人、魏小明、陈绍华、吕胜中、韩济平。上述这些著名的平面设计家在平面设计领域有诸多建树，而且在邮票设计方面也颇有造诣。由他们领衔共同打造第三轮第一阶段的3枚生肖邮票，一定会让集邮者和万万千千喜欢生肖邮票的人得到惊喜！

根据邮票图稿评议委员会的意见和建议，经邮票图稿编辑部和邵柏林共同研究，为了保持第三轮生肖邮票整体风格，同时有别于前两轮生肖邮票，在图稿设计上提出了两点建议：(1) 第三轮生肖邮票均采用白底色；(2) 在邮票上加干支年号，如甲申年、乙酉年等。

这些意见立即反馈至邮资票品管理司，经研究，票品司同意上述意见。

图103 原稿和修改后的《甲申年》邮票

评委会所推荐的两幅邮票图稿，分别是陈绍华设计的"猴"和吕胜中设计的"鸡"。陈绍华设计的"猴"的特点是，以现代设计的语言，简洁、明快的图形基本型（圆形），配以单纯的色彩，从而获得视觉上的愉悦；强调生肖形象的拟人化，清新、生动、喜气，以贴近百姓、贴近生活、贴近市场。吕胜中设计的"鸡"的特点是，以生肖相配的干支文字为主体，以借形、叠形、幻形、拟形等传统文字处理手法，表现出生肖的动物形象。

陈绍华设计的"甲申猴"尽管已经脱颖而出，作为曾任邮票发行局总设计师的邵柏林，仍然对图稿中的某一处不满意。

他找来陈绍华，当面一个点拨，令其茅塞顿开。"甲申猴"经进一步修改之后，图稿益发成熟。吕胜中是个才华横溢的民间艺术家，对生肖文化有独到的见解。吕胜中设计的"乙酉鸡"，在几十个大师们设计的方案中脱颖而出，已足见其功力。但专家组和邵柏林觉得"鸡"尾巴的装饰性还能更精彩。但吕胜中是很有个性的人，不同意修改。对邮票艺术挚爱于心的邵柏林，不忍心这幅优秀的图稿哪怕有一丝的缺憾。他立即动身，亲自前往30多公里外的通州拜访小他20多岁的吕胜中。这令历来孤傲的吕胜中十分感动。经过整整一个下午的讨论，吕胜中心悦诚服地接受了邵柏林的修改建议，在大公鸡的尾部添加了一朵盛开的牡丹花。这一处点睛之笔的修改，令邮票图稿大放异彩。

2002年年底，邮资票品管理司向国家邮政局党组汇报了第三轮生肖邮票的策划和"猴""鸡""狗"3枚邮票的设计情况。国家邮政局党组对邮资票品管理司所做的工作给予了充分的肯定，并指示：为了使第三轮生肖邮票获得广大集邮者和消费者的认可，要把图稿放下去，广泛征求各方面的意见，求得共识。并提出，在即将召开的全国省级邮政局局长会议上，也听听局长们的意见。

2003年元旦刚过，全国省级邮政局局长会议在湖北武汉如期召开。开幕的当晚，刘立清局长亲自主持会议，听取对第三轮生肖邮票图稿的意见。会上，邮资票品管理司介绍了第三轮生肖邮票整个的策划过程，并对5位艺术家创作的图稿（包括邮票评议委员会推荐的方案和未推荐的方案）一一做了详细说明。在各省邮政局局长讨论发言后，进行了无记名投票。工作人员把事先印好的选票一一发给各位局长，请他们将自己最中意的图稿方案填到选票上。这些地处天南海北、身居邮政高层管理者的意见，当晚汇拢到邮资票品管理司。意见一致，陈绍华的"甲申猴"和吕胜中的"乙酉鸡"成为最中意的首肯。

2003年1月5日，为了进一步听取集邮爱好者的意见，由邮资票品管理司的工作人员带着"猴""鸡""狗"3幅图稿专程到广州，听取广大生肖集邮爱好者的意见，生肖集邮研究会广州会员小组的会员为他们最中意的图稿投了票。这次，群众与管理者和专家们的认识高度契合。最终，第三轮第一阶段的邮票图稿获得了肯定。

第三轮生肖邮票前3枚"猴""鸡""狗"的策划和设计无疑是成功的，发行之后也得到了集邮者几乎一致的肯定。这给第三轮生肖邮票之后的设计开了个好头。之后，在第三轮生肖邮票余下的邮票图稿的征集工作中，基本采取了特约的方式。陈绍华、吴冠英等著名设计师完成了余下的生肖邮票设计任务。

第三轮生肖邮票基本上采用的是平面设计，12个生肖经设计师们的精心打造，时尚灵动，色彩绚丽，时代感强烈，在前三轮不同风格生肖邮票中独树一帜，获得了大众的好评。

第三轮生肖邮票在印制方法上与前两轮有所不同，影写版贯穿了整轮生肖邮票，使画面更加艳丽、色彩更加丰富。

第三轮生肖邮票规格为 36mm×36mm，正方形。本轮生肖邮票在版式上有突破，分别安排了大版式、版式二和版式三。大版式为 24 枚（4×6），2006 年以后，改为 20 枚（4×5）。版式二为 6 枚，规格为 128mm×180mm。版式三为 4 枚，规格为 120mm×130mm。

第三轮生肖邮票增加了防伪方式，邮票的齿孔采用了异形齿孔。分别在邮票的四边各有一个六角星形齿孔。在纸张、油墨等方面，分别采用了防伪纸张、防伪油墨和荧光喷码等。

四、第三轮生肖邮票增加版式三

为了回报广大的预订全年邮票的集邮者，邮资票品管理司经过研究并最终得到国家邮政局的认可，决定从2004年第三轮生肖邮票起始，特别制作一款小版张，专门用于无偿赠送全额预订的用户。一则从"龙头"开始发行，赠送版小版张必成系列，会受到用户的欢迎和喜爱；二则不公开发售，只用于赠送特殊群体——全额预订用户，这也是国家邮政部门正视集邮预订户的切身权益所采取的一项惠民政策。

2004年1月5日，《甲申年》邮票如期发行。不久，凡是全额预订2004年纪特邮票的用户，都先后得到了一份特殊的礼物——带有《甲申年》邮票四方连的黄底色的赠送小版张。这枚赠送小版张，小巧玲珑，精致得体，明黄的底色上，印有甲申"猴"的脸部轮廓，2004年份的两个0中也有猴头造型，透着一股亮丽、华贵、时尚气息。这个意外的惊喜，令不少集邮者兴奋异常，邮资票品管理司先后收到了不少集邮者来信，肯定了国家邮政局的这项亲民措施。一位名叫张万国的集邮者在报刊上著文道：此次获赠的猴年小版张，是邮政部门"对多年来支持他们工作的集邮爱好者的一种补偿和回报，更是重聚集邮人气的一种得力举措，礼轻情谊重，足以令像我们这样忠实的新邮预订户为之感动与喝彩，并希望所获赠的生肖小版张今后能自成为一个系列，真正为集邮者的收藏增光添彩"。

国家邮政局发行赠送版小版张的初衷，主要是对全额预订纪特邮票用户的一种补偿和回报，头一年年底统计出来的邮票预订户的户数，就是发行的总枚数。根据笔者留存的相关资料,查出当年的预订量共计为392.2万枚。此后,生肖邮票赠送版逐年发行,延续至今。

图 104 2004-1《甲申年》特种邮票版式三

第四节
四轮生肖邮票发行工作的启示

一、第四轮生肖邮票的发行与设计

中国第四轮生肖邮票起始于2016年的《丙申年》，目前已发行到第9枚《甲辰年》，距离第四轮生肖邮票发行结束还有3枚。按理说，现在不是全面总结和系统分析第四轮生肖邮票发行与设计的时机，因为毕竟还有3枚没有发行，无法全面透视整轮生肖邮票的得失。但路已过半，回首所见，虽不全面，但十有七八，也不算以偏概全，不妨就已然发行过的9套生肖邮票大致小结一下。

第四轮生肖邮票的策划，邮票发行部门总的思路是提高生肖邮票发行的关注度。由于第一轮生肖邮票的成功与参与邮票设计的几位著名的艺术家关系极大，因此在第四轮生肖邮票设计师的选择上，依然特邀第一轮生肖邮票的设计者来担纲设计工作，黄永玉、周令钊、韩美林和姚钟华承担了部分生肖邮票图稿的设计工作。但由于第一轮生肖邮票的设计师有些已经故去，有些重病在身，在世的也已八九十岁，最年长的已近百岁，因此这个方案无法贯彻到底，中途只好另辟蹊径。

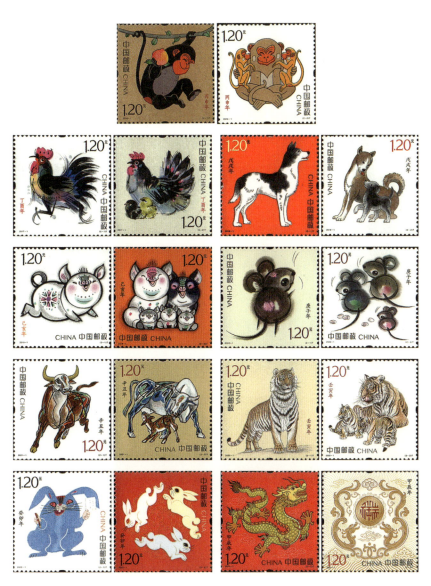

图 105 第四轮生肖邮票前 9 套（2016—2024）

邮票枚数沿用第二轮生肖邮票的方案,为2枚。由此形成第一轮为一套1枚,第二轮为一套2枚,第三轮为一套1枚,第四轮为一套2枚,这样一种单数轮1枚、双数轮2枚的轮次交替和枚数变化的规律。但今后是否会延续这样的规律,还要拭目以待。

黄永玉设计了第四轮生肖邮票的第一套猴票《丙申年》,韩美林设计了3套,即鸡票、猪票、鼠票。设计第一轮生肖狗票的周令钊被特邀设计第四轮的狗票。姚钟华是第一轮牛票的设计者,继续被特邀进行第四轮牛票的设计。当时周令钊已届百岁,让一位百岁老人再投入方寸间的邮票艺术设计工作,实在勉为其难。

刚刚发行的第9套《甲辰年》邮票的设计给所有参加邮票图稿设计者出了不少难题,一是是否延续前8套的设计风格;二是《甲辰年》将遵循哪个朝代龙的形象;三是如何对合家欢进行破局。令人欣喜的是,这些问题已经有了答案。

龙早已成为我们中华民族的象征,我们也自诩为"龙的传人"。今天要设计的这条"龙",既不是改革开放之前的,也不是改革开放初期的,而是党的二十大之后的新时代要推出的龙。既要体现龙昂扬向上的精神风貌,又要平和内敛、正义友善,体现新时期中华民族之风范,这和前三轮生肖邮票的龙在寓意上有很大不同。第一轮龙票的形象是从民俗、年画当中汲取营养设计出来的,把它放在邮票当中表现出来,虽花哨一点,但能够被普遍接受。第二轮龙票,设计者采用汉代瓦当里的图形,大家也觉得不错。到了第三轮,设计者将取自清代的龙的形象几乎照搬上来。这样的形象如果今天也如法炮制,是很难被各方接受的。第四轮的《甲辰年》除了体现它的龙文化、生肖文化和邮票的一些特点之外,更多的还要体现龙在当下的时代特征和精神风貌。

王虎鸣是第四轮第 9 套《甲辰年》邮票的设计者。他设计的图稿之所以经专家、大众及各省邮政文创部门评审过关，并最终被中国邮政确定为《甲辰年》的邮票图稿，主要是因为图案汲取了中国历代经典龙形象中的文化基因，结合生肖文化特征和邮票艺术特点，用平面装饰的设计语言对新的时代、新的历史时期的龙形象进行了全新诠释，彰显出新时代自信、自强的文化底蕴，画面简洁明快，色彩喜庆吉祥，寓意祥瑞美好。第 1 枚的五爪金龙龙首昂扬向上，有"龙抬头"的吉祥寓意，表达了吉庆、祥瑞、幸福的愿望及对生命的美好礼赞。第 2 枚的祥龙形象结合了当代审美意向和中国古代传统"祥龙拱璧"的祥瑞概念，并在此基础上进行设计重构，突出时代特点、吉祥寓意和东方审美。特别是《甲辰年》邮票图稿，一改前 8 套以绘画为主要的创作方式，采用曾在邮票设计中广泛使用的平面设计方式，使邮票图稿更有深意，更加耐看。两枚邮票的名称分别为"天龙行健"和"辰龙献瑞"。

图 106 2024-1《甲辰年》特种邮票

图 107 中国邮政、香港特区邮政、澳门特区邮政共同印制《甲辰年》邮票小全张

第四轮生肖邮票的规格为 36mm×36mm。整张枚数：版式一为 16（4×4）枚，版式二为 6 枚。小本票成品规格为 121mm×88mm。第四轮生肖邮票仍沿袭了第三轮生肖邮票的做法，发行了版式三，作为全额预订邮票者的赠送品。

第四轮生肖邮票从《甲辰年》开始，中国邮政、香港特区邮政、澳门特区邮政共同印制发行了生肖三地小全张。这是中国邮政、香港特区邮政、澳门特区邮政在生肖邮票发行方面的首次合作，也延续了三地共同发行同一题材邮票的传统做法。

第四轮生肖邮票采用胶雕套印方式。防伪方式为防伪纸张、防伪油墨、异形齿孔和荧光喷码。

2024年2月8日上午，中共中央、国务院在人民大会堂举行2024年春节团拜会。就在这个团拜会上，《甲辰年》邮票的主图出现在舞台的正中。国家在最重大的庆祝活动上首次采用"国家名片"的图案，说明了对甲辰龙年图案的高度认可，也是对当年生肖邮票的高度认可。这是值得写进中国生肖邮票发行历史的。

二、一至四轮生肖邮票发行工作的启示

中国的生肖邮票已经完整地发行了三轮，第四轮还有 3 枚发行后也要画上句号了。总体来讲，尽管个别生肖邮票的设计不尽如人意，但不可否认的是，生肖邮票的设计和发行总体是成功的，是受到社会广大消费者普遍认可的，集邮爱好者们更为满意。与国际上发行的生肖邮票相比较，生肖故乡的艺术家设计的邮票，传统文化的韵味更浓，是值得肯定的。但是中国作为生肖文化的诞生地，作为孕育生肖文化土壤的国家，理应更能理解中华优秀传统文化的内涵，设计出更精彩、更时尚、更能为广大消费者喜欢的作品。新时代对中国生肖邮票担负的历史责任和时代使命提出了新的要求，也迫切需要以四轮生肖邮票的发行与设计为节点，回顾与思考，承前启后，继往开来。

总结过去，着眼未来，前四轮生肖邮票设计与发行工作留给今后的启示是：

（1）生肖邮票属于系列邮票，每一轮都有 12 枚。因此，做好每一轮 12 枚生肖邮票的规划极其重要。这项规划只能在每一轮生肖邮票发行之前的两到三年里，经详细调研和论证后做出。

（2）十二年生肖邮票的票形、色彩、寓意、文字、面值要有一个统一的设计规划。每年的生肖邮票的作者都要在这个"大同"的框框中求"小异"，既"随心所欲"而又"不逾矩"。这样才能保证新的一轮生肖邮票在整体风格上既统一和谐又多彩多样。

（3）生肖邮票有其内在和外在的规律。特别需要注意的是，生肖不是原生态动物的自然主义的描绘，而是艺术家经过艺术加工创造、升华后的吉祥物。

从一些出土文物中我们看到，十二生肖都是被先人们穿上衣服，以直立形象面世的。这充分说明先人们并没有把它们当作动物看待，而是把它们当作人类的朋友。中国的春节既是中华民族最重要的传统节日，也是干支纪年轮替的节点，生肖作为祈福灵物，就要以美好、祥和、祝福作为邮票设计的基调，给广大民众送去祈祥纳福的美好祝愿。

（4）生肖邮票征稿一定要坚持开放的政策。时代在进步，艺术也在发展，要有"长江后浪推前浪，一代新人换旧人"的大局观，坚持面向全国，不拘一格广揽天下英才。不断发现新人，才能百花齐放。

（5）每一位参与生肖邮票设计的艺术家，一是要有对邮票特有语言的了解和认知——方寸之间，篇幅有限，理所当然地要求它的"语言"表述要精，要言简意赅，容不下长篇大论。二是对生肖文化要有一定的了解，特别是对中国历年发行的生肖邮票的设计特点、寓意表达提前做好功课，了然于胸。三是对所设计的每一种生肖的历史传承、动物特点、民间传说有透彻了解。只有把三方面的特点、知识融会贯通，生肖邮票设计才会游刃有余，笔下生花。

（6）邮票图稿部门的约稿人，即责任编辑，承担的不是一般的行政事务工作，而是邮票发行部门与作者之间沟通的桥梁。要起到引领画家进入邮票艺术规律之"港"的"引水员"的作用，要有实践经验，并能回答画家在进"港"中遇到的各种困惑或问题。这些是一枚生肖邮票成功诞生的切实保证。

表2 四轮生肖邮票资料汇总表（1980—2024年）

第一轮（1980—1991年）												
序号	志号	邮票名称	发行日期	枚数	票名	面值/分	铭记	印刷版别	齿孔度数	邮票规格/mm×mm	整张枚数	版式规格 mm×
1	T.46	庚申年	1980-02-15	1	庚申年（猴）	8	中国人民邮政	影雕套印	11.5	26×31	80（8×10）	235×
2	T.58	辛酉年	1981-01-05	1	辛酉年（鸡）	8	中国人民邮政	影雕套印	11.5	26×31	80（8×10）	235×
3	T.70	壬戌年	1982-01-05	1	壬戌年（狗）	8	中国人民邮政	影雕套印	11.5	26×31	80（8×10）	235×
4	T.80	癸亥年	1983-01-05	1	癸亥年（猪）	8	中国人民邮政	影雕套印	11.5	26×31	80（8×10）	235×
5	T.90	甲子年	1984-01-05	1	甲子年（鼠）	8	中国人民邮政	影雕套印	11.5	26×31	80（8×10）	235×
6	T.102	乙丑年	1985-01-05	1	乙丑年（牛）	8	中国人民邮政	影雕套印	11.5	26×31	80（8×10）	235×
7	T.107	丙寅年	1986-01-05	1	丙寅年（虎）	8	中国人民邮政	影雕套印	11.5	26×31	80（8×10）	235×
8	T.112	丁卯年	1987-01-05	1	丁卯年（兔）	8	中国人民邮政	影雕套印	11.5	26×31	80（8×10）	235×
9	T.124	戊辰年	1988-01-05	1	戊辰年（龙）	8	中国人民邮政	影雕套印	11.5	26×31	80（8×10）	235×
10	T.133	己巳年	1989-01-05	1	己巳年（蛇）	8	中国人民邮政	影雕套印	11.5	26×31	80（8×10）	235×
11	T.146	庚午年	1990-01-05	1	庚午年（马）	8	中国人民邮政	影雕套印	11.5	26×31	80（8×10）	235×
12	T.159	辛未年	1991-01-05	1	辛未年（羊）	20	中国人民邮政	影雕套印	11.5	26×31	80（8×10）	235×

-告 量/ 枚	原作品作者	设计者	雕刻者	防伪方式	小本票志号	小本票发行日期	小本票规格/mm×mm	小本票发行量/万本	小本票售价/分	小本票设计者	小本票雕刻者	印刷厂
00	黄永玉	邵柏林	姜伟杰	母模暗记 子模暗记	（小本票票图、铭记、印刷版别、齿孔度数、邮票规格、防伪方式均与同年生肖邮票一致，不另加注明；二轮后小本票发行日期也与同年生肖邮票一致，也不再另予注明。）							北京邮票厂
1.16	张仃	程传理	孙鸿年	母模暗记 子模暗记	SB(3)	1981-01-05	125×62	61.65	96 (8×12)	程传里	孙鸿年	北京邮票厂
1.16	周令钊	周令钊	高品璋	母模暗记 子模暗记	SB(7)	1982-02-27	153×62	140.56	80 (8×10)	刘硕仁	高品璋	北京邮票厂
5.96	韩美林	卢天骄	赵顺义	母模暗记 子模暗记	SB(8)	1983-01-05	155×62	85.5	96 (8×12)	卢天骄	赵顺义	北京邮票厂
7.68	詹同	李印清（邮票）周哲文（题字篆刻）	呼振源	母模暗记 子模暗记	SB(11)	1984-01-05	150×62	62.02	96 (8×12)	李印清	呼振源	北京邮票厂
5.26	姚钟华	任宇	阎炳武	母模暗记 子模暗记	SB(12)	1985-01-05	125×62	101.54	96 (8×12)	任宇	阎炳武	北京邮票厂
53.26		张国藩	呼振源	母模暗记 子模暗记	SB(13)	1986-01-05	124×62	204.9	96 (8×12)	张国藩	呼振源	北京邮票厂
31.65		李芳芳	孙鸿年	母模暗记 子模暗记	SB(14)	1987-01-05	130×62	264.4	96 (8×12)	李芳芳	孙鸿年	北京邮票厂
91.65		祖天丽	群峰	母模暗记 子模暗记	SB(15)	1988-01-05	130×62	257.87	96 (8×12)	祖天丽	群峰	北京邮票厂
02.05		吕胜中	呼振源	母模暗记 子模暗记	SB(16)	1989-01-05	130×62	260.12	96 (8×12)	吕胜中	呼振源	北京邮票厂
7.65		邹建军	呼振源	母模暗记 子模暗记	SB(17)	1990-01-05	130×62	263.02	96 (8×12)	邹建军	呼振源	北京邮票厂
31.65		雷汉林	呼振源	母模暗记 子模暗记	SB(18)	1991-01-05	130×62	272.22	240 (20×12)	雷汉林	呼振源	北京邮票厂

续表

第二轮（1992—2003年）												
序号	志号	邮票名称	发行日期	枚数	票名	面值/分	铭记	印刷版别	齿孔度数	邮票规格/mm×mm	整张枚数	版式规格 mm×
1	1992-1 (T)	壬申年	1992-01-25	2	猴桃瑞寿 喜鹊登梅	70 (20+50)	中国邮政	影雕套印	11.5	26×31	32 (8×4)	240×
2	1993-1 (T)	癸酉年	1993-01-05	2	雄鸡报晓 四季吉祥	70 (20+50)	中国邮政	影雕套印	11.5	26×31	32 (8×4)	240×
3	1994-1 (T)	甲戌年	1994-01-05	2	平安家福 祥瑞兴旺	70 (20+50)	中国邮政	影雕套印	11.5	26×31	32 (8×4)	240×
4	1995-1 (T)	乙亥年	1995-01-05	2	肥猪拱门 喜迎新春	70 (20+50)	中国邮政	影雕套印	11.5	26×31	32 (8×4)	240×
5	1996-1 (T)	丙子年	1996-01-05	2	万家灯火 光明前景 鼠咬天开 普天同庆	70 (20+50)	中国邮政	影雕套印	11.5	26×31	32 (8×4)	240×
6	1997-1 (T)	丁丑年	1997-01-05	2	金牛奋蹄 牛耕年丰	200 (150+50)	中国邮政	影雕套印	11.5	26×31	32 (8×4)	240×
7	1998-1 (T)	戊寅年	1998-01-05	2	虎虎生威 气贯长虹	200 (150+50)	中国邮政	影雕套印	11.5	26×31	32 (8×4)	240×
8	1999-1 (T)	己卯年	1999-01-05	2	玉兔为月 吉祥如意	200 (150+50)	中国邮政	影雕套印	11.5	26×31	32 (8×4)	240×
9	2000-1 龙 (T)	庚辰年	2000-01-05	2	祥龙腾飞 旭日东升	360 (80+280)	中国邮政	影雕套印	11.5	26×31	32 (8×4)	240×
10	2001-2 (T)	辛巳年	2001-01-05	2	祥蛇祝福 祥运普照	360 (80+280)	中国邮政	影雕套印	12	26×31	32 (8×4)	240×
11	2002-1 (T)	壬午年	2002-01-05	2	马到成功 壬午大吉	360 (80+280)	中国邮政	影雕套印	12	26×31	32 (8×4)	240×
12	2003-1 (T)	癸未年	2003-01-05	2	癸未大吉 三羊开泰	280 (80+200)	中国邮政	影雕套印	11.5	26×31	32 (8×4)	240×

版式二规格/mm×mm	版式三规格/mm×mm	版式二枚数	版式三枚数	公告发行量/万枚	公告版式二发行量/万版	公告版式三发行量/万版	原作品作者	设计者	雕刻者	防伪方式	印刷厂
				23374.5 20400.1				①曹鸿年 ②许彦博 王振华	呼振源	母模暗记 子模暗记	北京邮票厂
				30006.5 25062.5				蔡兰英	①呼振源 阎炳武 ②李庆发 姜伟杰	母模暗记 子模暗记	北京邮票厂
				21340.9 16011.3				张二苗	①呼振源 阎炳武 ②李庆发 姜伟杰	母模暗记 子模暗记	北京邮票厂
				10006.5 8062.5				吴建坤 杨文清	阎炳武 呼振源	母模暗记 子模暗记	北京邮票厂
				9009.7 7481.7				吕胜中	李庆发 姜伟杰	母模暗记 子模暗记	北京邮票厂
				8281.7 9347.3			①齐秀花（剪纸）	呼振源	呼振源	母模暗记 子模暗记	北京邮票厂
				10028.7 8556.7			①高秋英（布老虎制作）	王虎鸣	姜伟杰 马刚 李庆发	母模暗记 子模暗记	北京邮票厂
				10212.9 8369.7			①张錩（泥塑）	王虎鸣 呼振源 杨文清	呼振源	母模暗记 子模暗记	北京邮票厂
				9527.52 7380.32				黄里 郭承辉	李庆发 姜伟杰	母模暗记 子模暗记	北京邮票厂
版各×142		2版(2×6)		8000 6500	166×2（2001年贺年片三等奖奖品，不出售）		①白秀娥（剪纸） ②贾四贵（剪纸）	呼振源	呼振源	母模暗记 子模暗记	北京邮票厂
版各×140		2版(2×6)		5500 4800	166×2（2002年贺年片三等奖奖品，不出售）			王虎鸣	李庆发 姜伟杰 郝欧	母模暗记 子模暗记	北京邮票厂
版各×140	2版各92×142	2版(2×8)	2版(2×6)	4620 3800	80×2	230×2（2003年贺年片三等奖奖品，不出售）	①胡新民、胡深（泥塑）②刘静兰（剪纸）	王虎鸣	李庆发 姜伟杰	母模暗记 子模暗记	北京邮票厂

续表

第三轮（2004—2015年）													
序号	志号	邮票名称	发行日期	枚数	票名	面值/元	铭记	印刷版别	齿孔度数	邮票规格/mm×mm	整张枚数	版式规格/mm×mm	版式二规格/mm×mm	版式规格
1	2004-1（T）	甲申年	2004-01-05	1	甲申年（猴）	0.8	中国邮政	影写版	13（四边打六角星齿孔各一）	36×36	24（4×6）	180×240	128×180	120×
2	2005-1（T）	乙酉年	2005-01-05	1	乙酉年（鸡）	0.8	中国邮政	影写版	13（四边打六角星齿孔各一）	36×36	24（4×6）	180×240	128×180	120×
3	2006-1（T）	丙戌年	2006-01-05	1	丙戌年	0.8	中国邮政	影写版	13（四边打六角星齿孔各一）	36×36	20（4×5）	180×210	128×180	120×
4	2007-1（T）	丁亥年	2007-01-05	1	丁亥年	1.2	中国邮政	影写版	13（四边打六角星齿孔各一）	36×36	20（4×5）	180×210	128×180	120×
5	2008-1（T）	戊子年	2008-01-05	1	戊子年	1.2	中国邮政	影写版	13（四边打六角星齿孔各一）	36×36	20（4×5）	180×210	128×180	120×
6	2009-1（T）	己丑牛	2009-01-05	1	己丑年	1.2	中国邮政	影写版	13（四边打六角星齿孔各一）	36×36	20（4×5）	180×210	128×180	120×
7	2010-1（T）	庚寅年	2010-01-05	1	庚寅年	1.2	中国邮政	影写版	13（四边打六角星齿孔各一）	36×36	20（4×5）	170×210	128×180	120×
8	2011-1（T）	辛卯年	2011-01-05	1	辛卯年	1.2	中国邮政	影写版	13（四边打六角星齿孔各一）	36×36	20（4×5）	180×210	128×180	120×
9	2012-1（T）	壬辰年	2012-01-05	1	壬辰年	1.2	中国邮政	影写版	13（四边打六角星齿孔各一）	36×36	20（4×5）	170×210	128×180	120×
10	2013-1（T）	癸巳年	2013-01-05	1	癸巳年	1.2	中国邮政	影写版	13（四边打六角星齿孔各一）	36×36	20（4×5）	170×210	128×180	120×
11	2014-1（T）	甲午年	2014-01-05	1	甲午年	1.2	中国邮政	影写版	13（四边打六角星齿孔各一）	36×36	20（4×5）	170×210	128×180	120×
12	2015-1（T）	乙未年	2015-01-05	1	乙未年	1.2	中国邮政	影写版	13（四边打六角星齿孔各一）	36×36	20（4×5）	170×210	128×180	120×

版式三枚数	公告发行量/万枚	公告版式二发行量/万版	公告版式三发行量/万版	设计者	责任编辑	防伪方式	小本票规格/mm×mm	小本票发行量/万本	小本票售价/元	小本票设计者	小本票责任编辑	印刷厂
4	5200	180	550（2004年年票预订户赠品，不出售）	陈绍华	虞平	防伪纸张 防伪油墨 异形齿孔 荧光喷码	121×88	500	8（0.8×10枚）	陈绍华		北京邮票厂
4	5200	200	450（2005年年票预订户赠品，不出售）	吕胜中	史渊	防伪纸张 防伪油墨 异形齿孔 荧光喷码	121×88	550	8（0.8×10枚）	郝旭东		北京邮票厂
4	5562.3	299.8	410（2006年年票预订户赠品，不出售）	吕胜中	史渊	防伪纸张 防伪油墨 异形齿孔 荧光喷码	121×88	533.1	8（0.8×10枚）	吕胜中	史渊	北京邮票厂
4	5397.58	280	520（2007年年票预订户赠品，不出售）	陈绍华	史渊	防伪纸张 防伪油墨 异形齿孔 荧光喷码	121×88	609.88	12（1.2×10枚）	陈绍华	史渊	北京邮票厂
4	5892.01	299.97	670（2008年年票预订户赠品，不出售）	于平 任凭	史渊	防伪纸张 防伪油墨 异形齿孔 荧光喷码	121×88	699.88	12（1.2×10枚）	夏竞秋	史渊	北京邮票厂
4	5397.97	290	600（2009年年票预订户赠品，不出售）	陈绍华	史渊	防伪纸张 防伪油墨 异形齿孔 荧光喷码	121×88	659.95	12（1.2×10枚）	陈绍华	史渊	北京邮票厂
4	5798.53	300	620（2010年年票预订户赠品，不出售）	马刚	陈宜思	防伪纸张 防伪油墨 异形齿孔 荧光喷码	121×88	699.89	12（1.2×10枚）	马刚	陈宜思	北京邮票厂
4	6099.97	330	600（2011年年票预订户赠品，不出售）	吴冠英	陈宜思	防伪纸张 防伪油墨 异形齿孔 荧光喷码	121×88	700	12（1.2×10枚）	吴冠英	陈宜思	北京邮票厂
4	6250	350	605（2012年年票预订户赠品，不出售）	陈绍华	陈宜思	防伪纸张 防伪油墨 异形齿孔 荧光喷码	121×88	732.95	12（1.2×10枚）	陈绍华	陈宜思	北京邮票厂
4	6499.99	480	605（2013年年票预订户赠品，不出售）	吴冠英	陈宜思	防伪纸张 防伪油墨 异形齿孔 荧光喷码	121×88	803.47	12（1.2×10枚）	吴冠英	陈宜思	北京邮票厂
4	7199.88	480	650（2014年年票预订户赠品，不出售）	陈绍华	王静	防伪纸张 防伪油墨 异形齿孔 荧光喷码	121×88	850	12（1.2×10枚）	陈绍华	王静	北京邮票厂
4	7598.11	680	720（2015年年票预订户赠品，不出售）	吴冠英	王静	防伪纸张 防伪油墨 异形齿孔 荧光喷码	121×88	950	12（1.2×10枚）	吴冠英	王静	北京邮票厂

续表

第四轮（2016—2027年）

序号	志号	邮票名称	发行日期	枚数	票名	面值/元	铭记	印刷版别	齿孔度数	邮票规格/mm×mm	整张枚数	版式规格/mm×mm	版式二规格/mm×mm	版式三规格/mm×mm	版式二枚数	版式三枚数	发行量/万
1	2016-1(T)	丙申年	2016-01-05	2	灵猴献瑞 福寿双至	2.4(1.2+1.2)	中国邮政	胶雕套印	13(四边打椭圆形齿孔各一)(四边打六角星齿孔各一)	36×36	16(4×4)	2版各168×196	2版各128×180	120×160	2版(2×6)	4(2套×2)	899 74
2	2017-1(T)	丁酉年	2017-01-05	2	意气风发 丁酉大吉	2.4(1.2+1.2)	中国邮政	胶雕套印	13(四边打椭圆形齿孔各一)	36×36	16(4×4)	2版各168×196	2版各128×180	120×160	2版(2×6)	4(2套×2)	1040 89
3	2018-1(T)	戊戌年	2018-01-05	2	犬守平安 家和业兴	2.4(1.2+1.2)	中国邮政	胶雕套印	13(四边打椭圆形齿孔各一)	36×36	16(4×4)	2版各168×196	2版各128×180	120×160	2版(2×6)	4(2套×2)	760 680
4	2019-1(T)	己亥年	2019-01-05	2	肥猪旺福 五福齐聚	2.4(1.2+1.2)	中国邮政	胶雕套印	13(四边打椭圆形齿孔各一)	36×36	16(4×4)	2版各168×196	2版各128×180	120×160	2版(2×6)	4(2套×2)	629 593
5	2020-1(T)	庚子年	2020-01-05	2	子鼠开天 鼠兆丰年	2.4(1.2+1.2)	中国邮政	胶雕套印	13(四边打椭圆形齿孔各一)	36×36	16(4×4)	2版各168×196	2版各128×180	120×160	2版(2×6)	4(2套×2)	449 429
6	2021-1(T)	辛丑牛	2021-01-05	2	奋发图强 牛年大吉	2.4(1.2+1.2)	中国邮政	胶雕套印	13(四边打椭圆形齿孔各一)	36×36	16(4×4)	2版各168×196	2版各128×180	120×160	2版(2×6)	4(2套×2)	
7	2022-1(T)	壬寅年	2022-01-05	2	国运昌隆 虎蕴吉祥	2.4(1.2+1.2)	中国邮政	胶雕套印	13(四边打椭圆形齿孔各一)	36×36	16(4×4)	2版各168×196	2版各128×180	120×160	2版(2×6)	4(2套×2)	
8	2023-1(T)	癸卯年	2023-01-05	2	癸卯寄福 同圆共生	2.4(1.2+1.2)	中国邮政	胶雕套印	13(四边打椭圆形齿孔各一)	36×36	16(4×4)	2版各168×196	2版各128×180	120×160	2版(2×6)	4(2套×2)	
9	2024-1(T)	甲辰年	2024-01-05	2	天龙行健 辰龙献瑞	2.4(1.2+1.2)	中国邮政	胶雕套印	13(四边打椭圆形齿孔各一)	36×36	16(4×4)	2版各168×196	2版各128×180	120×160	2版(2×6)	4(2套×2)	
10	2025-1(T)	乙巳年	2025														
11	2026-1(T)	丙午年	2026														
12	2027-1(T)	丁未年	2027														

公告版式三发行量/万版	设计者	雕刻者	责任编辑	防伪方式	小本票志号	小本票规格/mm×mm	小本票发行量/万本	小本票售价/元	小本票设计者	小本票雕刻者	小本票责任编辑	印刷厂	邮票图稿发布日期	其他品种
760（2016年年票预订户赠品，不出售）	黄永玉	赵川 马荣	王静	防伪纸张 防伪油墨 异形齿孔 荧光喷码	SB（53）	121×88	1019.68	12（1.2×5套10枚）	黄永玉（邮票）王虎鸣（小本票）	赵川 马荣	王静	北京邮票厂	2015-08-06	第37届全国最佳邮票评选纪念张（丙申年评选张15万枚）
880（2017年年票预订户赠品，不出售）	韩美林	刘明慧 郝欧	王静	防伪纸张 防伪油墨 异形齿孔 荧光喷码	SB（54）	121×88	1259.39	12（1.2×5套10枚）	韩美林（邮票）王虎鸣（小本票）	刘明慧 郝欧	王静	北京邮票厂	2016-08-08	
750（2018年年票预订户赠品，不出售）	周令钊	原艺姗 刘明慧	王静	防伪纸张 防伪油墨 异形齿孔 荧光喷码	SB（55）	121×88	1019.74	12（1.2×5套10枚）	周令钊（邮票）王虎鸣（小本票）	原艺姗 刘明慧	王静	北京邮票厂	2017-08-02	
580（2019年年票预订户赠品，不出售）	韩美林	董琪 徐喆	王静	防伪纸张 防伪油墨 异形齿孔 荧光喷码	SB（56）	121×88	849.8	12（1.2×5套10枚）	韩美林（邮票）王虎鸣（小本票）	董琪 徐喆	王静	北京邮票厂	2018-08-06	
526（2020年年票预订户赠品，不出售）	韩美林	刘博	王静	防伪纸张 防伪油墨 异形齿孔 荧光喷码	SB（57）	121×88	659.93	12（1.2×5套10枚）	韩美林（邮票）王虎鸣（小本票）	刘博	王静	北京邮票厂	2019-08-08	
630（2021年年票预订户赠品，不出售）	姚钟华	刘博	李可心	防伪纸张 防伪油墨 异形齿孔 荧光喷码	SB（58）	121×88	630	12（1.2×5套10枚）	姚钟华（邮票）王虎鸣（小本票）	刘博	李可心	北京邮票厂	2020-09-01	
510（2022年年票预订户赠品，不出售）	冯大中	原艺姗 刘明慧	王静	防伪纸张 防伪油墨 异形齿孔 荧光喷码	SB（59）	121×88	480	16（6套12枚，面值14.4）	冯大中（邮票）王虎鸣（小本票）	原艺姗 刘明慧	王静	北京邮票厂有限公司	2021-09-17	
530（2023年年票预订户赠品，不出售）	黄永玉	郝欧 原艺姗	王静	防伪纸张 防伪油墨 异形齿孔 荧光喷码	SB（60）	121×88	480	16（6套12枚，面值14.4）	黄永玉（邮票）王虎鸣（小本票）	郝欧 原艺姗	王静	北京邮票厂有限公司	2022-09-08	版式二边饰图案彩金烫印小版25万版（与邮票金配售）
520（2024年年票预订户赠品，不出售）	王虎鸣	刘明慧 原艺姗	王静	防伪纸张 防伪油墨 异形齿孔 荧光喷码	SB（61）	121×88	450	16（6套12枚，面值14.4）	王虎鸣	刘明慧 原艺姗	王静	北京邮票厂有限公司	2023-10-27	中国内地、香港特区、澳门特区三地生肖邮票小全张60万枚

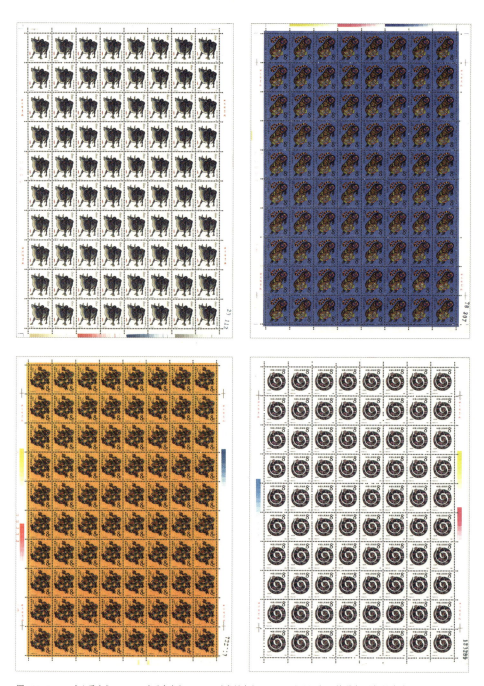

图 108 T.102《乙丑年》、T.107《丙寅年》、T.124《戊辰年》、T.133《己巳年》特种邮票邮局全张

第五章 生肖集邮的兴起和发展

生肖集邮源于生肖邮票，随着生肖邮票的发行而逐步出现。发行了生肖邮票，才产生全国各地收集生肖邮票的热潮和生肖集邮活动。

发行生肖邮票国家（地区）和发行品种数量的增加，促进了生肖邮票研究特别是对生肖邮票定义的研究。最早出现的研究文章是1994年4月9日、16日《集邮报》分两篇刊出的周治华《生肖邮票定义初探》。江苏人民出版社1997年5月出版的周治华《世界生肖邮票大观》一书中专列一章《生肖邮票定义初探》。

有人开始系统收集生肖邮票，又有了生肖邮票的定义和名词，生肖集邮就随之出现了。起初，只是零星的、分散的、个别人的集邮方式，但由于其深厚的历史文化底蕴和广泛的群众性，很快，喜欢生肖邮票、爱好生肖集邮的人越来越多，由"人"到"从"再到"众"，从零星的、分散的活动到组织起来开展群众性文化活动，从专注收集生肖邮票到全方位收集、研究生肖邮品和生肖文化；由普及到提高，从编组、创作生肖邮集到举办和参加各层级的集邮展览，从开展学术活动，到出版大量的生肖集邮文献专著。生肖集邮的影响与日俱增，生肖集邮队伍不断扩大，生肖集邮内容越来越丰富，方兴未艾的生肖集邮，逐步发展成为最有中华民族特色和极具国际影响力的新兴集邮方式。

1997年6月14日生肖集邮研究会在江苏苏州成立，这是生肖集邮由萌芽、兴起、发展到进入成熟期的重要标志。

生肖集邮是以生肖文化为主题内容、以生肖邮票和邮品为主要对象的专门集邮方式，简称"生肖集邮"。

Chapter 5
Spring Up and Development of Shengxiao Philately

Shengxiao philately originated from shengxiao stamps and gradually emerged with the issuance of shengxiao stamps. The issuance of shengxiao stamps led to a nationwide craze for shengxiao stamps collection and shengxiao philately activities.

The increase in the number of countries (regions) and varieties of shengxiao stamps has promoted the study of shengxiao stamps, especially the study of the definition of shengxiao stamps. The earliest research article was "A Preliminary Study on the Definition of Chinese Shengxiao Stamps" by Zhou Zhihua, which was published in two parts on April 9 and 16, 1994 in *Philatelic News*. In Zhou Zhihua's book *A Panorama of World Shengxiao Stamps* published by Jiangsu People's Publishing House in May 1997, there is a chapter entitled "A Preliminary Study on the Definition of Shengxiao Stamps".

Since some people began to systematically collect shengxiao stamps, and with the appearance of the definition and terminology of shengxiao stamps, shengxiao philately emerged. At first, it was just a sporadic, scattered, and individual way of collecting stamps, but due to its profound historical and cultural heritage and extensive popularity, more and more people are interested in shengxiao stamps and shengxiao philately, from "person" to "friend" and then to "mass", from sporadic and scattered activities to organized mass cultural activities, from focusing on collecting shengxiao stamps to comprehensively collecting and studying shengxiao stamp products and shengxiao culture in all aspects, from popularization to improvement, from compiling and creating shengxiao stamp collections to holding and participating in philatelic exhibitions at all levels, from conducting academic activities to publishing a large number of shengxiao philatelic literature and monographs. The influence of shengxiao philately is increasing day by day, the shengxiao philatelic team is constantly expanding, and the content of shengxiao philately is becoming more and more diverse. The flourishing shengxiao philately has gradually developed into a new philatelic way with the most Chinese national characteristics and great internationally influence.

On June 14, 1997, the Shengxiao Philatelic Society was established in Suzhou, Jiangsu Province. This is an important indication that shengxiao philatelic has evolved from its inception, rise, development to maturity.

Shengxiao philately is a special philatelic method that takes Chinese shengxiao culture as its theme, with shengxiao stamps and postal products as its main objects. It is briefly called "shengxiao philately".

第一节
生肖集邮研究会的成立和发展之路

一、生肖邮票的发行热引起生肖集邮热

十二生肖是中国古老民俗。两千多年前，中国人按照农历干支纪年（十二进制）方法，为每年配上一种动物作地支标志，并作为华夏同年生人的统一属相和吉祥符号，终生不变。以鼠、牛、虎、兔、龙、蛇、马、羊、猴、鸡、狗、猪为序，十二年一轮回。这一中华优秀传统文化，不仅在全世界的华人中有着广泛认同，也传播到了周边10多个亚洲国家。

自20世纪中叶起，十二生肖形象便开始出现在与中国有相同生肖民俗的国家和地区发行的邮票上。日本和韩国虽是世界上最早发行生肖邮票的两个国家，但都将其列为"贺年邮票"系列，加上开始几年的生肖内容图案只是断续出现，因此，"生肖邮票"的概念和名词尚未形成。正式以农历干支纪年形式发行系列生肖邮票，是从中国香港地区（1967丁未羊年）开始的。1974年香港地区《尖沙咀集邮中心会刊》第三期刊出郭适的《邮封组报告》，文中讲："生肖邮票之发行，是亚洲之特色。今年属虎，乃用寅年，亦为香港发行之第八套生肖邮票。"这期会刊，应是香港地区可能也是世界上最早出现"生肖邮票"一词的文献。

继日本（1950年）、韩国（1958年）、越南（1966年）、中国香港（1967年）、中国台湾（1969年）、蒙古国（1972年）、老挝（1975年）发行十二生肖图案邮票之后，1980年2月15日，为庆贺中国农历"猴年"新岁的到来，中国邮政首次发行了以干支纪年命名、图案为雕刻版金猴的《庚申年》特种邮票，这是中国发行的第一套完整意义上的生肖邮票。此后每年以生肖排序发行，12年为一轮，至今（2024年）已连续发行四轮，共43年。至1992年，亚洲有13个国家和地区发行生肖邮票（小型张、小全张）342种。

随着中国改革开放的伟大成就举世瞩目，中国的国际地位日益提高，世界上出现的"中国事物热"催生了生肖题材邮票"发行热"。自1993年美国和法属波利尼西亚等并无十二生肖民俗的国家（地区）开始发行生肖邮票起，不多久世界上发行生肖邮票的国家和地区超过100个，发行的生肖邮资票品达数千种。生肖邮票已成为世界上连续发行时间长、题材内容统一的一大专题，影响越来越大。1998年8月，在以色列举行的国际集邮经营研讨会上，经过30多个国家和地区代表的表决，评选出世界十大邮票最流行题材，"十二生肖"仅次于"动物与花卉"，与"交通工具"并列第二名。于是，专注或兼顾于收集、鉴赏、研究生肖邮票及相关邮品的集邮爱好者越来越多，生肖集邮作为一种新的集邮方式由此形成。

何谓生肖集邮？生肖集邮是以源于干支纪年的生肖文化为主题内容，以收集、鉴赏、研究生肖邮票及相关邮品为主要内容的集邮方式。这是首先在中国出现的新兴的集邮方式。这一集邮方式，也包括对生肖文化有关邮品的收集和研究，并根据需要进行扩展和延伸。

第五章 生肖集邮的兴起和发展　　　　　　　　　　　　　　　　　　第一节

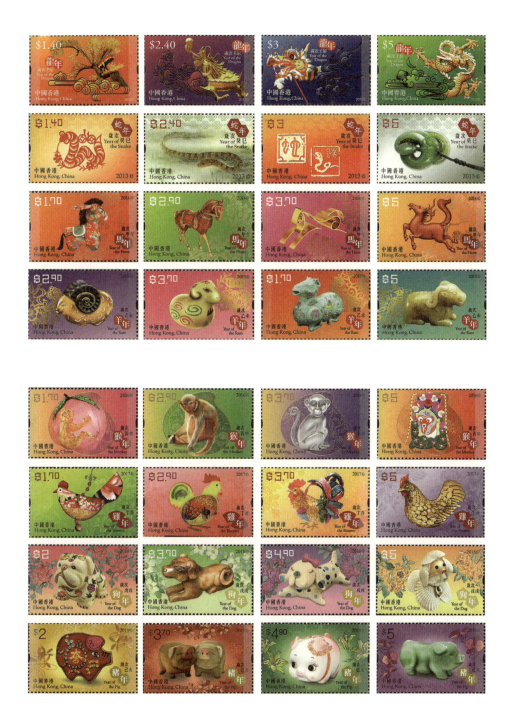

图 109 香港特区第四轮生肖邮票（2012—2023）

自此，本书已对于生肖文化、生肖集邮文化、生肖邮票、生肖集邮这些最基本的生肖集邮学概念做出了明确回答，概括了定义并进行释义。这些基础概念，以及后面所要回答的什么是生肖集邮活动、什么是生肖集邮组织和生肖集邮研究会、什么是生肖邮品、什么是生肖集邮学术、什么是生肖集邮展览、什么是生肖邮集和展品等问题，是从生肖集邮在中国兴起以来至今40余年实践过程中总结出来的科学认识。这些基础概念，是构筑生肖集邮学理论大厦的整体基础和支撑框架，也是贯穿于本书和结构本书的逻辑构件。

第五章 生肖集邮的兴起和发展

第一节

与生肖集邮方式相应，在生肖邮票出现后，同时产生的还有生肖集邮活动。和任何集邮活动形式一样，生肖集邮方式是其活动的主要内容和应用方法，而其具体的组织形式与活动样式则是多种多样、丰富多彩的。

何谓生肖集邮活动？生肖集邮活动是以生肖集邮方式为内容与方法，由此对生肖邮票及其相关邮品进行收集、整理、鉴赏、研究、交流和创作等各种活动的总称。包括生肖集邮者的个体活动和群体活动，是一个由个体活动逐步发展到群体活动的渐进过程。在个体活动中，集邮者以个人收集、整理、研究及交流、组集为主，首创了生肖集邮方式和邮集编组方法。在群体活动中，集邮者要求组织起来，因而集邮组织和集邮活动得以相互促进。集邮组织由单个发展到联合，由地方发展到全国。集邮活动由个体分散到组织起来群体开展，呈现出丰富多彩的特点。其主要形式有：生肖集邮会议活动，生肖集邮展览活动，生肖集邮宣传活动，生肖集邮学术活动，生肖集邮评选活动，生肖集邮培训活动，生肖集邮联谊活动，生肖集邮文艺活动，生肖青少年集邮活动，以及生肖集邮商业活动，凡此种种。其中，终端和最高的集邮活动形式是生肖集邮展览。

北京、上海、广东、江苏、浙江、湖南、贵州、黑龙江等省市是中国开展生肖集邮活动较早的地方。20世纪90年代前后，生肖集邮尚属零星、分散的个人行为。1988年，上海集邮家唐无忌、徐星瑛、贾淡园与生肖集邮爱好者定期聚会，交流生肖邮票信息，并于1989年年底编印了一本简易的铅印《世界生肖邮票目录》，将当时各国（地区）已发行的生肖邮票包括发行日期、品种、面值和新旧邮票价格等内容逐套列出；1991年6月，由湖南株洲铁路第二小学段平作个人创办的以生肖邮票和生肖文化介绍与研究为主要内容的我国第一份生肖集邮报刊《生肖邮报》创刊；1993年1月，时任中共苏州市委副书记、苏州市集邮协会名誉会长周治华在《苏州日报》星期版发表《世界生肖邮票系列谈之一：美国首次发行中国鸡年生肖邮票》，并连续刊登40期，同年10月在《集邮报》连载"漫话世界生肖邮票"系列文章共29期。

生肖集邮研究会会长郑炜在《中国集邮的传奇——"金猴"》卷首语中写道，代表新中国邮票的"金猴"，言其为"代表"，有三点原因：首先，生肖是中国的传统文化，生肖邮票是最具中国特色的集邮藏品，全世界已经有137个国家和地区发行了中国生肖题材邮票。其次，猴票是新中国发行的珍贵邮票之一，也是新中国正式发行的邮票中增值最多、最快的邮票，成为中国邮市的风向标；生肖邮票更是每年邮票发行的"开门票"，社会影响大。最后，猴票的设计经典，加上精心雕刻，灵性毕现，成为人见人爱、百看不厌的邮票，成为中国邮票的传奇和经典，催生了生肖集邮，推动了中国集邮的可持续发展。

二、生肖集邮研究会的成立

1997年是我国生肖集邮史上具有里程碑意义的一年：新兴发展的生肖集邮活动正在发生蝶变——从"零星分散"的个人行为和"各自为政"的自发集邮组织，走向依法登记、有统一组织章程、以共同志向和兴趣为基础的联合性的集邮团体。当年6月，在江苏省集邮协会、苏州邮电局、苏州市集邮协会的关心支持下，经过前期的酝酿与商讨，来自上海、江苏、山东、湖南、湖北、黑龙江等地的生肖集邮爱好者和研究者代表十余人相聚苏州，讨论拟定《生肖集邮研究会章程》，并于6月14日召开生肖集邮研究会成立大会，推举产生第一届理事会理事、常务理事和会长、副会长、秘书长，聘请名誉会长和顾问。确定生肖集邮研究会的办会宗旨是弘扬民族传统文化，推动生肖集邮的发展。决定生肖集邮研究会挂靠于苏州市集邮协会，会部设在苏州。当年发展会员96

图110 生肖集邮研究会在苏州召开成立会议

名，至2005年注册会员突破千人，分布于全国各省、区、市及海外。2005年4月，生肖集邮研究会在苏州民政局注册登记，成为社团法人组织。同年11月，经批准正式挂靠于江苏省集邮协会。从此，生肖集邮的活动形式变成有组织、有章程的团体行为；生肖集邮的学术研究进入有领导、有计划的系统研究阶段；生肖集邮的活动成果有了大平台、多层次的展示空间；生肖集邮的深化发展有了更坚实、更可靠的组织保障。

生肖集邮研究会的成立，从一开始就成为生肖集邮组织的规范样板。生肖集邮组织是广大集邮爱好者为组织起来开展生肖集邮活动而按照共同认可的规则组建起来的非营利性社会团体。根据国家社团管理法规在相关管理机构登记备案，是依法独立享有民事权利和承担民事义务的法人，有建会章程和组织体系，有会员入会和管理办法，有经费来源和会内财务监管制度，有办公会址和驻会服务志愿者，办有会刊。

中国文联原主席周巍峙[1]说，从生肖邮票的发行到生肖集邮研究会的成立，这是一种有远大理想的事情；生肖文化是积极的民族文化，需要我们更加深入地以这个古老的民族文化为今天所用；生肖是一种亲情，更好地团结了我们的民族，使得我们更好地前进。

生肖集邮研究会创会伊始，"团结最广大的生肖集邮爱好者，不失时机地壮大会员队伍"被定为首要任务。通过大力倡导趣味集邮，不断创新活动内容

---

[1] 周巍峙（1916—2014），原名良骥，音乐家。曾担任文化部代部长、中国文联主席。1937年参加八路军。1939年首次指挥演出《黄河大合唱》。1950年创作《打败美帝野心狼》，后定名《中国人民志愿军战歌》。曾获文化部第一届文化艺术特别奖、"突出贡献老一辈音乐家"奖。是中国生肖集邮文化及活动的积极倡导者和主要推动者。

和形式，吸引了全国一批又一批同好加入大家庭，新会员出现爆发式增长：从2003年发展会员91名，跳跃到2012年的869名。特别是2008—2012年、2013—2018年两个五年，分别发展会员2736名、3512名。截至2019年3月，该会注册会员达8148名，他们来自各行各业，有工人、农民、军人、职员、经商者、学生，有技术人员、教学人员、公务人员，还有部长级领导干部，范围广及国内31个省（自治区、直辖市）和港、澳、台地区，以及美国、加拿大、日本、澳大利亚、新加坡等国家（海外为通讯会员）。为充分发挥生肖集邮独具趣味、老少咸宜的特点与优势，该会发动会员讲自己的生肖、讲家人和亲友的生肖，收集与自己和子女生肖属相有关的邮品，编组自己和子女生肖属相的邮集。通过交流，大家兴趣大增，要求入会者越来越多，有的地区一次发展会员十多名甚至几十名，还有一大批祖孙、夫妻、父子（女）会员，许多一家三代、四代甚至五代会员。在会内，无论是资深集邮家还是刚入门的初集者，大家以邮会友，和谐相处，因共同爱好和志趣走到一起，互相学习、研究、探讨，为弘扬中华优秀传统文化、促进集邮事业发展而携手努力，走出了一条具有中国特色的大众化集邮道路。

三、生肖集邮研究会的组织建设

随着会员队伍在31个省（自治区、直辖市）的全覆盖和快增长，为便于一个地区会员之间的联谊交流和就地开展小型多样的生肖集邮活动，从1998年开始，生肖集邮研究会在会员人数较多的省、市、县成立分会（小组），并挂靠于当地集邮协会，实行一个组织两个名称，同时接受生肖集邮研究会和当地邮协的指导。2020年，全国分会（小组）发展到128个。形成统一的省、市、县（区）三级会员网络，成为我国人数最多、规模最大的民办集邮组织。《中国集邮大辞典》（2009年版）将"生肖集邮研究会"列为新增词条，编入第九部分"集邮组织"之"中国集邮组织"一节中，并给出定义及释义：中国生肖集邮爱好者和研究者自愿结合的民间集邮组织。1997年6月14日成立。自筹经费，自主管理，挂靠于江苏省集邮协会，会部设在苏州，会长周治华。宗旨是团结联系会员和会友，弘扬中华优秀传统文化，深入开展对生肖邮票、生肖

图111 北京生肖集邮研究会举行生肖本命年联谊活动

文化、生肖邮集的研究探讨，推动群众性集邮活动的开展。会刊为《生肖集邮》。

截至 2020 年，生肖集邮研究会共建立各地分会或小组等团体组织 128 个，分别是北京、上海、贵州、湖北、湖南、黑龙江、河南、四川、山西、陕西、甘肃、广西、浙江、重庆、宁夏、青海、广东、吉林等省（市）和广州、景德镇、南京、南通、扬州、无锡、常州、泰州、大连、镇江、湖州、柳州、梧州、宁波、杭州、马鞍山、海宁、成都、金华、石家庄、襄阳、宿迁、舟山、内江、泸州、烟台、厦门、伊犁、常德、宜昌、盐城、清远、佳木斯、长沙、峨眉山、芜湖、江门、济宁、青岛、达州、焦作、牡丹江、徐州、来宾、伊春、贵港、长春、衢州、胶州、呼和浩特、深圳、福州、荆州、保定、营口等市，常熟、苏州市区、泰兴、富阳、余杭、永康、长兴、巢湖、靖江、昆山、宣城、嘉善、海盐、盱眙、金坛、兴宁、汾阳、吴江、江宁、兖州、江阴、梁山、无为、太仓、涟水、沭阳、海安、桂平等地，还有南通石港中学、南通启秀中学等一批中小学的集邮团体，以及金坛建昌圩农民分会、自动化集邮分会、江苏金榆科技集团有限公司分会。特别在 2006 年 9 月 9 日，成立有澳大利亚通讯会员小组；2017 年 1 月 15 日，成立有中国香港特区邮学会生肖集邮组。

2019 年 4 月起，根据我国社团管理的有关规定和要求，生肖集邮研究会调整组织体制，在苏州市域以外停止使用各地分会、小组的名称，停止会员权利义务，同时对第六届理事会的组成也相应进行调整。外地会员改为《生肖集邮》联系读者，保持原有会员待遇不变。组织体制调整是形势发展的需要，得到社会各方特别是全国各地生肖集邮组织的理解和支持，纷纷表示组织形式变了，初心不变，志趣不变，活动不变，同生肖集邮研究会继续保持密切关系，继续参加会部组织的各项生肖集邮活动。

表3 生肖集邮研究会历届理事会

	第一届（1997年6月—2001年4月）
名誉会长	陈文骐（北京）
顾问	吴凤岗（北京）、郭润康（贵州）、朱祖威（北京）、马佑璋（江苏）、唐无忌（上海）增补：徐星瑛（上海）、黎泽重（湖南）
会长	周治华
副会长	任连荣、邢宝良 增补：刘开文
常务理事（以姓氏笔画为序）	王国平（江苏）、任协成（江苏）、邬传明（上海）、杨福才（江苏）、吴鸿钧（贵州）、余岢（山东）、林建安（黑龙江）、郑汉兴（江苏）、徐凯（江苏）、涂友三（湖北）、黄一芳（女，江苏）增补：王泰来（北京）、李毅民（陕西）、骆旭旦（浙江）
理事	段平作（湖南）、郭勇（黑龙江）、骆旭旦（浙江）增补：王怡（江苏）、王晋枫（北京）、李升平（广东）、李齐品（福州）、骆登贺（台湾地区）、戴宇（上海）、唐白桦（湖北）、黄继光（广东）

	第二届（2001年4月9日）
名誉会长	周巍峙（北京）、陈文骐（北京）
顾问	郭润康（贵州）、朱祖威（北京）、马佑璋（江苏）、唐无忌（上海）、徐星瑛（上海）、黎泽重（湖南）、林衡夫（浙江）
会长	周治华
副会长	任连荣、邢宝良、刘开文
常务理事（以姓氏笔画为序）	王怡（江苏）、王国平（江苏）、王泰来（北京）、邬传明（上海）、李毅民（陕西）、杨福才（江苏）、余岢（山东）、郑汉兴（江苏）、林建安（黑龙江）、骆旭旦（浙江）、涂友三（湖北）、黄一芳（女，江苏）、黄继光（广东）
理事	方定坚（广东）、王晋枫（北京）、孙忠兴（黑龙江）、李齐品（福建）、仲国范（江苏）、朱晓华（上海）、姚正宇（江苏）、段平作（湖南）、骆旭旦（浙江）、戴宇（上海）、唐白桦（湖北）、翟瀚（江苏） 增补：李岑（江苏）

	第三届（2004年1月5日）
名誉会长	周巍峙（北京）、常增书（广东）、陈文骐（北京）
顾问	李鸿远（四川）、郭润康（贵州）、朱祖威（北京）、马佑璋（江苏）、唐无忌（上海）、徐星瑛（上海）、林衡夫（浙江）、马骥（湖北）、黎泽重（湖南）
会长	周治华
副会长	任连荣、邢宝良、刘开文
常务理事（以姓氏笔画为序）	王怡（江苏）、王国平（江苏）、王泰来（北京）、戈中博（河南）、方定坚（广东）、刘开文（北京）、邬传明（上海）、任连荣（湖南）、李岑（江苏）、李毅民（陕西）、邢宝良（黑龙江）、苏清（湖北）、余岢（山东）、余敏（江苏）、吴鸿钧（贵州）、杨福才（江苏）、周正谊（上海）、周治华（江苏）、骆旭旦（浙江）、涂友三（湖北）、黄继光（广东）、谢宇（福建）、鲍军禾（江苏）增补：郑炜（江苏）
理事（以姓氏笔画为序）	王怡（江苏）、王威（辽宁）、王国平（江苏）、王晋枫（北京）、王泰来（北京）、戈中博（河南）、方定坚（广东）、叶士昌（浙江）、冯惠森（江苏）、孙忠兴（黑龙江）、刘开文（北京）、刘晓虎（安徽）、李岑（江苏）、李方华（浙江）、李齐品（福建）、李毅民（陕西）、邬传明（上海）、朱晓华（上海）、任连荣（湖南）、邢宝良（黑龙江）、苏清（湖北）、余岢（山东）、余敏（江苏）、吴琦华（江苏）、吴鸿钧（贵州）、陈燮君（上海）、杨福才（江苏）、周正谊（上海）、周治华（江苏）、张廷栖（江苏）、胡训才（江西）、姚正宇（江苏）、骆旭旦（浙江）、骆登贺（台湾地区）、涂友三（湖北）、唐白桦（湖北）、黄继光（广东）、屠富强（江苏）、葛建亚（江苏）、谢宇（福建）、谢汝煊（广东）、程志新（浙江）、鲍军禾（江苏）、翟瀚（江苏）
秘书长	王怡 增补：余敏
副秘书长	余敏、翟瀚、屠富强 增补：郑炜（列翟瀚前）
名誉理事	黄一芳（江苏）、郑汉兴（江苏）、戴宇（上海）、仲国范（江苏）、段平作（湖南）

第四届（2008年1月5日）	
名誉会长	周巍峙、常增书、陈文骐、王新中
顾问	李鸿远、郭润康、朱祖威、马佑璋、唐无忌、徐星瑛、林衡夫、马驎、黎泽重
会长	周治华
副会长	刘开文、方定坚、郑炜
常务理事 （以姓氏笔画为序）	王威（辽宁）、戈中博（河南）、方定坚（广东）、叶士昌（浙江）、刘开文（北京）、邬传明（上海）、李毅民（陕西）、苏清（湖北）、余岢（山东）、余敏（江苏）、吴鸿钧（贵州）、杨福才（江苏）、周正谊（上海）、周治华（江苏）、郑炜（江苏）、骆旭旦（浙江）、涂友三（湖北）、黄继光（广东）、屠富强（江苏）、谢宇（福建）、鲍军禾（江苏）、翟瀚（江苏）、糜凤鸣（江苏）
理事 （以姓氏笔画为序）	王威（辽宁）、王洪新（江西）、王晋枫（北京）、戈中博（河南）、方定坚（广东）、方建平（浙江）、方德浦（安徽）、叶士昌（浙江）、冯春才（江苏）、冯惠森（江苏）、刘建（江苏）、刘开文（北京）、刘晓虎（安徽）、李少可（浙江）、李永耿（江苏）、李齐品（福建）、李志金（北京）、李齐民（陕西）、任维钧（上海）、朱光华（江苏）、邬传明（上海）、邱荣经（新疆）、肖英（山西）、苏清（湖北）、陈一军（四川）、余岢（山东）、余敏（江苏）、余柳根（江西）、吴鸿钧（贵州）、陈燮君（上海）、杨尚仁（湖南）、杨福才（江苏）、周正谊（上海）、周治华（江苏）、郑炜（江苏）、赵顺昌（上海）、张治民（四川）、张廷栖（江苏）、姚正宇（江苏）、钟泹（江苏）、骆旭旦（浙江）、骆登贺（台湾地区）、涂友三（湖北）、顾建刚（江苏）、徐煌（浙江）、袁秦生（广东）、唐白桦（湖北）、黄继光（广东）、屠富强（江苏）、曹志和（贵州）、葛建亚（江苏）、谢宇（福建）、谢汝煊（广东）、程志新（浙江）、鲍军禾（江苏）、蒋争鸣（浙江）、雷鸣（甘肃）、翟瀚（江苏）、糜凤鸣（江苏）、瞿慰祖（江苏）
秘书长	余敏
副秘书长	屠富强、翟瀚

第五届（2012年1月5日）	
名誉会长	周巍峙、常增书、陈文骐、王新中、李近朱
顾问	李鸿远、郭润康、朱祖威、马佑璋、唐无忌、林衡夫、马驎、黎泽重、赖景耀、孙海平、沈荣法、戴定国、黄一芳
会长	周治华
副会长	方定坚、郑炜、朱敏
常务理事 （以姓氏笔画为序）	方定坚（广东）、王威（辽宁）、王育忠（北京）、戈中博（河南）、龙炳寰（广西）、叶士昌（浙江）、李毅民（陕西）、朱敏（北京）、邬传明（上海）、汪以文（浙江）、吴成忠（贵州）、吴瑞麟（福建）、肖英（山西）、苏清（湖北）、余岢（山东）、余敏（江苏）、陈建新（河北）、邵官荣（浙江）、杨福才（江苏）、郑炜（江苏）、周治华（江苏）、施晓玲（女，四川）、唐白桦（湖北）、梁智尧（上海）、屠富强（江苏）、鲍军禾（江苏）、翟瀚（江苏）、糜凤鸣（江苏）
理事 （以姓氏笔画为序）	丁兆庆（澳洲）、于宏泰（江苏）、马志春（江苏）、方定坚（广东）、方建平（浙江）、王威（辽宁）、王晨（江苏）、王治平（上海）、王洪新（江西）、王育忠（北京）、戈中博（河南）、龙炳寰（广西）、叶士昌（浙江）、江思渤（江苏）、叶建明（江苏）、刘晓虎（安徽）、刘翠荣（女，山东）、李广钧（浙江）、李少可（浙江）、李永耿（江苏）、李齐品（福建）、李红云（宁夏）、李志金（江苏）、李毅民（陕西）、刘建（江苏）、朱敏（北京）、朱小平（江苏）、仲卯磊（浙江）、任维钧（上海）、邬传明（上海）、汪以文（浙江）、宋光琼（女，湖南）、应磊（浙江）、杜洪位（重庆）、苏清（湖北）、吴成忠（贵州）、吴瑞麟（福建）、杨良表（上海）、杨尚仁（湖南）、杨振元（上海）、杨福才（江苏）、肖英（山西）、余岢（山东）、余敏（江苏）、邱荣经（新疆）、张晟（浙江）、张日枫（女，安徽）、张有琪（江苏）、张运达（江苏）、张治民（四川）、陆义琨（广西）、陈一军（四川）、陈建新（河北）、陈建辉（江西）、邵官荣（浙江）、郑炜（江苏）、周治华（江苏）、金秦南（浙江）、施志淮（江苏）、施晓玲（女，四川）、钟泹（江苏）、赵顺昌（上海）、胡企华（浙江）、骆旭旦（浙江）、骆登贺（台湾地区）、袁秦生（广东）、姚正宇（江苏）、涂友三（湖北）、唐白桦（湖北）、徐进（上海）、徐志洵（浙江）、徐铭祥（江苏）、顾建刚（江苏）、梁智尧（上海）、黄豫胜（江苏）、曹志和（贵州）、梅海涛（北京）、眭书义（江苏）、屠富强（江苏）、谢汝煊（广东）、蒋宇冰（江苏）、蒋争鸣（浙江）、葛建亚（江苏）、程兵（河南）、雷鸣（甘肃）、鲍军禾（江苏）、翟瀚（江苏）、黎伟民（广东）、糜凤鸣（江苏）、薛德卿（江苏）
秘书长	余敏

第六届（2017年1月5日）	
名誉会长	常增书、陈文骐、王新中、李近朱、刘佳维、孙蒋涛
顾问	李鸿远、郭润康、马佑璋、唐无忌、林衡夫、马驎、黎泽重、赖景耀、沈荣法、戴定国、黄一芳
会长	周治华、郑炜（2021年1月1日，经生肖集邮研究会六届五次理事会议通过，1月4日经常务理事会通过，郑炜担任会长）
副会长	孙海平、郑炜、王宏伟
常务理事（以姓氏笔画为序）	王威（辽宁）、王宏伟（北京）、王丽玉（女，江苏）、戈中博（河南）、邓立荣（湖南）、龙炳寰（广西）、李永生（内蒙古）、李毅民（陕西）、邬传明（上海）、孙海平（广东）、牟治中（宁夏）、汪以文（浙江）、杜洪位（重庆）、余岢（山东）、余国治（广东）、何纪元（黑龙江）、陈东海（青海）、陈建新（河北）、吴成忠（贵州）、吴瑞麟（福建）、肖英（山西）、苏清（湖北）、杨福才（江苏）、郑炜（江苏）、林为众（福建）、周正谊（上海）、周治华（江苏）、施晓玲（女，四川）、俞莉（女，江苏）、唐白桦（湖北）、鲍军禾（江苏）、廖鸿云（女，北京）、翟瀚（江苏）
理事（以姓氏笔画为序）	丁兆庆（澳洲）、于宏泰（江苏）、马方平（江苏）、马志春（江苏）、少文林（四川）、方建平（浙江）、王艺（黑龙江）、王威（辽宁）、王晨（江苏）、王宏伟（北京）、王丽玉（女，江苏）、王洪新（江西）、王垚华（江苏）、王海永（天津）、王智灵（福建）、井茂功（江苏）、戈中博（河南）、邓立荣（湖南）、龙炳寰（广西）、孙海平（广东）、孙鸿山（江苏）、刘晓虎（安徽）、刘翠荣（女，山东）、李广钧（浙江）、李升平（广东）、李可（浙江）、李永生（内蒙古）、李守忠（贵州）、李梅英（女，江苏）、李毅民（陕西）、刘建（江苏）、刘廷发（辽宁）、刘柏瑜（江苏）、朱敏（北京）、仲卯泉（浙江）、朱平健（女，江苏）、任维钧（上海）、邬传明（上海）、牟治中（宁夏）、沈公展（上海）、汪以文（浙江）、汪信震（安徽）、宋光琼（女，湖南）、应磊（浙江）、肖英（山西）、杜洪位（重庆）、束建德（江苏）、苏清（湖北）、吴成忠（贵州）、吴志欣（吉林）、吴瑞麟（福建）、杨浩（台湾地区）、杨振元（上海）、杨福才（江苏）、余沙（浙江）、余岢（山东）、余国治（广东）、邱荣经（新疆）、何孙寅（浙江）、何纪元（黑龙江）、何承伟（安徽）、张晟（浙江）、张日枫（女，安徽）、张有琪（江苏）、张运达（浙江）、张治民（四川）、陆义琨（广西）、陈东海（青海）、陈建新（河北）、邵官荣（浙江）、郑权（四川）、郑炜（江苏）、单宪年（江苏）、林为众（福建）、周正谊（上海）、周治华（江苏）、罗明顺（江苏）、金栋林（浙江）、金婺南（浙江）、施晓玲（女，四川）、施德祥（上海）、赵雷（内蒙古）、赵顺昌（上海）、胡企华（浙江）、胡志辉（江苏）、俞莉（女，江苏）、骆旭旦（浙江）、姚正库（四川）、贺恒祥（广西）、涂友三（湖北）、唐白桦（湖北）、聂丹（江西）、殷丁元（江苏）、曹大德（北京）、徐进（上海）、徐铭祥（江苏）、顾建刚（江苏）、常岐（江苏）、黄豫胜（江苏）、谢桂菊（女，江苏）、谢惠东（江苏）、蒋宇冰（江苏）、董文麒（安徽）、葛建亚（江苏）、雷鸣（甘肃）、鲍军禾（江苏）、廖鸿云（女，北京）、翟瀚（江苏）、黎伟民（广东）、薛德卿（江苏）
秘书长	王丽玉
副秘书长	翟瀚、王威、薛德卿

第七届（2023年1月5日）	
名誉会长	常增书、陈文骐、王新中、李近朱、刘佳维、孙蒋涛、马佑璋、孙海平
顾问	唐无忌、林衡夫、马驎、黎泽重、赖景耀、沈荣法、戴定国、黄一芳、王宏伟、葛建亚、周斌、杨桂松、李汇祥、李少可
会长	郑炜
副会长	陈建政（常务）、俞莉、严文华
常务理事（以姓氏笔画为序）	严文华、陈建政、郑炜、单宪年、俞莉、翁磊、徐铭祥、殷丁元、薛德卿
理事（以姓氏笔画为序）	马方平、严文华、束建德、张吉蔚、陈建政、陈鑫华、郑炜、单宪年、林振峰、俞莉、翁磊、钱建和、顾建刚、徐铭祥、殷丁元、蒋宇冰、薛德卿
秘书长	翁磊

四、生肖集邮研究会的守正创新和新发展

2020年3月2日,周治华会长溘然离世,生肖集邮研究会失去了一位令人尊敬的老会长,邮人悲痛万分。如何继承周治华未尽的集邮事业,持续开展生肖集邮活动,让生肖集邮研究会再创辉煌,成为研究会继任者的首要任务。在2021年1月召开的生肖集邮研究会六届五次理事会上,郑炜当选为会长。郑炜会长上任之后,提出要坚持守正创新,要把创新发展作为生肖集邮研究会的第一大任务,创新发展理念、创新结构体制、创新活动形式、创新办刊著书、创新对外交流,以开拓进取的精神和求真务实的作风,在创新发展中开拓生肖集邮研究会新局面。

近几年来,生肖集邮研究会新一届理事会在郑炜会长带领下,把"守正创新"作为首要任务。所谓"守正创新",对于生肖集邮研究会来说,就是坚持实事求是,坚持做正确的事,把研究会以往的好做法、好经验、好作风坚持下去。创新是一种探索,也是一种创造。创新意味着对"旧"的突破与超越,要解放思想、与时俱进,要以创新模式办会、办刊,要以创新的活动吸引人,增强凝聚力,扩大影响力。这些年,生肖集邮研究会除保留了一些传统生肖集邮活动外,还增设了许多创新特色的生肖集邮活动,可以说亮点多多。

亮点之一,设立中国生肖集邮"周治华奖"、中国生肖集邮"名城苏州奖"和"生肖集邮研究会奖"三个特别奖,重奖生肖邮集的编创者及参展者。

生肖邮展是生肖集邮研究会开展的重要活动之一,直至2023年已举办过9届全国生肖邮展。2021—2023年,在做好疫情防控下,连续3年举办了第七、

第八、第九届全国生肖集邮展览。从第七届全国生肖邮展开始，连续三届设立"周治华奖"、"名城苏州奖"和"生肖集邮研究会奖"三个特别奖，其中最高奖品为包括T.46《庚申年》猴票在内的中国第一轮生肖邮票大全套。用"猴票"重奖参展者，在全国尚属首次，这不但调动了集邮者组集参展的热情，也推动生肖邮集编组水平不断提高。浙江林衡夫、广东孙海平两人获得"周治华奖"；上海戴宇、浙江刘德利、江苏蔡世杰3人获得"生肖集邮'名城苏州奖'"；另有30人获得"生肖集邮研究会奖"。

图112 中国生肖集邮"周治华奖"和"名城苏州奖"颁奖仪式

亮点之二，成功举办苏州 2024 中华全国生肖集邮展览。

郑炜当选生肖集邮研究会会长之后，把申办"中华全国生肖集邮展览"作为重点工作目标，经过近三年的不懈努力，"苏州 2024 中华全国生肖集邮展览"终于花落苏州，这是首次冠以"中华全国"的生肖集邮展览。本次邮展为主题性的全国邮展，于 2024 年 1 月 5 日至 7 日在苏州市桃花坞美术馆举行。邮展包含 12 个竞赛类别，来自全国 34 个省级集邮协会和行业协会的竞赛性展品 191 部 462 框参展。此次邮展规模大、展品水平高，是历次生肖邮展前所未有的，镀金奖及以上展品比例达 31%。生肖集邮研究会会长郑炜送展的传统集邮类展品《中国第一轮生肖邮票版式研究》夺得本次邮展唯一大金奖。

邮展展品精彩纷呈，观众络绎不绝。除竞赛性展品外，还分场举办了"中国生肖邮票展览""国之大者——外交封上的生肖文化展览""世界早期生肖邮票展览""世界龙年生肖邮票展览"等，堪称一场中国生肖文化和世界生肖邮票的精神大餐与文化盛宴。

邮展期间还举办了"国际生肖集邮论坛""第二届全国生肖集邮嘉年华"等活动。这些丰富多彩的活动，全面展示了生肖集邮文化的魅力，提升了生肖集邮文化的社会影响力，这在中国生肖集邮发展史上具有里程碑的意义。全国集邮联合会常务副会长赵晓光在邮展总结讲话中说，这次邮展的成功举办是近年主题性邮展中高质量、高规模、高水平比较突出的一次，为今后举办主题性邮展树立了榜样。

亮点之三，国际集邮联合会主席普拉科·吉拉凯特、荣誉主席郑炳贤亲临苏州参加"苏州 2024 中华全国生肖集邮展览"。

2024年1月4日，国际集邮联合会主席普拉科·吉拉凯特、荣誉主席郑炳贤抵达苏州，在苏州期间先后参加苏州2024中华全国生肖集邮展览、国际生肖集邮论坛、第二届全国生肖集邮嘉年华等活动。普拉科·吉拉凯特和郑炳贤对这次全国生肖邮展给予高度评价，他们期待中国生肖集邮展品能早日走进国际、世界邮展。1月6日，生肖集邮研究会会长郑炜向普拉科·吉拉凯特和郑炳贤颁发生肖集邮研究会荣誉会员证书。

图113 郑炜向普拉科·吉拉凯特（左）颁发生肖集邮研究会荣誉会员证书

图114 全国集邮联合会副会长高洪涛（左）与国际集邮联合会荣誉会长郑炳贤（右）参加在苏州举办的2024第二届全国生肖集邮嘉年华活动

亮点之四，以举办"首届全国生肖集邮嘉年华""生肖集邮研究会走进广东梅州"等活动为标志，生肖集邮"走出去"，从发祥地苏州走向全国。

2022年8月，在广东虎门成功举办了首届全国生肖集邮嘉年华活动；2024年1月，在江苏苏州举办第二届全国生肖集邮嘉年华活动。嘉年华活动跨界融合，内容丰富，其中有嘉宾主题演讲、集邮讲座、文艺表演、欢乐抽奖、邮品交流等，为广大集邮者喜闻乐见。全国生肖集邮嘉年华是生肖集邮研究会近两年来推出的创新活动，主要目的是宣传弘扬生肖集邮文化，扩大生肖集邮研究会的影响力，推动生肖集邮向广度和深度发展。今后，生肖集邮研究会仍将保持这项活动的连续性，在中国举行世界邮展、亚洲邮展、全国邮展和重大全国性集邮活动期间，举行全国生肖集邮嘉年华活动，以此团结、发挥集邮领域各方面的积极力量，打造中国生肖集邮活动的亮丽品牌。

2024年3月22日，"生肖集邮研究会走进广东梅州"活动在广东梅州开放大学启动，本次活动阵容强、亮点多，内容包括生肖集邮论坛和世界生肖邮票展览、《中国生肖集邮》编委会会议等。此次活动是生肖集邮研究会精心打造的系列集邮品牌活动的第一站，是研究会的又一创新举措。

亮点之五，举办"最佳生肖邮票首日封"评选活动。

为了提升生肖邮票首日封的设计和印制水平，鼓励更多的集邮者参与生肖邮票首日封的制作、收集和研究，生肖集邮研究会从2022年开始举办最佳生肖邮票首日封的评选活动。这是生肖集邮研究会在以往举办的"最佳世界生肖邮票评选活动"之后，结合中国实际开创的一个生肖集邮新的群众性评选活动，至今已连续举办三届。

亮点之六，《中国生肖集邮》编撰工作正式启动，年内出版。

2024年1月6日，《中国生肖集邮》编撰工作在苏州正式启动。全国集邮联常务副会长赵晓光、副会长高洪涛等参加《中国生肖集邮》编撰工作第一次会议。该书由生肖集邮研究会负责编著，郑炜担任主编，马驎为执行主编。《中国生肖集邮》集学术性、知识性、史料性于一体，对生肖邮票的收集研究、生肖邮集的编组参展、生肖集邮活动的开展、生肖文化的传承，都有一定的指导作用，将成为生肖集邮的重点教科书和工具书。现该书已经完稿，预计年内由苏州大学出版社出版。

图115 生肖邮票设计者为生肖集邮爱好者签名

图116 《中国生肖集邮》编撰工作启动

亮点之七，会刊《生肖集邮》改版，其 2021—2022 年和 2023 年合订本以集邮文献类参展沾金，荣获佳绩。

会刊《生肖集邮》至今已发行 155 期。从 2022 年第 1 期开始全新改版，改版后的《生肖集邮》注重现代时尚潮流和整体视觉美感，版面设计新颖别致，图文并茂，让人感觉更专业、更时尚、更年轻。《生肖集邮》从 2021 年开始每年编辑出版一期特刊，至今已发行《戴定国集邮文选》（2021 年）、《世界生肖邮票目录》（2022 年）、《T.46 庚申年——中国第一枚生肖邮票》（2023 年）等三本特刊，各具特色，资料性和可读性强，受到读者欢迎。《生肖集邮》（2021—2022 年）合订本获高邮 2023 中华全国集邮文献展览的镀金奖；《生肖集邮》（2023）合订本获苏州 2024 中华全国生肖集邮展览的大镀金奖。

亮点之八，成立生肖集邮全国导师团，负责指导各地生肖集邮活动的开展。

生肖集邮研究会成立之后，吸引了大批集邮爱好者加入研究会，会员数最多时达到 8000 余人，在全国 100 多个城市成立了分会或小组，成为全国最大的民间集邮团体。根据国家对社团管理的有关规定，生肖集邮研究会的体制 2019 年进行了调整，原外地会员改为会刊《生肖集邮》联系读者。为了积极推动各地生肖集邮的发展，加强交流，2022 年生肖集邮研究会成立了生肖集邮全国导师团，聘任了 83 位导师，负责指导当地生肖集邮活动的开展。为了鼓励先进，树立榜样，生肖集邮研究会还设立了特别贡献奖、生肖集邮香樟树奖、生肖集邮桂花奖，奖励先进集邮组织和个人。

生肖集邮研究会走过 27 个春秋，在创会周治华会长、现任郑炜会长的组织和带领下，为推动中国生肖集邮的队伍发展和组织建设、活动开展和会务建设、邮集创作和邮展建设、学术研究和理论建设等方方面面，都做出了创造性和富有成效的工作，促使生肖集邮成为影响全国乃至世界的，具有中华民族特色的新的集邮门类。特别是近几年来，生肖集邮研究会通过一系列创新活动，充分展示了生肖集邮文化的内涵和魅力，推动中国特色集邮的发展，进一步弘扬了中华优秀传统文化，使得生肖集邮研究会的工作得广泛认可。

生肖集邮研究会的创新发展任重道远，前景光明。期待生肖集邮研究会在新的征程上，坚定文化自信，砥砺前行，努力谱写新时代集邮文化建设新篇章，为发展中国特色集邮文化事业做出新贡献。

2012年和2022年，在中华全国集邮联合会成立30周年及40周年纪念暨表彰大会上，生肖集邮研究会连续两次被评为全国先进集邮组织。

图117 2012年、2022年生肖集邮研究会连续两次被评为全国先进集邮组织

第二节
《生肖集邮》的创刊和生肖集邮的普及

一、《生肖集邮》的创办及特色

由于会员面广且分散于海内外，创办一份会刊成为生肖集邮研究会建会后的第一要务。通过3个月的高效筹备，并经江苏省新闻出版局批准，生肖集邮研究会会刊《生肖集邮》于1997年9月正式创刊，前12期为著名邮学家郭润康题写的刊名，从13期至今改用《人民日报》社社长邵华泽题写的刊名。会长周治华以《卷首语》为题撰写了发刊词：

集邮百花园中的一朵小花——《生肖集邮》迎着朝阳开放了。

十二生肖是中华民族的传统民俗文化，已有二千多年的历史，在全世界的华人中有着广泛的影响。随着世界上发行生肖邮票的国家和地区越来越多，生肖邮资票品越来越丰富，生肖集邮爱好者也越来越多。在专题集邮中，生肖集邮是个新兴的领域，有着广泛而深入的研究课题。生肖集邮研究会应时而生，引起集邮界的关注，受到广大邮人特别是生肖集邮爱好者的关心和支持，《生肖集邮》将在生肖专题集邮方面积极发挥宣传、促进作用。

《生肖集邮》作为生肖集邮研究会的会刊，主要为生肖集邮研究会的会员和生肖集邮爱好者服务，是内部资料性质的民办刊物，只分送缴纳会费的本会会员，并作为生肖集邮爱好者和邮刊交流之用。

《生肖集邮》作为内部交流资料，以会务性、资料性、知识性、研究性为主。在邓小平建设有中国特色社会主义理论指导下，坚持正确的政治方向，以生肖集邮为主要内容，报导会务会讯，宣传办会宗旨，倡导邮德邮风，介绍生肖邮资票品和生肖集邮的信息、知识、资料，探讨生肖集邮的理论和实践，交流生肖专题集邮的情况和经验，以推动生肖集邮活动的发展和专题集邮水平的提高。

《生肖集邮》贯彻普及与提高相结合和"百花齐放、百家争鸣"的方针，文责自负。本刊欢迎邮人赐稿，名家奉献力作，扶持幼苗新作。研究、探讨、争鸣的稿件，提倡摆事实、讲道理，以理服人，用事实讲话。凡本会会员在本刊发表的文章，可以在公开发行的报刊上发表；已在公开发行的报刊上发表的文章，可以有选择地在本刊刊用，以充分反映会员的研究成果。

《生肖集邮》编委会在生肖集邮研究会常务理事会的领导下，负责本刊编辑工作。编委会将勤奋努力，克服困难，尽力把本刊办好。由于编委会成员都是兼职，加上知识水平有限，又缺乏经验，难免出现不足和差错，祈请集邮界人士、本会会员和读者不吝提出宝贵意见和建议。

愿《生肖集邮》这株小花，在集邮界人士、本会会员和读者的关心爱护下，茁壮成长，枝繁叶茂花盛。

在这篇《发刊词》中，周治华所言"专题集邮"，与集邮体系中的"专题集邮类"并不是一回事，而是一个集邮"主题"的概念，实际上指的是以"生肖文化"为主题内容、以生肖邮票和邮品为主要对象的专门集邮方式，简称"生肖集邮"。

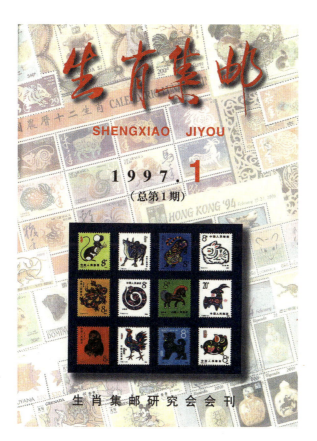

图118《生肖集邮》创刊号

《生肖集邮》于 1997 年 9 月 10 日出版，从第 2 期起，逢单月 15 日出版。由开始的 16 开 24 页杂志型期刊，发展为 48 页彩印双月刊。从创刊开始，均有内部连续性出版物准印号，开始为苏州市新闻出版局准印号，从 1998 年第 2 期（总第 4 期）始，为江苏省新闻出版局准印号。按国家新闻出版署规定，内部连续性出版物只能免费赠阅交流，并在封面显著位置注明；必须在新闻出版部门批准的印刷单位印制，且不得刊登广告，不对外公开出售，不接受订阅。每年进行年审。

作为对内联系会员、传递邮讯、发表成果的信息平台，对外弘扬中华优秀传统文化和生肖文化的宣传阵地，《生肖集邮》以专题、可读、可亲、可信为办刊原则，面向广大会员。每期 7 万~8 万字，主要栏目有生肖论坛、生肖邮票、生肖世界、生肖文化、生肖邮集、戳海拾贝、地名溯源、生肖文苑、趣味集邮、我与集邮、会员风采、会务通讯、会员园地、研究探讨、新邮介绍、集邮知识、邮书报刊等，既反映有广度的各地动态，又表达有共性的会员心声；既刊出有深度的专家论文，更重用有见地的会员来稿。

《生肖集邮》是团结联系会员的纽带，是办会宗旨的具体体现，是会员发表意见和展示成果的阵地，是生肖集邮研究会的旗帜和窗口。由于会员分散在全国各地，很难相聚相会，会刊是最主要的联系渠道，因此办好会刊十分重要。《生肖集邮》办刊的指导思想是弘扬主旋律，提倡多样化；重在普及，着力提高；办出内部资料性出版物特点，办出生肖集邮专门特色。办刊主要把握以下 8 点。

（1）坚持专门性。从创刊开始，只刊登与生肖文化、生肖集邮有关及延伸的稿件，使有限的版面发挥特有的专门类别的作用，凸显其特色，避免一般化。

(2）加强导向性。引导读者向集邮文化发展，向生肖集邮的纵深探索。不受邮市冷暖的影响，不刊登一般性的邮市分析文章和报道，不刊登生肖迷信和生肖命运等方面的文章，不发表可能引发互相谩骂和人身攻击的稿件。鼓励发表学术争鸣的不同意见，但要心平气和，摆事实讲道理，尊重他人。

（3）突出研究性。作为生肖集邮研究会会刊，一定要有研究探讨的学术特色和争鸣气氛。"研究探讨"这一栏目不惜篇幅，是分量最重、用稿最多、文字最长的栏目。会刊编辑部还组织过多次热点专题讨论，连续多期刊出，如生肖邮票定义研讨、中国第三轮生肖邮票设计研讨、生肖邮展规则研讨、生肖英文译名研讨等。

（4）增强知识性。会刊的新邮介绍、生肖世界、生肖文化、生肖邮集、集邮知识等栏目，重点介绍生肖文化、生肖邮票、生肖邮集等方面的知识，有利于读者学习交流，扩大知识面。

（5）注重资料性。尽可能提供较详细的资料，有些资料尽可能用表格形式列出，一目了然，以便于读者了解全貌，自己进行研究分析。如从 1997 年开始，每年均刊出世界各国和地区发行生肖邮票一览表，包括发行日期、品种、规格、齿孔、面值、图案等资料；再如，从 1997 年开始，每年均刊出各报刊生肖邮文目录。

（6）体现服务性。会刊坚持为会员服务的方针，已刊出的稿件 90% 以上由本会会员撰写。凡是会员要求刊登、希望了解的内容，只要合情合理，都尽可能刊发。"会务通讯""邮书报刊""会员园地"这几个栏目，主要是为会员服务的，如会务活动、会员通讯录（含有生肖属相、公历和农历出生年月日、通讯地址、电话等，便于互相联系)、来信摘刊、会员信箱、生肖邮品邮购信息等。会员通讯录，还印发了单行本，至2018年2月，已印发第九版。

(7) 力求可读性。会刊不单纯追求趣味性，但要办得图文并茂，通俗易懂，有情有趣，有可读性。

(8) 顾及群众性。会刊注意普及生肖集邮知识，对于新人新作的稿件优先刊用，特别注重发表会员的处女作，以鼓励会员撰写生肖邮文和研究探讨。会刊作为内部交流资料，从创刊开始就不过分强调专稿专用，会刊发表的稿件，可以在其他报刊上发表；会员在其他报刊上发表的文章，会刊也可有选择地刊用，以扩大会员研究成果的影响。

《生肖集邮》作为内部交流资料，即时报导会务会讯，宣传办会宗旨，倡导邮德邮风，介绍生肖邮资票品和生肖集邮信息、知识、资料，探讨生肖集邮的理论和实践，交流生肖集邮的活动情况和经验。鲜明的会刊特色、足够的信息量和专业的编排印刷，使该刊广受会员和集邮界好评。2000年10月，获江苏省第六届集邮展览文献类银奖（最高奖）；2001年4月，获全国首届生肖邮展镀金奖加特别奖；2001年9月，获中华全国集邮展览获镀银奖，这是民办邮刊首次在全国邮展中获奖；2004年5月，获全国民间集邮文献展览一等奖；2006年7月，被评选为全国"十优"集邮报刊；2006年10月，获全国首届集邮文献及文献集邮展览银奖；2008年9月，再获南昌全国邮展银奖；2013年7月，《生肖集邮》(2012年合订本)获江苏省第九届集邮展览大银奖；2023年3月，在高邮中华全国集邮文献展览中，《生肖集邮》(2021—2022)获镀金奖；2024年1月，在苏州2024中华全国生肖集邮展览中，《生肖集邮》(2023年合订本)获大镀金奖。

二、普及生肖集邮从青少年开始

青少年是祖国的未来和希望，也是中国集邮的未来和希望，同样是生肖集邮的未来和希望。当今中华邮坛的热门话题之一，就是如何大力推动青少年集邮活动，培养中国集邮事业的接班人。为此，生肖集邮研究会自成立以来，十分重视"从娃娃抓起"，从青少年开始，倡导生肖集邮，普及生肖集邮，持续不断地开展全国性青少年生肖集邮系列活动，取得明显成效。其中，最有特色最具影响力的是自2006年起，连年举办全国生肖个性化邮票青少年设计大赛。

由生肖集邮研究会牵头，同《集邮报》社、上海收藏文化研究所、上海舒同书法艺术研究会联合主办了全国生肖个性化邮票青少年设计大赛。从2006丙戌狗年开始，迄今已连续举办了18届。由于生肖属相人人都有，个个喜爱，创作大赛又与美术教学自然融合，因而得到各地学校的广泛响应，每届都有全国20个左右省（自治区、直辖市）的几十万名中小学生参加。每届经层层选拔评出金奖12名，银奖、铜奖和组织奖、优秀辅导奖若干名；每年将12幅金奖作品用作副票图案，经国家邮政部门批准后印制发行一版《岁岁平安》生肖个性化邮票。由生肖集邮研究会出资印制"金奖集"图画明信片，用于奖励作者、参赛学校、辅导老师以及供极限集邮爱好者制作生肖极限片；以获铜奖以上200件作品为展品的"全国生肖个性化邮票青少年设计大赛优秀作品展"，被列为每年1月5日生肖集邮系列活动之一，与全国生肖集邮展览同场展出或单独展览。

由于这项赛事有助于丰富校园的教学内容和文化生活，增强学生的集邮兴趣，推动校园集邮文化的发展，是推动素质教育和提高中小学生德、智、体、美、劳综合素质的有效途径，因而受到各有关方面的高度重视。全国集邮联合会少工委是大赛的指导单位，主任王新中亲任顾问，每年1月5日都到苏州参加颁奖座谈和研讨活动；广东、湖南等省的教育部门、集邮协会通过举办省赛选拔优秀作品参加全国大赛，安徽省从2010年开始，由省教育厅、团省委、省邮政公司和省集邮协会联合举办全省中小学生生肖邮票设计大赛，并编印出版获奖作品汇编。特别是苏州赛区在市教育局、邮政局的广泛发动和精心组织下，全力冲刺，成绩骄人：苏州学生作品18届年年金榜题名。金牌大户吴江市教育局先后为12名金奖作者专门印制了中国邮政贺年有奖邮资明信片，以示祝贺并留念。苏州市景范中学任昱秋同学则是唯一实现"两连冠"的参赛学生。

接力大赛，发挥后劲，组织全国中小学生肖集邮教育研讨会、全国青少年生肖集邮联谊会。随着邮票设计大赛的规模和影响越来越大，以生肖集邮为抓手，大力推进青少年集邮工作的优势愈发明显，前景愈发看好。为及时总结经验，探索发展，生肖集邮研究会审时度势，继在上海举办首届研讨会不久，于2008年1月6日在首批全国青少年集邮活动示范基地——苏州市景范中学召开全国中小学生肖集邮教育研讨会，来自甘肃、安徽、福建、浙江、江苏、上海、辽宁、四川、广东等地的30余所学校的校长（负责人）就如何更好地发挥集邮活动在中小学素质教育中的作用进行了研讨交流，达成以下共识：集邮活动应向集邮文化延伸；青少年集邮活动应当纳入教育、教学、教研工作中，为推进中小学生素质教育搭建平台。研讨开始前举行了第三届全国生肖个性化邮票青少年设计大赛颁奖仪式，12位金奖小作者获授证书。此后，在优秀作品展开幕次日召开颁奖暨研讨会，成为每年生肖集邮系列活动的固定项目，一直延续至今。本次研讨会后，与会学校加大了对青少年集邮工作的支持力度，涌现出一批校园集邮活动的先进典型。为抓住有利时机，推广典型，交流经验，扩大成果，生肖集邮研究会联合全国集邮媒体和地方邮政、邮协，先后在全国生肖集邮先进单位和特色学校——南通石港中学（2012年）、全国红领巾集邮文化体验示范学校——吴江盛泽小学（2019年）举办了两届全国青少年生肖集邮联谊会，通过承办学校典型经验的介绍和与会代表的现场参观、学习、交流、联谊，加深大家对生肖集邮促进素质教育功效的认识与认同，由此激发各地集邮协会和相关学校对开展校园集邮活动的信心和积极性，收到良好的宣传推广效果。

在上述"一赛两会"的推动下，生肖集邮在全国很多地方的大中小学打开了局面，逐步发展了包括校长、教师和中小学生在内的一大批新会员，建立起一批学校生肖集邮组织。目前，生肖集邮研究会的学生会员（联系读者）占比已超过10%，为生肖集邮的可持续发展注入新的活力。

三、普及生肖集邮的多种形式

生肖集邮研究会从诞生之日起，坚持以人为本，视会员为家人，全方位提供细心周到的服务。在加强与会员沟通联系的同时，努力做好会员之间的互动联谊服务，营造家的氛围，建立亲和关系。

生肖集邮研究会日常为在册会员持续不断做的工作和服务有：除会刊每期都登新会员通讯录外，人手一册会部编印的全部会员通讯录，内容包括生肖属相、公历和农历出生日期、通讯地址和联系电话，至今已编发了九版；每年元旦、春节为每位会员赠寄生肖地名戳封、贺年有奖明信片和由周治华会长亲笔签名的生肖邮票首发纪念封，为"本命年"会员和60岁以上逢十寿诞的会员赠寄会长签名的生日贺片；组织全国会员开展生肖地名封片、生肖首日封片、贺年祝寿封片的互寄活动，既扩大了会员间的交流和联谊，又丰富了生肖邮品的收藏；从会长到各部门，随时保持与会员的联系，对会员来信、来电和来访，及时回复和热情接待，提供力所能及的服务与帮助。

生肖集邮研究会从2005年起，每年1月5日在苏州举办"本命年"会员联谊活动。这项保留节目，是利用生肖文化普及生肖集邮的典型范例。

2005年"乙酉本命年会员联谊活动"，著名集邮家马佑璋、马驎、林衡夫，生肖集邮研究会会长周治华，《集邮报》社社长肖英和苏州市集邮协会副会长汪日荣等与属鸡的会员共乐并先后发言表示祝贺。60多名从各地来苏的鸡本命年会员、参展作者及其他会员兴致勃勃地参加联谊活动。生肖集邮研究会首创的"乙酉本命年会员联谊活动"在大家心中留下了难忘而精彩的瞬间。

2006年1月5日"丙戌本命年会员联谊活动"，全国集邮联副会长常增书，会士刘广实、李鸿远、马佑璋，生肖集邮研究会会长周治华，《集邮报》社社长肖英、《江苏集邮》执行主编鲍军禾，苏州市集邮协会副会长汪日荣、邓树镛等60多人参加联谊活动。

2007年1月5日"丁亥本命年会员联谊活动"，全国集邮联副会长刘广实、常增书、王新中，著名集邮家林衡夫、马驎，《集邮》杂志主编刘劲，《上海集邮》副主编邵林，生肖集邮研究会会长周治华，《集邮报》社社长肖英等100多人参加联谊活动。

2008年1月5日"戊子本命年会员联谊活动"，全国集邮联副会长王新中，著名集邮家马佑璋、林衡夫，生肖集邮研究会会长周治华，苏州市政协原副主席黄铭杰，《集邮》杂志主编刘劲，《上海集邮》副主编邵林，《集邮报》社社长肖英以及属鼠会员、来宾等100多人参加联谊活动。

2009年1月5日"己丑本命年会员联谊活动"，全国集邮联副会长王新中，江苏省集邮协会副会长葛建亚，生肖集邮研究会会长周治华，《集邮报》社社长肖英，生肖集邮研究会副会长方定坚、郑炜等100多人参加联谊活动。本次活动还设置一、二、三等奖和纪念奖，分别奖励生肖会书籍和生肖邮品。

2010年1月5日"庚寅本命年会员联谊活动"，全国集邮联副会长王新中，生肖集邮研究会顾问陈文骐，集邮家马佑璋、孙海平、林衡夫、马驎、邵林，生肖集邮研究会会长周治华，《集邮报》社社长肖英，江苏省集邮协会副会长葛建亚等100多人参加联谊活动。在这次活动上，著名集邮家、北京市集邮协会副会长李伯琴加入了生肖集邮研究会。

2011年1月5日"辛卯本命年会员联谊活动",著名集邮家马佑璋、林衡夫、葛建亚、邵林,生肖集邮研究会会长周治华等100多人参加联谊活动。

2012年1月5日"壬辰本命年会员联谊活动",全国集邮联副会长常增书、王新中,会士马佑璋、林衡夫、葛建亚、邵林,生肖集邮研究会会长周治华等100多人参加了联谊活动。

2013年1月5日"癸巳本命年会员联谊活动",全国集邮联副会长王新中,会士马佑璋、林衡夫、孙海平、葛建亚、邵林,生肖集邮研究会会长周治华,《集邮报》社社长肖英,生肖集邮研究会副会长郑炜等100多人参加了联谊活动。

2014年1月5日"甲午本命年会员联谊活动",全国集邮联会士王新中、马佑璋、林衡夫、孙海平、马驎、葛建亚、王宏伟,生肖集邮研究会会长周治华等100多人参加了联谊活动。

图119 甲午本命年会员大联欢

2015年1月5日"乙未本命年会员联谊活动"，全国集邮联合会副会长刘佳维，会士王新中、马佑璋、林衡夫、葛建亚，生肖集邮研究会会长周治华等100多人参加了联谊活动。

2016年1月5日"丙申本命年会员联谊活动"，全国集邮联合会会士王新中、马佑璋、林衡夫、葛建亚、王宏伟，生肖集邮研究会会长周治华，《集邮报》社社长肖英等100多人参加了联谊活动。

2017年1月5日"丁酉本命年会员联谊活动"，全国集邮联合会会长杨利民，会士王新中、马佑璋、林衡夫、葛建亚、邵林、王宏伟，生肖集邮研究会会长周治华，《集邮报》社社长肖英等100多人参加了联谊活动。

2018年1月5日"戊戌本命年会员联谊活动"，全国集邮联合会副会长兼秘书长张玉虎，会士林衡夫、邵林、杨桂松、王宏伟、刘劲、杨成录，生肖集邮研究会会长周治华、副会长郑炜，《集邮报》社社长肖英，江苏省集邮协会副秘书长费甦等100多人参加了联谊活动。

2019年1月5日"己亥本命年会员联谊活动"，全国集邮联合会副会长刘佳维，会士王新中、马佑璋、林衡夫、葛建亚、李伯琴、王宏伟，生肖集邮研究会会长周治华、副会长郑炜等100多人参加了联谊活动。

2020年1月5日"庚子本命年会友联谊活动"，全国集邮联合会会士王新中、马佑璋、葛建亚、马驎、王宏伟，生肖集邮研究会会长周治华等100多人参加了联谊活动。根据国家有关规定，从前一年的4月起，生肖集邮研究会对外地的组织和成员名称做了调整，"会员"变更为"会友"。

截至2020年，生肖集邮研究会共举办过16次这类"大家庭"式的集邮联谊活动。全国同一属相的会员相聚相识，同堂联欢，赞颂邮谊，展示才艺，在集邮大家庭尽享快乐。

图120 苏州三元宾馆深夜排队购买生肖邮票的队伍

四、举办最佳世界生肖邮票评选活动

为弘扬中华优秀传统生肖文化，扩大生肖邮票和生肖集邮的影响，促进生肖邮票设计水平的提高，促进集邮者对生肖邮票鉴赏水平的提高，自 2010 庚寅年起至 2021 辛丑年，生肖会连续 12 年举办最佳世界生肖邮票评选活动。

1. 评选步骤及办法

每年 8 月前收集当年度世界各国（地区）发行的生肖邮票及资料，印制《最佳世界生肖邮票评选活动专刊》，除公布评选活动办法及组委会成员名单外，以主要篇幅专门印有当年世界各国（地区）发行的生肖邮票图案和编号，供参评人员鉴赏和评选。专刊为大 16 开三折页，250 克铜版纸彩印，设计精美，票图清晰，便于欣赏和保存，具有一定的史料价值和收藏价值。每届的评选办法大致相同，每张选票选出 3 个国家（地区）发行的生肖邮票为最佳，以群众投票与专家投票相结合的方式，得票数最多的 3 套邮票中选。活动特设荣誉奖一名，不参加评选，由组委会指定授予中国邮政发行的当年度生肖邮票。投票人员，前四届（2010—2013）面向全国集邮爱好者；从第五届（2014）开始，评选改为在生肖集邮研究会内部进行，只有会员才能参与投票。奖励办法，除中间两届有所调整外，其余十届基本一致，即对全部选中者奖励特制的最佳世界生肖邮票评选纪念明信片一枚，明信片上印有当年评出的全部最佳世界生肖邮票。另设立特别奖、幸运奖和鼓励奖，从所有选票中抽奖产生。

每次刊印最佳生肖邮票评选的国家（地区）数量略有变化，12 年累计有 118 个国家或地区发行的 714 套（枚）生肖邮票（小型张、小全张、小版张）

图 121 首届（庚寅年）最佳世界生肖邮票评选纪念明信片背图

参与了评选，其中加拿大、日本、韩国、新加坡、法国、美国、中国香港、中国澳门等18个国家（地区）全程参与。

2. 评选概况及结果

由于建立在中国生肖民俗文化解读之上的生肖邮票设计，其理念、风格、水平上的差异和集邮者审美情趣的同向，获评最佳生肖邮票的国家（地区）相对集中（12年中仅为10个），中国香港邮政"入佳"次数最多，在近12年发行的生肖邮票中，有9次入选最佳世界生肖邮票前3名，7次名列榜首。其次分别为：列支敦士登8次、新西兰6次、加拿大4次、中国澳门3次、日本2次、马来西亚1次、汤加1次、塞尔维亚1次、乌拉圭1次。值得一提的是，中国香港发行的生肖邮票，因其选题和设计富有特色，并推出许多独具创意的邮品，如绒面生肖邮票、金银小型张等，好评如潮。尤其是2012年中国香港发行的龙年生肖邮票以 3426 张选票（占总投票数的 81%）夺得桂冠。4 枚票图描绘了不同造型的龙，生肖文化元素浓厚，内涵丰富，衬以金色烫印的祥云图案，倍添节庆气氛；同时还首次发行丝绸邮票小型张，高贵典雅。

历届世界最佳生肖邮票评选结果如下。

首　届：2010 庚寅虎年，有 43 个国家和地区的生肖邮票参加，投票 6581 票，第一名加拿大，第二名中国香港，第三名日本，协办单位 13 个。

第二届：2011 辛卯兔年，有 48 个国家和地区的生肖邮票参加，投票 4721 票，第一名日本，第二名中国澳门，第三名加拿大，协办单位 16 个。

第三届：2012 壬辰龙年，有 55 个国家和地区的生肖邮票参加，投票 4232 票，第一名中国香港，第二名马来西亚，第三名列支敦士登，协办单位 15 个。

第四届：2013 癸巳蛇年，有 47 个国家和地区的生肖邮票参加，投票 3940 票，第一名中国香港，第二名加拿大，第三名新西兰，协办单位 10 个。

第五届：2014 甲午马年，有 66 个国家和地区的生肖邮票参加，投票 3817 票，第一名中国香港，第二名列支敦士登，第三名新西兰，协办单位 8 个。

第六届：2015 乙未羊年，有 56 个国家和地区的生肖邮票参加，投票 3703 票，第一名中国香港，第二名加拿大，第三名列支敦士登，协办单位 10 个。

第七届：2016 丙申猴年，有 55 个国家和地区的生肖邮票参加，投票 3028 票，第一名列支敦士登，第二名中国香港，第三名汤加，协办单位 10 个。

第八届：2017 丁酉鸡年，有 74 个国家和地区的生肖邮票参加，投票 2946 票，

图 122 美国《林氏邮票新闻》报道最佳世界生肖邮票评选活动

第一名中国香港，第二名列支敦士登，第三名新西兰，协办单位11个。

第九届：2018戊戌狗年，有74个国家和地区的生肖邮票参加，投票2725票，第一名中国香港，第二名列支敦士登，第三名新西兰，协办单位12个。

第十届：2019己亥猪年，有77个国家和地区的生肖邮票参加，投票2816票，第一名中国澳门，第二名列支敦士登，第三名新西兰，协办单位11个。

第十一届：2020庚子鼠年，有60个国家和地区的生肖邮票参加，投票670票，第一名中国香港，第二名列支敦士登，第三名新西兰，协办单位1个。

第十二届：2021辛丑牛年，有59个国家和地区的生肖邮票参加，投票758票，第一名中国澳门，第二名塞尔维亚，第三名乌拉圭，协办单位11个。

因评选活动抓住热点，顺应潮流，一经推出就受到会员和广大生肖集邮爱好者的热烈响应，参与投票者逐年递增，后五届年均收到选票超4500张。这既扩大了生肖文化的宣传面，又增添了集邮活动的趣味性，对提高邮票设计水平和会员鉴赏能力，普及生肖集邮，更是一次有益的推动。同时，评选活动的影响还波及海外，2020年1月6日出版的美国《林氏邮票新闻》，对12届最佳世界生肖邮票评选活动情况逐年做了详细报道，用3个页面对第十届最佳世界生肖邮票评选活动做了详细报道。

第三节
生肖邮票博物馆的创办和对生肖文化的传播

一、创办生肖邮票博物馆

2013年5月18日，值此世界博物馆日之际，苏州生肖邮票博物馆在万众瞩目之下隆重开馆。该馆坐落于苏州山塘街玉涵堂[1]，由苏州市姑苏区人民政府主办，苏州市文广新局行业主管，苏州邮政局业务指导，又属中国邮政邮票博物馆·生肖邮票分馆。这是目前世界唯一以生肖邮票为陈列主题、特色鲜明的博物馆。

开馆仪式由苏州国家历史文化名城保护区文化商旅发展局领导主持。姑苏区领导介绍了生肖邮票博物馆建馆情况。苏州市文广新局领导、中国邮政邮票博物馆领导分别致辞，从城市文化战略的高度对生肖邮票博物馆的建立给予充分的肯定和赞誉。中共苏州市委领导向周治华颁发了生肖邮票博物馆名誉理事长的荣誉证书。周治华心情激动地发表捐赠感言，首先他认为捐赠生肖邮票是自己的夙愿，使生肖邮票有了最好的归宿；其次是苏州建立生肖邮票博物馆有

---

[1] 玉涵堂，位于苏州山塘街，俗称阁老厅。为明嘉靖年间吏部尚书（后改南京吏部尚书）吴一鹏故居。2011年被列为江苏省文物保护单位。

天时地利人和的独特优势。苏州是历史文化名城,对外开放和国际旅游城市,经济文化发达地区。苏州建有生肖集邮研究会,办有《生肖集邮》,国家邮政已连续10年在苏州主办生肖邮票首发式,每年都同时举办全国性的生肖邮展和生肖集邮系列活动,全国性的重大生肖集邮活动大多在苏州举行,再建一个生肖邮票博物馆,可以说是锦上添花,更加完美。苏州国家历史文化名城管委会、姑苏区主要领导亲自召开几次筹建会议,积极抓紧筹建工作,并限期完成。

最后,到场领导和嘉宾进行剪彩。在热烈的欢呼声和掌声中,大红色的大幕徐徐揭开,古色古香的生肖邮票博物馆终于露出芳容。开馆仪式隆重而简约。

二、生肖邮票博物馆对生肖文化的传播

苏州生肖邮票博物馆主要以生肖集邮研究会会长周治华捐赠的生肖邮票和邮品为基础而建立,位于历史文化古街山塘街景区的玉涵堂,即明嘉靖时吏部尚书吴一鹏(1460—1542)故居的西一路部分,三进三层,后有古典花园,建筑面积约660平方米,轩敞古朴,曲径通幽。其中展厅面积550平方米。全馆分列五个展厅,展出顺序为:一进一层序厅,"十二生肖,源远流长";二进一层中国厅,"中国生肖,独领风骚";二进二层世界厅,"生肖文化,走向世界";三进二层邮品厅,"生肖邮品,丰富多彩";三进一层集邮厅,"生肖集邮,情趣无限"。

图123 苏州生肖邮票博物馆内景

生肖邮票博物馆藏有日本1950年发行第一枚生肖邮票以来，世界五大洲100多个国家和地区发行的全部生肖邮票和部分生肖邮品，除近距离向观众展示世界各国和地区的生肖邮票、实寄封、邮票设计师签名封等实物外，还运用声、光、电、影、图等多种高科技展示手段，以多元化视角反映我国红红火火的生肖集邮活动，系统、形象、生动地展示了生肖邮票的艺术魅力和博大精深的生肖文化。中国邮政邮票博物馆提供的黄永玉的《庚申年》猴票设计原稿及清朝大龙邮票等珍品一同展出，让观众一饱眼福。

生肖邮票博物馆是收藏、展示和利用生肖邮票以及研究传播生肖文化和生肖集邮的专门博物馆。开馆以来，经年累月，海内外观众络绎不绝，尤其是节假日、寒暑假期间更是门庭若市、观者云集。这对于生肖邮票、生肖集邮和生肖文化的传承与传播发挥了极大作用。

第一，十二生肖是中华优秀传统文化。周治华的生肖集邮藏品从个人、家庭进入博物馆，由家藏成为馆藏，并以此为基础，在更多渠道、更大层面上继续集中和丰富生肖邮票邮品邮集馆藏。利用馆藏，公开为群众的精神文化生活服务，可以发挥最好的社会效益，对于弘扬中华优秀传统文化，促进社会团结和谐，激励人们奋发向上，建设中国特色社会主义和构建人类命运共同体，有着不可估量的积极作用。

第二，江苏苏州是历史文化名城、经济文化发达地区，世界上第一个生肖邮票博物馆在苏州建立，成为苏州的"城市名片"和一个特色窗口，为苏州文化建设添砖加瓦，贡献了一份力量。

第三，苏州是国际旅游城市，世界上已有130多个国家和地区发行过生肖邮票，1994年以来，每年都有几十个国家和地区发行生肖邮票，苏州生肖邮票博物馆的建成和对外开放，对于中外文化交流也将发挥一定的作用。

第四，苏州是全国集邮文化先进城市，经过多年来的不懈努力和持续发展，苏州已成为全国生肖集邮文化的中心。苏州生肖邮票博物馆建成后，这个中心的基础更加牢固，可以为推动群众性集邮文化活动的开展、为满足人民日益增长的美好生活需要发挥更大的作用。

第四节
生肖集邮学术活动

生肖集邮的学术研究主要是对生肖邮票的研究，包括对与此相关的生肖邮品、生肖文化和生肖集邮文化活动的研究等。1997年6月生肖集邮研究会成立后，生肖集邮的学术研究由分散、零星的研究逐步变为有计划、有组织的系统研究，取得丰硕成果。这些成果，主要通过报刊文章和出版书籍体现出来。

生肖集邮的长足发展和在短时期取得快速进展，首先得益于生肖集邮在学术活动和理论研究上的先行。中国生肖集邮，由于生肖集邮研究会的成立，从步入成熟期起，其实践活动和理论研究一直以来就是同步发展的。这是中国生肖集邮特有的优势，因为生肖集邮从兴起伊始，就融入当代中国集邮文化的范畴，重视和发挥集邮文化的理论指导作用，反哺集邮活动实践，正是中国集邮文化的鲜明特色。由于生肖邮票发行较迟，生肖集邮还很年轻，成熟期是一个相当长且不确定的时间概念，在世界集邮文化中，它还处在生长期。所以，以生肖文化为基础、以生肖邮票邮品为对象的生肖邮集及其展品，目前在现代集邮展览的体系中，还受到相关评审规则的限制，有诸多局限性，有待于自身的不断改进和自我提升，以及人们认识的逐渐加深和评价的客观科学。但这些都不影响生肖集邮在理论研究方面的先行。生肖集邮研究会40多年的学术活动及其成果，明白无误地说明了这一点。

生肖集邮研究会成立前后，1994年4月9日、16日《集邮报》分两篇刊出周治华署名文章《生肖邮票定义初探》，随后，这篇文章又在1997年5月出版的周治华著《世界生肖邮票大观》一书中专列一章。这是生肖集邮理论研究的先导。2003年，生肖集邮研究会通过会刊《生肖集邮》对"生肖邮票的定义"展开为时一年多的讨论，最终形成共识。自此，"生肖邮票"的定义落地并公之于世。关于生肖邮票的定义，以及2008年4月和7月《生肖集邮概说》《世界生肖邮票目录》两部著作分别问世，2024年1月6日在苏州召开《生肖集邮概论》（后更名《中国生肖集邮》）编撰工作第一次会议，确定年内编著出版该书，这几个步骤是生肖集邮研究会学术活动中具有里程碑意义的关键节点，表明中国生肖集邮的理论体系正在逐步形成和走向成熟。

一、生肖集邮学术活动及其重要成果

全国公开发行、内部发行和民间自办的集邮报刊，发表了大批生肖集邮学术研究文章，特别是《生肖集邮》发表了一批很有影响的文章，并组织多项专题讨论。生肖集邮研究会组织主办、参与或承办多次学术研讨会。

（1）1998年1月4日，由上海方正青少年集邮学校发起、上海市集邮协会青少年集邮工作委员会主办、生肖集邮研究会协办的"虎年生肖邮票发行纪念暨第二轮生肖邮票设计作品展览与研讨活动"在上海图书馆展览大厅前举行。邮电部邮票印制局局长陈文骐、中华全国集邮联合会副秘书长刘建辉，中共上海市委原副书记、上海市集邮协会名誉会长陈沂、杨堤为开幕式剪彩，上海市副市长夏克强，上海市邮电管理局副局长、上海市集邮协会会长王观锟和生肖集邮研究会会长、苏州市政协副主席周治华等到会祝贺。第二轮生肖邮票的著名设计家、雕刻家呼振源、姜伟杰、曹鸿年、阎炳武、杨文清、张二苗、李庆发和蔡兰英，以及虎票设计者王虎鸣与广大集邮爱好者见面。开幕式由著名相声演员牛群主持。生肖集邮研究会常务理事兼秘书长黄一芳参加开幕式和研讨会。

这次生肖邮票研讨会汇编成册的全国各地文章有22篇，由刘平源题词"继承民族文化传统 促进集邮事业发展"，陈文骐以《加强研究 提高水平》为文代序。生肖集邮研究会提供的8篇论文是江苏周治华《对设计生肖邮票的五点建议》、北京刘开文《进二步、退一步》、贵州吴鸿钧《生肖·地名·邮戳》、江苏王国平《试析中国第二轮生肖邮票的生肖味道》、江苏郑汉兴《浅析我国第二轮生肖邮票的设计特色》、江苏徐凯《从世界生肖邮票看我国生肖邮票的选题得与失》、湖南段平作《芝麻开花节节高》、福建李齐品《生肖邮票设计要突出文化》。其他作者和文章来自上海，分别是刘广实《喜闻乐见 略陈管见》、林霏开《浅谈生肖票》、邵林《越往后越难》、黄明心《漫谈生肖邮票》、邓云乡《中国生肖》、盛涤民《民俗寓意深刻 民族风格独特》、童国忠《生肖票的设计雕刻和印量》、范盘生《关于生肖邮票的几点刍议》、刘俊德《生肖邮票小本票为什么难产》、张林隆《建议邮电部发行二枚生肖小全张》、邹惠民《关于生肖邮票的发行量》、李锦林《侃侃中国和外国的生肖邮票》、陈梦非《我最喜欢的生肖邮票》、王成杰《龙》。

参加研讨会的领导、专家、学者分别有陈文骐、刘建辉、周治华、刘广实、邓慧国、戴敦邦、邵林、李斌等。大家认为，生肖文化是中华民族民俗文化的组成部分，生肖邮票的发行，是迄今为止唯一成系列的对生肖文化的宣传和介绍，对弘扬民族文化有着重要意义，因而受到了国内外集邮爱好者和广大人民群众的欢迎。大家研究了生肖文化产生、发展及其对社会经济、民俗、文化的影响，研究了生肖邮票与生肖文化的关系，比较了世界各国和地区生肖邮票的设计，探讨了如何充分表现生肖文化艺术特点的邮票印刷手段，使我国生肖邮票的设计和印刷走在世界前列。与会者在赞扬我国第二轮生肖邮票体现的民族性、艺术性、和谐性、系列性和再创造性的同时，也指出了许多不足，希望进一步解放思想，拓宽思路，并提出了扩大票幅、增加品种、发行小型（全）张、小本票，以及提高设计水平、突出文化内涵，充分利用边纸、公开征集设计图稿等建设性的建议，受到邮电部邮票印制局领导和邮票设计家、雕刻家的重视。

（2）2001年4月8日，由中国邮政报社、国家邮政局邮票印制局、江苏省集邮协会、苏州邮政局主办，生肖集邮研究会协办的"中国第三轮生肖邮票设计研讨会"在苏州新世纪大酒店举行。这是在苏州举办的影响较大的一次生肖邮票研讨活动。出席研讨会的有全国人大常委会原副秘书长、中华全国集邮联合会副会长、国家邮政局邮票选题咨询委员会主任许孔让，国家邮政局邮票印制局党委书记陈文骐，《中国邮政报》社副社长徐宽恩，生肖集邮研究会会长周治华，苏州邮政局局长季心田，清华大学美术学院教授、国家邮政局图稿评审委员会委员杜大恺，中国艺术研究院艺术美术研究所研究员刘人岛。郭润康、李鸿远、刘广实、朱祖威、唐无忌、徐星瑛、马佑璋、黎泽重、邵林、林衡夫、鲍军禾、葛建亚等集邮家和学者参加了研讨会。

图124 中国第三轮生肖邮票设计研讨会在苏州举行

  国家邮政局邮票印制局对这一活动十分重视，图稿创作部主任成雨林、副主任郑复康，责任编辑尚予，工艺设计师呼振源，以及生产部吴金福和王琴也参加了研讨会。会议由成雨林主持。

这次研讨会共收到海内外论文 28 篇。会上首先由邮票印制局吴金福介绍印制邮票的技术和工艺，随后由周治华会长致欢迎词和宣读《要把握好民族特色和世界影响这两个基本点》的论文。接着刘开文、邢宝良等宣读论文，沈缙、戴定国和肖高键的论文由别人代为宣读。

宣读论文后，许孔让副会长说：生肖邮票的研究要有深度和广度，现在离第三轮生肖邮票的发行还有几年时间，要靠在座各位及美术界专家的努力，我认为不必另起炉灶。要把生肖邮票的设计研究透，扎扎实实地抓好，考虑一两

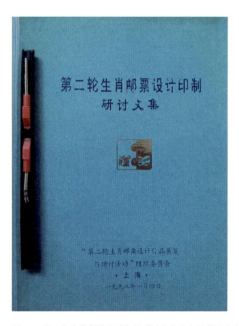 

图 125 第二轮生肖邮票设计印制研讨文集和中国第三轮生肖邮票设计研讨会论文集

个成熟的方案，优中选优。这次研讨对下一轮邮票的设计是个好的开端，打下了较好的基础。许孔让认为，中国第二轮生肖邮票的设计思路是好的，一枚生肖和一个字，不强求风格上的统一。第三轮一开始就要比第二轮好。生肖毕竟是中国的传统文化，下一轮的风格要独特且一致，要具有中华民族特色。

杜大恺教授和刘人岛教授也分别从美学角度讲述了下一轮生肖邮票应该走的路。

陈文骐从三个方面对生肖文化和邮票做了阐释。他认为，首先，关于生肖文化，涉及许多领域，生肖邮票很多很广，但商业营销也是"功不可没"；其次，生肖邮票的表现手法，第三轮的形式应比前两轮有所变化，否则就算失败；最后，人们对生肖邮票寄予了极大的希冀和热情，但受生产条件等诸多因素的限制，不可能一一满足大家的需求和愿望。他还说，发行生肖邮票如同春节晚会，很难办好但必须要办好。目前尚未有明确的第三轮生肖邮票方案，距第三轮生肖邮票的发行还有一段时间，邮票印制局将广泛听取广大集邮者的建议和意见，使生肖邮票得到众多集邮者的好评。

《中国第三轮生肖邮票设计研讨会论文集》应征的27篇论文作者和题目，分别是上海林建安《对我国第三轮生肖邮票设计的看法》、江苏彭菊生《让生肖文化扎根下一代》、湖北朱福生《从出土文物中吸取营养》、江苏沈缙《装点生肖邮苑 弘扬传统文化》、江西曾国栋《生肖票首日定在正月初一好》、广东黄继光《深掘"底蕴"精心"造"型》、江西方立武《生肖邮票应有中华民族特色》、江苏邢继顺和王惠国《保持顺势 突出风格》、上海范伟《顺其自然为好》、北京郭连群《推陈出新 设计印制好生肖邮票》、江西曾庆镖《浅论第三轮生肖邮票图案的设计》、湖北李克奎《持续 扩充 多样 联合》、湖北商怀源《中国生肖邮票应是世界生肖邮票的一面旗帜》、江苏唐孝飞《对第三轮生肖邮票的浅见》、河南裘柏年《也谈第三轮生肖邮票》、江苏周治华《要把握好民族特色和世界影响这两个基本点》、上海叶坪《拓宽设计稿源 提升设计水平》、湖南肖高键《对我国第三轮生肖邮票总体设计的建议》、旅加华人刘徽焘《生肖邮票设计发行工作任重道远》、旅美学者戴定国《借鉴海外生肖邮票的成功经验》、北京刘开文《对我国第三轮生肖邮票的思考》、旅美华人段庆安《向第三轮生肖邮票设计进二言》、黑龙江邢宝良《关于第三轮生肖票的四点建议》、江苏王国平《我心目中的第三组生肖邮票》、江苏姚文群《谈生肖邮票的韵律美》、江苏莫继祥《建言献策话生肖》、四川赵崇德《简析面值设置对生肖票的影响》。

（3）2003年11月21日亚洲邮展期间，生肖集邮研究会在四川绵阳召开生肖集邮学术研讨会。出席研讨会的有王新中、李鸿远、马佑璋、林衡夫、马驎、李明、朱祖威、孙海平、林轩和肖英等来自全国各地的会员、会友60人。

会议由周治华会长主持。他对举办这次学术研讨会的起因和前期讨论情况做了说明。大家重点对生肖邮票的定义和生肖集邮展品的评审规则进行了认真讨论，各抒己见，气氛热烈，有的人发了几次言。这次研讨，为确定生肖邮票的定义奠定了基础，为生肖邮集评审进行了有益的探索，达到了预期的效果。

《生肖集邮学术研讨会讨论集》为生肖集邮研究会学术委员会编印，由"生肖邮票定义讨论"和"生肖集邮展品评审规则讨论"两部分组成。有关"生肖邮票定义讨论"的文章有周治华《论"生肖邮票"定义》，王正《生肖邮票是具有十二生肖图案和文字的邮资》，林建安《给"生肖邮票"定义》，李升平《对周会长提出的"生肖邮票"定义的一点修改意见》，余存齐《谈"生肖邮票"的定义》，姚正宇《生肖邮票定义初探》；有关"生肖集邮展品评审规则讨论"

的文章有本会广州会员小组、广州市集邮协会生肖集邮研究组《生肖集邮展览评审总规则（讨论稿）》、《生肖集邮展览专门类集邮展品评审特别规则（讨论稿）》《生肖集邮展览专题类集邮展品评审特别规则（讨论稿）》，以及黄继光《跳出小天地 开拓新境界——对生肖集邮展品评审规则的思考》，方定坚《浅议生肖类集邮展品的二级类别及编组方式》和《关于＜生肖集邮展品评审专用规则（讨论稿）＞的几点说明》，李明《生肖集邮展品评审专用规则（讨论稿）》，陆游、谢宇《我的一点看法》（来信摘录），吴鸿钧《对＜生肖集邮展览专门类集邮展品评审特别规则＞的修改意见》，杨超《生肖集邮评审规则随想小记》，王用平《对广州起草的评审规则修改意见》，姚正宇《生肖集邮开放类展品评审专用规则（草案）》，姚正宇《生肖集邮极限类展品评审专用规则（草案）》，刘晓虎《生肖集邮展品评审专用规则（试用稿）》。

（4）2010年7月7日，全国首届生肖集邮学术研讨会在苏州召开，这是为纪念世界生肖邮票发行60周年、中国邮政发行生肖邮票30周年，促进生肖集邮学术研究的深入开展，推动生肖集邮文化活动的开展而举办的。

这次学术研讨会由中华全国集邮联合会学术委员会主办，生肖集邮研究会承办，《中国集邮报》《集邮》《集邮博览》《集邮报》《上海集邮》等报社、杂志社协办。当年1月开始向全国公开征集论文，得到积极响应，3个月内共有24个省（直辖市、自治区）的116位作者提交论文131篇。内容涉及生肖集邮的生肖文化、中外生肖邮票、生肖邮集编组、生肖集邮活动、生肖集邮组织等各个方面。

本届学术研讨会的评审委员会由刘广实任主任，周治华任副主任，成冬青、邵林、李毅民、葛建亚、赖景耀为委员。按照这次论文征集的要求"主题明确，

图 126 全国首届生肖集邮学术研讨会在苏州举办

见解独到，论据充分，行文规范，未在公开发行的报刊上发表过"，经评审委员会评审，评出荣誉奖1篇，一等奖2篇，二等奖6篇，三等奖11篇，纪念奖30篇，入围奖共50篇。获奖论文由中华全国集邮联合会颁发证书，并推荐在全国集邮报刊上发表。奖品为一等奖1000元（现金700元，生肖集邮书籍300元）；二等奖600元（现金400元，生肖集邮书籍200元）；三等奖300元（现金150元，生肖集邮书籍150元）；纪念奖为《生肖集邮学术研讨会论文选》2本，生肖集邮书籍1本。

参加这次研讨会的有部分获奖论文作者。中华全国集邮联合会副会长王新中、刘广实和副秘书长李寒梅、学术委员会秘书长成冬青，会士马佑璋、周治华、赖景耀，江苏省集邮协会副会长葛建亚、副秘书长费甦，苏州邮政局副局长荣建国，《集邮》杂志主编刘劲、执行主编丛志军,《集邮报》社长肖英,《上海集邮》副主编邵林,《中国集邮报》主任记者王宏伟,《集邮博览》编辑朱丽,《江苏集邮》执行主编段沛生，生肖集邮研究会副会长郑炜和部分常务理事、理事及浙江、上海、江苏部分会员参加了研讨会。

李寒梅代表全国集邮联合会讲话，对这次研讨会致以热烈祝贺。她说，刚到全国集邮联工作9天，这次参加集邮活动，结识了一些集邮家和朋友，参加生肖集邮研究，是难得的宝贵机会，生肖集邮研究会队伍不断壮大，活动不断扩大，生肖集邮已成为当今我国邮坛具有鲜明中国特色和创新意义的集邮活动。这次研讨会对中国集邮的发展功不可没。葛建亚代表江苏省集邮协会致辞。

苏州邮政局、生肖集邮研究会为本届研讨会印制了纪念封，刻制了纪念邮戳。

《生肖集邮学术研讨会论文选》（2010）由中华全国集邮联合会、江苏省集邮协会、生肖集邮研究会编印。编辑委员会主任为周治华，葛建亚、蒋苏萍任副主任，委员为邵林、余敏、郑炜、段沛生、费甦，编辑翟瀚。2010年6月取得"苏出准印（2010）字JSE-1002256"一次性准印证，大16开。刊出荣誉奖1篇、一等奖2篇、二等奖6篇、三等奖11篇论文；附录收入常延廷的《生肖集邮已进入一个新的发展阶段》及周治华的《论"生肖邮票"定义》《蓬勃发展的生肖集邮研究会》《生肖集邮研究会各年发展会员人数》共4篇。

荣誉奖1篇：甘肃王新中《生肖集邮研究会的成功之路》。

一等奖2篇：四川骆远鑫《生肖之源与生肖集邮特色》、江苏蒋宇冰《生肖邮集同质化刍议》。

二等奖6篇：江苏田圣德《生肖邮票的文化内涵与美学特征》、江西胡白鸥《生肖审美文化形态的演变》、安徽刘战《用生肖邮票激活少年儿童的方寸情趣》、四川陈一军《编组生肖邮集的思考》、江苏李茂长《中国生肖集邮活动的世界性影响》、浙江张建伟《近年生肖邮戳研究》。

三等奖11篇：福建李齐品《试论生肖邮票设计新思路》、湖北喻金刚《关于生肖邮票选题与设计的思考》、浙江李少可《生肖专题集邮的现状与对策》、四川朱马牛《发展生肖集邮的思考》、浙江王星贵《中国生肖集邮走向世界的成功经验》、江西陈莆来《成就优秀生肖邮票的"五求"》、广东司徒明德《论T46<庚申年>在新中国邮票史上的地位及影响》、江苏徐宝煌《提高生肖邮集的珍罕性》、广东区锡文《生肖集邮展览宜列入国家邮展正式类别》、贵州王光力《在提高国家文化软实力中发展生肖文化产业》、浙江倪郁烈《新中国贺年邮资明信片探讨》。

纪念奖30篇：广东黄继光《干支纪年与动物纪年的融合》、山东余岢《试为生肖邮票立标》、湖南肖英明《校园呼唤生肖集邮文学作品》、江苏吉维明《试析首轮生肖邮票的审美价值》、北京张伟《生肖邮票：为国人找到自信》、山西胡文惇《科技发展对生肖邮票设计的影响》、江苏曹东辉《日本生肖邮票值得借鉴》、山东侯海波《拓展生肖邮票选题与设计的新思路》、浙江张运达《论中国生肖邮票的经济功能》、河北徐连元《浅议世界生肖邮票的设计风格》、江苏马志春《浅谈生肖文化的对外传播》、安徽苏雷《新中国生肖邮票发行30年状况之分析》、浙江贾关法《新中国生肖邮票设计的美学思考》、上海仇光全《传承·创新——探索中国生肖邮票设计的新思路》、甘肃韩满琦《生肖集邮与中国本土上的汉字》、山西任占文《我国第二轮生肖系列邮票上的汉字》、辽宁王威《浅谈我国生肖邮票的发行日期》、江苏唐孝飞《论中国首轮生肖邮票的组集》、江苏沈益兵《生肖来历有新见》、广西陈晓玲《论生肖邮票和生肖集邮》、安徽李求实《生肖邮票地位与作用泛论》、安徽吴斌《浅述我国第一轮生肖邮票》、安徽程新民《改革开放与生肖集邮》、安徽吕维邦《生肖邮票应体现民族传统和文化内涵》、安徽徐朝阳《我国生肖邮票的发展走向》、北京张荣源《浅谈笔者生肖集邮三十年》、北京王晋枫《浅论外国生肖邮票》、新疆刘正梗《加拿大生肖邮票的发行特色与影响》、黑龙江王惠国《第四轮生肖纪年邮票发行的构思》、山东边锋《生肖文化的起源与传播》。

（5）2024年1月6日，由中华全国集邮联合会主办的"国际生肖集邮论坛"在江苏苏州长三角数字经济双创中心举行，国际集邮联合会主席普拉科·吉拉凯特、荣誉主席郑炳贤，中华全国集邮联合会常务副会长赵晓光、副会长高洪涛等领导与来自全国各地的集邮爱好者100余人参加活动。

在中国邮政发行《甲辰年》特种邮票之际，中华全国集邮联合会在苏州举办以"生肖集邮文化的传承与传播"为主题的国际生肖集邮论坛，旨在为中外集邮学术界搭建一个互学互鉴的交流平台，促进生肖集邮研究的发展与创新，共享最新的生肖集邮学术研究成果，共同推动集邮学术研究的进步与发展；更好地弘扬中华传统文化，深入挖掘生肖文化内涵，促进国际集邮文化交流。

此次国际生肖集邮论坛，是自1980年新中国发行首套生肖邮票以来，在中国首次举办的国际生肖集邮论坛，来自中国内地、新加坡、泰国、中国香港、中国澳门等国家和地区的8位海内外生肖邮票研究学者应邀出席并发表演讲。

赵晓光在致辞中指出，生肖邮票是传播优秀传统文化、弘扬人类文明的重要载体之一，已经成为各国人民文化交流的纽带。作为中国集邮历史上具有原创性的一个新兴集邮类别，生肖集邮在集藏的拓展上、形式的出新上、普及的提高上、理论的建树上都迫切需要更加深入的研究。中华全国集邮联合会将坚持弘扬集邮文化、生肖文化、民族文化，与国际各方开展合作，协同发力，形成集邮学术合力，推动中外生肖集邮研究不断深化，致力于生肖集邮的普及、发展和创新，开展好具有中国特色的生肖集邮文化活动，以可见的成果促进生肖集邮创造性的转化和创新性的发展，从集邮角度为中国传统与现代文化的结合尽一份力量，为世界集邮的发展提供中国经验。

普拉科·吉拉凯特也发表了热情洋溢的致辞。

中国集邮有限公司原总经理任永信的演讲标题是《甲冠天下臣令国祥》、生肖集邮研究会会长郑炜的演讲标题是《生肖集邮学》、中国香港特区集邮学会会长纪觉英的演讲标题是《生肖集邮是全国参与人数最多的集邮主题》、中国澳门特区集邮协会理事长霍慧晓的演讲标题是《澳门生肖集邮》、外交部集邮协会原秘书长马小玲的演讲标题是《外交封上的生肖文化》、全国集邮联合会会士孙海平的演讲标题是《世界生肖电子邮票的兴起与发展》、列支敦士登邮政亚太地区代表李齐向荣的演讲标题是《中国生肖文化在"邮票王国"列支敦士登》、国际集邮联合会荣誉主席郑炳贤的演讲标题是《生肖集邮是中国的，也是世界的》。

8位嘉宾的精彩演讲,围绕中国传统生肖文化和生肖集邮等内容进行深入研讨交流,主题明确,见解独到,研究内容具有创新性和建设性,对今后生肖邮票的设计发行、生肖集邮活动的开展都具有一定的指导作用。

图127 李齐向荣在国际生肖集邮论坛上发言

图128 霍慧晓在国际生肖集邮坛上发言

图129 纪觉英在国际生肖集邮论坛上发言

二、正式出版的生肖集邮重要著述

（1）中国首部生肖集邮专著《世界生肖邮票大观》，周治华著，1997年5月由江苏人民出版社出版发行。全国集邮联名誉会长、全国政协副主席钱伟长教授和香港地区知名学者、全国政协副主席安子介博士为该书题字。《光明日报》总编辑王晨为该书作序。

全书由文字、表格和附图组成。文章正文30篇、附录5篇，共14.5万字，既对生肖民俗文化、生肖邮票定义、世界各国发行生肖邮票概况进行了叙说，又对56个国家和地区从1950年世界上发行的第一枚生肖邮票到1996年丙子鼠年发行的生肖邮票的情况逐个进行了介绍和分析。附表51页23种，对世界各个国家和地区发行生肖邮票的年度、种数进行统计，对每个国家和地区发行的每套生肖邮票逐套列表登记，包括发行日期、种数、面值、规格、齿度、图案等内容。附图88页792图，铜版纸彩印，共列入800多枚邮票和小型（全）张，还有电子邮票、小本票。

图130 中国首部生肖集邮专著《世界生肖邮票大观》

(2) 1997年8月，人民邮电出版社出版了王泰来编著的《贺年十二生肖邮票图鉴》。该书32开本，130页，铜版纸彩色印刷。由关于十二生肖、生肖邮票概况、生肖邮票的比较赏析、生肖邮票的收藏四部分组成。收录了48个国家和地区的生肖邮票、小本票、小版张446枚,附有英文邮票名称和发行时间、版别、齿度、图幅、最新售价等内容。邮票收到1996鼠年，少数到1997牛年。南非"黑人家园"和巴统、图瓦、苏格兰岛、埃斯代尔岛作为附录收入。

(3) 上海人民出版社2000年3月至2003年10月出版，周治华著《世界生肖邮票精品》系列丛书一套12册，每个生肖一册。按照出版先后分别为《龙》《鼠》《牛》《虎》《兔》《蛇》《马》《猴》《羊》《鸡》《狗》《猪》，"序言"分别为林霏开、林霏开、邵林、邵林、林霏开、郭润康、马驎、朱子南、林衡夫、马佑璋、李鸿远、王新中所作。

这套丛书基本保持全套12册风格一致，既有丛书的完整性，又有各册的独立性。内容考虑到一般集邮爱好者的需求，对每套邮票信息做简要介绍；又考虑到一般读者的需要，特别是本生肖属相的读者会多了解自己属相的文化，增加生肖情趣；还考虑到适合作为礼品和生日礼物赠送亲友。全套丛书通俗易懂，融知识性、趣味性、艺术性于一体。丛书附图主要是生肖邮票，包括50多年来世界上五大洲已发行的绝大多数生肖邮票、小型（全）张，对于商业化邮票尽可能作了说明。

(4) 2003年11月，陕西科学技术出版社出版了李毅民、赵志贤编著的《中外生肖邮票》。周治华作序。全书共分六章：一、生肖动物与人的关系；二、生肖起源；三、源远流长的生肖文化；四、生肖动物故事与传说；五、中国的生肖邮票系列；六、世界各国的生肖邮票。

这是一部具有知识性、趣味性和观赏性的生肖集邮研究专著。书中通过生肖动物与人的关系、生肖起源、生肖动物故事与传说等，揭示了源远流长的生肖文化内涵；全面介绍了包括中国在内的世界上93个国家和地区的生肖邮票，并分析了各国发行生肖邮票不同的历史原因及文化背景，从而有助于读者加深对生肖邮票和生肖集邮的理解。本书的最大特点是突出了生肖文化，站在文化史的高度，分析了世界各国发行生肖邮票不同的历史原因和文化背景。书中涉及的内容广泛，有相当的研究深度，图文并茂，读者从中可以加深对中华传统生肖文化的理解。

（5）2003年11月，国际文化出版公司出版了黄斌、吴晓玲编著的《生肖文化与生肖集邮》。郭润康作序。全书包括中国十二生肖的历史渊源、十二生肖的故事、世界各国的十二生肖、生肖与人的故事、天干地支八卦与生肖、十二生肖地名等六章和附录。

（6）2004年1月，人民邮电出版社出版了周治华编著的《邮票上的故事——甲申年》。书籍的扉页有2004年《甲申年》邮票1枚及1992年《壬辰年》邮票2枚，较有新意。该书内容从广为人知的"猴子捞月"的传说到"朝三暮四"的典故，从《西游记》里的美猴王到《庚申年》邮票的身价之谜，从邮票中的京剧脸谱和珍稀保护动物金丝猴，到我国港澳台地区及世界各国发行的多姿多彩的"猴"票，从中国历史上猴年发生的重大事件到生肖属"猴"的名人。

（7）2008年1月，生肖集邮研究会组织编撰、周治华主编的《生肖集邮概说》一书由陕西人民出版社出版。周治华、李毅民、马驎、方定坚、黄继光5位会员为撰稿人，李毅民统稿。

该书是我国第一部理论上系统论述生肖集邮的研究性著作，它吸收了目前生肖集邮的最新成果，从生肖集邮的文化底蕴、生肖邮票的发行、生肖集邮的兴起与发展、生肖邮品的收集、生肖邮集的编组与评审和生肖集邮的社会功能等六个方面全面论述了生肖邮票及生肖集邮的相关理论问题，试图构建生肖集邮学的理论框架。鉴于目前生肖集邮展览已经得到全国集邮联和集邮爱好者的认可，书后附录了最新通过的《生肖集邮展览展品评审专用规则（试行）》，对生肖集邮爱好者编组生肖邮集具有一定的指导性。

（8）2008年7月，人民邮电出版社出版了周治华、徐星瑛、黄秉泽编著的《世界生肖邮票目录》（2007年版）。

这是全世界第一本专门的生肖邮票目录图书，也是我国编者独立完成的第一种专题邮票目录，"目录"的特点有三：第一，汇集了2006年以前所有的生肖邮票，即82个国家和地区发行的1958种生肖邮票资料，且为说明这些邮票的图案内容做了大量烦琐而细致的工作；第二，通过收录与否，为生肖邮票的定义做出具体的阐释；第三，对每套生肖邮票都标明市场参考价格。"目录"除套名外，还有发行日期、版别、水印、票幅、齿度、防伪措施、编号、面值、图名、市场参考价、全张枚数、发行量和图片。与我国现行邮票发行公告比较，不记载的有印刷厂、设计者、雕刻者、原画作者、编辑者。

（9）2011年10月，人民邮电出版社出版了周治华、郑炜编著的《世界生肖邮票目录（2011）》。

该书对第一版内容做了修订和增补，主要有6个方面：一是对每套邮票的票题中羊、鸡、猪等的英文有两种译文的统一改为一种；二是对中、英文中的错字或字母进行改正；三是参照中国 2011 年 7 月的市场参考价格做了修订；四是对大多数国家和地区空留的 2006 狗年每种邮票的斯科特目录编号进行填补；五是增补尼日尔、几内亚 2000 年发行的龙年生肖邮票；六是增加 2007 丁亥猪年至 2010 年世界上 96 个国家和地区发行的全部生肖邮票 2538 种，共编号 2196 个（均有附图）。

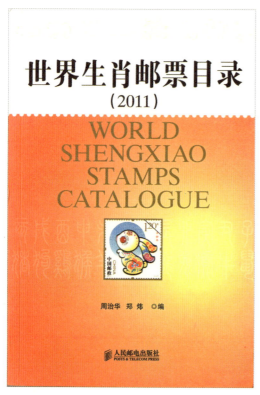

图 131《世界生肖邮票目录（2011）》封面

(10) 2016 年 7 月，人民邮电出版社出版了《周治华集邮文选》。

本书汇集、精选了作者撰写的及在各报刊上发表的集邮文稿近 300 篇，大部分为作者 2002 年以来发表在不同报刊上的邮文，分为上下两编，共 11 章。上编共有 6 章，主要收录了与生肖集邮相关的邮文，从中可以系统地了解作者对于生肖集邮方方面面的认知和见解；下编共有 5 章，收录了作者在多年集邮活动中的见闻、心得，以及与集邮者交往的轶事。此外，本书附录部分还整理收编了作者历年来参加组织的集邮活动大事记及出版的图书、发表的文章、荣获的奖项一览表，能够系统了解作者耕耘邮文的努力。

正如广东集邮家李升平阅读《周治华集邮文选》总结的那样，该书是一本中国集邮发展创新的记录、中国生肖集邮发展的记录、"生肖邮票"定义修正与界定的记录和弘扬生肖民俗文化的记录之集大成的书籍。

三、使用出版物内部准印证出版的生肖集邮书籍

（1）2002年8月，周治华主编的《邮林别韵——生肖集邮研究会成立五周年纪念集》发行。中国文联主席、本会名誉会长周巍峙题写书名，国家邮政局邮票印制局党委书记、本会名誉会长陈文骐作序。

该书比较全面地反映了本会成立五年来的历史和主要成果，突出了生肖文化、生肖邮票、生肖邮集研究，不仅有纪念意义，而且是生肖集邮的重要参考书，是集邮爱好者和研究者难得的资料。全书为大32开本，348页。除反映本会发展历程的彩色照片外，全书分五个部分：一、期望篇，编有周巍峙、邵华泽、刘平源、许孔让、常增书、王新中、郭润康等的贺词、贺信，收有全国著名集邮家、邮学家的22篇有关生肖集邮的论述文章；二、感受篇，编入李毅民等的10篇应征纪念文章；三、研究篇，有28篇研究探讨文章，既有新征集的纪念论文，又有五年来《生肖集邮》刊出的文章；四、邮集篇，编有李齐品《生肖自述》邮集展品的全部贴片复印件，李齐品、王国平、方定坚、杨福才四位会员生肖邮集展品的编组体会和评述文章；五、会史篇，编进本会章程，第一、二届理事会名单，重要会议的决议、纪要，表彰决定和重大新闻、五年大事记等。

（2）2004年6月，由郭士连收集、整理，生肖集邮研究会编印的《生肖地名戳资料汇编》发行。

该书为32开本，胶印，128页，周治华作编印说明。全书收录以生肖命名的地名邮戳，以及与生肖字相关的地名戳、生肖字地名戳组合等邮戳计1300多种，融实用性、资料性、知识性于一体，并附录吴鸿钧《生肖·地名·邮戳》

一文。全部邮戳的地名、邮政编码、实戳原样三者统一，力求真实，方便收集与查找，是集邮者收集生肖地名邮戳的重要工具书、组编邮集展品的参考书。

（3）2007年8月，周治华主编的《邮坛新音——生肖集邮研究会成立十周年纪念集》发行。中国文联名誉主席、本会顾问周巍峙题写书名。

全书400多页，31万字，印数1600册。共分十年庆典、生肖论坛、研究探讨、生肖邮史、生肖邮集、我与生肖集邮、十年历程等七个部分，主要精选近五年来《生肖集邮》160余篇生肖邮文、资料，还有连封面、封底在内的十个彩页的50帧图片。从十周年文集的"新"字可看出，生肖集邮是当今邮坛的一项新兴集邮活动，方兴未艾；生肖集邮已成为新的集邮类别，被列入国展的专门竞赛规则，具有里程碑的意义。

（4）2013年7月，周治华主编的《邮苑异葩——生肖集邮研究会成立十五周年纪念集》发行。中国文联名誉主席、本会顾问周巍峙题写书名。

全书为16开本，250多页，45万字。收录刊载在2007年第5期至2012年第3期《生肖集邮》上的邮文和资料141篇，分第四次代表大会、第五次代表大会、生肖论坛、研究探讨、生肖邮史、生肖邮集、我与生肖集邮、五年历程等篇章，反映了近五年生肖集邮研究会发展壮大过程和会员最新研究成果。

（5）2018年1月，周治华主编的《邮海曙光——生肖集邮研究会成立二十周年纪念集》发行。中华全国集邮联合会杨利民会长题写书名。全书为16开本，230多页，46万字。主要选录刊载在2012年第4期至2017年第3期《生肖集邮》上的邮文和资料计154篇，分第六次会员代表大会暨成立20周年庆祝大会、生肖论坛、研究探讨、生肖邮史、生肖邮集、我与生肖集邮研究会、五年历程等篇章，反映近5年来生肖集邮研究会发展壮大过程和会员最新研究成果。

（6）在互联网飞速发展、"看图说话"的时代，为抓住生肖集邮的特殊受众群体，更有效地利用会刊这个平面媒体和阵地，2021年，《生肖集邮》编委会经过研究讨论，决定每年用一期会刊的宝贵资源，集中介绍一位大家的生肖集邮研究文章。2021年第3期《生肖集邮》（总第143期专辑一）决定推出"戴定国专辑"，会长郑炜撰写的《惟有创新，方能发展——祝贺<戴定国生肖集邮专辑>出版》文章隆重发声。生肖集邮研究会顾问戴定国长期旅居美国，他的生肖邮文曾先后在《生肖集邮》《集邮》《上海集邮》《中国集邮报》和美国《林氏邮票新闻》发表。本期刊载的25篇生肖邮文分别为前言1篇、生肖论述6篇、美国生肖6篇、世界生肖12篇；封一为美国两轮生肖邮票，封二为戴定国与集邮界人士图片集，封三为戴定国发表的生肖集邮等文章书（报、刊）影。

（7）2022年第3期《生肖集邮》（总第147期）不惜大量的版面，编出一期130页《世界生肖邮票目录》（第三版）特刊。生肖集邮研究会会长郑炜在卷首撰写《中国生肖集邮和<世界生肖邮票目录>——<世界生肖邮票编著记>》，除了写到中国生肖集邮的发展规律和特色，还特别简要回顾了以往生肖会所做出的重要成绩，最后说明"目录"成型原因和收录情况。为便于同前面第一、第二版增补、修订文字保持一致，该篇文章最后两段被全文录入。

本版《世界生肖邮票目录》为第三版，由周治华、郑炜和生肖集邮研究会顾问、旅美华裔集邮家戴定国编，仍按原有"凡例"编写。除对第二版的内容进行修订、增补外，新编入了2011辛卯兔年至2015乙未羊年这五年的生肖邮票。本版的市场参考价，基本上按照2016年6月中国市场新票一般价格计算，以人民币为货币单位。

本版《世界生肖邮票目录》共收录了 1950 年庚寅虎年至 2015 年乙未羊年世界上 127 个国家和地区发行的全部生肖邮票共 3363 种，共编号 3017 个，每个编号均有附图。

《世界生肖邮票目录》（第三版）的问世，在生肖集邮和文献集邮领域掀起一阵浪花，在邮坛低迷的年月，竟引起众多集邮爱好者打探和收集该特刊的欲望。

（8）2023 年第 3 期《生肖集邮》（总第 151 期）又刊出《T.46<庚申年>——中国第一枚生肖邮票》特刊，用整整 126 页，辑录祝业平精彩的"猴"邮集贴片影印，让人们大饱眼福。

综上，总结生肖集邮活动兴起以来 40 多年，特别是生肖集邮研究会成立近 30 年以来中国生肖集邮的理论研究成果和相关著述，从中不难看清并得出结论：生肖集邮学作为一门学科，已经在学术上比较成熟并体现出了明确的学科特征。我们一直说，生肖集邮已是新兴的正式的集邮门类，是走向成熟的集邮方式，这里首先应肯定的是，生肖集邮在理论研究上的先行和学术上的成熟。

生肖集邮学术体系研究是构成生肖集邮学科的理论体系，是集邮者深入探求生肖集邮的本源、特征及其发展规律的学术研究活动。生肖集邮学术研究从微观和宏观角度，分为生肖集邮对象研究和生肖集邮活动研究。生肖集邮对象的研究主要包括：具体的和更细微层面上的，生肖邮票的传统版式研究、专题集邮要素研究、邮政历史内容研究、组集方式方法研究；拓展的更宽广领域内的，生肖邮票的选题与发行研究、设计研究、分类研究、中外比较研究；其他有关方面的，生肖邮品研究、生肖集邮用品研究、生肖文化源流与生肖邮票邮品的关系研究、国外节庆文化和星座文化与中国生肖文化的比较及类此他项研究；

等等。生肖集邮活动的研究,主要包括与其相关的各个方面:生肖集邮组织研究、重要人物研究、活动形式研究、心理和行为研究、教育和培训研究、社会功能和影响研究、国内外市场研究,以及生肖集邮发展史和未来研究。

第五节
生肖集邮展览活动

生肖集邮展览是生肖集邮活动由普及到提高的有效形式和路径，它是结合生肖集邮方式专门性特点和常规集邮门类普遍性规则的新兴邮展活动，包括生肖主题内容的传统、邮政历史、邮政用品、专题、极限、一框、开放、现代、图画明信片和其他各种试验类等各个类别的展品。

生肖集邮展览活动和生肖集邮学术活动是生肖集邮由普及到提高，从而不断向前行进的两条坚实轨道。生肖集邮40多年的发展历程，不仅留下了其学术活动的轨迹，而且其邮展活动的轨迹亦历历在目。

1997年10月在重庆全国邮展上，有两部生肖邮集和一部生肖集邮专著参展，实现生肖集邮展品在国展上"零"的突破。2001年在苏州举办了首届全国生肖集邮展览，至2023年已举办9届，形成先期3年一次、后年年举办的惯例。2007年第三届全国生肖集邮展览由中华全国集邮联合会主办，使生肖集邮又进入一个新的历史发展阶段。从2004年起，除了举办全国生肖集邮展览外，每年还在苏州举办全国性的各种生肖文化内容的普及型邮展。在此前后，各地省、市、县级的生肖邮展也逐年增多。四川曾连续5年、湖北连续3年举办全省生肖集邮展览；北京市2002年举办首届现代集邮展览，2019年后改称北京市集邮展览，从 2004 年第二届起至 2023 年第 11 届，历届邮展均设有生肖集邮类展品；上海市的生肖一框邮集全国邀请展自 2016 年开始，至 2013 年已连续举办 8 届；浙江嘉兴市已连续举办 16 届生肖邮展；广东省广州市在全国率先于 1985 年举办生肖专题邮展，近年来则连续 10 多年举办生肖邮展。全国生肖集邮展览和北京现代集邮展览、广州生肖集邮展览，均有单独的"生肖集邮展品评审规则"，已试行多年并不断修订。

2024 年 1 月 5 日至 7 日，苏州 2024 中华全国生肖集邮展览首次举办，获得巨大成功！这是矗立在中国生肖集邮发展历史上的一座新的里程碑。

图 132 "苏州 2024 中华全国生肖集邮展览"期间，苏州街头 1000 平方米的集邮广告大屏，每隔 5 分钟滚动播出至深夜

图133 《中国集邮报》整版刊登活动内容

一、生肖集邮展览活动推动生肖集邮从普及向提高进军

集邮展览是集邮活动的终端和最高形式，对于生肖集邮活动而言，更有异乎寻常的重要意义。它不仅是广大生肖集邮爱好者展示和分享个人集邮创作终极成果的平台，更重要的是生肖集邮作为独立和成熟的集邮门类，最终必须经得起国家级别和世界范围的正规邮展的实践检验。生肖邮集与其展品，在这些高水平的正规邮展中登堂入室，并获得较好的参展成绩，是生肖集邮活动从大众化集邮迈向竞赛集邮活动，从普及层面走向提高行列，将中国特色融入世界集邮的最重要的一步，也是标志着生肖集邮真正独立与成熟的最关键一步和最后一步。走稳走好走成功这一步，并不容易，生肖集邮兴起的40年，单从实现这一目标看，还只能说刚起步。但是，围绕着这一目标，生肖集邮研究会成立以来，一直在努力，团结带领广大生肖集邮爱好者坚持不懈地以普及为立足点和出发点，着眼于发展和提高，朝着这个方向不断前进。40年来，在生肖集邮领域，编组生肖邮集的人越来越多，举办生肖邮展的地方越来越多，生肖邮集的展品类别越来越多，其总体水平也越来越高。这些数不清的足迹，一个个看似才刚走出一小步，可脚步声坚定而铿锵，都为的是最后跨越的那一大步。

生肖集邮研究会从2001年起至2024年，连续23年在苏州共举办全国范围生肖集邮展览22次。其中，按届次排序的全国生肖集邮展览9次，全国生肖集邮一框展览2次，列入国家级序列的中华全国生肖集邮展览1次，其他类型不同、规模不等、突出新人新作的生肖邮展9次，国际交流邮展1次。其中，全国集邮联为主办单位的2次，为指导单位的2次。总计2260部生肖邮集参展，评出大金奖1部、金奖40部、金奖证书9部，生肖集邮"周治华奖"2个、生肖集邮"名城苏州奖"3个。

二、举办多样化的普及型生肖邮展

生肖集邮研究会除了持续举办全国竞赛性的生肖集邮展览外，还多次举办各种形式的普及型生肖集邮展览。长年不断，常态化开展邮展活动，稳步扎实地推动生肖集邮在普及基础上走向提高。这些邮展活动，除2001首届生肖集邮展览外，全部在每年生肖邮票首发期间举办。邮展活动紧密配合了首发活动，首发活动也扩大了邮展活动的影响；二者相互造势，成为全国集邮者心目中的"生肖集邮节"。

（1）2005年举办的"全国生肖邮币卡券藏品展"，展出生肖题材邮票、钱币、磁卡、门券、火花、彩票、粮票、利是（红包）封等展品44部114框及57件生肖书画作品，并特邀国家邮票博物馆提供"邮票辨伪"展品40框同场展出。

这次展览不组织评审，由观众填写附在门券上的选票，再投票评选。展期内，共收到观众有效选票1485张。根据得票多少，有10部藏品被评为优秀展品，分别为：①徐宝煌《生肖的故事》（1347票）；②周治华《林咸祉绘制生肖系列封》（1341票）；③范本铠《生肖地名戳封》（1326票）；④杨福才《中国第一轮生肖邮票》（1326票）；⑤骆旭旦《生肖剪纸封》（1099票）；⑥孙晓苏《1997年普通型贺年（有奖）明信片》（1051票）；⑦宋真红《邮品预订卡上的生肖》（1045票）；⑧诸张林《<马踏飞燕>邮资明信片门券》（1045票）；⑨薛德卿《最佳邮票评选（1980—2003）》（719）；⑩朱炳南《贺年有奖明信片》（692票）。

（2）2006年举办的"生肖艺术品藏品展"，展出生肖专题邮集60部130框及22件（组）40框2个橱窗的剪纸、玉器、工艺品等，全国第一届生肖（丙戌年）个性化邮票青少年设计大赛优秀作品展首度亮相，此后每年同展。

本次展览由观众直接投票选出10部优秀展品，以得票顺序排列：①陈建政《第一轮生肖邮品》；②仲卯泉《首轮生肖专题》；③陆义琨《香港被殖民时期的生肖邮票》；④袁维青《中国电影》；⑤袁维青《中国京剧》；⑥曹东辉《马》；⑦周荣军《狗》；⑧熊崇荣《生肖剪纸实寄封》；⑨冯天《1992年猴年有奖明信片》；⑩叶士昌《乙酉年普通贺年有奖实寄片》。

（3）2008年举办的"生肖集邮国际交流展览"，展出的59部201框邮集中，除中国大陆（内地）外，还有中国台湾、中国香港地区及美国、新加坡、澳大利亚、日本等国家的展品，标志着生肖集邮已走出国门，流行海外。

在本次展览中，日本唐鸿仪《1950年日本虎年生肖邮票》，展示世界最早的生肖邮票——1950虎年邮票的大版张、小型张及其样张、实寄封等多种，还有日本早期的贺年片，并对其进行一定的研究；澳大利亚第一轮生肖邮票设计者郑文声《澳大利亚生肖邮票》，结合作者设计澳大利亚生肖邮票的图稿进行编组；美国戴定国《美国生肖邮戳——邮品与邮文》，突出对美国第一轮生肖邮票纪念邮戳的介绍；广东刘莲禧《邮政与干支》，对从1904年启用的干支纪年邮政日戳进行展示和研究，其重要性和收集难度都较高；陈敬忠《中国首轮生肖邮票小本票》，对小本票的封皮、刷色、纸型、版式进行研究；廖镇威《中国首轮生肖邮票》，展示T.46猴票新票14枚，2个四方联，1个带边四连，4种不同型式的雕刻印样，整部邮集中共有17枚一轮猴票实寄封，其中方联封1个、三票封2个，可见作者的收集和研究达到了较高水平；杨福才《中国邮政贺年（有奖）明信片（1992—2007）》也有较高水准的素材和研究。

（4）2009年举办的"生肖集邮新作展"，旨在挖掘生肖集邮潜力，鼓励生肖集邮新作。展出的94部200框邮集均为近两年的会员新作。由中小学生自编的生肖邮集首度露面，引人关注。

生肖集邮研究会1月6日召开了"生肖邮集组编座谈会"。周治华会长主持会议，全国集邮联副会长、国际邮展评审员刘广实会士，全国集邮联会士、国家邮展评审员林衡夫，对这次参展的邮集进行了点评，提出了改进提高的意见，回答了到会者提出的问题。

2009年洛阳世界邮展期间，全国集邮联合会首次将生肖、文献、原地集邮作为具有中国特色和创新意义的三项集邮活动，在国际集邮联合会主办的FIP集邮讲座上做了口头或书面介绍。通过这次讲座，生肖集邮的研究对象和组集方式开始进入国际集邮界的视野，引起世界同好关注。

（5）2011年举办的"2011生肖集邮展览"，作为"2011（中国苏州）辛卯年生肖文化节"的重头戏，除展出非竞赛类69部175框生肖邮集外，还特邀生肖集邮研究会会员在世界(国际)邮展上获高奖的综合类邮集6部29框荣誉展出，以激励生肖邮集作者向高水平学习、向高层次攀登。

虽然本次邮展重在观摩和交流，不评奖级，但邮集中精品闪亮，热点颇多。荣誉类展品中，林衡夫《中国的航邮（1920—1941）——航空邮件服务的发展研究》（8框）邮集，曾获2009年洛阳世界邮展金奖加特别奖；郑炜《石质建筑》（5框）邮集，曾获2009年洛阳世界邮展大镀金奖，是迄今为止我国极限类邮集在世界邮展中获得的最高奖项；还有陈忆时《儿童》（5框）、唐孝飞《狮子》（5框）、麦国培《中国人民志愿军军邮》（5框）、刘建《普无号"文革"普通邮票》（1框）等获奖邮集。这些具有一定水准的获高奖邮集，令人开阔了眼界，给参观者留下了深刻印象，给有心人提供了有益借鉴。

2011年11月无锡亚洲国际邮展期间，以生肖、原地、文献邮集为展品的"中国新兴集邮联展"在特设展区同时展出，这是生肖集邮作为新兴邮展门类首度在国际邮展登堂入室。

（6）2012年举办的"2012生肖集邮展览"，展出66部169框生肖邮集，在选题、纲要、素材、编排上的新尝试，让人们看到了生肖集邮不断进步的新面貌。

本次邮展大部分是新人新作，但展出的邮集，都有新的进步，这是在全国首届生肖集邮学术研讨会和连续两届最佳世界生肖邮票评选等一系列活动推动下的必然结果。从这个意义上说，这次展览既是对近两年研究成果的阶段性检阅，也是给生肖集邮研究会第五次代表大会的最好献礼。另一部分则是苏州参加无锡亚洲国际邮展的3部14框获奖邮集，作为特邀类展出，供生肖集邮爱好者学习借鉴。

图134 生肖集邮研究会、文献集邮研究会、原地封研究会、东联原地集邮研究会在无锡亚洲国际邮展期间联合发行个性化邮票小版张

(7) 2013 年举办的"2013 生肖集邮展览",由 13 个省(自治区、直辖市)选送的 73 部 184 框生肖作品参与交流展示。开幕式上,周治华会长将个人全部藏品计 1375 种 9575 枚生肖邮票无偿捐赠给筹建中的苏州生肖邮票博物馆。

本次展览不评奖,体现重在参与、贵在创新、意在交流、旨在推动的宗旨。为开拓视野,促进交流,特邀 2012 年第十五届中华全国集邮展览苏州部分获奖邮集一并展出,分别是周茂哉《民国联运图印花税票》(5 框)、唐孝飞《埃及金字塔》(1 框)、陈经纶《法国电子邮票》(5 框)、徐铭祥《新中国普通邮票》(5 框)、陈福宝《狗——我的自述》(5 框)、张亦晟《人造地球》(3 框)、周建武《世界第一套邮资明信片(奥匈帝国 1869—1872)》。这些非生肖内容的获奖邮集,从不同类别的组集方式和表现手法上做了示范,与组编生肖邮集在方法上是相通的,同样可以借鉴。

(8) 2015 年举办的"2015 生肖集邮展览",展出专门研究类、专题类、极限类、试验类邮集 58 部 150 框,作者遍及 12 个省(自治区、直辖市)。全国第十届生肖(乙未年)个性化邮票青少年设计大赛优秀作品展同时与观众见面。

本次邮展不评审。邮展分特邀展品、专门研究类、极限类、试验类等展区,大多是近年新作,既有单一生肖的邮集,也有十二生肖综合邮集,既有专集第三轮的票品,也有以戳、封、片邮品单列的,可以说是一块编组生肖邮集的试验田。

(9) 2016 年举办的"首届全国生肖集邮一框展览",是生肖集邮研究会为倡导生肖集邮大众化而推出的新举措。参赛的 151 部一框类邮集是从 250 部申报作品中选送的,经评审评出 7 个金奖、22 个镀金奖,表明一框类邮集大有作为。

金奖为广东林冬平专门研究类《日本贺年虎生肖邮票(1950 年)》(92 分)、

广东邹道崇专门研究类《辛亥年广东干支日戳（1911—1914)》(91分)、广西陆义琨专题类《中国首轮生肖邮票》(91分)、广东廖振威专门研究类《T.107丙寅年（虎）年邮票》(90分)、广东黎伟民专门研究类《日本1919（农历羊年）和平纪念邮戳》(90分)、四川向世健专门研究类《新中国首轮生肖鸡小本票》(90分)、江苏徐宝煌专门研究类《日本贺年邮票（1935—1951)》(90分)；镀金奖为江苏沈勇专题类《牛颂》(87分)、广东方定坚专门研究类《2004-1甲申年邮票》(85分)、辽宁兴宁专门研究类《＜生肖猴＞——普通邮资明信片》(85分)、浙江周乃石专题类《话说丑牛》(85分)、广东张柳儿专门研究类《1993中国邮政贺年（有奖）明信片》(84分)、广东闻锡然专门研究类《香港第二轮生肖邮票》(83分)、浙江徐建伟专门研究类《T.58"鸡"邮票研究》(83分)、北京孙世巍专题类《鸡有"五德"》(83分)、上海杨振元专题类《猪》(83分)、江苏江思渤专题类《虎》(83分)、四川林能青专题类《金婚庆典上的回忆》(82分)、湖北吴立桂专题类《圆梦生肖(猫咪外传)》(82分)、上海沈心媛专题类《中国第一轮生肖小本票》(82分)、浙江邹益民专门研究类《中国第一轮生肖邮票实寄封选》(82分)、江苏徐铭祥专题类《虎与生肖》(82分)、江苏孙鸿山专题类《龙》(82分)、浙江胡企华专门研究类《清代干支纪年封、片》(81分)、四川施晓玲专门研究类《庚辰年"龙"特种邮票》(81分)、辽宁刘廷发专门研究类《中国猴年邮票》(80分)、浙江邵官荣专门研究类《日本贺年(生肖)电报用纸初探》(80分)、四川吕葆仁专题类《婚介所开业了》(80分)、山东余岢专题类《华夏生肖舶来品》(80分)。

　　本次展出邮集虽然还存在一些不成熟的地方，但整体水平不低，处理得当，制作规范，特别是选用素材品级上乘。如邹道崇《辛亥年广东干支日戳（1911—1912)》，全部是早期十分珍贵的干支日戳，见者叫好；林冬平《日本贺年虎生肖邮票（1950年）》，以早期票中的变体票见长，加上"版票移位""印色不均"的研究，实属不易；廖振威《T.107丙寅年（虎年）邮票》，同样展示的是生肖虎票，年份却迟了许多，但展示了边纸上红、蓝色标的差异，以及虎眼的细微差异，以微观研究见长，给人印象深刻。

（10）2017年举办的"全国生肖集邮新作展览"，展品来自41个城市及香港、澳门特区送展的121部217框邮集。这些近年新作中，不乏高水平佳作。

正在苏州调研的全国集邮联会长杨利民在周治华会长、郑炜副会长陪同下参观了邮展。杨利民还专门来到郭润康编组的试验类《"猴年马月"闹丙申》一框邮

图135 杨利民（左二）在周治华（左一）、郑炜（右二）陪同下参观全国生肖集邮新作展览

集前认真观看，听了介绍后，感慨不已。一位百岁高寿的集邮家至今仍在亲自编组邮集，这不能不说是邮坛奇迹。这也是郭润康最后一次参展。

（11）2019年举办的"第二届全国生肖集邮新作展览"，参赛展品128部248框。其中，生肖电子邮票、邮资标签等新的专门研究类邮集占比超过12%，这些体现自动化邮政发展的新的生肖集邮对象，收集和研究水平起点均较高，让人耳目一新，不仅成为生肖集邮的创新之作，也为生肖邮展带来新气象。

特邀类为辽宁王安林《日本贺年邮票（1936—1951）》（5框）、澳门林子恩《澳门第三轮生肖邮票设计图稿》（1框）、山东高勇《澳门第一套生肖自动化邮票——蛇年》（5框）。金奖为广东廖振威专门研究类5框《香港首轮生肖邮票》（90分）、江西李辉专门研究类5框《澳门狗年生肖自动化邮票》（90分）；镀金奖为安徽韦勇专门研究类5框《澳门生肖邮票标签（2013—2018）》（83分）、广东关淑贞专门研究类5框《澳门首轮生肖邮票》（80分）、山西王力端专门研究类5框《新中国第一轮生肖邮票》（80分）、江西郭海林专门研究类5框《澳门鸡年生肖自动化邮票》（80分）。

（12）2020年举办的"第二届全国生肖集邮一框展览"，参展邮集110部，邮展为作者特别是其中的新手提供了用武之地、练兵之所。同时展出了"全国青少年生肖手绘实寄封创意大赛"的288件优秀作品。

特邀类为周治华《全国各地成立生肖集邮组织》。金奖为上海戴宇《中国干支纪年邮戳》（93分）、江西郭基玉《香港龙年生肖自动化邮票》（91分）、广东谢小融《龙游天下》（90分）；镀金奖为上海周正谊《中国印花税票干支文字探索与研究》（80分）、广东黄一然《己亥年特种邮票（版式一）》（80分）、广东李嘉欣《澳门猪年生肖自动化邮票》(82分)、广东黄奕楠《戊戌年特种邮票(版式一)》(81分)、广东廖振威《T.146庚午年马年邮票》(83分)、广东黎伟民《澳门癸巳年蛇年电子邮票》(81分)、广东胡丹华《澳门狗年电子邮票与邮资机戳的混合使用》(83分)、广东张绮云《澳门猪年生肖电子邮票在2019年信函费调整首尾日的使用》(82分)、江苏朱克勤《庚午年邮票在邮件上使用》(80分)、山西王俊清《中国第一套贺年(有奖)明信片》(82分)、广西黄金太《中国首轮生肖鸡小本票》(87分)、广西麦秀丽《中国首轮生肖狗小本票》(85分)、福建陈建清《澳门猪年生肖自动化邮票(Negler机型)》(87分)、江苏王呈旭《苏州吴江"猪行路"代字日戳首日实寄封》(80分)、江苏唐孝飞《己亥年邮票》(82分)、江苏姚建新《中国首套生肖小本票》(85分)、江苏徐勤亮《狗年实寄封》(80分)、上海沈申和《可爱的生肖猪》(83分)、上海沈申和《十二生肖排头兵——鼠》(80分)、浙江高小妹《戌狗》(80分)、河南刘智勇《狗——人类的朋友》(86分)、河南蔡文超《我家有个猴宝宝》(80分)、山西孙萌《趣谈十二生肖》(84分)、黑龙江张丹《一场"老鼠嫁女"的聚会》(80分)、内蒙古赵嘉佳《鸡王登位》(81分)、江苏李恒平《谈生肖》(83分)、江苏盛阳《牛与民俗文化》(80分)、江苏黄步军《生肖剪纸》(83分)、北京何丽文《鼠咬天开》(83分)、广东王力端《己亥话猪趣——2019年澳门猪年生肖电子邮票》(80分)、广东郑智华《小猪佩奇——跳泥坑》(80分)、广东卢玉娇《民间工艺贺己亥猪年》(80分)、江苏宋经权《<集邮>杂志赠片生肖极限片》(80分)。

三、苏州 2024 中华全国生肖集邮展览成功举办

1月5日至7日，苏州 2024 中华全国生肖集邮展览在桃花坞历史文化片区桃花坞美术馆隆重举行。这届邮展主办单位为中华全国集邮联合会，承办单位为中国邮政集团有限公司江苏省分公司、江苏省集邮协会，协办单位为中国邮政集团有限公司苏州市分公司、生肖集邮研究会和苏州市集邮协会，支持单位为苏州国家历史文化名城保护区管委会、苏州市姑苏区人民政府、苏州名城集团有限公司。邮展组委会主任由赵晓光、陈智泉担任，评委会主任由王志刚担任。

本次邮展为生肖主题性全国邮展，共展出来自全国 34 个省级集邮协会和行业协会的竞赛性展品 191 部 462 框，涵盖《中华全国集邮联合会集邮展览规则》12 个适用类别。

江苏郑炜的传统类邮集《中国一轮生肖邮票版式研究》获大金奖，这是中国生肖邮集首次在国家级邮展获此殊荣。

金奖获得者分别为广东曹勇进邮政历史类邮集《中国清代干支邮戳（1902—1911)》和浙江倪郁烈邮政用品类邮集《中国贺年邮资明信片（1981—1990)》，金奖证书获得者是江苏陈山邮政历史类邮集《大清邮政干支纪年日戳——甲辰年》。

对本次冠名"中华全国"的生肖集邮展览，中华全国集邮联合会常务副会长赵晓光总结了四个特点：主题鲜明，活动丰富，展会创新，展研结合。他认为这次邮展的成功举办，是近年来主题性邮展中凸显高质量、高规模、高水平的一次，为今后举办主题性邮展树立了榜样。这次邮展产生的意义是积极的和深远的，既形象地展示了生肖集邮的深厚底蕴，传承了中华传统民俗文化，又丰富了集邮

领域竞赛类别的深度和广度,进一步拓宽了集邮爱好者的知识面,为广大受众带来了愉悦感受和文化熏陶。

生肖集邮研究会荣誉会长李近朱撰文指出:"苏州 2024 中华生肖集邮展览的成功举办,从展品的质量、活动的多元、思路的创新、组织的严密、关注的广泛,以及国际参与等方面,彰显出了生肖集邮这一全国性的主题邮展的特色与优势。在中华传统文化与现代文化相结合上,这次全国邮展是生肖集邮从迈进前行到发展有成的一个里程碑。同时,也彰显了生肖集邮研究会 27 年来,特别是近 3 年来以文化理念、创新意识群策群力组织集邮活动的一个重要成就。

图 136 在"苏州 2024 中华全国生肖集邮展览"上,生肖集邮研究会会长郑炜夺得唯一大金奖

"这次展览的成功举办，让我们对于生肖、生肖文化、生肖集邮、生肖集邮文化，有了更深刻更开阔更前瞻的认知，也向着这一界域更高层面的体系性的探索，推进了一步。

"当'苏州 2024 中华全国生肖集邮展览'阖上帷幕之刻，我们看到，正是有了这次生肖集邮的高质量的全面的展示，人们对于生肖集邮又有了更深的认知。"

诚如李近朱所言，当"苏州 2024 中华全国生肖集邮展览"曲终奏雅，我们对生肖集邮又有了新的认知，包括对生肖邮集和生肖集邮展览的全新认知。

从中华全国生肖集邮展览的成功举办及展品的总体水平看，生肖邮集和生肖邮展具有较强可塑性和适应性。生肖邮集既可以作为专门集邮类展品，依据自己的规则组织竞赛与评审；也可以主题方式作为综合性邮展展品，依据通用加特殊的评审规则组织竞赛与评审。它既可以成为生肖内容的普通展品，接受国展检阅，直至融入国际邮展和世界邮展的同类展品中；也可以是普通展品中的生肖选题，以显著的传统文化特色和创新的个性化表达，为促进世界集邮历久弥新提供中国方案、中国办法，贡献中国智慧、中国力量。总而言之，生肖集邮展览既可以办得很"接地气"，也可以办得很"高精尖"。

何谓生肖邮集和生肖集邮展品？这是同一个概念的两种表述。生肖邮集是收集、整理、研究生肖邮票和邮品，并按习惯方式，或按一定规则和方法，经过凝聚集邮者智力劳动的编排或创作过程，所形成的生肖集邮活动的终端成果。生肖邮集按实际目的不同，分为收藏邮集和参展邮集。后者须遵循一定的规则和方法，凝聚集邮者更多的智力劳动因素，体现为集邮的创作过程，也称生肖集邮展品。

生肖邮集及其展品的分类，有两个视野或维度，也就是说其既有自身的独立性，也有与普通常规邮集或展品的一致性。在生肖集邮专门领域或平面维度中，主要分为生肖邮品专门研究类、生肖专题集邮类、生肖极限集邮类、生肖集邮开放类、生肖集邮试验类、生肖集邮文献类等；在整个集邮大视野，亦即生肖集邮的立体维度中，除个别不体现或较难反映生肖主题、生肖文化的特定集邮类别，如航空、航天、印花等外，其他所有普通常规类别，均可同时视为生肖邮集或展品的分类及体系。如传统集邮类，在这里就包括生肖主题的传统集邮类，邮政历史类包括生肖主题的邮政历史类，邮政用品类包括生肖主题的邮政用品类，依此类推到其他各个普通常规类别。

何谓生肖集邮展览？顾名思义，生肖集邮展览就是适应大众化集邮或竞赛性集邮要求，以各个类别的生肖邮集及生肖集邮文献为展品，供参观交流或竞赛评审的集邮活动。它是生肖集邮活动的终端形式和最高形式。按大众化集邮要求组办的生肖集邮展览，通常都是基础性普及型的，不评审评奖，具有较强的灵活性；按竞赛性集邮要求组办的生肖集邮展览，其活动层级目前为两级：生肖集邮专门领域的及国家级的；从发展趋势看，也有国际的和世界的可能性。其评审奖项为：①按照金银铜系列，或5级或8级，8级是国际惯例全系列奖项；②按照等级，一般为一、二、三分3级；③其他冠名，如国家级邮展中的各个"特别奖"、全国生肖集邮展览自设的"周治华奖"和生肖集邮"名城苏州奖"。

四、中华全国生肖集邮展览永久落户苏州

生肖集邮展览是以中华优秀传统文化为主题内容，以生肖邮票、邮品、邮集为展品内容的群众性集邮文化活动和新兴邮展形式，可以办得很"接地气"，也可以办得很"高精尖"，因而得到中华全国集邮联合会和苏州地方的高度重视与支持。2024年3月12日，中华全国集邮联合会与苏州市人民政府对中华全国生肖集邮展览永久落户苏州事宜签署了备忘录。

中华优秀传统文化是中华民族的根和魂。中华全国集邮联合会始终注重传承中华优秀传统文化，充分结合邮票在弘扬中华文明、传播中华文化、增强民族凝聚力和创造力等方面的载体特性，打造了中华全国集邮展览品牌，开展了农民、青少年、生肖、航天等主题邮展和专题邮展，不断加大集邮文化的宣传传播力度。

十二生肖是中华优秀传统文化，具有团结、和谐、吉祥、祝福的积极意义和催人奋发向上的积极作用。生肖文化源于中国，历史源远流长，随着生肖邮票的发行，这一中华民族古老悠久的民俗文化不断走向世界。

生肖集邮具有深厚的文化基础和广泛的群众基础。1997年，苏州创建了全国最早、规模最大的生肖集邮研究会，累计会员超万人，杂志型会刊《生肖集邮》已出刊152期。在地方政府的大力支持下，截至2024年，苏州已连续21年举办全国生肖邮票首发活动，连续10年举办生肖集邮展览。生肖集邮活动已成为苏州城市文化的重要载体，也成为这座国家级历史文化名城面向世界的独特名片，引领着古城融入新时尚，迸发新活力。

在中华全国集邮联合会的大力支持下，2024中华全国生肖集邮展览首次成

功举办，这对于进一步弘扬中华民族传统文化，深入挖掘历史文化资源，加强生肖集邮国际交流，丰富城市文化生活具有重要意义和作用。

为赓续生肖文化，丰富集邮活动内涵，双方达成以下共识：

(1) 中华全国生肖集邮展览永久落户苏州。

(2) 苏州市人民政府及其下属单位和中国邮政集团有限公司苏州市分公司每1年至3年可举办中华全国生肖集邮展览等活动。举办中华全国生肖集邮展览前应当经中华全国集邮联合会同意。苏州市人民政府及其下属单位可通过多种方式，对中华全国生肖集邮展览等活动给予支持和指导。

(3) 如遇特殊情况，可另行安排。

中华全国集邮联合会常务副会长赵晓光、苏州市人民政府副市长施嘉泓分别在备忘录上签字。

第六章 生肖邮票的收集、品鉴和研究

集邮是以收集、品鉴、研究和展示邮票为主要内容的群众性文化活动。集邮者收集、整理和研究的对象最初仅是邮票，此后逐步扩展到与邮票和邮政有关的实寄封、邮资片封简、邮戳、邮政单式和签条、邮票发行史前的邮品、集邮文献，以及其他各种集邮品。以此推导，生肖集邮就是以收集、鉴赏、研究和展示生肖邮票为主要内容的群众性文化活动。生肖集邮的主要对象是生肖邮票，同时也包括生肖邮票使用后形成的实寄邮件等邮品，以及同样承载和体现生肖文化的邮政用品、集邮文献等。据此，本书将生肖集邮的对象分为两大部分：生肖邮票和生肖邮品，邮政用品也归于邮品范畴。本章主讲邮票，邮品在下一章述及。

初集邮者经常遇到的问题是：收集生肖邮票从哪里入手？怎样整理成集？对此，本章归纳了10种主要的收集方式和3种基础的整理方法，并推介了最实用的集邮工具书。这是集邮的基础，万丈高楼平地起，集邮者从收集邮票到编创邮集的"千里之行"必"始于足下"，这里的"足下"，说的就是从掌握集邮最基本的方式方法开始。

邮票的收集与整理，离不开相关的邮票品鉴和邮票研究。为此，本章还包括：生肖邮票的审美和欣赏；生肖邮票的研究和课题；生肖邮票的鉴别和辨伪；生肖邮票的珍品和典藏；中外生肖邮票比较研究等内容。

Chapter 6
Collection, Appreciation, and Research of Shengxiao Stamps

Philately is a mass cultural activity that focuses on collecting, appreciating, researching, and displaying stamps. The object that philatelists collected, sorted and studied is initially only stamps, and later gradually expanded to stamp-related covers, letter sheet, letter card, postmarks, postal forms and labels, postal products before the issuance of stamps, philatelic literatures, and other philatelic products. Based on this, shengxiao philately is a mass cultural activity that mainly focuses on collecting, appreciating, researching, and displaying shengxiao stamps. The main object of shengxiao philately is shengxiao stamps, but postal products such as real mail and other postal products formed after the use of shengxiao stamps are also included. Furthermore, postal stationeries and philatelic literatures also carry and reflect shengxiao culture. Based on this, the object of shengxiao philately is divided into two major kinds in this book: shengxiao stamps and shengxiao postal products, which include postal stationeries. This chapter focuses on shengxiao stamps, and the postal products will be discussed in the next chapter.

The common questions that novice stamp collectors often encounter are:

Where to start collecting shengxiao stamps and how to organize them into a collection? This chapter summarizes ten main ways of collecting stamps, three basic ways of organizing them, and recommends the most practical philatelic reference books. This is the foundation of philately. A great building starts from the ground. The stamp collectors' journey of a thousand miles from collecting stamps to compiling and creating a collection of stamps must start with steps. The first step here means mastering the most basic methods of philately.

The collection and organization of stamps cannot be separated from the appreciation and research. Therefore, this chapter also includes: the aesthetic and appreciation of shengxiao stamps; the research and topics of shengxiao stamps; the identification and verification of shengxiao stamps; the treasures and collections of shengxiao stamps; and the comparative study of Chinese and foreign shengxiao stamps.

第一节
生肖邮票的收集和整理

一、生肖邮票的收集方式

就本书读者而言，其中的初集邮者经常遇到的问题是：收集生肖邮票从哪里入手？收集新票还是收集旧票？要不要收集首日封？等等。根据有着普遍指导意义的前人经验，现将10种主要的邮票收集方式简介如下。

1. 收集未使用的新票

这是一种最普遍采用的方式。因为它比较方便，没有什么难度，经济负担也不大。可以从当今慢慢倒回头，往过去收集。如果你工作或学习较忙，没时间在发行新邮票之日去买，可以每年买一本年册。这种装入定位册的邮票，既便于收藏保管，册子上又有邮票名称、发行日期、全套枚数、齿孔度数，乃至邮票图案内容简介。当然，年册中的生肖邮票只是其中的一套几枚甚至仅此一枚，但也无妨，大多数生肖集邮者，实际也是全年邮票的收集者。生肖邮票，可以放在年册中保存与欣赏。

2. 收集盖销邮票

这是邮政部门为初集邮者准备的较廉价的邮票，简称盖销票。是将未使用的新邮票，用邮票公司特备的邮戳盖销。其售价大约是新票的1/3。较讲求品质的集邮家一般是不收集它的。这种盖销票在20世纪50年代和60年代广泛被人收集，目前发行的新邮票已很难见有盖销票了。在专供青少年和初集邮者的赠品中或廉价袋票中，偶见这种盖销票。

3. 收集实用过的旧票

这是一种较为普遍的收集方式。旧票也称信销票。它不用花太多钱，只是要费很多的功夫去收集。其中有些高面值邮票在国内又很难找到；到邮票市场去买，也不便宜。有人认为，实用旧票盖的戳越小越好。其实不然，首先应该要求邮戳盖得清晰，还要完整地包括时间、地点，便于以后研究邮史时使用。目前国内外很盛行所谓"满月"戳，就是指邮戳盖得完整清晰的实用旧票，其价值有的高于新票数倍甚至数十倍。从集邮的本来面目看，收集信销票是值得提倡与传承下去的正确的集邮方式，尤其对于青少年和初集邮者，从收集信销票入手，能更多体验到集邮特有的乐趣并了解到邮票上承载的邮政文化，而不仅限于一般的邮票画面知识。

4. 收集混合票

有一些初集邮者为欣赏邮票图案，收集时不管其是盖销票还是实用票，只要凑成一套便可以了。这也是一种收集方式。

混合票又有几种方式：新盖混合、新旧混合、盖旧混合。不管是哪种方式，只要凑成套即可。这种方式不仅在初集邮者的邮集中普遍存在，就是在某些集邮家的早期票邮集中也是不可避免的。

5. 收集一新一旧

若只收集一套未使用的新邮票或信销票后，仍未满足收集的爱好，可以新旧两者各集其一。因为有些邮票，其新邮票与旧邮票的收集难度各不相同，其承载的文化内涵也各不相同。这是综合上述收集方式利弊的优化收集方式。也是有经验的资深集邮者和大多数集邮家所采取的收集方式。

6. 收集"四方连"邮票

这是在以上新旧同集一套的基础上，更进一步的收集方式。收集"四方连"邮票，又可分为收集新邮票"四方连"、盖销邮票"四方连"及实用旧票"四方连"。其中以新票"四方连"最易于获得（一般都要求带有版铭的"四方连"，以便知道是哪个工厂印制的）。实用旧票"四方连"的收集难度最大。依此类推，还可以收集"六方连""八方连""十方连"，直至更大的方连邮票。

7. 收集一个单枚票、一个方连票

这种方式又可分为收集新票和新方连、旧票和旧方连。目前日本邮票商还为这类收集者专门印制了贴票册。可见这种收集方式逐渐被更多的集邮者所喜爱。

8. 收集一票一封

每收集一枚邮票，还同时收集一个贴有这枚邮票的实寄封（最好是首日实寄封）。日本也有这种收集方式的专门贴册。这也是资深集邮者和集邮家普遍采取的收集方式。

9. 收集一票、一方连、一首日封

就是收集一枚邮票、一个四方连邮票和一个首日封（实寄或不实寄）。这种方式其实是前面几种收集方式的结合。

图 137 无锡至香港地区一轮猴票首日实寄封

10. 收集整版票

有一些集邮者经济实力较强，专门喜欢收集整版的邮票。整版邮票的集邮名词是"邮局全张"，也包括未裁切的"印刷全张"；通常所见，都是在邮局出售的邮局全张，因而，集邮者中所言的版票，就是邮局全张。正确称谓是"一张票"而非"一版票"，但俗称"版票"，也无碍理解，且为习惯称谓。对此，我们有正确认识即可，日常如何称谓并不重要。

由于邮票是消耗性的且不可再生产的特殊文化艺术商品，全张邮票亦即"版票"，存世量一定比单枚或方连邮票少得多，日久其价值也必定不只是单枚邮票之和，而是要加上一个整张的系数，这是经济因素。从文化因素考量，全张票所包含的集邮知识性、趣味性及考据意义，也是单枚或方连邮票远不能比拟的。集邮者收集邮票的基数，从单枚到方连，再到全张，也意味着邮票有效消耗量的加大，有利于培育潜在的集邮市场。近些年世界邮票的设计与发行，普遍出现了小版化趋势。有些国家为了满足集邮需求，在发行大版全张邮票的同时，还专门发行小版张。有的国家邮商还为此生产保存整版邮票的邮票册。

以上10种主要的集邮方式，是对所有集邮对象而言的，并不区分其对象是哪种题材的邮票。生肖邮票的收集者，可以此为借鉴，根据个人兴趣爱好、集邮目标、经济实力等实际情况，确定采取哪一种收集方式，或者循序渐进，由易到难，逐步采取符合个人需求的收集方式，直到达到满意的集邮效果。

二、生肖邮票的分类与整理

邮票的一般分类方法有以下几种：

(1) 按发行目的和用途来划分：主要有普通邮票、纪念邮票、特种邮票、航空邮票、欠资邮票、附捐邮票、包裹邮票、军用邮票、个性化服务专用邮票等。

(2) 按发行形式来划分：主要有加盖邮票、改值邮票、对剖邮票、正式发行邮票、未发行邮票、临时邮票、暂代邮票等。

(3) 按发行年代来划分：主要有古典邮票、早期邮票、中期邮票、现代邮票等。

(4) 按邮票形式来划分：主要有单枚票、双连票、方连票、小型张、小全张、小版张、小本票、有齿孔邮票、无齿孔邮票、有背胶邮票、无背胶邮票等。

(5) 按印制版别来划分：主要有凸版邮票、凹版邮票、平版邮票、混合版邮票、原版邮票、再版邮票等。

生肖邮票一般归于特种邮票，也有少量属于纪念邮票和个性化服务专用邮票。有些国家或地区发行的邮票种类中有新年邮票或贺年邮票，生肖邮票在这些国家或地区即归于此类。

生肖邮票从发行形式看，极少存在加盖改值及未发行等复杂情况，一般都是正常发行。从印制版别看，与其他邮票一样，采取多种版别印制。从发行年代看，将其放在其他邮票中纵向比较，所有生肖邮票都是现代邮票；以其自身横向比较，从 1950 年日本发行世界首套生肖邮票开始的 1950 虎年至 1979 羊年，是生肖邮票发行的初始阶段，以中国 1980 年首发猴年生肖邮票和美国 1992 年年底首发鸡年生肖邮票为标志的20世纪80年代、90年代到21世纪初期，是生肖邮票发行的发展阶段；21世纪初开始是创新与发展新阶段。

集邮的初级阶段，包括收集与整理。在收集邮票的基础上进一步，就是整理邮票。收集邮票要讲求收集方式，整理邮票则要讲求整理方法，收集邮票的结果是整理成集，这是每一个集邮者都会经历的过程。在这个过程中，如果学会和掌握了集邮方法，就能取得事半功倍的成效；反之，集邮不得法，结果就会是事倍功半。

何谓集邮方法？集邮方法是集邮实践活动中，人们所采取的集邮方式的共同规律。集邮方法与集邮方式不同，集邮方式是集邮方法的实践基础，集邮方法是集邮方式的理论概括。集邮活动的历史，本质上就是人们集邮方式不断发展和丰富的过程。最早的集邮活动，只有一种传统集邮方式，产生了传统的集邮方法。以后，出现的集邮方式有邮政历史集邮和邮政用品集邮，其中，邮政历史集邮实际上是传统集邮研究邮票使用情况的延伸，在方法上有明显改变；邮政用品集邮与传统集邮比较，只是收集、研究对象不同，没有方法上的区别。这时期的集邮方法，增加了邮政历史的方法。再往后，出现的集邮方式主要有航空集邮和专题集邮，其中，航空集邮与邮政历史集邮比较，没有方法上的区别，只是收集研究范围扩展到了航空邮政；专题集邮与其他集邮方式比较，则有显著不同，它的收集研究范围，不局限于单一的邮政领域，而是以邮票邮品为媒介，与社会的方方面面发生了联系。这一时期的集邮方法，又增加了专题的集邮方法。专题集邮方法的产生，是集邮认识上的飞跃，标志着集邮方法体系的基本完备。以后出现的各种集邮方式，不外乎传统的、邮政历史的和专题的这三种集邮方法的对应或综合应用。如，税票集邮等以单元邮品为对象的集邮方式，应用的是传统的集邮方法；

航天集邮等以复合邮品为对象的集邮方式，应用的是邮政历史的集邮方法；很多新兴集邮方式，表现内容涉及邮政以外更广阔的自然科学和社会科学领域，其应用的主要是专题的集邮方法。

集邮方法具有普遍指导意义。它不仅是集邮的一般收集、整理和研究方法，也是集邮展品创作和集邮学术研究的共同方法。集邮者掌握了集邮方法，就能融会贯通，对各种集邮方式应用自如并有明确的集邮方向。

用集邮方法作为生肖邮票的整理方法，从一般到特殊，同样可归纳出整理生肖邮票的三种基础方法。

图 138 日本发行的虎图案贺年邮票小全张

（1）整理生肖邮票的传统方法。这是按国别或地区以及发行年代，系统、完整地收集与整理生肖邮票的方法。这也是大多数生肖邮票爱好者有意无意间、自觉不自觉而采用的集邮方法。这些集邮者比较喜欢全面收集、系统整理中国或其他国家和地区的生肖邮票。或者，根据个人能力所及，在发行年代上实行断代整理。比如，收集与整理中国第一轮、第二轮、第三轮、第四轮生肖邮票或不同轮次的组合等；再如，收集与整理某一个或几个国家及地区的早期、中期、近期和即期生肖邮票或不同年代的组合等。传统集邮方法的特点，一是求全，目标对象，不可或缺，新票、旧票、实寄邮件，尽量齐全；二是求多，同一对象，多多益善，特别是正票对应的变体票、趣味品、组外品和单枚票对应的连票、方连、大方连，直至全张票，藏不厌多。以此整理成集，能够完整表现所收集邮票的印制、发行和使用情况，从中体现个人的学习和研究成果，逐步完善提高，最终形成合乎规则的传统邮集展品，参加邮展。

（2）整理生肖邮票的邮政历史方法。这是通过贴用生肖邮票的实寄邮件，表现中国或其他国家、地区邮政业务情况，包括基本的邮政业务、邮资、邮戳和邮路等方面的邮集整理方法。以我国生肖邮票的使用为例，从1980年猴票诞生，迄今已有40多年发行和贴用的邮政历史。其间，曾经历1990年7月31日的邮资调整，国内平信8分到20分，挂号费0.12分到0.30分，本埠、国际及航空等其他业务资费均有不同变化；1996年12月1日的邮资调整，国内平信20分到50分，挂号费0.30分到1元，其他业务资费也各有不同变化；1999年3月1日的邮资调整，国内平信50分到80分，挂号费1元到2元，再于2004年1月1日调为3元，此期其他业务资费亦有不同变化；2006年11月15日的邮资调整，国内平信80分到1.20元，其他业务资费各有不同变化。除了这4次反映基本邮政业务发展的邮资调整，还经历了 1987 年 11 月 10 日始开办，1998 年 7 月 1 日停办的国内邮政快件业务；国内邮政快件业务也有起重 50 分、80 分、1 元、2 元共 4 次邮资调整，特别是河北省 1998 年 5 月 1 日率先停办此业务。更值得一提的是，使用生肖邮票的邮政历史，还与中国邮政地方附加费的施行全过程重合，包括 1987 年 1 月 5 日至 1990 年 7 月 30 日的一期附加费和 1990 年 7 月 31 日至 1999 年 3 月 25 日的二期附加费。附加费的地方特色鲜明，从征收时间、资费标准、收费标识到凭据凭证、邮资戳记，各地千差万别，邮政史实丰富。附加费在广东省征收首日，正好也是《丁卯年》兔票首发之日，这一巧合，必定赋予留下广东附加费痕迹的《丁卯年》首日封以特殊意义，当然，实际是否存在这个实寄封，还是未知数，至今未见。此外，这个期间邮政业务的变化，还包括 1998 年 3 月 1 日恢复办理国际快递业务；1990 年 7 月 31 日停办国内挂号回执业务（后又恢复）；1996 年 12 月 1 日至 1999 年 2 月 28 日，一度取消本埠邮资；1996 年 12 月 1 日开办每件 40 分的回音卡业务，明确邮简资费每件 50 分。从邮政日戳的沿革史看，1985 年 7 月至 1995 年 7 月第三次变更中启用的邮政编码日戳及 1995 年 8 月迄今第四次变更中启用的现行地名日戳，正值生肖邮票的使用，这也会在生肖邮票上留下邮政日戳的沿革印迹，以及一些特殊的邮戳样式和邮戳故事。再就邮路而言，生肖邮票使用 40 多年的邮政历史，一定不乏邮件传递过程中发生的意外事件，以及该事件通过邮路改变折射出来的社会历史背景。同理，一些外国生肖邮票在使用过程中，也会留下诸多表现邮政历史的实寄邮件，如新加坡的国内贺年邮件史，美国的生肖永久邮票新年邮件史等，都必须通过生肖邮票的贴用而表现出来。总而言之，完全通过生肖邮票表现的邮政历史邮集，理论上有可行性，但实践上是具有挑战性的，收集足够的并有典型邮史内涵的生肖邮票实寄封，有一定难度。目前，邮政历史方法作为生肖邮票的一种整理方法，通常是传统方法的辅助手段,即以传统的票、封一体收集方式为主体是生肖邮票的传统邮集,补充部分是具备邮史内涵的实寄封片。随着集邮方法被集邮界广泛认识并自觉付诸长期的集邮实践,未来将会有完全用生肖邮票实寄邮件组编的邮政历史邮集和展品,参加邮展。

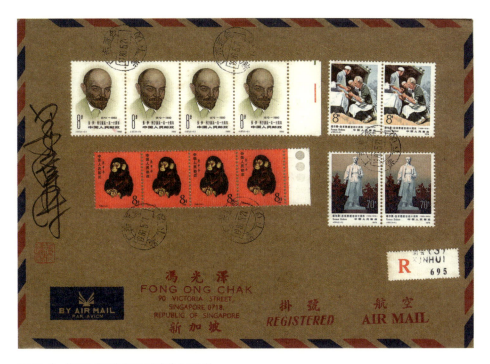

图 139 贴一轮猴票横四连的国际航空挂号实寄封

（3）整理生肖邮票的专题方法。这是按邮票图案、主题内容及个性化创意收集与整理生肖邮票的方法。专题方法与传统方法并驾齐驱，是最具普遍性的两种生肖邮票整理方法之一，在生肖集邮兴起之初，一度为大多数集邮者所中意和采用。这些集邮者比较喜欢按邮票图案或主题内容收集生肖邮票及相关邮品，不分国别、地区和时期，也不对同套别、同图案的邮票贪多求全，只要符合专题范围，即广泛收集，整理成不同的专题邮集。在生肖文化的主题覆盖下，选题多种多样，例如某生肖年、某生肖自述或传说、十二生肖来历与故事、某属相的杰出人物、生肖与动物、生肖与植物、生肖与民俗、中华生肖文化；在这些大题目之下，还可以细分更多的小题目，十二生肖中的每一个，都可以讲出对应的生肖故事和动物故事。这种整理方法对应的集邮类别，是在世界范围已经非常成熟的专题集邮。在明确了专题选题与其题目和范围的前提下，一般需要尽可能多地收集世界各国和地区的生肖邮票，使其达到多国家、多地区、多时期、多品种的多样性要求，同时在整理过程中，对所涉生肖文化、对所用生肖邮票进行深入的历史与现状研究，形成自己的研究成果，从专题和集邮两个方面，以文字叙述体现在邮集中，最终完成一部或几部专题邮集，并提升为专题集邮展品，参加邮展。

需要指出的是，生肖主题的专题邮集或展品，不是生肖动物的原生态专题邮集或展品。在历来的生肖集邮展览中，这两类性质根本不同的邮集展品，常被一些专题集邮参展者混为一谈，以动物邮票邮品组成各种动物邮集，或以动物邮票取代生肖邮票组成生肖题目的邮集，参加生肖集邮展览，自然得不到好评。在现代专题集邮展品的自然、文化和科技三大板块中，动物邮集归于自然类，生肖邮集归于文化类，对此，生肖集邮者应有明确认识，从而创作出建立在生肖邮票和生肖文化基础上的生肖专题邮集。

第六章 生肖邮票的收集、品鉴和研究

第一节

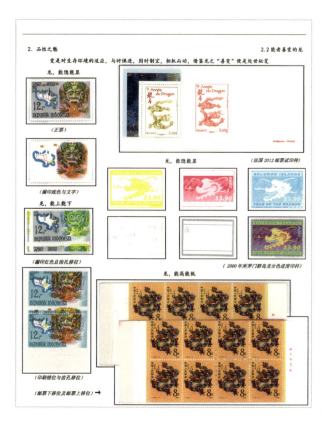

图 140《龙的传奇》专题邮集第 22 页

三、最实用的集邮工具书

工欲善其事，必先利其器。集邮者对邮票的深入了解，包括邮票要素的辨识、邮票画面的品鉴、邮票知识的解读，都离不开邮票目录。邮票目录是最实用的集邮工具书。

人民邮电出版社出版的《中华人民共和国邮票目录》，收录了1949年开始，新中国发行的所有老纪特邮票、"文"字邮票、编号邮票以及之后的新J、T邮票和编年邮票，还有小本票、普通邮票和常人不太了解的加字改值、欠资、航空、军用、包裹、自动化、个性化服务专用、贺年专用、贺卡专用等各类邮票。这本出自国家邮政主管部门、隔几年即增订出版一次的全彩精印的邮票目录，是中国集邮者人手一册、不可或缺的实用集邮工具书。

这本目录中，有新中国发行每一枚邮票的彩色图样，并附有完整的发行资料。通过这些清晰图样和权威资料，对照目录中邮票的图案细节、版别、暗记、色彩、尺寸、纸张、背胶、齿孔等细节，一一核实，可以帮助我们初步鉴别一枚邮票的真伪，掌握这枚邮票的基本情况。

邮票目录主要包括三种类型：世界邮票目录，国家邮票目录，专门邮票目录。这其中最为厚重的当属重要邮票目录商专业出版的世界邮票目录。一本优秀的世界邮票目录，必须具备出版历史悠久、收录范围广、内容翔实专业、编辑出版稳定、装帧设计讲究等特点。而且所使用的语言也应该具有广泛性。当今世界公认的四大世界邮票目录分别是：

（1）德国《米歇尔邮票目录》(1909年创始)；

(2) 美国《斯科特标准邮票目录》(1863 年创始)；

(3) 英国《吉本斯邮票目录》(1865 年创始)；

(4) 法国《香槟邮票目录》(1896 年创始)。

这四大邮票目录，除共性特点外，各有针对地域，据此可助你快速了解每一枚邮票，让你的收集和整理工作事半功倍。

如果想查找德国和欧洲邮票可以看《米歇尔邮票目录》，法国和法属地邮票可以查《香槟邮票目录》，美国邮票翻一下《斯科特标准邮票目录》，英国及英属地自然要找《吉本斯邮票目录》。

对于中国生肖集邮爱好者而言，这四大世界邮票目录，虽然应有尽有，资料翔实，来源权威，但分别使用不同外文编印，阅读不便，在浩如烟海的世界邮票目录中查找某国一枚生肖邮票如同大海捞针。

相比之下，作为专门邮票目录的《世界生肖邮票目录》，就是生肖集邮爱好者不可多得的、最实用的集邮工具书。

《生肖集邮》2022 年第 3 期发行特刊，内容即为《世界生肖邮票目录》(第 3 版)。这是生肖集邮研究会赠送给全体会员的一份厚礼。

此前，《世界生肖邮票目录》已出版了 2 版。第一版由生肖集邮研究会老会长、集邮活动家周治华，集邮家徐星瑛和黄秉泽合编，人民邮电出版社 2008 年 7 月出版，32 开本。收录了从 1950 庚寅虎年世界上第一套生肖邮票至 2006 丙戌狗年世界 82 个国家和地区邮政部门发行的大部分生肖邮票，包括小型张、小全张、小本票和部分小版张共 1958 种。

图 141《世界生肖邮票目录》第 3 版

第二版《世界生肖邮票目录》由周治华和中华全国集邮联合会会士、现任生肖集邮研究会会长郑炜合编，人民邮电出版社 2012 年 1 月出版，小 16 开本。第二版对第一版的内容进行了订正和增补，新增加 2007 丁亥猪年至 2010 庚寅虎年这四年世界上发行的大部分生肖邮票。收录 1950 庚寅虎年至 2010 庚寅虎年世界上 96 个国家和地区发行的生肖邮票共 2538 种。

第三版《世界生肖邮票目录》由周治华、郑炜和生肖集邮研究会顾问、旅美华裔集邮家戴定国合编，仍按原有凡例编写。除对第二版的内容进行订正和增补外，新编入 2011 辛卯兔年至 2015 乙未羊年这五年世界上的生肖邮票。本版目录厘定的生肖邮票市场参考价，基本上按照 2016 年 6 月中国市场新票一般价格计算，以人民币为单位。

第三版《世界生肖邮票目录》共收录 1950 庚寅虎年至 2015 乙未羊年世界上 127 个国家和地区发行的大部分生肖邮票共 3363 种，编号排序至 3017，每个编号均有附图。

第二节
生肖邮票的审美和欣赏

一、生肖邮票审美的艺术角度

邮票是"国家的名片",邮票设计是受到严格限制的命题创作。生肖邮资票品作为一个非常特殊的专题系列,它的设计必须兼顾三个方面的要素:贺年喜庆性、属相寓意性和整体协调性。对中国的生肖邮票的艺术要求,可以用四句话概括:"喜庆是根本,万变不离'肖';雅俗可共赏,风格应姓'中'。"

以下从三方面要素来分析生肖邮票的艺术特点。

(1) 贺年喜庆性。生肖邮票具有浓厚的贺年喜庆色彩。

1950年2月1日,日本发行的世界第一套生肖邮票,就把生肖邮票直接与贺年挂钩。1979年,中国酝酿发行第一套生肖邮票,当时的请示报告也只称"年票"。

很明显,当时计划在1980年发行猴年年票时,目的就是"既可宣传我国悠久的科学文化传统,普及天文知识,又可满足广大群众的需要,给传统的节日增添一项喜庆内容"。

因此，1980 年发行的猴年生肖邮票，票名就用《庚申年》以示干支纪年；画面上的金猴，敷以大红底色，邮票又在春节前发行，完全呈现一种喜庆吉祥的艺术效果。这一点，后来成为中国生肖系列邮票设计思路的出发点。

（2）属相寓意性。生肖邮票以各具个性的生肖属相的艺术造型，宣示该生肖属相特有的、积极的精神内涵。我们可以对《乙酉年》邮票的设计构思作一番解读。

2005 年是农历乙酉鸡年，《乙酉年》设计者吕胜中琢磨要在生肖邮票中突出"两味"："画生肖不是画家禽野畜，要画出'人味'来。另外，生肖是用以纪年的，辞旧迎新，生肖更换，要画出'年味'来。"

图 142《癸酉年》生肖邮票

吕胜中在答记者问中妙语连珠，转录如下：

记者：你能说说鸡作为生肖的传统文化内涵吗？

吕胜中：鸡与"吉"谐音，在民间文化里，鸡是阳性的象征，人们认为太阳的升落与鸡有关，雄鸡一叫，太阳驱散阴霾，鬼魅不敢出现，所以自古以来，鸡都被老百姓用来辟邪。我国古代民俗中，长期以来还有做成鸡形象的专门发式，叫作"抓髻"。另外，传统文化中的凤凰也是以鸡的形象为原型创造出来的，同样也是生命和阳性的象征。在传统绘画、刺绣、剪纸中，鸡与凤凰的形象常与牡丹花相伴，如"金鸡踩牡丹""凤凰戏牡丹"等对偶形纹样，表达了生命阴阳和谐的自然状态。

记者：这套邮票你是怎样设计的？

吕胜中：也没有什么特别的设计构思，大致包括两部分：一是揭示出生肖鸡的文化内涵和它所代表的吉祥含义，二是在图案中以中国汉字的形式显示其干支纪年。是否可以这样理解，公鸡、太阳代表着阳性和生命，公鸡尾巴用牡丹花构成，牡丹又代表着女性，这其实已经很直白了——和谐阴阳，化生万物。我基本用了两种形式语言表现邮票图案，鸡的躯干和腿用书法水墨大笔挥抹，同时书写出"酉"字，鸡头鸡尾用民间刺绣精雕细琢，渲染出质朴中的美不胜收。有人说鸡头、鸡身像一个"乙"字，我并没有特别地要这样做，人们"读画"读出来了也很好呀，或许大家读出来的比我画的还要好呢。有句老话"书画同源"嘛！

记者：为什么要选择书法和刺绣这两种不同的方法表现呢？

吕胜中：《花镜》[1]说，"雄鸡能角胜，目能辟邪"；《韩诗外传》[2]说，鸡"头戴冠，文也；足博距，武也；见乱敢干，勇也；见食相呼，义也；守夜不失时，信也……"人们从鸡的身上抽象出阳刚与正气的人格。因此，"书法"的鸡身、鸡腿用了雄健遒劲的狂草，动感中带有野性的直率，色彩是黑——正颜厉色；鸡尾部的牡丹花却选用了妩媚柔软的刺绣，色彩温暖艳丽。

（3）整体协调性。生肖邮票是以12年为一个周期的系列邮票，每一"轮"的生肖邮票的设计，都必须事先通盘规划，努力使每一轮的生肖邮票从整体上体现出"各具个性，彼此协调，和而不同"的艺术特色。

1980年，中国发行第一轮生肖邮票时，带有开拓、探索的性质，事先没有详细考虑总体规划，在《庚申年》发行后，才确定出一个统一的原则：

（1）除猴票临时决定在2月15日发行外，今后一律每年1月5日发行，以便于群众春节前贴用。

（2）每年特约一位著名美术家进行绘画设计，每年换一位。进行版式设计的专职邮票设计师，也是每年换一位，雕刻师亦如此。

（3）用国内常用面值，每年一枚。规格统一，一律用26mm×31mm小型票。都采用影雕套印。

（4）邮票底色每年换一种。为方便邮政内部处理识别，决定只用6种底色，隔年为白色。

---

[1]《花镜》，古籍善本，清人陈溟子所著园艺学专著，阐述花卉栽培及园林动物养殖知识。全书6卷。
[2]《韩诗外传》，西汉韩婴编撰的一部传记，由360条轶事、生活忠告、道德说教和伦理规范等杂编而成。

第一轮系列 12 套生肖邮票统一之中有变化，起伏跳跃，有节奏；又是众多著名美术家的杰作，因而赢得了"满堂彩"。

第二轮生肖邮票从 1992 年《壬申年》猴票开始，这次事先有一个总体要求：选用民间现成的工艺作品进行设计；每年两枚，两种面值；一图一字，字又分篆、隶、楷、行、草；底色是"色白交替"；也是影雕套印；造型"两平两立"。

图 143 陕西凤翔县泥塑马

但这个"总体要求"变成"无形的绳索",束缚了创作思路,限制了发挥的空间,致使第二轮生肖邮票的总体艺术效果大大逊色于第一轮设计,这是决策者始料不及的,然而,这也为第三轮生肖邮票设计的"松绑"提供了可借鉴的依据。

有了第一、二轮生肖邮票设计的经验教训,邮票发行部门提前在集邮报刊发起有关第三轮生肖邮票的大讨论,集思广益之后,确定了第三轮生肖邮票的设计总思路:

(1) 每年发行一枚,雕刻版印刷;票型为方形,规格在 30-40mm 之间。

(2) 设计上侧重反映生肖文化,而非生肖形象,即神似而非形似。设计语言以现代设计表现传统艺术精髓,整轮的设计风格要在统一中求变化。

(3) 专家小组参与收集资料、研究论证、评议鉴定等工作,将整轮 12 年的设计分阶段进行,原则上根据艺术变化的形式和需要对设计语言不断进行调整和改进。

对于如何"以现代设计表现传统艺术精髓"这个问题,第三轮生肖邮票《甲申年》设计者陈绍华希望第三轮的生肖邮票能和前两轮的拉开距离,以一种全新的、现代的面貌出现,回避前两轮以传统民间艺术为基础的风格,不要受已有作品或者是动物本身的生长规律的干扰。要以脸谱化、宠物化的现代造型塑造新的生肖形象,使它既符合现代人的审美情趣,同时又保留传统生肖文化的韵味。

谈到第三轮猴票的设计,陈绍华介绍说:"我运用统一、单纯的几何图形为猴子造型,画了大大小小的圆组成猴头,设计元素虽然单一,视觉冲击力却很强烈,图案也很写实。猴脸上丰富的色彩及色块之间的相互对比,接近于民间艺术品的用色，给人带来愉快的视觉享受。再加上那'猴头'一脸顽皮的笑模样，节日的喜庆气氛愈加浓郁。整体形象凸显了平民化、宠物化的设计基调。"

陈绍华形容他自己的作品："看起来很现代，骨子里却很中国。"这也许是第三轮生肖邮票最重要的特点。

生肖邮票在"变脸"，其他生肖邮品——小本票、小版张、贺年（有奖）邮资明信片……也都与时俱进地"大变脸"。可以说，生肖邮品的艺术之美越来越贴近时代、贴近生活、贴近社会大众了。

从审美的观点看，集邮活动是一种美的创造、追求和享受。生肖集邮审美是集邮审美活动中一种人文文化色彩最浓、形象思维创造性最强的审美实践。

二、生肖邮票审美的自身特点

生肖邮票审美有其非常独特、鲜明，与其他集邮审美迥然不同的特点：

（1）生肖邮票的审美主体往往使人情不自禁地在审美对象（生肖邮票、邮品）中"对号入座"，进而倾注了特殊的钟爱之情。

十二生肖属相是中华民族创造的一种生命年轮的标志，一种寄寓了美好愿望的符号。"中国独创，人人都有"，使得生肖邮票有着无可匹敌的广泛性和对应性。例如，属某一生肖属相的人，自然而然会对与该年有关的生肖邮资票品特别关注，并在审美的过程中激起感情的共鸣；对该年生肖票品的"创造之美"的成败得失，也比较容易提出中肯的评价。生肖邮票审美往往首先是人们急于寻觅的寄寓之美——十二生肖是天人之间、物我之间的一种精神联系。人们将生肖属相人格化、生命化，注入了人的品性、情感、思维，使得人的精神力量贯通于十二生肖的生命世界与艺术世界；人们随时都可以从生肖邮票邮品中找到精神的寄托与心灵的栖息所。

（2）生肖邮票之美源自生肖文化的深厚底蕴与博大内涵。对生肖文化的了解和理解越深刻、越透彻，生肖邮票审美就越容易达到认知和情感的共鸣。

例如，大自然中的蛇是人们畏避厌怕之物，为什么华夏先民尊蛇敬蛇，让蛇在十二生肖中排行第六。其实，在远古时期，盘古开天辟地之后，曾有一段"人蛇合一"的时代。伏羲和女娲[1]人首蛇身，是中国人最早的祖先形象。"女娲蛇躯，

---

[1] 伏羲和女娲，在中国民间传说和神话故事中，伏羲是华夏民族人文初祖、三皇之一，同时也是中国文献记载最早的创世神；女娲是创世女神，是华夏民族人文先始。伏羲鳞身，女娲蛇躯。伏羲女娲同为福佑社稷的正神。

伏羲鳞身";"女娲人头蛇身，一日七十化";"龙能变化，蛇亦有神"……人们在实践中认识蛇、了解蛇、亲近蛇、美化蛇，在《白蛇传》[1]中，白娘子就是美丽、侠义与忠贞的艺术形象，历来在民间流传甚广。

（3）生肖邮票审美需要有活跃的形象思维，这是审美者"美的再创造"。

生肖属相之美，是一种具有精神感染力的、闪耀着人的本质光辉的、可爱的形象；生肖属相之可亲可爱，就在于人的自由创造赋予它们以美的生命——猴的聪明敏捷、牛的吃苦耐劳、马的任重道远、鼠的机灵活跃……它们所表现的正是人最珍贵的特性。对此理解得越深刻，生肖集邮之美就越能被阐发得淋漓尽致。

生肖文化之美蕴涵着中华民族思想哲理中的生命之美、自然之美、野性之美、人性之美和辩证之美。在十二生肖大家庭中，强弱共处，美丑共存，优劣共生，这正是中华民族审美观之高妙精粹，也是当代倡导人类命运共同体的一个重要维度。把握住这根"绳"，就可以驾驭生肖集邮在美的天地纵横驰骋。

（4）生肖邮票审美没有国界的藩篱，也没有民族的鸿沟。"人之于美，有同感焉。"生肖文化有明显的社会影响力，"导人真善，净化心灵，构筑和谐"，表现为人类共同追求的心灵美和社会美。因此，生肖文化以及由此衍生的生肖集邮，在华人世界有很强的凝聚力，在五洲四海不同国度不同民族中也具有很强的吸引力。

---

[1]《白蛇传》，中国民间传说。讲述蛇精白娘子与书生许仙的爱情故事。源自唐代，初步定型于明代冯梦龙《警世通言》小说中，成熟和盛行于清代地方戏剧中。被列入第一批国家级非物质文化遗产。2001年中国邮政发行《民间传说——许仙与白娘子》特种邮票一套4枚。

图 144 鼠年生肖邮票极限片

生肖文化的发祥地在中国,生肖审美的渊源也来自中国。尽管生肖邮票在日本首先发行,但日本也是受中华文化深远影响的东亚国家。因此,后来居上的中国生肖邮资票品具有原汁原味的生肖文化精髓与底蕴,最能艺术地表现生肖属相之美,这已为世界所公认。可以说,通过生肖集邮审美弘扬中华民族生肖文化,这个历史重任已经落在中国集邮界肩上。

三、生肖邮票的审美功能

生肖邮票审美有哪些功能呢？生肖文化以及生肖集邮审美都具有明显的社会功利性。正如俄国马克思主义哲学家普列汉诺夫（1856年12月11日—1918年5月30日）说："然而美底愉乐的根柢里，倘不伏着功用，那事物也就不见得美了。"[1] 通过生肖集邮审美可以体现广泛而实在的社会效益。

（1）欣赏生肖邮资票品所表现的个性美、形式美和艺术美，可以获得赏心悦目的艺术享受和美的熏陶，提高欣赏者的审美认知力。

（2）深化对生肖邮资票品的理解，对中华生肖文化进行追源溯流的历史寻踪，可以更深刻地认识中华生肖文化的时空定位。

（3）品味生肖邮资票品或生肖邮集所表现的人性美与社会美，可以更真切地获教于中华民族的人生哲理，激发对生活真、善、美的自觉追求，陶冶心灵美，指导行为美，树立集体主义思想，追求人类大同。

（4）编组生肖邮集、著述生肖邮文不仅是一种美的自由创作，还可以从中培养对生肖集邮审美的拓展与编排的缜密思维。

（5）在生肖邮票审美过程中，不仅可以增加民族自豪感，还可以从世界风

---

[1]《鲁迅译文集》第6卷《艺术论》译本《序言》，1958年人民文学出版社。

第六章 生肖邮票的收集、品鉴和研究　　　　　　　　　　　　　　　　　　　　　　第二节

图 145 澳门特区第三轮生肖邮票（2008—2019）

靡的生肖邮票热中看到不同民族、不同国度对生肖之美呈现"和而不同"的创意与阐释，从而大大开阔对生肖集邮审美的视野。正如李毅民所言：站在西方的角度看中国，可以看出混沌的智慧；而站在中国的立场看西方，又能发现智慧中的混沌。距离产生美。中国的生肖文化不乏精华之美，所缺的是发现与感悟。全世界对其仰慕者中，既有雅路上的大师，也多俗道上的高人。

近些年来，生肖集邮研究会会刊《生肖集邮》发表会员撰写的生肖集邮审美文章日见增多，审美认知力也正走向成熟，呈现出良好的发展势头。但是也应该看到，多数仍处于感性认知的初级阶段，缺乏美学的理论色彩。

马克思说："如果你想得到艺术的享受，你本身就必须是一个有艺术修养的人。"[1] 要提高我们对生肖集邮的形式美、艺术美、社会美的欣赏水平，就必须学习一点美学理论，让自己懂得各门艺术的特点和规律，使自己真正能够发现美、欣赏美、懂得美、阐释美，把集邮界的审美提高到一个新的水平。

---

[1]《马克思恩格斯全集》第 42 卷，人民出版社 1956 年版，第 135 页。

第三节
生肖邮票的研究和主要课题

充满神奇色彩的中国十二生肖属相，作为每个人的出生符号和纪岁方法，从古到今，相沿成俗，经久不变，其生命力和影响力可想而知。博大精深的生肖文化具有四个显著特点：它是独特的又是丰富的；它是创造性的又是多元的；它有自己的源流，又有发展的脉络；在人类文化史上它是唯一的，不可替代的。

如今，十二生肖又通过方寸之地，走向世界五大洲，先后已有上百个国家和地区发行了不计其数的生肖邮票及生肖邮资封片，成为邮坛一道亮丽的风景线。像这样年年发行，12年一个循环，每年上百个国家和地区发行相同题材、同一内容的邮票，在世界邮票发行史上实属罕见。各国在邮票主图生肖属相的创作上，各选其材，各展其能，异彩纷呈，引人注目。

由此，必然会引发集邮界对生肖邮票的持续研究，并产生一系列的热点与课题。

一、源远流长的生肖文化

据史籍记载，中国自帝舜时就开始使用配合而成的干支纪年法，此后，在相当长的时间里,没有以动物配地支的纪年方法。可以说,中国十二属相的形成,是古代的华夏族纪年法和少数民族纪年法相互融合的结果。地支与动物相配的十二生肖纪年最晚形成于汉代。

十二生肖的形成与发展并非一蹴而就,一劳永逸。它不仅吸收了较多的异域文化营养,经历了较长的演变过程,而且在向其他地域、其他民族的传播中,又形成了十二生肖丰富多彩的特殊版本,从而体现出生肖文化的多元性和民族性。

中国古代不仅有十二生肖的创设,还有三十六生肖之说。[1] 其特征是,可以按照每个人出生时间的早、中、晚不同,将一种生肖动物再一分为三,分别用3种不同的动物作为生肖,由此总共形成36种。这些论述记载于一些旧历书,但并未在社会上得到认可和推行,如今也只能作为一种传统文化史料加以记述和研究。

值得一提的是,有人认为中国的十二生肖文化源自另一个四大文明古国之一古印度,其主要传播途径是随着佛教自印度传入中国。这一说法的主要依据是印度的十二生肖与中国的十二生肖非常相似。此外,佛经中也有与生肖相关的传说。

印度的十二生肖来源于12位神将座下的12种神兽。据《阿娑缚抄》[2]和《行林抄》记载,招杜罗神将驾鼠,毗羯罗神将驾牛,宫毗罗神将驾狮,伐折罗神将驾兔,迷立罗神将驾龙,安底罗神将驾蛇,安弥罗神将驾马,珊底罗神将驾羊,因达罗神将驾猴,波夷罗神将驾金翅鸟,摩虎罗神将驾狗,真达罗神将驾猪。其中,与中国十二生肖有别者仅为:以狮取代虎,以金翅鸟取代鸡。

---

[1] 三十六生肖源自印度,隋朝开始传入中国。但中国十二生肖早已家喻户晓,比较三十六生肖纪年计时更为科学方便,故三十六生肖说在中国民间流传不广。

[2]《阿娑缚抄》,日本天台宗僧承澄撰佛教典籍,凡228卷。

中国的十二生肖是否来源于印度？答案是否定的。首先，如今所言印度十二生肖，通常是根据郭沫若考古学著作《释支干》所载，而《释支干》所据，为佛经《大集经》[1]中的《虚空目兮·净目品》。所以一段时间以来，有中国的十二生肖来源于印度佛经的说法。但郭沫若引用佛经说法的目的，并不是以此为论据，证明十二生肖起源于印度，恰恰相反，他是要说明，十二生肖最核心的价值是与干支结合计时纪年，并以此发展和丰富了农耕文明，也与中华民族每个人息息相关。至于十二肖兽等"有兽之制，不限于东方，印度、巴比伦、希腊、埃及均有之，而其制均不甚古，无出于西纪后百年以上者"。郭沫若《释支干》出版于1929年。书中释支干，涉及二十八星宿、黄道十二宫和十二生肖，最终说明白了两层意思：其一，十二生肖离不开干支纪年，说到干支，就完完全全是中华老祖宗的首创和独创，与其他古老文明无关。干支文字始见于殷墟甲骨文，殷墟出土的甲骨文中已见完整的干支表。殷墟是商代晚期的都城遗址，年代约为公元前14世纪末至前11世纪中叶，距今3000多年，比较"不甚古"的十二肖兽以外其他"有兽之制"，早了1000多年。其二，再论"有兽之制"，东西方文明和古代东方几大文明，都是相互影响的，虽然还没有充分证据说明十二肖兽与其他文明记载的"有兽之制"究竟是谁影响了谁、谁最早，但从史籍记载看，郭沫若认为，十二肖兽始见于王充《论衡》，但非创于王充，亦不始于东汉。《新莽嘉量》[2]铭文"龙在己巳"其"巳"字的金文已酷似蛇形，可知于西汉时就已有之。这就是说，十二生肖在公元前的中国就已有之，这也早于其他有兽之制至少上百年。由此看来，谁影响了谁？谁更早？这些问题的答案已不言而喻。

---

[1]《大集经》，为大乘汉传佛教中的重要佛经。经文有60卷，由多人翻译所集，故名"大集经"。
[2]《新莽嘉量》，新莽嘉量为汉代新莽时期所铸铜制标准量器，器有铭文20行81字，后世拓印为汉代金文范本。

其次，从千百年来人们生产生活的实践看，印度从古至今并不见有生肖纪岁的习俗。汉译佛经中关于十二生肖的内容，大概率是译经时加入的。我国著名学者、东方学权威金克木教授曾说过，未见印度经典中关于十二生肖的记载。任继愈主编《中国佛教史》认为，《虚空目兮·净目品》"关于十二兽传法之说"，"这十二兽显然是采自汉民族的十二生肖说，表明汉族风习文化起码对西域各民族的影响是很深远的"。由此看来，印度的十二生肖，其依据在于汉译佛经，但佛经传入之际，中国十二生肖早已广泛流传。汉译佛经中有关十二生肖的内容，是译经人对于中华文化的借用，以便于佛理的普及。这和日本、韩国、越南、泰国等亚洲国家历史上用十二生肖纪年，是由中国传去的风俗同理。

再次，从考古新发现看，在湖北云梦、甘肃天水两地出土的秦简，均保留了十二生肖的记录，这就从根本上否定了生肖是西汉武帝时期出征西域传入的推论。随着源源不断的新的史料发掘及考证，历史实际早已告诉未来，未来必然明确揭示历史：十二生肖就是土生土长的中华传统文化，是中国的生肖文化。

中国是个多民族的国家，十二生肖就其文化底蕴而言，具有汉文化的精神实质。但在其他一些少数民族地区，生肖多结合其本民族的文化特征，存在一些独具特色的变化。

蒙古族的十二生肖，其排列顺序不同于汉族。虎为首，其次为兔，然后为龙、蛇、马、羊、猴、鸡、狗、猪、鼠、牛。民间俗称"虎儿年""兔儿年"……。蒙古族最古老的一本历史巨著《蒙古秘史》[1]，又称《元朝秘史》，即以此法纪年。

---

[1]《蒙古秘史》是成书于13—14世纪的一部历史著作，作者佚名。该书记述了蒙古族500多年形成、发展、壮大的历史。

在上法实行过程中，蒙古族人嫌其循环一次12年周期太短，就配以5种颜色蓝（青）、红、黄、白、黑，并分阴、阳，这与十二生肖相配，正好形成60年为一周期。随着藏传佛教传入，受藏族纪年影响，他们又废弃了5色，改用木、火、土、金、水五行，也分阴、阳成10数，与十二生肖相配，循环周期亦为60年。这样一来，蒙古族纪元有阳木马年、阳金龙年等。

二、中国生肖邮票 40 年的探索

两千多年来积淀深厚的生肖文化，古往今来，吸引了多少学者、艺术家进行探索研究。70 多年来，世界上发行的多姿多彩的生肖邮票及相关的邮品，给生肖邮票创作开辟了新的领域。生肖邮票已成为世界上连续发行时间长、题材内容统一的一大专题邮票。以展示生肖文化为宗旨的生肖邮票创作思路，应注重其独特性与丰富性、创造性与多元性、继承性与时代性的有机结合。从中外艺术设计实践中可以梳理出生肖邮票创作的一些基本思路。

（1）万变不离其宗，创作只能在限制中求变求新。

生肖邮票有着特定的含义和鲜明的特征，是邮政部门拟定的以生肖属相题材为主图的邮票。邮政部门如果不是有意识发行的，即使是票图与当年生肖属相动物相同的动物、绘画、文物、工艺等题材的邮票，以及没有生肖属相或生肖文字为主图的贺年邮票、新年邮票，都不能称为生肖邮票。由此，一些图案本身与生肖文化内涵无关、牵强附会的内容，例如，仅仅采用动物写实形象进行设计，完全借用现成的名画图案进行设计等，实不可取。

生肖文化是通过 12 种生肖的形象来体现的。生肖是人的精神文化与动物形态相结合的产物，生肖虽有动物属性，但不能等同于自然界的动物。它们是人格化的具有民俗意义的生肖动物，从某种意义上说是具有人类精神寄托的文化动物。12 种生肖动物的种类不能改变，生肖属性不能改变，但其形态、动作、表情、打扮、相互关联以及与其他生肖动物的彼此关系等，可以千变万化。

（2）传统文化是根基，时代精神是灵魂。

从历史的眼光来看，生肖邮票的本质意义在于它是对民族精神产品的尊重和传承，是对不同国家、不同文化融会造就出的新兴民俗文化产物的保存和弘扬。应秉持艺无定法、形神兼备、情理之中、意料之外的创作理念，塑造出亲切、生动、拟人化、个性化、民族化的艺术形象，既新颖别致，富于想象力，又寓意含蓄，充满艺术张力。生肖邮票神气十足、动感十足、韵味十足，这些特色的形成，源于继承传统与创新时尚两方面的文化积淀，由于它是源远流长、厚积薄发的，是入古出新、造型独特的，因而真气弥漫，独树一帜。

生肖邮票的题材选择与设计思想，应该从生肖文化的沃土之中汲取营养。千百年来，有关生肖文化的民间传说、书画诗文卷帙浩繁，各种生肖工艺品琳琅满目，只要转变思维角度，就能开发出更加丰富多彩的素材源泉。使生肖邮票幽默风趣，浪漫多姿，耐人寻味。

（3）不贪多求全，重点突出才能立意高远。

生肖文化雅俗兼顾，经纬万端，而一枚生肖邮票图案所能承载的生肖文化信息毕竟有限，图案表现的只能是文化片段、生肖特写。邮票图案应突出重点，有所割舍，和谐得当，以简寓繁。生肖邮票创作不应流于表面化的图像之美，要向深层次拓展。

一枚好的生肖邮票如同一篇好的文章，笔简意浓，博不掩精，能让人百读不厌，每次品读都能有所收获。并能让人在不知不觉中进入生肖文化的画境之中，在画中宁静，在画中奔放，在画中感悟，在画中徜徉，在画中寻幽探秘，沉湎陶醉。

（4）统一是相对的，个性是必然的。

各国各地区生肖邮票设计主要有两种模式：一种是由一人一次完成创作一轮12年生肖邮票，邮票风格保持一致。但这种方式难免韵味单一，形象雷同，失去秀出班行、牵人情思的意趣。另一种是由多位设计师进行设计，图案形式富于变化。相比而言，后一种创作方式的实际效果远胜于前一种。

生肖邮票作为12年一轮的邮票系列，缺乏新意不行，缺乏美感不行，缺乏个性也不行。每一轮邮票的票形、票幅、枚数、艺术形式等可以统一规划，但每年生肖邮票的主题、形象、内容应该彰显个性，特色鲜明。应该为一轮邮票中尚未发行的邮票留出创作的空间，让广大集邮者和生肖邮票爱好者对将要发行的生肖邮票有所期待。这如同电影导演常说的名言：最精彩的作品将是下一个。

（5）坚持中国特色，应对国际竞争。

生肖邮票是一种内涵丰富、影响广泛的热门选题。生肖文化如今已逐渐成为世界性的文化创造。生肖邮票的创作如同参加国际竞争的邮票设计比赛。中国的生肖邮票创作者虽然拥有天时、地利、人和的优势，但必然面临越来越大的挑战和压力。只要我们始终坚持中国气派、中国特色的创作思路不动摇，就能够高瞻远瞩，行稳致远，创作出更多不负历史和时代的生肖邮票精品。

生肖文化是不断发展的，生肖邮票创作具有广阔的发展空间。生肖邮票从历史中来，从传统中来，因而具有深厚的社会基础和文化积淀。生肖邮票应当与生肖文化一样，始终坚持开放性和包容性，古为今用，洋为中用，向一切有利于深化生肖主题、丰富表现形式的素材敞开大门。如此，生肖邮票创作的路子将越走越宽，拥有无限广阔的发展前景，大展宏图，气象万千。

三、对生肖邮票文化内涵的反思

生肖邮票作为一个系列有其强劲生命力,人们不但期待年年有亮人眼目的佳作面世;更希望整个生肖系列,每一轮都具有风格各异的艺术表现形式以及和谐统一的整体鉴赏效果。中国的生肖邮票已同中央电视台的春节晚会相似,人们对它的期望很高,一经形成某种定规,就很难改,这成为使邮票设计者又喜又忧的事。

1992年第二轮生肖邮票开头的《壬申年》猴票发行后,遭到集邮界一片批评。有人提出应将其列入最差邮票,并指出这套邮票设计不成功之处在于:

(1)第一枚邮票虽然设计构思独特,立意精巧,但却忽视了邮票本身的特点.由于设计者想要表达的吉祥寓意太多,将"猴桃瑞寿""福寿双全""封侯挂印"等诸多内容强加于26mm×31mm的小票幅中,显得拥挤不堪,若不看文字介绍,根本看不出其形态,也体会不出其含义。画面上的猴头瘦骨伶仃,毫无美感,与第一轮生肖猴相比更是相去甚远,严重削弱了邮票本身的艺术感染力。

(2)第二枚邮票在以挂帘形式的剪纸上突出一个"猴"字,顺应民间"喜上眉梢"之意,突出中国书法艺术。但该票毫无生肖的意味,更像是一枚书法票。

(3)两枚票摆在一起欣赏,无统一、和谐之感,特别是国名标志、面值的字体大小、排列等完全不同,不像是一套邮票。

(4)从纸质、印刷等方面研究,不足之处更多:该套票采用影雕套印,但因雕刻主要用在了文字上,没有发挥出雕刻版的特点。并且多次发现第一枚有

套印不准的现象，且用纸也极不讲究，似乎是粗制滥造，有损国家名片的形象。（《集邮报》1993年3月17日）

还有的评论文章批评第二轮生肖邮票总体创意欠周，指出：

第二轮生肖邮票与首轮相比较，从整体水平而言，说得刻薄一点，不仅难见"更上一层楼"的超越迹象，简直令人哀叹"今不如昔"。年年只是平庸乏味不尽如人意的应时之作，实在难以回报广大邮迷对生肖邮票的一腔深情。《乙亥年》邮票面世后，才从有关权威部门透露了新一轮生肖邮票在总体创意上的设计原则：即第一图的生肖形象，以两年平面（如布贴、皮影、剪纸）、两年立体（如泥塑、彩陶、木偶）的规律循环；第二图的书法，也将形成篆、隶、草、真三年一变的格局；两图的底色则又以隔年交叉的方式安排，目的是使包括民间玩具和书法在内的传统艺术，在生肖票上得以更系统更令人满意地展示。对此不禁令人困惑顿生：不知如此繁杂的整体创意，是运筹于第二轮生肖邮票发行之前呢，还是自然地形成于第二轮生肖邮票发行的过程之中？如若是前者，笔者以为这种"两年一循环，三年一变化，隔年一交叉"的排列组合式的创意，实在令人眼花缭乱，好似在一段短短的乐曲中，使用了多种不同的节奏，不无冗杂烦琐之感、故弄玄虚之嫌，实在是作茧自缚的不明智之举。（《集邮报》1995年8月2日）

第二轮生肖邮票如此令广大集邮者牵肠挂肚，耿耿于怀，不能不引起邮票发行主管部门的认真检讨。邮票印制局曾对第二轮生肖邮票整体创意和设计组织专家"大会诊"，尽可能采取补救措施。同时，利用各种机会，广泛听取各方面的意见建议。

1998年1月4日至6日，《戊寅年》邮票发行纪念暨第二轮生肖邮票设计作品展览与研讨活动在上海举行。

第二轮生肖邮票设计印制研讨会由上海市集邮协会副会长刘广实主持。邮票印制局图稿创作部主任邓慧国介绍了中国第二轮生肖邮票前7套的设计过程。他说，第二轮生肖邮票要求采用传统的民间工艺美术作品作为生肖动物图的素材，又要求影雕套印，便在众多的候选图稿中确定了剪纸猴后就带来较多问题。譬如雕刻哪些线条，当初曾想雕红、雕绿、雕黑，后来因为印刷条件的限制，只雕了一点点的黑色线条。到第四套时说要有些规律性。于是就形成一年有底色、一年没底色，两年平面、两年立体，三年一换字的规律。

《牡丹亭》邮票的原图作者戴敦邦教授认为，第二轮生肖邮票在给人的新鲜感方面，与第一轮没有拉开距离，底色"色白交替"的整体设计思想是考虑欠周的。《上海集邮》副主编邵林剖析了第二轮第二图7种画面的图框、字色、文字轮廓、文字所在位置的形状、整体用色等要素，说明它们已经很不协调，希望对今后的设计少作一些呆板的限制。刘广实建议尝试打破一些框框，譬如在一个画面上可出现一对动物。邮票设计师陈晓聪说，不能认为把民间玩具简单地搬上画面就是民族的，使用了极端的色彩就是民族的，要充分调动设计者的艺术构思，邮票的最终效果取决于设计、印刷和材料，关键还在于领导者的管理水平。邮票图稿评议委员会专家、中央工艺美术学院装饰艺术研究所所长袁运甫教授说，生肖邮票的设计不应照抄工艺品的原型，而是需要创造，关键在于"造"型，色彩不一定要大红大绿，以往对色彩的认识很肤浅，对白色的认识也还在初级阶段。

经过研讨与实践，人们逐渐认识到造成第二轮生肖邮票设计被动的关键，除了预先的通盘规划不足外，还在于对生肖邮票设计要求的特殊性把握不够。生肖邮票在对生肖动物的造型方式上通常有两种模式：一是直接运用优秀的民间艺术品原型作为生肖动物的形象，这样可以在邮票上体现出原汁原味的民间艺术品造型；二是在吸收优秀民间艺术品造型的基础上进行再创作。这样有利于在两枚邮票的构思上进行整体考虑，并考虑雕刻版的特殊要求，创作出具有时代特色的生肖动物形象。这两种形式各有所长。

对第二轮生肖猪邮票没有再进行广泛约稿，而直接选择了造型出色的民间布玩具作为邮票的生肖形象，即直接运用民间艺术品的原型作为生肖形象。这个黑色的布玩具猪很适合用雕刻版来表现，所以这组邮票的生肖图案，设计上很成功，布玩具猪的形态被刻画得细腻生动。但不足之处是两枚邮票的整体感差，对生肖文化表现不够。

在第二轮生肖鼠邮票的约稿过程中，改变了以往的做法，首先召开了生肖鼠邮票的专题讨论会，由有关领导、评委、民间艺术专家、设计者、编辑、雕刻师及制版人员共同参加，加强了各环节之间的联系，会上特别强调了生肖邮票的雕刻工艺。这套邮票约请既深通生肖文化，又有浓厚的民间艺术造型功力的吕胜中设计。吕胜中设计的生肖鼠票，在第一枚老鼠形象的设计上，利用"老鼠上灯台"的民间传说重新构思，设计出老鼠高举灯台，象征追求光明的富有创意的形象。老鼠造型，是在传统民间美术造型的基础上进行的再创作，从而创作出了一个富有进取精神的活泼可爱的中国老鼠形象。第二枚的设计构思，是根据"鼠咬天开"的民间传说，在文字背景的处理上以6只小老鼠踏着五彩祥云围在一轮红日的四周。这套邮票，在整体构思上展现了生肖动物背后的中华民族生肖文化，运用民间木版年画的绘画方式，使两枚邮票在画面内容上有机结合，在形式风格上统一协调，在雕刻印刷上精益求精，所以这套鼠票是第二轮生肖邮票设计上获得成功的典型范例。（《中国集邮报》1999年1月5日）

第二轮生肖邮票另一个值得反思的问题，是其发行量。1992年猴票20分发行量2.3亿枚，50分2亿枚。1993年鸡票20分发行量高达3亿多枚，50分2.5亿枚。这不仅创造了生肖邮票发行量之最，而且远远超过首轮生肖邮票最高发行量1990年马票1.3亿枚1倍多。因为发行量急剧膨胀，加上面值升高，导致第二轮生肖邮票的市场行情一落千丈，被人戏称为"鸡年不吉"。

美酒过量亦不香。重塑首轮生肖邮票整体良好形象的梦想能否实现，需要反思的经验教训确实很多。

四、为下一轮生肖邮票策划争鸣

第一轮生肖邮票的成功与第二轮生肖邮票的遗憾，成为集邮者们挥之不去的时代情结。转眼间 24 年已然逝去，又迎来第三轮生肖邮票的发行。人们对生肖邮票的热忱不减，对生肖邮票精品的期望不减。

当初，十二生肖并没有什么丰富的文化含义。随着历史的演变，十二生肖被民众融进了对人生岁月美好的愿望和感情。生肖文化是中华民族智慧的结晶，成为世代相传、最有人情味的民间艺术杰作。对自然界中狗的忠诚、牛的勤奋、鸡的守信、虎的凶猛、鼠的偷窃、猪的懒惰，人们爱憎分明。但对十二生肖中的动物包括虚构的龙，却都注入"真、善、美"的色彩。经过数千年的发展，生肖文化已深深根植于民俗学、社会学、心理学、美术学以及书法、绘画、雕刻、建筑、工艺美术等广泛领域。有关十二生肖的神话故事、民间传说、书画诗文、工艺制品、生活用品等浩如烟海，琳琅满目。如此庞大的生肖文化体系，是生肖邮票取之不尽、用之不竭的素材源泉。

生肖文化充分体现着我们的民族心理。尽管中国地域辽阔，人口众多，"千里不同风，百里不同俗"，但是十二生肖文化始终被华夏子孙推崇，而且海外凡有华人的地方都风行生肖文化。"中国独创，人人都有"，正是生肖文化的魅力所在。人们喜爱生肖邮票，既是出于对民族文化的热爱，也是出于对自身命运的祝福。

爱之愈甚，求之愈殷。热情的中国邮迷们自发地展开了关于第三轮生肖邮票的策划争鸣。

2001年4月7日，生肖集邮研究会第二次会员代表会议在苏州召开，来自全国各地的60多位代表出席。会议期间，同时举办了首届生肖邮票展和中国第三轮生肖邮票设计研讨会。研究会共收到海内外会员送来的论文27篇，会上宣读8篇。这些论文和会上的讨论发言，从不同角度对生肖邮票的发行安排、主图设计、邮品品种、面值设置等方面进行了深入探讨，充分表达了广大集邮爱好者对生肖邮票的热爱和企盼。此前，研究会会刊《生肖集邮》也曾发表过一些为第三轮生肖邮票设计出谋献策的文章。这里摘录其中的一些精彩论述，时至今日，当我们对照发行完毕的第三轮生肖邮票，再回过头来看这些宝贵的建议时，一定会别有一番滋味在心头。

林建安：中国第三轮生肖邮票的图案设计，建议在专业邮票设计家和广大人民群众中征求图稿。一次征求一轮12年的图稿，并将图稿在《集邮》和《中国集邮报》上公布，让群众投票和专家评审结合起来，选出最佳图稿。

黄继光：第一轮和第二轮生肖邮票大多表现生肖文化中的吉祥寓意和良好祝愿，如"四季吉祥、平安家富、祥瑞兴旺、喜迎新春、祥蛇好运……"对于人们在生肖属相中的精神向往和心理追求的表现，相对显得薄弱和不足。21世纪将是人类文明史上发生巨变的伟大时代，生肖文化的底蕴，诸如"天人合一""返璞归真""美丑辩证"……都可以点化为反映当今时代的精警文化。"和平发展、保护自然、科技之光、中华复兴"，可以看成是21世纪中国的时代精神。第三轮生肖邮票应侧重于发掘和表现这些催人奋发的内涵。

沈缙：生肖邮票字画的设计要有长远的、系列的构思。不仅是第三轮，要考虑到第四轮、第五轮、第六轮……每轮都能体现民族特色。如字体第三轮启用甲骨文，第四轮采用石鼓文，第五轮选用篆、隶、草、楷、行。画面第三轮启用摩崖石刻，第四轮采用敦煌壁画，第五轮则用出土文物陶、瓷、塑、雕上的生肖图像。

周治华：中国第三轮生肖邮票增加品种，扩大票幅，势在必行，很有必要。品种和票幅也是一种气势。中国作为十二生肖的发源地，发行生肖邮票应有一定的气势。增品扩幅，也为设计人员留下空间，有利于突出生肖文化。建议每年发行生肖邮票2种，增加小型张1种，小本票1本。邮票规格为30mm×40mm，小型张规格为100mm×80mm。邮票面值以平信资费为宜。为便于收藏，小版张2种邮票合为一版，每张含12套邮票，增加过桥票，边纸也要精心设计。一轮12年发行结束时，增发1种小版张，取每年1种生肖邮票组成。

王国平：第三组生肖邮票的设计需要认真处理好继承与突破的关系，抓住生肖文化，大胆出新。以下是我心中的几组构思：

A. 以生肖文化的有关故事、传说构图，一套4枚。每种邮票的一角加印一个非常简明的卡通生肖，以此进一步点明生肖主题，区别于一般故事、传说的邮票。

B. 以圆明园十二生肖铜头像等历史文物或民间工艺品构图，但底衬或局部位置设计相应生肖的性格象征文字，一套1枚。

C. 以生肖与图腾、干支、农业生产，与天文、地理、五行、八卦，与建筑、书法、绘画、篆刻、文学、工艺品，甚至与古代认识论等方面的联系构图，一套1枚。一轮12年（套）组成若干方面的内容。

国家邮政局邮票印制局党委书记陈文骐在讲话中说：生肖邮票越弄越难弄，跟春节晚会一样，没有不行，越搞大家越不满意。从设计到印制，可以说都有很多困难。特别是在设计上，大家对内容提出了很多意见，哪天发行呀，何不出个什么小型张、小全张呀。应该说，这并不是太困难的问题，如果说，每套都出个小全张，在技术上都不成什么问题。很多同志提出能不能把12年的集在一起，出一个小版张什么的。从目前情况看，技术条件是做不到的。因为咱们雕刻版的设备只有一个颜色，你12个当中雕刻的线条已经有好几种颜色了，所以说不可能在一个版上印好几种颜色的雕刻版，这个技术问题，咱们国家现在还解决不了。我觉得比较难办的是内容，大家提出了很多意见，有的说出国画，有的说出出土文物，有的说出民间木雕、民间玩具，等等，对我们都有启发。这次研讨会，对第三轮生肖邮票的设计和印制工作是有促进作用的，我们将尽最大的努力，在现有的技术和印刷条件下，力争搞得更好一些，让生肖文化发源地的中国生肖邮票在世界上有一席之地。

无独有偶，2001年3月11日，加拿大中华邮币学会为庆祝该会成立9周年，在温哥华举行了中国生肖邮票研讨会，有60多人出席。与会者发言极为踊跃，一致建议中国第三轮生肖邮票尽可能采用名画家的作品，并公开向海内外征稿。大家也期望从中国第三轮生肖邮票起开始发行小型张。并发行生肖邮资封及12枚生肖邮票结合在一起的"全家福"小全张，发行量控制在百万枚以内。总之，与会者一致希望，中国第三轮生肖邮票能以活泼、可爱、乖巧、充满朝气的生肖图案展现于世。

五、对生肖邮票设计发行规律的探索

综观中国邮政发行的一至三轮生肖邮票,虽然每轮各年设计水平参差不齐,但都各具特色,可圈可点。若以一言而简述之,则第一轮多为大家高手原创,艺术水平高,广受好评,经得起历史检验和岁月磨砺;第二轮是民间工艺移植,传统特色强,民俗营养丰厚,也值得肯定和赞赏;第三轮系名家创新,时代气息浓,视觉效果好,大受欢迎。目前,第四轮尚在进行时,也已发行大半。从整体回顾,尽管少不了负面评价的声音,但肯定的声音还是主流。尤其特邀名家画稿和向社会征稿相结合的设计思路,有利于造成生肖邮票"百花齐放"的局面,并逐步走出一条符合中国生肖邮票定位的正确道路。还有,第四轮生肖邮票,综合以往的特色并发挥不同版别的优势,恢复雕刻版并尝试与胶版套印,印刷效果焕然一新,邮票中心图案的线条感更鲜明,色彩感更鲜艳,呈现出新的艺术效果。综上,我国生肖邮票的设计发行已进入"不惑之年",实际已反映出自身不断发展和创新的客观走势。这就是规律,是时候对之进行全面总结提炼,以期为今后生肖邮票的设计发行提供借鉴与遵循。

(1)生肖不是动物,只求神似不求形似。规律之一,生肖邮票不是动物邮票。十二生肖的原型源于12种动物,包括神话中的龙,但并不等于自然界中的这些动物,而是人的生肖属相,是人的出生符号,是人们寄寓良好祝愿的吉祥物。设计生肖邮票,应该牢牢把握这一本质特征,无论是人们喜爱的兔、马,友善的狗、牛,敬畏的龙、虎,还是人们厌恶的鼠、蛇,以及其他的羊、猴、鸡和猪,都不能离开原型的动物形象,但又要给人以吉祥幸福的感觉。在方寸之间,体现出"生肖情、文化味、艺术美、新年喜"。生肖情,就是只求神似不求形似,以现代设计表现传统文化精髓,将生肖形象设计成祥瑞之物,使人看了有亲切感;文化味,就是通过设计让生肖形象灵动起来,给人以许多联想,以底蕴深厚的生肖文化,激励人们团结和谐、奋发向上,使人看了有时代感;艺术美,就是在设计中运用布局和技巧,展示生肖的艺术形象,使人看了有美不胜收的审美感受;新年喜,就是以色彩、构图、纹饰等设计元素,充分显示新年喜庆吉祥、祝福传情的热烈气氛。

(2)中国设计神形兼备,放眼世界,"风景这边独好"。规律之二,文化自信。自1950年日本首开发行生肖邮票先河以来的70余年,世界上已有137个国家、地区和联合国发行生肖邮票5500余种。繁花似锦,争奇斗艳。外国发行的生肖邮票,其中确有不少精品佳作,在设计上、印制上有许多值得借鉴之处。我们可以专门研究,认真加以吸收。但总体而言,由于十二生肖源于中国,我国生肖邮票最能体现生肖文化的深意和神韵,因而是最受关注、最受欢迎的生肖邮票,可以说独树一帜、独领风骚。

实践证明,设计生肖邮票不论用何种手法,写意画、工笔画、装饰画也好,漫画、动画也好,工艺品、文物古迹、民间故事、神话传说移植也好,都可以,关键是要掌握生肖邮票的"生肖"特性。"生肖"二字中,"生"是人的出生符号;"肖"是人的吉祥物。就已发行的生肖邮票看,有几种设计手法很值得重视。一是拟人化的设计合乎情理,既为设计者提供了广阔的想象空间,又体现出人性化,增加了人们欣赏邮票时的亲近感。如第二轮鼠票"万家灯火光明前景"画面中秉烛鼠的设计;第三轮虎票画面上威武自信的站立虎的设计。二是夸张变形的设计有助于表现,容易展示生肖形象的灵性,特别适合鼠、蛇、狗、猪等不招人待见的生肖原型的改造。在中国四轮生肖邮票中,夸张变形的设计比比皆是。三是写意画的设计含蓄隽永，容易显示生肖形象的神韵。如第一轮猴票，第三轮猴票、鸡票、兔票，第四轮猴票等设计，都是成功之作。四是装饰画的设计典雅耐看，有现代气息，融古今中外文化于一体，是塑造生肖形象的又一途径。如第一轮鸡票、猪票、狗票、牛票，第二轮牛票，第三轮狗票、蛇票、马票、羊票，第四轮鸡票、牛票、龙票等的设计，均获好评。五是民间工艺移植设计取材广泛，经过再创作，塑造出的生肖形象富有传统意蕴和民族特色。如第一轮龙票设计综合了年画、剪纸和刺绣等多种民间工艺；第二轮龙票设计来自汉代青龙瓦当；第四轮龙票一套2枚，其设计分别取材自九龙壁上的造型和民间吉祥纹样"祥龙拱璧"的造型；第二轮生肖邮票中，更多设计直接取材剪纸、泥塑、布艺等民间工艺。这些都是取材与设计的成功范例。

对比其他国家和地区的生肖邮票，中国生肖邮票的品种少而精，也是一大优点。许多国家和地区品种多而滥，少数国家主要向外国出售，商业味太浓，优劣泾渭分明。但外国生肖邮票的设计与发行，也有很多长处，值得我们学习借鉴，但前提是，我们必须坚定文化自信，洋为中用，守正创新，以此更上一层楼，在生肖邮票的发行上，向世界汲取营养并提供中国设计。

（3）十二生肖循环轮值，不必讲究从鼠开头。规律之三，实事求是。我国一至四轮生肖邮票，都是从猴年开始，羊年结束。对此，一直以来不断有人提出异议，认为这样打乱了十二生肖排序，长久了会被误认为十二生肖从猴开始。特别是在每轮生肖邮票发行接近尾声时，总有人提出下一轮生肖邮票应从鼠年开始，中间4年停发或以发行十二生肖集合小版张等形式过渡。

这个提议实不可取。中国十二生肖，从古到今的传统排列，除了个别少数民族有不同外，确实是以鼠为首，至猪结束。每轮生肖邮票从鼠开始发行，固然最好，但也不必非如此不可。因为生肖纪年本身就是一个循环系统，12年一个小循环，60年一个大循环，往复循环不已，大可不必讲究头尾。十二生肖本身也是一个团结和谐的整体，每个生肖轮值一年，谁也不能多值一天，并无大小先后之分。作为人的生肖属相，谁生在哪一年就属那一年的生肖，并无高低贵贱之别。封建时代的皇帝至尊至贵，既可以属龙，也可以属猪，又何必讲究以鼠为首呢！中国生肖邮票从猴开头，是历史与时代的选择，有深厚的历史底蕴和时代背景，还是不要人为改变，而是跟随历史车轮自然前进最好。

世界上已发行过生肖邮票的100多个国家和地区，真正从鼠年起首发行的屈指可数，绝大多数首发不在鼠年。我国的香港、澳门和台湾地区，只有澳门地区从1984鼠年开始发行生肖邮票，香港地区是1967羊年首发，台湾地区是1969鸡年首发。尽管如此，人们至今仍然按照传统十二生肖排序，并没有因此而有所改变。

我国发行生肖邮票的日期，除了第一、二轮猴票外，均在每年的1月5日。有人认为，这样不正规，中国干支纪年是从农历正月初一开始，希望在正月初一发行。照理，这样做确实正统，但须知中国人过春节最看重正月初一这一天，如果放在正月初一发行生肖邮票，势必给邮政部门和广大集邮爱好者带来诸多不便。因此，初一也不是理想的日子。既然每年1月5日发行生肖邮票已经40多年了，约定俗成，也是规律，还是不改最好。

（4）多一些理解与包容，鼓励创新和提高。规律之四，众口难调是所有艺术门类的宿命和难题，邮票设计也绕不开这道难题。生肖邮票是当今最热门的邮票，人们对其的要求也越来越高，十目所视就有十手所指，当知"其严乎！"生肖形象只有12个，这么多国家、这么多年无限循环下去，设计难度确实越来越大，大众口味及满意度越来越难以调适周全。

就我国生肖邮票的设计发行而言，以上举例，都充分说明参与的每一位设计者都尽到了最大的努力，国家邮政部门也都十分认真地进行了组织和评选，对邮票图稿择优而用。但爱之深责之切，悠悠众口之下，也不全是赞誉之声，不同看法和批评意见在所难免，有的甚至非常尖锐。

对于各年发行的生肖邮票，群众关注度高，认真评议，各抒己见，首先是值得肯定的。这有利于有关方面倾听群众呼声，促进邮票发行工作的改进和邮票设计水平的提高。其次也要平心而论，必须承认设计生肖邮票的难度越来越大，群众满意度不容易兼顾，这需要各界多一些鼓励，多一些理解和包容。有关方面也要正确对待群众评议，特别是负面评价和批评意见，从善如流，集思广益。实践证明，生肖邮票设计还是要走专群结合的道路，既可以继续向名家大师定向约稿，又可考虑向社会公开征稿，无论哪种方式，都要引入竞争机制，"龙舟竞渡"，效果导向，不拘一格，优者胜出，重视和发挥名家大师的扛鼎作用，同时鼓励创新和新人新作。这是改变艺术设计宿命、解决普适众口难题的唯一可行之路。

第四节
生肖邮票的鉴别和辨识

鉴别主要指的是对邮票的鉴真与辨伪。辨识则主要是指对商业性邮票的正确认识。这些都是收集和整理生肖邮票过程中回避不了的问题和必备的基础集邮知识。

一、中国生肖邮票的赝品与辨伪

1978年后,中国步入改革开放新时期,长期被压抑的集邮活动逐步得到恢复。随着集邮热的兴起和集邮市场日趋火爆,一些不法分子也打起制假售假牟利的歪主意,绝迹许久的邮品作伪或臆造邮品等丑恶现象,又在集邮市场上沉渣泛起。特别是1980年猴票发行后,中国生肖邮票领域,一度成为制假售假重灾区。

以往几十年里,围绕生肖邮票发生过大量的伪造、变造、欺诈案例。比较典型的如:伪造邮票,用纪念张作假的第一轮猴票;变造邮票,用化学试剂处理的"白猴"票;改造邮票,用小本票伪造齿孔的第一轮鸡票;印制假票,更有甚者,动用现代印刷设备制版盗印。其中尤其是《庚申年》邮票,被不法分子以各种版别盗印,数量之大，范围之广，均超出人们的想象。有些作案者利令智昏，手段十分可笑。

1984年10月，郑州破获南京职工李某某、王某某伪造"猴票"案。两人利用南京某基层集邮协会以《庚申年》邮票四方连为图案彩印的纪念张，自制孔针，有机玻璃夹板等工具，打孔制成猴票四方连伪品，以一个20~25元的售价，先后在南京、苏州、杭州、郑州等地出售。在郑州火车站广场售假时被当场抓获。

1997年9月，邮政部门做过调查，邮票市场上有大量的假邮票。其中伪造的《庚申年》邮票，即达十几种版本。

大量出现的《庚申年》邮票伪品，包括新票、信销票和实寄封片等。早期伪品有许多是利用国内各地印制的纪念张上的邮票图案变造的。这类纪念张上的邮票图案一般均与真品原大原色，齿孔俱全，仅在图案右下角印了一条黑斜线。

变造的新票是把黑斜线擦去后，用同颜色补画掩盖擦痕。变造的信销票是用邮戳将擦痕盖住，有的假邮戳实际是手工画上去的。变造的实寄封则是把假信销票贴在旧信封上，再补盖或补画邮戳。

真假猴票的辨别要点是：

（1）看纸质。真票使用邮票专用纸，细腻光洁；假票多使用铜版纸，较光滑厚实。

（2）看印刷。真票是雕刻版印刷的。画面猴头上、手臂上和身上可看到清晰的纹络，有质感，且黑色颇深，油光发亮；假票多是胶版印刷的，毛发不凸，平滑，无质感，黑色部分也淡而无光泽。以高倍数放大镜看印刷网纹，就更容易辨别。

(3)看票面。真票的画面，大体有两种颜色，一种为"红猴"颜色深红，另一种为"粉猴"底色稍淡，不论是红猴或者粉猴，票面的红都有光泽，看上去很鲜艳；假猴票则票面底色浅淡无光泽，纸面泛毛，票色异样，就像被日光长久晒过一样，与真票差别明显。

(4)看金色。真票上的猴，其眼、鼻、嘴、耳、手、足等处的金色，黄中泛亮，猴的眼圈、鼻线、口裂线条清楚，棱角分明；假票中的金色，均呈灰黄，猴的眼圈、鼻线、口裂等处，线条不整，一片模糊、暗淡，还有断线处。

(5)看背墨。印刷雕刻版邮票，需要使用专用油墨，当时邮票厂库存不多，于是兑入少量铅印油墨，混入铅印油墨后不易干，印出来的邮票容易粘连，所以真票的背面，或多或少都有一些黑色墨迹，靠右部呈短竖线者较为多见；假票没有经历这个过程，故背面无此墨迹，有的假票背面如这样的墨迹，也是人为加上去，做不到真切自然。

前一阶段，猴票造假多以胶版印制，尚易于分辨。1992年以来，在邮票市场上发现有多种雕刻版的假猴票，票幅、齿孔与雕刻版真票基本一致。有的甚至印制得非常逼真，原边纸上的红色"北京邮票厂"厂名和检验号等一应俱全，不易分辨。雕刻版真假猴票的主要区别，综合起来有以下几点：

(1)真票的雕刻线条自然细腻，"庚申年"三个字的字体瘦而有力；假票上这三个字字体较肥，部位较低，猴身上的线条都比较粗，墨色较黑，有的假票猴尾端宽大，线条散乱。

(2)真票的纸质光洁，从背面可以看出猴图案的轮廓，而且背胶明显；假票则不然，有的假票纸质略厚，较粗，齿孔尖处发毛，红底色稍白，背胶不明显，有的假票用纸吸墨性强，使正面图案油墨渗透背面。

（3）真票图案下方的志号 T.46（1-1）与右边的年度"1980"基本平行；假票上的志号 T.46（1-1）略向右移，并向上高出较多，与"1980"不平行。

（4）真票面值"8"字，以双线雕刻，双线之间雕刻斜条纹，粗细间隔均匀；假票上，这些条纹粗细疏密不一，与真票纹路也不相同。

（5）有的假票带票边和厂铭，漏洞明显，可发现边纸上的红色边线不整齐。厂铭"北京邮票厂"几个字的字距，真票为 20mm，假票为 18mm。

（6）假票齿孔不规则。有的四边齿孔大小不一致，有的孔径不圆，假票与票边之间的齿孔更能暴露破绽。真票整张四边角印有打孔对准线，齿孔均贯通。假的整张票，四边没有打孔对准线，齿孔仅左右贯通，上下不贯通。假背胶不均匀，有的颜色发暗，有的无胶性。

另一典型案例是"白猴"。湖北钟祥县一位集邮者曾将个人收藏的一枚白底《庚申年》"猴"票交付拍卖，以 4.1 万元价格成交。此事很快在集邮界引起质疑，众说不一。无独有偶，南昌市集邮协会也曾接待过两位集邮爱好者，他们带来 1 枚"白猴"票，声称这枚邮票是他们于 1980 年从信封上揭下收藏的。

该票为旧票，销江西省南昌市 1980 年 5 月 12 日戳，该票与正常猴票比较，其白底部分纸质较软、较薄，黑猴部分纸质较厚、较挺。而正常猴票红底部分和黑猴部分纸质均一样。用 5 倍放大镜观察，只见该票白底部分票面不够光滑，猴脸部及身上的金黄色无亮度，呈土黄色，用 30 倍放大镜能清晰观察到异状。该票系人为使用化学试剂将红色褪去加工而成的"白底"猴票。（载 1992 年 7

月29日《中国集邮报》）

首轮生肖邮票造假的主要对象还有《辛酉年》鸡票。这是用《辛酉年》小本票真品人为变造而成的《辛酉年》邮票。

T.58《辛酉年》邮票，1981年1月5日发行，全套1枚，影雕套印，齿孔度数11.5度。与这套邮票同时发行的SB（3）《辛酉年》小本票，发行量61.65万本。每本内含12枚《辛酉年》邮票，分两行排列连印，由过桥票分隔成左侧的四方连和右侧的八方连；横向仅中间一行有齿孔，上下是裁切边，无齿孔。这是我国首次发行的生肖邮票小本票。在一段时期内，集邮者对小本票的收集兴趣远不如邮票。结果，到20世纪80年代中期，《辛酉年》邮票与其小本票的价格相差很大，邮票供不应求，小本票滞销。各地均出现了大量用小本票上的邮票变造成四方连或八方连邮票出售。其主要辨别特征是：

（1）小本票上的邮票横向上下是裁切边。变造者用手工办法在裁切边上打出齿孔后，邮票上下变短了，纵向的票幅比正常邮票短了约1.7mm。而真票票幅为26mm×31mm。

图146 SB（3）《辛酉年》小本票

（2）有的变造者为了防止出现票幅变短的漏洞，先在小本票裁切边上拼接上原票上的边纸，经打磨敷平后再打齿孔，使变造票幅与真品一致。有的甚至还拼接出竖 8 方连票，很能蒙骗人。但黏接的边缘，用放大镜就能看出破绽。

此外，陆续发现的生肖邮票变造品还有 T.70《壬戌年》狗票。作伪者也是利用小本票中的邮票，变造上下边齿孔，其特征与上述《辛酉年》小本票的变造品类似：

（1）齿孔不匀不圆，齿尖平整，没有分撕时形成的纸毛。

（2）邮票尺寸变短或上下两枚票票幅尺寸不一致，真品为 26mm×31mm。

所见变造伪品还有 T.80《癸亥年》猪票。新疆邮市上曾出现该猪票的"漏印变体"信销票，其特征为：票幅、齿孔、图案均与真票一致，但无国铭、志号、面值及图案中的"癸亥年"红印章，成为纯白底盖有邮戳的"白猪"。此票是作伪者利用《癸酉年》小本票第二页左边"过桥"上与邮票完全一样的票图，以生肖猪为主图，按邮票尺寸剪裁，再四周打孔，变造而成。

第二轮生肖邮票中的 1993-1《癸酉年》鸡票，1 套 2 枚，票名分别为"雄鸡报晓"和"四季吉祥"。伪造者臆造出有红色无黑色的"雄鸡报晓"图"错色"变体票行骗。这枚票的红色图案，真品为雕刻版印刷，伪品采用单色胶印，无线条凸出质感；真品文字、面值为黑色，伪品亦为红色，纯系臆造。因为正常印刷的邮票，不可能漏印黑色，而将票面上的文字、面值全错印成红色。这个错票错得离谱，明眼人一看即辨真伪，作伪者搬起石头砸了自己的脚。

第三轮生肖邮票自2004甲申年猴票起始，到2013癸巳年蛇票问世，很快邮市上先后均出现从猴至蛇各种假的生肖邮票邮局全张即俗称大版票。

鉴别这些假票并不难。中国邮政每套新邮发行前，都要例行公示邮票图案及防伪方式等资讯，邮友只要仔细阅读邮票发行公告，就能基本上掌握对假票的辨识要点。

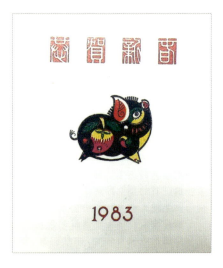

图147《癸亥年》小本票中的过桥票，作伪者利用它臆造成猪票漏印变体

图148 2006-1《丙戌年》特种邮票

（1）看版别。这是首先要确认的一点。第三轮生肖邮票全部采用影写版印制，假票是胶版。在放大镜下观察，影写版网线细密，分布均衡，网点多为空心，这也就容易造成印刷图文边缘不齐整，是网点空墨所致，显现出影写版特征；胶版是低成本印刷方式，普通胶版更容易识别，其网点较粗大，分布不规则，呈花纹状，不是网格状，网点实心着墨，印刷图文边缘齐整，吃墨厚实。

（2）看纸张。第三轮生肖邮票的用纸，全部使用新一代多色荧光彩点防伪邮票纸。它与原防伪纸张不同的是，发光材料的形状由丝状改为点状，发光颜色由单一蓝色增为四色，在紫光灯照射下，呈现红、绿、蓝、黄四种荧光彩点。这种防伪邮票纸科技含量更高，极大增强了我国邮票专用纸的防伪性能。

（3）看油墨。印刷第三轮生肖邮票的油墨，均添加了防伪油墨成分，借助紫光验钞灯照射，邮票图案上的红、绿、蓝、黄色彩十分耀眼悦目。如丙戌狗年票图中的五彩瑞犬，身穿红色对襟马甲，在紫光灯下，红色显得尤为鲜艳。同时，均以 6 色油墨精准套印，画面整体色彩饱满浓厚，主图细节与其装饰物醒目。如丙戌狗年票图上的铜铃、绣球、莲花装饰和狗的石榴状脸部、五彩尾巴、佛手状狗爪等细节，都刻画得十分细腻。

（4）看齿孔。第三轮生肖邮票的齿孔都增加了异形齿孔，即在邮票四边中间位置各打了一个六角星状齿孔。异形齿孔角度完整光滑，很难模仿，这就进一步增强了其防伪性。

（5）看版式。第三轮生肖邮票从丙戌年狗票开始，大版票边纸上的色标改为以前很少采用的圆点形色标，每版一组，为黄、红、绿、蓝、灰、黑 6 色，其中红色圆点是荧光油墨色标。同时调整邮局全张枚数，由猴和鸡前两套票的每版 24 枚减少为 20 枚；在邮局全张票边纸上增加了邮票名称，一般置于全张票左上角第 1 号票位上方。全张票的版式设计更加规范。

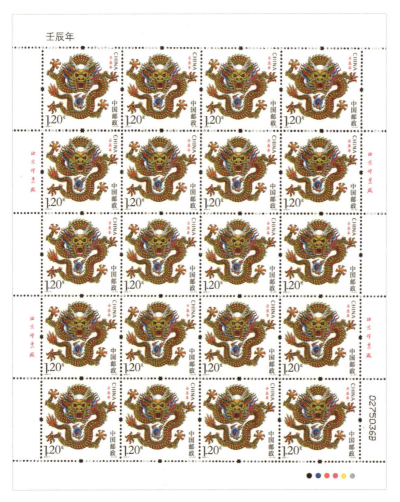

图 149　2012-1《壬辰年》邮局全张

以上要点，对于第三轮生肖邮票，是鉴真的标准和辨伪的尺度。集邮者以此为鉴，对照识别，直观目测，即可大致分辨真假。还要学会使用必要的验票工具，对其进行准确判别。在高倍（通常20-30倍）放大镜和专用荧光灯下，假票很容易露出破绽，集邮报刊上曾公布相关鉴定意见，可资参考。

（1）甲申猴票。假票猴头外缘的锯齿纹和实体套色不准，猴背上的金色纹和实体的黑色之间有露白；真票是采用专色印刷手段，无纹色套印不准和露白现象。

（2）乙酉鸡票。真假区别最明显处，在于图案中鸡爪下面书法一横其右侧的笔锋。假票的笔锋线上端比下端的长；真票的笔锋线下端比上端长。

（3）丙戌狗票。真假区别明显点看狗眉毛，有两层。真票上黄下蓝；假票中的狗眉毛印刷不清，只有一层黄色。

（4）丁亥猪票。真假差异判断是仔细看四只小猪的尾巴。真票上小猪尾巴都有一个圆圈；假票有的没有或者有也是模糊不清。另外，母猪背上的黄色花纹，真票线条清晰可见；假票显得模模糊糊。

（5）戊子鼠票。真票色彩鲜艳，假票色彩偏淡。真票上老鼠眉毛的三个分叉尖端都很尖，假票上的三个分叉尖端钝而模糊。

（6）己丑牛票。真票牛身上的网纹和头角上的金色光效明显，变换角度可见反光效果；假票的金色效果，晦暗不清晰。

（7）庚寅虎票。真票邮局全张边纸右上方的虎图瓦当标识是一个完整的圆圈，"庚寅年""2010 Happy New Year"等字样是灰偏白色；假票标识模糊，未形成完整圆圈，字色灰偏黑。

（8）辛卯兔票。荧光灯下，真票上兔的蓝色圆月背景和身上的蓝色花纹均有荧光；假兔票没有荧光出现。放大镜下，真票主图的色彩、纹饰非常鲜艳和清晰；假票色彩暗哑，特别是蓝月背景中的祥云纹饰显得较为模糊。

（9）壬辰龙票。真票上的龙，形象生动，有景深立体感，墨层厚实，色彩稳重，龙首龙身随视角变化，有金属光泽闪烁的动感；假票无立体感，墨层轻飘，画面显得呆板无神采。

（10）癸巳蛇票。真票采用影写版高网线技术和专用防伪油墨专色印刷，科技含量高，荧光灯下，图案中的蛇珠熠熠生辉；假票用荧光灯、放大镜观察，就会发现是用胶版印刷。最不协调的是全张边纸上的厂名"北京邮票厂"，假票是用真票扫描制版，所以比真票字体粗一些。另外，由于假票是翻版胶印，图案和网线放大后模糊；刷色虽然也用上了荧光油墨，但是在荧光灯下，可见字体浮肿不清晰，图案色彩不亮眼；特别是齿孔，假票所用凿孔机虽经改良，却很难达到邮票专用设备的精度，打出的星形防伪齿孔边缘毛糙，远比不了真票齿孔的齐整。最可笑的是，造假的癸巳蛇票，有一种公然假到极端上了：与真票对比，图案上的铭记"中国邮政"从右侧跑到左侧，面值"1.20元"从左上跑到左下，这已不知道是愚蠢还是猖狂。

假邮品的存在和泛滥，使相当多的集邮者对中国早中期邮品望而却步，失去求购收藏的热情；使广大集邮者对邮票市场和有关部门产生信任危机，失去坚持集邮的信心与毅力。这种造假肆无忌惮、辨伪人人自危的局面，已经严重影响到集邮活动的健康开展和集邮市场的长治久安，生肖集邮活动同样受到波及,不能不引起集邮界的高度重视。集邮文化建立在集邮经济基础之上,有集邮活动就有集邮交流和集邮市场,有集邮交易就免不了混迹其中的制假售假行为。对此,集邮者一方面要坚持社会主义核心价值观,弘扬和倡导高尚邮德,洁身自好;另一方面也必须了解市场的两面性,擦亮自己的眼睛,戴上"邮识"和"经验"这一双镜片构成的眼镜,在集邮中掌握鉴真和辨伪的本领,让伪品、臆造品、变造品,还包括人为的倒戳邮品、修补邮品、违规邮品等集邮垃圾无所遁形,没有市场。集邮求真和邮市打假永远在路上!

图150 2010《庚寅年》虎票邮局全张第4票位

图151 癸巳蛇票假票之一

二、注意辨识国外生肖邮票和臆造的生肖邮票

自从日本 1950 年发行世界上第一枚生肖邮票以后，直到 1980 年中国内地（大陆）开始发行首套生肖邮票，这段时期，仅有亚洲的韩国、越南、蒙古国、老挝，以及中国香港、中国台湾等为数很少的国家和地区发行过生肖邮票。而到 1997 年，已发行生肖邮票的国家和地区达到 56 个。到 2002 年，发行过生肖邮票的国家和地区达到了 80 个。其中，亚洲 24 个，非洲 21 个，大洋洲 20 个，美洲 8 个，欧洲 7 个。截至 2023 年，全世界累计已经有 137 个国家、地区和联合国邮局发行过生肖邮票，全世界共发行生肖邮票 5500 多种。

20 世纪 50—80 年代，跨越近半个世纪，是生肖邮票发行的早中期，也是生肖邮票的萌芽阶段和亚洲阶段。这一时期，发行生肖邮票的国家和地区没有超出亚洲范围。90 年代以来，是生肖邮票步入全球发行的高潮阶段。这一时期，以美国为首，大量的国家和地区开始加入这一行列，使生肖邮票的数量、内容、形式都发生了巨大的变化。截至 2002 年，全世界已发行生肖邮票种数达到 1600 多种，其中还包含有大量的小型张、小全张、小版张、小本票、异形票及自粘票、金属材质票等。如此迅猛的发展，从表面上看，直接来源于两个重要因素。

一是中国的示范效果和美国的带动作用。中国、美国作为具有世界影响的大国，其文化（包括集邮文化）价值取向对世界邮票发行必然会产生一定影响。

二是市场利益的驱使。美洲、非洲、大洋洲的一些国家和地区，尤其是一些小国、岛国，热衷于发行别国热门题材邮票，例如国际邮展、贺年、运动会等，

以赚取外汇收入。成为世界邮票发行热点的中国生肖,自然备受关注。

为此,我们不妨对亚洲、非洲、拉丁美洲部分国家和地区在发行生肖邮票过程中存在的一些非正常现象及典型事例进行观察分析,认识一些国家和地区借助国际邮商代理设计、代理发行的生肖邮票,以及更有甚者,由个别利令智昏的国内外个体邮商臆造出来的所谓"生肖邮票"。

阿富汗面积65万平方公里,早在2000多年前,即成为东西方交通贸易的必经之地。阿富汗首都喀布尔,是中国通往中亚、远至欧洲的"丝绸之路"上的历史名城。这里也是东西方文化交融的地区,与中国的生活用品、工艺品贸易交流及文化交往经久不衰。

1999年9月21日,阿富汗为中国1999世界集邮展览发行了一套《中国京剧脸谱·星宿谐生肖》邮票小全张。全套12枚邮票,图案分别为12种中国京剧脸谱,每个脸谱都绘有艺术夸张的生肖动物形象,金色的衬底下方,印有中文地支生肖名称。

这套阿富汗十二生肖邮票是不是正式邮票?《生肖集邮》2002年第5期发表张磊的署名文章提出否定意见。理由是:阿富汗近20年来没有发行过1枚邮票。在塔利班执政期间,阿富汗邮政发信件不贴邮票,一律由信差骑毛驴送给收信人,然后向收信人收取"脚费"。2000年11月,阿富汗邮政发表声明:自1989年12月以后,阿富汗没有发行任何邮票。据此,文中认为,此种阿富汗十二生肖邮票小全张系个别邮商肆意臆造的"花纸头",毫无收藏意义。

非洲面积3022.7万平方公里,仅次于亚洲,是世界第二大洲。非洲是世界文明的发源地之一。15世纪起,葡萄牙、西班牙、荷兰、英国、法国殖民者相继侵入非洲。到第一次世界大战前夕，非洲除埃塞俄比亚和利比里亚两国外，全洲面积95%以上的土地被欧洲殖民者瓜分。第二次世界大战争后，非洲民族独立运动蓬勃发展。经过长期斗争，非洲绝大多数国家已经独立。广大的非洲国家与人民对中国十分友好，对中国文化非常景仰，但他们对中国文化的理解也存在一些局限性，体现在他们发行的生肖邮票上。

非洲国家和地区发行的生肖邮票具有一些鲜明特征：

一是初期对中国生肖文化的理解比较表面化，生肖邮票设计只是简单照搬生肖动物图案。例如，非洲最早发行生肖题材邮票的南非博普塔茨瓦纳地区，1992年2月12日发行的鸡年生肖邮票，全套4枚，图案为"苏塞克斯""罗德岛""褐来客""白莱克"等世界优质种鸡。当年8月18日又发行博普塔茨瓦纳邮展小型张，图案仍是优质鸡种。虽然小型张上印有英文"鸡年"字样，但是这些邮票图案留给人们的印象仅是一群鸡。1994年1月14日南非的文达地区发行狗年生肖邮票，全套4枚，1枚小型张，其设计、印刷风格几乎与博普塔茨瓦纳鸡年邮票完全一致，也是搬用了一些名贵宠物狗图案，不同之处在于增加了中文"狗年"字样。

再如，坦桑尼亚1996年4月12日发行鼠年生肖邮票，全套4枚，小型张、小全张各1枚。图案分别是在草地、石堆、河滩、树干上的老鼠。由于画面过于写实，老鼠被描绘得非常逼真。殊不知，如此真实地渲染鼠的动物自然形态，不但与生肖文化相距甚远，而且使邮票画面毫无美感可言，观之只能令人心生厌恶。不明中国生肖来龙去脉的国外集邮者甚至会对此产生疑问：难道中国的鼠年就是欣赏老鼠？尼日尔1998年发行的虎年生肖邮票，全套3枚，小型张4枚。图案全部都是虎的自然生态照片，色彩鲜艳，栩栩如生。虽然邮票上印有中文、法文"虎年"字样，但更像一套宣传保护野生动物的邮票，使人们难以将其与生肖文化联系起来。

二是有的国家借助国际邮商代理设计，甚至代理发行，造成选题撞脸，图案雷同，设计简单，粗制滥造。例如，冈比亚、塞拉利昂、加纳、乌干达4个国家1994年2月18日发行的中国香港地区邮展小全张，设计形式和风格完全一样，都是包括6枚邮票，图案分别选取中国秦兵马俑及漆器、钟表、鼻烟壶等古玩器物，其中第5枚印有中文"犬年"字样，中国香港地区邮展徽志放置在小全张左上角。不仅如此，这些小全张与拉丁美洲的圭亚那、多米尼克、格林纳达、安提瓜和巴布达、圣文森特和格林纳丁斯等国家和地区为1994年中国香港地区邮展发行的小全张也无二致，如出一辙。这足以表明，为迎合中国集邮者喜好，有人特地在操办两大洲10余个国家和地区的邮票发行。而操办者为图省事，竟然简化到仅设计一种小全张形式，每枚邮票只需换上不同的古玩器物照片图案和国铭，用电脑处理一次就能合成一个国家，如同玩"克隆"游戏。目前，在不少国家和地区发行的生肖题材邮票中，这种生搬硬套、千人一面的现象不在少数。

比较而言，冈比亚同期为中国香港地区邮展发行的1枚小型张别有情趣。小型张图案是一只瓷狮子，邮票图案选用中国香港地区1970年发行的狗年生肖邮票。通过票中票和狮子图、中文"犬年"，体现出中国文化韵味及香港地区地方特色。冈比亚除了为这届中国香港地区邮展发行小型张、小全张外，还在此后同年4月11日发行了狗年生肖邮票，全套12枚，小型张3枚，图案全部选用迪士尼卡通狗形象。一年之中多次发行生肖邮票，而且数量品种繁多，这也是一些非洲国家发行生肖邮票的一个特征。

三是热衷于发行十二生肖小版张。有的非洲国家刚发行一两年生肖邮票，一轮未完，就发行十二生肖小版张。这显然是对坚持12年慢慢发行生肖邮票缺乏耐心，主要原因还是看重经济效益，通过增加全套邮票枚数以期收益最大化。例如，塞拉利昂1996年1月6日在发行鼠年生肖邮票、小全张、小型张之外，又在7月15日发行了十二生肖小版张，图案采用中国画风格。加纳1994年起间断发行生肖邮票，1998年发行十二生肖小版张，图案采用中国年画风格。中非共和国1998年1月首次发行虎年生肖邮票，就同时发行小型张和十二生肖小版张。

拉丁美洲是指美国以南的美洲地区，面积2074.4万平方公里。拉丁美洲原为印第安人居住地，15世纪至16世纪，全部沦为西班牙和葡萄牙的殖民地。拉丁美洲各国除巴西用葡萄牙语、海地用法语、加勒比海和中美地区少数国家和地区用英语外，均通用西班牙语。19世纪初起许多国家相继独立。现在拉丁美洲共有24个国家，尚有一些仍属美、英、法、荷统治下的殖民地。

拉丁美洲已发行生肖邮票的10多个国家和地区中，大多数是1994—1996年首次开始发行的。1994年2月18日，中国香港地区邮展开幕。这一天，拉丁美洲有7个国家和地区发行以中国生肖狗为题材的邮展纪念邮票，其中包括：圭亚那、多米尼克、格林纳达、安提瓜和巴布达、圣文森特和格林纳丁斯等。

如前所述，这些为1994年中国香港地区邮展发行的邮票极为相似，全部采用6枚一套的小全张形式，区别仅在于有的票形横式，有的竖式；邮票图案内容全都是体现中国传统文化的器物；小全张边饰左上角全都印有中国香港地区邮展徽志，6枚邮票的第5枚图案均有狗，并有比较醒目的中文"犬年"字样。有5个国家发行了1种小全张，圭亚那发行2种，圣文森特的贝基亚格林纳丁斯地区竟发行了 6 种小全张，使全部邮票总数达 36 枚之多。这 7 地 13 种小全张，内容和形式近于一致，设计看似出自一人之手。

这种多国和地区统一发行某一特定题材邮票的事例，在国际邮坛不胜枚举。其背景往往是跨国邮商在幕后策划与操作，设计和印制出邮票，由专门机构代理发行。从 1994 年起，中国生肖邮票引起了他们的兴趣，于是形成持续不断的开发热潮。

除了前述冈比亚发行狗年生肖邮票外，1994 年 4 月 5 日，安提瓜和巴布达也专门发行了狗年生肖邮票，包括 1 枚小型张，2 种小全张，每种小全张各含 12 枚邮票，图案全部是宠物犬，照例每枚邮票上都印有中文"犬年"字样。5 月 17 日，多米尼克又专门发行狗年生肖邮票，全套 8 枚，小型张 2 枚，图案为各种名犬，每枚邮票上都印有中文"犬年"字样。9 月 22 日，格林纳达也专门发行狗年生肖邮票，全套 9 枚，图案为美国迪士尼动画狗形象，每枚票上也印有中文"犬年"字样。

中国香港地区邮展开幕时已经发行过 6 种小全张的圣文森特的贝基亚格林纳丁斯，同样于当年 7 月 21 日也专门发行了狗年生肖邮票，包括全套 8 枚邮票，另有 1 种小全张，内含 12 枚邮票。这 20 枚邮票，图案不重复，全部都是宠物狗头像，每枚都印有中文"犬年"字样。如此一来，仅此一地，1994 年就两次发行印有中文"犬年"字样的邮票 1 套、小全张 7 种，总计邮票达 56 枚之多。

圣文森特和格林纳丁斯是东加勒比海地区一个小岛国，面积 389 平方公里，人口 11.17 万人。1979 年 10 月 27 日独立。而圣文森特的贝基亚格林纳丁斯地区仅是这个岛国的一部分，由 10 多个岛屿组成。该地区 1973 年开始单独发行邮票。弹丸之地，人口稀少，一年之内仅为中国的"犬年"题材动辄发行数十枚邮票。由此可见，拉丁美洲确有一些国家和地区发行邮票很不慎重，急功近利，不顾邮政实际需要，随意授权跨国邮商代理本国本地区邮票发行，致使商业邮票大行其道，不仅贬低了本国本地区的邮政信誉，也有损于包括中国生肖在内的邮票题材本身的良好形象。

这一大批"犬年"邮票问世，实际并不被中国及各国集邮者喜爱。所以，有关方面总结经验教训，其后发行的生肖邮票也在改进，开始注重表现中国传统文化内容，力图迎合中国集邮者的口味。格林纳达从1997牛年开始，每年发行金色、银色铝箔三角形不干胶生肖邮票小全张各1枚，改用装饰画风格，尽量改变纯自然的表现，中国文字采用篆书，用心良苦。

面对世界生肖邮票出现发行热的现象，集邮者的头脑不能因为喜爱生肖邮票也跟着"发热"。除了要注意辨识其中商业色彩明显的生肖邮票，酌情对其有正确认识和恰当取舍外；还要警惕混迹在其中的完全凭空臆造的生肖邮票。

近些年来，已见一些名不见经传的国中小国或地区、小岛首次"发行"生肖邮票，多属臆造。例如，现属俄罗斯的图瓦，圣基茨和尼维斯的圣基茨，苏格兰无人居住的伯纳拉岛，格鲁吉亚的巴统，美国的优尼尔岛和根本找不到归属的毕克威岛，都以假托或臆造的铭记发行过生肖邮票。其中，以毕克威岛和尤尼尔岛名义"发行"的两枚2003羊年生肖邮票小全张，均含6枚票，设计风格如出一辙，是彻头彻尾的"花纸头"。

邮票发行的商业化，也是一种全球化趋势。随着邮票的邮资凭证属性日趋减弱，文化收藏属性日趋增强，这一发展趋势早已是显而易见的，并逐步促成世界集邮的产业化。为了规范世界各国、各地区邮政部门的邮票、邮品发行，保证集邮活动健康发展，有关国际组织多年来一直致力于劝阻和抵制邮票和邮品发行中的过度商业化行为。万国邮政联盟、国际集邮联合会、国际邮商协会联合会在1983年11月举行的集邮圆桌会议上，向各国和各地区邮政部门提出8条集邮道德标准，其基本内容是不应超出邮政的实际需要专门为商业利益而发行邮票。在1989年召开的万国邮联第20次大会上，制定了适用于各会员国的《集邮道德准则》。1990年以后，国际集邮联合会、国际邮商协会联合会、国际邮票目录编辑者联合会曾数次公布违反上述准则的"有害邮品"清单。共同约定，清单内的所谓"有害邮品"，不在会员国邮票目录上收录，也不在会员国和国际集邮组织举办的邮展中展出。但在世界集邮产业化趋势下，"有害邮品"的界限实际难以划清，1999年万国邮联第22次大会通过《万国邮政联盟会员国应遵循的集邮道德规范》，原则规定"在每次发行邮票时，邮政部门应确保印刷数量以满足潜在的经营要求和可预见的集邮需要"。此后不再公布所谓"有害邮品"。这表明，邮票商业化实际与集邮产业化相辅相成，二者互为因果，邮票商业属性趋强是时代发展的必然，这是不以人们意志为转移的客观规律。因此，对于国外部分国家发行过多、商业色彩明显的生肖邮票，我们要有正确认识，不必简单排斥，"一棍子打死"，也不可全盘接受。还是要根据实际需要，主要收集自觉践行"集邮道德"的各国和各地区邮政发行的生肖邮票，以其他小国、岛国的生肖邮票为补充，对其无须求全，量力而行，适度收集即可。但要强调的是，臆造票不是商业化的邮票，而是造假邮票，对其应予以绝对排斥和坚决打假。

第五节
生肖邮票的珍品

一、收藏的理念与"珍品"的定义

收藏是人类物质文明和精神文明的活动，伴随人类社会发展始终。在远古时期，先民已知"春种""夏耘""秋收""冬藏"的道理并付诸实践，这是人类社会物质生产的起始状态，也是人类社会得以发展的物质基础，冬藏是其中不可或缺的重要环节。在此基础上，人类精神文明活动开始萌生，逐步形成厚重的历史文化积淀。例如，在石器时代，当人类刚进化到用石头打造生产工具的初始文明阶段，就已经懂得同时用石头磨制一些便于收藏的小饰物美化自己和生活，或在岩壁上作画，用原始艺术留下当时人们的生产生活印象。可以说，历史的延续、文化的积累，也是源于收藏。离开收藏，就没有古代的文明和现代的科技。当然，现代收藏，早已从人类基于生存与发展的需要而采取的自发行为，转变为建立在文化传承与创新基础上的自觉行为。现代收藏是高智力的活动，高品位的享受，高境界的修炼，高风险的投资。

现代收藏是一部永远读不完的书，是一辈子走不完的路。以下四个理念，是众多收藏家的经验之谈，可使你的收藏之路顺风顺水。

第一个理念：不要存"捡漏"的心态。"捡漏"正是一夜暴富的始作俑者，不管是初入行者，还是老玩家，都视捡漏为圭臬。但你必须知道，收藏是历朝历代都有人在做的事，如果你抱有捡漏的心理，还不如去买彩票，那个中500万的几率比这个高。

第二个理念：收藏要从"垃圾"开始，注重积累。你听到这话肯定要跳起来，哪个搞收藏的不想玩精品，倒要去玩"垃圾"？精品好，但价钱也贵，更重要的是你得懂什么是精品。如果你把垃圾当精品买，还不如买垃圾。在邮票市场，信销票、盖销票、纪念张都曾经被视为"垃圾票"，1992年以后，因发行量过大，在邮票市场被打折出售的一批新邮票和小型张被称为"打折票""垃圾票"。初集邮者从收集"垃圾票"开始认识邮票、学习集邮知识，可以少走弯路。

第三个理念：收藏宜细不宜博，越细越好。如果你是工薪族玩收藏，一直在为钱发愁，那么这一条你一定要仔细琢磨了。你不要相信"没钱就不要玩收藏"的话，没钱你同样可以玩得很潇洒，关键是你要选择一条专门、细分化的路，比如你可以专集生肖邮票、专集自己喜爱的专题邮票，不管专集什么都行，一定要缩小范围，坚持下去，精益求精。

第四个理念：把收藏当乐趣。其实，兴趣是入门的向导，收藏的本质就是乐趣，为什么一提到收藏行内人便都自称"玩"，玩就是乐趣，只是现在被金钱和利益遮蔽了。所以你得明白这个道理，回归到收藏的本质上来。你只有把收藏当乐趣，才会用心地、轻松地去做，才会做得出色。退一步讲，即使没取得骄人的业绩，若获得了人生乐趣，也算是花钱买快乐、买健康——这就是玩的境界。

图152 一轮生肖邮票"猴"—"虎"广州至澳门挂号实寄封(其中T.107虎票齿孔移位)

邮票是一种用于寄递邮件和集藏的邮资凭证。在大量使用或集藏的邮票中,存在一种令人瞩目的稀少珍贵品类,名为"珍邮"。

珍邮这个概念,是指其具有常规邮票所不可比的存世量以及高昂的价格。一般来说,珍邮由于年代久远、发行量少、存世量小、价格高、追求者众等诸多原因,成为邮票品类中的"金字塔尖",故有"珍"之称谓。

珍邮概念,可以有以下三种内涵:

(1)珍罕。罕,指稀少。这是指因为种种原因,发行或未发行或撤销发行的邮票,流传至今的存世量极为稀少,甚至会成为孤品。这些邮票以"珍罕"而被称为珍邮。

(2)珍贵。这是指一些邮票因其发行量少导致存世量小；或虽发行量较大，但需求量大，消耗量大，导致存世量少，价格不菲。这类邮票人们往往视为"珍贵"，因此也称为珍邮。

(3)珍爱。这是指那些因其选题受到青睐，设计印制精美，广受欢迎的邮票；其虽存世量较大但追求者众。这些邮票享有人们珍爱之誉，也可以"珍爱"视之为珍邮。

珍邮虽往往出现在古典邮票中，但在近代以至当代邮票中，也常有不同类别的珍邮存世。新中国邮票发行70多年，虽时日不长，但也是各类珍邮迭出，成为邮坛瑰宝。其中，T.46《庚申年》猴票就是一颗万众瞩目的新星。

图 153 加拿大第二轮生肖邮票小型张（2009—2020）

二、《庚申年》邮票的市场效应

毫无疑问，生肖邮票的第一个亮点乃至永恒的亮点是《庚申年》猴票。

由于中国发行的第一套生肖邮票"猴票"设计图稿出自著名画家黄永玉之手，印量及存世量较少，又是中国生肖系列邮票的"龙头"，致使猴票的身价一路攀升。每枚邮票1984年市场价为30元，1990年达280元，2002年达到每枚1500元，2006年年底达到2400元左右，2007年年底已达3500元以上，27年间市价翻了4万倍。20多年来，无论邮市如何大起大落，猴票始终坚挺，稳中有升，这无疑是新中国正常发行邮票中市场增幅最具有传奇色彩的一套邮票。

国家邮政局邮资票品管理司原司长刘建辉是一位认真负责、十分敬业的领导干部，同时也有过担任中华全国集邮联合会领导的经历，很熟悉广大集邮者的心理与需求，他深知1980年猴票在中国集邮者心中和集邮市场上的地位与分量，经过认真细致地调查研究，最终确定："原计划准备发行500万枚的《庚申年》邮票，由于印制过程中出现的邮票'挂脏'，致使成品率大大降低，最后只有检验合格的4431600枚入库，从而比原计划发行500万枚，减少了568400枚。"（详见本书第四章《中国的四轮生肖邮票》第一节关于《庚申年》邮票发行经过的叙述）

这样的印量，与其后发行的生肖邮票印量上千万甚至上亿枚相比，极不成比例，加之当年猴票正常用于通信，使用损耗很多，新票存世量更少，这使得猴票成为新中国邮票中涨幅最大的邮票之一。

猴票单枚稀少，整张版票少之更少。1996年11月，浙江省邮电管理局为了向社会拓展邮政储蓄，举办有奖储蓄活动，特等奖奖品是整版《庚申年》猴票！布告发出，反响强烈，听说有整版猴票做奖品，多少人摩拳擦掌，争先恐后。谁料想此时省邮局的库存中竟无整版猴票可供，眼看开奖在即，火烧眉毛。局领导亲自出马，四处找"猴"，最后只能动员一位老集邮家无论如何要帮忙让出收藏的一版猴票救急，才算过了这座火焰山。

还是在浙江杭州，一位听障集邮者孙熙，收藏一件《庚申年》版票，被3个同为聋哑人的歹徒盯上，声称要高价购买猴版票。善良的孙熙并不知集邮领域与江湖一样险恶，如邮友一般热情接待这几个歹徒，在看到猴版票后，凶残的歹徒竟心生恶念，劫财害命，为了劫走这版猴票，杀害了孙熙夫妇及他的岳母和年仅4岁的外孙女满门4人。破案后，3个歹徒伏法。一版猴票，7条人命，让人感伤，不胜唏嘘！

1980年猴票，让无数人趋之若鹜，也刺激个别无视法律的亡命之徒铤而走险。从正反两个角度的典型事例，不难透视出猴票在世人眼中的造富神话和传奇色彩。

多年来，猴票一直是广大集邮者追逐的对象，每次邮票市场调价，猴票总是不断向上翻。于是许多人感叹："什么时候买猴票都对，什么时候卖猴票都错。"因为在任何一个价位上吸纳都会有丰厚的回报。猴票的市场示范作用吸引了更多的人关注生肖邮票，关注集邮，无形中产生了巨大的宣传作用和社会影响。

许多集邮起步较晚的集邮者，常常以是否拥有猴票，作为衡量集邮水平的一种标杆，使其具有某种集邮资历的象征意义。许多不集邮者往往以猴票的市场价来感受邮市的冷暖，视其为判断邮票投资价值的参照物。近20年来，首轮生肖猴票产生的特殊市场效应，几乎使它扮演着类似邮市行情晴雨表的标志性作用。

三、《庚申年》邮票雕刻原版样张

近年来，一批有姜伟杰亲笔签名的《庚申年》雕刻原版印样，在国内外邮品拍卖会上频频亮相，引起热爱生肖邮票的集邮家注意，尽管价格不菲，仍有人争相出价，将其收入囊中。

《庚申年》邮票印版的雕刻师是姜伟杰。他1971年进入邮票设计室，从事专业邮票雕刻工作。细细品味，《庚申年》邮票雕刻版印样堪称一件艺术杰作。《庚申年》邮票雕刻印样频频被国内外集邮者竞拍，是因为它比《庚申年》邮票数量更稀少，品种更独特。但这种印样的真实数量有多少？是否全部出自姜伟杰之手？详情不得而知。这无形中又为猴票故事增添了新的谜团。

2021年3月，资深邮票设计师、雕刻师赵顺义曾向集邮作家李毅民谈起：T.46《庚申年》猴票是邵柏林提出让姜伟杰雕刻的。当时，北京邮票厂雕刻设计室孙鸿年、李庆发、阎炳武、赵顺义4个人正在雕刻T.48《植树造林，绿化祖国》这套特种邮票。高品璋师傅手里也有活，只是姜伟杰和呼振源有空儿。姜伟杰刻猴票，按照常用的30mm×40mm邮票规格，缩小到一块小钢板上，进行雕刻。在猴图案已经完成，正准备加上面值时，得到通知要改成小票型，只好重新雕刻，按照26mm×31mm邮票规格，用另一块小钢板，雕刻出猴图案钢版。先前30mm×40mm规格的原版作为未用版保存起来。而后来重刻的第二块版是猴票正式印版。这两块钢版，邮票规格不同，但主要轮廓线、框架骨骼线，以及标示线，都源自用原稿翻制的一块大版，有如同胞兄弟。第一块版好比是哥哥，第二块版好比是弟弟，他们的基因是相同的。遗憾的是，原本出场的主角"哥哥"，被"弟弟"抢了风头，"弟弟"大红大紫，"哥哥"无人知晓。后来，邮票市场出现了白纸印的猴票练习版样张，终于让"哥哥"露脸了。

赵顺义特别强调，"小钢板"是指雕刻前的专用材料，区别大版而称小。大版是锌质的，是照原稿翻制的1:1反向图案线稿；"钢版"是指有了图案的雕刻版。要注意"板"和"版"的用字准确。

赵顺义还提起一件事：近期有人送来猴票"样张"委托鉴定，并说这种雕刻版"样张"是刻"猴票"前的练习版，询问是不是原版"样张"。经用放大镜观察，首先肯定"样张"是雕刻版印的。再向委托鉴定人说明，当年猴票原版的雕刻过程，是开始刻了一块大票幅的版，后来又重刻一块小票幅的版。实际印版采用的是小票幅版。拿来鉴定的这枚"样张"，只有图案，没有"中国人民邮政"字样和面值，说明是先雕刻的大票幅版。说是练习版印的"样张"，也说得通。经过测量，其规格尺寸30mm×40mm，与大票幅版吻合。但是究竟是不是用这块原版打样印刷的，不好确定。因为原版上，应该有一些特殊的识别记号，这些记号是缩小与"过版"的基准线，在"样张"上都没有。即票幅的内、外框线和上、下、左、右规矩中线，以及版号等都没有。这有两种可能，一是为了版面干净，印样张前被刮去。再是经过过版机，另外复制的印版印出来的。该"样张"与猴票比对，除了猴子图案大、小有差异以外，布线方式相似度很高，包括线条排列的弯曲弧度、线条疏密变化和线端细节形态等，相似度都很高；黑猴图案的头、眼、身、爪等各个部位比例相似度也很高。再加上票幅尺寸规格吻合，这块练习版"样张"，应该源于前面所说的先行雕刻的大票幅钢版。

赵顺义认为，由此可推断出此"样张"上的猴子图案与正式发行的"猴票"图案，不同一，却同源。不同一是指，不是同一块母版；同源是指，出自同一个原稿。

赵顺义说："后来，委托人要求出具原版"样张"证明，我向他说明，这必须启动法律程序，由法院委托我们，才可以出具司法鉴定意见书。委托人听后，觉得既费事，还要花许多钱，托词再考虑一下，遂离去。"

听完赵顺义所言，李毅民问，能否提供猴票雕刻版"样张"图片？赵顺义答复："原来的图片文件在鉴定机构的电脑里，多年没去，机构也搬家了，找不到图片资料，以我的记忆做个示意图给你作为参考吧。"

李毅民当天收到赵顺义发来的示意图，附有说明文字："样张"尺寸是80mm×100mm。原版打样应该比原版四周大出一些，纸边应该有压痕，压痕的尺寸与钢板相同。真正的样张应该带着此"压痕"，并且，各边都大出2—3mm。特此说明。

图154《庚申年》邮票雕刻原版样张示意图

四、《庚申年》邮票印刷全张

T.46《庚申年》猴票是中国第一套生肖邮票。1980年2月15日发行，志号为T.46，面值8分，每套1枚，齿孔11.5度，规格为26mm×31mm，由北京邮票厂印刷。整版邮票（邮局全张）为80（8×10）枚，分上格（A版）和下格(B版)两种版式（图见彩插2和本书第四章第二节），两种版式的主要区别为：

（1）色标：上格全张右边纸色标为红色和黑色，下格全张右边纸色标为金色。

（2）版模红点：上格全张的纸张红点在上边纸顶部，下格全张的纸张红点在下边纸底部。

（3）电眼线：电眼线位于上格和下格中间，由于全张裁切问题，部分留在上格全张下边纸，也有部分留在下格全张上边纸。

（4）雕刻线：雕刻线位于上格和下格中间，由于全张裁切问题，部分留在上格全张下边纸，也有部分留在下格全张上边纸。

（5）齿孔定位线：位于全张的四个角位票的齿孔定位线，上格全张的平行线上短下长，下格全张的平行线上长下短。

猴票整版邮票分三批次7次印刷，分别为：第一批次(2月5日)、第二批次(3月24日、3月30日、5月4日、5月7日、5月8日)、第三批次（7月4日）。每批次印刷日期有明显区别。

第一批次印刷日期位于57＃票位，艳红色，日期为2月5日，月份为罗马数字，与下厂铭文字重叠；印刷版号位于33、41#票位，艳红色。

第二批次印刷日期位于49#票位，蓝色，印刷版号位于25、33票位，蓝色。第二版的重要特征是蓝色印章。其他特性与第一次印刷一致。

第三批次印刷日期位于57#票位，艳红色，日期为7月4日，与下厂铭文字重叠，第三批次印刷，即第7次印刷的数量是最多的一次，也是最后一次印刷。

猴票整版邮票的版号由5位阿拉伯数字构成，有艳红色和蓝色两种颜色的章，均盖在猴票全张的左边纸上。第一批次（1次）和第三批次（1次）印刷全张的版号戳盖于33号位和41号位左侧的边纸上，艳红色印墨，长度为30mm。第二版次（5次）全张的版号戳盖于25号位和33号位左侧的边纸上，蓝色印墨，长度为29mm。两种章都是滚盖式章，均发现在左下角的73号位票的边纸上有拖印。

猴票整版邮票的检验流水号由5位数字构成。其中前2位数字为检验员号，即工号，后3位数字为整包流水号（整版为500版，流水号从001-500重复编号）。5位数字以4号字体纵向排列，有倾斜，也有极其个别横向排列，中间有空格。检验流水号使用深蓝色油墨加盖，整章数字宽度21mm，高4.5mm，常见盖于1号位左侧和80号位右侧，发现存在于73号位左侧和8号位右侧。目前已发现的检验员号有11种，分别是：42、61、62、63、65、66、67、70、72、73和76。最小检验员号为42，最大为76，其中61号数量最多；63号最罕见，65号次之（仅发现5枚），有版号更改件存在。

据不同的资料统计，猴票整版邮票目前的存世量预计为500—1000版。

存世量少的原因：一是由于当年印刷设备差等原因，加上猴票印刷工艺复杂，合格的猴票数量少，所以发到各地的猴版只能以"拼版"形式，甚至撕到四方连拼版，造成猴版出厂量少，大部分地区都没有收到整版；二是猴票的发行未被重视，当年通信使用邮票量大，大部分版票都撕开出售或使用了；三是整版价格为6.4元，在当时是比较大的金额了，购买人极少；四是后期单枚猴票涨价，直至翻至15万倍，在涨价过程中有些整版便撕开变卖了，再经过30多年其他因素消耗，导致其数量更加少。

五、日本和韩国第一套生肖邮票

（1）1950年日本虎票及其原地首日实寄封（销带"虎"字地名戳）

1950年岁次庚寅，属相为虎，日本在2月1日发行1950贺年邮票，全套1枚。影写版，规格26mm×30mm，齿孔12度，面值2日元，全张80（10×8）枚，发行量1000万。邮票图案采用日本江户时代画家圆山应举（1733—1795）的名画《龙虎图》中的虎图（彩插4）。

日本贺年邮票于1938年起停发，至1948年年底恢复发行贺年邮票。1950年2月1日发行的贺年邮票，以"虎"入图，是对应当年生肖而发行的邮票，被公认为世界最早的生肖邮票。

同时发行由5枚邮票组成，呈"十"字形排列的小全张1枚。规格90mm×128mm，印刷齿（模拟齿）、无孔，发行量89.8万枚，是迄今世界上唯一一枚采用模拟齿孔的生肖邮票。

虎票小全张的发行方式属于非卖品，是作为当年发行贺年（有奖）邮资明信片末等奖的奖品。这一方式产生以来一直延续至今。

日本首发虎票及其小全张的首日实寄封稀缺难得，尤显珍贵。图示为滋贺县东仁町寄美国俄勒冈州国际航空挂号实寄封，销1950年2月1日"滋贺·虎姬"地名日戳，贴虎票小全张一枚，虎票7枚，合计邮资24元。

1889年4月1日，日本实施町村制，虎姬村诞生。1940年12月10日升格为虎姬町。该枚实寄封是已知最早的生肖邮票原地首日封。值得一提的是，这个地名 2010 年 1 月 1 日因该地并入长滨市已不复存在。

（2）1957 年韩国发行世界上最早的生肖狗年无齿小全张（发行量 2000 枚）

1958 年岁次戊戌，属相为狗，韩国于 1957 年 12 月 11 日发行《圣诞节和贺年》邮票一套 3 枚，同时发行与邮票同图的小型张各 1 枚。其中邮票第 1 枚为"狗和圣诞树"，图案为雪野、星空（伯利恒之星）、圣诞树和一条可爱家犬蹲坐在装饰好的圣诞树下。其余 2 枚无生肖图案。

图 155 日本首发虎票及小全张原地首日实寄封正反面

这套邮票版别为石印平版，规格27mm×30mm，齿孔12.5度，面值30圜（韩元旧单位），全张100枚（10×10），发行量10万，设计师闵哲洪（민철홍），由韩国造币公社采用"之"字形花纹纸印刷。其中"狗和圣诞树"小型张，规格90mm×60mm，上部文字为"연하특별우표"（贺年特别邮票），下行为发行日期，中间含同图案邮票1枚，无齿，底部一行文字为发行单位。发行量仅2000枚，比较珍贵。

韩国和日本是中国近邻，两国深受中国生肖文化的影响。韩国1957年发行圣诞节和贺年邮票，是继日本之后第二个发行生肖邮票的国家，也是世界上首次发行狗生肖邮票的国家，同时发行的小型张还是世界上第一枚无齿生肖邮票（彩插5）。

第六节
中外生肖邮票比较研究

华夏文明从有文字可考时算起逾5000年，以博大精深、灿烂辉煌的传统文化流芳百世，誉称世界。十二生肖，是中华优秀传统文化中历史悠久、影响面最广、生命力很强的民俗传统文化，深入到中华民族和世界华人的每一个家庭、每个人，影响到世界五大洲的许多国家和地区，涉及天文、地理、民族、宗教和文化艺术等诸多领域，蔚为壮观。生肖文化是农耕文明的反映，是与此相适应的团结和谐的人文文化。生肖邮票的产生和出现世界性的生肖邮票发行热，是生肖文化的美美与共。

一、日本首创生肖邮票

日本是亚洲东部太平洋上的一个群岛国家，面积37.8万平方公里。除北海道有少数阿伊努人外，全国居民几乎全是大和民族。作为中国的近邻，日本是受到中国传统文化影响最深的国家之一。

从历史的角度看，中华文化（包括生肖文化）向海外传播，首先在东亚地区产生了重大影响，并形成了以中国本土为中心的中华文化圈。因为东亚地区的日本、朝鲜与中国不仅地理相近，而且同属于农耕文化区，代表和体现农耕文化最高水平的中华文化易于在这些国家传播和被接受。中国唐朝时，日本大规模地、全面地吸收和移植中华文化，几乎达到"全盘唐化"的程度。

中国的岁时节日在春秋到秦汉时代已经出现，隋唐时代蔚然成俗，体制俱足。此时，中国的岁时节日习俗传到了日本。日本称岁时节日为"年中行事"，也叫"节供"。在日本年中行事里面，不仅有许多和中国岁时节日同步的东西，而且也可以看出中国对日本文化的深刻影响。由于日本长期使用中国历法，所以也一直按中国农历进行"年中行事"。直到1872年，日本明治政府宣布将明治五年（1872）十二月三日作为明治六年（1873）1月1日，废止以中国历法为基础的阴历，实行太阳历。这样，一直受阴历制约的岁时节日便改为按太阳历计算。所以现在日本民间于阳历1月1日过"年"。

春节是中国最悠久、最隆重的传统节日。过去人们把春节叫作"元旦""新年"等。1949年中国正式采用公历，公历1月1日称作"元旦""新年"，农历正月初一改称春节。春节集喜庆仪礼、祭祀习俗、节日服饰、饮食习俗、游艺竞技习俗、乡里社交习俗之大成，成为展示民间习俗的综合性大节，这些都为生肖文化注入了极为丰富的民俗艺术营养。

在日本，自大化二年（646）以后，上自宫廷内的庆祝新年仪式，下至百姓的过年习俗，完全同于唐朝。中国的生肖属相、守岁、饮屠苏酒等习俗，在日本也一应俱全。因此，日本在世界上最早发行生肖邮票绝非偶然。

早在1935年12月1日，日本就发行了贺年邮票，全套1枚，图案是富士山。连续发行3年后停止。"二战"结束后，1948年12月13日，日本恢复发行贺年邮票，全套1枚，图案是小女孩。这些邮票还没有与生肖文化直接联系。1950年2月1日，日本发行"昭和25年用"（庚寅虎年）贺年邮票，图案选取画家圆山应举的名画《龙虎图》中的"虎图"，同时发行一枚含有5枚邮票的小全张（图见彩插4）。从此，日本正式开始发行以生肖文化为题材的贺年邮票系列，并且一直坚持每年发行邮票和由多枚邮票组成的小全张，形成自己的特色。

至1959猪年，日本第一轮生肖邮票10年发行结束。当把这一轮邮票放在一起时，可以发现两点不足：一是并非全部10枚邮票都围绕生肖主题，其中的龙年、蛇年、羊年、猴年、鸡年、猪年邮票没有直接反映与生肖有关的内容。二是前5枚单色印刷，后5枚改为彩色印刷，整体设计风格也不太一致。

1959年12月19日，日本开始发行鼠年生肖邮票，从此将每轮生肖邮票调整为以子鼠为首。至1971猪年结束，这一轮12枚邮票做到了风格一致，尤其是以许多儿童玩具表现生肖动物，十分有趣，受到国内外邮迷的喜爱。但设计者似乎对于表现蛇年动物感到有些棘手，效果不甚理想。

1972鼠年起日本发行第三轮生肖邮票，又有新变化。一是将邮票和小型张的票幅都进一步缩小，这体现出日本社会重视节俭；二是前4年的鼠、牛、虎、兔没有用生肖动物形象表现。直到1976龙年，才恢复用儿童玩具表现生肖动物形象。致使这一轮生肖邮票在内容一致性方面留下缺憾。

从1983年12月1日发行鼠年邮票起，日本的第三轮生肖邮票又有新的变化。从1990马年开始，增发1枚印有兑奖号码的有奖生肖邮票。邮票上部是兑奖号码，中间是生肖图案，下部是兑奖及开奖日期说明文字。从1992猴年开始，有奖生肖票每年增至 2 枚，同时增加了附捐面值，附捐收入用于公益及发奖，使之成为附捐有奖生肖邮票。这些很有创意的设计，引起人们购藏生肖邮票的更大兴趣。由此可见，日本对待发行生肖邮票，不但具有超前意识，而且富于创新精神。因而使之保持长盛不衰的发展前景。

综观日本 50 余年的生肖邮票发行历史，可以看出其设计理念完全是把生肖文化视为民间娱乐习俗，尤其重视新年对少年儿童生活的影响。因此，强调突出生活情趣，通过大量采用儿童玩具表现生肖动物形象，以引起人们对儿时生活的回忆。这种源于生活、追求自然，使人感到亲切生动的现实主义设计思路，对世界各国生肖邮票创作发展产生了重要影响。

另外值得一提的是，日本从 1949 年开始发行贺年（有奖）邮资明信片。但是它们与中国贺年（有奖）邮资明信片的不同点在于，中国是为迎接春节而发行的，邮资图案完全以生肖贺年题材为主。而日本则是为迎接新年（元旦）而发行的，因而邮资图内容非常广泛，出现生肖动物图案的很少。所以，不能将日本的贺年邮资片完全归纳入生肖邮品范围。

二、朝鲜和韩国生肖邮票选题的特色

朝鲜全境由朝鲜半岛及其附近的3300多个大小岛屿组成，面积为22.07万平方公里，居民全部为朝鲜族。1948年起，朝鲜分裂成两个国家，北部是朝鲜民主主义人民共和国，南部是大韩民国。

朝鲜是一个具有悠久历史和文化的古国。中华文化向朝鲜半岛的早期传播，大约在原始社会。公元前108年，汉武帝在朝鲜半岛设置郡县，任命汉人为四郡及各县的官吏。这时的朝鲜半岛北部已经完全置于汉文化的影响范围，持续4个世纪之久。

朝鲜古时没有自己的文字。大约在公元前5世纪至公元前2世纪，中国的汉字传入朝鲜。公元1世纪，汉字在朝鲜三国时代已经广泛使用。汉字在朝鲜的传播和应用，对推动朝鲜文化的发展具有特别重要的意义，文字中蕴含的思想与感情亦同时传入。李甦平所著《韩国儒学史》[1]中有如下叙述：由于汉文的输入，才使韩民族可学习外国文化，同时也因此使历史文化得以记录、流传下来。而国家间彼此的外交文书之制作、交换，意思传达等亦皆有赖于汉字的应用。……当字在当时，则可视为担当相当的文化媒介的角色。思想上，亦可以之阅读儒教、佛教、道家经典以及医学、天文、地理、数学等。此在韩民族文化发展上，不可言不为有幸之事。

可以毫不夸张地说，朝鲜文化是世界上移植和融合中华文化规模最广泛、受到中华文化影响最深远的一种文化。在这样的文化历史背景沃土之中，中国

---

[1]《韩国儒学史》是中国学者李甦平撰编的第一部关于韩国儒学发展演变的学术专著，2009年8月人民出版社出版。

传统的生肖文化习俗在朝鲜半岛自然会生根发芽，世代相沿。

韩国从1958狗年开始发行生肖邮票，朝鲜从1987兔年开始发行生肖邮票。两国同族同文，生肖邮票的设计理念相同之处甚多。

朝鲜生肖邮票品种多是一大特色，与商业运营不无关系。每年同时发行一套邮票，分为有齿与无齿票两种，还发行小型张或小全张。每套生肖邮票的枚数，开始阶段2枚、1枚、3枚不等。到1993鸡年达到一套6枚之多，同时还发行有1枚小型张和2枚小全张，创下一年生肖邮票品种、枚数最多的纪录。1994狗年也发行了生肖邮票一套5枚、小型张6枚。直到1995猪年，才将生肖票减至1套2枚、小型张2枚。此外，朝鲜还不时将生肖邮票图案以"票中票"的形式，搬上为国外各种邮展发行的小型张，从而使朝鲜成为开发生肖邮票品种的高产国之一。

韩国生肖邮票发行初期不稳定，时断时续。1957年12月11日发行《贺年邮票》一套3枚，其中1枚图案是一只狗蹲在圣诞树旁，同时还发行了1枚小型张。此后32年间，有8年未发行生肖邮票，直到1991羊年起，才连续不间断地发行系列生肖邮票。韩国是继日本之后第二个发行生肖邮票的国家，尽管中间停发过8年，但仍是发行生肖系列邮票历史最长、数量最多的国家之一。韩国每年发行生肖邮票品种不多，一般为1套2枚邮票，1枚小型（全）张。小型（全）张的规格都不大，比较统一，票面上邮票图案与生肖邮票相同。韩国印制的生肖邮票首日封也是规格较小。这些都体现出韩国人严谨节俭的作风。值得一提的是，2000年12月1日，韩国发行的蛇年生肖邮票，全套1枚，小型张1种，图案是写意画法的彩蛇。12月22日，韩国又发行了内含10枚不干胶蛇票的小版张。不干胶蛇票与普通蛇票图案、面值、规格均相同。

作为两个受到中华文化和民间习俗影响最深的国家，朝鲜和韩国对于生肖文化内涵的理解和邮票图案设计的思路，有一些相似之处。两国生肖邮票题材的选择主要有三种模式。

一种是挖掘古代传统文化。例如，朝鲜1988龙年发行的生肖邮票，全套1枚，图案是一条造型苍劲古朴的飞龙，背景为群山和一轮白日，色彩搭配十分典雅、和谐。1989蛇年生肖邮票，也是全套1枚，图案是中国古代神话中的北方之神玄武，龟蛇相缠，造型生动。这两枚邮票充满古典意味和神话色彩，耐人寻味。朝鲜2001年1月1日发行的蛇年生肖邮票小型张，图案为中国民间传说《白蛇传》。韩国1977蛇年至1988龙年发行的12枚生肖邮票，除狗年外，其余图案都是兽首人身拟人化的生肖动物形象，尤其是蛇、马、羊、猪、鼠等，邮票图案采用1000多年前朝鲜半岛新罗王朝时期金庾信[1]将军墓前的生肖浮雕石刻造像，显得古趣盎然。

图156 朝鲜1988龙年生肖邮票　　图157 朝鲜1989蛇年生肖邮票　　图158 韩国1985虎年生肖邮票　　图159 韩国1960鼠年生肖邮票

---

[1] 金庾信（595—673）是朝鲜半岛的新罗王国将领、重臣。历事新罗五朝，联合唐朝灭百济、高句丽，最终实现朝鲜历史上的"三国统一"。

第二种是开发童话题材，以拟人化的浪漫主义风格展现生肖文化。这方面朝韩两国思路相仿，设计各有千秋。朝鲜1993鸡年邮票，图案取材于童话故事《公鸡国王》。邮票上的花公鸡，表情丰富，神气活现，色彩亮丽。小型张上还绘有守城的鸡卫士和吹奏号角的鸡号手。1995猪年邮票，图案取材于童话故事《两只小猪》，把小猪天真活泼的神态刻画得很生动，色彩同样清新明快。韩国则以漫画和装饰画来表现童玩童趣。例如1960鼠年生肖邮票，图案背景是"囍"汉字，两只身穿韩国民族服装的鼠新郎、新娘，正携手举行婚礼，其构思和设计令人称绝。在韩国生肖邮票中，各种各样的儿童玩具、折纸鹤、堆雪人、放风筝以及生肖动物身穿节日服装的形象无不妙趣横生。

第三种则是运用写实手法，以自然形态的生肖动物形象表现生肖年。例如，朝鲜曾先后发行过一些分别以兔、羊、猴、狗、鼠等动物为图案的生肖邮票。有的一套多枚邮票中，还选择不同品种的猴、狗、鼠等，画面造型生动逼真。难怪不少人误以为，这些不是生肖票而是动物专题邮票。韩国1993鸡年邮票图案为大雪过后的农舍院落，几只鸡幽闲地站在雪地之中。画面描绘出宁静安详的农村景象，也很难使人马上联想到这是一枚生肖邮票。

朝鲜邮政多数时间都是在生肖属年当年发行生肖邮票。但也有例外，有3次当年发行本年度的生肖邮票后，又为次年的生肖属年发行了生肖邮票。

1992猴年，朝鲜在当年1月1日发行了猴年生肖邮票；12月7日，又为迎接次年生肖鸡年的来临，发行一套6枚的有齿、无齿孔鸡年生肖邮票，以及2枚小全张。这是朝鲜邮政第一套为次年农历新年发行的生肖邮票。

1997牛年，朝鲜于元旦发行生肖牛票，同年12月12日又为次年发行了

图 160 韩国 1992 猴年生肖邮票小型张

图 161 韩国 1975 兔年生肖邮票小型张

图 162 韩国 1993 鸡年生肖邮票小型张

虎年生肖邮票，这是朝鲜邮政第二次同时为本年度和次年发行生肖邮票。

2007年猪年，朝鲜照例在1月1日发行猪年生肖邮票；又在当年岁尾为次年发行了鼠年生肖邮票，8枚三角形鼠票以不同种类的鼠汇集在小全张之中，这是朝鲜邮政第三次在同一年度为本年和次年发行生肖邮票。

这套生肖邮票设计上采用松鼠、仓鼠等造型，不被国内集邮者认知，因此，很多生肖书籍都未把这套鼠年邮票收入其中。

图163 朝鲜1993鸡年生肖邮票小全张

三、世界生肖邮票和而不同

1. 越南生肖以猫代兔

越南地处中南半岛东部,面积32.96万平方公里。居民85%以上是京族(也称越族),其他是60多种少数民族及华侨等。在中华文化圈诸国中,越南是吸收中国文化最深的国家之一。

先秦以前中华文化向越南的传播,从传说和考古发现中能够找寻它的踪迹。自秦汉以后直至隋唐,中原王朝在越南地区设郡置县,直接统治达千余年,即越南历史上的"北属"或"内属"时代。自此,中原文化广泛南传,对越南地区的文明开化、经济繁荣产生了极其重要的作用。正如著名学者费正清所说:"越南的文化输入大多来自中国。"

至唐朝时,已有不少越南人能熟练地掌握汉语和汉字。汉字、汉文的广泛应用,为中原文化的广泛传播创造了有利条件,同时也推动了越南汉文学的产生和发展。在日常生活方式上,由于越汉两族的杂居,从风俗习惯到语言、信仰,越南人深深地受到汉族的很多影响。越南历史学家陈仲金在《越南通史》[1]中指出:"北属时代长达1000多年……从此以后国人濡染中国文明非常之深,尽管后世摆脱了附属中国的桎梏,国人仍不得不受中国的影响。这种影响年深日久已成了自己的国粹。"

美国科技史学家钱存训也指出:"现代越南的北方旧称东京,在中国历史上

---
[1]《越南通史》为越南史学名著,是越南史学家陈仲金(1883—1953)以拉丁国语字写作、使用新史学方法编撰的第一部越南通史著作。

又称交州、交趾或南越，从公元前2世纪晚年到10世纪初，一直接受中国的统治。它的领土后来向南发展到包括半岛南部的占婆或占城。越南有连续两千年之久效法中国的生活和思想方式，实行中国的官僚和家庭制度，从中国学习儒家学说和佛教教义，在正式文献中采用汉文的书写方法。"

须指出的是，越南北方长期属于"中华文化圈"的成员，在文字、宗教、政治制度、学术思想乃至生活方式等许多方面都模仿中国。但今天的越南南方（当年的占婆国），却属于印度文化圈，中华文化在那里的传播和影响很有限，远不能与越南北方地区相比。

中国的十二生肖属相纪年，在越南同样流行，其排序与中国完全相同。唯一不同之处是越南的生肖中有猫无兔。越南的生肖为什么会有猫呢？这与越南人对猫的宠爱有关。越南民间故事《国王的小猫》中有此来历。

一天，一位大臣向国王敬献了一只非常好看的猫。后来，国王迷恋这只小猫到了无以复加的程度。他成天沉湎于逗猫玩耍，不理国政，也从不安排时间接见大臣，更不愿听谋士们的谏言。他生活的全部乐趣就是与小猫在一起，不是嬉戏，就是给它梳毛。每天他给小猫挑选全国最好的食物吃。这种状况一直延续了相当一段时间。

有一个名叫奎因的才子，非常聪明。奎因认定，那只猫是国家的隐患。因而，在一天夜里，奎因从王宫里偷走了那只小猫，把它带回家中训练。

他在小猫面前放了两个盘子。一个盘子里盛满了肉，另一盘子堆满了残羹剩饭。当小猫扑向肉食时就把它赶走，只让它吃另一盘中的残羹剩饭。起先，娇惯坏了的小猫不肯吃残羹剩饭。可是没多久，它肚子饿坏了，只好服服帖帖地把残羹剩饭吃下去。过了几天，小猫已经习惯于吃残羹剩饭，根本不想吃肉了。

在此期间，国王派人四处打听小猫的下落。一天听说小猫在奎因的家里，国王火冒三丈，差人传奎因进宫。国王指责奎因是贼，偷了他的猫。奎因满不在乎地答道："陛下，我家里确实有一只猫，样子和陛下的很相像，但那是我的猫，请陛下明鉴。"

国王见到那只猫，认定是自己的，并要立即讨还。然而奎因说："陛下，您的小猫在宫里吃些什么？"

"吃的是全国上等的肉类！"国王咆哮了。

"那么，"奎因说，"这只猫根本不是您的猫，因为我的猫只吃我餐桌上的残羹剩饭。不信您可以试试。如果它喜欢吃肉，那就肯定是您的猫。它如果只吃残羹剩饭，那就是我的猫。"

国王同意了。他吩咐手下取来两个盘子，一盘堆满肉，另一盘放剩饭，放在猫面前。猫对肉连看都不看一眼，却把剩羹剩饭一扫而光。因此，奎因又把小猫领回家了。

国王非常沮丧。然而随着时间的推移，他逐渐把小猫给淡忘了。他开始听从谏言，关心和处理国家大事了。从此国家和过去一样又繁荣昌盛起来。

通过这篇民间故事，可以使我们认识到猫在越南人心目中占有多么重要的地位。另外，还有一种传说，说是在十二生肖从中国传入越南之初，越南人将"卯兔"的"卯"错听成"猫"，于是就以猫取代了兔成为越南十二生肖动物中的一员。当然，这只是笑谈而已。

1987年是中国丁卯兔年,在越南是"猫年"。1月25日,越南发行《农历新年·猫年》邮票,全套1枚,图案为爷孙俩在植树,右边有一只小猫。邮票采用单色印刷,但票幅增大了。许多人对越南发行猫年邮票很感兴趣,但对邮票上把猫设计得又小又不显眼觉得失望。在生肖邮票上,究竟应该突出生肖动物还是突出人物,不同的人有不同看法。越南这几套生肖邮票做了一些有益的尝试。

图164 越南1999己卯猫年生肖邮票和小型张

1999 己卯兔年又是越南的猫年，越南发行的全套 2 枚邮票，一枚图案是身穿大花礼服手持梅花的猫，另一枚图案是两只猫在摔跤比赛。小型张也分成有齿、无齿两种，图案都是梅花树旁老猫静卧，小猫在玩耍。这一次才真正让全世界见识了越南的猫年生肖邮票是什么模样。

2. 哈萨克斯坦生肖有豹无虎，有蜗牛无龙

哈萨克斯坦从 1993 年 3 月 22 日发行鸡年生肖邮票开始，至 2004 年 3 月 23 日发行猴年生肖邮票为止，已发行一轮 12 年的生肖邮票。此后，仍继续按轮次发行生肖邮票。奇怪的是，他们十二生肖中的龙，变成了蜗牛。

说奇怪也不奇怪，因为中西文化、民族文化之间存在差异。龙在中国是至上至尊之物，是权力富贵的象征，中华民族自称是"龙的传人"。而哈萨克斯坦与大多数西方国家一样，认为龙是不吉祥之物，故忌讳龙，以蜗牛代替龙，过蜗牛年。同样由于文化差异，他们忌讳虎，用猎豹替换虎为本民族十二生肖之一。

哈萨克斯坦还有一点与中国不同，他们的新年元旦是在纳吾鲁孜节当天，故生肖邮票就在这一天发行，一般是在 3 月的一天。

3. 塔吉克斯坦生肖以鱼换龙

塔吉克斯坦从 2002 马年开始发行生肖邮票。塔吉克族的十二生肖中以鱼代替龙。2003 年 3 月 11 日，塔吉克斯坦发行羊年生肖邮票 3 枚、小型张 1 枚。小型张的图案是羊和十二生肖环绕太阳，十二生肖图中兔与蛇之间的生肖形象是鱼，而不是龙。此后发行的生肖邮票，也都是以鱼换龙。

人民出版社1981年出版的《中国少数民族》一书中曾说："柯尔克孜族的历法，用鼠、牛、虎、兔、鱼、蛇、马、羊、狐狸、鸡、狗、猪等十二种动物纪年。"由此可知，柯尔克孜族与塔吉克族一样，也是以鱼代龙，并且还以狐狸代猴。

4. 日本、蒙古国、不丹生肖猪的形象是野猪

中国饲养猪已有六七千年的历史，十二生肖中猪的原形本指圈养的家猪。世界上已发行的生肖猪年邮票，其生肖形象大部分是家猪，但日本、蒙古国、不丹的生肖猪年邮票，其形象却是外露獠牙的野猪。

日本发行的1983年猪年生肖邮票，图案是仙台玩具骑猪金太郎，猪是野猪。蒙古国1995年猪年生肖邮票的图案，是一只神话中的野猪。不丹1995年猪年生肖邮票小型张的图案，是在山溪边饮水的野猪。还有以上谈到的哈萨克斯坦等中亚国家，他们以十二生肖纪年，逢猪年都是过"野猪年"。哈萨克斯坦发行的生肖邮票中，也是以野猪为其猪年的生肖形象。

此外，亚洲有的国家十二生肖排序与中国不同，柬埔寨以牛为首，鼠居末位；泰国以蛇当先，龙在最后。中国西南有些少数民族的十二生肖也有个别差异，不一而足。

图 165 塔吉克斯坦 2003 羊年生肖邮票小型张

图 166 蒙古国 1995 猪年生肖邮票

四、世界各国生肖邮票设计的四种模式

随着发行生肖邮票的国家和地区越来越多，生肖邮票的设计还要考虑另一个问题：入古出新，防止雷同。一些国家发行的生肖邮票没有中国生肖文化味，被中国集邮者批评为不伦不类，变味了。但不少国家的生肖邮票完全由中国邮票设计师捉刀代笔，一手包办，"中国味"又未免太重了，看不出与所在国文化的融合。如此做法，时间一长，人们也会感觉乏味。

从目前情况来看，世界各国发行的生肖邮票设计主要采取四种模式运作：

一是约请中国邮票设计师创作图稿；

二是请海外华人（当地华裔）美术设计师创作图稿；

三是由本国的专业邮票设计师进行全部设计；

四是交由国际邮商代理设计。

图 167 法国 2014 马年生肖邮票的设计者李中耀与其作品

图 168 法国首轮生肖邮票（2005—2016）

从实际效果来看，采用第二、三种方式设计的生肖邮票，往往能够体现出中西结合的个性与特色，设计理念受到的束缚较少，设计手法别开一境。采用第一种方式把握性大，但设计难有突破，乏善可陈，少见佳作。第四种方式往往是一种设计用于多国，模式一致，常出现相互雷同的"多胞胎"生肖邮票。另外，也常出现照搬中国文物或名画，简单设计图省事的取巧之作。

苏东坡说："凡世之所贵，必贵其难。"生肖邮票设计不同于其他邮票之处有三点：

其一，系列规律性极强。生肖邮票必须坚持12年的大轮次才能构成一个完整的系列组合。时间跨度大，彼此间关联密切，票幅、枚数、内容、图文等一次规划要通盘考虑12年，其间需要保持相对稳定，不能随意进行大的变动。年年发行，12年模式固定，这种做法为邮票发行设计所仅见。

其二，整体风格的和谐之美难以周全。在其他系列邮票选题中，如文学名著、古典绘画等，邮票图案是不同的人物场面和美术作品，内容的变化比较丰富。生肖邮票不论发行多少轮，主角都是自古不变的12种动物形象。若约请多位设计师分别设计各年邮票，达到整体和谐并非易事。若为了追求整体风格一致，由一位设计师一次设计全部12套邮票，又难免单调。

其三，不仅是设计，实际上是创意和创新。十二生肖是自然界存在又不存在的"动物"。既不能把"四害"之一的老鼠或形象不美的蛇，自然主义地搬上生肖邮票；也无法在自然界，找到真实的龙。因此，生肖邮票设计，只有在古代传说中寻找灵感，在民间艺术中汲取养分，在想象空间中创造意境，以浪漫主义手法超越现实局限，以人格化情感沟通人文和自然，方能达到期望境界。

图 169 图瓦卢 1996 鼠年生肖邮票小型张

图 170 日本 2020 鼠年邮票，
京都玩具"衔金币的小老鼠"

越是民族的就越是世界的，我们既然强调自己的生肖邮票，也就该对外国的生肖邮票一视同仁。具有不同地域文化和民族艺术特色的生肖邮票，和而不同，美美与共，方能体现出中国生肖文化的真正魅力和强大生命力。

生肖邮票的选题与设计，离不开文化背景与科学态度，是一件有很大难度的艺术创作。从某种意义上讲，生肖邮票图案似乎画什么都合适，画什么又都不合适，都难免落埋怨。因为生肖本来就是人们主观臆造出来的文化偶像。就如同在邮票上画饮食文化、画酒文化，怎么画都不典型、不全面，难以达到满意效果，反倒是"戏说"，有时更能出彩出新。这给人以启示，不拘一格，放飞想象，生肖邮票设计也可以出奇制胜。

"太像不成艺，不像没有戏。"生肖邮票的设计贵在神似神韵，出神入化，留出更多耐人寻味的想象空间。相信随着人们对生肖文化和生肖邮票设计艺术认识的不断升华，更新更美的生肖邮票佳作会不断涌现出来。

中国巨龙，不飞则已，一飞冲天。如今，生肖邮票在世界的影响力独领风骚，越来越深入人心，家喻户晓。

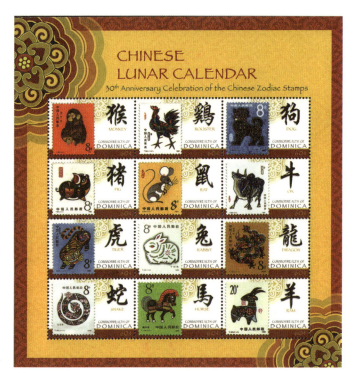

图 171 多米尼克发行《中国生肖邮票发行 30 周年》纪念邮票小全张

第七章 生肖邮品的收集和研究

前面讲过生肖邮票，本章主讲生肖邮品。邮品和邮票，实质上是同一事物从不同角度看待而被赋予的不同称谓。在集邮的历史长河中，邮票处于上游，邮品处于下游。河水看似一样，实则不然。源头水纯涓流，上游水清奔流；下游大有不同，由多个支流汇合而成，源远流长。这就如同邮票的印制、发行和使用过程，邮票发行的前端是源头，发行之后是上游，使用经过在下游。生肖邮品就是生肖邮票经使用后形成的各种复合邮品。

关于邮品，还须了解一点，集邮界与集邮经营方面对此认识不尽相同。集邮经营是将邮票和邮品分别看待的，票是票，品是品，二者并列，合称邮资票品；同时对邮品，一般称作集邮品。在集邮者眼中，邮票与邮品密不可分，邮品与集邮品则有区别。邮资票品中的"票"和"品"，都是邮品，其中的"票"是狭义邮品，"品"是广义邮品，广义邮品涵盖狭义邮品。集邮界对邮品的认识和定义，以及由此推导出的邮品的内涵与外延，是本章的理论基础。

Chapter 7
Collection and Research of Shengxiao Postal Products

We have talked about shengxiao stamps before. This chapter focuses on shengxiao postal products. Postal products and stamps are essentially the same thing, but they are given different names when viewed from different angles. In the long river of philately history, stamps are at the upstream and postal products are at the downstream. The river looks the same, but the quality of the water is not. The water at the source and the upstream are pure and trickling; the water at the downstream which is formed by the confluence of multiple tributaries and is with a long history is very diffierent. Printing, issuance and use of stamps are like three parts of a river: The front end of stamp issuance is the source, the post-issuance is the upstream and the use process is the downstream. Shengxiao postal products are various composite postal products formed after the use of shengxiao stamps.

Regarding postal products, it is also important to understand that the term in the philatelic community and the philatelic businessmen have different meanings. Philatelic businessmen think stamps and postal products are separate. Stamps are stamps, and products are products. The two are tied together and collectively referred to as postal stationery; at the same time, postal products are generally called philatelic items. In the eyes of philatelists, stamps and postal products are inseparable, while postal products and philatelic items are different. The "stamps" and "postal products" are both postal products. Among them, the "stamps" are postal products in a narrow sense, and the "postal products" are postal products in a broad sense. The broad sense of postal products covers the narrow sense of postal products. The philatelic community's understanding and definition of postal products, as well as the connotation and extension of postal products derived from them, are the theoretical basis of this chapter.

第一节
生肖邮品的界定与分类

在世界集邮界，长期以来，对邮票和邮品的认识是一致的，即二者都在一条名叫"传统集邮"的大河中，并统其名为"邮品"。这个认识，就体现在FIP（国际集邮联合会）竞赛性集邮展览总规则中。1985年11月5日在罗马第54届FIP代表大会上通过并即日生效的《FIP集邮展览评审总规则》，其中第3条对邮品有一段经典表述："一部展品应只由适于展出的邮品组成""适于展出的邮品是指：为了传递邮件或其他邮政通信目的，由政府、地方或私人邮政机构；或由其他正式被委托、被授权的机构发行的、计划发行的、准备发行过程中产生的、实际使用过的、或作为邮资有效来对待的那些集邮素材"。这段表述，除了明确邮品必须源自邮政通信目的，以及发行邮品的合法机构，还对邮品清晰地分出层次，指出，邮品包括邮票的前端产品、邮票自身、邮票使用后的邮件；还有其他有效邮资凭证，如邮政用品、邮资机符志、邮资机戳和国际回信券等，同样包括它们的前端、自身和使用后三阶段品种。

情况总是不断变化的。1991年11月16日，东京第60届FIP代表大会正式批准印花（税票）展品为FIP邮展的一个新的竞赛类别，显而易见，这时单用传统集邮的认识解释"适宜展出的邮品"，已不能适应变化后的新情况。故此，FIP对竞赛性邮展规则做了一次全面修订。2000年10月14日，马德里第 66 届 FIP 代表大会批准新修订的《FIP 竞赛性展品评审总规则》即日生效。这是 FIP 邮展现行规则的最初版本和基础版本。对适于展出的集邮素材，新规则表述为："除开放集邮展品外，展品应完全由相关的集邮素材、支持文件和说明文字组成。""对每一个类别，在该类别的评审专用规则中都界定了相关的集邮素材。"这里，用集邮素材取代了原先统称的邮品。集邮素材的概念，包括传统邮品、印花票品和其他票品。

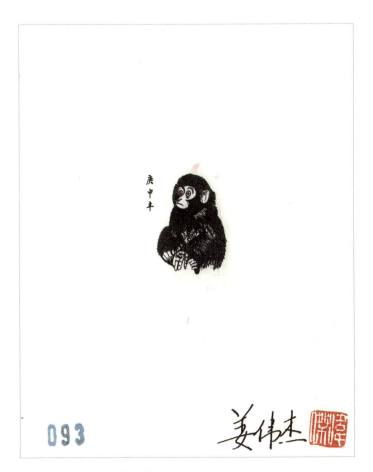

图 172《庚申年》邮票母模雕刻印样

与此相应，FIP邮展评审各项专用规则及指导要点，也不再用"邮品"总称各个展品类别的集邮素材，而是针对各类别展品的特点界定相关的集邮素材。但这并不改变邮品的传统内涵，对邮品的经典表述，仍完整保留在专题集邮展品评审专用规则及其指导要点中，而除印花和开放集邮展品外，其他各类邮政集邮展品专用规则及指导要点所指出的适用素材，只是说法上比较具体一些，本质上依然不出传统邮品三段论的范围。

一、邮品与生肖邮品

如上所述，关于邮品一直以来就没有一个统一的说法，这个概念在不同的前提下含义也不同。

在整个集邮领域，通常将收集对象划分为集邮品和邮品两大类，前者的外延大于后者，前者包容后者。集邮品指以邮票为核心的所有集邮收藏品，包括邮品、集邮宣传品、集邮纪念品、集邮艺术品、集邮工艺品，甚至利用邮票图案制作的各种商品；邮品指包括邮票在内的各种邮政通信用品，它的认定标准可以参照现行FIP邮展标准中对适于展出的邮政集邮素材所作规定而得出。换句话说，邮品的标准就是邮展适用素材的标准，二者之间具有一致性，只是在不同场合提法不同，平时称作邮品，编入邮集就称素材。

那么，何谓适于展出的集邮素材？1991年版FIP邮展竞赛性展品评审总规则中是这样规定的："为了传递邮件或其他邮政通信目的，由政府、地方或私人邮政机构；或由其他正式被委托、被授权的机构发行的、计划发行的、准备发行过程中产生的、实际使用过的、作为邮资有效来对待的那些集邮素材。"

从中，不难界定出邮品的范畴。简单地说，所谓邮品，最基本的评判标准有三条：其一，它们都是邮资凭证的前端产品，如邮票设计图稿、印样或未发行票；其二，它们都具有邮政使用价值，如各类邮资凭证；其三，它们都经过邮政传递，凝结了邮政劳动价值，如各类实寄邮件。

邮品属于集邮品的范畴，但并不能等同于集邮品，它们之间有着本质上的区别。集邮品的概念、范围是随时间推移而变化的。起初集邮对象就只是邮票，后来又有了邮政用品和实寄邮品。随着集邮活动的发展，集邮收集内容越来越多，范围愈来愈广，集邮品的内涵更加丰富、外延也随之扩展。邮品的概念、范围是在邮政通信恒定的空间之内的，不受时间变化的影响。集邮史上，邮品曾一度等同于集邮品，被认为是集邮品的简称；而现在，集邮品的外延已大大超过了邮品的外延，邮品就是邮品，与集邮品不完全等同。将来，集邮品的概念、范围还会发生变化，但邮品的属性依旧不变。

邮品按存在形式的不同可分为单元邮品和复合邮品。单元邮品就是单独存在的邮资凭证类，如邮票、邮资封（片、简等）、邮资机符志、国际回信券、邮政附加费票（据）等；复合邮品就是邮资凭证经使用后形成的实寄邮件或盖销邮品。

在集邮者的习惯看法中，邮品有广义和狭义之分。广义的邮品包括单元邮品中的邮票（含类同于邮票的邮资凭证如邮资标签、符志和电子邮票等)，狭义的邮品是指除邮票以外的其他所有邮品。因此，常见将邮票与邮品并列的提法。从逻辑上说，邮票应当被邮品所包容；但从习惯上看，狭义的说法是将票与封、片、简、戳等其他不同于票的各种邮品区分开来，简易直观，容易理解。本书即采用这种分类方式。以下所指生肖邮品，就是狭义邮品的范畴，即除生肖邮票（前面列专章讲述）以外的其他各类生肖邮品。

有了以上对邮品和狭义邮品的全面认识，加上前面对生肖邮票定义的了解，就不难从中推导出生肖邮品的基本概念。

生肖邮品是指生肖邮票经使用后形成的各种复合邮品，包括实寄的和盖销的封片简等；也指包含生肖图案或干支文字的邮政用品、邮戳、签条、单据、印花和史前邮品。

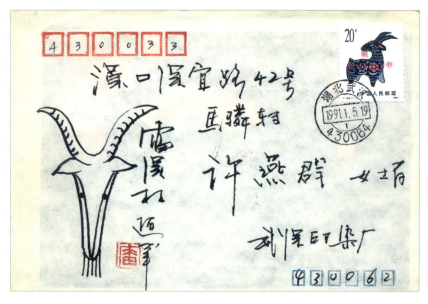

图173《辛未年》邮票设计师雷汉林手绘手写实寄封

二、生肖邮品的特征

从生肖邮票和生肖邮品的定义出发，可知二者所根植的理论基础不同。生肖邮票是基于专题集邮理论，其界定的标准是邮票图案的内涵，以及根据图案内涵确指的外延。生肖邮品是基于传统的和邮政历史的集邮理论，其界定的标准是邮票的发行和使用，以及这个过程中产生的收集对象与其反映的邮史背景。

生肖邮品与生肖邮票，二者既有联系，又有区别。与生肖邮票比较，生肖邮品具有几个显著特点。

模糊性。生肖邮品是在生肖集邮的实践中，通过对生肖邮票的收集与研究，自然扩展和延伸出来的新的对象。这是一个必然萌生的过程和领域，一旦生肖邮票付诸使用，就会产生多种生肖邮品；一旦出现生肖主题，就会产生多种生肖集邮方式及其对象。生肖邮票属于单元邮品，是生肖集邮的基本对象，与其他邮品不交叉，可以根据公认的前提给出科学定义，具有明确的内涵与外延。而生肖邮品既包括单元邮品，更多属于复合邮品，是生肖集邮的派生对象，范围几乎涉及所有集邮对象，品种繁多，相互交叉，难以确定前提从而难以给出科学定义，所以其内涵与外延比较模糊，只能根据是否贴用生肖邮票、是否具有生肖特征这两个要素加以概括。

关联性。生肖邮票和生肖邮品同样与生肖文化密切相关。但就生肖邮票而言，它是最小的收集元素，不可再拆分，其本身就是生肖文化的反映和图解，无所谓关联性的问题。生肖邮品则不同，可分解为票、戳、标签、封片简载体等多个元素，离开了生肖邮票或生肖特征，邮品依然还是邮品，却不再是生肖

图 174 中国 1999 世界邮展邮资机符志，图案为吉祥物"玉兔"，寓意邮展举办年份是兔年

邮品。换句话说，鉴别生肖邮票，我们只需说是不是；而鉴别生肖邮品，我们就该说（与生肖）相关不相关。后者的弹性要大得多，是生肖集邮更广阔的发展空间。

延展性。在生肖集邮范畴，首先产生的对象是生肖邮票，随之派生出生肖邮品。生肖邮品起初仅限于贴用生肖邮票形成的邮品和生肖邮政用品，随之又派生出具有生肖特征的邮品，如干支邮戳；并以此为基点延伸到邮票史前，衍生出史前[1]生肖邮品，如驿递封和民局封。这与集邮的一般规律毫无二致，从收集、研究邮票开始，到收集、研究贴票邮品和预印邮资的邮政用品，再到收集、研究史前邮品。目前，国际集邮界已将集邮扩展到印花和其他领域，因此，生肖集邮也可以包括具有生肖特征的印花和其他现代集邮对象。

---

[1] 史前，指各国邮票诞生之前的邮传历史，包括国家邮驿史和民间通信史。

邮政意义更强。生肖集邮的发展，带来生肖邮票发行空前的繁荣景象，同时也不可避免地促进了各国邮政对该题材邮票的商业投机。站在可持续发展的角度、用长远的眼光看，生肖邮票发行的全球化和商业化是一把双刃剑，一方面丰富了票源，有利于生肖集邮成为世界性收集专题；另一方面投机过度、发行过滥，反而容易抑制人们的消费愿望，又不利于生肖集邮健康发展。而生肖邮品则不同，它的产生渠道是邮政通信，这正是集邮依附的唯一基础。而且，生肖邮品的增量就意味着生肖邮票的减量，因为邮品必须消耗邮票，邮品还能转移人们单一收集邮票的兴趣。提倡邮品收集，对邮政单纯迎合集邮需求发行邮票的商业行为，是强有力的制约因素，有利于邮票的发行与使用回归到正常轨道。

三、生肖邮品的分类与整理

根据不同的前提，生肖邮品有多种分类方式。

按其存在形式上的区别，可分为单元邮品和复合邮品两个基本大类。因为生肖邮票已在前面以专章述及，所以这里所称单元邮品，仅指生肖邮政用品，主要包括邮资封、片、简、信卡等。之所以称单元邮品，是因为其具有与邮票相同的性质，可以不依赖其他构成元素单独存在。这里所称复合邮品，概括的范围则较宽泛，是生肖邮票和生肖邮政用品经使用或盖销（邮资）后形成的邮件，它们或者是邮票与邮戳、业务标签、单据、封片简卡等通信载体的复合；或者是邮政用品与邮戳、业务标签的复合；或者是邮票、邮政用品的复合，以及这两者与邮戳、业务标签的复合。其中，按实寄与否，复合邮品还可分为实寄品与盖销品或称销印品两种。

按其品种的不同，通常可分为封、片、简、卡、戳等主要类别，这是最直观的分类方式，简便易行。各类中还可再附加前提，细分出子项乃至子项的子项。例如，封类之下，可分首日封、邮资封、普通封等；首日封下，又可分实寄封、销印封、原地封、趣味封等；实寄首日封下，还可分邮制封或称官方封、自制封、公函封等，再往下甚至还可以细分。邮资封下，可分普通邮资封、纪念邮资封、航空邮资封、挂号邮资封、贺年邮资封、美术邮资封、免资封等，这其中的任意一项又都可分实寄封、销印封、原地封等。同样道理，片、简、卡、戳等邮品，也可以依据不同标准划分出一些子项。

按历史时期划分，生肖邮品还可以分为史前和早、中期，以及近期、即期等具备不同邮政史背景的品种。生肖邮品的史前品种，从其邮递使用干支纪年和计时的角度分析，应包括驿站封、火票、排单、文报局[1]封、侨批封、民信局封等。生肖邮品的早期品种，主要是生肖邮票诞生之前的邮戳，如采用干支纪年的华洋书信馆[2]日戳和干支日戳；采用天干地支符号作为业务代码的普通日戳或其他邮政戳记。生肖邮品的初始阶段的品种是在20世纪50—70年代末期，通过贴用生肖邮票产生的邮品，以及此期产生的其他具备生肖特征的邮品，这个时期大体处于生肖邮票的初始阶段。生肖邮品的近期和即期品种，与发展阶段品种的属性完全一致，只是产生的时间在20世纪90年代以后至今。

整理生肖邮品，一般应与生肖邮票的整理合并进行。基本方法不外乎三种。

其一，传统的方法。就是按洲际、国别、地区、时期，将邮品作为邮票的补充素材整理成集。采用这种方法，依据主要是邮票目录，须按国别（地区）与其生肖邮票的发行顺序，逐枚逐套地收集、整理与邮票相对应的邮品。整理的范畴，可以包括多个国家或地区，也可以是某一个国家或地区；可以包括生肖邮票发行的全时空，也可以是某一个时空段的断代。其中，生肖邮政用品，可以不依附于邮票，单独遵循传统方法收集和整理。

其二，邮政历史的方法。就是按邮政发展历史的某一时期或某一方面，将具备生肖特征的实寄邮件、戳记、邮政史料整理成集。采用这种方法，依据主要是特定的中国邮政历史背景，在生肖邮票诞生之前，就已经从邮政通信中

---

[1] 文报局，中国清代所设驿站之外的官办通信机构，专门负责递送外事文书。1876年开办，北京设京局，上海设南洋出使文报总局，天津设北洋文报总局，后在各省会城市及通商口岸普遍设置。大清邮政建立后，各省文报陆续交由邮局寄递。至1915年吉林、黑龙江文报局停办，文报局历史结束。

[2] 华洋书信馆，中国清代海关筹办的邮政代理机构。1878年7月在天津、北京和上海等地建立，办理华人邮件收寄。海关拨驷达局（邮局）成立后，1882年11月停业。

产生出大量生肖邮品，足以成为生肖集邮可利用、待挖掘的宝贵资源。其收集和整理的范畴，与生肖邮票无关，而与生肖文化在邮政上的反映相关，时间上从当前一直可追溯到邮票发行史前。

其三，专题的方法。就是按邮票图案、主题内容或自创的收集题目，将邮品作为邮票的并列素材整理成集，或仅以一种、若干种邮品成集。采用这种方法，依据主要是邮票和邮品的专题要素，无须考虑收集对象的国别（或地区）、发行年代和种类，只要符合选题需要即可。整理的范畴，只有切题与否的取舍标准，没有任何时空界限。

四、收集生肖邮品的注意事项

首选实寄品。以上谈过,邮品最重要的特征之一,就是邮政意义。尽管就集邮而言,收集邮品可以有收集实寄品和盖销品两种选择,但从中首选实寄品不失为更明智的选择。一些集邮者对收集生肖邮品及其品相的认识,往往存在误区,认为其本来就为满足集邮需求,是否凸显邮政意义并不重要,为了避免品相受损,常采取盖销方式制作邮品;或将其制成观念上的实寄邮件(写名址、请求加盖落地戳而非交付实寄)。殊不知,邮政乃集邮之母,脱离邮政生产过程,邮品的精髓也就没有了。还有,对邮品品相评价的标准并不简单同于邮票,而且恰好相反,过于干净整洁无痕不被视为完美,反而被认定集邮价值低、商品味道浓。而实寄邮件,通常(最好)手写名址,传递过程中留下诸多邮政痕迹,看似不如未实寄者美观,其实集邮含义极为丰富,美在自然与真实,贵在实际承载过邮政文化,能够通过邮政历史折射同时期社会经济、文化、政治背景。如图175所示《辛酉年》小本票实寄封,寄于1981年2月26日。虽然该小本票在各种邮票目录上记录的发行日期与《辛酉年》邮票一致,为1981年1月5日,但实际并未同时出售,小本票延迟了一段时间,具体出售时间各地不一。2月26日就是已知唯一在这个实寄封上,通过日戳看到的最早日期。

自制与交流并重。收集生肖邮品,自然应该抓住每一次时机自己动手制作,这是降低收集成本的有效途径。但限于个人所能,自制邮品的数量与质量毕竟极为有限。时间上无法追以往,空间上总有许多够不着的地方。因此,除了自制,收集生肖邮品更离不开交流。所谓交流,有两层含义。其一是交换,即用自己的藏品交换他人藏品,互补所缺,或置换同类同质邮品。这同样是一条低成本

图 175《辛酉年》小本票 1981 年 2 月 26 日挂号实寄封

集邮之路；而且也能避免自藏邮品上出现的都是自己的名址（此乃选用邮集素材之忌），借以增加藏品多样性。其二是流通，即以货币为媒介，通过市场买卖行为丰富藏品。除了向邮品营销者购买，集邮者之间的交易也很必要。必须确立一种观念，即邮品的存世时间可以、而且应该转换为价值空间。要认可他人以往制作邮品的价值，当时过境迁，欲得到已失去机会制作的邮品时，就应当想着去购买，而不是自制，甚至投机取巧，倒戳作假。对于讲求自创的生肖集邮而言，把握此点十分必要。

确定适当的目标和范围。比起生肖邮票，生肖邮品的收集天地更广阔，可纵穿古今，横贯中外，是一处既丰富又神秘，且待探索的集邮宝藏。无人可以做到收藏所有的生肖邮品，甚至还不能说知道其所有品种。从价值上衡量，通常生肖邮品更贵重一些，尤其是史前及早中期的东西。因而，必须有明确的重点和范围，避免盲目性收集：或者按某一时期、某一轮生肖实行断代收集；或者按某一种生肖实行专门收集；或者按一个专题的或邮政史的题目实行主题收集。否则，必定事倍功半，投入较多的财力和精力不说，收效也不佳。

掌握辨伪的基本功。与邮票中存在伪品一样，邮品特别是复合邮品中的伪造、变造、臆造品也不在少数。比之于邮票，邮品的鉴别难度可能更高一些，因为诸多实寄邮件都具有唯一性，没有可资比对的参照物，也没有现成的目录可以依据，在很大程度上须依赖集邮者个人的邮识积累，依赖他们综合运用邮识和其他知识考证邮品的能力与经验。仅就生肖邮品而言，可能成为作伪对象的，主要是早中期的实寄封片，以及现代个别贵重邮票的实寄品，如T.46庚申年，曾见以旧票套盖真戳制成的假实寄封。近期与即期邮票，通常其实寄品获利并不高，也就没必要作伪。归纳常见于实寄封片的作伪手段，主要有三种情况。一是真票真戳假复合，即利用价值较低的邮票和留存民间的旧信封、已报废的旧邮戳制成。二是假票假戳假复合，还须编造出一段假背景或假故事，这就完全是臆造出来的实寄邮品。三是真真假假最终复合是假，或用真票销假戳，假票销真戳制成；或对真封采取偷梁换柱、移花接木的手法，揭去原贴票，补上戳印吻合的信销票，将普通封片变造成高档封片；或用以上相同手法将很普通的单票封，变造成价值高的双连封、多票封、混贴封、欠资封、挂号封、航空封等。但假的就是假的，不管作伪手法如何巧妙，伪邮品总有漏洞存在，只要仔细鉴别，便不难察觉。集邮者面对钟爱的邮品，一定要持以寻常心态，勿贪图小利而铸成大错。最关键的还是加强学习，积累邮识，善于考据。对收集到的每一件实寄封片，都应从经济、政治、文化、邮政等多方面去了解其背景；从邮资、邮路、邮戳等多角度去辨识其真伪。久之，自然能练就一副明辨秋毫的火眼金睛。

第二节
生肖邮票实寄封片

一、生肖邮票首日封片

邮品的首日概念，既泛指所贴邮票的首日使用——但凡贴票邮件都存在首日使用的情况；也是一类邮品的特定名称，指邮局或专业营销公司或集邮者个人针对集邮需求制作的封片。本节陈述的对象，即为后者，亦即专门制作的首日邮品。为了方便陈述，以下一般只谈封，不论及片、简等其他书信载体，举一而反三，认识了首日封，其他都可以照理类推。

何谓首日封？是在邮票发行首日，贴用该种邮票并以当日邮戳盖销的信封。所用信封可以特制，包括印制与自制；也可以是现成的普通信封或美术信封。所贴邮票可以是全套，也可以是单枚；通常贴全套票，但从实寄角度考虑，当前更推崇贴用符合邮资标准的单枚票，贴全套票则须根据相符的邮政业务算出邮资，不足部分最好加贴同套票或普通邮票，避免用其他纪特邮票拼贴。所盖邮戳可以是首日普通日戳，也可以是配合邮票发行而启用的纪念邮戳；通常两者都盖，以纪念邮戳销票，信封上另盖日戳表明收寄时间与局所。

以上，是世界范围对首日封的传统定义。在集邮活动发展中特别是专题集邮出现后，人们也开始关注邮票的发行主题并尝试制作与收集邮票主题首日封。总体而言，邮票的首发日与主题密切相关，二者高度契合，但也不尽然。结合生肖邮票看，首发日不在主题关联的正月初一，这就产生了两个首日，邮票发行首日与其主题首日，前者是邮政历史认识上的经典首日，后者是专题集邮认识上的拓展首日。邮票的主题首日封，在国内集邮者中，现已被广泛接受，但在国际上，流行的仍是传统定义首日封。所谓主题首日封，应属趣味邮品。基于这一认识，本节将具有主题首日概念的迎春封、拜年封和新年交替封等，均归入生肖邮票的趣味性邮品；这里所言首日封，不包括主题概念，只是经典含义。

目前被认定最早的首日封，是 1909 年 9 月 25 日美国发行《赫德森河发现 300 周年暨罗伯特·富尔顿发明汽船 100 周年》纪念邮票时，一位文具商出于集邮目的私人专门印制的。制作与收集首日封，这种新的集邮方式很快在美国传开，到 20 世纪 20 年代即风行于欧美。1937 年，美国邮政首创专门为新邮发行而刻制、启用纪念邮戳的做法，随后欧美乃至世界各国也纷纷效仿，使之成为一项国际邮政惯例。此种纪念邮戳，当初仅刻"首日发行"字样，后期演变为有多种图文。至此，首日封也就有了最完整的样式——官方发行；专门印制；设计与邮票互补的图案；背面用文字介绍邮票相关资料；销盖新邮纪念邮戳；标示"FDC"(first day cover) 字样。

生肖邮票诞生于 1950 年，此际与新邮同步发行首日封，早已是各国邮政普遍遵循的惯例。因此，一般说来，大多数生肖邮票都有官方发行的首日封。世界最早的生肖邮票首日封，是日本 1950 年 2 月 1 日发行的《昭和 25 年用贺年邮票》首日封。新中国第一种生肖邮票首日封，是 1980 年 2 月 15 日发行的《庚申年》特种邮票首日封。在亚洲，早于中国内地（大陆）发行生肖邮票首日封的国家和地区，依次是韩国，狗年封，1957年12月11日发行；琉球群岛，牛年封，1960年12月10日发行；中国香港地区，羊年封，1967年1月17日发行；中国台湾地区，鸡年封，1968年11月12日发行。

随着邮政自动化、数字化的出现和发展，邮票家族成员新增添自动化邮票，亦称电子邮票，很快也诞生了生肖电子邮票。相应而言，生肖邮品又多了一个品类——生肖电子邮票首日封。中国内地（大陆），1999年12月30日发行迄今唯一一套自动化邮票"自1"，没有专门发行生肖题材的电子邮票，但地方邮政陆续发行过一些生肖邮资标签，其性质类同于电子邮票。最早是北京市邮政局1988年5月10日首发的戊辰年邮资标签，以双龙戏珠为底图。1989年4月5日，该局再次发行己巳年邮资标签，以双蛇和花瓶为底图。此外，还有广州市邮政1997年1月5日发行的丁丑年邮资标签，杭州市邮政1998年1月28日发行的戊寅年邮资标签，凡此种种。这些邮资标签的发行和使用，一般都是预贴在信封上出售，在指定日期实寄有效。2019年，中国邮政统一设计了一组己亥（猪）年生肖邮资机宣传戳，1月5日在全国范围启用，同时出售专印纪念封供打戳寄递。这组生肖邮资机戳，也可打印成生肖邮资标签。编号国2019-1，自此开启"国版"邮资机宣传戳序列。此后，这个序列中的国版生肖邮资机戳不断推出。2020年以来，内地生肖邮资标签进入有序发行时

图176 《庚申年》特种邮票首日封

图177 己亥猪年生肖邮资机戳南昌实寄封

期。从当年庚子鼠开始，到 2021 年辛丑牛、2022 年壬寅虎、2023 年癸卯兔、2024 年甲辰龙，逐年发行。这种全国普遍发行的邮资标签，彩色打印在专用底纸上，邮资图案实际上是邮资机符志，换言之，这个图案直接打印在信封上，就是邮资机戳，打在专用底纸上，就是邮资标签。故此，该邮资机符志也被称作彩色邮资机宣传戳，分两种打印方式，直接彩打在书信载体上的为打印型，打印在专用底纸上的为自贴型，前者是生肖邮资机戳，后者是生肖邮资标签。理论上，对生肖邮品的分类，前者应归入生肖邮戳，后者才是邮票的近亲，可视同于生肖电子邮票。这里为简便叙述，不做严格区分，将二者权当生肖邮资标签看待。对其，我们只需着重了解两点：其一，此种彩色生肖邮资标签，形式统一，图案多样，部分年份有"国版"和"地方版"的区分；其二，此种彩色生肖邮资标签，一般都有一段使用期限，首发日期不固定，通常都在"元旦""小年""大年初一"等贺岁时辰，或 1 月 5 日与生肖邮票同步发行，在首发日贴用即形成一种独特的生肖票品首日封。

在港、澳、台地区，生肖电子邮票早已付诸实用，并与生肖邮票一样，有计划按轮次逐年发行，是自动化邮票的分支，在邮票目录中辑录。所见依次为，中国香港地区邮政，兔年，1987 年 8 月 18 日首次发行，发完一轮后中止；澳门特区邮政，蛇年，2013 年 4 月 30 日首次发行，至今发完一轮；中国台湾地

图 178 2022 壬寅虎年北京地方版邮资标签封

区邮政，龙年，2012年6月18日首次发行，至今发完一轮。还有外国邮政也在发行生肖电子邮票，所见依次有，直布罗陀邮政，猴年，2016年2月17日首次发行；新加坡，猪年，2019年1月25日首次发行；西班牙，龙年，2024年计划发行。上述这些电子邮票，与生肖邮票一样，一般都有同步发行的官方首日封。

官方首日封，指的是邮政配合新邮发行的首日封，与其对应的为自制或商制首日封，二者同为私制封。本节概括的内容是实寄邮品，但就首日封而言，与其他非首日销戳的信封不同，当复合了首日戳后，它就成为一种特制邮品，并非一定强调实寄。因而，生肖邮票首日封，根据其制作主体和是否实寄，一般可对应划分为官方封和私制封、实寄封和销印封两大类型。人们收集的生肖首日封，不外乎是这两种类型的混合，如官方封，经实寄就称实寄官制首日封，只销戳不实寄就称官白[1]首日封；自制（或商制）封，经实寄称实寄自制（商制）首日封，实销不实寄的称私白首日封。

图179 直布罗陀《猴年》电子邮票首日封

图180 美籍华人蔡建利自制1996鼠年首日封

---

[1] 官白，指由邮政部门印制发行、未经实寄的首日封或盖销纪念邮戳的邮品，包括封片简等。相对而言，由私人或民营邮商印制的此类邮品则为私白。

二、贴生肖邮票的普通封片

所谓普通封片，是指在邮政通信中自然产生的实寄邮件，也就是人们平常说的自然邮品。这类邮品冠以"普通"二字，是相对于针对集邮需求而特意制作的那些邮品而言，以示区别。要注意避免与普通邮资封片的概念混淆，二者不是一回事。这里说的普通封片是贴用邮票后形成的复合邮品，而普通邮资封片的邮资是预印的，属单元邮品。

实寄普通封片，既不同于未经实寄的销印封片，也不同于经过实寄的特制集邮封片，包括那些刻意制作的邮资、签条、戳记均与邮政业务相符的封片，它不具有预设的集邮目的性，完全产生于自然的通信流程，忠实地记录下邮政足迹，并从中折射出社会历史和文化，对于研究邮政史和邮票史，印证文化范畴其他史实，有着很重要的作用和较客观的意义。因此，资深集邮者历来重视这类原生态封片的收集，视其为邮政史、传统和专题邮集中的关键素材。在FIP邮展规则引导评审的条文中，对自然实寄封片的评价，显著高于特制实寄封片。

但要注意：贴生肖邮票的普通封片，产生时间都在1950年之后，放在整个集邮领域看，属于现代邮品，集邮的重要性有限，故而也不能简单以其类比于整个集邮领域里的早中期普通实寄封片。收集生肖票的自然实寄封片，须更重视品相、内涵，并须精选，因为可供收集、挑选的对象非常之多，没有必要将每枚封片都留存下来，尤其对其中一些品相较差的或内涵重复的封片，原样保存还不如做成邮戳剪片，或只收集信销票。

什么样的生肖票自然实寄封片值得收集与珍藏？由于实际存在的变数很多，对实寄封的取舍，往往更依赖收集者本身的观察、研究与发现，个人兴趣取向也是一个着眼点，所以这里只能提出三条基本的甄别原则，供生肖邮品收集者参考。其一，相对于眼前而言的前期生肖票，其自然实寄封片都有收藏价值。其二，即期实寄生肖封片中，那些贴变体票，或贴票有别于正常情况者，如带版铭、副票、过桥、量少的小本票或电子邮票等；销盖邮戳特殊，或加盖少见的副戳，或贴有难得的签条者；通过邮资、邮戳、邮路综合反映出特殊邮政业务者，具有收藏价值。其三，相对于本国而言，外国生肖邮票自然实寄封片就属于稀见品，也都具有一定的收藏价值。

以我国生肖邮票为例。第一轮生肖票，所有的实寄封片，现在看都非寻常之品，其中猴票封为典型范例。第二轮后，就应甄别，按上述原则之二决定取舍。

在贴生肖邮票的普通封片中，也有自然产生的首日封片。集邮界对这些邮品的评价，高于寻常的自然封片和特制的首日封片。从邮政内涵分析，与其不相上下的还有：不同面值生肖票的基本使用（非拼贴）尾日封，如我国8分（1990年7月30日）或20分（1996年11月30日）、50分（1999年2月28日）面值票的尾日封；以生肖票的基本使用或拼贴或连带附加费，从而表现出邮资调整阶段或局部变化的首、尾日封，如我国发行生肖邮票后曾3次调整邮资，两度实行邮政附加费办法，这期间就会产生印证邮资变迁与沿革的生肖票实寄封。

总之，收集普通贴票封片与制作集邮封片不同，其关键在于两个方面。一是强调自然性，必须纯粹自然地从通信渠道中获取。二是追求典型性，尽量考证、发现收集对象的邮政史迹和集邮价值，并据以决定取舍，取精华而舍糟粕。

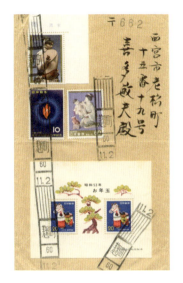

图 181 日本第三轮马年小型张实寄封

图 182 贴用《庚午年》邮票的 8 分邮资尾日封

图 183 刘广实寄陈克宽第一轮猴票首日实寄封

三、生肖邮票的原地邮品

先说说原地邮品。它是在与所贴邮票或所印邮资图内容直接相关的时间、地点寄发或盖销的邮品。其中，地点上的关联是必须满足的充要条件；时间要求最好为票品发行首日或主题首日，至少须接近首发日，对时效性主题而言，则必须是首日，否则便没有时间上的关联，如某生肖年邮票，按主题销戳，必须选择农历正月初一。原地邮品也是一个宽泛概念，广义上甚至包括极限片、封等极限类邮品，但通常特指以原地封为主的收集对象。原地封一般又分主题原地封和主图原地封两大类，二者的关联要素分别是票品的主题和邮资图案中的具体事物。本节所指原地邮品不是其全部，并不包含盖销的、非生肖的原地邮品和邮政用品类，仅述及生肖邮票的原地实寄封片。

生肖邮票，由于属性在中华传统文化范畴，概念上有抽象一面，因此一直以来就被认为只有泛原地，而无确定原地，最终归结于无原地。这种看法不无一定道理，但与实际脱节，更不代表群众意志。本书立论不同，坚持生肖邮票有原地的观点，但无意于就此问题争辩是非，强求认识一致；而是从生肖集邮的实践出发，站在有利于创新、发展中华民族特色集邮活动的角度，建立自身的理论体系，用于指导生肖集邮实践。

与一般原地封原理相同，生肖邮票原地封也分主题原地封和主图原地封。

生肖邮票主题原地封来源于与该主题关联的属相和以其纪年、贺年的含义。就关联属相而言，有确定的原地。主要分布于云、贵、桂三地，以云贵区域居多数。那里一些集市贸易之地，许多是用属相命名的，如云南有鼠街，贵州有鼠场，假如该地恰好设有邮局（所），就可以找到合适时机制作原地封。此类生肖地名，语源就是十二生肖。与通常逢五逢十日赶集的习俗不同，云、贵地区常以干支纪日，逢六成集。在云南称赶街，贵州称赶场。集市之地，多选乡村街道两旁或空旷场坪，起初是随机行为，久之便有人定居开店，以便逢集市之日供应餐饮图利。于是人们约定俗成，采用干支纪日集会交易各自产品，经年累月后，集市地就成了地名。如牛街马街、牛场马场等，并非买卖牛马的集市，而是按属相排序以便于记忆和获得公认的集市场所。

再从生肖主题的纪年贺年含义看，虽然找不到确定原地，原地在中国全境，或称泛原地，但也可以从泛原地中经过典型化找到相对确定的原地。如，相对于中国而言，首都北京就是一个典型原地；相对于某省而言，省会市就是一个典型原地。近年来，人们更认可经国家邮政管理机构批准的生肖邮票首发地为其典型原地。苏州从2004年第三轮猴票开始，作为中国邮政指定的生肖邮票首发式举办地，至今未间断，已相沿成习，人尽皆知，它就是一个最典型的生肖原地。

生肖邮票主图原地封来源于该主图取材自实际存在的原始物品或原创图稿。并不是所有生肖票都有主图原地，事实上存在主图原地的生肖票很少，因为邮票图稿多数经过再创作，难以确定对应的原物及其原地。以我国生肖票为例，首轮和三轮中就没有，四轮迄今也没有，二轮中只有部分可确认原物与原地。如，虎票原型是民间工艺品布老虎，主图原地在山西黎城；兔票原型是"泥人张"第四代传人、清华大学美术学院张锠教授泥塑作品，主图原地在天津或北京；马票和羊票原型均为民间彩绘泥塑，主图原地在陕西凤翔；还有鸡、牛、蛇、羊票，均采用剪纸艺术设计，主图原地依次在河北献县、山东高密、陕西延安和内蒙古包头。日本生肖邮票则不同，较多采用实物为图，表现不同地方民间玩具，一般都能够找到对应的主图原地。

图184 郭润康实寄《庚午年》邮票主题原地封

图185 《壬午年》邮票主题原地封

图186 盖山西黎城邮戳的生肖虎极限片

图187 日本1966年生肖邮票主图原地首日封，邮票图案为岩手草编玩具马，销岩手县花卷邮局风景邮戳和普通日戳，日期为邮票首发日

四、生肖邮票的趣味性邮品

顾名思义,趣味性邮品就是具有趣味性的封片简等邮品。比较上述按首日、普通、原地分类的邮品,它有自身特点,既可以刻意制作,也可以自然而然形成;既可以与邮票的首发日或原地相关,也可以完全无关。在这里,邮品概念是明确的,加上趣味性则变化多端,千差万别,无法量化其品种,只能以趣味定性,故称趣味性邮品。

说白了,趣味性邮品就是集邮者的个性化邮品,它表现的是制作者的个性色彩或收集者的独特发现。单就邮品的趣味性而言,虽然通称邮趣,但主导方面已不在传统集邮范畴而在更广阔的邮政乃至社会文化领域。从集邮史看,追求趣味性实际是集邮的基本精神和发展动力,专题、极限、原地、开放等集邮方式莫不滥觞于个人集邮兴趣。我国前辈集邮家中,张赓伯[1]是较早收集趣味性邮品的一位。他有一部著名的《趣味集》,专门收罗趣味十足的中外邮品,如,邮集中有一枚辛亥革命武昌首义10周年从上海寄往苏州的实寄封,邮票上盖销上海10支局横框中英文日戳,日期为(民国)10年10月10日10时,一戳销出5个"10",妙趣横生,是典型的趣味封。

生肖邮票贴用后,产生的趣味性邮品就更多、更丰富。因为生肖属于每个人,生肖集邮的个性色彩更鲜明,人们可以充分发挥个人创造性和想象力,去制作或收集一些富有情趣或思想意义的生肖邮品。例如,将生肖邮票与包含生

---

[1] 张赓伯(1902—1972),久居上海,银行职员,中国第一代著名集邮家。曾任中华邮票会总务部主任,新光邮票会主席理事,主编两会会刊,人誉"邮史矿"。2004年其子张盛裕(作家、集邮家)编辑《张赓伯文集》,由香港地区语丝出版社印行。

肖信息的邮戳、信封结合起来，交付实寄，制成生肖趣味封。1986年，湖北黄石市集邮公司发行的"九牛二虎"封，贴9枚牛票和2枚虎票，牛票盖销2月8日24时（牛年尾日）牛尾巴地名邮戳，虎票盖销2月9日0时（虎年首日）老虎头地名邮戳，同时销纪念邮戳，此封是以邮票主题和枚数合成一句成语。1985年，新疆邮票公司发行的"鲁迅诗意"封，贴当年生肖牛票，信封上加印鲁迅名句"俯首甘为孺子牛"及乙丑牛年图形印章，邮票与封上图文相互映衬，融为一体，寓意深远。

目前，形成系列的生肖趣味封有迎春封，或称交替封、辞旧迎新封和拜年封等。此类纪念性信封，是生肖邮票出现以后派生出来的，贴对应生肖邮票，销相关日期日戳与纪念邮戳，一般由专业邮票公司发行。北京市邮票公司最先从1984甲子鼠年起，连续24年发行两轮迎春纪念封，信封贴上年及本年生肖邮票，分别盖销除夕日24时和年初一0时北京日戳，辞旧迎新的寓意和邮趣相得益彰。中国集邮总公司类此发行的拜年封，从1993年开始一直未间断，至今已有三轮，深受大众欢迎；特别是除夕夜，从中央电视台春晚现场寄出这个拜年封，具有典型原地内涵，邮味和趣味更浓。湖北黄石市邮票公司以其特有的"牛尾巴"和"老虎头"邮戳，发行过"九牛二虎"成语封，同时也发行了庚寅年辞旧迎新封，以后但逢虎年初一，即用"牛尾巴"和"老虎头"地名戳销票，继续发行这种生肖交替封。其他地方有类此特定地名戳的，也成系列发行过一些生肖交替封。

第七章 生肖邮品的收集和研究　　　　　　　　　　　　　　　　　　　第二节

图188 新疆邮票公司发行的"鲁迅诗意"封

图189 北京市邮票公司1987年迎春纪念封

图190 中国集邮总公司2010年拜年封

图191 湖北黄石庚寅年辞旧迎新封

图192 寄自贵州兴义、安顺两地的乙亥、丙子年生肖交替封

图 193 1986 丙寅虎年尾日封　　　　图 194 林咸祉手绘猴年马月封

图 195 汪以文自制"六十甲子图"

生肖邮票的趣味性邮品，更多来自集邮者自创和发现。如有人在牛年寄给著名艺术家牛群的信封，上面绘有牛年生肖图案，贴牛票，销牛栏山邮戳，寓群牛闹新年之意。无独有偶，还有写给著名演员牛犇的信，算起来"牛"更多。云南陇川有丙寅地名戳，1986年为农历丙寅年，这一年里，集邮者制作了大量销有该邮戳的趣味封片，如图193所示为贴虎票于丙寅尾日销丙寅地名戳的趣味封。太原林咸祉常年坚持自绘生肖趣味封，自娱自乐，并分赠友人，这些自制封，逐枚手绘，工笔细描，或见证特别时刻，或寄寓良好祝愿，或纪念个人友谊，形成独有的风格和系列，值得珍藏。如，他绘制过一枚甲申年庚午月甲申日庚午时趣味封，贴猴与马生肖票，销与干支相配的2004年7月4日11时日戳，意为"猴年马月"，情趣盎然。杭州市汪以文自制、收藏一页"六十甲子图"，自甲子年第一轮鼠票开始，按干支序列贴生肖邮票销春节日戳，每年正月初一要跑一趟邮局，恳请营业员仔细盖戳，风雨无阻，持之以恒，到甲辰年第四轮龙票，已经坚持了41年。他从38岁盛年期着手此事，到快80岁完成4轮不到，后面还有19年，这意味着他将在百岁之前圆此功德。这页"六十甲子图"，成为他集邮人生的寄托和集邮情趣的写照，举世绝无仅有。生肖集邮研究会创会会长周治华对生肖集邮的感悟更超乎常人，特别善于发现隐含在生肖邮品中的独有趣味。如，他从2002壬午马年收到邮友马驎寄赠的一枚贺年（有奖）明信片上，看出"八匹马"，除邮资图有1马、片图3马齐奔、邮戳为马房山地名共5马外，还有寄信人马驎姓名中所含2马，以及寄信人所写祝词"马到成功"等不易想到的马，合起来就是8马。他将此片命名为"八骏图"，撰文《喜得"马驎"八骏图》发表在《集邮博览》杂志上与读者分享。

美国邮政 2008 年起至 2019 年发行第二轮生肖邮票（表 4）。旅美集邮家戴定国在美国历经 12 年的初心坚守，追踪这轮生肖邮票自制个性化趣味性邮品。古人十年磨一剑，他"十二年磨一封"，终于制成一套与众不同、邮趣十足的美国第二轮生肖邮票大团圆首日封。

这套封是从 2008 鼠年起，每年贴当年生肖邮票，寄至邮票首发城市，由这些城市的首发邮局统一寄至堪萨斯城的邮局盖戳中心加盖首日戳（美国邮票的首日加盖期当时为 60 天）。而后，由堪萨斯城邮局寄回给戴先生。第二年，再在同一个信封上加贴新邮，重复同样的操作，也重复着"贴票—寄出—等候—收到—欣喜"的心路历程。

这套封共 3 枚，每年在美国要走 3 次邮路，并且 12 年准确盖戳（唯一一次盖戳出错，见下文），安全收回，实属不易，也见证着一位集邮爱好者孜孜不倦、

表 4 美国第二轮生肖邮票的首发资料

年份	生肖年份	面值或售价	斯科特编号	首发日期	首发城市
2008	鼠年	41 美分	4221	2008.1.9	加州旧金山
2009	牛年	42 美分	4375	2009.1.8	纽约州纽约
2010	虎年	44 美分	4435	2010.1.14	加州洛杉矶
2011	兔年	F44 美分	4492	2011.1.22	佐治亚州莫罗
2012	龙年	F45 美分	4623	2012.1.23	加州旧金山
2013	蛇年	F45 美分	4726	2013.1.16	加州旧金山
2014	马年	F46 美分	4846	2014.1.15	加州旧金山
2015	羊年	F49 美分	4957	2015.2.7	加州旧金山
2016	猴年	F49 美分	5057	2016.2.5	纽约州牙买加
2017	鸡年	F47 美分	5154	2017.1.5	华盛顿州西雅图
2018	狗年	F49 美分	5254	2018.1.11	夏威夷州檀香山
2019	猪年	F50 美分	5340	2019.1.17	德州休斯顿
备注		表格中面值从第二轮兔年开始标记为 F44 美分，其中的 F 表示永远邮票"Forever"，邮票上没有面值。后面的 44 美分是出售当时的实际价格。			

图196 美国第二轮生肖邮票大团圆首日封之一　　图197 美国第二轮生肖邮票大团圆首日封之二

坚持12年的努力，尤显难得，弥足珍贵。

第一个封，利用美国第二轮鼠年邮票邮局全张版票的边框，在其中依次贴入12年发行的一整轮生肖邮票并逐年盖销首日纪念邮戳，将它制成美国第二轮生肖邮票连续12年的大团圆首日封。

第二个封，戴先生将12枚生肖邮票贴成回字形，代表着生肖文化生生不息。封的中央是美国二轮生肖票设计师麦锦鸿和艺术总监凯斯勒·埃塞尔的签名。此封2014马年寄到首发城市旧金山邮局时出错——戴先生在此封背面题词：为得此封，穷尽十二年努力，未料在第7年（2014年马年）遭遇不测。旧金山邮局员工未按美国邮政要求，将其转寄到堪萨斯，却自己动手加盖了并非首日的1月31日邮戳。前6年辛苦毁于一旦，我痛心疾首，感到无比的惋惜！虽然美国邮政表示道歉，愿意补盖前七年的邮戳，但因为此封中央部位有第二轮生肖邮票设计师麦锦鸿（Kam Mak）和第二轮生肖邮票艺术总监埃塞尔·凯斯勒（Ethel Kessler）的签名而无可替代。签名日期在2014年4月20日，地点在美国邮政博物馆"跨越太平洋"展览的开幕酒会，当时我刚收到错盖马年首日戳的此封。它也留下了美国邮政知错认错，立即愿意弥补的见证。12生肖在此封中组成回字形，象征生肖生生不息的循环。现由郑炜会长保存，是最好的归宿。戴定国2024.4.9 于苏州。此封有了这段题跋，是一枚有邮味、有故事的生肖邮品，更有纪念意义和珍藏价值。

第三个封是并列三行的贴法，盖戳端庄，直观美观。戴先生在此封的正面题词：见此一封，便可了解美国第二轮生肖邮票的首发城市和首发日期，也可窥见一位在美国的生肖集邮爱好者孜孜不倦的、坚持了12年的努力和乐趣。

生肖票趣味邮品，各有不同特色，难以枚举。集邮者只需注重邮味和趣味，通过生肖票的首日使用和其他不同使用，就能制作出或收集到形形色色、琳琅满目的趣味邮品。

图 198 美国第二轮生肖邮票大团圆首日封之三

第三节
生肖邮政用品

一、生肖邮资信封

生肖邮资信封及以下要讲到的生肖邮资片、简、卡等，都属于生肖邮政用品的范畴。所谓邮政用品，指的是经由邮政部门设计、印制、发行，用于各种邮政业务的，预印邮资图的通信载体，其主要部分是邮资封片简。从专题集邮角度看，一般认为邮政用品即等同于邮票，其所有图文，包括邮资图、正面背面原有的和经邮政批准加印的图案，均为有效集邮信息。知道什么是邮政用品，自然可以推导出生肖邮政用品的概念。生肖邮政用品，就是预印邮资图和/或装饰（加印）图案为生肖内容（定义范围与生肖邮票相同）的邮政用品，它的主体部分是生肖邮资信封、明信片、邮简和信卡。判别生肖邮政用品的唯一依据，就是看其邮资图和正背面其他图案是否属于生肖主题。

生肖邮政用品具有很强的时令性，一般针对贺年需求而印制。目前所见的生肖邮政用品，多为贺年邮资封片简卡等物，发行地以亚太国家和地区为主。这类贺年邮资品，邮资图常采用生肖主题，有的就是照搬当年使用的生肖邮票，如韩国发行的一组以生肖神像浮雕为邮资图的邮资信封；较多见的是按贺年对应的属相另外设计邮资图案，如中国发行的贺年系列邮资封。

韩国是较早发行贺年邮资封的国家之一。1977年11月15日，韩国发行贺年邮资封一套2种，其中一种邮资图为"工艺品的马"，封上印有太极图隐纹，用于防伪，封内配有"谷山佳乡"绘画贺卡，这是世界上首次出现的生肖邮资封。

中国第一套生肖邮资封，是中国邮政1993年11月15日发行的1994（甲戌）年贺年邮资封。这套邮资封是当年贺卡型贺年（有奖）邮资明信片的套封，与其配套出售，邮资图为"双狗"，封左侧印有兰花图案，共6种，配套的贺卡则为12种。该套封分别在河北、天津、广东及上海印制，其中天津封封舌胶无色，上海封封舌刷胶为浅蓝色，广东封无厂标。此后，除1996年未发行，从1995年至今，这种与贺卡配套的贺年邮资封一直按年发行。与首套封一样，其邮资图均为当年生肖造型，但发行日在上一年10月或11月不同日，邮资随国内信函调资而变化，每一套枚数各有不同，内附贺卡也有所不同：1995年贺卡与1994年一致，是贺卡型邮资明信片，唯其邮资预销过纪念邮戳，首发日后不能单独实寄；1997年和1998年，是贺卡型无邮资明信片加纪念张；1999年和2000年，是贺卡加纪念张；2001年以后，只是单一贺卡。2007年以后，此种含贺卡的贺年邮资，新增邮资9元（含挂号资费）的大号幸运封，内附贺卡加贺年专用邮票小全张一枚。不过，该幸运封上的邮资图，多不含生肖元素，不属于生肖邮品；唯2009（己丑）年、2010（庚寅）年、2011（辛卯）年、2015（乙未）年采用生肖邮资图，是生肖邮品。2016年以后，幸运封品种改称祝福卡，改用邮资5.4元的套封（含挂号资费），内件不变，仍为贺卡加贺年专用邮票小全张一枚。祝福卡套封，均采用生肖邮资图，是生肖邮品的一个全新系列。

图 199 韩国 1984 鼠年贺年邮资封

图 200 中国邮政甲戌贺年邮资封

  2007 年 11 月 20 日，中国邮政为配合宣传北京奥运会，首次改变贺年有奖封片卡发行计划，增发《福娃大拜年》品种，包括信卡和贺卡，其中贺卡的套封，与常规套封规格一样，邮资图也一样，是大红双喜字中用剪纸表现的生肖鼠。这套生肖邮资封有 2 组 12 枚，双喜邮资图寓意双喜临门，表达出对 2008 年的祝贺，除戊子新年将至，还有 2008 年北京奥运会这件喜事。2008 年邮政贺卡，重新设计为两种邮资图，在此前后，这种不附带贺年邮票小版张的普通贺卡套封，邮资图个数不断变化，从 1 图（1994 年）到 2 图（1998 年）再到 4 图（2000 年），又回到 1 图（2003 年）到 2 图（2008 年）再到 1 图（2015 年），以后是否固定为 1 图，不得而知，没有规律可循。有变化规律的是其邮资面值，与国内信函初重及续重邮资相符合。2002 年及以前，是通用邮资阶段，按初重计费，有 20 分（1990 年 7 月 31 日至 1996 年 11 月 30 日）和 50 分（1996 年 12 月 1 日至 1999 年 2 月 28 日）两个邮资时期；2003 年及以后，是专用邮资阶段，按实际克重（一般 30 克）计费，也有 80 分（1999 年 3 月 1 日至 2006 年 11 月 14 日）和 1.20 元（2006 年 11 月 15 日至今）两个邮资时期，对应的邮资分别是 1.60 元和 2.40 元。这其中，1997 丁丑牛年和 2007 丁亥猪年贺年邮资封印竣即遇邮资调整，分别由 20 分调为 50 分和由 1.60 分调为 2.40 元，牛封因此要求加盖横椭圆"邮资改作 50 分"邮资戳后出售，猪封没有此项要求照常出售，但规定在其发行期内（2007 年 3 月 4 日）可按面值交寄，逾期则须补足邮资。

图 201 戊戌狗年约投挂号实寄封，11 月 20 日上海寄广州

图 202 定时递首日实寄封，背销 2017 年 1 月 20 日约投首日戳

值得注意的是，中国邮政 2014 年 7 月 1 日开办的约投挂号信函业务[1]，也在生肖邮政用品中得到体现。自 2018 戊戌狗年起，中国邮政发行的贺年有奖邮资封片卡中，新增约投挂号邮资封，有贺年有奖标识，一套 2 种，采用生肖邮资图，信封格式与普通约投挂号封相同；邮资在信函资费基础上增加 2 元，为本埠 5.80 元、外埠 6.20 元。第一套 2017 年 10 月 9 日首发，由于约投业务针对客户及使用流程有特定要求，因此这套邮资封理论上应有首日封，实际上却难以实现。据悉，这套邮资封最早实寄日期，本埠是在 11 月 3 日，外埠是在 11 月 8 日，地点均在福州。这是生肖约投邮资封所见最早实寄封。此后几年，由于信息对称，可提前准备，因此获取该邮品的首日封已非难事。2021 年以后，此种生肖题材约投挂号邮资封停发，替换为卡函专送邮资封。卡函专送服务对象与其业务流程，基本同于约投挂号。两种邮资封样式大同小异。卡函专送邮资封，邮资图仍为生肖主题，邮资为国内挂号信函资费 4.20 元，不分本外埠；每年与贺年有奖邮资封片卡同时发行，信封上没有贺年有奖标识和说明，不参加开奖兑奖。2020 年 11 月 5 日，首发第一种辛丑牛年卡函专送邮资封。此后，2021 年 10 月 27 日、2022 年和 2023 年 11 月 15 日，接续发行壬寅年、癸卯年和甲辰年卡函专送邮资封。其间，中国邮政还在全国部分城市试点开办过以"恭贺新禧"为主题的定时递业务，为此发行以生肖鸡为图、面值 4.60 元、设二次开奖的定时递邮资封一种，2016 年 11 月 1 日首发，后未接续发行。

值得注意的还有，中国邮政发行的其他邮资封（普通、纪念、特种）中也有包含生肖内容的，属于生肖邮品，尤其要用心研究与收集，勿使遗漏。已见

---

[1] 约投挂号：中国邮政开办的对信函实行优先处理、预约投递、按址上门签收的信函寄递服务。该业务采用不同于普通挂号信函的邮资标准、服务措施和作业流程，2013 年 6 月 10 日开始试运行，并于次年 7 月 1 日在全国正式开办。与此类同、后续开办的新邮政业务还有"卡函专送"和"定时递"，均发行有专用于该项业务的生肖邮政用品。

有 2002 年 10 月 15 日发行的 PF59《衡水武强年画》，邮资图采用清代古版"六子争头"图。画面上三个儿童的头部和臀部互相借用，从而三子变六童，寓意你中有我，我中有你，生命一体，充满智慧，视觉效果奇幻，环绕在娃娃们周边，有鼠到猪 12 个生肖造型的童玩、虎头鞋、蛇形鞭、猪形鞋等，十二生肖无一缺席。这个普资封就是典型的生肖邮品。

继韩、中之后，澳大利亚从 1995 乙亥猪年开始成系列地发行以当年生肖为邮资图的贺年邮资封，每年 1 套 2 种，无面值，属邮资已付信封，分别用于国内平信和国际航空寄递。个别年份只发行国际航空一种，如 1999 己卯兔年。

图 203《衡水武强年画》普资封及邮资放大图

图 204 澳大利亚 2014 马年贺年邮资封

二、生肖邮资明信片

生肖邮资明信片即以预印邮资图为生肖主题的邮资明信片，其主要来源是贺年邮资明信片。与贺年邮资信封的对应关系一样，贺年邮资明信片是生肖邮资明信片的主体，但并非所有的贺年邮资明信片都是生肖邮资明信片，二者的根本区别还是看邮资图和明信片上正反面图案是否包含生肖内容。

德国早在1899年12月28日发行世界第一种贺年邮资片。在亚洲国家中，日本最早发行贺年邮资片，从1949年首发，逐年发行，至今未间断。日本贺年邮资片的特点是有奖，都印有编号，号码中奖的邮资片可兑奖，六等亦即末等奖品为当年的生肖小型张，该小型张只用作奖品不出售，很吸引人；此外邮资分两类，一类加附捐，一类不加。首发贺年邮资片，邮资图为飞鹤，无关生肖，但其末等奖品是1950虎年小型张，故与生肖邮史也有关联。1963年11月15日，日本照例发行用于次年的贺年邮资片一套2种，其中附捐邮资图为圆形，是一只"龙"字风筝，由于次年就是龙年，此片也就成为全球首次发行的生肖邮资明信片。以后日本发行的贺年邮资片仍不断采用生肖主题为邮资图。如发行于1974年的贺年邮资片（非附捐），为"兔"片；发行于2001年的贺年邮资片（附捐）、2002年的贺年邮资片（非附捐），分别为"马"片和"羊"片。从1983年起，日本发行贺年邮资片，新增地方版或称乡土版，其背面印有乡土特色图案，品种很多，其中不乏体现当年生肖主题的内容，包括民间玩具、绘画艺术、地方风俗等，值得注意。如，从绘画艺术看，按年度使用的地方版贺年邮资片，1988年有山本丽湖所绘"淡海之龙"；1990年有水野一画的马；1992年有甲斐庆二画的猿猴，雨田正画的"日南海岸幸岛猴"；1993年有伊藤若冲所绘"群鸡图"；等等。

图 205 日本首枚生肖贺年邮资片及邮资图放大图

图 206 HP1 邮资图及背面图案

中国邮政发行的生肖题材贺年邮资片，始自 1981 壬戌狗年来临之前。第一套首发于 1980 年 12 月 20 日，共 2 种，编号 HP1。其中一种邮资图为正菱形狗型花灯，背面图案是玩具娃娃骑狗迎新年；另一种邮资图是天鹅，虽然与生肖无关，但背面有"壬戌年"字样，也是生肖信息。HP 系列片按年度发行到 1991 辛未羊年，共 10 套 31 种，除了 HP2 全套 4 种无生肖内容，其他都属于生肖邮资片，特别是 HP4 之后，从邮资图到背面图案，都采用了生肖题材。

1992 年，HP 系列片改为有奖的贺年邮资片，称中国邮政贺年（有奖）明信片。第一套首发于 1991 年 12 月 1 日，共 12 种，以后逐年发行至今。从 1993 年起，此系列片增加了印有抽奖号码及兑奖说明的副券，并一直保持这种格式及尺寸；同时开始在背面加印广告内容，发行保险金卡即贺年附加保险（有奖）明信片和企业金卡即企业贺年广告（有奖）明信片。1994 年和 1995 年，增发贺卡型贺年（有奖）明信片，随配套的贺年邮资封一并出售。1997 丁丑牛年贺年（有奖）明信片，印竣后遇到 1996 年 12 月 1 日邮资调整，国内明信片资费由 0.15 元调为 0.40 元，故将原定 11 月 1 日首发延至 12 月 1 日；同时，在邮资图上加盖横椭圆"邮资改作 40 分"邮资戳后照常发行，此戳与邮

图 207 1992 年贺年有奖明信片

图 208 1993 年贺年有奖明信片

资图应视为一个整体，实际操作中有漏盖片，并被售出和实寄。2001 年增发特种贺年（有奖）明信片，背图采用韩美林绘画，邮资图是有别于普通型的生肖蛇。2004 甲申猴年贺年（有奖）明信片，首次也是唯此一次采用 4 个邮资图，其中 3 个非生肖图案，这 3 种片源，如背图也无生肖内容，都不是生肖邮品。2005 年到 2007 年，增发生肖鸡、狗、猪等异型贺年（有奖）明信片，首次发行体现内地 31 省（自治区、直辖市）特色的大套片。2007 年后，中国邮政贺年（有奖）明信片又不断增加了动感型、自创型、台历型、日常销售（普资片）型、定时递业务型、挂号型、数字二维码型、网络定制型，加之此前发行过的特种、异形和极限型，这个系列可谓品种繁多，林林总总，有的昙花一现，有的浅尝辄止，发行随意性较大，没有一定之规。是否为生肖邮品，要参照生肖邮票定义确认。一般而言，普通型除了 2004 甲申猴有部分片源不是，其他都是。动感型、自创型、台历型主要看邮资图，有生肖就是，否则不是。日常销售型，是将当年普通型贺年（有奖）明信片去掉抽、兑奖附片当普资片销售，有生肖邮资图，是生肖邮品中的普资片。特种、异形和极限型，特种一套从邮资图看全都是，异形中含生肖元素的就是；极限型，前段 1997 年至 2000 年发行的，与生肖无关，都不是，后段 2021 年至今（2024 年），均采用生肖邮资图，都是生肖邮品。定时递业务，只试行于投递 2017 丁酉鸡年贺年（有奖）封片，其中的片以生肖鸡为邮资图，面值 3.80 元；挂号型、数字型和网络定制型，均以当年生肖图案为专用邮资图，面值分别为 3.80 元、0.80 元（售价每枚 10 元）、0.80 元，这些都是体现中国邮政创新业务的生肖邮品。

从数量和品种看，中国堪称发行生肖邮资片最多的国家。以上 HP 系列片中，包括邮资图和原印或加印图案，蕴含着极为丰富的生肖信息。此外，1993

图 209　丁亥猪年异形贺年有奖明信片

年至 1995 年 3 年间，该系列片的末等奖奖品，是中国邮政专门设计发行仅用于兑奖的获奖纪念邮资片，其邮资图都是本年度属相，分别为鸡、狗、猪，背面图案也有部分采用生肖题材。获奖纪念邮资片，每年推出 1 套 5 种，3 年共发行 15 种。2009 年至 2013 年间，该系列片的三等奖之一，为 DIY[1]（自创图案）邮资片，其中 2010 年、2012 年分别以牛、龙生肖邮资片为载体的部分，属于生肖邮品。2013 年至 2015 年间，该系列片的三等奖之一，为《灵蛇报恩》[2]《福马神风》《衔谷救人》雕刻版获奖纪念邮资片，每年 1 套 4 种，3 年共 12 种。这种背图为生肖故事的雕刻版邮资片，印制精美，含义丰富，发行后深受集邮者欢迎，可惜也没有连续性，发行 3 年中断，代之以内插个性化邮票小版张的获奖纪念邮折。

---

[1] DIY：英文 Do It Yourself 的缩写。意思是自己动手制作。
[2] 故事出自古籍《淮南子·览冥训》。说的是春秋时随国国君随侯遇见一条大蛇伤断，用药敷治。大蛇伤愈后从江中衔来一颗硕大珍珠，报答随侯救命之恩。"随侯珠"与"和氏璧"并称帝王至宝，相传终为秦始皇占有，秦灭后不知所终。《福马神风》《衔谷救人》分别说的是"马"和"羊"的生肖故事，系设计者改编自民间传说。

图 210 乙亥年获奖纪念邮资片之一

图 211 《灵蛇报恩》获奖纪念邮资片之一（背图）

图 212 《生肖猴》普通邮资明信片

图 213 加印中国集邮总公司广告的《生肖猴》普资片

图 214 全国最佳邮票评选专用选票邮资明信片

图 215 苏州 2024 中华全国生肖集邮展览纪念邮资明信片

2004年1月5日，中国邮政首次在发行当年生肖邮票的同时，增发一枚生肖题材普通邮资明信片，名称《生肖猴》，编号PP78，胶雕套印，邮资图设计者即《甲申年》邮票设计者陈绍华，二者画风一致，图案略有不同。这枚片的发行主要是供加印广告使用，只此一次，后未续发。此后以生肖图案邮资片为载体的广告加印片，主要见于去掉抽、兑奖附片后当作普资片使用的普通型贺年有奖邮资片。

一般而言，按生肖邮品定义，加印的生肖广告内容并不属于生肖邮品的范围。但有一种例外：从2007年起，中国邮政开始发行全国最佳邮票评选专用选票邮资明信片一种。该片为普资片，编号PP138，用于评选2006年度最佳邮票，背面预印选票。使用后，对中选的选票，承办单位会连同中选纪念张一并寄回给中选者。该片邮资图是"全国最佳邮票评选徽志"，由形似信鸽又形似跷起拇指的手形构成，周围是带有齿孔的几何方形和圆形，凸显邮票的特点和"最佳"的概念；通过"天圆地方"的含义，反映出中国邮票传播甚广，佳邮评选影响深远。明信片左侧加印的图案是陈绍华设计的象征猪年和狗年的小猪、小狗，分别表示投票和评选邮票的年份，小猪背后鲜花锦簇，寓意佳邮评选活动越办越兴旺。此后迄今，该片逐年成系列发行，邮资图固定为佳邮评选徽志，左侧的生肖图案按每年属相沿袭变化。这个佳邮选票系列普资片有特殊性，不仅加印图文有丰富的生肖内容，而且其本身也是评选佳邮的重要载体，体现了以生肖标志年份的全国最佳邮票评选活动的发展轨迹。这是生肖邮品的一个特殊品种，也值得收集和研究。

2024年1月5日，冠以"中华全国"名称的生肖集邮展览，首次在苏州举办。中国邮政为此发行《苏州2024中华全国生肖集邮展览》纪念邮资明信片1套1枚，编号JP280，面值80分，邮资图规格30mm×30mm，明信片规格

165mm×115mm。该片邮资图采用龙头风筝造型，由一轮羊票设计师雷汉林设计；片图以虎丘塔为中心，环绕十二生肖图案，下衬苏州地标建筑剪影，设计者郭晓辰。这是中国内地（大陆）第一枚生肖题材的纪念邮资明信片。首次之后，中华全国生肖集邮展览仍将按届举办，这意味着生肖题材的纪念邮资明信片还有后续。

目前，发行过生肖邮资片的国家和地区，除日本、中国外，已知还有琉球群岛、韩国、哈萨克斯坦、法属波利尼西亚、澳大利亚等。其中，琉球群岛、中国台湾地区和韩国，发行时间较早，分别在1955年、1956年和1957年。如今论品种，中国台湾地区和韩国也不少。哈萨克斯坦1993年发行"A"字母（表示一定时期的单位邮资）邮资片1种，邮资图虽然不是生肖内容，但片上印有与该国首次发行的生肖邮票"鸡年"相同的图案。法属波利尼西亚也是从1993年起发行生肖题材的贺年邮资片，邮资图与其同时发行的生肖邮票相同，饶有特色。澳大利亚从2003年开始发行无面值的单位邮资贺年邮资片，类同其贺年邮资封，均以当年生肖为邮资图和背面片图，注明邮资已付，每年1套2种，分别用于国内平信和国际航空寄递。

图216 哈萨克斯坦1993年邮资片与其首发生肖邮票同图

三、生肖邮资邮简和生肖邮资信卡

邮简和信卡同为可以直接书写、信纸信封一体化的通信载体，二者的区别仅在于纸张厚薄不同，邮简薄信卡厚。生肖邮资邮简和邮资信卡即预印邮资图为生肖主题的邮资邮简或邮资信卡。在生肖邮政用品中，比起邮资封片类，邮资邮简和信卡的品种少见，屈指可数，但它们也是很重要的集邮素材，不能忽视。

生肖邮资邮简，目前所见为中国澳门地区邮政总局发行的印有生肖主题的邮资已付邮简，用于宣传和预订中国澳门地区次年度新邮，于2001年首发。该邮简起初为2折，2002年改为3折，2004年又改为4折。此后制式不变，基本固定下来，折叠后规格为21cm×9.3 cm，正面邮资部位以中葡文"澳门邮资已付"表示；背面印有次年度数字和"澳门集邮订购"中葡文字样，以及表示该年度的生肖图案；内页印有新邮发行计划和相关邮品简介、订购全年邮票获赠礼品介绍、订购细则和订购单。订购单占2折，其一面印有订购表格，另一面预印收件人地址栏，并在右上角印有"勿付邮资"字样，供订购者填写后免费回寄至澳门邮政总局。从使用方式看，这是一种免费寄递的双邮资已付邮简。值得注意的是香港的地区航空邮资邮简，邮资图或装饰图案常设计为龙形，如凑巧赶上龙年发行，也能列入生肖邮品收集范围，但严格说来，该邮简并不能视同于一般生肖邮品，只能做趣味品看待。

生肖邮资信卡，现仅见中国内地邮政和香港特区邮政发行。从2004年起，中国邮政将原来单独发行的普通贺年邮资信卡（始发于2000年）纳入贺年有奖封片卡系列，增设信卡型品种，编列志号HXK，从而首创世界第一种生肖主

图 217 澳门特区 2006 年度集邮订购邮资已付邮简

图 218 中国香港地区 1988 年版航空邮资邮简，邮戳日期为寄东南亚航空邮资尾日

图 219 2004 年贺年有奖邮资信卡

图 220 香港特区甲午马年邮资已付贺年信卡之一

题邮资信卡。该信卡对折，2003年11月1日首发，用于2004年贺年，折叠后规格为86mm×128mm，此规格以后固定未变。首发贺年有奖信卡只一种，邮资图是猴桃合一的装饰画，称"猴桃瑞寿"，面值80分；信卡图案是名为"新年开心"的卡通画。2005年后，贺年有奖信卡增为每年4种，至2007年，共发行13种。2008年后，该信卡邮资调为1.20元，发行4种；加上为宣传北京奥运会增发的《福娃大拜年》信卡2组12种，共16种。2009年，照常发行7组27种。2010年至2013年，这4年弃用生肖邮资图，所发行共46种都不是生肖邮品。2014年后，从甲午马开始，该信卡恢复使用生肖邮资图，当年发行34种；此后，2015年至2020年，每年发行1种。2021年中止发行一年，2022年恢复发行，改称极限型信卡。极限型贺年有奖信卡，面值仍为1.20元，邮资图与卡图完全一样，故称极限型；每年发行1种，至2024年，已连续发行壬寅虎、癸卯兔和甲辰龙共3种。以上合计，截至2024年，共发行生肖邮资信卡99种，其中3种为极限型；若加上地方版和广告版，品种就增加了许多许多，难以枚举。

香港特区邮政始自2012年发行生肖邮资信卡，用于壬辰龙年贺岁，至2023年完成一轮，从甲辰龙年起续发下一轮。附带提一下，香港特区邮政称此信卡为《邮资已付十二生肖系列贺年卡》，由原来的"邮资已付图片卡"演变而来，二者同系列。邮资已付图片卡实际是一种邮资明信片，与信卡不同，为单页，2000庚辰龙年开头，也发行了一轮。这个邮资已付系列片、卡的共同点是与当年生肖邮票伴生，一套4种，邮资图案相同；无面值，均按航空邮资已付计费，可寄达世界各地。

四、生肖电报纸

电报纸含义较为宽泛。自电报发明并广泛用于社会生活，就有用于拟写和抄送电文的电报纸。这里所指电报纸，是各国邮政发行的通过邮递送达的电报纸。早期邮政电报纸，通常预印（贴）有邮资凭证，与一般邮政用品无异，故归于此类。后有所改变，不再附带邮资凭证，就是一种邮政单式，类同包裹单和汇款单等，投递费用已包含在发报费（或包裹寄费、汇费）中。与之不同的是，电报纸的正背面，常印有图文装饰，尤其是欧美国家的电报纸，图案内容越来越丰富，花样百出，印制精美。世界专题集邮兴起后，电报纸也被当作专题邮集适用素材，而且是提倡使用的创新素材，从而得以流行。但须注意的是，邮政电报纸，因其一般都不附带邮资凭证，所指适用素材，主要为经过邮递盖有邮戳的实寄品，那些全新的邮政电报纸，属于边缘邮品，并不宜作为专题集邮素材用于编组参展邮集。

从世界范围看，邮政电报纸的发行逐步盛于20世纪20—90年代，那时西方国家对中华生肖文化了解有限，不会发行生肖题材的电报纸；中国以及受中华文化影响较多的亚洲国家，与西方存在差异，除日本外，也都很少发行图案内容丰富的邮政电报纸。因此，有生肖内容的邮政电报纸，目前所见，仅日本首先发行并连续发行过，其他国家未见或少见发行。

1935年，日本邮政首发贺年电报纸，专供有需求的人们用于祝贺新年，比寻常贺年明信片更快捷庄重，当然费用也贵很多。这种电报纸，为竖长方形，尺寸124mm×222mm左右，正面上方或周边印有图案，下方或中间书写电文，经邮递盖有投递日戳。日本首次发行的电报纸，图案为红底色衬映的日式庭院和梅花、电波等，无生肖元素。次年适逢中国农历丙子鼠年，日本邮政再次发行贺年电报纸，主图是一对作揖互拜的老鼠，用无线电波作背景，这是世界第一张生肖电报纸。1937年是丁丑牛年，日本继续发行了以牛拉车为主图的生肖电报纸。此后，日本邮政发行电报纸一直延续到20世纪下叶，随着电话普及，渐次退出实用。这期间，日本邮政电报纸不断发行，其中有一部分为生肖电报纸。

日本邮政发行的贺年电报用纸，包括投递给收报人的电报纸与其套封，以及留存在发报局的电报拟稿纸等3样，其中主体部分是电报纸，套封和拟稿纸上，有的也有生肖元素，如1951辛卯兔年所用拟稿纸用了兔的形象，1936年丙子鼠年所用电报套封含有鼠的信息。有志趣于此的生肖集邮者，对此须全面了解和收集研究。表5所列，为依据现有资料汇总的日本贺年电报纸中的生肖内容。

图221 日本1938虎年贺年电报纸

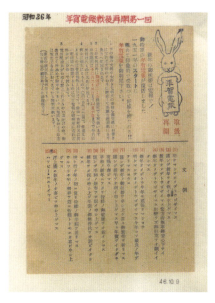

图222 日本1951兔年贺年电报拟稿纸背面

表5 日本贺年电报纸（含电报套封和拟稿纸）上的生肖内容一览表

序号	公历年	农历年	日本年号	电报纸上的生肖文化信息
1	1936	丙子	昭和11年	两只老鼠相对揖礼互拜
2	1936	丙子	昭和11年	电报纸图样上的两只老鼠（拟稿纸）
3	1936	丙子	昭和11年	鼠的甲骨文变形文字（套封，分有无窗口两种）
4	1937	丁丑	昭和12年	一头牛拉着双轮带蓬牛车
5	1937	丁丑	昭和12年	装饰图案左下方的一头牛（套封）
6	1938	戊寅	昭和13年	一只站立回望的猛虎
7	1951	辛卯	昭和26年	一只手持贺年电报的白描立兔（拟稿纸）
8	1951	辛卯	昭和26年	富士山背景前一卧一蹲的两只白兔
9	1951	辛卯	昭和26年	梅花、竹叶和置于书本上的玩具兔（套封）
10	1952	壬辰	昭和27年	一条悬挂"宝"幡的龙船破浪前行
11	1952	壬辰	昭和27年	放飞一只"龙"字风筝（拟稿纸）
12	1954	甲午	昭和29年	雪地上儿童放飞一只"马"字风筝（拟稿纸）
13	1954	甲午	昭和29年	一对奔驰的黑白骏马（拟稿纸）
14	1954	甲午	昭和29年	两种传统乡土玩具：三春驹和四轮木马
15	1958	戊戌	昭和33年	三种童玩：纸塑狗、拨浪鼓、鲤鱼滑车
16	1958	戊戌	昭和33年	群童玩乐图上的一只小狗（拟稿纸）
17	1961	辛丑	昭和36年	一头化过妆的广告奶牛（拟稿纸）
18	1961	辛丑	昭和36年	风景装饰画面下方一头耕牛（拟稿纸）
19	1964	甲辰	昭和39年	一只硕大的"龙"字风筝
20	1964	甲辰	昭和39年	同上图（拟稿纸）
21	1964	甲辰	昭和39年	左右两条腾飞的龙（拟稿纸）

第四节
生肖邮戳

一、干支邮戳

干支邮戳是采用天干地支纪年的普通日戳，也称干支纪年戳，俗称干支戳。由于生肖就是代表十二地支用来记人们出生年的 12 种自然界或神话动物，干支与生肖密切相关，所以干支邮戳是典型的生肖邮戳之一。

干支戳产生于中国清代，为适应民间习惯阴历纪年方式而启用。1903 年 11 月，清政府邮政总办颁文规定，原主要采用公历或帝元纪年的国内日戳改为干支戳。此戳最早见于 1904 年即甲辰年，到 1912 年中华民国成立，实行民国纪年，干支戳基本停用，但仍有少数地方继续使用干支纪年，沿用干支戳，最晚见于 1917 年即丁巳年。后期干支戳中，有部分同时采用民国纪年和干支纪年，称"双年份"日戳，颇为有趣。

须加以注意的是，在干支戳颁行之前，有少数地方已开始使用干支纪年的邮戳，如 1902 年太原壬寅年戳，这部分干支戳属于地方邮戳，不属于统一戳式，但也在生肖邮戳范畴，而且是邮政意义非常重要的生肖邮品。

图 223　四川重庆甲辰六月廿五日　　　图 224　民国元年汉口民国纪年＋
　　　　干支邮戳　　　　　　　　　　　　　　干支纪年日戳

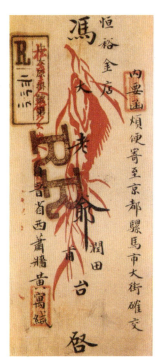 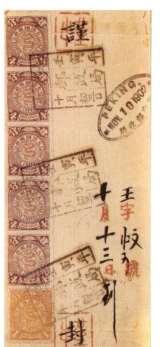

图 225　太原壬寅年干支戳实寄封

干支戳纪年，表示的日期是阴历，以其推算公历年月日，每一个干支年必定骑跨两个公历年。例如，甲辰年正月初一日为公元1904年2月16日；甲辰年十二月二十九日则为公元1905年2月3日。为便于推算，以下列表说明干支戳上下限之间历年来的干支与清帝年号、民国纪年和公历的对应关系（表6）。

表6 干支、清帝年号、民国纪年、公历对照表

干支		清帝年号	民国纪年	公历	生肖
壬	寅	光绪二十八年		1902-02-08—1903-01-28	虎
癸	卯	光绪二十九年（闰五月）		1903-01-29—1904-02-15	兔
甲	辰	光绪三十年		1904-02-16—1905-02-03	龙
乙	巳	光绪三十一年		1905-02-04—1906-01-24	蛇
丙	午	光绪三十二年（闰四月）		1906-01-25—1907-02-12	马
丁	未	光绪三十三年		1907-02-13—1908-02-01	羊
戊	申	光绪三十四年		1908-02-02—1909-01-21	猴
己	酉	宣统元年（闰二月）		1909-01-22—1910-02-09	鸡
庚	戌	宣统二年		1910-02-10—1911-01-29	狗
辛	亥	宣统三年（闰六月）		1911-01-30—1912-02-17	猪
壬	子		民国元年	1912-02-18—1913-02-05	鼠
癸	丑		民国二年	1913-02-06—1914-01-25	牛
甲	寅		民国三年（闰五月）	1914-01-26—1915-02-13	虎
乙	卯		民国四年	1915-02-14—1916-02-02	兔
丙	辰		民国五年	1916-02-03—1917-01-22	龙
丁	巳		民国六年（闰二月）	1917-01-23—1918-02-10	蛇

干支戳显示的月份，按当时习惯一月称正月，十一月称冬月，十二月称腊月，其余则无特殊称谓；遇闰月通常就称闰月（对照表 6 可知历年闰在哪个月），或省略月字，在闰字下加数字，如闰二、闰四、闰六，但这种情形少见。

干支戳的基本样式分两式七种：两式为三格式与腰框式。三格式习称小干支戳，按外圈不同分单圈与双圈两种，单圈戳直径 23mm 左右，双圈戳外圈直径约 25mm；小干支戳按文字字体又分楷字和宋字两种。腰框式较三格式大一点，使用年代较三格式晚，习称大干支戳，圆环直径一般为 27~29mm，中格带横框，按地名文字不同又分全中文、中英文和英中文三种。中英文戳地名是中文在上，英文在下，英中文戳相反，是英文在上，中文在下。

图 226 河南归德府即今商丘市丙午年闰四月干支戳

图 227 四川南郑丙午年干支戳

图 228 湖北宜昌戊申年干支戳

图 229 北京己酉年干支戳

首先启用的是三格式干支戳，周围有双圈及单圈两种。戳面分三格，上为省名，下是地名，中间是年月日。首见于甲辰二月，戳具在日本刻制，使用日本型楷体汉字。到丙午九月见有宋体字戳式，其戳面直径略大，"日"的表示方法，上旬用"初"字，全月不用"日"字；在日本刻制的楷体字戳式，是上旬不用"初"字，全月用"日"字。从丙午五月开始，见有横框式也称腰框式戳型，戳面直径较大，中间置一横框，内嵌日期，上格是省名，下格是邮局所在地名，均为中文，通常内嵌日期为宋体字，上格省名下格地名为楷体字。从丙午腊月开始，见有横框式戳，上格为中文，下格改用英文，中英文全是地名，取消了省名。使用这一戳式的地名不多。到丁未冬月，又见中英文位置调换的戳式，上格为英文，下格为中文。中英文互换位置的主要原因，是中文地名在下格，便于嵌入中文戳号。自此可知，横框式戳依其使用中文、中英文、英中文的不同，分为3种。以下列表说明（表7）。

图 230 双圈和单圈楷字干支戳

图 231 双圈和单圈宋字干支戳

图 232 全中文腰框干支戳

图 233 中英文腰框干支戳

图 234 英中文腰框干支戳

表7 干支戳基本样式、启用年月以及"日"的表示方法略表（详表见附录）

戳式	戳 名	直径/mm	已见销戳最早年月	"日"的表示方法		
				上旬	中旬	下旬
1	双圈楷字干支戳	24~25	甲辰二月	一日至十日	十一日至廿日	廿一日至卅日
2	单圈楷字干支戳	22.5~23.5	甲辰二月			
3	双圈宋字干支戳	26.5~27	丙午九月	初一至初十	十一至二十	廿一至三十
4	单圈宋字干支戳	24	丙午九月			
5	横框中文干支戳	27~28.5	丙午五月			
6	中英文干支戳	28	丙午腊月			
7	英中文干支戳	27~29.5	丁未冬月			

1911年（辛亥）2月24日大清邮政供应处通传第1号，将国内邮戳（时为干支纪年戳）分为四类：

（1）英中文、有时刻，供邮界局[1]和繁要分局使用。局内各部门在地名之下，以天干表示及排序，天干用完继用地支。

（2）英中文、有时刻，供一般支局使用。以中文数字代表各支局编号。

（3）英中文、无时刻，供内地各分局使用。

---

[1] 邮界：清代国家邮政对全国各大邮区的划分称邮政境界，简称邮界，较大邮界下设副邮界。邮界设邮界总局，副邮界设邮界副总局，总局、副总局后分别改称邮政局和邮政分局。

（4）全中文、无时刻，供邮政代办所使用。

此文件表明，邮政供应处成立之初，是准备将已行用四年多的横框式大型干支戳（此际三格式小干支戳已停用）划分使用范围并嵌入时刻[1]。但此项规定未及普遍推行，辛亥革命爆发，清王朝覆灭。中华民国成立后，即停用干支改用民国纪年，干支戳使命至此完结。

图235 英中文有刻+
天干编号干支戳

图236 英中文有时刻+
中文数字编号干支戳

图237
英中文无时刻干支戳

图238
全中文无时刻干支戳

---

[1] 在邮政供应处发文规定日戳加刻钟点之前，1908年（戊申年）开始，已见干支戳日期框内嵌有英文字母，中文数字、干支或单字者。目前研究，这些做法所代表的正是时刻或寄递班次。但还缺乏论据与结论，尚待进一步探讨。

二、生肖纪念邮戳

纪念邮戳是邮政部门为纪念节日、事件、活动和邮资票品发行等刻制的专用戳记。有些国家称作特种邮戳。一般规定纪念邮戳只限在纪念日当天或限定日期内使用,取代普通日戳盖销邮资。有些国家(如我国)规定纪念邮戳停用后一定期限内还可以使用,主要应集邮者请求盖销集邮品上的邮资,但不能再交付实寄。纪念邮戳中,纪念主题或邮戳图案内容与生肖有关的部分,就是生肖纪念邮戳。

现有史料表明,世界最早的生肖主题纪念邮戳产生在日本。1919年7月1日,日本为第一次世界大战结束发行了一套4枚《和平纪念》邮票,同时启用以绵羊头为图的和平纪念邮戳1种。颇具讽刺意味的是,这枚和平纪念羊戳,当时也在亚洲日本侵占地及其在华各地客邮局使用。1919年是日本大正八年,正是中国农历己未羊年,因此,这枚羊戳被普遍认为是世界首枚生肖纪念邮戳。实际上,羊在日本文化中本身象征和平,加上时逢羊年,是否巧合也未可知。不过,这并不重要,此戳从羊的造型到主题含义再到关联羊年,也可认定其为所见最早的生肖纪念邮戳。

生肖纪念邮戳,常见于为纪念生肖邮票及生肖邮政用品的发行而刻制。日本1950年率先发行庚寅虎年生肖邮票,当年没有刻制纪念邮戳。直到1975年12月13日,日本发行1976年贺年龙票才启用首枚龙戳。值得注意的是,此前在1957年12月20日,日本发行1958年贺年狗票时,同时启用了一枚浅草寺风景日戳用于首日销票,戳图前景上的纸塑狗玩具与邮票主图近似,这枚戳主要功能仍是风景邮戳,有别于纪念邮戳。在邮政用品上出现的生肖纪念邮

图 239 日本 1976 龙年贺年邮票首日纪念邮戳

图 240《庚申年》邮票发行纪念邮戳

图 241 美国旧金山 1993 中国新年（鸡年）邮票首发地纪念邮戳

戳，也是日本、韩国和中国台湾地区先期启用。中国邮政的生肖纪念邮戳，始见于 1980 年发行的 T.46《庚申年》邮票首日封，该戳仿传统的三格式邮戳样式，直观而自然，是邮票设计大师邵柏林的杰作，由于封戳设计俱佳，《庚申年》首日封在 1982 年被评为新中国最佳首日封。近年来，成系列发行生肖题材邮票和邮资封片的国家越来越多，为此各国启用的生肖纪念邮戳也很多，此类纪念邮戳多以当年属相为图，与邮票、邮资图相呼应，形态各异，千姿百态，是极丰富的生肖邮品来源。

春节是中华民族特有的传统节日，与生肖主题密切相关。从 20 世纪 80 年代起，我国各地邮政部门为辞旧迎新，庆贺春节，启用了多种多样的纪念邮戳。这些戳记，销盖在邮政发行或个人制作的、专为春节增添喜庆气氛的迎春封、拜年封、交替封等邮品上，至今品种不少。其中，可谓典范的是 1994 年起专用于中国集邮总公司拜年封上的机盖"给您拜年"邮戳，每年样式不一，品种已过两轮。近年来出现在上海的"必能宝"邮资机盖生肖主题邮戳，也饶有特色。其左侧方框内，可以附加生肖文化内容，运用电子计算机手段设计，方便快捷。还有风行一时的连体邮戳，一边为临时邮局日戳，一边为宣传戳或纪念戳，其中为欢度除夕、春节而刻制的纪念戳，生肖信息显而易见。

一些有影响的生肖集邮事件、活动，广受集邮界关注，也是邮政部门刻制纪念邮戳的题材。随着生肖集邮的兴盛，这类生肖纪念邮戳日见增加。苏州是生肖集邮活动的策源地，一直以来苏州邮政为生肖集邮研究会举行的历届邮展、代表大会、青少年生肖邮票设计大赛等活动，刻制过多种纪念邮戳，在全国最有代表性。苏州邮政为《丁亥年》特种邮票首发暨第三届全国生肖集邮展览、生肖集邮研究会成立十周年、全国第二届生肖个性化邮票青少年设计大赛作品展等系列活动刻制了一套纪念邮戳。

图242 中国集邮总公司拜年邮戳

图243 湖南岳阳丁亥年"给您拜年"连体邮戳

图244 苏州生肖集邮系列活动纪念邮戳

图 245 新加坡中国邮票展览纪念邮戳

图 246 墨西哥中国邮票展览纪念邮戳

　　生肖纪念邮戳中，有的品种纪念主题不一定关联生肖，但图案内容与生肖有关，要特别注意观察、研究并收集这类戳记。如，1987年、1988年为农历兔年和龙年，这两年中国邮政连续在新加坡举办了中国邮票展览，同时刻制了邮展纪念邮戳，两款纪念邮戳分别以当年的生肖兔和龙为主图。再如，1987年中国邮政在墨西哥也举办过邮展，为此届邮展刻制的纪念邮戳，构图是由仙人掌组合成的兔形，从而巧妙地表示出邮展举办地在仙人掌之国墨西哥，举办年份在兔年，兔年还寓意邮展主题是中国邮票。又如，2007年上海集邮节纪念邮戳，构图为放大镜下的邮票，邮票上有生肖猪的头型，表示举办集邮节的年份。

国外也存在这种情况。早在1990年11月，美国芝加哥第104届年度邮展的纪念邮戳就采用过生肖主题。当年适逢中国农历马年，美国邮协的中国分会和墨西哥分会均利用芝加哥邮展的机会召开年会，为此刻制了生肖图形的纪念邮戳，并通过邮政使用，其左半边为一马蹄印，日期置于马蹄中间；右半边分别为西、中、英3种文字的"马年"字样。这枚邮戳由芝加哥邮协的谢丽尔（Cheryl R.Ganz）女士设计，她后来出任美国公民邮票顾问委员会副主任，2023年当选美国集邮协会（APS）会长。这时美国尚未发行生肖邮票，也就是说美国生肖邮戳的历史要早于生肖邮票。此后，美国各地邮政多次刻制过含中文的生肖纪念邮戳。如，2003年2月9日，美国华盛顿特区华埠邮站为当地华人举行的癸未年春节花车游行刻制了有羊图形和"羊年"字样的纪念邮戳。

图247 上海集邮节纪念邮戳

图248 美国芝加哥第104届年度邮展的纪念邮戳

三、生肖地名邮戳

地名邮戳是以地名表示邮政局、所的普通日戳，简称地名戳。在普通日戳的分类中，与地名戳并列的为局号戳，后者是以编号（如××支、××所）表示邮政局、所，通常见之于直辖市和省会市。从历史看，地名戳表示地名的方式有两种，一为地名文字，一为邮政编码，因此，有些集邮者又将地名戳分为文字戳和编码戳。我国现行普通日戳均以地名文字表示营业的邮政局、所，直观易辨，但集邮者还必须熟悉邮戳沿革过程，以便通过邮戳编号或邮政编码了解对应邮政局、所的营业地点。

顾名思义，生肖地名邮戳就是以生肖地名表示邮政局、所的普通日戳。在这里，邮戳的概念很清楚，它实际上就是普通日戳；容易模糊的是生肖地名，必须先弄清生肖地名的含义，才能对生肖地名邮戳正确地、恰如其分地归类整理和在邮集中应用。

何谓生肖地名？目前已有共识的看法，是将其分成两个部分，一部分是实际以十二生肖命名的地名；一部分是包括有十二生肖及其对应干支字样的地名。前者是基于地名语源考证得出来的科学认识，是实际存在的；后者是纯粹出于集邮兴趣产生的联想，是衍生出来的。前者定义范围严谨，数量可以列举；后者定义范围宽泛，数量数不胜数。前者关联邮政历史，是生肖邮品中的瑰宝；后者与邮政历史无关，是典型的趣味性邮品。从兼顾多数人收集兴趣出发，本书采纳共性看法，将两类不同性质的地名戳都视为生肖地名邮戳，同时也具体分析、区别看待。

图 249 甲子鼠极限片，盖甲子年正月初一长顺鼠场地名邮戳

图 250 辛未羊年首日封：盖贵阳羊昌地名戳，原地名羊场堡，以未日赶场而名

先谈谈实际以十二生肖命名的地名邮戳。在生肖邮票的原地邮品一节中，已陈述过这方面的内容。了解过生肖原地，现在再来看生肖地名邮戳，便很容易区分出其中哪些属于实际的，哪些属于衍生的。例如，贵州省长顺县新寨乡鼠场村就是一个很典型的生肖地名，据考明代初期在此设过关哨，因而得名鼠场哨，后改现名，此地为集市场所，逢子日周边群众在此赶场，这就是鼠场的来历，以后这里又设立了邮政机构，也就有了"鼠"的生肖地名邮戳。其他同类生肖地名邮戳，其地名来由基本差不多，通常都是以生肖代干支纪日的集市场地名称。所谓赶场，就是赶集，参与集市交易的意思，不同地方有不同方言，也有称赶圩、赶街等。

需要说明的是，有些生肖地名因为时代变迁或文化差异，或者被重新命名了，或者有别于习惯性称谓。如，贵州瓮安县珠藏镇，据该县地名志记载，珠藏原名猪场，系早年按十二生肖属相逢猪（亥）日赶场得名，后人们以当地物产丰富比之珍珠宝藏，遂将"猪场"雅化为"珠藏"。除雅化的原因，在根据国家《地名管理条例》[1]更改重复地名的过程中，也改掉过一些生肖地名，比如猪街改为珠街，猪场改为朱昌，羊场改为阳长、羊昌等。一般而言，被雅化、被改掉的多是人们有所嫌忌的属相，如蛇、鼠、狗、猪之类，而那些人们比较偏好的属相，像龙、马、牛、羊等，被保留下来的就多一些。从文化差异看，在特定的地方个别生肖地名称谓不同，主要缘于少数民族对某种动物的敬畏或厌恶心理，如，讳言虎，故有"猫场""寅街"之称；讨厌蛇，故有"永善街""长虫街"之谓。彝族忌语排第一的就是狗，他们日常交往中绝不准说狗，故此，在云南楚雄彝族自治州牟定县，逢戌日赶街形成的集市称戌街，而非狗街；戌街设立邮电所后，就有了戌街地名邮戳，亦即关联生肖狗的地名邮戳。

在实际以十二生肖命名的地方，绝大多数都设有邮政机构，这就是说，严格定义范畴的十二生肖地名邮戳，目前一个不缺，只是各有多寡。有人以往做过不完全统计，认定从邮戳反映出来的生肖地名，包括用本名或代称的，共有104处，如表8所示。

表8 十二生肖地名邮戳分布表

属相		鼠	牛	虎	兔	龙	蛇	马	羊	猴	鸡	狗	猪	合计
分布	贵州	2	6	0	1	6	2	6	6	2	3	1	1	36
	云南	0	7	1	1	9	0	10	8	1	5	1	1	44
	其他	0	2	0	0	5	1	14	2	0	0	0	0	24
合计		2	15	1	2	20	3	30	16	3	8	2	2	104

---

[1]《地名管理条例》，中华人民共和国国务院1986年发布、2021年重新修订发布。该条例是为了加强和规范地名管理，从而适应经济社会发展、人民生活和国际交往的需要，传承发展中华优秀文化的法规性公文。新修订条例自2022年5月1日起施行。

再谈包括有十二生肖及其对应干支字样的地名邮戳。这部分的邮戳很多，全国各地都有，随处可见，不仅十二生肖一个不缺，子午卯酉说得出来，甚至可以用地名从头到尾地组合成某一种生肖动物，用地名给某一种生肖动物装饰不同的颜色，用地名任意串编出包含各种生肖动物的成语、诗歌或对联。但严格说来，这些地名邮戳与生肖并无关联，而是来源于历史传说或自然地貌等。如，湖北汉川有马口镇，明嘉靖《汉阳府志》载，东汉建安三年（198）关羽在此系马休息，故名系马口，简称马口。广东东莞有虎门镇，相传狮子洋中有两小岛，分别叫大虎和小虎，把守出入广州门户，故曰虎门。云南红河有甲寅镇，原名加依（哈尼语），为古代建村人名，清康熙二十二年（1683），瓦渣土司官衙迁此，借谐音更名甲寅。再如，山东金乡的羊山镇，因紧靠一座形似卧羊的羊山而得名。江苏泗洪的龙集镇，因地处岗岭如卧龙而得名。诸如此类，不一而足。像这样的生肖地名邮戳，估计全国有上千种。此类戳记的收集、整理和研究，虽然不等同于实际存在的生肖邮戳，但也饶有兴味，邮趣横生。

图 251 东莞虎门地名邮戳

四、干支代号邮戳

干支代号邮戳是以天干、地支文字表示邮局不同业务部门的邮政日戳，即以干支代字，代指不同邮政业务部门。从生肖邮品的角度看，干支代号戳与干支戳有同有异，共同点是它们都包含与生肖密切相关的干支文字；相异点是干支在邮戳中的应用不同——干支戳是以干支纪年，干支代号戳是以干支代表邮局内部机构。干支代号戳与干支戳一样，均以邮政历史研究为基础，是重要性强的收集对象。

干支是中华民族特有文明，因而干支代号戳仅见于中国。在邮政日戳上使用干支代字，最早是在清末。1911年2月24日，清邮政供应处明令规定繁要局地名之下，加刻干支代表局内部门，中文数字代表支局编号。此前，实际各地已自行在邮戳中嵌入干支代称内部机构。民国时期，承旧制继续以干支编号代表邮局内部部门。新中国诞生初期，基本沿用原中华邮政日戳，其中有部分使用干支代字。1957年1月起，我国邮政日戳实行变更，规定统一式样为单圈双月牙腰框圆形；一般局所日戳直径25mm，少数民族地区和国际业务日戳直径30mm；戳面汉字用仿宋体。同时规定，邮局内部生产机构日戳用干支代字区别。以天干文字代表的业务部门为：甲—营业（科或股，下同），乙—汇兑，丙—函件分拣，丁—包裹，戊—印刷品，己—投递，庚—邮件转运，辛—市内交换，壬—邮件转运交换，癸—报刊发行推广。其他科股的代字不做统一规定，由各局自行以子、丑、寅、卯、辰、巳、午、未、申、酉、戌、亥十二个地支文字编定应用。表9是某市邮政局制定的日戳代号表，可资参考。

表 9 日戳代号

单位名称	代号
一支局（营业）	甲
包裹科	丁
印刷科	戊
一支局（投递）	己
邮件接运处	庚
市内运输科	辛
挂号科	子
平常科（开筒组）	丑
收发科	寅
收发室	卯
邮袋科	辰
期刊科	巳
报纸科	午
市内发行科	未

此表说明，天干代表的业务部门完全符合统一规定，地支代表的业务部门则是自行确定的。表中未列申酉戌亥，根据以往的实寄封观察，这些代号戳均在营业窗口使用过，唯戌字戳未见。

干支文字的位置，通常在邮戳下半环或下月牙中，排列方式没有一定之规，变化多端。有的排在地、局名中，有的只有干支字样。有的加括号，有的无括号。有的附带数字编号，有的没编号。还有的与业务部门简称组合，或排在腰框（字钉槽）和上半部，但这类戳式很少见。

干支代号戳在实际使用中并不一定那么严格，互相代用的情况很普遍。由于营业部门的日戳使用频繁，或因用得多而损坏，所以，常见其他各业务部门的日戳在营业单位使用。如，本该用"甲"字或"丙"字戳盖销邮票的平常信函，却盖上了包裹（丁）、汇兑（乙）、印刷品（戊）用戳，甚至电信、邮储日戳。

1985年7月，我国邮政日戳实行第三次变更。此次更新，邮戳基本样式没有变化，但规定邮政内部生产机构日戳使用单位简称表示，不再采用干支代字的方式，干支代号戳自此停用。

目前，我国台湾地区仍在使用干支代号戳。

图252 天津辰字戳

图253 福州甲字戳

图254 汉口甲字戳

图255 北京丑字戳

图256 西安丙字戳

图257 漳州亥字戳

第五节
其他生肖邮品和生肖收藏品

一、史前生肖邮品

这里的史前，指的是不同国家首次发行邮票之前的邮政历史。世界各国发行第一套邮票的时间不同，因而其史前界限的划分也各不一样。就我国而言，史前是在1878年清代海关大龙邮票发行，亦即近代邮政诞生以前。所谓史前生肖邮品，就是在这段邮政史时期产生的关联生肖文化的邮品。

我国史前邮政传递的邮件，均以干支纪年或计时为主要特征，因此，绝大部分的史前邮品都可认定为生肖邮品。以下逐项列举：

驿递封。也称驿站封，因多用马递，又称马封。中国古代经驿站寄递的公文封套，一般为大型立式，封上印有或写明的收发官府名称、发出地点、日期、公文件数及附件、限行里程等，加盖发文官府的关防，紧急情况下加盖"马上飞递""快驿飞递"等戳记。

驿递排单。即排单，又称滚单、信牌。清代驿递公文使用的凭单，用时黏附于公文封套上，骑缝加盖发文官府关防，随文传递。沿途按限行里程填写驿站名称、到达和发出的日期与时刻，以明责任。从附图这两件排单上可见，上面填写的发文和传递时刻均以干支表示。

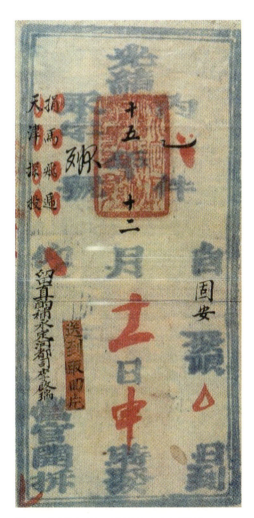

图 258 清光绪十五年,河北固安发天津驿递封

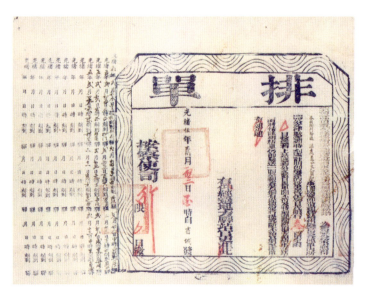

图 259 清光绪五年，浙江按察使司发温处道排单

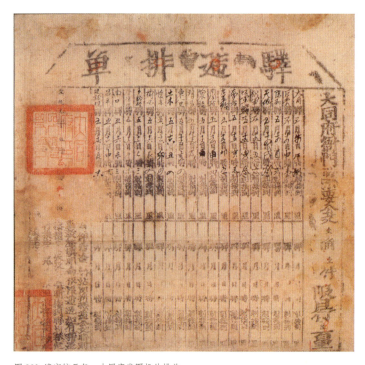

图 260 清宣统元年，大同府发军机处排单

火票。清代驿递紧急公文的凭证。分兵部火票和将军火票，分别由兵部和盛京（沈阳）兵部填发。火票通常黏附排单。火票上填注发出时间与到达时限，沿途驿站依限驰送，不可延误。

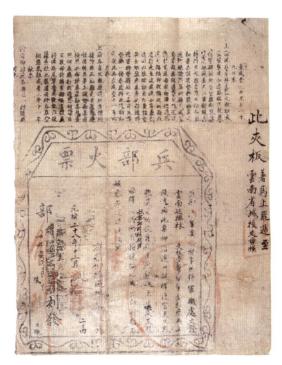

图261 光绪二十八年，兵部签发云南的火票，以朱笔写明当日未刻发出

民信局封。经过民信局寄递的信封。民信局是商办民用的私营通信机构，分内地信局、轮船信局、侨批局等不同形式，主要经营民间信件、包裹和汇兑业务。民信局封及其他单式、凭据上，盖有各种业务戳记，加盖或手写有起讫地点、时间、纳费标志等，其中，表明邮件寄达的时间数据，常以干支年份或时刻表示。早期经侨批局寄递的侨批封，也有这种现象，应注意观察和收集。

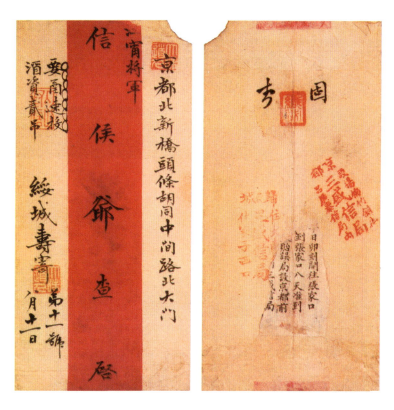

图 262 清末民信局封，绥城寄北京，经归化三盛信局收寄，背贴签条上书 X 日卯刻开往张家口

文报局封。经文报局寄递的公文封套。文报局是清代专门负责驻外使节往来文报（公文）寄递的半官方通信机构，官督商办。文报局设立后，业务不断扩大，不仅传递外事文报，也递送国内官府文书和私人邮件。早期文报局封与驿递封近似，比较少见。目前所见的文报局封，不论公私函件，大都采用民间的红条封样式，传送时经各处文报局加盖收件与转递戳记，日期以毛笔手填。

图 263 光绪三十一年文报局封，自天津寄上海，手填发信日期为当日酉时

华洋书信馆封。由天津海关税务司德璀琳试办的官督民办式通信机构寄递的信封。华洋书信馆封一般不贴邮票（极少数贴用大龙邮票），邮资按民间习惯用手写"酒例"表示，盖有双龙戏珠图方形干支纪年日戳，是最典型的古典生肖邮品。由于华洋书信馆存在仅4年多，留存下来的实寄封屈指可数，件件弥足珍贵。附图为清光绪六年，天津寄北京华洋书信馆实寄封，封背盖有庚辰年三月初十天津收寄日戳、十一日京都落地戳各一枚。

图 264 清光绪六年，天津寄北京华洋书信馆实寄封

二、生肖邮政标签与单据

邮政标签与单据都是邮政部门印制并在办理业务中使用的印刷品，一般按用途分两类三种，包括标签类和单据类中的单式与执据。

标签在使用中须粘贴在邮件上，用来表明业务种类或标志注意事项、填写处理意见等。常见的有挂号标签、邮政快件标签、特快专递标签、海关验关标签、邮政附加费标签、航空标签、印刷品标签、红杯（表示易碎）标签、回执标签、改退批条、封口纸、邮局代封纸，等等。

单式通常是单独寄递，不随邮件走。常见的有包裹详情单、汇款通知单、给据邮件查询单和邮件催领单等。

执据顾名思义，是邮局在办理相应业务后交给用户收执备查的凭据，不寄递，一般分用户收执部分和邮局存根部分。常见的有汇款收据、包裹收据、各种给据信函（挂号、特挂、快信、特快专递、确认投递函件等）收据。

邮政标签与单据，未经使用时，只是普通的印刷品，还不能称作邮品；经使用后，即成为邮政业务的产品，在集邮对象中被视为邮品的一个种类。通过实寄标签和实用单据反映邮政业务，或反过来，通过邮政业务分析附着标签的实寄邮件和使用过的单据，是集邮研究的重要内容之一，不仅属于邮政历史集邮的范畴，在传统与专题集邮方面也不可或缺。由于邮局地名或邮戳与生肖文化存在关联性，因此在邮局办理业务的过程中，自然会产生包含生肖信息的邮政标签与单据。

生肖邮政标签与单据，体现生肖内容的方式各不相同。标签自身即可以表示生肖内容，单据须依赖邮戳表示生肖内容。另外，与生肖地名、生肖邮戳具有双重含义一样，生肖邮政标签与单据也分为两种：实际意义上的及衍生意义上的，前者表示的生肖地名是实际存在的，后者只是包含各个属相或对应干支的字样。

图示（图265）的《丙子年》首日封，1996年1月5日寄自贵州长顺鼠场邮政所，贴50分邮票，是当时的挂号信邮资，故此封上贴有鼠场邮政所挂号签条。另一图为常州市邮局发行的《龙腾虎跃》纪念封，1988年1月5日寄自江苏武进龙虎塘邮政所的《龙腾虎跃》纪念封，封上除按当时20分挂号信邮资贴龙、虎年8分生肖邮票和4分江苏民居普票（贴于背面）各一枚外，也贴有龙虎塘邮政所的挂号签条。以上两枚实寄封上所贴标签均属于生肖邮政标签，但性质上有区别，鼠场标签是具有邮政意义的，龙虎塘标签则属于趣味性的。

图265《丙子年》挂号首日实寄封，贴鼠场邮政所挂号签条

图266 常州《龙腾虎跃》挂号纪念封，贴龙虎塘邮政所的挂号签条

再说生肖邮政单据。图示（图 267）是一件普通汇款通知单，1993 年寄自河北承德，盖马圈子支局日戳，此汇单盖上了这个邮戳并经实寄，因而成为生肖邮品，但也属于趣味性的。假设此类汇款单或其他单据，盖上云、贵、桂地区实际存在的生肖地名邮戳，或者取款（件）邮局加盖的邮戳与副戳表示出实际存在的生肖地名，那它们就属于具有邮政意义的生肖单据。

还要特别提醒一点，有的封口纸采用生肖图案，外观酷似邮票，也有齿孔和背胶，在未经使用时，仍然只是印刷品，不能视同邮品。要使之成为邮品，就必须在信封上贴用并经实寄。

图 267 盖承德马圈子支局日戳的汇款单

图 268 常州邮电局印制的 12 生肖封口纸

三、生肖印花（税票）

印花是由政府权力部门发行或在其监督下发行的，表明相应费用已付（类同邮票预付邮资的功能）的税票、费用票和信用票的总称。印花成为集邮对象的历史几乎与邮票一样久远。事实上，印花远比邮票早问世，邮票的发明无疑曾借鉴了印花的用途和外形。印花和邮票有如一对姊妹。在邮政史上，采取加盖改值或直接使用的方式，以印花税票代替邮票，或以邮票代替印花税票的事例都发生过。1930年前，印花（当时称税票类）已经被列为FIP邮展的展品类别，后一度取消，1991年FIP邮展又重新设立税票类，近年改称印花（税票）类。

印花的印制、发行和使用，与邮票有着诸多相似之处。所以，对生肖印花的内涵与外延，可以比照邮票确定。从内涵说，生肖邮票的定义就是生肖印花

图 269 清代第一套印花税票

的定义，知道什么是生肖邮票，也就知道什么是生肖印花。从外延说，它也包括两大类，单元印花和复合印花。单元印花是单独存在的印花，其中又分票证型的（类同邮票）和契据型的（类同邮政用品）。复合印花是单元印花经使用后形成的实用单据或其他物证（如贴用印花的契约、证照、文书等）。

从生肖文化的影响范围分析，生肖印花主要见之于中国及其周边国家、地区。目前已知的生肖印花（税票）中，完全采用生肖为图的还没见过，但也有个别品种关联到生肖文化。1903年，清政府首次试行印花税，在日本印制了第一套印花税票，全套6枚，以龙为主图，图案中心有一个天干文字"甲"。这套印花税票，由于当时朝野普遍反对实行印花税制而终未使用，成为中国税政史开端的重要见证，至今价值不菲。由于中国民间习惯以干支纪年，经加盖的印花税票中，也有部分与生肖文化相关。例如，1925年前后，江苏自印寒山寺（位于苏州）图印花税票1套5枚，其中1分面值票曾被用作有奖慈善募捐的奖券，加盖有红色"慈善券"和黑色"丙寅五月奖券专用""甲"等字样。

生肖印花品种，较常见的是一些以复合形式存在的实用单据或证物。如图271所示，这是一件民国时期浙江鄞县（今宁波鄞州区）的婚书，根据当时规定，办理结婚证书须缴纳印花税，婚书上贴有长城图1角面值印花税票4枚，写明的（办理）年份为辛酉岁。

另一图（图272）是杭州某商家用的账簿，按章贴用长城图印花税票2分，加盖连带庚申字样（1920年）的"杭州总商会"红色篆字印章，账簿上另见红色加盖"辛酉"二字，估计是归档时间。

图 270 江苏寒山寺图印花税票加盖"丙寅五月奖券专用"字样

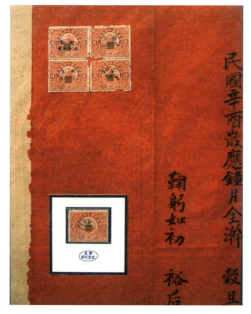

图 271 民国时期浙江鄞县（今宁波鄞州区）的婚书

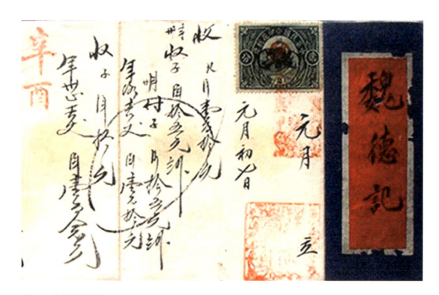

图 272 杭州商家账簿

四、生肖极限明信片

极限明信片简称极限片，在中国台湾地区称原图卡，是由邮票、图画明信片、邮戳三个要素组合而成的集邮对象。三要素之间要求达到最大限度的和谐一致。例如，将一枚人民大会堂邮票，贴在图案与其相似的明信片上，盖销人民大会堂邮政所的日戳，这就成为三要素和谐一致的极限明信片。生肖极限片的概念即由极限片延伸而来，它是反映生肖题材的三要素之间最大限度达到和谐一致的极限片。

极限片的三要素都有一定要求。邮票为主体，它必须是有效的邮资凭证，包括自动售票机上出售的带有图案的电子邮票；必须贴在明信片图画一面最合适的位置上；只能贴一枚，但1940年以前的极限片例外（1974年以前用连印票制成的极限片也被视为例外）；具有多题材时，每一题材必须分别与对应的明信片相配。明信片为载体，它的尺寸和图幅必须符合万国邮政联盟（UPU）相关要求，并与邮票题材达到最大限度的和谐，但不应是邮票的放大图案；出售日应尽可能早于邮票的发行日。邮戳是连体，它必须是有销票功能的任意一种邮戳，包括普通日戳、纪念邮戳、风景日戳等；图案和地名必须与票、片的题材（主题）有密切或直接联系；盖销日期必须在邮票有效使用期内，并尽可能接近邮票的发行日。

从三要素的和谐关系看，生肖极限片可大体分为4种。其一是符合原地属性的生肖极限片。例如，图示（图273）这枚极限片，载体为某邮会先于邮票专印的明信片，贴丁亥年生肖邮票，销云南禄丰猪街2007年2月18日（农历丁亥年正月初一）日戳，这就是一枚原地含义确切的生肖极限片。

其二是与干支纪年相关的生肖极限片。例如，图示（图274）这枚极限片，载体为北京市邮政局发行的甲子年明信片，贴甲子年生肖邮票，销湖北武汉1984年2月2日（农历甲子年正月初一）日戳，这就是一枚关联干支纪年的生肖极限片。此类片可以选择的地方和时间很多，甚至包括国外一些华人集中的居住区，时间上最好取对应的农历年正月初一或除夕。

其三是与邮票主图相关的生肖极限片。例如，图示（图275）这枚极限片，载体为吉林敦化市邮电局发行的明信片，贴甲戌年生肖邮票，销1994年北京地名邮戳，由于该票、片主图为同一事物，是我国北方民间的泥塑玩具狗，原物收藏者在北京，此片三要素间就存在紧密关联。

其四是包含趣味地名的生肖极限片。例如，图示（图276）这枚极限片，载体为上海早期美术片，以鸡造型的花灯为图，贴乙酉年生肖邮票，销2005年2月9日（农历乙酉年正月初一）广东开平金鸡地名邮戳。此片单看销戳时间，可以归入上述第二种片，但若论邮戳地名，实际不同于第一种片，它只是含有生肖文字的趣味片。

第七章 生肖邮品的收集和研究　　　　　　　　　　　　　　　　　　　　第五节

图273 《丁亥年》生肖邮票极限片

图274 《甲子年》生肖邮票极限片

图275 《甲戌年》生肖邮票极限片

图276 《乙酉年》生肖邮票极限片

五、生肖极限封和生肖纪念张

生肖极限封。极限封是将极限明信片原理移植到信封上制作而成的，与极限明信片一样，其基本要义是贴用邮票与信封上的图案，以及销票邮戳三者之间达到最大限度的和谐一致。可经实寄，也可不实寄保存；可以是关联邮票的首日封，也可以为其任何一天的实寄品。推而论之，生肖极限封就是邮票、信封、邮戳上的生肖要素高度和谐一致的复合邮品。

极限封实际早已作为一种首日封样式存在，如法国艺术系列邮票，20世纪60年代初始发，通常都伴有同步发行的极限封。邮票的大型票幅，加上相同或相关的封图，盖销和谐一致的邮戳，这种极限型首日封更受集邮者欢迎。中国的极限封产生年代也很早，主要来自集邮者自觉不自觉的寄信过程：当使用一枚美术封寄信时，如果恰好贴票与封图的图案完全一致或紧密相关，销票邮戳也高度和谐，这就成为受人青睐的极限封。中国集邮总公司从1994年发行特种邮票《鲟》开始迄今，不定期发行极限封，编号PJF自成系列，表明极限封已为官方发行邮品的一种。

生肖极限封，主要构成是贴用中外生肖邮票的极限型首日封。除此而外，它更多来自我国广大集邮者在生肖集邮实践中的发现和创造。其中，尤其值得关注的是利用全国最佳邮票评选纪念封制作的极限封。自1980年起，全国最佳邮票评选按年度举行，主办单位为此专门印制发行了夹寄评选纪念张和发奖大会纪念张的纪念封。该封都附带生肖图案，连续发行至今（2024年），已达44年，计轮次则近四轮。其中，首轮首封用于寄送1980年最佳邮票评选纪念张，封图为十二生肖一笔画，首轮另11封的主图均为评佳年份生肖造型；第二轮

图 277 徐悲鸿画马美术极限封

图 278 1980 年最佳邮票评选纪念封

图 279 用《集邮博览》夹赠封制作的戊辰龙年极限封

12封上的生肖图案，由韩美林统一设计；第三轮后，信封上的生肖造型统一中有变化，分别由黄永玉、范曾等大师或其他名家绘画。集邮者以这些信封为载体，贴上相关的生肖邮票，在佳邮评选揭晓日和颁奖地实寄，便能收到见证与记录佳邮评选历程的生肖极限封。类此按轮次、成系列发行的，还有集邮刊物随刊夹赠的贺年封。最早由《北京集邮》季刊首发，装订在1985年第4期中，用于来年贺年，封图是《丙寅年》特种邮票设计者张国藩画的一只虎，编号HF·1。此系列一直由同年生肖邮票设计者绘图，发行到HF·10中止。末尾是1995乙亥猪年贺年封，由已更名并改月刊的《集邮博览》夹赠。《集邮博览》2007年改由中国邮政集团公司主管复刊后，自2014年起至2022年，从甲午马到壬寅虎，再度发行了贺岁封，接近一轮。这个系列，首枚采用徐悲鸿画的马为封图，后延续以往由同年生肖邮票原画作者设计封图的创意；均以雕刻版精印，印版雕刻者也是同年生肖邮票雕刻者。《集邮》月刊发行的贺（拜）年封，编号JYF+，首封为虎图，在2010年第2期中附赠，连续发行至今（2024年）；其中2016年的猴封上文字"丙申大吉"错印为"庚申大吉"，经更正重印，故有错封正封两种，分别在当年1、2期中附赠。以此制作而成的生肖极限封，邮趣十足，是生肖集邮创造性的生动体现。

生肖纪念张。纪念张是为纪念某一事件或人物而印制的形似小型张的印刷品，没有面值和铭记；从邮政和集邮意义考量，一般视其为边缘邮品，也在集邮者的收藏之列。纪念张也是从国外引进，1980年前后曾在国内风靡一时，当时各省（自治区、直辖市）和一些大中城市为纪念集邮协会成立或举办集邮展览发行的纪念张，多由名家设计，图案精美，不似邮票胜似邮票，引起集邮者浓烈兴趣从而争相收藏。受此影响，发端于这时的全国最佳邮票评选活动，一年一度举行，每年都以评选年份的属相为主图印成纪念张，赠送给选中最佳邮票的参评人，久之自成系列。这个系列的纪念张，既是最佳邮票评选纪念张，也是单一题材的生肖纪念张。通称评选纪念张。

首次赠送给年度佳邮选中者的是《1980年最佳邮票评选纪念》张，主图是韩美林画题为《悄悄话》的双猴图。此后，评选纪念张一直沿袭下来，采用生肖图案，邀约知名画家绘画。1981年度主图是范曾画的雄鸡图；1982年度主图是刘旦宅画的双狗图；1983年度主图是刘继卣画的双猪图；1984年度主图是李燕画的双鼠图；1985年度主图是张广画的老牛图；1986年度主图是朱育莲画的虎啸图，等等。1990年度评选纪念张主图直接采用徐悲鸿原作《双骏图》，是个特例。

佳邮评选头两年都只有一种评选纪念张。1982年度起，增发发奖大会纪念张。两种纪念张图案相同，只是底色和文字有所区别。1983年度、1986—1989年度和1993年度增发外文评选纪念张，主要用于寄赠海外参评者。1998—1999年度增发参评纪念张，随集邮刊物夹赠读者。此外，部分年度还有特印品种，用作特殊赠品，不易获取。如1981年度有雄鸡图三连体评选纪念张；1984年度有子鼠图评选纪念张和双猪图四连体评选纪念张（此四连体以后不同年度断续发行过若干种）；1991年度有首轮十二生肖图评选纪念大全张；2007—2016年度有丝绸双连纪念张，等等。

在广大集邮者心目中，评选纪念张看似生肖小型张一般，构图形象生动，全部影雕套印，画面十分传神。与生肖邮票相伴而生，构成姊妹篇，具有较高艺术欣赏价值，并且其收藏价值也不可小觑。特别是首轮评选纪念张，其市场价总值一直紧追首轮生肖邮票市值。这是中国生肖邮票发行至今始终伴随的独特现象。

生肖纪念张中，还有两个采用生肖画面为主图的系列品种值得一提。一是《集邮》杂志夹赠的贺年纪念张，该系列从 1981 辛酉鸡年始发，到 1991 辛未羊年结束一轮，踩着生肖邮票的节奏走，缺少猴年，共 11 枚。《集邮》杂志的贺年纪念张，唯此一轮，幅面接近明信片，有匠心的集邮者，正好用它为载体，合成生肖邮票和相关邮戳，制作出独具一格的极限纪念张。从报晓鸡到回头羊，一轮下来，也是 11 枚成系列。二是中国邮政贺年有奖封片卡附赠的纪念张，也是踩着生肖邮票的节奏走，可惜都只走了几步，不到一轮蹒跚而止。其中，1996 年发行获奖纪念张 1 枚，由鼠开端；1997—1999 年发行开奖纪念张和获奖纪念张，每年 1 套 2 枚，同图不同底色，文字有区别，分别为牛、虎、兔；1997—1998 年是随贺卡夹赠的发行纪念张，分别为 1 枚牛和 1 套 2 枚虎；2000 年也是夹赠的发行纪念张，1 套 4 枚，第一枚是龙，另 3 枚非生肖图案。

第七章 生肖邮品的收集和研究　　　　　　　　　　　　　　　　　　　　　　　第五节

图 282 《集邮》杂志辛酉鸡年贺年纪念张

图 280 1980 年最佳邮票评选纪念张

图 281 十二生肖一轮评选纪念全张

六、生肖图画明信片

图画明信片，也称美术明信片，是按邮政规定格式印制、正面用来书写、背面有图案文字内容的书信载体。可以是邮政印制发行，也可以是社会各类出版机构印制发行。图画一面，可以是绘画版，也可以是摄影版，早期也有大量手绘版。图画明信片的历史与邮票相差无几，邮票诞生不久紧跟出世，也是欧洲国家首发、世界效仿，风行至今。图画明信片属于典型的边缘邮品。印有（或邮政预贴）邮资凭证，它就成为邮政用品，归于邮资票品之列；贴用邮票实寄后，它就是正宗复合邮品；未经书信使用，它就是边缘邮品，只是本类别的集邮对象及邮集素材，当然，其中的早期古典片，也可个别用于专题邮集，为其上佳素材。需特别指出的是，有些邮资明信片也有图画面，但它被归于邮政用品，不是图画明信片。两者概念明确，各归其类，不应混淆。

生肖图画明信片，顾名思义，就是生肖主题的图画明信片。从生肖文化传播的历史脉络看，早期的生肖图画明信片，主要见于日本1868—1912年明治时期。此期，受西方和中华文化双重影响，日本民众普遍开始使用明信片祝贺新年；贺年明信片上，通常都印有干支年历和装饰画面，其中为数不少采用生肖图案，在新年元旦寄达收信人。这些以干支年历和生肖图案为画面的明信片，都属于生肖图画明信片，十二生肖俱全。此后多年，生肖图画明信片仍多见于日本，中国本土及日本以外国家的品种，反而少见或基本未见。

改革开放后，中国迎来生肖图画明信片的繁荣期。伴随"集邮热"空前高涨，特别是《庚申年》猴票问世，以及生肖邮票开始依次按轮发行，全国各地逐年涌现的生肖图画明信片林林总总，多到无法统计，只能大体分类。生肖图画明信片的发行目的，主要是配合生肖邮票，用于贺年和供应集邮者制作极限明信片。中国邮政与其各分支机构是发行主体。其他还有非邮企事业单位和集邮社团发行的生肖图画明信片。

生肖图画明信片，是一个巨量的生肖集邮资源。画面上，并不全是抽象的生肖动物或生肖符号或具象动物代生肖，还有更丰富的文化内容，如，以历代文物表现的生肖形象，以传世名画传递的生肖信息，以民间艺术塑造的生肖造型，以生活场景表达的生肖情趣，以神话和传说寓意的生肖故事，如此种种。这些脱离常规设计手法、借助多样化题材表现生肖主题的图画明信片，格外受到欢迎。还有一些多年持续发行，成系列的生肖图画明信片，也很受欢迎。如,《集邮》杂志等刊物附赠的生肖系列贺年明信片，既可以制成极限明信片欣赏，也可以当图画明信片收藏。生肖集邮研究会从2007年（戊子年）第三届起，持续发行全国生肖个性化邮票青少年设计大赛金奖集明信片，每集以12幅金奖作品为图，至第十六届（辛丑年），发行逾一轮14套，共168幅生肖画面，多姿多彩，蔚为大观。该会发行的《最佳世界生肖邮票评选纪念》系列明信片，以历年所评最佳生肖邮票为图，印在明信片正反面；一年一度评出3套，汇聚了从首届（庚寅年）到第十二届（辛丑年）世界生肖邮票评选活动中评出的全部最佳生肖邮票，是难得的图画明信片精品。

图画明信片集邮，作为独立集邮方式和类别，在西方国家一直长期存在并流传。尤其是澳大利亚和新西兰，20世纪80年代起，先行一步将图画明信片列为国家邮展正式类别。中国内地（大陆）邮展以图画明信片为竞赛性展品，始自2002年北京市首届现代集邮展览。此后，全国各地举办的省市级竞赛性邮展，普遍设有图画明信片类展品。2019年，FIP首次将图画明信片展品设为试验类,在武汉世界邮展展出。也是这一年初,中国举办了北京 2019 中华全国图画明信片集邮展览。图画明信片成为国家和世界邮展竞赛性展品,这也为生肖集邮拓展了一片广阔的新天地。

图 283 辛卯年个性化邮票青少年设计大赛金奖集明信片封套及部分作品

七、生肖集邮的非邮品素材

说到非邮品素材，就要从开放类集邮说起。开放类为现代新兴集邮方式之一，开放的意思指突破现行集邮规则。

与常规集邮类别比较，开放类最显著的特点，是集邮者在选择邮集素材时，有很大的灵活性，除了可以使用各种邮品，也允许使用较大比例（目前约定在50%以内）的非邮品。这就是说，了解开放类集邮的收集对象，应着眼于邮品和非邮品两个方面。

就开放类而言，可以用于邮集的非邮品很多，诸如各种磁卡、商标、门券、票证、柬帖、图表、币章、照片、文牍、档案、小玩意、小饰物等，其范围几乎无所不包，无法逐一列举。关于开放类邮集的适用素材，FIP传统委员会主席、瑞典集邮家沃尔博格先生指出，只要能上贴片的东西无一不算数。

在开放类集邮范畴中，属于生肖题材的非邮品素材绝不少于生肖邮品，反而要多得多。以下只能择其要者，举例说明一二。集邮者可以举一反三，触类旁通，从而进行全面和系统的收集。

生肖磁卡类。包括印有生肖图案的各种电话卡、充值卡、银行卡、商务卡、地铁卡（中国台湾地区称捷运卡）、公交卡、门票卡，等等。随着科技进步，社会发展，磁卡的应用前景无法限量，同时它也有统一规格，有图案，能储值或等值，是很接近于邮票的收藏品种。图示为中国电信的电话卡、中国集邮总公司的集邮预售卡和香港地区的地铁卡。

图 284 中国电信 1995 乙亥年电话卡

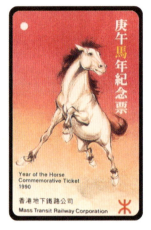

图 286 香港地铁公司 1990 庚午马年纪念票

图 285 中国集邮总公司 2004 甲申年集邮预售卡

生肖票证类。包括以生肖为图的粮票、油票、布票、公交月票、轮渡月票、商品供应证、储蓄存单、彩票、火车站台票、新邮预订证等。在票证中，生肖彩票较多见，主要品种有福利彩票和体育彩票。

图 287 浙江省 1992 壬申年定额 500 克粮票

图 288 湖北武汉 1992 全年轮渡月票

图 289 中国农业银行武汉市分行《月月乐》奖息累进定额活期储蓄存单兑奖券

图 290 宋代十二生肖厌胜钱

图 291 中国乙酉鸡年银币

图 292 澳大利亚乙酉鸡年银币

图 293 乙未羊年贺岁双色金属币

　　生肖币章类。包括中国古代的生肖铸钱和厌胜钱、现代各种生肖主题纪念章和钱币等。其中，贵重的收集对象当属金银币。我国自1981年起发行生肖贺岁金银币，由"鸡"领头，至今已进入第四轮，历年品种也在不断增加，前期为金、银币各一种，以后逐步形成金、银、彩金、彩银、白金、异型等多品种。2006年12月发行的丁亥年金银币，全套共13枚，有金币7枚，银币6枚。图示分别为中国和澳大利亚发行的乙酉鸡年银币。还有生肖流通纪念币和纪念钞，收藏人群更普遍。生肖流通纪念币是我国流通货币中特有的品种，始发自2003癸未羊年，至2024年已发行两轮。首轮为币值1元的单色金属币，二轮

图 295 迎接新世纪纪念龙钞

图 294 甲辰贺岁龙钞

改为币值 10 元的双色金属币。生肖纪念钞由中国银行在澳门首发，始自 2012 壬辰龙年，至 2023 癸卯兔年，发行一轮。2024 年，中国人民银行开始发行内地第一种生肖贺岁纪念钞——龙钞，后续再看来年。此前在 2000 年，中国人民银行也发行过一种龙钞，那是为迎接新世纪而发行的；龙象征中华民族，又适逢龙年，正好以龙为图，龙腾四海，龙兆盛世。这张龙钞也在生肖藏品之列。

生肖商标类。包括表现生肖文化的火花（火柴商标）、烟标、糖纸和其他商品标牌或包封纸。我国生肖火花的品种繁多，从1980年起，受生肖邮票趋热的影响，全国各家火柴厂大都推出了成系列的生肖火花，如1982年镇江火柴厂出品一套壬戌年月历火花，全套12枚，按月使用；1983年长沙火柴厂出品一套书画艺术火花，全套也是12枚，鉴赏价值颇高。1985年生肖火花的发行达到高峰，共有20多家火柴厂印制了100多种"乙丑年"火花。比起火花，表现生肖的烟标就显得十分稀缺。据说，至今只见过济南卷烟厂出品的"生肖"牌香烟，其烟标按十二生肖印制，分12种，是烟标中的精品，价值不菲。

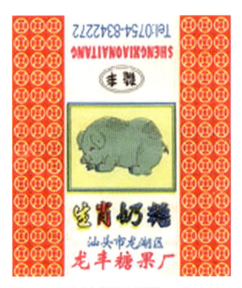

图296 广东汕头龙丰糖果厂出品糖纸

图297 长沙火柴厂出的生肖火花"马"和"羊"

生肖文档类。可以归入此类的东西五花八门，有连环画、小册子、画报、报纸、期刊、照片、戏单、节目单、请柬、喜帖、红包（粤港澳等地也称"利是封"）、贺年片、贺卡、名片、香烟片、年历片、藏书票、书签、门券、纪念张、新邮预报和纪特邮票发行计划卡等，总之，举凡带有生肖内容并具备文史、档案价值的印刷物品，都可以视为收集对象。

图 298 湖北电视台《盛世佳节全民乐》1986 年春节文艺晚会的节目单

图 299 香港特区邮政印制丁亥年红包

生肖工艺品类。包括采用生肖造型的各种小饰物、小玩具、小摆件、织锦、刺绣、缂丝、窗花、皮影、布贴画、扇面、中国结、扑克牌、手工制品、礼品、艺术作品等。应予指出的是，开放类邮集特别推崇个性化的表现和创新的做法，集邮者也可以制作一些各种材质的生肖艺术品，或以意想不到的藏品示人，只要适合上贴片就行。

图 300 龙生肖布艺吊件

图 301 十二生肖铜镜

生肖文创品类。这里是指具有文化创意内涵且适合用作集邮藏品和展品的生肖文化艺术品。此类品种很多，其中最具代表性也最为贵重的是中国邮政批准发行的集邮衍生产品——邮票金系列。"邮票金"是将邮票图案仿印在贵金属材料上的文创集邮品，是对邮票进行二次创作的产物，仿印生肖邮票的则为生肖邮票金。通常使用 2 克 999 纯金材料，在超薄金片上利用冷压、起鼓、磨砂、镜面等工艺加工成型，再将成型金片与防伪特种纸完美结合而成，图案立体丰满，凸显华贵。邮票金由中国邮政集团公司批准，中国集邮总公司独家发行，是一种限量发行、拥有唯一收藏编号的贵金属收藏品。邮票金是融合集邮与收藏、集邮品和贵金属的文化金、收藏金，既符合邮票的传统形态和邮票在人们心目中的形象特征，又利用贵金属材质为邮票赋予了新的艺术表现力。生肖邮票金，以上下交错排列的 2 套生肖邮票为图，自 2016 丙申猴年首发，至 2024 甲辰龙年，逐年发行，已成为可媲美中国人民银行发行的生肖贺岁贵金属纪念币的另一个高端生肖文化艺术收藏品、纪念品系列。其已发行的品种有：2016 年《丙申年》邮票金，编号 YPJ-1，发行量 30 万套；2017 年《丁酉年》邮票金，编号 YPJ-3，发行量 40 万套；2018 年《戊戌年》邮票金，编号 YPJ-4，发行量 30 万套；2019 年《己亥年》邮票金，编号 YPJ-5，发行量 25 万套；2020 年《庚子年》邮票金、银，编号 YPJ-7，包括《庚子年》四方连邮票金和《庚子年》版式一（大版）邮票银，发行量各 10 万套；2021 年《辛丑年》邮票金，编号 YPJ-8，发行量 25 万套；2022 年《壬寅年》邮票金，编号 YPJ-9，发行量 25 万套；2023 年《癸卯年》邮票金，编号 YPJ-10，发行量 25 万套；2024 年《甲辰年》邮票金，编号 YPJ-11，发行量 30 万套。

表 10 生肖邮品在各类邮集（集邮展品）中的应用对照表

集邮方法	集邮方式（FIP 展品类别）	生肖邮展自定规则	适用邮品（在展品中称"素材"）
传统方法	传统集邮类	专门研究类	生肖邮票及其实寄封片 生肖电子邮票及其实寄封片
	邮政用品类		生肖邮政用品
	印花（税票）类		生肖印花（暂无此项）
邮政历史方法	邮政历史类		生肖邮戳、生肖邮政标签与单据、生肖实寄封片、史前生肖邮品
	航空集邮类		无此项
专题方法	专题集邮类	专题集邮类	生肖邮票和所有生肖邮品
综合性的集邮方法	航天集邮类		无此项
	极限集邮类	极限集邮类	生肖极限明信片
	青少年集邮类	青少年集邮类	与对应的传统、邮政历史、邮政用品、专题等具体展品模式一致
	现代集邮类	一框、现代集邮展品及其他模式	与对应的传统、邮政历史和邮政用品具体展品模式一致
	一框集邮类		与对应的传统、邮政历史、航空、邮政用品、专题、极限等具体展品模式一致
	开放集邮类	开放集邮展品	生肖邮票和所有生肖邮品、生肖集邮的非邮品素材（非邮品限制在 50% 以下）
	集邮文献类	集邮文献类	生肖集邮文献（属于特殊展品、非邮集）
试验集邮类	原地集邮类	试验集邮类（反映生肖的原地、首日封专集）	生肖邮票原地封片
	首日封集邮类		生肖邮票首日封片
	图画明信片类	暂无此项	生肖图画明信片

第八章 生肖集邮展品的编组和参展

集邮展览简称邮展，是将各类集邮展品和集邮文献公开陈列，供参观、鉴赏和评比的一种集邮活动。它是集邮的主要表现形式之一，是促进集邮健康发展的重要手段，是发展集邮文化的重要组成部分。

国际集邮联合会认为，集邮展览的宗旨是促进世界集邮活动的全面发展；提供一个集邮家们能够在友好的气氛中聚会的论坛；显示集邮活动在各个集邮领域的发展状况；通过集邮展览和集邮讲座，促进国际范围内集邮研究成果的相互交流；激发集邮者参与国际竞赛的兴趣；向广大群众，特别是青少年一代，显示集邮文化的教育价值及其作为一种爱好的魅力。国际集邮联合会的邮展宗旨，对各个层级的各种邮展具有普遍的指导意义。

Chapter 8
Composition and Exhibition of Shengxiao Exhibit

The philatelic exhibition is a type of philatelic activity that displays various philatelic exhibits and philatelic literature for public viewing, appreciation, and evaluation. It is one of the main forms of philately, an important means of promoting the healthy development of philately, and an important part of developing philatelic culture.

The Fédération Internationale de Philatélie (FIP) believes that the purpose of philatelic exhibitions is to promote the overall development of world philateliy; to provide a forum for philatelists to gather in a friendly atmosphere; to show the development of philately in various philatelic fields; to promote the mutual communication of philatelic research achievements on an international scale through philatelic exhibitions and philatelic lectures; to stimulate the interests of philatelists in participating in international competitions; and to show the educational value of philatelic culture and its charm as a hobby to the general public, especially the younger generation. The purpose of philatelic exhibitions of the Fédération Internationale de Philatélie (FIP) has a universal guiding significance for various levels of philatelic exhibitions.

第一节
生肖集邮展品的发展过程和分类特点

集邮展览历史悠久，邮票诞生不久，就出现了集邮活动；集邮活动出现不久，就有了邮展活动。在世界邮展史中，其展品体系是从单一的传统集邮类发展为综合性的多种集邮门类，其举办方式相应就有以一种或几种集邮展品类别构成的专项集邮展览，以及包括所有集邮展品类别的综合集邮展览。综合性竞赛性邮展是从地方到国家乃至国际和世界等各个层级邮展的最高组织形式。国际集邮联合会（FIP）制定的《FIP邮展总规则》，将邮展类型主要规定为世界的和国际的两个层级及综合的和专项的两种内容，组合起来就是四种模式的邮展。在这个基本模式以外，还规定一条"其他邮展"，指的是被FIP理事会认可的其他邮展或者国际重要赛事。这一条实际赋予国际或世界邮展一定的灵活性。当代出现的各层级上的主题性专项或综合邮展，就属于"其他"邮展的范畴。

生肖集邮展览是富有中国特色并可走向世界的邮展活动，在性质归属上是一种主题性专项或综合邮展。也可以有非竞赛性和竞赛性两种，以及各个层级的划分。

一、生肖集邮展品的确立

根据 FIP 邮展规则和世界邮展活动实际状况，当代邮展一般可分为两类：一类是非竞赛性邮展，以展示、陈列为主，组织者可以是邮政当局、集邮组织、个人或团体等，此类邮展一般不予评奖。另一类是以竞赛为主的邮展，由各级集邮组织主办。按规模可分为世界邮展、国际邮展、国家级邮展和各级地方邮展。按内容可分为综合性邮展、专项邮展、主题性邮展等。国际集邮联合会（FIP）竞赛性邮展的类别有：传统集邮类、邮政历史类、邮政用品类、航空集邮类、航天集邮类、专题集邮类、极限集邮类、印花类、青少年集邮类、集邮文献类、图画明信片类、一框集邮展品、现代集邮展品、开放集邮展品、试验集邮类共 15 个类别，以及不在这些常规类别之内，仅设于 FIP 综合世界邮展的 FIP 锦标赛类。

中华全国集邮联合会（ACPF）集邮展览规则明确，国家级邮展分为综合性国家级邮展、专项性国家级邮展、主题性全国邮展等。地方性邮展分为省、自治区、直辖市级邮展，行业系统邮展或其联展、巡展。

集邮展品的编组要按照集邮展览规则进行。由于目前国际集邮联合会和中华全国集邮联合会的邮展规则中没有设置生肖集邮类别，集邮者均参照国际集邮联合会和中华全国集邮联合会现行的集邮类别和评审规则编组生肖集邮展品。

新世纪以来北京市集邮协会将生肖集邮作为一个正式类别纳入现代集邮[1]

---

[1] 现代集邮的概念有两层含义：①现代集邮展览。是指将国际邮展和全国邮展上处于试验阶段的类别及基层邮展上较活跃的展出方式集中呈现的邮展。主要类别包括一框集邮类、开放集邮类、节俭集邮类、"灰姑娘"集邮类、首日封集邮类、图画明信片类、现代集邮沙龙、原地集邮类、极地集邮类、自动化集邮类、文献集邮类等。②现代集邮展品。是指以邮展举办年前 20 年以内的集邮素材编组的展品类别。这是个时间概念，具体编组方式包括传统集邮类、邮政历史类和邮政用品类；其时限并不是刚性的，只要大部分素材合乎要求即可。

竞赛性综合性邮展。生肖集邮研究会刊《生肖集邮》发表了广州、北京集体起草及天津李明个人起草的《生肖集邮展品评审专用规则》（讨论稿或试行），广泛征求意见。2006年，由北京市集邮协会编写，人民邮电出版社出版的《现代集邮指南》正式刊载了《北京市集邮协会生肖类集邮展品评审专用规则》。

在广泛征求意见、参考各地制定的评审规则基础上，生肖集邮研究会于2006年10月20日在江苏省高邮市召开制定生肖集邮展品评审规则研讨会，邀请6位国家级邮展评审员和多位集邮家共同研讨。按照既要服从国际集邮联合会和中华全国集邮联合会的邮展规则，又要适合生肖集邮实际的原则，到会专家主张依研究生肖邮品本身和讲述生肖主题故事划类，将生肖集邮展品分为生肖邮品专门研究类、生肖专题集邮类和生肖集邮试验类三个类别。

（1）生肖邮品专门研究类：指收集一个国家或区域性数国的生肖邮品及相关素材，对生肖邮品本身进行传统、邮政历史的专门研究的编组模式。

（2）生肖专题集邮类：选择一个生肖主题，按纲要来拓展主题，表述一个生肖故事，并通过选用的生肖邮品来显示出专题的和集邮的两个方面知识的生肖集邮专题模式。

（3）生肖集邮试验类：如一框生肖展品、生肖开放类展品、生肖首日封展品及其他试验模式。

此外，众所周知的集邮文献也在生肖集邮展品范围之内，称生肖集邮文献类。

二、生肖集邮展品的成熟

由中华全国集邮联合会主办的第三届全国生肖集邮展览，于2007年1月5日至7日在江苏省苏州市举行，并按照《生肖集邮展品评审专用规则》进行评审，标志着生肖集邮展品逐步走向成熟。

中华全国集邮联合会主办的苏州2024中华全国生肖集邮展览，于2024年1月5日至7日在江苏省苏州市举行，本届邮展为主题性全国邮展，包含以下竞赛性类别：

（1）传统集邮类。

（2）邮政历史类。

（3）邮政用品类。

（4）专题集邮类。

（5）极限集邮类。

（6）青少年类。

　　A.10至15岁；

　　B.16至18岁；

　　C.19至21岁。

实足年龄以2024年1月1日为准。

（7）图画明信片类。

（8）一框集邮展品。

　　A. 传统；

　　B. 邮政历史；

C. 邮政用品；

D. 专题；

E. 极限。

（9）现代集邮展品（素材为1990年及以后发行的邮票和邮品）。

（10）开放集邮展品。

（11）试验集邮类。

A. 原地集邮类；

B. 首日封类。

（12）文献。

传统、邮政历史、邮政用品、现代、试验集邮类及其一框展品，须由中国干支纪年特征的邮资票品及相关生肖集邮素材组成；其他类别展品，中国干支纪年特征的邮资票品及相关生肖集邮素材须占80%以上。

并且明确规定：

（1）本届邮展的评审工作和奖级设定，依据全国集邮联集邮展览相关规则执行。

（2）在本届邮展中获镀金奖及以上成绩的展品，将有资格报名参加综合性全国邮展的竞赛性展出。

这是生肖集邮展品首次依据《生肖集邮展品评审专用规则》，同时参照FIP、ACPF现行的集邮类别和评审规则，编组生肖集邮展品参展和进行评审，为在高级别邮展中占有一席之地，激发生肖集邮爱好者组集竞赛的兴趣和积极性，奠定了坚实的基础，是关系生肖集邮持续发展的一件大事。

第二节
传统集邮类型的生肖集邮展品

传统类是对邮票本身进行专门研究的类别，展示与研究票品本身，包括对票品的发行日期、版式、齿孔、刷色、纸张、水印、版铭、加盖及应用等的考据。

生肖邮品可采用传统集邮的通常模式编组，即收集某一个国家、国家集团或地区的某一历史阶段（如一轮）发行的生肖邮品，按发行年序纵向展示；也可按专门模式选择一套或相关的几套生肖邮品横向拓展。不论采用何种模式编组，都必须把握住选定范围内邮品要尽可能齐全、对邮品本身进行研究、展示邮品在邮政业务上的应用三个基本要求。

传统类同时也是提供集邮方法的基础集邮方式之一。完全按照传统类收集和研究及结构和编排的集邮展品，还有邮政用品类和印花类等；传统集邮方法，同时也是所有集邮类别展品编创的基础。本章相关各节称"类型"而不称"类"，也是从集邮方法论的意义出发，意在举一反三，由点到面。集邮者可通过典型范例，学会集邮方法，从而掌握多种集邮方式的共性特点，熟悉同一类型的各种集邮方式，融会贯通，并运用于实践。例如，电子邮票的出现，产生对应的自动化集邮与其邮集和展品（参见本书第三章第五节）；其采用的集邮方法仍是传统类的通用方法，所以自动化集邮展品也就是传统类型的集邮展品。

一、传统集邮类型的生肖集邮展品的编创

传统集邮类型的生肖集邮展品由纲要页和内容页组成。

（1）纲要页，是展品的前置部分，一般为1~2页。

纲要页包括题目、前言、纲要三项。题目描述展品的内容，要求概念的内涵与外延非常清晰，无须文学修饰，必要时可加副标题以明确其内涵与外延，如《新中国第一轮生肖邮票》。题目下有一段阐明该展品目的的介绍性前言，涉及背景材料的处理、研究范围、组集模式；要充分利用前言，正确评价展出的重点素材、重点的学习与研究。纲要即计划，是参展者在选题范围内创造一部均衡而又具特色的展品的思路，告诉评审员和观众展品的内容结构是什么。纲要是每一框展出内容的提要，还必须说明各框中重要的素材，而不要写成流水账似的目录。

纲要页不能写成像一篇宣传和介绍历史文化知识的文章，少写或者不写与本邮集研究探讨内容无关的文字。参考文献不宜罗列一大堆，列2~3种重要的即可。能列自己的专著和论文为最佳。纲要页中的所有说明和观点必须是准确的，邮集重要的邮政历史意义也必须在纲要页中说明。总之，纲要页要体现出参展者对所选题目范围内所展出邮品的知识性、均衡性、正确性、完整性和独创性的理解程度。

参展者应根据题目，通过纲要，利用素材来说明选题的所选素材的完整性和正确性。包括：①获取展品相关素材及趣味性素材的难度。这种难度不应作为珍罕性和价值的评判标准，但可体现参展者投入的时间和精力。②编组和展

示展品所需要的集邮知识和技巧。

强调集邮的重要性，要求对参展者所选主题的集邮价值进行评定，即所选的范围、收集难度及该展品的集邮趣味性。包括：①展出多少所需主题的关键素材。②该主题在所选国家或地区内的重要性。③该主题在世界范围内的重要性。特别要关注在国家邮展中，至少要考虑该主题在本国所有邮品中的地位和重要性。

（2）内容页，是展品的主体部分，是纲要页以外的所有内容。

内容页由与展示素材一致的章节组成。同一邮票或邮政用品按"邮票→设计图稿→试印样票→版式→变体→各种邮政业务的实寄封片"顺序展示，也可将各种相关邮政业务实寄封片与邮票贴片同片展示。

二、传统集邮类型的生肖集邮展品的适用素材

（1）生肖邮票（含生肖电子邮票），使用过的或未使用过的单枚票、连票（方连、大方连或全张邮票），以及使用在实寄封上的邮票。使用旧票，可反映发行和流通中比较有意义的日期或地点，故票上的邮戳要清晰。使用方连，特别是带边铭的方连或全张，可使版式研究表现更充分和体现收藏难度。

（2）贴有生肖邮票的实寄封、片、简。实寄邮品上使用的邮票要体现面值和邮资关系，避免使用全套邮票贴在同一枚封片上、与邮资不相符的集邮素材。与其他生肖邮票混贴时，注意准确表达所展示生肖邮票的发行或使用日期。

（3）所有类型的变异，如有关背胶、齿孔、纸质、印刷上的变异及错体。

（4）已采用或未采用的设计图稿、试样、印样、样票。必要的重要邮政文件（含报纸杂志上的报道），需展示原件，要与其他邮品在同贴片上展出，不能单独展出。

（5）由邮政部门刻制和使用的生肖邮政戳记。含早期干支邮戳、生肖地名邮戳、生肖文字地名邮戳、生肖纪念邮戳、生肖文字风景邮戳等。生肖邮政戳记必须清晰地加盖在邮品上，整体展示或连同销票做成剪片展示。

（6）其他特殊生肖素材，如生肖邮品的邮政赝品[1]可以展示，集邮赝品不能展示。

---

[1] 邮政赝品和集邮赝品，集邮术语。两者的共同点是它们都属于赝品，也就是假邮品，包括伪造、变造、臆造的邮品。不同点在于，邮政赝品的受害者是邮政，因为假邮票的使用造成营收损失；集邮赝品的受害者是广大集邮者，因不慎买入而造成财产损失。传统集邮展品允许展出邮政赝品的目的是将其与真品进行比较，以此增进人们对赝品的了解和防备。

三、传统集邮类型的生肖集邮展品示例之一

由于目前国际集邮联合会和中华全国集邮联合会的邮展规则中没有设置生肖集邮类别，所以生肖邮品都以传统模式组集参加各级邮展居多，在以国际集邮联合会和中华全国集邮联合会的邮展规则进行评审的省级及以上的竞赛性综合性邮展中，出现了不少高水平的邮集，其中在2024年1月5-7日举办的苏州2024中华全国生肖集邮展览上，江苏郑炜编组的展品《中国第一轮生肖邮票版式研究》获得本次邮展的最高奖——大金奖。

图302《中国第一轮生肖邮票版式研究》首页

这部展品按传统方式编排，5框60张贴片。由于素材规格等原因，选用了中贴片（31cm×29cm），为了更好地展示邮票的版式特征，个别贴片采用了（31cm×58cm）的特殊规格。并参照普票的研究深度和广度，对重点素材即 T.46《庚申年》特种邮票（以下简称"猴票"，其他各票均类此用简称）进行研究。其余11套生肖题材邮票，在研究全张票时突出首次出现的版式特性，以及通过变体票进行研究，用实例说话，从而对首轮12套生肖邮票的24个邮局全张票，进行了全面和深入的版式研究，达到展品题目所明确的目标。展品以展示与研究"猴票"为主，下足功夫，做到了大视野的展示和全方位的研究。凡是普票研究的内容，在"猴票"上力争做到全面体现。本着重点素材多角度展示、其他素材酌情展示的原则，在贴片的分配上，"猴票"占2框，"鸡票"占半框，"狗票"和"猪票"占半框，余者从"鼠票"到"羊票"共占2框。看似不均衡，实则非常"均衡"，兼顾重点和全面，符合实际。表明作者对生肖邮票这一素材的认识和研究十分到位，且有独到之处。

该展品共展示了首轮生肖题材邮票2856枚，其中有猴票618枚，大部分带版式研究的要素。这部展品最大的亮点是"原始新发现（original discovery）"（也称为"作者新发现"）。包括以下内容。

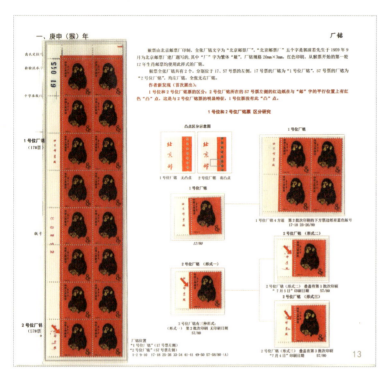

图303《中国第一轮生肖邮票版式研究》厂铭研究示例

（一）对猴票的版模研究

（1）子模间距研究，见表11。

表11 根据例①和例②2组票同一位置（邮局全张中的73—80#票位）实例数据对比研究发现：

①相邻两枚票，"中"字之间的间距是相同的，均为26.1mm。

②单枚票中，从"中"字到左齿孔和右齿孔的间距，每一枚票均不固定，以73#票为基准，74—80#间各票有规律向右偏移各0.1mm，从而形成相邻两枚票"中"字的间距为26.1 mm。

③相邻两枚票，齿孔间尺寸是相同的 26 mm，即票幅横向规格 26 mm，各票完全一致，所以票位偏移不是打孔偏移所致。

结论：例①和例②这 2 组猴版横向子模位移，从左至右各子模位移了 0.1mm 间距。造成最左的 73# 票与最右的 80# 票中心度偏移差 0.7mm。

表 11　子模间距数据研究分析表（单位：mm）

研究方向		73# 票	74# 票	75# 票	76# 票	77# 票	78# 票	79# 票	80# 票	结论
"中"字间距	例①	26.1	26.1	26.1	26.1	26.1	26.1	26.1		相同
	例②	26.1	26.1	26.1	26.1	26.1	26.1	26.1		
"中"到右齿孔间距	例①	2.5	2.6	2.7	2.8	2.9	3	3.1	3.2	尺寸不同，偏移数值相同，方向一致
	例②	2.9	3	3.1	3.2	3.3	3.4	3.5	3.6	
	偏移方向		→	→	→	→	→	→	→	
"中"到右齿孔间距	例①	23.6	23.5	23.4	23.3	23.2	23.1	23	22.9	尺寸不同，偏移数值相同，方向一致
	例②	23.2	23.1	23	22.9	22.8	22.7	22.6	22.5	
	偏移方向		→	→	→	→	→	→	→	
齿孔间距	例①	26	26	26	26	26	26	26		相同
	例②	26	26	26	26	26	26	26		

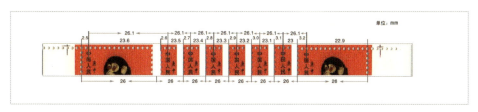

图 304　表 11 中的例①

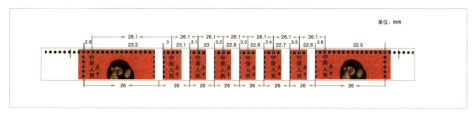

图 305　表 11 中的例②

（2）子模整版上固定密集型红点，见表12。

猴票连续印刷的全张中，下格（B）的下边纸和上格(A)的上边纸之间，存在固定式样的密集型红点，见表12和图306所示，属版模特征。经研究发现：

①红点的数量。共32个，其中大点13个，中点14个，小点5个。

②红点的特征。这些红点是有规律的，数量、位置、大小固定，属版模制模时形成，而非印刷飞沫玷污。

③红点的作用。由于这些红点是有规律的，并且是固定式样存在的，其作用：一是可以作为猴版全张辨伪的重要依据；二是可用来确定部分单枚或多枚带上边纸或下边纸邮票在邮局全张中的位置。

④有邮局全张在上下格裁切时，下格的下部边纸切入较多，下格的下边纸和上格的上边纸之间存在的全部红点如数切入，形成少见的"红点全图"全张。

表 12 版模红点特征和数量分布示意表

区位	特征和数量	区位	特征和数量
B 左下	中 1	A 右下	大 1
B73	—	A1	—
B74	大 1	A2	中 1
B75	大 1 中 1	A3	中 1 小 1
B76	大 1 中 2 小 1	A4	中 1
B77	中 3 小 1	A5	大 2
B78	中 1 小 1	A6	大 3
B79	—	A7	大 2 中 2 小 1
B80	中 1	A8	大 2
B 右下	—	A 右下	—
备注：	表中的"大中小"表示红点大小，数字表示数量。		

图 306 猴票版模红点特征和数量

（二）对猴票的多项研究

本展品通过大量的实例，对猴票邮局全张即习称的版票有以下"原始新发现"。

（1）两个厂铭的区别。

猴版票的厂铭尺寸为 20mm×3mm，红色。其全张票上的厂铭共有 2 个，分别位于 17、57 号票位的左侧，17 号票位的厂铭为"1 号位厂铭"，57 号票位的厂铭为"2 号位厂铭"，均为左厂铭，全张票无右厂铭。

经研究发现，1 号位和 2 号位厂铭票，是可以通过厂铭右侧的细微特征区分的。具体方法为：2 号位厂铭所在的 57 号票位左侧的红色边纸，在与"邮"字的平行位置上有红色凸点，这是 2 号位厂铭票的明显特征，1 号位厂铭票没有此凸点。

1 号位厂铭 无凸点　　　　　　2 号位厂铭 有凸点

图 307　图为 1 号位和 2 号位厂铭区分对比图

这一发现，有利于辨别和研究撕开后的单枚或四方连版铭票原属于全张的哪一个位置。需要注意的是，1号位厂铭票的厂铭位置无任何印章痕迹，而2号位的厂铭位置有部分在第1次印刷和第7次印刷时出现了"2月5日"和"7月4日"的印刷日期的叠印。

（2）印刷批次。

经研究，猴票印刷全张，是分3版次共7批次印刷的（原学术观点是分别为3次和6次），日期分别为：2月5日、3月24日、3月30日、5月4日、5月7日、5月8日、7月4日。每批次的版式特征有明显区别。

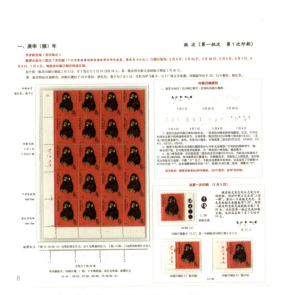

图308 《中国第一轮生肖邮票版式研究》版次研究实例

图309 "2月5日"的印刷日期的叠印

图310 "7月4日"的印刷日期的叠印

①猴票印刷全张上出现了 7 次印刷日期号。

②猴票印刷全张的印刷日期有两种形式：一是直径 20mm 的单线圆章，红色，印出的效果是数字的两端带有括号，分别是第一版次的 2 月 5 日和第三版次的 7 月 4 日；二是进口机打印的横条数字，蓝色，长度为 11mm，分别是第二版次的 3 月 24 日、3 月 30 日、5 月 4 日、5 月 7 日、5 月 8 日。

③猴票全张两种形式的印刷日期与当年北京邮票厂打码机的两种型号一致：一种是国产机，打印单线圆章；另一种是进口唯发机，打印横条数字。

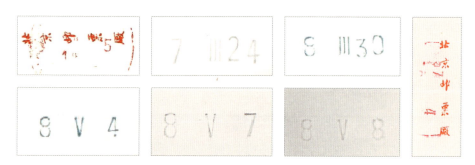

图 311 猴票印刷全张上出现 7 次印刷日期号

④进口唯发机第一次印刷是第二版次的首次印刷日——3月24日。当时这台机器主要用于1977—1979年普18邮票的印刷。由于普18邮票发行数量大、印刷版次多，可能是操作者的疏忽，也可能是打码机发生了故障，其字模被"卡"住，不能自动更换代表年代的首位数字，因而沿用了印刷普18邮票时代表20世纪70年代的数字"7"，而未调整为代表20世纪80年代应该采用的数字"8"。直到3月30日印刷第二批次时，该数字才调整为"8"。

从以上研究可以得出结论：猴票印刷全张是由2种印刷机分3个版次，总共7个批次印刷而成的。

第一版次，为第1次印刷，印刷日期是2月5日，早于发行日仅10天。根据黑色色标可以判断，第一版次的全版完成制版日期是1月26日。第一版次猴票的特征在于：印刷日期位于57号票位，红色，日期为2月5日，月份为罗马数字，与2号位厂铭的文字重叠。（参见图303《中国第一轮生肖邮票版式研究》厂铭研究示例）

第二版次，为第2~6次印刷，印刷日期是3月至5月期间，共5次，分别是3月24日、3月30日、5月4日、5月7日、5月8日。3月24日是第二批次印刷的最早时间。此为重要的原始新发现（原认为是3月30日），其中3月24日和5月8日两个批次的印量极少，盖这两次印刷日期的猴票，目前每种发现不超过2件。

第三版次，为第7次印刷，印刷日期是7月4日。第三版次猴票的特征在于：印刷日期位于57号票位，红色，日期为7月4日，与2号位厂铭的文字重叠（参见图311）。第三版次猴票的印量是各版次最多的一次，此版次后，猴票即停印。

（3）对两种裁切控制线的研究。

猴票印刷全张的裁切控制线位于上格 76#、77# 票位与下格 4#、5# 票位之间的边纸上，位置与金色电眼重合或在其右侧，图形为"／"和"——"状的细长线。其中，斜线长 9mm，横线长 12mm。

经研究发现，猴票裁切控制线有两种形式，其中，第二种形式又可细分为 2 种式样。

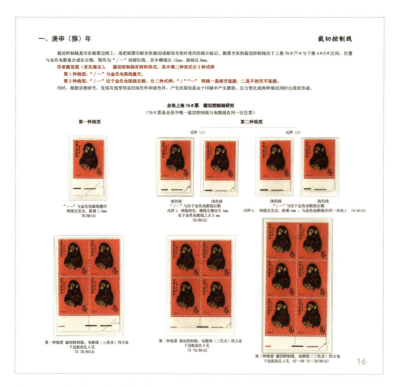

图 312 猴票印刷全张裁切控制线第二种形式式样

图 313 猴票印刷全张裁切控制线第一种线型　　图 314 第二种线型的第一种样式　　图 315 第二种线型的第二种样式

第一种线型："／"和"——"与金色电眼线叠交；"／"和"——"两线距离的 1.5mm，不相交。

第二种线型："／"和"——"位于金色电眼线的右侧。第二种线型还可以细分为两种式样。第一种样式是"／"和"——"两线相交，横线左端伸出斜线的长度约为 1mm；横线的水平高度位于金色电眼线上方约 3mm。第二种样式是"／"和"——"不相交、不连接，两线之间的距离约为 1mm；横线与金色电眼线的水平高度相同。图中所示裁切线型，均位于全张上格 76 号票位。

（4）黑色标暗记。

黑色标位于猴票印刷全张票上格（A 版）的 56 号、64 号和 72 号票位的右边纸上，共 12 格。其中，第 1、第 2 格分别印有制版日期"1.26"（即 1 月 26 日）和"？"。黑色标第 1—5 格的明度最小，从第 6 格起，色标的明度逐渐提高。

经研究发现，黑色标暗记有3个点位：56号票位右侧的黑色标第2格（总第2格）内有倒置的白色"？"，其左侧边缘有缺口；56号票位右侧的黑色标第4格（总第4格），其下部偏右有一个白色圆点；72号票位右侧的第2格（总第11格），内有深色略有弯曲的细长线，长约3 mm。

同时，72号票位右侧的黑色标共有3格，即总第10—12格。第12格是黑色标的尾部，该票大部分尾部为浅灰色圆形色块，但有特殊情况，即在第12格出现变异的方形色块，尺寸为6mm×3mm，呈淡黑色，产生原因是黑色方形胶条贴偶发性粘墨。

图316 黑色标第2格边缘有缺口

图318 56号票位的黑色标暗记

图317 黑色标第4格中有白色圆点

图319 72号票位的黑色标暗记（局部放大）

(5) 金色标存在第 12 格，存在暗记。

金色标位于猴票印刷全张下格（B 版）的 16 号、24 号和 32 号票位的右边纸上，共 12 格。其中第 1、第 2 格内分别印有制版日期 "1.9"（即 1 月 9 日）和 "。"，是最早完成制版的颜色。金色出现浓金和淡金两种，产生原因是金色印刷难度较高和金色油墨调配浓度有差异。经研究发现以下两点。

①存在第 12 格。金色标第 1—7 格的明度最深，从第 8 格起，明度逐渐提高（第 8 格同时存在浓金与淡金），第 12 格的金色已基本看不清了，学术界原先一直认为金色标只有 11 格。但有极个别的全张在侧光时可以发现第 12 格依然有残存的金色。

②存在暗记。16 号票位右侧的金色标第 1 格（总第 1 格）和第 2 格（总第 2 格）的左侧边缘有缺口，其中第 2 格（总第 2 格）左侧边缘的缺口更大一些。

(6) 存在 "63" 号检验员号。

猴票邮局全张的检验流水号由 5 位数字组成。其中前 2 位数字为检验员号（即工号），后 3 位数字为整包流水号（J、T 邮票整包的数量为 500 版，故流水号为 001-500 编号）。

检验流水号使用深蓝色油墨加盖，印章宽 21mm，高 4.5mm，常盖于 1 号票位的左侧和 80 号票位的右侧。

目前已发现的检验员号有 11 种，分别是：42、61、62、63、65、66、67、70、72、73 和 76。其中，数字最小的检验员号为 42，最大的为 76。在已发现的 11 种检验员号中，61 号的数量最多，63 号最罕见（目前仅发现 2 件），

65号次之（目前仅发现5件）。有罕见的版号更改实例存在。

经研究发现，国内某专门研究猴票的邮集，其贴片上的说明为"猴票张号常见于左上角第1号票位或右下角第80号票位二个位置，前二位工号数字在42-76之间，记录有42、61、62、63、65、66、67、70、72、73、76共11种不同"，但在邮集中未展示"63"的实例，使其成为"有观点，无实物佐证"的悬念。某资深集邮者通过国外某拍卖行得知，确有63号实物存在：检验流水号为"63 400"，特征为第5位数字"0"的水平位置大幅下移。带有检验流水号"63 400"的猴票，还有一个明显的变异，"中国"二字中间有黑色拖墨和黑色圆圈，尺寸与齿孔大小几乎一致，但形成原因尚不明确。"63 400"实物已在本展品中展示。

此外，该邮集提到的"全张检验流水号盖在全张左下角（73号票位）"说明文字同样是"有观点，无实物佐证"。据悉，国外拍卖目录上曾印有一件全张检验流水号盖于73号票位下边纸上的猴票实物，流水号为"65 230"。某资深集邮者藏有一件同类实物，流水号为"65 235"。"65 230"中的"3"字中部被齿孔打入，"65 235"中的"2"字右侧小部分被齿孔打入。"65 235"实物已在本展品中展示。

图320 流水号为"65 235"的猴票

（三）对其他各套邮票的研究

除猴票的 6 个原始新发现外，本展品对其余 11 套邮票，即鸡票到羊票的版式变化和各类变体票也进行了较为深入独到的研究，择要列举如下。

图 321 兔票研究示例

（1）对鸡票的研究内容：首次出现制版日期不同的色标；首次出现不通齿的全张；首次出现雕刻线主体部分位于下格；完整展示了鸡票检验流水号等。

（2）对狗票的研究内容：首次出现左边纸连续位置的双厂铭，是首轮生肖邮票中单侧边纸厂铭最多的一套邮票；首次出现边纸固定式样的单色多墨色块（上下格均有）；首次出现检验流水号中的检验员号有个位数；首次出现裁切控制线叠印。其中1号位厂铭有正印和斜印2种，下格（B版）为斜印；2号位、3号位厂铭出现2种形式，有字体缺印，位于上格（A版）等均为原始新发现。

（3）对猪票的研究内容：首次出现双色多墨色块，分别为蓝色和艳红色；首次未加盖印刷版次章等。

（4）对鼠票的研究内容：首次出现右厂铭；首次没印齿孔定位线；下格（B版）16号票位边纸有多墨色块，呈淡红色等。

（5）对牛票的研究内容：通过实例对邮票横式色标、"十"字准校线、裁切控制线、框式齿孔定位线等进行研究。

（6）对虎票的研究内容：首次出现有和无裁切控制线两种；首次出现整排梳式齿孔定位线；首次出现竖式电眼线等。

（7）对兔票的研究内容：首次出现组外品（粗齿）；首轮生肖题材邮票中首次出现2种不同顺序排列的色标；重点展示了整版变体（拖墨和眼睛漏印）等。

（8）对龙票的研究内容：通过实例对龙票全张色标、版号、印刷日期章、检验流水号、刷色、电眼线和裁切控制线等进行研究等。

（9）对蛇票的研究内容：通过实例对蛇票全张厂铭特色和变异、色标和多墨色块的变化、移位变异、检验流水号和裁切控制线进行研究等。

（10）对马票的研究内容：首轮生肖第2次出现组外品（粗齿）；检验流水号中首次出现检验员号为"1"的实例；首次出现色标色块颜色由浅变深的反置。通过实物对"马票"全张的组外品检验流水号、印刷变异、电眼线、色标、裁切控制线等进行研究。马票有胶面印的存在。

（11）对羊票的研究内容：通过实例对羊票全张印刷套印、色标、裁切定位线、透印等进行研究。

中国生肖题材邮票从T.46《庚申年》邮票发行开始，已有40多年，成为中国集邮爱好者最喜欢的一个题材，同时涌现出了大量的研究成果，为生肖题材邮集的编组奠定了基础。

获得中华全国生肖邮展大金奖、
全国邮展金奖＋特别奖的邮集《中国第一轮生肖邮票版式研究》
（传统集邮类）精选贴片

Selection of Traditional Philately Exhibit "Printing Plates of the 1st Cycle of Chinese Shengxiao Stamps" Award: Large Gold, Suzhou 2024 All-China Shengxiao Philatelic Exhibition Gold + Special Award, Beijing 2024 All-China Philatelic Exhibition

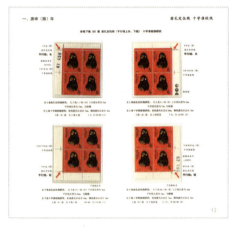
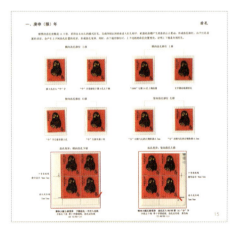
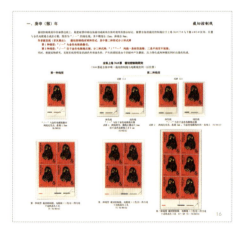

彩插 6　　　　　　　　　　　　　　　　　　　　　　　　　　　　　　　　　　Colour page 6

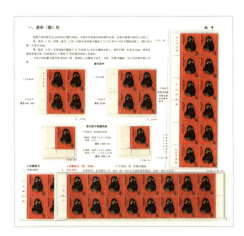
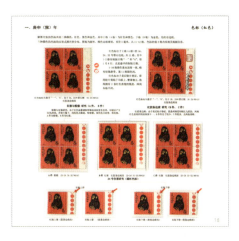
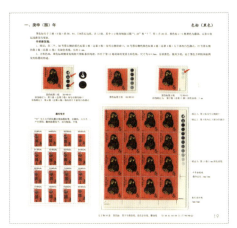
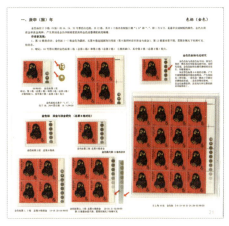
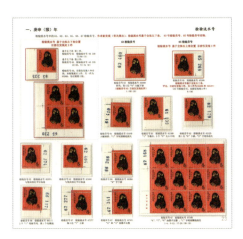
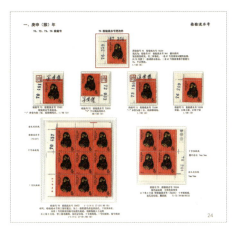

657

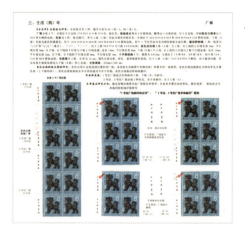
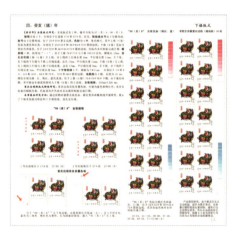
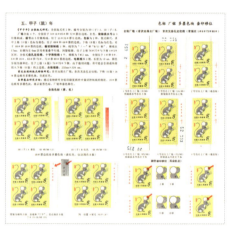

四、传统集邮类型的生肖集邮展品示例之二

电子邮票又称自动化邮票，最早诞生于瑞士，其特点是邮票通过无人值守自助式售票机出售。邮票底图是事先印制好的，在出售时根据购买者需要打印面值，无日期，购买者可随时使用，邮票背面有胶或自粘式不干胶。电子邮票与传统邮票一样，都是国家（地区）邮政部门发行的有效邮资凭证。可以同传统邮票一起贴用，也可以单独贴用。邮票面值根据机器设置可打印出 10 种以上至上千种面值。电子邮票机器操作简单，节省人力时间，全天候 24 小时可以打印。低成本和使用便捷，使其得到迅速发展。

1987 丁卯兔年，香港地区邮政开始发行中国传统文化题材的十二生肖电子邮票。从兔票始发，为世界首套生肖自动化邮票，具有重要的邮政意义和集邮价值。其后每年发行一种，至 1998 戊寅虎年的虎票，结束一轮生肖电子邮票的发行。其后，中国台湾地区邮政也于 2012 壬辰龙年发行"祥龙"电子邮票，至 2023 癸卯兔年发行"鸿兔"电子邮票，完成一轮十二生肖电子邮票的发行。澳门地区邮政于 2013 癸巳蛇年发行生肖电子邮票，至 2024 甲辰龙年，完成一轮十二生肖电子邮票发行。除此之外，世界上有多个国家、地区先后发行过生肖电子邮票。这些电子邮票，图案精美，使用方便，受到生肖集邮者的偏爱，并加以收集、研究和组集，按 FIP 和 ACPF 邮展总规则，生肖电子邮票是按照传统集邮模式参展。

以往参展的展品中，最有代表性的是江西郭基玉《香港生肖自动化邮票（1987—1998)》邮集，曾获 2019 年武汉世界邮展现代类镀金奖，2019 年新加坡亚洲邮展现代类大镀金奖；改为 8 框后，在 2023 年昆明全国邮展上获得

大镀金奖加特别奖。这部展品，最值得肯定之处，是集邮研究的个人成果显著，以及选用素材具有一定珍罕性和收集难度。

（1）在集邮研究方面，一是对邮票底纸印刷特征上取得突破性的研究成果，如在印刷工艺、印刷批次、印刷版模等方面。二是从自动化邮票售票机打印特征上解析了各种变异品种的形成原因，如错误打印面值的组外品形成原因、不完全裁切变异连票的成因，等等。三是体现创新，展品中首次展出的素材比比皆是（见图322—图329）。

（2）在珍罕性和收集难度方面，展示目前存世仅见1件的香港地区生肖自动化邮票9枚（见图329）；存世2~5件的香港地区生肖自动化邮品13种；存世6~10件的香港地区生肖自动化邮品20种，是一部不可复制的展品。

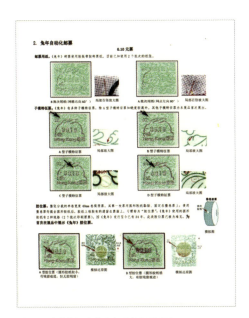

图 322 香港地区生肖兔自动化邮票研究

图 323 香港地区生肖龙自动化邮票研究

图 324 香港地区生肖蛇自动化邮票研究

图 325 香港地区生肖猴自动化邮票研究

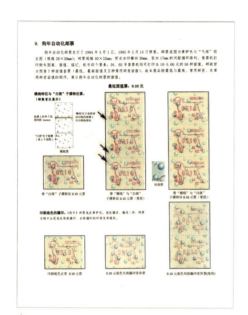

图 326 香港地区生肖狗自动化邮票研究

图 327 香港地区生肖鼠自动化邮票研究

图 328 香港地区生肖牛自动化邮票研究

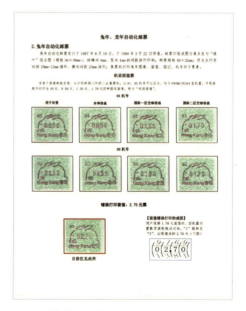

图 329 香港地区生肖兔自动化邮票珍罕性研究

第三节
邮政历史类型的生肖集邮展品

邮政历史类展品，是通过各式各样的实寄邮件，以及相关邮政史料等素材，来反映某一国家或地区，或国家之间、地区之间、国家与地区之间一个时期或一个方面的邮政发展历史。邮政历史类展品，应在其时间轴上看得清某国（或地区）某时期某方面某具体业务内容的发展过程；在其空间轴上看得清某具体业务的运作方式，这一运作方式通常表现为邮资、邮路、邮戳等要素的变化或变迁。邮政历史类同样也是提供集邮方法的基础集邮方式之一。完全按照邮政历史类收集和研究，结构和编排的集邮展品，还有航空类。其他如航天类、首日封类、原地集邮类等以实寄或不实寄的复合邮品为素材的集邮展品，通常均主要运用邮政历史集邮方法，同时结合自身特点进行编排组集。

生肖集邮展品原则上以表达生肖文化主题为归属，在表现邮政历史方面有一定局限性。但生肖文化的影响深远而广泛，随着对生肖邮品内涵外延的拓展和对生肖展品表现形式的创新，目前，邮政历史类型的生肖集邮展品已逐渐进入邮戳范畴，并同时显现出，这是一个待探索、待深入的，有意义、有趣味、有前景的新的集邮领域。

一、邮政历史类型的生肖集邮展品的主要模式

邮政历史展品主要分为三种模式。①邮政历史类，应着重表现邮路、邮资、戳记、应用及邮政的其他方面、邮政业务、职能和跟邮政业务发展史相关的活动；②邮戳类，应该对实寄封或其他邮品上的各类邮政戳记进行分类和/或学习；③历史、社会及其专门研究类，应研究更为广泛的邮政历史，以及商业、社会与邮政系统的相互联系。

生肖邮政历史类具有较强的局限性，目前所见的生肖邮政历史类展品多为邮戳类，重点研究邮戳的功能、使用时间、使用地点、风格的变化、邮戳图文的损坏、油墨的颜色等，其中干支戳是编组生肖邮政历史类型邮集的首选。

干支戳是中国特有的一种邮戳，它采用干支纪年来标示年代。干支纪年是指中国传统纪年历法。干支是天干和地支的总称。"干"即天干，依次以甲、乙、丙、丁、戊、己、庚、辛、壬、癸共10个字为干；"支"即地支，依次以子、丑、寅、卯、辰、巳、午、未、申、酉、戌、亥共12个字为支。干支纪年法结合了天干和地支两组文字，这两组文字相互搭配，形成60年一个轮回的纪年系统，称为一个"甲子"。干支邮戳是采用天干地支纪年的普通日戳，俗称干支戳。由于生肖就是配以十二地支用来记录人们出生年的12种动物，干支与生肖密切相关，因此干支戳是典型的生肖邮戳之一。

二、邮政历史类型的生肖集邮展品示例

目前在以国际集邮联合会和中华全国集邮联合会的邮展规则进行评审的省级及以上的竞赛性综合性邮展中，以干支戳为研究对象的生肖邮政历史类展品，整体获奖成绩非常不错。其中，最有代表性是广东曹勇进先生编组的《中国清代干支邮戳（1902—1911）》邮集，在 2024 年 1 月 5—7 日举办的"苏州2024 中华全国生肖集邮展览"上，受到评审员的肯定和生肖集邮爱好者的好评，荣获金奖。

该邮集可圈可点处很多，归纳起来有以下几点。

（1）展品处理得当。在对清代邮政各种实寄封片上反映出来的干支纪年邮戳的戳式、邮政资费、邮路等进行深入剖析的基础上，这部展品主要分两部分进行展示。第一部分以戳式为主线，详细介绍和展示了清代干支戳的基本样式、特别月份和日期的表示方法；第二部分以年份时间轴为主线，按顺序全面、系统地展示了清代邮政干支戳使用情况，比较完整地记录了这段使用中国传统纪年历法的邮政历史。

（2）突出集邮学习与研究。FIP 评审规则里，对邮政历史类邮集的"研究评分"占有较大比重，一共是 35 分，涉及"集邮和相关的知识、个人的学习与研究"，因此一部有价值的邮政历史类邮集需要有深入独到的研究。这部展品即以对干支戳的清晰认识及深透研究见长。

干支戳产生于中国清代，为适应民间习惯于阴历纪年方式而启用。1903年 11 月，清政府邮政总办颁文规定，原采用公历或帝元纪年的国内邮政日戳

改为干支戳，以干支顺序来标示年份。干支戳最早见于 1904 年即甲辰年，到 1912 年中华民国成立，实行民国纪年，干支戳停用，共有 8 个干支戳被使用，分别是甲辰、乙巳、丙午、丁未、戊申、己酉、庚戌、辛亥。1911 年后，尽管干支戳的使用有所减少，但仍有一些邮局继续使用干支纪年，沿用干支戳数年。例如 1912 年的壬子年和 1913 年的癸丑年，最晚见于 1917 年的丁巳年。

清代干支戳的基本样式分两类：三格式与腰框式。三格式习称小干支戳，按戳线不同，又分单线与双线两种，单线戳直径 23mm，双线戳外圈直径约 25mm；腰框式较三格式大一点，使用年代较三格式晚，习称大干支戳，圆环直径一般约 27mm，中格带框，按地名文字不同又分全汉文、汉英文和英汉文 3 种。

图 330 地方使用的干支戳研究

图 331 甲辰干支戳使用的研究

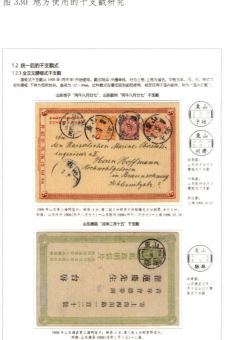

图 332 干支戳全汉文戳式的研究

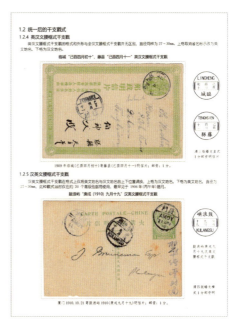

图 333 干支戳英汉文戳式的研究

（3）展品素材罕见。一部邮政历史类邮集，除常规应有的邮品外，还要有一定的吸睛邮品，它与传统邮集一样，其珍罕性是无可回避的。说得浅白一点，一部有价值的邮集是由有价值的邮品决定的。

①这部展品展出了反映清代邮政时期干支戳使用的各种重要素材。其中有清政府邮政总办颁文规定前使用的地方性干支戳；清代国家邮政在西藏等边疆地区使用的干支戳；在清一次至四次邮资片上使用的干支戳等，素材丰富与主题密切相关。②邮品多样化，如展示和研究欠资邮件、快信和公函封上的干支邮戳等，收集难度高，研究价值大。③展品在清代邮政历史领域、中国传统纪年历法的生肖文化领域，以及集邮领域都具有很高的重要性。因此，在珍罕性这一项自然会得到高分。

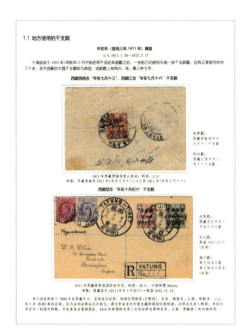

图 334 西藏使用干支戳的研究

图 335 快信上干支戳的研究

图 336 公函封上干支戳的研究

图 337 辛亥干支戳的研究

第四节
邮政用品类型的生肖集邮展品

邮政用品类与传统集邮类在集邮方法上一致，都是对邮票（品）本身进行专门研究的类别。邮政用品以传统集邮方法研究与展示票品本身，包括票品的发行日期、版式、齿孔、刷色、纸张、水印、版铭、加盖及应用等的考据，以及邮政用品邮资图以外的文字和图画的不同。

生肖邮政用品具有很强的时令性，一般针对贺年需求而印制。目前所见的生肖邮政用品多为贺年邮资封片简卡等书信载体，其中贺年邮资明信片是组集的重点素材。

中国贺年邮资明信片（以下简称"贺年片"），是国家邮政部门针对传统节日春节而发行的邮资品种，是春节期间亲朋好友相互问候与祝福的专用明信片，发行始于1981年的12月20日，是改革开放后邮电部发行的第一种邮资明信片，比JP、YP、TP都要早，而且每年均有发行，从未间断，不断升级；1992年以后改为"中国邮政贺年（有奖）明信片"，2007年以后统称为"中国邮政贺卡"，2015年起改为"中国邮政贺年有奖封片卡"。

一、贺年片展品的选题

贺年片由于群众基础好，普遍使用，自然消耗极大。但长期以来，由于太过普通，集邮群体重视不多。

新世纪以来，集邮界涌现出邮政用品集邮热。瓯越邮政用品研究会自成立以来就非常重视、倡导现代邮政用品的收集、研究和组集。全国生肖邮展也设置了包括生肖邮政用品展品素材的"专门研究类"，进一步推动了贺年片的研究和收集。一些集邮者将自己的收集与研究成果编组成邮集，积极参加各级邮展。经过多年坚持和努力，在省级及以上级别的邮展中，已涌现出一批优秀的贺年片邮集。

目前所见，在世界及国际邮展、国家级综合性集邮展览，以及国家级专项集邮展览和历届"瓯越杯"全国邮政用品集邮展览[1]、历届苏州生肖全国邮展中，参展的贺年片邮集（不包括 1 框类展品），大致分以下几种：

（1）以跨年度的贺年明信片为素材，展示断代收集与研究的成果。断代的意义主要体现在确定收集、研究对象性质的几个重要的时间节点上。

最具有代表性的有两部。其中江苏南京杨福才的《中国邮政贺年（有奖）明信片（1992—2000 年）》邮集，整部展品以大量的变体片来展示和研究贺年明信片的版式、印刷，曾两次参加国家级综合型集邮展览，在呼和浩特 2012

---

[1] "瓯越杯"全国邮政用品集邮展览是国内较有影响的邮政用品类专项省级邮展，由浙江省集邮协会和瓯越邮政用品研究会共同主办，每三年举办一届。首届邮展于 2010 年 10 月 5—6 日在温州举办，至 2024 年已举办 6 届。以贺年邮资明信片为主体的生肖邮政用品邮集是其展品之一。

年第 15 届国展荣获邮政用品类大银奖。

另一部是倪郁烈的《中国贺年邮资明信片（1981—1990）》邮集，该邮集全面、系统地展示了 1981—1990 年间中国发行的 10 套贺年邮资明信片内容、版式、印刷特征及各种不同业务的使用实例。是目前同类别邮集中对 10 套贺年片的用纸、刷色、印刷变体等研究最为深透的一部邮集，在苏州 2024 中华全国生肖集邮展览获得金奖。

（2）以单年度的贺年明信片为素材，展示特定年度收集与研究的成果。其中，最具有代表性的年份是 1992 年度猴、1993 年度鸡、1997 年度牛。

1992 年度贺年有奖明信片首次发行，组号分布复杂，所有县级以上包括县级均刻有发行纪念戳和兑奖戳，同时也是新中国首套冠以中国邮政名义发行的邮资票品，在邮政使用中还产生了新中国邮政史上独一无二的特殊邮寄方式——"二次盖销"使用。

因 1992 年度贺年片是贺年（有奖）明信片系列第一年发行，又是首次多厂家印刷，所以产生印刷变体多，因此，以本年度的贺年猴片为载体而组编的展品并参加国展的也较多。其中最具代表性是北京胡志杰的《中华人民共和国第一套贺年有奖邮资明信片》，获得 2014 年韩国世界邮展邮政用品类大银奖；之前，这部展品在 2012 年呼和浩特国展上也曾获得促进类一等奖加特别奖。此外，同选题获奖展品，还有湖南黄先春的，荣获湖南澧县 2005 专项邮展二等奖加特别奖；江西宫本庆的，荣获长沙 2014 年第 16 届中华全国集邮展览现代类镀金奖；山东孙大伟的，荣获广州 2019 年首届粤港澳大湾区集邮展览现代类镀金奖，等等。

1993年度的贺年鸡片，是中国贺年（有奖）明信片系列之中重要一年，它首次发行带副券的贺年（有奖）明信片并延续至今，而且是唯一一年正、副联均同时印有兑奖号；又首次发行企业金卡（企业贺年卡）并延续至今，也是唯一在片图面印有普通型（相应缩小至三分之一）的贺图与贺词的企业金卡；同时还是第一次发行贺年（有奖）明信片获奖纪念邮资片的年度。由于1993年度贺年片收集和研究难度较大，全国参展邮集很少，其中最具有代表性的邮集展品是浙江温州刘德利的《1993年中国邮政贺年（有奖）明信片》，它是我国第一部贺年片邮集，也是贺年片邮集的组集参考样板，自1996年首次组集参展至2023年，27年时间，前后共参加各级竞赛类邮展多达17次，在泰国2023年世界集邮展览中荣获83分镀金奖，是我国目前贺年片展品参加的最高级别邮展和获得的最高奖，也是我国现代类邮政用品邮集在世界（国际）邮展上取得最好的成绩。这部展品首次题名世界邮展镀金奖册，实现沾金，树立了贺年片展品的第一个"标杆"。

1997年度发行贺年牛片，这是首次也是目前唯一因逢邮资调整而在贺年（有奖）明信片上加盖"改资戳"后，照常发行该片的年度，还是首次发行极限型贺年（有奖）明信片的年度。由于各地加盖"改资戳"的戳式和加盖方式及颜色错综复杂，对"改资戳"的收集、展示与研究是该年度独一无二的"特殊性"。不少集邮者对1997年度贺年（有奖）明信片一见钟情，深入研究，组集参展数量仅次于1992年度贺年猴片。其中，最具代表性的展品是浙江温州杨介球的《1997中国邮政贺年（有奖）明信片》，该展品素材丰富，处理得当，具有很高的研究性和观赏性；除了版式研究和子模特征，作者利用"穿插式"的处理，做到每个章节有精彩面、个个贴片有看点，在苏州2024年中华全国生肖集邮展览获大镀金奖。

除了1992年度贺年猴片、1993年度贺年鸡片、1997年度贺年牛片，1996年度贺年鼠片、2005年度贺年鸡片、2014年度贺年马片，也是有足够素材和潜在优势，可供组编5框展品的选题。如浙江温州刘一锋的《1996中国邮政贺年（有奖）明信片》荣获苏州2024年中华全国生肖集邮展览镀金奖；浙江温州刘子涵的《2005年中国邮政贺年（有奖）明信片》荣获2023四川绵阳中华全国青少年邮展镀金奖，等等。

（3）最后一点，发挥主观能动性非常重要。选择贺年片选题的时候，时间段选取很重要，单年度的还是跨年度的，最终要看自己掌握的素材，优势何在？点菜吃饭不妨是个很好的选择。在同一赛道上，选题撞车，是不能回避的，也不用刻意避免。关键在于编组邮集时，想好如何根据个人掌握素材的特点和优势，做好展品的"处理"，以及尽量表达好"研究"，因为在选题撞车、素材相同度高的情况下，"重要性""珍罕性"等客观标准趋同，对展品的处理和展品中个人学习与研究的体现，尤显重要和必要。

二、贺年片展品的编排

（1）FIP邮政用品展品指导要点明确提出：一部邮政用品展品，作者应通过展品去讲故事。故事通常围绕邮政用品本身的拓展。可以从为什么发行该邮政用品开始，然后展示可能的试样和印样。接下来可以描述这些素材的拓展，如不同的印版、试色、纸张、错版等。邮品的使用、邮资、邮路、盖销等方面可作为故事副线来表述，不应作为展品主体来开展。

邮政用品展品的标题页，不能与专题邮集标题页一样与众不同、风趣幽默、引人入胜；而应该是简明扼要、清晰完整，以此确定展品的主题及范围，以及展品的编组思路。

FIP邮政用品展品指导要点规定，所有邮政用品展品都必须含有标题页。该标题页应包含以下内容：

①展品的题目，应该明确、清晰，可以加副标题；

②展品的目的，为什么选这个主题，相关背景简介；

③展品的范围，展品中包含什么以及未包含什么；

④展品处理结构，按什么进行编组，展品的计划；

⑤展品结构的计划，以章或节为单位进行说明比以框或页为单位的要好；

⑥个人学习与研究，研究成果可适当举例或提及；

⑦重点素材，指出展品中重要性强的素材；

⑧最重要的参考文献，列出最主要的，可以是作者自己的。

（2）展品示例。倪郁烈的《中国贺年邮资明信片（1981—1990)》。首先是重视展品标题页的设计与制作，它是整部展品的精髓和引领。该展品的收集研究范围和背景，处理是否得当，素材展示的丰富与否，研究领域的涉及面和参考文献等，在此标题页上均体现出来。

图338 《中国贺年邮资明信片（1981—1990)》首日使用

图339 《中国贺年邮资明信片（1981—1990)》印样

该展品，按发行时间顺序分为 10 个由 HP1-10 构成的自然单元，按素材重要性和可研究性的实际布局。第一框展示 HP1 和 HP2；第二框单独展示 HP3；第三框和第四框由 HP4、HP5、HP6 组成；第五框展示 HP7、HP8、HP9、HP10 的 4 年 8 枚贺年片。为什么 HP3 独立一框，HP7-HP10 是 4 年一框？因为 HP3 一套 5 枚，枚数和发行量比 HP1、HP2 有所增加，印制过程中也产生了一些变体和印刷瑕疵。同时使用的人也越来越多，于是产生了很多有意思的变异品和复合品。加上作者收集到这套贺年片的 6 枚送审印样，故此以一框的规模加以展示；而最后 4 套贺年片，因年代相对近一些，普通素材相对比较多，作者从中精选了几件有特点的邮品展示，把 4 套贺年片浓缩为一框。这样的编排，兼顾了全面与重点，一方面让观众能看到第一轮贺年片的系统性；另一方面突出重点，让观众能见到一些特殊的重点邮品及在特殊的邮政业务上的使用实例。FIP 邮政用品展品评审指导要点明确指出："在发行的同一套邮政用品中，一般邮品可象征性展出，而较好的素材则应该全面展示。评审会认为这一处理可体现参展者对于素材的认知。"

贺年片邮集最起码要讲清邮资图、背面图案、印刷厂及组号、销售时间等四方面的基本内容；其他，则要根据自己收藏的素材来决定如何组集。任何人组集方法都不是一样的，避开自己的短板，发挥自己的优势，才是正确抉择。但是，绝对不能不展示，或者不完整展示贺年片背面图案。每一年发行的贺年片，邮政部门都会发布其邮资图案和贺年片图案，正面背面的这两个图案，其实是同等重要的，我们在认识上应等量齐观，赋予相应的收集和研究。

（3）自 1991 年起，为了配合发行贺年（有奖）明信片，各地邮政部门刻制大量纪念戳和兑奖戳，这些纪念戳和兑奖戳不是贺年片本身的组成部分，不能喧宾夺主，独立成章节展示，而是点到为止。

三、贺年片展品的适用素材

贺年片邮集中，已采用的试印样、印样及样品等素材是必不可少的。但这些素材，可遇而不可求。目前，集邮界存在贺年片半成品和印刷废品及样品，此类素材，尽管不是来自邮政正常的销售渠道，但可以用于展示贺年片展品所需的印刷版式研究，因此，我们可以适度选用。不过，要注意不宜将其作为邮集变体素材大量展示，特别是印刷厂流出的东西，很多贺年片邮集都有，正面印有背面图案的所谓"印样"，抛开来历不讲，这种东西，也是你有我有大家有，说明"重要性"不高，评审时不会看重，所以最好不要把它当作重要素材来表述。

贺年片在印刷过程中产生的变化或变体有：

（1）印刷过程中产生的瑕疵：双面印，透印，粘印，折白，隔物印，版模破损，版模修饰等。

（2）印刷过程中产生的错误：反面印（类似于邮票胶面印）、对倒印刷，图案移位、裁切移位等。

（3）颜色变体（错体）：错误使用颜色等。

（4）印刷过程中的颜色差异（刷色）等。

贺年片作为一个整体，它的展示也应该是完整的；除非极其珍罕的不完整素材或变体，否则它必须以完整的形式展出。

各类贺年片展品素材的选取。实寄的贺年片，应该尽量品相良好，戳记清晰并且符合邮资；避免选用留有大片污迹，印戳模糊不清、日期难以辨认的素材。新的贺年片，应该首选品相尽可能好的素材。在 FIP 邮政用品展品评审指导要点中，对其素材品相的评价，与邮票是一致的：无撕毁，无缺角，无折痕，无污点，无漏齿（如有齿孔的话）等，实寄品邮戳应尽可能清晰，且其中的必要性文字要完整。

邮资相符的实寄贺年片，因为可以准确地说明当时的邮资标准，所以必不可少，但是必须在发行期以内。比如：2017 年度贺年鸡片，2016 年 11 月 1 日发行，2017 年 3 月开奖，2017 年 4 月 1 日至 2017 年 6 月 30 日兑奖有效。那么选择该贺年片组集时，就应该首选开奖前的实寄片，其次，选择开奖后至兑奖期最后一日的实寄片；如无特殊情况，尽量不用兑奖期之后的实寄片。

图 340 原始邮政档案文件的展示示例

对于那些出于集邮目的而有意制作的实寄贺年片，应该尽量慎用、少用。假如要选用，可尽量选择不同地区、不同收件人的实寄品。

展示原始邮政档案文件，应该以适度为原则，避免一个贴片一张原始档案这种模式，要突出展示原始档案重点内容，可采取开天窗、叠压方式来展示。

总之，贺年片展品素材的选用，应该遵循以下原则：

第一，贺年片传统研究中，表现设计、印制过程的版式研究的重要性大于对于它们使用的研究。

第二，贺年片的印样、变体的重要性大于版式研究和使用。

第三，在贺年片使用的研究中，发行时间和原始邮政目的研究的重要性大于其他邮政现象的研究。

第五节
专题集邮类型的生肖集邮展品

专题集邮是选择一个专题，依据图案的形象或所表达的信息来收集邮票及其他的集邮素材，而不考虑其发行国别、地区、日期及种类的一种集邮方式。专题集邮要求按专题最大限度收集多样性素材，包括国别（地区）的多样性、时期的多样性和品种的多样性；根据专题拓展的需要，尽量充分表达所选素材中的专题知识和集邮知识。目前盛行的以故事情节为依据的叙事性专题集邮，其内容是讲述一个故事，或叙述一段历史，或表达一种思想，或讲解一种理论，其特点是可以最大限度地发挥参展者的创造性，并具有故事性、知识性、趣味性和灵活性。

与传统类和邮政历史类一样，专题集邮类也是提供集邮方法的基础集邮方式。专题集邮与其他集邮方式比较，有着显著不同，它的收集研究范围，不再局限于邮政通信领域，而是以邮票邮品为媒介，与社会的方方面面发生了联系。在专题集邮实践基础上产生的专题集邮方法，是集邮认识上的飞跃，也是集邮方法体系趋于完备的标志，具有指导集邮实践的普遍性。它不仅是专题邮集及展品的收集和研究，结构与编排的基本方法，其体现于邮集或展品编创中的创造性、故事性和知识性等特点，对于其他集邮方式也可供借鉴。

一、生肖专题集邮类展品的编组

生肖专题集邮类展品是选择生肖文化内涵的一个专题为主题，按照计划拓展主题，通过所选用邮品的专题信息编组，辅以适当的说明文字，来叙述一个生肖主题故事，并通过选用邮品来展示参展者专题知识和集邮知识。

中国是生肖的发祥地。结合生肖文化和生肖集邮素材的实际，一国题材可以编组生肖专题集邮类展品，同时适当放宽素材的使用范围。展品素材来自多个国家则更好，但必须包括多个时期（古典、近代、现代）[1]、多种类邮政业务的素材。

---

[1] 指世界邮票发行史的分期。从1840年"黑便士"邮票诞生到1899年为古典邮票时期；1900年到1945年第二次世界大战结束为近代邮票时期；1945年至今是现代邮票时期。由于各国历史不同，其邮票史也有各自的特殊性。中国邮票发行史的分期，从1878年海关"大龙"邮票问世到1911年，为古典邮票时期；1912年到1949年是近代邮票时期；1949年中华人民共和国成立至今是现代邮票时期。

二、生肖专题集邮类展品的组成

生肖专题集邮类展品由计划页和内容页组成。

（1）计划页。计划页可用一页或二页贴片，包括题目、前言和计划。

生肖专题集邮类展品的标题必须以生肖文化为主题，标题的规模要适当，要外延明确、范围清楚，要能在最大范围内拓展。标题不需文学修饰。

展品选题，参展者要考虑对生肖集邮和生肖文化的了解程度与兴趣，做到扬长避短，避免撞车。题目确定后，要深入阅读相关生肖文化专著，加深专业理解。还要翻阅有关邮品目录和邮品拍卖目录，以了解拓展主题的邮品状况。

专题类展品计划页中的前言一般不超过 200 字，概述和界定展品的内容，并富有想象力，文字要简练。

生肖专题集邮类展品的计划反映展品是如何构筑的。它既是编组展品的"蓝图"，也是观众看懂展品的指南，更是评审的一项依据。计划必须与标题完全一致，应涵盖题目的所有方面，按照标题的内涵与外延有序地构筑，要全面地、均衡地体现出一部展品的结构，既要有逻辑性，又要有故事性。计划由章和节以及每一节的规模（所占贴片页数）组成。不允许只有章没有节。计划不要用文学的描述代之。不要按邮品的发行目的、国家或类别来设置章节。不要出现泛泛的章节，如"其他""附录""杂项"等章节。不要出现"序言""引言""结束语"等章节。不要超越题目所限定的范围，特别注意不要把生肖专题展品构筑成动物专题展品。

（2）内容页。按照计划章节顺序，在内容页上以素材展示来完成计划。邮品的排列，要根据"故事"的顺序，对在同一页贴片上所展示的邮品要有精确的专题排列，正确的"故事"顺序要优先于贴片的最佳外观。

三、生肖专题集邮类展品的适用素材

素材即邮品。在日常集邮活动中称邮品，在集邮展品中则称素材。一般生肖专题集邮类展品的适用素材主要为两大类，包括生肖邮品和专题信息上能拓展生肖专题的非生肖邮品。必须符合"传递邮件或其他邮政通信的"这一定义，并要注意优先选用比较重要的邮品，注重集邮必要性与专题必要性之间的平衡。

（1）邮票：包括生肖题材和其他能够辅助生肖专题拓展的各种类别的邮票，其中主要是普通邮票、纪念邮票、特种或主题邮票、加盖票、小本票、卷筒邮票、电子邮票、地方邮票，以及相关变体和错体、各种设计图稿、试样、印样和样票（应与邮票的实际生产程序相关），等等。此外，还包括具有生肖专题隐性信息的各类各种邮票：邮票（含电子邮票）正面或背面（含水印）所具有的专题信息；邮票与边纸、附票、过桥的组合体上的专题信息；邮票材质本身反映的专题信息；对邮票作特殊处理后所表现的专题信息。小本票必须是完整的，而且应该是官方发行的；可以使用小本票封皮、内面、插页上的任何图文信息，并且无所谓邮票是否与专题相关。当里面的邮票与专题无关时，只需展示其中一部分；当邮票与专题相关时，则需展示其全部。

（2）邮政用品：邮政用品正面与背面（含水印）的图文所具有的专题信息，邮政用品材质所反映的专题信息，对邮政用品做特殊处理后所表现出来的专题信息，变体与错体，设计图稿、试样、印样、样张。邮政用品是一个整体，不能开天窗或做成剪片展示，也不能被遮盖展示。

（3）戳记：包括各种邮政戳记、注销戳记和自动化邮政戳记的形状、相关的图文及局名（地名）的字义所具有的专题信息；邮资机符志和组合邮戳中的宣传图文所具有的专题信息。使用的邮资机戳应该是实寄封片上的，这比使用剪片要好得多。如果不用展示全封（片），可以开天窗。展示邮资机戳时，最好能指出其机器型号、使用年份、是暂时的还是长期使用的等。

（4）复合邮品：实寄封片或实用邮政单式上的邮票所具有的专题信息，戳记上的专题信息，寄递或处理过程中由邮政当局附加其上的各种签条上具有的专题信息，复合邮品所反映出来的特殊邮政业务所具有的专题信息，对复合邮品进行特殊处理后所具有的专题信息。自然实寄封片上的邮政戳记或签条，如果与所选专题无关而只有邮票与专题有关，应避免使用，选用其上所贴邮票的新票即可。实寄封太大时，为节省贴片面积，可开天窗或做成剪片展示。

（5）极限片在专题展品中展示应限制，一般5框在3枚以下，8框在5枚以下。并且应该是真正的极限片。极限片上的票、片图案一样时（比如为同一幅画），邮票中没有的那部分图案如果出现在明信片上，则片上的这部分信息是有效信息。

（6）边缘素材：如税票等，只能与邮政有关的税票可以用，而财政税票上的信息只有是唯一性的且不可替代时才是有效信息，否则是无效信息。但它们的集邮重要性并不高。

四、生肖专题集邮类展品的不适用素材

（1）出自无邮政服务之地方的臆造票品，无邮政服务之组织机构的票品。

（2）在寄递该复合邮品之前由寄件人或出售私人添加的戳记。

（3）除邮政当局印制的邮政用品之外的图画明信片。

（4）在邮政用品上的私人加印（也被称为"repiquages"）；不具有任何邮政特权的（非邮政）部门的戳记。

（5）在信封和明信片上的私人装饰。

（6）不论其使用属于何种目的之私人图签（广告签条）。

（7）中华邮政时期伪政权及1949年10月1日以后台湾地区发行的邮品等，按全国集邮联公布的规定办。

五、生肖专题集邮类展品素材的优选

正确和准确选择生肖专题集邮类展品的适用素材，反映参展者的邮识水平高下和收藏实力厚薄。在邮品专题信息相同条件下，要选用尽量靠近"邮政"而远离"集邮"的邮政自然产生的邮品，而不是为集邮需要"人为"制作的邮品。要选择常规的邮资票品。选择与题目直接相关国家发行的邮品。选用品相上乘实寄过的邮政用品。避免使用盖销票与已预销但未经实寄的邮政用品。避免在一页贴片上展示全套邮资票品，除非是表达"集邮学习"需要或为了对称。避免在同一贴片上新旧邮票混合展示，除非旧票是珍罕品。邮政用品上的专题信息不能做成剪片使用，同贴片上尽可能做到应用素材多样化。避免使用规格过大的复合邮品。

六、生肖专题集邮类展品示例——要讲好专题故事

目前在按国际集邮联合会和中华全国集邮联合会的邮展规则进行评审的省级及以上的竞赛性综合性邮展中,以专题模式编组的生肖展品,整体获奖成绩不高。这是由于生肖邮票的发行历史迄今(2024年),也只有70多年。尽管生肖文化博大精深,但受到选题和素材的限制,专题拓展难度很大,致使生肖集邮展品难以达到FIP和ACPF集邮展览相应类别评审规则要求。目前比较有代表性的展品是浙江李少可的《生肖文化的魅力》,在2019年新加坡第36届亚洲邮展中获大银奖,这是目前生肖专题集邮类邮集参加的最高级别邮展获得的最高奖。这部展品,在讲好专题故事,优选素材和处理细节等方面,提供了学习借鉴的范例。

专题邮集要讲好专题故事,这是生肖集邮评审规则和FIP专题集邮评审规则共同提倡的。生肖文化在中国有3000多年的传承历史,有许多优美的传说和动人的故事,所以在编组生肖专题邮集或展品时,要善于挖掘和选用。从《生肖文化的魅力》的纲要页,可以看出这部邮集讲述了一个有趣的生肖故事。前言和计划紧扣标题中的"魅力"两字,高度凝练并恰如其分地诠释了中国的生肖文化。

"十二生肖即十二只动物以其可爱的形象与美好的图腾,反映东方古老农业社会的特色,其美丽的传说与动人的故事流传于中国民间,对东南亚国家有深远的影响,并受到世界多个国家重视。生肖文化的来历虽众说纷纭,但起源于中国,至今已有两千多年的历史却毋容置疑。生肖文化以其特有的魅力,已融入人们的生产劳动、日常生活、文化艺术等领域。"

生肖专题展品要讲述生肖相关的故事，而不能离开生肖来讲故事。从以上的计划不难看出，这部展品每一个章节都与生肖有关，其中的生肖属相与性格，生肖与纳吉、婚配等，都是中国独有的文化符号。讲述生肖故事，也是体现中华文化自信的中国故事。

该展品在选用素材上有以下原则：

一是尽可能选用1992年之前各国发行的生肖邮票及相关封片，1992年之后的用得非常少，只是在没有其他素材可以替代的情况下才用上。

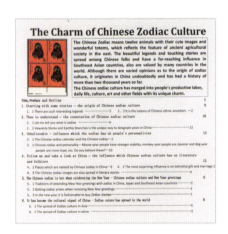

图341 《生肖文化的魅力》邮集英文版首页　　图342 《生肖文化的魅力》邮集纲要中文版

第八章 生肖集邮展品的编组和参展　　　　　　　　　　　　　　　　　　　　　　　　　第五节

图343 《生肖文化的魅力》邮集示例1

图344 《生肖文化的魅力》邮集示例2

图345 《生肖文化的魅力》邮集示例3

图346 《生肖文化的魅力》邮集示例4

二是尽量用上清末民初的中国干支戳实寄封片。

三是因拓展需要尽可能少用非生肖素材，展品中非生肖素材只占5%左右；非生肖素材用多了，就成了动物专题展品了。

四是选用的素材与生肖故事的讲述息息相关，适当拓展，但不能牵强附会。

五是尽可能选用世界上知名的生肖集邮素材，如，世界上第一枚生肖邮票及小全张、中国第一枚生肖邮票1980年猴票及实寄封、中国第一本生肖小本票1981鸡年小本票实寄封、中国第一枚邮票大龙邮票、清代八卦戳实寄封、清代干支戳实寄封片、民国贵州猴场实寄封、1994贺年狗片设计草图、朝鲜1994年狗票印样（有多人批示签名）、1919羊年日本"和平"纪念邮戳（世界上第一枚生肖纪念邮戳），等等。其中清代干支戳实寄封片有15枚之多。这样一来，从视觉上能把生肖专题展品做得古色古香，传统文化韵味十足。

该展品制作外观也很有特色：

其一，由于选用素材中很多实寄封的宽度都超过普通贴片23cm的宽度，超宽的还有日本第一枚邮票的小全张邮折，1994年贺年片设计草图，中国澳门地区十二生肖小全张等；另外，还有几枚干支戳封，正反面都有重要的邮资、邮路信息，需要剖开展示，故展品使用了宽度适宜的中号贴片，能够妥当布局和充分展示这些超宽邮品。整部展品为60贴片。

其二，注意展品在内涵上的视觉平衡和观赏性。对素材中的古今邮品、中外邮品并列摆放，既有对比又和谐统一；大小邮品有序穿插，既均称又富有美感。

第六节
其他类型的生肖集邮展品

除了常见的传统、邮政历史、邮政用品、专题生肖集邮展品，其他类型的生肖集邮展品，还包括生肖极限集邮类展品、生肖图画明信片类展品、生肖一框类展品、生肖开放类展品、生肖试验类展品，等等。

一、一框类生肖集邮展品

一框和开放展品已屡见于近20年来的国内外邮展。一框展品更受到FIP青睐和鼓励，按照FIP集邮展览评审规则，设置一框展品的目的有两条，其一是鼓励新的集邮者参展，因为一框仅16张贴片，可以理解为入门级，比较适合参加地方或区域性邮展；其二是为资深集邮者提供更多竞赛机会，展示无法扩展为多框展品的狭窄主题。后者是指，作为特别研究，这个展品主题仅适合一框，并在这个范围内详尽拓展主题；而不是说从已有的多框展品中，选择其中一部分来编组成一框展品。

从以上FIP评审规则可以理解，一框展品适合普通集邮者和资深集邮者。其实，一框展品的选题是非常狭窄的，仅有少数的选题可以编组出研究性的一框展品，大部分普通集邮者的一框选题往往是多框主题展品中的一部分而已。

江苏陈山的一框金奖邮集《大清干支纪年日戳——甲辰年》就是狭窄选题展品的典范。这部展品参加苏州2024年中华全国生肖集邮展览荣获金奖。表面看，该展品像是干支纪年日戳多框展品中的一部分，但如果从邮政历史类展品研究的角度来制作，这就是一个适宜丰富内涵、紧缩外延的较狭窄的收集对象和有纵深的研究领域。

（1）甲辰年是清代国家邮政全面向内地拓展的重要节点，干支纪年日戳是作为邮政进入城镇、乡村的载体。通过这个载体，可以看到适合中国老百姓日常生活的干支纪年方式进入了中国内陆各地，民众也逐步接受了这种新式邮政的普遍服务方式，最终加快了清代邮政的全面发展。

（2）甲辰年是大清邮政承前启后的一年。如果研究大清邮政于甲辰年在各邮界的开发与拓展，将一年作为狭窄主题，研究内容可以丰富多彩。这部展品在处理和研究上非常出彩。展品主要分两部分：一是前奏——早期使用的碑型干支纪年日戳，展示了有代表性的1902年在山西太原使用的壬寅年干支纪年日戳、1903年在山西蒲州和平遥使用的癸卯干支纪年日戳、1904年在陕西潼关和河南陕州使用的甲辰干支纪年日戳。二是重头戏——三格式甲辰年干支纪年日戳在全国各邮界的使用，展示了北京至山海关火车邮局封，济南寄禹城三倍挂号费封，美国寄湖南、河南改寄邮路封，浙江分水经苏州寄宜兴江南水路封，广西玉林经藤州光绪年手填戳中转寄美国封等比较重要的素材。这些素材体现了甲辰年的京榆铁路、京汉铁路、胶济铁路、塘沽到上海沿海海运邮路、江南内河水运邮路、上海到重庆长江邮路、苏伊士运河邮路、经西伯利亚铁路来往欧洲邮路、横跨太平洋到美洲邮路、云南与法属安南、英属缅甸邮路、大清国家邮政与客邮局合作等。

（3）甲辰干支日戳最初是在日本刻制，因国内分局和代办分局的不断开设，到日本刻制的局所名单可能是分批报送，所以，日戳刻制交付时间就会有先后。双圈日戳主要是各邮界的管理局、分局等使用，单圈日戳主要为代办分局等使用。

1904年，全国各邮界开始使用的甲辰干支纪年日戳仅有三格式全中文。日戳主要分为双圈和单圈型，戳面分为三格，上为省名，下为地名，中格为干支纪年和阴历月日。首年使用的甲辰全中文日戳比较规范，日戳字体为楷体。使用的戳色主要为黑色，个别地方有使用蓝色等。阴历月份有使用一月（正月）、十一月（冬月）、十二月（腊月）。日本刻制的"日"字钉，上旬为"一日至十日"中旬为"十一日至廿日"下旬为"廿一日至卅日"来表示。后期在国内刻制的日戳上旬为"初一至初十"等表示。

（4）展品对采用素材所属邮界、局所等级、戳型、戳色、国内、国际邮路等也做了简要描述与研究。

一框展品几乎适用所有集邮类别。确定适合编组一框展品的选题，此点非常重要。把五框展品浓缩为一框，或从五框展品中提取精华素材制作一框展品，都是不适宜的，也得不到较好评价。

一框展品限定为16页标准贴片或12页中型贴片，选择一套生肖邮票或邮品按专门研究模式编组，或选择一个小的生肖主题做专题按专题模式编组，均非常适宜。但真要编组一部既符合规则又有研究深度的一框生肖展品实属不易，要不断学习与实践。持之以恒，铁杵磨成针。

图 347 《大清邮政干支纪年日戳——甲辰年》邮集首页

图 348 早期碑型干支纪年日戳使用实例

图 349 三格式甲辰年干支纪年日戳在全国各省的使用实例 1

图 350 三格式甲辰年干支纪年日戳在全国各省的使用实例 2

二、极限类生肖集邮展品

从 T46《庚申年》启动第一轮生肖邮票的发行起，制作生肖极限明信片，就成为每一套生肖邮票首发日众多集邮者不约而同、必不可少的例行集邮活动。中国的极限集邮和生肖集邮一样，具有广泛的群众性。在生肖集邮展览中，早先出现较多的展品，除了专题类，就是极限类的生肖展品。

按照现行 FIP 集邮展览评审规则，生肖极限集邮类展品要注意以下几点[1]：

1. 邮票

所贴邮票必须是国家或地区邮政机构发行的用于预付邮资的有效邮资凭证，且只能贴在明信片有图画的一面。允许使用自动售票机出售的电子邮票。允许使用经一国政府授权的其他邮政运营商发行的邮票。允许使用可供公众使用的个性化邮票；可用的个性化邮票，应是具有邮资效力、供公众申请添加中心图案的邮票，而非无邮资效力的副票或过桥部分。不得使用：不供公众使用的公事邮票等；客户在线打印的邮票；从邮政用品上剪下来的邮资图，但可例外的是，在发行该邮政用品的邮政当局允许的情况下，也可以使用从邮政用品上剪下来的邮资图。

图画明信片的图案面通常只能贴一枚邮票。如果一枚邮票有多个题材，或包含主要题材以外的次要题材或局部题材，则必须尽可能对每个题材进行单独处理；当同一题材由多枚连票组成时，可以将全套邮票贴在一张明信片上，但

---

[1] 现行 FIP 集邮展览评审规则，指 2022 年 8 月 9 日在印尼雅加达召开的第 76 届 FIP 大会批准施行的《FIP 极限集邮展品评审专用规则》与其评审指导要点。

当某个题材仅出现在其中一枚邮票上时，则只能将表现该题材的那一枚邮票贴在明信片上；贴在明信片上的邮票或小型张，不得超过明信片面积的1/4。

评价上述被允许使用的邮票所制成的极限明信片的优先顺序如下：

首先是主权国家或地区邮政机构根据计划所发行的邮票；

其次是个性化邮票；

最后是邮政当局授权其他邮政运营商所发行的邮票。

2. 图画明信片

明信片尺寸、图幅必须符合万国邮政联盟（UPU）认可的规格。通常只接受方形或矩形的明信片。规格以能放在 A4 纸（210mm×297mm）上为限，且一张 A4 纸可放置 2 张明信片。不允许把明信片的尺寸裁切缩小。

明信片图案必须尽可能与邮票题材保持一致，但又不能是邮票图案的放大样式；如果选贴邮票有几个题材，则明信片图案应与其中一个题材保持一致；明信片可以带有白边和与极限片题材直接相关的文字。

老版明信片的图案面可以带有书写区域。除了这些老版明信片，明信片的图案面积越大越好。

图画明信片的发售时间应尽可能在邮票发行之前，越久越好。

不允许用于制作极限明信片的片源或物品：带有多个图案或全息图案的明信片；拼贴的；从印刷品上裁切下来的；私人照片或剪辑合成照片；彩色或黑白复印件；绘画品；为邮票发行而专门设计并用电脑打印在相纸上的图案版本。

3. 邮戳

邮戳必须经授权的邮政机构加盖。邮戳的图案和/或文字及邮戳的地点，应与邮票和图画明信片的主题密切相关，包括题材相关和发行目的相关。盖销日期应在邮票的有效使用期内，并尽可能地接近首发日，销首发日的最好。带图案的邮戳，其题材与图案和/或文字之间的联系越紧密，则和谐性就越好；不带图案的普通邮戳是有效的，前提是要显示邮局所在地的地名，并且符合所在地与邮票和图画明信片的一致性。手盖戳和机盖戳均可，并均要求加盖的邮戳必须完整，跨销在邮票和明信片上；带有邮局名称和日期的邮戳，必须字迹清晰。集邮部门制作的邮戳可接受，前提是符合地点的一致性；小国家集邮部门制作的邮戳，只允许使用其国名。

众所周知，极限集邮领域长期存在倒戳制片，甚至假戳制片的现象，致使极限片不合规品、作伪品谬种流传、难以根绝，严重影响极限集邮健康发展。广大集邮者应认识到，倒戳加盖和倒拨过时字钉的普通日戳、风景日戳，或加盖已过使用期的纪念邮戳都是违规行为。首先要自律，其次要增强辨识能力，以不收集、不购藏的自觉行动，抵制这类违规邮品，共同促成和维护良好的极限集邮生态。对邮戳的真伪或销戳日期的真实性存在疑问的极限片素材，最好远离，不慎收集到或购藏者，也不要将其用于展品。

三、开放类和试验类生肖集邮展品

生肖集邮开放展品[1]，生肖邮票、其他中国干支纪年特征的邮资票品及相关生肖集邮素材须占50%以上，另外50%可使用生肖内容的非邮品素材。可围绕一个生肖主题，以专题模式或自创结构，按纲要有逻辑顺序地拓展主题，阐述一个生肖主题故事。一些生肖集邮爱好者喜爱收集与鉴赏生肖交替封、生肖手绘封、生肖图画明信片，以及生肖磁卡、生肖利是封（一种印有生肖图文、象征喜庆吉祥的红包）等，这些收藏品均可选入生肖开放类展品（参见第七章第五节第七目《生肖集邮的非邮品素材》）。

生肖集邮试验类展品[2]包括生肖原地集邮类展品、生肖首日封类展品等。

许多生肖集邮爱好者喜欢收集贴生肖邮票的生肖首日封片，还有预印生肖图案邮资图的邮政用品的首日邮品。构成生肖首日封片的第一要素，是必须在生肖邮票或预印生肖邮资图的邮政用品发行当日在封片上销戳。生肖首日封类展品可用专门研究模式编组，结合邮政历史的集邮方法，对邮品的戳记或生肖邮政用品图文、邮政业务种类等进行专门研究和展示。对戳记和邮政用品图文做专门研究的生肖首日封片，可以是经过实寄的，也可以是未经过实寄的；对各种邮政业务进行专门研究的生肖首日封，则必须是经过实寄的。

---

[1] 集邮开放展品，指以不少于50%的集邮素材和不多于50%的非集邮素材编组的展品类别。原为试验类展品，中国1999年世界邮展首次将其列入试验类展出。2017年，国际集邮联合会（FIP）将其列为正式类别并制定发布了《FIP开放集邮展品评审指导要点》。

[2] 集邮试验类展品，指邮展组织者为吸引更多集邮者参与邮展而设立的非正式类别。进入该类别的展出方式试验期长短不一。如开放集邮展品经2018年的试验转为正式类别。

游戏规则是人们玩出来的,各类集邮规则也是从实践中总结出来的。通过对各类生肖集邮藏品的不断探索研究与组集实践,总结各种具生肖特色的展品编组模式,进而进入生肖集邮类的正式类别,有待于广大生肖集邮爱好者的共同努力。

第九章 生肖集邮展览和评审规则

目前集邮展览主要分为两大类：一类是非竞赛性邮展，以展示、陈列为主的邮展，组织者可以是邮政部门、集邮组织、个人或社会团体等，此类邮展一般不予评奖。另一类是竞赛性邮展，以竞赛为主，由各级集邮组织主办。按规模可分为世界邮展、国际邮展、国家级邮展和各级地方邮展；按内容可分为综合性邮展、专项性邮展和主题性邮展等。

生肖集邮展览现已步入正轨。同样，也可分为非竞赛性与竞赛性两类。竞赛性邮展，目前仍以国家级生肖邮展为最高层级，也有地方或基层举办的生肖集邮展览，为初级层次。全国范围的生肖集邮展览，按组织者和规模，目前主要分为进入国家级邮展序列的全国主题性综合邮展和不在国家级邮展序列中、由生肖集邮研究会主办的全国专门性综合邮展。

Chapter 9
Shengxiao Philatelic Exhibition and Judging Rules

At present, philatelic exhibitions are mainly divided into two categories: one is non-competitive exhibitions, which are mainly for display and exhibition. The organizers can be postal departments, philatelic organizations, individuals or social groups, etc. , and such exhibitions generally do not award prizes. The other is competitive philatelic exhibitions, which are mainly for competitions and organized by philatelic organizations at all levels. According to the scale, they can be divided into world exhibitions, international exhibitions, national exhibitions, and local exhibitions; according to the content, they can be divided into comprehensive exhibitions, specialized exhibitions, and thematic exhibitions.

The shengxiao philatelic exhibition is now on the right track. Like other philatelic exhibitions, it can also be divided into two categories: non-competitive and competitive. For competitive exhibition, the highest level is the national shengxiao philatelic exhibition. There are also shengxiao philatelic exhibitions held at local or grassroots levels, which are the primary level. According to the organizers and scale, the national shengxiao philatelic exhibitions are currently mainly divided into national thematic comprehensive philatelic exhibitions that are included in the national philatelic exhibition sequence and national specialized comprehensive philatelic exhibition that are not included in the national philatelic exhibition sequence and are hosted by the Shengxiao Philatelic Research Association.

第一节
集邮展览和评审规则

一、集邮展览的历史与现状

世界邮展历史几乎与世界集邮史一样长。当集邮者的收集、研究、整理有了一定成果时,自然就有将其展示出来与人分享及交流的需求。1852年9月,比利时地理学家菲利普·温地美伦用镜框展出其收集到的88枚邮票。这是目前所见世界上最早的个人邮展,此后,随着集邮活动广泛开展和集邮者藏品日益丰富,邮展逐渐成为集邮活动的重要组成部分,并直接催生了集邮组织,使集邮从个人行为转变成群体活动。1873年,奥地利最早在首都维也纳举办了有一定规模的全国邮展。1881年11月13-20日,第一次国际邮展也是在维也纳举行,这是世界公认最早的国际邮展和首次欧洲国际邮展。1913年,北美洲首次国际邮展在美国纽约举行。1926年国际集邮联合会(FIP)成立,随即推出FIP邮展规则,规定只有符合邮展规则的国际邮展或世界邮展才能得到FIP赞助并记录成绩。1927年,FIP首次赞助法国斯特拉斯堡国际邮展。1928年,大洋洲和非洲首次国际邮展分别在澳大利亚墨尔本和南非德班举行。1931年,南美洲首次国际邮展在乌拉圭蒙特维的亚举行。1952年,亚洲首次国际邮展在菲律宾马尼拉举行。

从 1852 年到 1952 年，刚好 100 年时间，国际邮展活动覆盖了全球。其间及此后，还出现了跨洲际的世界邮展和特殊性的专项国际邮展或世界邮展，如 1930 年法国巴黎首届国际航空邮展，1969 年卢森堡首届国际青少年邮展，1975 年比利时布鲁塞尔世界专题邮展，1985 年瑞士洛桑首届国际奥林匹克体育邮展。

与世界邮展史大同小异，邮展在我国，也是起步于个人交流愿望，兴盛于集邮组织成立后的不断推进。据现有资料记载，1914 年 7 月，在福州举办的一次中外邮票展览是中国最早的个人邮展，展出的中国邮票由福州邮商魏叔彝提供，外邮由美国人威利提供。而由中国集邮者筹办的最早的竞赛性邮展，是 1918 年 5 月 10-12 日由魏伯熙等人发起，在常州举办的"邮票展览会"，参展者来自各地，有专人对展品评分评奖。2008 年，中国邮政发行《中国举办邮票展览会 90 周年》纪念邮资片，表明这次邮展即为中国首次邮展。1926 年，我国早期最有影响的新光邮票研究会在杭州举办邮展，历时 3 天，展品 40 余框，这是中国最早以集邮组织名义举办的邮展。1948 年 3 月，中华邮政在南京举办"邮政纪念日邮票展览"，5 月移至上海续展，展品 270 框，这是中国首次由官方出面举办的较大规模的邮展，中华邮政为此发行纪念邮票 1 套，分有齿、无齿票各 2 枚。

中华人民共和国成立后，各地邮展依然活跃，但多限于本地集邮者、集邮小组之间交流及配合当地重大经济、政治、文化活动而开展。1957 年 7 月，中国集邮总公司征集展品，包括 7 部成年人邮集、4 部青少年邮集及中国邮政官方展品，参加了苏联莫斯科国际青年联欢节邮展，这是中国首次以国家名义参加国际间邮展交流。1982 年中华全国集邮联合会（ACPF）成立，1983 年

ACPF 加入国际集邮联合会（FIP）和亚洲集邮联合会（FIAP），自 1983 年起，开始按届次举办全国范围的竞赛性综合邮展，至 2004 年已达 19 届；期间，除举办综合性邮展，还不断举办过数十次国家级的专项邮展或主题邮展，其中包括 2007 年全国集邮联主办的第三届全国生肖集邮展览和 2024 年首届中华全国生肖集邮展览。1984 年起，开始参加并举办 FIP 及 FIAP 邮展，迄今举办 FIP 世界邮展 3 次（1999 北京，2009 洛阳，2019 武汉），FIAP 国际邮展 5 次（1996 北京第 9 届，2003 绵阳第 16 届，2011 无锡第 27 届，2016 南宁第 32 届，2024 上海第 40 届）；参加在他国或地区举办的 FIP 世界邮展和 FIAP 国际邮展上百次。1985 年，梁鸿贵在阿根廷世界邮展通过实习评审，成为中国第一位 FIP 邮展评审员。1988 年引入 FIP 邮展规则，并颁行与之配套的 ACPF 邮展规则，据此培训出第一批国家级邮展评审员。1989 年，首次按邮展规则举办中华全国邮展，同年，刘广实参加印度世界邮展实习成为我国第二位 FIP 邮展评审员。此后，培训国家级邮展评审员、征集员及 FIP、FIAP 评审员趋于常态化，至今，我国已培养 FIP、FIAP 评审员近 20 位，国家级邮展评审员百多名，拥有世界人数最多的评审员队伍。与此同时，对 FIP、ACPF 邮展规则的普及自上而下贯彻到基层邮展。

目前，FIP 竞赛性综合性邮展的类别有：传统集邮类、邮政历史类、邮政用品类、航空集邮类、航天集邮类、专题集邮类、极限集邮类、印花税票类、集邮文献类、青少年集邮类、一框集邮展品、现代集邮展品、开放集邮展品、图画明信片类，以及基于时代发展在不断探索中的首日封类等试验集邮类，共 15 个类别。

比照 FIP 和 ACPF 邮展规则，生肖集邮的竞赛性展品类别目前有：传统集邮类、邮政历史类、邮政用品类、专题集邮类、极限集邮类、集邮文献类、青少年集邮类、一框集邮展品、现代集邮展品、开放集邮展品、图画明信片和首日封等试验集邮类。除了航空、航天集邮类和印花税票类，基本与 FIP 竞赛性综合性邮展的现行展品类别一致。

二、各级集邮展览的评审规则

当代集邮展览活动中，邮展组织规则和评审规则具有普遍的通用性。目前我国举办的竞赛性集邮展览，基本上依据《中华全国集邮联合会集邮展览规则》，参照国际集邮联合会(FIP)集邮展览评审总规则及各类别评审专用规则和指导要点的评分标准，按处理、重要性、知识、研究、品相、珍罕性、外观七个项目进行评审。考虑到这些项目有相互关联的性质，在实际评审中，又合并成四个方面，即处理水平和集邮的重要性、集邮及知识和个人学习与研究、品相和珍罕性及外观。了解评审员对集邮展品的评判，有益于集邮者站在评审员的角度，提高集邮展品制作的科学性和规范性。

展品评分标准如下：

处理水平（20分）和集邮的重要性（10分）	30分
集邮及相关知识、个人学习与研究	35分
品相（10分）和珍罕性（20分）	30分
外观	5分
合计	100分

FIP还为专题集邮、青少年集邮和集邮文献展品另外提供了专门的评审标准；现代集邮、开放集邮和一框展品的评审标准可在相关的指导要点中查阅。

对"处理水平"的评审：主要是评审参展者用来说明选题的所选素材的完

整性和正确性。

对"集邮重要性"的评审：要求对参展者所选主题的集邮价值进行评定，即选题的范围、收集难度以及该展品的集邮趣味性。

对"集邮及相关知识，个人学习与研究"的评审要求如下：

（1）知识，是从参展者选用的素材以及对它的相关描述中评定其具备的知识水平。

（2）个人的学习，是恰当地分析了为展出所选定的邮品。

（3）研究，是展示了与所选主题有关的新的事实。

对"品相和珍罕性"的评审：主要是评审参展者根据所选主题存世素材的水准来判定展出素材的质量，以及对所选素材的珍罕性和相对的收集难度进行评定。

对"外观"的评审：主要是评价展品的整体美观均衡。

认真学习与分析以上评审规则，可知对参展展品的评审，FIP 的一贯原则是：分项评分，综合评比，全面评价，重视发挥参展者的主观能动性，在此前提下兼顾客观性的标准。在四个方面七个项目的评分标准中，客观性的比较标准只占两项共 30 分。这两项分别是展品的重要性和珍罕性，这是由展品自身的条件与其素材的分量所限定的，可谓评分中的刚性或"硬件"标准。相对而言，其他的"处理""知识""研究""品相""外观"等五项，则可谓评分中的有一定弹性的"软"标准，参展者可以从中尽量发挥主观能动性取得高分，如对展品恰如其分的处理、正确地表达知识、充分体现研究、选择最好品相的素材，以及做到极致的外观。这些方面，共占 70 分，在客观标准限定的基础上，参展者对这 70 分每分必争，能不丢的分数努力做到不丢，则有望获取最佳参展成绩。这也是 FIP 和 ACPF 邮展宗旨及评审规则所期望和引导的方向。

三、生肖集邮展览的发展历程

目前我国的国家级邮展分为综合性邮展、专项性邮展和主题性邮展等。地方性邮展为省、自治区、直辖市和行业邮协邮展，以及基层邮展等，其竞赛性的类别与 FIP 竞赛类的综合性邮展的类别基本相同。

由于中华全国集邮联合会集邮展览规则中没有设置生肖集邮类别，所以长期以来，生肖素材都是以传统模式（含邮政用品集邮等）、邮政历史模式、专题或极限模式等编组邮集参加各级邮展。例如：研究某套生肖邮票的展品属于传统类集邮；研究贺年邮资明信片的展品属于邮政用品类集邮；研究生肖邮戳的展品属于邮政历史类集邮；围绕一个生肖主题，讲述相关故事编组的展品属于专题类集邮；展示生肖极限片的展品属于极限类集邮；还有一框集邮、开放集邮和首日封集邮等展品也能对号入座。在以国际集邮联合会和中华全国集邮联合会集邮展览规则进行评审的省级及以上的竞赛性邮展中，生肖集邮展品整体所获奖级不高。虽有香港地区纪觉英的一框集邮展品《T.46 猴》在 2004 绵阳亚洲邮展中获金奖，北京李勇的一框展品《T.46 猴》在 2006 太原全国综合性邮展中获一等奖，但当时均属试验类别。这是由于生肖邮票发行的历史不长，仅 70 年左右，属现代邮品范畴，以传统或邮政历史模式编组的展品，其重要性及珍罕性不及中、早期邮品；以专题模式编组时，尽管生肖文化博大精深，但受到题材和邮品的局限性，专题拓展难度较大，致使参加各类别竞赛的生肖集邮展品难以达到国际集邮联合会和中华全国集邮联合会集邮展览相应类别评审规则中高奖级的要求。

如何使生肖集邮展品在高级别邮展中占有一席之地，获得好成绩，激发生肖集邮爱好者组集参加竞赛的兴趣和积极性，是关系生肖集邮能否持续发展的一件大事。为此，中国邮坛一些有识之士建议：可将生肖集邮题材展品作为一个类别，制订专门评审规则，参加各级邮展。他们还建议先从生肖集邮研究会做起，制定相应的生肖集邮展品评审专用规则，在全国生肖邮展和地方生肖邮展中试行，取得经验后，再由省邮协、全国集邮联修改和完善其评审专用规则，在省级邮展以至全国邮展中作为一个试验类别进行评审，与现有各正式类别享受同等待遇，获得同类奖级。待条件成熟时，再向全国集邮联申请，争取列入国家级邮展的正式类别。

自 2000 年以来，广州、北京等地先后举办了几次地方性的生肖集邮展览，并制定了相应的评审规则，北京市集邮协会还将生肖集邮作为一个正式类别纳入其竞赛性综合性邮展。在江苏省集邮协会和生肖集邮研究会的倡导与大力支持下，先后成功举办了三届全国生肖邮展。《生肖集邮》杂志发表了广州生肖集邮小组以及天津资深集邮家李明起草的《生肖集邮展品评审专用规则（讨论稿）》，广泛征求意见。2006 年，由生肖集邮研究会主持编写的《生肖集邮展

图 351 观众在全国邮展上看"猴"票、数"猴"票的情景

图 352 "苏州 2024 中华全国生肖集邮展览"颁奖大会

品评审专用规则（试行）》正式推出，并于2007年1月5—7日在江苏省苏州市举行的由全国集邮联正式批准和主办的全国生肖集邮展览评审中使用，取得了较好的效果。此外，2006年，由北京市集邮协会编、中华全国集邮联合会推荐用书、人民邮电出版社出版的《现代集邮指南》正式刊载了《北京市集邮协会生肖类集邮展品评审专用规则》。

自2013年起，江苏省集邮协会和生肖集邮研究会在苏州连续10年举办了全国生肖集邮展览，使得生肖集邮展览水平不断提高。从2021年举办的全国生肖集邮展览起，设立了"周治华奖"、生肖集邮"名城苏州奖"和"生肖集邮研究会奖"，分别奖励在全国生肖集邮展览中获得佳绩并为生肖集邮研究会做出较大贡献的作者、最佳展品获得者和优秀展品作者，进一步推动了生肖集邮展览的发展。2024年1月5—7日，由中华全国集邮联合会主办的苏州2024中华全国生肖集邮展览的成功举办，标志着生肖集邮展览已走向成熟。

图353 刘广实（右二）、徐星瑛（左一）、马佑璋（左二）、邓树镛（右一）在苏州举办的2001首届生肖邮展上评审展品

第二节
生肖集邮展览的专用评审规则

一、生肖集邮竞赛性展品

生肖集邮是收集生肖邮票，以及有干支纪年内容的邮票或邮品的集邮方式。

生肖集邮展品是以世界各国或地区发行的以中国干支纪年的 12 种生肖为题材，以及由有干支纪年特征的邮资票品和相关生肖集邮素材组成，选择一种最适当的组集模式，围绕一个生肖主题，并按照一定的逻辑关系将所收集到的相关素材编组的展品。

二、生肖集邮展品的适用素材

（1）发行目的或题材是与生肖相关的，带有生肖图案或文字信息的邮资票品。

（2）官方或私人用生肖邮票制作出来的反映生肖题材的复合邮品。

（3）带有生肖图案或文字的各类邮戳。

（4）其他特殊素材，如黏附于实寄的邮政复合品上带有生肖图文的挂号标签或签条、生肖纪念卡等。

（5）拓展生肖专题的相关素材，包括在专题信息上切题的各种非生肖集邮邮政素材。

三、适合编组生肖集邮展品的类别

竞赛性集邮展品的编组要按照集邮展览规则进行。在未设立生肖集邮展品专门类别和制定生肖集邮展览评审规则之前，集邮者均参照国际集邮联合会和中华全国集邮联合会当时的集邮类别和评审规则编组生肖集邮展品。据统计，在2001年全国首届生肖集邮展览获镀金奖以上的8部展品中，传统集邮类占2部，专题集邮类占4部，邮政用品类和文献集邮类各占1部。2004年第二届全国生肖集邮展览获镀金奖以上的11部展品中，传统集邮类占4部，专题集邮类占5部，邮政历史类和邮政用品类各占1部。2007年第三届全国生肖集邮展览获镀金奖以上的14部展品中，传统集邮类占7部，专题集邮类占3部，邮政用品类占4部。总结分析可见，这些参展获奖的生肖集邮展品大致可归为三大类：生肖邮资票品和生肖相关戳记研究集邮展品、生肖专题集邮展品和生肖封片戳集邮展品。

在广泛征求意见、参考各地制定的评审规则基础上，生肖集邮研究会于2006年10月20日在江苏省高邮市召开制定生肖集邮展品评审规则研讨会，邀请了6位国家级邮展评审员和多位集邮家共同研讨。按照既要服从国际集邮联合会和中华全国集邮联合会邮展总规则,又要适合生肖集邮特点的原则,到会专家主张根据研究生肖邮品本身和讲述生肖主题故事划类,将生肖集邮展品分为生肖邮品专门研究、生肖专题集邮和生肖试验集邮三个类别。以后又经多年生肖邮展展品的编组模式发展和评审实践,目前生肖集邮展品的分类如下:

(1) 专门研究类:包含传统、邮政史、邮政用品集邮。对生肖邮资票品自身进行传统研究,或对生肖集邮相关邮政历史、邮政用品的专门研究模式。

(2) 专题集邮类:选择一个生肖主题,按纲要来拓展主题,表述一个生肖故事,并通过选用的生肖邮品来展示专题和集邮两个方面知识的生肖集邮专题编组模式。

(3) 极限集邮类:利用生肖邮票制作的极限片表现一个生肖主题的模式。

(4) 青少年集邮类:青少年集邮者以本规则所列模式制作的展品,包括A组(10—15岁)、B组(16—18岁)、C组(19—21岁)。

(5) 集邮文献类:关于生肖邮品和生肖集邮的书籍、报刊及目录等。

(6) 开放集邮展品:由50%以上的生肖集邮素材和50%以下的与生肖有关的非集邮素材组成,讲述一个生肖故事。

(7) 试验集邮类:反映生肖原地、首日封、生肖地名戳等的专集。

(8) 一框、现代集邮展品及其他模式。

不接受以"占卜"文化为主题的展品。

四、生肖集邮展品的评分标准

《FIP 竞赛性展品评审总规则》第 4 条、《中华全国集邮联合会集邮展览规则》第 22 条规定，各类别展品的评审均按"处理水平和集邮的重要性""集邮及相关的知识、个人学习与研究的水平""展出素材的品相和珍罕性""展品外观"这四项标准进行评审（集邮文献、专题、青少年类展品的评审标准有所调整）。生肖集邮展品的评分标准在制定过程中，参考了国际集邮联合会（FIP）和中华全国集邮联合会集邮展览的相关标准。通过综合各方面有关生肖集邮展览评审的讨论意见与研究成果，在某些细节上做了分数调整，使它更具有现代集邮的特点。并经过前三届全国生肖集邮展览评审的实践，制定出了《生肖集邮展品评审专用规则（试行）》，为生肖集邮展品的编组提供了指导性条文，也为评审员提供了评审依据，对生肖集邮展览的发展起到了推动的作用。

初期制订的生肖集邮展品的评分标准如下：

处理（20 分）和重要性（10 分）	30 分
知识和研究	30 分
品相（10 分）和收集难度（20 分）	30 分
外观	10 分
合计	100 分

详细内容参见本书附录 7：《生肖集邮展品评审专用规则（试行）》。

(1) 处理和重要性。

参展者的处理能力体现在如何面对生肖集邮素材而选择一个恰当的题目，以及如何利用所收集到的素材去表现这个题目。展品的题目、纲要和内容应连贯、一致，而不是相互分割。

展品的重要性体现在所选题材和素材的年代、区域、规模方面以及集邮价值的重要程度。

(2) 知识和研究。

知识是指参展者对生肖邮品基本要素的阐述。展品应尽可能体现出作者对生肖文化和生肖集邮知识的了解和学习，并应注意对生肖集邮素材的正确运用。

研究是指展品应展示一定的研究成果，特别是集邮方面的。

(3) 品相和收集难度。

品相是指素材的完好程度。

收集难度是指素材获得的难易程度。鉴于生肖类集邮素材相对近期，因此收集难度将成为衡量素材质量的重要尺度。

(4) 外观。

展品整体布局均衡、整洁，文字安排合理、清晰。需要特别注意的是，在初期制定的生肖集邮展品的评分标准中，外观印象的满分是10分，其目的是鼓励更多的生肖集邮爱好者编组邮集参展，获得更高的分数，增加参展的信心。生肖集邮展览将其"门槛"降低，也体现在这里。

此外，生肖试验集邮展品的评审依展品的编组模式参照上述评审标准执行。

五、评审方式的变化

随着生肖集邮展品水平的不断提升，部分全国生肖集邮展览由民间集邮组织主办提升到由所在地的省级邮协主办，并定性为省级竞赛性邮展，承认相应的奖级。如2019年以后的苏州全国生肖集邮展览由江苏省集邮协会主办，2022年虎门全国生肖集邮邀请展（竞赛性）由广东省集邮协会主办。为匹配省级集邮展览的奖级，便于申报参加国家级邮展，这几次展览在评审过程中，将参展展品按省级邮展的类别分类，评分标准未采用以前使用的《生肖集邮展品评审专用规则（试行）》，而是依据《中华全国集邮联合会集邮展览规则》、参照FIP集邮展览总规则及各类别评审专用规则和指导要点实施评审工作。

目前使用的生肖集邮展品评分标准如下：

处理(20分)和重要性(10分)	30分
集邮及相关知识，个人学习与研究	35分
品相(10分)和珍罕性(20分)	30分
外观	5分
合计	100分

与初期制订的《生肖集邮展览的专用评审规则》比较，评分标准变化如下："集邮及相关知识，个人学习与研究"分数从30分提高到35分；"外观"分数从10分减少为5分；另外，"收集难度"改为"珍罕性"，与FIP集邮展览评审项目的评分标准相同。

第三节
生肖集邮展品评审的指导要点

生肖集邮作为一个类别出现，而且有自己的评审专用规则，这是一个新的集邮展览领域。作为竞赛性展品，评审员怎样评价生肖集邮展品，怎样指导参展者制作好生肖集邮展品，确实是个值得思考和研究的问题。

一、展品的处理和重要性（30分）

1. 处理（20分）

展品的处理可以体现参展者在选题范围内，能否创作一部正确、完整、均衡的展品的能力。该展品应均衡而又具有所选生肖主题的特色。评价一部生肖类集邮展品的处理时要注意以下几个方面：

（1）一部生肖类集邮展品的选题是否恰当，是否属于生肖集邮类的范畴，关系这部展品的处理是否成功。因为展品的拓展要围绕生肖文化来展开，脱离了这一点，再好的展品结构也不能算作好的生肖展品。

（2）展品应有一个能概括全集内容的前言，以帮助观众及评审员便捷和准确了解展品情况。前言是对展品主题的简要描述以及对所展示素材范围的简介。有经验的参展者会对展品的重要性做出表述。好的展品前言用词准确、精练，能起到引人入胜的作用。

（3）展品应有一个完整的、富有逻辑性的纲要，而且整部展品的结构都要依据这个纲要层层推进。展品的各个章节实际上是对展品题目的阐述与拓展。例如：一部题目为《生肖龙》的生肖专题展品，其章节就应紧紧围绕"生肖龙"这个主题拓展，要具体设计出"生肖龙的由来""生肖龙的排位与轮回""生肖龙与人""生肖龙的文化元素"等话题。生肖专题集邮展品的处理包括题目与纲要、拓展、创新三个部分。纲要与题目要完全一致，结构要均衡，纲要涵盖了拓展专题必需的所有方面。拓展包括对题目全面的有深度的描述，对与纲要一致的邮品的正确编排与定位，由邮品上的专题信息辅以必要的说明文字来"图解"一个生肖主题故事，依据专题价值的重要性合理分配章节的贴片数以体现均衡，文字简明扼要，避免无效信息。创新可涉及处理的所有方面，表现在新的生肖选题、一个旧选题的新章节、拓展的新途径、利用邮品讲故事的新运用等诸方面。

（4）易于理解的逻辑主线和清晰简明的文字说明，将有助于评审员对该展品进行评定。对生肖邮品专门研究展品来说，参展者通过其展品讲述一个或多个故事，通常是生肖邮资票品自身的故事。故事的逻辑主线应该首先从该生肖邮资票品发行的起因讲起，接着是经建议制版后印刷而未采用的试印样和（或）根据邮资票品设计图稿制成母模而印制的试模印样，然后讲述该生肖邮资票品的印制和发行过程、不同的版式、刷色、齿孔、纸张及错变体等，邮票的使用、邮资、邮路、邮政单式、邮戳，以及其他邮政素材也是故事主线的组成部分。

（5）相对于展品范畴，审视所展出的生肖素材是否完整；所选主题是否能够作为一部均衡的展品在一定空间内进行展出；是否把首要焦点放在生肖邮品本身，其次为使用；展品的各个部分之间应有良好的平衡，开始和结束是否合理；是否含有重复的素材。

（6）生肖素材的选取不仅是评审处理时的一个重要因素，也关乎对知识的评审。在已进行明确阐述的情况下，参展者可省略掉重要性相对较低的素材，也就是说，在发行的同一套邮品中，一般性的素材可象征性展出，而较好的素材应该全面展示。评审会认为这一处理可体现参展者对素材的正确及全面认知。

（7）评审员要核对在前言和纲要中的陈述，是否在后边的贴片中得到恰当的展示。

2. 重要性（10分）

生肖集邮的重要性包括两个方面。一是指选题的重要性，即展示领域在邮政历史和集邮史上的重要性，例如，中国第二轮生肖邮票的重要性就相对低于第一轮生肖邮票；外国发行的生肖邮票的重要性一般来说要低于生肖发祥地中国的生肖邮票；国际代理机构发行的生肖邮票的重要性肯定要低于国家和地区邮政发行的生肖邮票。另一个是指展品本身的重要性，即展品素材的集邮价值在生肖集邮领域的重要程度，是否包括了所展示领域中最重要的关键素材及复制的难度。展品素材选择的原则是要选择从邮政通信中产生的素材而不是集邮的素材。

生肖集邮展品的重要性的判定相对较难，因为生肖集邮从选题、素材等方面来说相对狭窄，素材在年代的纵深方面、题材的横向扩展方面局限性都较大。

因此，在评审过程中，评审员要在生肖集邮领域内来评价展品的重要性，而不能将 FIP 邮展的某些评审标准习惯性地带入生肖集邮展览的评审之中。例如：《中国第一轮生肖邮票》展品属于按传统模式研究方式编组的展品，然而，生肖邮票不像普通邮票那样版次多，因此，在印制过程中出现的变化也不如普通邮票多。而邮票设计图稿、试印样等素材只保存在国家的邮票档案中，留给参展者收集与研究的素材远远比不上普通邮票素材那样丰富，所以，在评审中，要理解展品所出现的一些空缺，相应对这类缺失给予较大的宽容度。对于按极限集邮模式编组的生肖集邮展品，如果按 FIP 邮展极限集邮的标准衡量，展品中大多数极限素材都不符合要求。而这些极限片的题材全部是表现生肖文化的，则可以在生肖集邮展览中展出。

二、知识与研究（35分）

知识是指展品对生肖文化阐述的深度与广度，以及参展者对生肖邮品自身的了解程度。另外，参展者对生肖集邮素材的运用是否合理，说明文字是否正确，也属于知识的范畴。研究和知识往往是相辅相成的，参展者如果对所展示的素材有集邮方面的新发现，应该得到鼓励。由于生肖类集邮素材相对近期化，所以要求作者在集邮研究方面有很大突破是不现实的。参展者只要具有正确的集邮研究方法就可以了。

生肖邮品专门研究展品的知识，反映对选题和素材基本知识的掌握程度，可从纲要、素材选择和说明文字方面给予评价。学习是指通过透彻学习和利用前人的研究成果以增进对邮品的进一步认识，找出内在的因果关系。研究是深入剖析邮品和有新的发现。这些内容对生肖邮品专门研究展品来说也是大有文章可做的。生肖邮品虽多为现代邮品，但发行量大，如印有生肖图案邮资图的贺年(有奖)明信片的印刷厂较多，因而可以对邮品本身的版式和印刷进行专门研究；生肖邮戳展品应对邮戳启用和停用时间的信息、戳式的相似性或不同点、油墨的颜色、戳记图文的损坏及其磨损等方面内容进行学习；也可对生肖实寄邮品进行各种邮政业务的学习。参展者对自己的研究新发现应做出充分的介绍，并在纲要页或涉及该项研究的展示页上予以列示。

生肖专题集邮展品的知识，包括专题和集邮两个方面。专题知识是拓展选题和编组展品的基础，可从展品纲要编排的合理性、逻辑性、完整性方面予以评议。集邮知识反映对素材重要性、适用性的理解程度及素材优选和编排的知识水平，要在选定生肖主题范围内，展示所有时期和尽可能来自多个国家的多种类邮品，以达到各种类型素材的并存和均衡应用。集邮学习也可以选择在专题和集邮两个方面都有意义的某一种生肖邮资票品或复合邮品，在遵守传统集邮展品和邮政历史展品规则条件下，用一两页贴片对其一系列派生品[1]做出一个简明而均衡的"学习"。与邮政历史集邮展品的集邮学习不同，生肖专题集邮展品的集邮学习的目的不在乎其完整性，也无须做邮资、邮路的详细描述，而是要展示一个已被证明的、有深度分析和有价值的集邮知识。集邮学习可与生肖专题拓展融合在一起，但不要影响生肖专题展品故事叙述的流畅性，这种知识简明扼要地融入展品，会被认为展品的生肖专题知识和集邮知识丰富，可以获得评审员的好评。

总之，生肖知识的叙述应结合素材进行，有的展品生肖知识讲得很多，但展出素材上的信息不能满足文字的需要，这将被视为素材使用不当，会影响知识的分数。

此外，在评审集邮知识过程中有几个问题值得关注：

（1）如何认同邮品上的生肖动物形象。纵观世界各国发行的生肖邮票及其他相关邮品，生肖动物的形象是风格各异的。由于世界各国对生肖文化的理解不同，有的动物形象变形夸张，有的做了艺术化或拟人化的处理，有的被赋予了浓重的文化色彩，还有的接近自然界中的动物。因此，在判定一枚邮票是否属于生肖邮票时，除了以邮票的发行目的衡量，还可以从动物形象设计上去分析。如1991年为农历羊年，在这一年间，中国邮政发行的《野羊》邮票完全是以动物的生态形象设计的，因此不能被视为生肖邮票。澳门地区

---

[1] 这里的派生品是指围绕邮票或邮品而衍生出的相关集邮素材，如基于该邮票的错变体票、加盖票及复合邮品等。

发行的第一轮生肖邮票的动物形象就接近自然状态，但它们是生肖邮票。掌握这些特点，有利于评审员判定展品素材使用是否合理。

（2）如何把握生肖素材的宽容度。编组过生肖邮集的参展者大多有这样的体会，就是感到理想中的生肖集邮素材远远不够编组专题展品之用。在这种情况下，有的组集者破格使用了一些所谓的非生肖集邮素材，或边缘素材。作为评审员，面对这样的展品不要急于否定，而是首先要看这些素材的使用是否对该展品的主题起到积极作用；其次是看这些素材是否对其他素材起到辅助作用。例如：在讲述生肖动物形象与自然界中的动物的关系时，就可以使用相关的动物题材邮票或邮品。生肖集邮的素材范围应该是开放性的，不应是封闭性的。因此，将生肖集邮展品素材范围扩大势在必行。苏州 2024 中华全国生肖集邮展览的特别规则中，对部分参展类别的素材扩大了范围，即对专题集邮、极限集邮、图画明信片和开放集邮类别的展品，要求"中国干支纪年特征的邮资票品及相关生肖集邮素材须 80% 以上"，可见，这几种类别的展品，无论使用什么非生肖素材，只要是相应类别的适用素材，有利于表现展品的主题，应该允许出现在展品中。也就是说，评审员在评审一部生肖集邮展品时，应重点关注该展品对主题的拓展是否到位等问题，而不必过分计较素材是否符合生肖邮品的定义。例如《十二生肖与现代名人》展品，该展品中虽然使用了一些人物题材邮品，但所表现的主题是中国的生肖文化，因此，该展品完全可以参加生肖集邮展览，当然非生肖集邮素材要尽量控制在 20% 以内。

对于诸如带有生肖图文的生肖纪念卡、邮折等生肖边缘素材，从生肖集邮研究会制定的《生肖集邮展品评审专用规则（试行）》中可见，属于适用的其他（边缘）素材，可以少量地用于其举办的全国生肖集邮展览的展品中，但中华全国集邮联举办的全国生肖集邮展览依据的评审规则，暂不认可这些边缘素材，所以生肖集邮参展者报名参展时应注意此要求。

（3）如何看待生肖地名邮戳。目前，生肖集邮界将生肖地名邮戳分成两个部分：第一部分是实际以十二生肖命名的地名，基于地名语源考证得来的科学认识，是实际存在的，与邮政历史关联，是生肖邮品中的重要素材。例如，贵州省长顺县新寨乡鼠场村就是一个很典型的生肖地名，据考明代初期在此设过关哨，因而得名鼠场哨，后改现名。此地为集市场所，逢子日周边群众在此赶场，这就是鼠场的来历，以后这里又设立了邮政机构，也就有了"鼠场"的生肖地名邮戳。类似的还有主要分布在中国云南、贵州两省的"猪场""牛场"等生肖地名邮戳，其地名缘由基本差不多，都是以生肖代干支纪日的集市场地名称。第二部分是包括带有十二生肖文字及其对应干支字样的地名，是纯粹出于集邮兴趣产生的联想，是衍生出来的，与邮政历史无关，是典型的趣味性邮品。

选择第一部分的生肖地名邮戳作为展品素材固然很好，但由于数量有限而不能满足编组邮集的需求，给生肖集邮者带来一些缺憾。而第二部分的一些趣味性很强的生肖地名邮戳很多，如"龙头""虎山""白兔""金牛首""鸡鸣山"等，估计全国有上千种之多。收集、整理和研究此类戳记，虽然不等同于实际存在的生肖邮戳，但也邮趣横生，同样体现出一定的文化内涵，作为素材列入生肖集邮也是可以的。

三、品相与珍罕性（30分）

1. 品相（10分）

生肖集邮展品展出素材的品相要求与一般的集邮准则相同，即评定展出素材的外观质量，也就是看所展出的邮票、邮品表面是否做到无折痕、无褪色、无污染、无破损，戳记是否清晰，是否还有替换和选择的余地。严重影响外观的素材将影响品相的得分。例如：在表现戳记的展品中，对于素材上戳记的清晰度要求就应高一些；而研究邮政用品的展品，就要从素材整体来要求。

2. 珍罕性（20分）

生肖邮品多为现代邮品，珍罕性相对较低，故初期将FIP竞赛性展品评审总规则中的"珍罕性"改为"收集难度"。收集难度主要是指本身市场价值不很高，却难以收集到，且具有较高集邮价值的素材。这些素材大部分是邮政使用中自然形成的，且需长期积累和努力才能获得。例如，50年前20世纪中国云南、贵州两省的生肖地名邮戳就属于收集难度较大的素材。在生肖集邮领域，中国清末民初邮政使用的干支纪年邮戳、日本和韩国首枚生肖邮票的特殊品种、中国《庚申年》猴票的一些特殊版式等，也可被认为是珍稀素材。生肖集邮专题展品的素材以专题信息取舍，取材范围较广，要注意优选公认稀少和有收集难度的素材，包括适量的设计图稿、试印样和错变体等，也是提高生肖集邮专题展品水平档次的一个重要方面。

为对应《中华全国集邮联合会集邮展览规则》、参照FIP集邮展览总规则及各类别评审专用规则，生肖邮展自定规则将"收集难度"改回"珍罕性"。

珍罕性是指素材的珍贵程度、相对稀缺度和收集难度。鉴于生肖集邮素材相对现代，因此，珍罕性将成为衡量素材质量的重要尺度。

四、外观（5分）

在初期制订的《生肖集邮展品评审专用规则（试行）》中，外观分由 FIP 竞赛性展品评审总规则的 5 分增加至 10 分，鼓励参展者做好贴片的外观制作。同样，为对应《中华全国集邮联合会集邮展览规则》、参照 FIP 集邮展览总规则及各类别评审专用规则，《生肖集邮展览评审专用规则》经修订，"外观（10分）"改回"外观（5分）"。具体来说，生肖集邮展品的外观制作要求与其他类别展品相似。如果生肖集邮展品近似于某个类别，就应该按照该类别的外观要求进行外观的处理与制作。参展者在制作这些展品外观时，参照 FIP 邮展同类展品就可以了。略有不同的是，生肖展品素材的刷色大多数比较鲜艳，组集者在布置素材时，可适当考虑素材色彩在贴片上的视觉均衡性。展品外观的总体要求是贴片上的邮品包装得体、布置端正、陈列清晰、不稀疏、不拥挤，说明文字大小适当、清楚，整体给人以舒适和美学均衡的感受。

第四节
首届中华全国生肖集邮展览与评审办法

一、首次冠名"中华全国"举办国家级生肖主题邮展

为深入贯彻落实新时代文化思想，用邮票弘扬中华传统文化，传承民族精神，进一步激发广大集邮爱好者的文化创造力，促进集邮文化高质量发展，由中华全国集邮联合会主办，中国邮政集团有限公司江苏省分公司、江苏省集邮协会承办，中国邮政集团有限公司苏州市分公司、生肖集邮研究会、苏州市集邮协会协办，苏州国家历史文化名城保护区管委会、苏州市姑苏区人民政府、苏州名城集团有限公司支持的苏州2024中华全国生肖集邮展览于2024年1月5—7日在苏州举办。中华全国集邮联合会常务副会长赵晓光，国际集邮联合会主席普拉科·吉拉凯特，国际集邮联合会荣誉主席郑炳贤，中共苏州市委、苏州市人大常委会、苏州市人民政府、中国集邮有限公司等领导，以及来自苏州市有关单位及全国各地的集邮界代表参加开幕活动。

中华全国集邮联合会领导在致辞中指出，生肖是植根于中华传统的文化基因，是中华文化及传统民俗的重要组成部分。邮票作为记载历史、彰显精神、传播知识、提供视觉审美的重要载体，与生肖的有机融合，对于生肖文化的生

动表达与经世传承意义非凡。1980年发行的第一枚生肖猴票，为我们翻开了一部生动而精美的生肖邮票史。迄今为止，共有138个国家、地区和联合国邮局累计发行生肖邮票5500余种。于方寸之间承载着中外文化的交融互通，在潜移默化中为世界各国感受中华文化打开了一扇魅力之窗。本次邮展及系列活动的举办全面展示了生肖集邮文化的中国内涵和世界意义，为推动生肖集邮发展、宣传展示生肖集邮最新成果、促进生肖集邮国际交流合作、传承中华优秀传统文化打造了平台。

邮政部门领导在致辞中表示，生肖邮票作为中国邮票的扛鼎之作，问世40余年，一直深受青睐。方寸之间，不仅承载着美好记忆和新春祝福，更荟萃了新时代的生机活力。1997年，苏州创建全国最早、规模最大的生肖集邮研究会，并连续21年举办生肖邮票首发活动，连续10年举办生肖邮展，生肖集邮已成为这座历史文化名城的独特名片。2024年，在中华全国集邮联合会的大力支持下，生肖集邮展览又首次升级为冠名"中华全国"的国家级展览，对深入挖掘历史文化资源，拓展生肖集邮文化发展空间，促进江苏集邮文化事业健康可持续发展具有重要意义。

国际集邮联合会主席普拉科在致辞时说，自1980年第一枚中国生肖邮票诞生以来，中国邮政成功将生肖这一传统文化符号融入邮票发行并形成序列，至今已发行至第四轮。这种将传统元素与现代市场相结合，将文化传承与集邮发展相融合的方式得到了广泛认可并被其他国家（地区）学习借鉴。这次来到美丽的苏州，在参观邮展的同时，也领略到苏州闻名于世的园林景色，更看到了生肖集邮文化在苏州的发展。

开幕式现场还举行了《甲辰年》特种邮票首发仪式。此外，中国邮政集团有限公司为这次邮展特别发行了《苏州2024中华全国生肖集邮展览》纪念邮资明信片1枚。

本次全国生肖集邮展览共展出来自全国34个省级集邮协会和行业协会选送的竞赛性展品191部462框。此外，邮展期间还举办了"生肖集邮文化的传承与传播"国际生肖集邮论坛，以及"国之大者——外交封上的生肖文化""中国生肖邮票展览""世界早期生肖邮票展览""世界龙年生肖邮票展览"4个特别展览，为传播生肖集邮文化打造了一个令人瞩目的交流平台。

图354 苏州2024中华全国生肖邮展评委会主任王志刚在颁奖大会上宣读评审报告

二、首届中华全国生肖集邮展览评审办法

经中华全国集邮联合会批准，苏州 2024 中华全国生肖集邮展览为主题性全国邮展，共展出来自全国 34 个省、自治区、直辖市和全国行业集邮协会的竞赛性展品 191 部 462 框，类别涵盖《中华全国集邮联合会集邮展览规则》中的传统、邮政历史、邮政用品、专题、极限、青少年、集邮文献、图画明信片、一框、现代、开放、试验等 12 个适用类别。

本届邮展评审委员会采用的评审规则为：在鼓励生肖集邮发展的总体原则下，依据《中华全国集邮联合会集邮展览规则》，参照国际集邮联合会 (FIP) 集邮展览评审总规则及各类别评审专用规则和指导要点的评分标准，以及本次邮展的特别规则进行评审。

经评审委员会评审，共评出大金奖 1 部、金奖 2 部、大镀金奖 8 部、镀金奖 16 部、大银奖 26 部、银奖 17 部、镀银奖 11 部、铜奖 14 部、奖状 1 部；评出一框金奖 1 部、一框镀金奖 16 部、一框银奖 21 部、一框铜奖 50 部；另有参展证书 5 部。

评审委员会认为本次生肖集邮展览体现了高质量、高规模、高水平，是主题性邮展中比较突出的一次，对今后举办主题性邮展具有一定的借鉴和指导作用。

第五节
生肖集邮展览及展品的发展趋势

鉴于苏州2024中华全国生肖集邮展览的圆满举办，总结其成功的经验和做法，许多生肖集邮界专家认为，生肖集邮展览及展品今后的发展趋势将展现以下几个特点。

一、人文性、亲和性

生肖题材与华夏儿女每个人都息息相关，与西方的节庆文化、民俗传统相映成趣、相得益彰、互为借鉴；生肖邮品丰富多彩，引人入胜，易生共鸣。精彩纷呈的生肖集邮展品能够以独特的视角、妙趣横生的生肖故事，广泛传播中华民族悠久的生肖文化，体现出人类认识和欣赏自然与人文的共通性。

二、丰富性、研究性

目前乃至今后，生肖集邮展品涉及时间跨度越来越大，类别广泛，素材多样。其中传统集邮类展品不仅可以在中国生肖邮票的研究方面取得重大突破，也将在亚洲早期发行的生肖邮票、在各国现代生肖电子邮票研究等方面取得新的进展；邮政历史类展品可以对生肖早期素材进行挖掘梳理，尤其在清代干支纪年邮戳的收集、研究上下功夫，将生肖适用素材时间上限前推至20世纪初，同时，可以进一步研究贴用生肖邮票的各种复合邮品所承载和反映的邮政历史，不断向邮政历史的深度和广度进军，争取在这一领域有新的突破。邮政用品类展品要更加侧重版式研究，还要将眼光放在更广阔的天地，除了本国还包括其他地区，突出展示重要邮品，增加复制难度。专题类和极限类展品，要进一步掌握编组要点，拓展展示所选专题或极限片题材新的素材、新的发现和新的表达，深入展示重要集邮素材的学习及巧妙应用，呈现更加均衡、美轮美奂的外观面貌。

图 355 《十二生肖——蕴含中华民族的智慧与憧憬》专题邮集首页

图 356 十二生肖起源之谜的研究

图 357 亘古神奇的十二生肖的探索

图 358 生肖艺术,源远流长

图 359 《十二生肖——中国传统文化的精髓》极限邮集首页

图 360 十二生肖的文化渊源

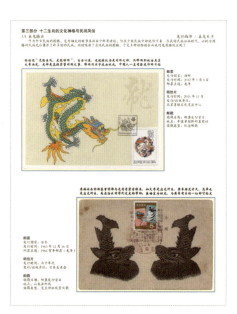

图 361 十二生肖文化神格与民间风俗

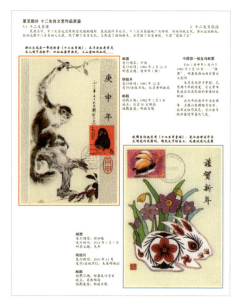

图 362 十二生肖文艺作品赏鉴

第九章 生肖集邮展览和评审规则　　第五节

图363 《直布罗陀生肖电子邮票》传统邮集首页

图364 直布罗陀生肖电子邮票特征

图365 伦敦直布罗陀办事处：机号G101自助邮票出售机打印的猴年生肖邮票

图366 直布罗陀邮政总局：机号G102自助邮票出售机打印的猴年生肖邮票

图 367《澳门第一套生肖自动化邮票—蛇年》传统邮集首页

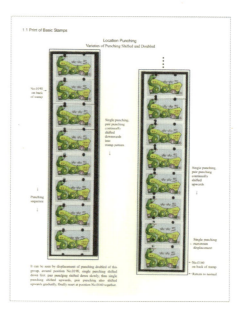

图 368 邮票的印制和发行

图 369 细体机设面值及打印特征研究

图 370 粗体机设面值、非机设面值及打印特征研究

三、国际性、包容性

邮票是传承历史、反映时代、传播知识、交流文化、彰显友谊、提供视觉审美的重要载体，在中国国际影响力日趋深入人心的当代，各国邮政都努力将邮票与生肖进行有机融合，发行生肖邮票，这对于生肖文化的生动表达与经世传承意义非凡。从苏州 2024 中华全国生肖集邮展览上可以看到，展品以多种形式展现了上百个国家和地区发行的生肖及相关邮资票品，"以邮为媒"体现了生肖文化的国际影响力和无穷魅力，体现了民族文化和世界文化的辩证统一。

四、创新性、传播性

第一次冠以"中华全国"举办的国家级生肖主题邮展，创新性地将生肖作为特定的收集展示范畴，纳入现有的邮展类别体系中进行评审，是中华全国集邮联合会将生肖主题与国际集邮联合会认可的各专门类别展品融合发展的一次成功尝试。生肖邮展是深受大众喜爱并热忱参与的群众性集邮活动，对传播中国生肖集邮文化，增强中华文化的传播力和影响力，传承和推动中华优秀传统文化创造性转化、创新性发展将起到积极的作用。

生肖集邮展览于方寸之间承载着中外文化的交融互通，在潜移默化中为世界各国感受中华文化打开了一扇魅力之窗。生肖集邮展览对宣传中华生肖文化，传承民俗文化，拓展生肖集邮文化发展空间，提升邮政业务服务水平，促进集邮文化事业健康可持续发展，讲好中国故事、传播中国声音、坚定文化自信、展示集邮大国形象具有重要意义，具有持久的生命力和美好的前景。

第十章 生肖集邮的社会价值和发展前景

在中华文明上下5000年的时空中，生肖文化经过2000多年的流传，跨越历朝历代，传承不辍，底蕴深厚，历久弥新，而今，随着生肖邮票的发行与其对广大集邮者和民众吸引力的扩散，生肖文化在大众中受到更广泛的关注，同时也在海内外得到更广泛的传播。

生肖文化是团结和谐的文化。十二生肖本来就是团结和谐的产物，它源于华夏干支纪年法和少数民族动物纪年法的结合，以及先民生产生活中关系最密切的自然动物和精神世界中图腾动物的结合，体现中华民族共同意志的统一，也是本民族创造的物质文化和精神文化的统一。

生肖文化是吉祥祝福文化。中华民族自古善良，被誉为"礼仪之邦"，以思想表达、精神追求、感情传递、心理祈望为目的的吉祥文化广泛、丰富、浓厚，是中华传统文化的重要组成部分。

生肖文化是民族文化，也是世界文化。生肖文化是中华民族的伟大创造。如同古代中国的饮茶文化、丝绸文化、陶瓷文化走向世界、风靡全球一样，对当代中国而言，生肖文化走向世界、生肖邮票风靡全球是中华民族复兴的一种文化表征，它揭开了中华文化向外传播的历史新篇章。文化是民族的，同时也是世界的。生肖文化与生肖集邮已经成为世界人民关注中国古老文明的绝佳窗口；成为增进各国人民团结友谊最生动的感情纽带、最畅通的文化桥梁；成为促进世界文化交流与融合，构建人类命运共同体的积极因素。

Chapter 10
Social Value and Development Prospects of Shengxiao Philately

In the 5,000 years of Chinese civilization, the shengxiao culture has been passed down for more than 2,000 years, spanning dynasties, with a profound heritage and timeless value. Today, with the issuance of shengxiao stamps and their spreading to stamp collectors and the general public, Chinese shengxiao culture has received widespread attention among people and has also been more widely spread both domestically and internationally.

Shengxiao culture is a culture of unity and harmony. The twelve Chinese shengxiao were originally a product of unity and harmony. It originated from the combination of the Chinese Heavenly Sterns and Earthly Branches calendar and the animal calendar of ethnic minorities, as well as the combination of the animals that were most closely related to the ancestors' production and life, and the totem animals in the spiritual world. It embodies the unity of the common will of the Chinese nation and is also the unity of the material culture and spiritual culture created by this nation.

Shengxiao culture is a culture of auspiciousness and blessings. The Chinese nation has been kind since ancient times and China is known as the country of etiquette. The auspicious culture, which aims at expressing thoughts, spiritual pursuits, conveying feelings, and psychologically wishes, is extensive, rich, and profound, and is an important component of traditional Chinese culture.

Shengxiao culture is both a national culture and a world culture. It is a great creation of the Chinese nation. Just as tea culture, silk culture, and ceramic culture of ancient China spreading to the world and becoming popular all over the world, for contemporary China, the spreading of shengxiao culture to the world and the popularity of shengxiao stamps all over the world are a cultural representation of the rejuvenation of the Chinese nation, and they have opened a new era in the history of the spreading of Chinese culture. Culture is national and also global. The culture of the shengxiao and shengxiao philately have become an excellent window for people around the world to pay attention to the ancient Chinese civilization; they have become the most vivid emotional bond and the most smooth cultural bridge to enhance the solidarity and friendship among people of all countries; they have become a positive factor in promoting the communication and integration of world cultures and building a community with a shared future for mankind.

第一节
生肖集邮奠基人周治华

一、人格魅力与奉献

周治华（1934—2020），出生于江苏江宁，1951年9月17岁时参加工作，18岁就加入了中国共产党。他长期在党政机关工作，改革开放后走上苏州市党政领导岗位，2000年退休前担任市政协副主席（正市级）。20世纪80年代初期，苏州市集邮协会聘他担任名誉会长，并赠阅集邮报刊资料，燃起了他儿时的集邮兴趣。从1993年起，他着眼中国传统文化的弘扬，重点收集中外发行的生肖邮票。1997年6月，他发起创建了经民政部门注册的生肖集邮研究会，第一批会员仅35人。此后的20多年里，他一直担任会长和会刊主编。

生肖集邮研究会自成立后迅猛发展，逐步成为国内人数最多、规模和影响也最大的民间集邮组织。这不仅得益于周治华的工作经验、组织能力和广博人脉，更得益于他的奉献精神和人格魅力。

周治华是一位光明磊落、睿智豁达的长者，严于自律，乐于分享；公道坦诚，从不遮掩；念旧重情，不打官腔。为了把邮会和邮刊办好，他倾心竭力，率先垂范，不谋私利，带头奉献。会刊来稿，篇篇审阅，理事会工作安排和总结报告，

图 371 周治华对采访记者畅谈生肖集邮

以及会务方面的通知、文件等，常常亲自起草。重大活动的安排更是亲力亲为。忙不完的事，操不完的心。在他的带动下，会内骨干和工作人员也大多不计报酬，任劳任怨，甘于奉献。

周治华为生肖集邮研究会规定了"文化为魂，会员至上"的办会方针。"办会要以会员为本，为会员服务必须到位"，"把生肖集邮的快乐带给每一位会员"，他这样说也这样做。凡收到会员来信，他都亲自回复。会内定期编印《会员通讯录》发到每位会员，内容包括生肖属相，公历、农历出生日期，通信地址和联系电话等。在他的要求下，会员工作部坚持为"本命年"会员和60岁以上逢十寿诞的会员赠寄生日贺片。生肖邮票首发及元旦、春节之际，会里通常要为会员赠寄纪念封或盖有生肖地名戳的封片，他都要签上名，即使耄耋之年也仍如此，一次签名数千个，要花一星期左右时间。他还要求会员工作部随时保持与会员的联系，对会员电话及时回复，来访热情接待，对需要解决的问题提供力所能及的帮助，在会部与会员之间架起信息和心灵沟通的桥梁。每年1月5日，在苏州举办"本命年"会员联谊活动，周治华都自始至终与大家同乐。不少会员把到苏州参加活动喻为"回娘家"。

周治华在邮坛平等待人、平易近人所产生的亲和力，与他在党政领导岗位上践行"执政为民"的理念是一脉相承的，其人文意义超出了集邮活动本身。而他的乐善好施更是"立德"之举，这集中体现在2013年，一个被他视为"多年心愿"的善举的实现。

2013年1月，周治华分三批向苏州市人民政府捐赠了从1950年虎年至2012年龙年的63年中，世界上100多个国家和地区已发行的全部生肖邮票，以及一批生肖邮品和集邮报刊，从而保证了苏州生肖邮票博物馆于5月18日正式开馆。他受聘担任该馆理事会名誉理事长。他在开馆仪式上的讲话中说,"今天,是我最开心的日子,因为我的集邮藏品有了最好的归宿,我的业余爱好开花结果了,可以在多方面发挥一些作用","苏州是历史文化名城,是对外开放和国际旅游城市,也是经济文化发达地区。苏州建有生肖集邮研究会,办有《生肖集邮》杂志型会刊,国家邮政已连续10年在苏州主办生肖邮票首发式,每年都同时举办全国性的生肖邮展和生肖集邮系列活动,全国性的重大生肖集邮活动也大多在苏州举行,再建一个生肖邮票博物馆,可以说是'配套成龙'了"。

心系大众,竭诚奉献,这是德高望重的周治华给邮坛、给社会留下的深刻印象。

二、躬耕邮坛与业绩

1997年6月14日生肖集邮研究会的成立，标志着红红火火的生肖集邮活动在中华大地的兴起。"弘扬中华传统民族文化，推动群众性集邮发展"，这是周治华提出的生肖集邮研究会办会宗旨。按照这一宗旨，生肖集邮研究会大胆探索，开拓前行，大力开展具有中国特色的生肖集邮文化活动，取得了令人瞩目的可喜成果。如今，生肖集邮作为一项具有创新意义和广泛影响的新兴集邮活动，已成为中国邮坛一道亮丽的风景线。

周治华生前接受媒体采访时，多次被问及生肖集邮研究会和生肖集邮活动迅速发展的原因，他总是从生肖文化的历史传承、中外生肖邮票的连续发行、生肖集邮的低门槛和趣味性等方面解析和回答。而所有"圈内人"几乎都认为，生肖集邮活动在我国的蓬勃发展及其广泛影响的形成，与生肖集邮研究会的"掌门人"周治华密不可分。

周治华作为我国生肖集邮的奠基人，功济于时，厥功甚伟，且从以下五个方面略陈其要：

——创建了国内最大的民间邮会。周治华思路开阔，精力充沛，在长期的党政领导岗位上，形成了周密、严谨、果断、高效的工作作风，这使他在邮会的管理和运作中得心应手，游刃有余。生肖集邮研究会成立时就在民政部门办理了社团登记手续，并依规建章立制，逐步形成自我管理、自我发展、自我约束的运行机制。在办会过程中，他从实际出发，将原则性与灵活性相结合，依托邮政，争取党政部门支持，改善生存和发展条件；着眼于弘扬中华民族传统文化，培养和依靠骨干力量，在生肖集邮研究会的理论建设、队伍建设、活动开展等方面，做了许多开创性的工作，使得全国生肖集邮队伍持续发展、不断扩大，累计会员达8000余人，成为我国规模和影响最大、会员人数最多的民间集邮组织。2018年该会按民政部门的要求，不再接纳苏州地区以外的会员（外地会员以会刊读者身份保持联系），但各地骨干队伍已形成，生肖集邮活动已遍地开花。

——开创了生肖邮展新门类。生肖邮展是生肖集邮活动的重要形式。周治华提出：生肖邮展要按照大众化集邮理念，做到普及与提高相结合，重在普及，重在参与，尽可能让大多数会员"看得懂、学得上、玩得起"。按照他的要求，生肖集邮研究会把生肖邮展分为两种，一种是普及型、非竞赛级的，包括生肖文化藏品展、生肖集邮藏品展、生肖集邮新作展、生肖集邮国际交流展等，以观赏交流为主、鼓励为主，不进行评审；另一种是提高型、竞赛级的，按照该会制定的《生肖集邮展品评审专用规则（试行）》及指导要点，三年举办一次。2001年举办了首届全国生肖集邮展览。从2004年开始，每年都举办生肖类邮展。截至2020年1月，共举办了六届全国生肖集邮展览、两届全国生肖集邮新作展览和两届全国生肖集邮一框展览。如今，编组生肖邮集的会员越来越多，生肖邮展在普及和提高两方面都取得了可喜成果。

——促成生肖邮票首发式在苏州举办。尽管生肖邮票深受广大群众欢迎，但在2004年之前，我国邮政发行第一、第二轮生肖邮票的24年里，并没有正式举办过生肖邮票首发式。在周治华的呼吁下，国家邮政决定突破"生肖无原地"观念的束缚，于2004年首次在生肖集邮研究会所在地苏州，举办第三轮生肖"猴"票首发式。此后每年1月5日都在苏州举行生肖邮票首发式。生肖集邮研究会则利用生肖邮票首发式这一平台，每年同期在苏州举办全国性的生肖集邮系列活动，使之成为生肖集邮爱好者的盛大节日，有力地扩大了生肖集邮的社会影响，生肖集邮首发式也已成为苏州的一个新的城市品牌。

——举行最佳世界生肖邮票评选。在周治华的组织下，生肖集邮研究会从2010年（庚寅年）到2020年（庚子年），已连续举办了十一届"最佳世界生肖邮票评选活动"。为了搞好评选，会长周治华和副会长郑炜每年通过各种渠道，购全前一年全世界各国和地区发行的生肖邮票，经整理印制出三连折票图，连同选票寄发每位会员，采取会员投票与专家投票相结合的方式，按得票数选出3套当年最佳生肖邮票。这一评选活动，对于引导会员收集和欣赏当年国内外发行的生肖邮票，弘扬中华传统生肖文化，扩大生肖邮票的影响，提高国内外生肖邮票设计水平，都起到了积极的促进作用。

——组织全国生肖个性化邮票青少年设计大赛。曾任全国集邮联青少年集邮工作委员会副主任的周治华，于2005年接受上海收藏文化研究所的提议，牵头举办丙戌年全国生肖个性化邮票青少年创意设计大赛。此后每年举办，至2020年已举办16届。周治华一直担任大赛组委会主任，从计划安排到评选颁奖和交流活动，他都亲自过问，而且每年都要到重点赛区给予鼓励和指导。大赛活动免收一切费用，广受学校和学生的欢迎。大赛活动对于丰富学校教学内容和校园文化生活、普及生肖文化和生肖集邮知识、增强学生的集邮兴趣、推动校园集邮文化的发展，都产生了积极作用。

"其实世上本没有路，走的人多了，也便成了路。"（鲁迅语）在周治华的带领下，生肖集邮研究会经过20多年的不懈耕耘，走出了一条具有中国特色的群众性集邮活动的成功之路。2004年、2008年、2012年连续三次被评为江苏省集邮协会先进集体。2012年8月，被中华全国集邮联合会表彰为全国先进集邮组织。

三、理性思考与著述

周治华曾在苏州市委分管宣传文化教育，深知社会主义文化事业的发展具有一定特色和规律。生肖集邮作为一种新兴的集邮门类和集邮活动，要能够持续健康发展，必须给予理性指导，并通过"立言"，形成相应的基础理论。

会无刊不立，会刊也是"立言"的重要阵地。生肖集邮研究会成立当年，就创办了会刊《生肖集邮》，周治华担任主编。从1997年9月创刊到2020年第1期，共出刊135期。他为办刊花费了大量的时间和精力。除了审阅来稿，重点栏目还亲自约稿，编辑过程中的统筹把关也极为认真。直到2020年2月初生病住进医院，他还在安排会刊稿件的传阅。

"立言"离不开学术探究。周治华十分重视抓生肖集邮学术研究，生肖集邮研究会围绕生肖文化传播、生肖邮票设计和生肖集邮理论，多次策划举办学术研讨会。其中包括1998年1月对第二轮生肖邮票的研讨；1999年8月中国世界集邮展览期间，在北京召开的生肖邮票设计研讨会；2001年4月承办中国第三轮生肖邮票设计研讨会；2010年承办全国首届生肖集邮学术研讨会；等等。通过学术研讨，不仅有效地加强了对生肖集邮活动的指导，也为我国生肖邮票设计和印制提供了有益的借鉴。

周治华既是我国生肖集邮活动的领头人，也是生肖集邮理论的奠基者。他在组织生肖集邮学术研究的同时，带头撰文对生肖文化和生肖集邮进行系统的论述。其中在生肖邮票定义、生肖邮票设计发行、生肖集邮活动规律、民间邮会发展趋势等方面，不乏独到见解。

"立言，谓言得其要，理足可传。"[1] 周治华除发表了千余篇的集邮文章外，还为我们留下了数量可观的生肖集邮著述，主要分为两类：一类是由他担任主编和主持编纂的生肖集邮专著、论文集和纪念文集，其中最重要的成果，是他主编并与多位专家共同撰写出版的《生肖集邮概说》。该书是集邮史上第一部系统介绍生肖集邮理论和知识的图书，为我国生肖集邮的发展奠定了理论基础。另一类是他个人的生肖集邮专著和文选，包括1997年5月由江苏人民出版社出版的《世界生肖邮票大观》（我国第一本生肖集邮专著）；2000年至2003年上海人民出版社出版的《世界生肖邮票精品》丛书（12册）；2004年1月人民邮电出版社出版的《邮票上的故事——甲申年》；2005年6月古吴轩出版社出版的《苏州邮缘》；2008年7月人民邮电出版社出版的《世界生肖邮票目录》（与徐星瑛、黄秉泽合作编著）；2012年1月人民邮电出版社出版的《世界生肖邮票目录(2011)》（与郑炜合作编著）。2016年7月人民邮电出版社出版的《周治华集邮文选》，是周治华的最后一部集邮著作。全书分为上、下两篇，共110万字。书中294篇文章，分为11章，分别是生肖邮票的概念与界定、生肖集邮的兴起与发展、生肖集邮研究会的成长壮大、生肖集邮的文化内涵、生肖邮票面面观、生肖封片情趣多、记事抒情、邮识邮研、老少集邮、书刊文献、追思怀念。该书是周治华多年笔耕的心血结晶，也是他为我国集邮文化事业竭诚奉献的生动写照。

---

[1] 语出《左传襄公二十四年》："太上有立德，其次有立功，其次有立言，虽久不废，此之谓不朽。"《春秋左传正义》释义："……立言，谓言得其要，理足可传。"后人以立德、立功、立言为"三不朽"的人生境界，立言依次排在立德、立功之后。

第二节
生肖集邮的积极意义

一、生肖邮票热带动生肖文化热

20世纪80年代第一春，生肖邮票《庚申年》横空出世，中国开始发行以十二生肖图形设计的生肖邮票系列。庚申年"猴票"，不仅在当代中国邮坛掀起了生肖邮票收藏研究热，而且以其令人瞠目结舌的天价飙升，在社会上催生出邮票投资热潮，并制造出许多奇闻趣事。

随着时间的推移，生肖邮票在集邮者中产生了巨大的吸引力，几乎每一位集邮者都拥有过与生肖邮品相关的快乐与遗憾。

生肖邮票带给人们的乐趣是多方面的。首先是邮票的收藏价值所在。集邮者在收集生肖邮票的过程中，同样存有求全、求新、求精的心理，为此，就得四处寻觅票、封、片、戳，就得大年初一赶着去盖戳发封。其次是邮票的欣赏价值所在。生肖邮票的题材新不新、设计美不美，自然有人去操心。可集邮者总是惦念不已，一会儿拍案称绝，一会儿慷慨陈词，长达30多年痴情不改。最后是邮票的文化价值所在。生肖邮票为民间的贺年祝岁风俗增添了新的喜庆色彩。在祝贺新春相互通信时贴用生肖邮票，一定能使对方眼前一亮，别有一番情趣。如今，生肖邮票越来越成为大众喜爱的特殊吉祥物。

随之而来，生肖邮票的影响已远远超越了集邮意义，生肖文化在大众中得到更广泛的关注。作为生肖文化的重要载体，生肖邮票的发行，增强了中国人崇尚生肖文化的意识。

图 372 每年 1 月 5 日，在北京和苏州邮票销售网点前排队购买生肖邮票的集邮者

中国的生肖邮票是值得我们骄傲和自豪的盛世奇观，一下子开阔了中国人的视野，也引来了其他国家和地区的争相效仿。世界上越来越多的国家纷纷发行生肖邮票，无论其出于何种动机，这种现象足以表明：一切热爱美好生活的民族，都向往古老东方文明孕育的奇特民俗，他们被中国生肖文化的魅力所征服。

生肖文化源自中国传统民俗，它是中华文明最朴素的科学发明之一。生肖艺术形象千变万化，但永远不变的是中国魂。生肖邮票风靡五洲四海，推动了中国的生肖文化走向世界，成为中华民族崛起和中华文明走向世界的象征。

充满神奇色彩的中国十二生肖属相，作为每个人的出生符号和纪岁方法，已有两千多年的历史。从古到今，相沿成俗，人人有份，相伴一生，不嫌不弃，虽历经各种社会制度和各朝各代而不变，其生命力和影响力可想而知。

民俗是人们共同生活中具有普遍性、规律性的重要社会现象，与人们的现实生活密切相关，同时，它又与民族的历史和文化传统息息相通。民俗文化心理的动向惯性，成为民族文化和精神文化的原动力。

生肖文化源自中国传统民俗，它是中华文明最朴素的科学发明之一，既是对宇宙规律形象的揭示，也包含对人生岁月的寄托和祝福。生肖文化是中华民族智慧的结晶，多姿多彩的生肖形象，富于想象力的神奇传说，使之逐渐演变成博大精深的民俗文化，成为最具社会影响力、最有人情味的民间艺术杰作。

二、感受吉祥文化的生活情趣

十二生肖是吉祥之物，幸运之兆，人生有年，年有所属。一切皆为幸福、美满、吉祥、富有之象征。千百年来一直被人们欣赏、信奉，表示着人们对美好生活的向往和追求。

现代吉祥祝福文化，来源于远古占卜文化，但经过世世代代的积累、沉淀和扬弃，与民间传说、寓言典故和神话故事等民族文化相互融合，剔除了糟粕，留下的是精华。其表达的内容，不再是因为生产力落后、科学不发达，由人们对自然与社会认识上的局限性所带来的愚昧和迷信；而是建立在物质生产和科学认识基础上的，产生于文化自信和对未来美好生活充满希望的祥瑞祝语和愿景寄托。从被动和无奈地服从于自然力及统治阶级，到主动和自信地体现对改造自然、变革社会的冀望和追求。

在各种各样反映十二生肖的艺术形式及作品中，无不将生肖动物加以拟人化地艺术夸张，其精神本质在于宣扬弃恶扬善，诚信乐观。人们从中能够看到：鼠的灵巧、机敏；牛的忠厚、耐劳；虎的无畏、勇猛；兔的平和、典雅；龙的强大、磊落；蛇的神秘、冷静；马的奔放、洒脱；羊的和顺、温馨；猴的聪明、活跃；鸡的勤奋、敏锐；狗的忠诚、聪颖；猪的敦厚、逍遥。从这些生肖动物各异的性格，人们也能悟出一些世间的道理，感受到一些生活的情趣。生肖文化最终带给人们的是自信、欢乐、友善和浪漫。

中国的吉祥文化与生肖文化一样源远流长，其思想基础是原始拜物教。约在新石器时期，就有了中国先民寄托愿望的"怪兽"的雕刻绘画。华夏民族形成之后,龙凤图腾被视为最受崇拜的象征。商周时期,在青铜器上盛行鱼、龟、龙、凤、象、虎等纹样。自秦汉以后,吉祥瑞应之说风行,便建立起完整的吉祥象征体系,并服务于封建统治。唐末、五代至清,吉祥图案的世俗化,使之成为寄托理想心愿的重要形式。经过长期的衍化,中国吉祥文化形成鲜明的特性,许多艺术品讲究图必有意,意必吉祥。即使发展到近现代,吉祥文化在民间美术中仍具有强盛的生命力,不仅为广大人民群众喜闻乐见,而且成为学者研究的艺术品,收藏者寻觅的收藏品。

图373 "好精美呀!"——集邮者欣赏列支敦士登邮政的剪纸鸡年生肖邮票

用物象来表达抽象的意义和感情，早在数千年之前就有了。中国的吉祥文化大多是通过物象的寓意和谐音来表达的。生肖动物在吉祥文化中的形象十分有趣，甚至可以说是"鸡犬升天"，无一例外地被赋予了吉祥的新意。例如：

鼠年的吉祥物象有"鼠咬天开"。传说天地生成于子时。起初，地球是个大气包，混混沌沌，没有一点缝隙。老鼠憋得慌，连着几声咳出了裂缝，气体跑了出来，使物质得到了利用。它立下了打开天体的功劳，子时就属鼠了。于是，老鼠被排在了十二生肖之首。这一传说，实际也符合宇宙起源的中国古代朴素唯物观，并被现代科学学说所证实。

"玉兔呈祥"为兔年的吉祥用语。在古代，白兔难得一见，它的出现常被视为祥瑞之物。物以稀为贵，仙人就有名"白兔公子"者。

在十二生肖中，兔与月的关系最为密切。传统文化研究者赵伯陶在《生肖说兔》一文中论及：月中有兔，与兔能捣药的传说有关。晋张华《博物志》[1]有"兔望月而孕"的说法。据说，兔的怀孕期正好与一个月左右的月象变化一致。

兔与月的这一因缘，反映在奔月题材的绘画中，就出现了嫦娥怀中抱兔的形象。旧时民俗年画也常以此为题材，画中一位穿戴华贵的美女手抱玉兔冉冉向月中广寒宫飞去，用以装点过年的气氛。

著名学者季羡林[2]认为月中有兔来源于印度，其根据为唐玄奘《大唐西域

---

[1]《博物志》，西晋博物家张华著志怪小说集。内容记述异境奇物、琐闻杂事、神仙方术、地理知识、人物传说等，包罗万象。
[2] 季羡林（1911年8月6日—2009年7月11日），字希逋、齐奘，国学泰斗，语言学家、文学家、史学家、教育家和社会活动家。曾任北京大学副校长、终身教授，中国科学院哲学社会科学部委员、中国社会科学院南亚研究所所长，与饶宗颐并称"南饶北季"。佛学和印度学造诣极深。

记》[1]卷七·五国"三兽窣堵波"中记载的印度的如下传说：

远古时林野有狐、兔、猿三兽，友好相处。一日佛祖化身为一老人到林中觅食，狐狸找来鲜鲤，猿找来水果，唯兔空手而归。老人认为兔诚心不够，于是兔就请狐、猿捡来柴草点燃，自己纵身于烈焰化为老人的美餐。佛祖恢复本相，收拾起兔的焦骨，感叹地说："吾感其心，不泯其迹，寄之月轮，传乎后世。"从此月中就有了一只玉兔。

"春牛辟地""金蛇狂舞""三阳（羊）开泰""金猴献瑞""天狗守财""肥猪拱门"等，分别为牛年、蛇年、羊年、猴年、狗年、猪年的吉祥之词。其中的羊与"阳""祥"谐音，故民间有"大吉羊"为"大吉祥"之喻。

在中国吉祥文化中，龙是被神化到极致的祥兽。中国古时候把考中状元称为"独占鳌头"，鳌是传说海中的大龟。但在吉祥图案中，独占鳌头的状元往往是站在龙鱼背上，边上有禹门等组图。这便是源于古时神话传说鲤鱼跳龙门而化龙。童子骑龙，寓意功成名就，位高第一。

龙为中国神话传说中的神灵之物，根据民间传说：有角的为虬龙，无角的为螭龙，有翼的为飞龙，有鳞的为蛟龙，好水的为水龙，善吼的为鸣龙，好火的为火龙，善游的为游龙。传说中未升天的为蟠龙，蟠为环绕屈曲之意，寓意国泰风调，民益雨顺。

"双龙戏珠"是民间祭龙活动的主要形式，寓意祈瑞纳吉，喜庆丰年，其

---

[1]《大唐西域记》，唐代高僧玄奘口述、僧人辩机编撰的地理史籍，记载玄奘从长安（今西安）出发游历西域的所见所闻，成书于唐贞观二十年（646年），12卷。是研究印度、尼泊尔、孟加拉国、斯里兰卡等国古代历史地理的重要文献，为各国学者所重视。

来历颇具传奇色彩。蜥蜴俗称四足蛇，也称石龙蛇。与蜈蚣、蛙、蛇、蜘蛛（或蝎)共为一连环而各惧其一。它们共处一地时，为护其身而敢斗。蜘蛛能遏百虫，唯独怕蜥蜴，故民间有"石龙戏蛛"之说，又被讹传为"双龙戏珠"。因"珠"与"蛛"谐音，转意为除害，使"双龙戏珠"又多了国要除害、万世中兴的深层含意。

此外，"龙凤呈祥""望子成龙""龙马精神""云龙风虎"等都是常被人们引用的吉祥话语。

虎是兽中之王，勇猛威武，象征勇气和胆魄。由于虎是阳兽，代表雄性，故民间以其形象来驱妖镇宅，祛邪避灾。老百姓还把老虎当作儿童的保护神，例如让孩子穿虎头鞋，戴虎头帽，睡在虎头枕上等，希望孩子长得虎头虎脑，健康可爱。中国民间在农历端午节时，有用菖蒲艾叶的习俗。相传是张天师把艾叶作虎来收瘟疫虫毒。直至现代，中国城乡仍有一种头为虎形、尾为艾叶状的装饰吉祥物——艾虎，作为端午节时的必用之物，悬挂在门楣上，以祈保佑全家平安。

由虎与龙组合而成的"云龙风虎"，又称"龙腾虎跃"或"生龙活虎"。中国神话中传说龙腾则云飞，虎啸则风生。"云龙风虎"寓意杰出人物应运而生。

马具有灵性和神力寓意，马飞扬之神采，骏逸之风度，尤为世人喜爱。马飞驰而来，行动疾速，则有"马到成功"的吉祥含义。更有趣的是，"马上"为"不久""立刻"之意，于是吉祥图案中还有一些新的创造，例如，马上骑者传书，表示"马上平安"；马与龙组图，寓意"龙马精神"；马上骑猴，则表示"马上封侯"，官运亨通。

"三阳开泰"典故出自《易经》[1]，以 11 月为复卦，一阳生于下；12 月为临卦，二阳生于下；正月为泰卦，三阳生于下。三阳各有其名：一阳为少阳，二阳为明阳，三阳为太阳。指冬去春来，阴消阳长，是吉利的象征。以后民间便将其作为新年开始的祝颂语。如春联中有：一元二气三阳泰，四时五福六合春。许多民间年画中以三只小羊入图，取谐音寓意"三阳（羊）开泰"，羊致清和。

猴聪明灵活，是受人喜爱的动物。因猴与"侯"同音，古时吉祥文化中将猴视为王侯及高官厚禄的象征。进而还有猴与桃组图。桃子有"仙桃""寿桃"之称，传说生于昆仑山。王母娘娘寿诞时举办蟠桃宴会，食蟠桃可长生不老，故桃子被视作长寿之果。猴子捧桃寓意功名已达，长寿显贵。若画五只猴采食桃子，则含有"五代封侯，广利吉行"之意。

鸡在吉祥文化中同样具有丰富的含义。除了常见的"酉鸡有吉"谐音吉祥话，还有不少民间传说。传说公鸡是玉衡星散开而变成的，为南方阳气的象征，太阳里面就有一只公鸡。公鸡鸣叫响亮，因"公鸣"与"功名"谐音，故常被用来表示高升高中的吉祥寓意。"金鸡报晓"还有一个典故。金鸡乃神话中的天鸡，相传在扶桑山上，太阳初升时鸣叫，然后石鸡也鸣，最后天下群鸡亦鸣，天色始明。

古人认为鸡有"五德"。《韩诗外传》中谈及："头戴冠者，文也；足搏距者，武也；敌在前敢斗者，勇也；见食相呼者，仁也；守夜不失时者，信也。"鸡被加上了文、武、勇、仁、信五德，足见人们对其另眼相看。

---

[1]《易经》，是阐述天地间万象变化的上古经典，中华民族古老智慧的结晶。有连山、归藏、周易三部易书，现存于世的只有周易，另两部失传。

"鸡王镇宅"也有一段传说。鸡能辟邪,马能致吉。晋《拾遗记》[1]中说:尧帝在位时政通人和,但常有妖魅肆虐为害。后舐之国(传说中的古国)献上一种"重明鸟"别称"双睛",其形状和普通公鸡一样,但疾恶如仇,搏逐妖魅。于是国人莫不洒扫门户,企盼重明鸟飞到自家来镇邪除恶。但是重明鸟不常出现,民众只好仿其形状,刻制木鸡置于门户或屋顶上,这样也能吓退妖魔。民间从此就有了张贴鸡画——"贴鸡"的习俗。

据考,贴鸡为四川成都一带春节习俗。正月初一早晨,人们把红纸剪好的鸡贴在门楣上。三国时,晋议郎董勋《答问礼俗》[2]中说:"正月初一为鸡日,正旦画鸡于门。"

---

[1]《拾遗记》,东晋人王嘉编写的神话志怪小说集,19卷。今传本经南朝梁人萧绮整理为10卷。
[2]《答问礼俗》,史籍《魏书》中记载的一部书名。原书失传,只有佚文。作者是晋代议郎(官名)董勋。

三、传播积极的生肖文化

我国生肖文化，可以追溯到远古先民的图腾和殷商时代的干支纪日。从湖北云梦县睡虎地秦墓出土的一批竹简来看，已有12种动物同十二地支相配的记载。东汉王充《论衡》一书已有同今天完全相同的十二生肖记述。当时十二生肖属相的作用主要有二：一是数年计岁，简单明了，通俗易懂，生产生活中，人人都可掌握运用，尤其对推动农业社会生产力发展，起到巨大作用。这是有积极意义的主流方面，也是生肖纪年得以历代相沿、经久不衰的重要原因。二是受历史条件和科学发展的限制，十二生肖也被用于古代占卜术，后来有人利用所谓"生辰八字"为人算命。这是糟粕，应予抛弃。

经过2000多年的流传，生肖文化底蕴丰厚，丰富多彩，其精华部分可以用这样八个字来概括：团结和谐，吉祥祝福。今天我们倡导生肖集邮，传承生肖文化，就是要发挥其积极因素，弘扬团结和谐文化与吉祥祝福文化。

1. 十二生肖对人人皆有影响，不可忽视

以子鼠、丑牛、寅虎、卯兔、辰龙、巳蛇、午马、未羊、申猴、酉鸡、戌狗、亥猪为内容的十二生肖，是中华民族古老的民俗文化，历史悠久，代代相传。从古到今，凡中华民族子孙，每个人从出生的那一天起，就有一个生肖属相伴随一生。皇亲贵胄，可以属猪属鼠；平民百姓，可以属龙属虎。实际上生肖已成为每个人的出生符号、生命符号之一，是每个人的吉祥物。人们赋予12个生肖不同的象征意义，共同表达美好的祝愿和心灵的祈求。由于十二生肖具有便于数年计岁的优点和吉祥祝福的寄托，因此生命力强大，得以代代相传，相沿成习，虽经历各朝代和各种社会制度，至今仍盛行未变，是我国影响面很大的群众性的传统民俗。

2. 生肖文化是积极文化，应予弘扬

十二生肖的积极意义，主要表现为"团结和谐""吉祥祝福"。

十二生肖是一个平等和睦的大家庭，12个属相，从鼠至猪，虽有排序先后之别，并无高低贵贱之分；每个值岁一年，正月初一上任，腊月除夕卸任，谁值年谁领头，12年一循环，2000多年循环不已。十二生肖原型虽来自12种动物，但作为人的生肖，已非自然界中动物，个个都是吉祥灵性之物；人们对待十二生肖，从来都是一视同仁，不分彼此，出生已定，欣然接受，终身相伴，与对自然界动物的态度截然不同；同生肖的人在一起，无论长幼，说到自己的生肖时，立刻就有亲切感和归属感。

生肖属相作为每个人一生伴随的动物形象，既是一个人的出生符号，铭记年岁的依据，也是一个人终身相伴的吉祥物，人们赋予其许多美好的祝愿和心灵的祈求。生肖属相作为全民族共有的情感纽带，以生肖内涵为底蕴的吉祥祝福文化具有最广大的受众面和最深刻的认同性。因此，我们看到每逢元旦、春节，各种传媒对新年的祝贺，大多是围绕新年的属相，从"鼠年说鼠"到"猪年说猪"；中国邮政每年在新年之前和新年伊始，发行贺年邮资片封卡和生肖邮票，以迎接新年到来。总之，生肖吉祥祝福文化，是围绕当年生肖属相，以其丰富的吉祥内容和美满愿景进行祝福的感情交流。这是一种激励人们奋发向前的文化，是追求美好生活的文化，有利于社会和谐和促进社会发展，很有积极意义。

对待民族传统文化，党和政府的历来方针是取其精华，弃其糟粕，推陈出新，古为今用。十二生肖在历史上虽然曾被占卜、算命者利用，但今日将这方面摒弃，其基本内容就完全是积极进取、正面向上的，应大力弘扬，古为今用，守正创新。

十二生肖由12种动物（龙为传说动物）组成，源于先民各部族的图腾，反映了当时人类对动物的崇拜，体现了早期人类与动物的亲善关系，这种天人合一、人和动物和谐共处的自然观，对于现今保护自然、保护动物仍有积极意义。十二生肖是由中华各民族的图腾，经过长时期的选择组合相融定型而成，是中华民族大团结的产物，是中华民族共同体的文化记忆。现今世界上凡有华人的地方，都有十二生肖。十二生肖属相连接着中华民族的每个人。生肖文化经过2000多年的发展和沉淀，丰富而深厚，已深入社会生活的各个领域；生肖动物形象，广及文化艺术的各个方面，影响极其广泛。生肖属相的吉祥含义和愿景寄托，是每年元旦、春节的热门话题，激励人们积极向上，向往美好生活，是推动民族文化持续发展的不可忽视的内容。

（三）十二生肖已成世界现象，世所罕见

源于中国的十二生肖习俗，现在不仅为中国所有，已成为世界现象，而且影响越来越大。早在1000多年前，我国的十二生肖习俗已开始传入周边国家。现在日本、朝鲜、韩国、哈萨克斯坦、吉尔吉斯斯坦、蒙古国、不丹、越南、泰国、老挝、菲律宾、新加坡等国家，均有与我国基本相同或完全相同的生肖习俗，并已成为这些国家的主体民族文化的一部分。这些国家绝大多数也同中国一样，现在每年都发行生肖邮票。

现今十二生肖在世界上的影响越来越大，特别是发行十二生肖邮票的国家越来越多。自从日本1950年开始发行生肖邮票以来，从20世纪90年代开始，已从亚洲扩大到世界五大洲，美国、加拿大、古巴、法国、澳大利亚、新西兰、南非等国家连年发行生肖邮票，累计已有 137 个国家和地区发行过生肖邮票。超过世界半数的国家和地区在同一时段内发行主题相同、生肖形象一致的邮票，而且逐年发行，循环不已，确为世所罕见，已成为一道独特、亮丽的风景线，令人瞩目。

第三节
生肖集邮的群众基础

一、生肖文化的普遍性

生肖集邮具有民间文化的内涵，大众文化的色彩。其最具魅力之处在于雅俗共赏，广大民众喜闻乐见，其最大优势在于依托生肖文化的普及知识，成为一种最具人性化、贴近生活，并且持续不断的大众收藏。

对生肖文化可以有不同的诠释，它既可以是"阳春白雪"，也可以是"下里巴人"。正因为千百年来，生肖文化植根于民俗、民间、民众，所以才能深入人心，生生不息。今天倡导和发展生肖集邮，同样应该两条腿走路，既要重视对生肖文化的历史渊源和艺术门类的研究，也不可忽视对生肖文化雅俗共赏、生动活泼特色的宣传。千方百计让更多的人了解生肖集邮，热爱生肖集邮，这也是生肖集邮为构建和谐社会服务的内容之一。生肖集邮的群众基础，来自中国传统文化的深厚积淀，来自人民群众文化生活的不断丰富，来自中外集邮文化的广泛交流。

生肖文化是一种民间文化、通俗文化。生肖在中国不论阶层、职业、地位、信仰，人人都有，终身不变。这种广泛的群众性，一方面是由于生肖文化与人们的生产、生活相关度高，有较强的实用性；另一方面是其精神内涵寄托了人们对未知世界的向往，对真善美的追求，使其群众基础不断强化。

图 374 生肖集邮研究会会长郑炜在 2016 亚洲国际邮展论坛宣讲生肖集邮

二、生肖邮票的普及性

在中国，国家邮政每年发行的生肖邮票，被1亿以上的人视为自己的本命年邮票，倍感亲切。许多亲朋好友都乐于以此互致良好的祝愿，生肖邮票为新年、春节增添了欢乐喜庆的气氛。尽管年年如此，但人们总感觉年年有新的期盼、新的欢喜、新的话题。

中国首套生肖邮票T.46《庚申年》是1980年2月15日农历除夕发行的。由于当时集邮人数尚少，因此出售与购买没有出现什么太大的不便。以后集邮人数增多，生肖邮票日益受欢迎，邮票发行部门决定从第二套生肖邮票《辛酉年》鸡票开始，发行日期一律改为1月5日。这样就减少了临近春节前夕邮局售票和群众购票的巨大压力，也使生肖邮票成为每年发行的第一套邮票。开门见喜，中国邮政扮演了中国老百姓最喜欢的"财神"。

由于生肖邮票受到人民群众的广泛喜爱，中国首轮生肖邮票的发行量逐年增加，到第6年"牛票"发行时印量达到9555.26万枚。以后每年生肖邮票的印量均在亿枚左右，仍然十分紧俏，供不应求。1990年《庚午年》马票发行量高达1.3亿枚。为缓解"购票难"问题，上海还试行过在发行生肖邮票首日，集邮者首先买门票坐进体育场，再按顺序购买新发行的邮票，其热烈壮观的场面可想而知。

与生肖集邮密切相关的生肖邮票首日封和纪念戳，长期以来深受集邮者的厚爱。每年新的生肖邮票发行首日，广大集邮者纷纷盖戳发封，呈现一片繁忙景象。20世纪80年代中期到90年代中期，全国各地每年设计印制的生肖首日纪念封片，种类繁多，有不少市、县邮局、邮协及企业单位也印制生肖首日纪念封片。此外，还有个人创作的生肖首日手绘封、剪纸封、书法封等，更是不计其数。

　　所有喜爱收集生肖首日纪念封片的人，不仅留意封片图案的精美，更重视对纪念邮戳的收集与研究，由此形成了生肖纪念邮戳庞大的家族。繁花似锦的生肖纪念邮戳与生肖首日纪念封片一起，构成了生肖集邮一道璀璨夺目的风光。无数充满地域特色和浪漫情趣的生肖纪念邮戳，不仅令邮人赏心悦目，也为编组邮集提供了丰富的素材。

图 375　中国著名邮票设计家王虎鸣在北京邮票厂机台看样和出席生肖邮票首发活动

三、生肖集邮的传播性

每年新的生肖邮票发行都被集邮者们视为集邮节日一般,称作集邮界的"春节晚会"。生肖新邮票既是广大群众争相购买、精心收集的藏品,也是集邮者们品头论足、话题最多的关注热点。由此,有些人有感而发,热情称赞"贴春联、看春晚、买生肖邮票"为当代新年俗。

生肖集邮的文化魅力在于其铭刻着中华民族传统文化的精髓,承载着民族智慧与创造力的光辉篇章,寄托着民族的祝福与期望。生肖把人与动物联系在一起,使之具有人性化色彩,深得民众喜爱。由生肖衍生出来的生肖民俗文化极为丰富,为生肖集邮提供了得天独厚的创作素材。

随着农村经济的发展,农民生活水平的提高,集邮文化必将为广大农民群众所喜爱。在农村,农民对生肖属相情有独钟,生肖邮票的创作素材有不少来自农村,出自农村艺人之手,特别是和农村民间的剪纸艺术、泥塑艺术、手工艺品密切相关,相映成趣,十分贴近百姓生活。通过生肖邮票的欣赏与收藏,可以吸引更多的农民群众参与到集邮活动中来。

生肖文化近十多年来正逐渐风行海外,越来越多的外国人开始喜爱生肖文化,喜爱生肖邮票,从而为生肖集邮步入国际邮展殿堂开辟了道路。许多国家和地区发行具有中国文化特色的生肖邮票,说明越来越多的外国民众对中国农历新年的重视和喜爱。美国、加拿大、新西兰、法国等国家,每年年初都把发行生肖系列邮票作为一项文化盛事,在该国华人聚集的城市举行首发仪式,各种媒体争相报道。这说明生肖邮票的发行在全球已经具有举足轻重的地位,对宣传、推动集邮活动具有特殊的作用。

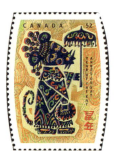

图 376 加拿大发行的生肖邮票（1997—2008）

图 377 澳属圣诞岛发行的生肖邮票（2008—2019）

图 378 新西兰发行的生肖邮票（2012—2015）

四、生肖集邮文化的社会功能

著名史学家范文澜[1]指出:"中国境内一向居住着文化系统不同,所奉祖先不同的各族,……经常有经济上文化上的相互影响以至于融合或部分融合……"

民俗是人们共同生活中具有普遍性、规律性的重要社会现象,与人们的现实生活密切相关。同时,它又与民族的历史和文化传统息息相通。民俗文化心理的动向惯性,凝成了民族文化的原动力。

生肖集邮文化是生肖文化与集邮文化紧密结合的民俗、民间集邮文化,同样具有民俗学研究的重要价值。它与其他民俗文化一样,具有四个主要特征与功能。

图 379 贺年邮资明信片上的民俗吉祥文化元素

---

[1] 范文澜(1893—1969),字芸台、仲澐,中国历史学家、教育家和社会活动家,毕业于北京大学。先后任北京大学、北京师范大学、河南大学教授。1940年任延安中共中央马列学院历史研究室主任。撰写《中国通史简编》《中国近代史》等史著。新中国成立后,任中国科学院中国近代史研究所所长、中国史学会副会长、中国科学院哲学社会科学部常务委员等职。

（1）传承性。某一类型的民俗在流播过程中自始至终有相同、相似的内容，或有大致相同的形式。有形态与性质两大类别。形态传承指民俗活动方式等外在形态；性质传承指信仰等内在因素。习惯是民俗传承的重要纽带。

（2）变异性。它是指某一类型的民俗在流播过程中内容或形式发生变化的特征。变异性受地理环境、历史时代、民族文化传统等诸多因素影响而产生，给移风易俗提供了可能性。可从中窥见一个民族的历史面貌或发展状态。

（3）历史性，亦称时代性。它是指民俗发展在时间上所呈现的特征。随着历史的推移，人事更替，社会经济、政治强烈地影响着民俗的形成、发展与消失。新俗取代旧俗，某些传统习俗的全部或部分发生变异，使某些民俗以其鲜明的时代色彩而成为特定历史阶段的标志。民俗的更替、变异极为缓慢，故其历史性多不似历史事件以年月日时为标志，而以相当长的历史阶段划分。

（4）地方性，亦称乡土特征。它是指民俗发展在空间上所显示的特征。每一民俗的形成、发展和消失均受一定的地域生产、生活条件和地缘关系的制约，因而或多或少总要染上地方色彩。

生肖文化源自中国传统民俗，它是中华文明最朴素的科学成果之一。它既是对宇宙规律的形象揭示，也包含着对人生岁月的寄托和祝福。生肖文化是中华民族智慧的结晶，与风行世界近两个世纪的集邮活动不期而遇，演变成博大精深的生肖集邮文化，成为最具社会影响力、最有人情味、最具群众性的一种集邮文化。

喜看今日，中华民族经济振兴的脚步令世人景仰，中华民族传统文化的神韵同样令世人羡慕。生肖邮票风靡五洲四海，正是中华民族崛起和中华文明走向世界的象征。

第四节
生肖集邮的国际影响

一、生肖文化是中华民族的伟大创造

据流传,日本首相田中角荣首次访问中国时,曾向周恩来总理出过一则谜语:"你们全国 12 个,人人占一个,请问是什么?"周总理听后笑答:"十二生肖。"美国总统里根访问中国期间,与中国领导人闲谈时笑称:"按照中国的十二生肖,我属猪。"这些轶闻充分表明,中国的生肖文化具有促进中外文化交流的独特作用,不仅赢得了各国民众的喜爱,也受到各国元首的重视,堪称"民俗外交形象大使"。

中国的生肖邮票——这是值得我们骄傲和自豪的盛世奇观,一下子开阔了国人的视野,也引来了举世瞩目。越来越多的国家纷纷发行生肖邮票,这种现象表明:一切热爱美好生活的民族,都向往古老东方文明孕育的奇特民俗,他们被中国生肖文化的魅力所征服。

有一句俗语说:"凡是有海水的地方就有华人。"

中国人很早就开始了向海外移民的历史,但是直至 19 世纪中期以前,中国人移居海外的数量和规模并不很大。1840 年鸦片战争以后,中国逐渐沦为

半殖民地半封建社会。此时英美实行禁奴措施,中止了持续几个世纪的非洲黑奴贸易。为了寻找新的廉价劳动力来源,他们把目光转向中国。随之在中国南方诸省出现了以"苦力贸易"为主流的华工出国潮。

图380《己亥年》邮票设计者、雕刻者"喜相逢"

据有关资料统计，1847—1853 年，从厦门运往南北美洲、澳洲和檀香山的华工共 1.2 万人；1856—1873 年，西方殖民者从澳门运走了 20 万华工；1847—1874 年，被运往古巴和秘鲁的华工分别为 14.3 万人和 12 万人；1852—1854 年，进入美国的中国移民为 4.5 万人。第一次世界大战期间，英法再度来中国招雇契约工，英国招了 10 万人，契约年限 3 年；法国招了 5 万人，契约年限 5 年。

散布世界各地的华人聚居区被称为"华埠""中国城"，而更普遍的称谓是"唐人街"。唐人街被称为"华人的海外故乡"，工作和生活在唐人街以外的华人，也时常来唐人街，领略这里的乡情。在亚洲、欧洲、美洲和大洋洲的主要城市，几乎都有唐人街的存在。例如美国共有唐人街 80 个，旧金山唐人街是最大的一个，始建于 1849 年。加拿大有唐人街 10 多个，温哥华唐人街是其中规模最大的。早在 1886 年温哥华建城之前，这个地方就有 100 多华人居住。

祖国的日益强大，中华文化的特殊魅力，5000 多万海外华人的优良品格，都赢得了世界各国的尊重和赞誉。美国和加拿大的许多大城市相继建立了中华文化中心。美国和加拿大政府不仅为华工树立了纪念碑，还通过发行生肖邮票表达对华人的美好祝愿。

1992 年 12 月 30 日，美国邮政总局发行中国鸡年生肖邮票，全套 1 枚。图案为一只红色的公鸡剪影，邮票上还有中文"鸡年"和英文"新年快乐"字样。美国邮政当局与当地华人社团为这套邮票发行举行了隆重的首发仪式，为此美国邮政史上还第一次出现了使用中文的纪念邮戳，中心图案是一只雌鸡，上面有中文局名和日期。这枚富有中华民族艺术风格的邮票印数达 1.05 亿枚，很快传遍了世界各地。

美国鸡年生肖邮票的设计者是夏威夷华裔李健文，鸡票首日封和中文纪念邮戳的设计者是林凯斌、许文宇。这枚邮票的诞生也寄托着众多旅美华人的心愿。早在1987年，美国的华人社团就成立了华裔纪念邮票委员会，先后向美国邮政总局直至布什总统提出发行华人纪念邮票的提议，最终获得批准。美国发行生肖邮票，貌似不含政治意义，实则意味深长。

美国鸡年生肖邮票受到国内外集邮者和华人社会的热烈欢迎，销售盛况空前。促使美国邮政总局决定将中国生肖邮票的发行持续进行下去。于是，美国每年都要发行一套印有中文和中国生肖的邮票，每年都举行隆重的邮票发行仪式。这是划时代的变化，象征着在中国经历了几千年的民俗文化正在美国发扬光大，显示了华人在美国新移民中享有崇高而特殊的地位。

美国第一轮生肖邮票均由李健文设计，全部采用中国剪纸艺术手法创作，造型简练拙朴，保持了风格一致。生肖邮票整版边纸上还印有一些对中国春节生肖习俗的简短英文说明。这些都为邮人津津乐道。

由于1993年第一枚鸡年邮票发行时的平信邮资是29美分，到2005年发行纪念小全张时，平信邮资已经上涨到37美分，所以小全张上的邮票面值都被改成了37美分，12张邮票的总面值4.44美元。考虑到4是华人最忌讳的数字，为了迎合华人的喜好，邮政总局索性决定发行双面小全张，这样全部24枚邮票的面值是8.88美元，与"发发发"谐音。发行双面小全张在美国邮政史上十分罕见，不过显然很受欢迎，邮局也挣钱翻倍。

2006年1月，美国邮政又推出单枚邮票面值39美分的新版小全张。这套以橘红色为背景的生肖邮票小全张，在目前全美最受欢迎的25种邮票中名列第 18 位，为邮政部门带来至少 2 亿美元的收入。

美国是世界上最大的发达国家，它率先发行弘扬中华传统文化的生肖邮票的做法，必然会对许多欧美国家产生重要的影响。

加拿大为了肯定华人对当地社会发展所做的贡献，1997 年 1 月 7 日发行中国牛年生肖邮票，全套 1 枚，另有 1 枚小全张。加拿大成为继日本、美国之后第三个发行生肖邮票的发达国家。

二、中国生肖邮票成了国家交往的"文化使者"

生肖文化是中华文明最朴素的科学成果之一，既是对宇宙规律、纪年方式的形象揭示，也包含着对人生岁月的寄托和祝福。生肖文化是中华民族智慧的结晶，多姿多彩的动物形象，富于想象力的神奇传说，使之成为最具社会影响力、最有人情味的民间艺术杰作。

充满神奇色彩的中国十二生肖属相，作为每个人的出生符号和纪岁方法，已有2000多年的历史。从古到今，相沿成俗，人人有份，相伴一生，虽历经各种社会制度和各朝各代而经久不变，其生命力可想而知。

源远流长的中国吉祥文化艺术品讲究图必有意，意必吉祥。生肖在吉祥文化中的形象十分有趣，千姿百态，不仅能使人分享美感，而且凝聚了深厚的民族情感。

春节是中国最悠久、最隆重的传统节日，成为展示民间习俗的综合性大节，生肖年年迎来送往，更为生肖文化注入了极为丰富的民俗艺术营养。十二生肖千古不改，人的属相与生俱来，终生不变，由此引出了传统生肖文化种种神秘而有趣的话题。

俗文化的受众远远多过雅文化的受众，而雅文化的每一次更新，几乎都是在吸纳俗文化与外来文化的过程中完成的。策划、发展"泛文化"的生肖集邮，一方面要采用通俗文化的方式，另一方面要体现集邮文化的特有内涵。对生肖邮品欣赏与研究的过程中所产生的价值（既包括文化价值，也包括精神价值）应站在世界集邮文化精神的高度来看，使生肖集邮的价值运行进入一条经得起历史检验的轨道。

历史是民俗脚下的土地，传统是生肖脸上的笑容。生肖邮票离不开生肖文化，生肖文化艺术形象千变万化，但永远不变的是中国魂——中华民族的历史文化与时代精神。

中国作为世界四大文明古国之一，它所孕育的中华文化作为早期文化格局中的一极而自立于东方，形成了自己独特的文化底蕴和传统，在世界文化中占有十分重要的位置。

东亚地区的其他国家，如朝鲜、日本等，在历史上长期受到中华文化的强大影响。可以说，整个东亚地区都以中国为文化母国，大规模地吸收与融和中华文化，并在此基础上构建起符合本民族特性的文化体系。

在日本，自大化二年（646）以后，上自宫廷内的庆祝新年仪式，下至百姓的过年习俗，完全同于唐朝。中国的生肖属相、守岁、饮屠苏酒等习俗，在

图381 法国2010虎年生肖邮票小版张

图382 秘鲁2009牛年生肖邮票

日本也一应俱全。因此，日本在世界上最早发行生肖邮票绝非偶然。

1950年2月1日，日本发行"昭和25年用"（庚寅虎年）贺年邮票，图案选取画家圆山应举的名画《龙虎图》，同时发行一枚含有5枚邮票的小型张。从此，日本正式开始发行以生肖文化为题材的贺年邮票系列，并形成自己的特色。

值得一提的是，日本虽然发行生肖邮票几十载，对世界各国（尤其是欧美、非洲等国家）的影响却一直有限，并未引起多少国家眼热心痒。1980年中国开始发行生肖邮票，伴随中国群众性集邮活动的开展，这才让世界看到了生肖邮票和生肖文化的巨大魅力，由此掀起世界发行生肖邮票的热潮。

图383 加拿大2002马年生肖邮票小型张

三、用生肖邮票展现中国文化

自从日本 1950 年发行世界上第一枚生肖邮票以后，直到 1980 年中国开始发行首套生肖邮票，此时仅有亚洲的韩国、越南、蒙古国、老挝、中国香港、中国台湾等为数很少的国家和地区发行过。

到 2002 年，发行过生肖邮票的国家和地区达到了 80 个。其中，亚洲 24 个，非洲 21 个，大洋洲 20 个，美洲 8 个，欧洲 7 个。

截至 2023 年，发行生肖邮票的国家和地区达到 138 个（含联合国邮局）。全世界已发行生肖邮票种数达到 5500 多种，其中还包含有大量的小型张、小全张、小版张、小本票、异形票及自粘票、金属材质票等。

世界各国自觉自愿地接受中国的生肖文化，年复一年地热心发行本国的生肖邮票，这是对中国传统文化的尊重与喜爱，是一种超越政治、超越国界、超越民族文化习惯的大融合。和中国人民一起享受新春除岁的节日欢乐，与各国一同欣赏生肖邮票的妙趣横生，这是一种世界性的集邮盛事。由于全世界已有 100 多个国家和地区发行生肖邮票，而且年年发，成系列，成规模，生肖邮票成为与圣诞邮票齐名的世界性两大节庆邮票选题之一。

如同古代中国的饮茶文化、丝绸文化、陶瓷文化走向世界、风靡全球一样，对当代中国而言，生肖文化走向世界，生肖邮票风靡全球是中华民族复兴过程中的一种文化输出，揭开了中华文化向外传播历史的新篇章。生肖邮票无疑将成为传播中国传统文化的特殊名片；成为世界人民关注中国古老文明的绝佳窗口；成为增进各国人民友谊最生动的情感纽带、无与伦比的文化桥梁。

中国生肖集邮　　　　　　　　　　　　　　　　　　　　　　　China Shengxiao Philately

图 384 韩国生肖邮票小型张（2002—2013）

当生肖文化、生肖邮票成为一种世界性的流行文化时，中国就能够与各国一道携手讲好中国故事，传递中国声音。用生肖故事讲述中国故事，用生肖邮票展现中国文化，从而促进中国与世界的交流，为实现中国梦，为构建和谐世界增光添彩。

生肖邮票走向世界，是一场永无止境的集邮大联展、环球大联欢。轮换登场的十二生肖是中国人民送给地球村的吉祥物，各国发行的数以千计的生肖邮票，将给人们带来无限的欢乐，留下无数的记忆。

这是一种历史的机遇，更是一种历史的必然。前景广阔，意义非凡。

图 385 苏州 2024 中华全国生肖集邮展览入场口

四、生肖集邮对世界文化交流的贡献

生肖集邮的兴起和发展，源于生肖文化雅俗共赏的独特魅力，源于国内外发行的生肖邮票丰富多彩的艺术特色，源于生肖集邮所具有的开创性、挑战性及广阔的拓展空间。

生肖集邮包括两方面的重要内容，一是对生肖邮票的鉴赏与研究，其中生肖邮票的选题和设计是深受关注的话题；二是对生肖集邮内容与形式的探讨。目前流行海内外的开放类集邮，对生肖集邮而言，既是发展机遇，也是新的挑战。生肖集邮的发展前景问题，已经成为引人注目的研究课题。在此过程中，民俗学与生肖文化研究的许多思路和方法，对生肖集邮研究具有重要的启示和借鉴作用。

生肖文化本身不是自然科学，但与自然科学有关，因为十二生肖大部分是自然界存在的动物。这样就不能不分析研究为什么选择这些动物，而不是其他动物。生肖中没有飞禽，也没有昆虫和鱼类，这是为什么？十二生肖动物有些什么生活习性，与人类有着怎样密切的关系？这样一来，生肖专题就与动物专题有瓜葛了。"开放"到生肖动物是必要的，因为从中可以剖析这些"幸运儿"为什么在人心目中如此"特殊"。

生肖文化本身不是历史科学，但与文化史有关，因为生肖的起源是至今尚未考察清楚的课题。生肖的起源与天文历法有关，与十二种生肖动物的生物钟有关。但是有相同或类似生活特性的动物非常多，单选择这些动物就与当时人类的生产力发展和世界观演变有关。另外一些资料表明，动物纪年来源于中国

北部少数民族习俗。十二生肖动物的选择就成为古代草原牧业文明与中原农业文明相结合的产物。生肖与社会发展史的关系也成为课题之一。

生肖文化本身也不是文学艺术，但与文学艺术有关，因为生肖形象不是仅靠口头传说，还有生动的文学记载和艺术图形描绘。老百姓的想象力和创造力，使十二生肖的故事和形象更加神奇生动。不同时代有不同的创作风格，总之是越说越真，越画越美，越看越善。

由此可见，生肖集邮的发展离不开这三条主线。

一是自然科学。十二生肖动物邮票值得收集和研究。从恐龙邮票到"大龙"邮票，都与生肖邮票有"血缘"关系，从中将会有新的发现，获得新的乐趣。

二是历史科学。生肖文化源流的研究，包括古籍、民间文学中的记载，考古中的各种发现，民俗史、艺术史、文化史中的观点。仅凭我们现有的知识和视野远远不够，不借助丰富的史料，研究难以深入。

三是文学艺术。广泛收集整理十二生肖的传说、童话、寓言、笑话、诗词、歌谣是挖掘生肖文化的根之所在。广泛收集整理以十二生肖动物形象创作、制作的美术、雕塑、布艺、剪纸、火花、磁卡、年画、玩具等作（物）品，是对生肖文化枝叶的梳理。当然，这些都可以在邮票中寻找，也不妨以实物为收集对象，那样更"开放"，甚至有可能搞成一座妙趣横生的"生肖文化博物馆"。

如果从专业技术层面考虑，生肖集邮还有更广阔的发展空间，例如：

（1）深化生肖集邮理论研究和学科建设、交流平台建设，创立生肖集邮学、生肖集邮教程，创建生肖集邮研究中心、生肖集邮培训中心等，条件成熟时可在大学开设生肖集邮课程。

（2）提升生肖集邮组织、期刊、展览的层次，向国际性、权威性方向拓展。

筹备成立国际性生肖集邮研究组织，制定国际生肖邮展规则，举办国际生肖邮展；主办《世界生肖集邮》期刊，出版《世界生肖邮票目录》《获奖世界生肖邮票目录》；联合发行年度《世界生肖邮票年票册》；等等。

（3）加强生肖邮票的国际交流、信息交流、展览交流、设计艺术交流（试行联合发行生肖邮票）等。

从世界范围讲，1950年—1979年是生肖邮票发行的初始阶段。这一时期，发行生肖邮票的国家和地区没有超出亚洲范围。90年代以来，是生肖邮票发行进入发展阶段。这一时期，各大洲许多国家和地区开始加入这一行列，使生肖邮票的数量、内容、形式都发生了极大的变化。至今，全世界已发行生肖邮票种数达5500多，其中还包含有大量的小型张、小全张、小版张、小本票等。如此迅猛的发展，来源于两个重要因素。

一是中国的国际影响扩大了。改革开放带来的巨大变化，使中国成为具有世界影响力的大国，其文化（包括集邮文化）价值取向对世界邮票发行必然会产生较大影响。中国发行生肖邮票的示范效应和带动作用影响深远。

二是市场利益的驱使。许多小国，尤其是美洲、非洲、大洋洲的一些国家和地区，热衷于发行别国热门题材邮票，例如国际邮展、贺年、生肖、运动会等，以赚取外汇收入。

该如何看待世界各国纷纷效仿中国发行生肖邮票这一令中国人感到骄傲和

自豪的文化现象？简言之，这是由于独具魅力的中华传统文化具有广泛而持久的巨大影响。深究之，这是由中华文化在世界文化史中的地位所决定的。文化是人类的创造，居住在世界五大洲的各族人民，在漫长的历史进程中，以各自的勤劳、勇敢和智慧，创造了丰富的、辉煌的、各具民族特色的文化财富。文化是民族的，同时也是世界的。生肖文化与生肖邮票就是有助于增进各国人民团结友谊的文化桥梁。

中国作为"四大文明古国"之一，它所孕育的中华文化作为早期世界文化格局中的一极而自立于东方，形成了自己独特的文化底蕴和传统，在世界文化中占有十分重要的位置，这个界定包含两层含义。

从时间上来说，中华文化历史悠久，源远流长。中华文化发生和发展的独立性，使其具有无与伦比的延续力。而其他原生型文化，如埃及文化、玛雅文化，早已后继无人；巴比伦文化、印度文化，经过多次异族入侵，基本上成为考古学研究的对象。唯有中华文化没有出现这样的中断现象。这在世界文化史上是极为罕见的。中华文化始终道统不绝，传承不断，历几千年而不衰，显示了强大的生命力。

从空间上来说，中国疆域之广和中华文化辐射范围之大，在世界上也是不多见的。东亚地区的其他国家，在历史上长期受到中华文化的影响。中华文化圈大约在隋唐时期完成了它的总体构建。朝鲜、日本和越南以中国为文化母国，大规模地吸收和融合中华文化，并在此基础上构建起符合本民族特性的文化体系。可以说，整个东亚地区都在中华文化的辐射范围之内，都是广义上的中华文化区。

在几千年的历史过程中，中华民族以其伟大的智慧进行了伟大的文化创造。

中国曾经在物质文化、精神文化、艺术文化等领域都居于世界领先地位，中华文化成为世界文明发展史上的主要源流之一。例如，中国古代天文学以对多种天象的最早观测记录著称于世；中国有世界第一流的历法；中华民族创造了丰富多彩的原始文化（特别是神话世界）。生肖文化同样是中华民族的伟大创造之一。

中华文化哺育了世世代代的中国人，同时也为整个人类文明的进步与繁荣做出了贡献。中华文化向海外的传播，在不同的历史时代，传播的内容及对当地文化的作用和影响是有很大区别的。长期以来，中华传统文化只是在东亚地区占据着重要地位，而向西方及世界各地传播的中华文化则偏重中国的科学技术。中华文化向外传播的历史，是中华民族走向世界的历史。今天，中华民族迎来了伟大复兴，必将进一步掀起中华文化包括物质文化、精神文化、艺术文化向全世界传播的新高潮。

国际集邮联合会（FIP）
主席普拉科·吉拉凯特先生、荣誉主席郑炳贤先生
签名的中国第一轮生肖邮票

The 1st Cycle of Chinese Shengxiao Stamps Signed by
Dr. Prakob Chirakiti, FIP President
Mr. Tay Peng Hian, FIP Honorary President

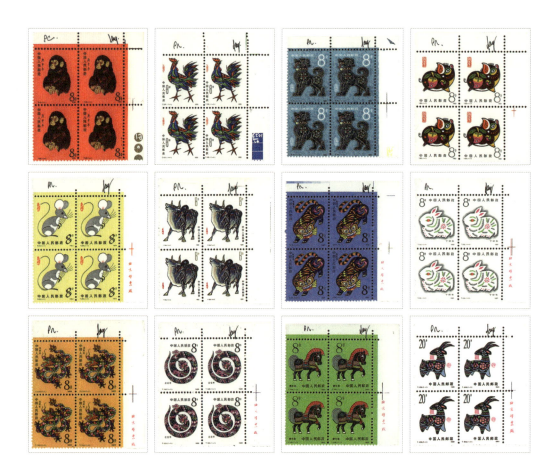

附录

附录1　中国生肖集邮理论文章篇目索引表
（1997—2023年）

文章篇名	作者	出处			
		名称	年份	期数	页码
（一）生肖文化研究					
《生肖不等于属相》	王国平	《生肖集邮》	1997	第一期	19
《黄帝与十二生肖》	骆旭旦	《生肖集邮》	1997	第一期	20
《干支纪年与我国传统文化》	翟瀚	《生肖集邮》	1998	第一期	11
《生肖就是属相》	袁树全	《生肖集邮》	1998	第一期	15
《十二生肖在韩国》	周治华	《生肖集邮》	1998	第四期	12
《关于生肖起源的假说》	王国平	《生肖集邮》	1999	第一期	15
《十二生肖产生的时间》	吴鸿钧	《生肖集邮》	1999	第一期	19
《试析中华生肖文化的基本特性》	王国平	《生肖集邮》	1999	第二期	16
《汉画·神话·生肖文化》	黄继光	《生肖集邮》	1999	第三期	17
《努力探索生肖的"密码"》	黄继光	《生肖集邮》	1999	第三期	18
《浅谈干支纪年的沿革》	赵新海	《生肖集邮》	1999	第四期	11
《生肖地名与赶场》	张铁宝	（原载《贵州集邮》）《生肖集邮》	1999	第四期	15
《神话，生肖文化的土壤——浅谈生肖文化演进的渊源》	黄继光	《生肖集邮》	1999	第五期	21
《龙年话龙——戏说十二生肖的起源》	沈缙	《生肖集邮》	1999	第六期	10
《试探黄道十二宫与十二生肖的亲缘关系》	李齐品	《生肖集邮》	1999	第六期	11
《十二生肖次序初探》	卜剑荣	《生肖集邮》	1999	第六期	14
《王阳明悟道之地——修文县龙场》	吴鸿钧	《生肖集邮》	2000	第二期	19
《从〈山海经〉说起——生肖渊源与社会约定性初探》	黄继光	《生肖集邮》	2000	第三期	16
《天干创于殷商》	张春山	《生肖集邮》	2000	第三期	18
《中国古代的蛇图腾》	翟瀚	《生肖集邮》	2001	第二期	17
《对十二地支的解说》	张铁宝	《生肖集邮》	2002	第五期	12
《确定生肖属相的唯一时界——立春》	刘晓虎	《生肖集邮》	2002	第五期	15
《云南贵州生肖地名查考》	高道同	《生肖集邮》	2003	第二期	21
《干支纪法·十二生肖和贵州生肖地名》	李本泉	《生肖集邮》	2003	第三期	22
《越南生肖见闻》	方定坚	《生肖集邮》	2003	第五期	6
《"周而复始、长生永存"的寓意——再版〈红楼梦〉中的"十二生肖"》	黄继光	《生肖集邮》	2003	第六期	10
《细说"十二生肖"的英译》	李升平	《生肖集邮》	2003	第六期	13
《趣谈属相与生肖年》	李毅民	《生肖集邮》	2004	第一期	18
《星相学是生肖属相的源头（上）》	刘晓虎	《生肖集邮》	2004	第六期	18

续表

文章篇名	作者	出处			
		名称	年份	期数	页码
《探溯"源头"须重"实证"——读〈星相学是生肖属相的源头〉刍议》	黄继光	《生肖集邮》	2005	第一期	P20
《星相学是生肖属相的源头（中）》	刘晓虎	《生肖集邮》	2005	第一期	P22
《生肖文化是积极的民族文化》	周巍峙	《生肖集邮》	2005	第二期	P9
《星相学是生肖属相的源头（下）》	刘晓虎	《生肖集邮》	2005	第二期	P25
《东南亚国家的十二生肖文化》	翟瀚	《生肖集邮》	2005	第四期	P14
《我国的狗文化》	余岢	《生肖集邮》	2005	第五期	P8
《少数民族的十二生肖》	晓雯	《生肖集邮》	2005	第五期	P9
《十二生肖起源于印度吗？》	翟瀚	《生肖集邮》	2005	第五期	P10
《十二生肖汉字溯源》	汪海清	《生肖集邮》	2005	第六期	P9
《试解十二生肖起源之奥秘——属相动物来自古人的生殖和生命崇拜（一）》	李升平	《生肖集邮》	2006	第一期	P24
《试解十二生肖起源之奥秘——属相动物来自古人的生殖和生命崇拜（二）》	李升平	《生肖集邮》	2006	第二期	P23
《生肖应从正月初一算起》	周治华	《生肖集邮》	2006	第二期	26
《十二生肖应列入非物质文化遗产名录》	周治华	《生肖集邮》	2006	第三期	3
《我国古代十二地支与方位》	翟瀚	《生肖集邮》	2006	第三期	12
《〈周易参同契〉中的十二地支记月》	张铁宝	《生肖集邮》	2006	第三期	13
《试解十二生肖起源之奥秘——属相动物来自古人的生殖和生命崇拜（三）》	李升平	《生肖集邮》	2006	第三期	17
《生肖·节气·干支纪年》	刘方宣	《生肖集邮》	2006	第三期	22
《干支纪年，始于何时》	梁纪林	《生肖集邮》	2006	第三期	23
《试解十二生肖起源之奥秘——属相动物来自古人的生殖和生命崇拜（四）》	李升平	《生肖集邮》	2006	第四期	23
《中华虎文化断想》	曲彦斌	《生肖集邮》	2006	第五期	13
《试解十二生肖起源之奥秘——属相动物来自古人的生殖和生命崇拜（五）》	李升平	《生肖集邮》	2006	第五期	16
《〈西游记〉中的十二生肖》	张铁宝	《生肖集邮》	2006	第六期	22
《试解十二生肖起源之奥秘——属相动物来自古人的生殖和生命崇拜（六）》	李升平	《生肖集邮》	2006	第六期	26
《猪文化浅说》	林猷熙	《生肖集邮》	2007	第一期	26
《从"弃龙"争论说生肖起源》	黄继光	《生肖集邮》	2007	第一期	29
《"龙"不可与英译dragon相提并论》	王智强	《生肖集邮》	2007	第一期	31
《试解十二生肖起源之奥秘——属相动物来自古人的生殖和生命崇拜（七）》	李升平	《生肖集邮》	2007	第一期	32
《古汉字和词语中的"猪"》	苏立征	《生肖集邮》	2007	第二期	29
《试解十二生肖起源之奥秘——属相动物来自古人的生殖和生命崇拜（八）》	李升平	《生肖集邮》	2007	第二期	14
《圆魄将升兔——卯兔的传说》	余岢	《生肖集邮》	2007	第四期	15
《试解十二生肖起源之奥秘——属相动物来自古人的生殖和生命崇拜（九）》	李升平	《生肖集邮》	2007	第四期	17
《丑牛的故事》	余岢	《生肖集邮》	2007	第五期	19
《试解十二生肖起源之奥秘——属相动物来自古人的生殖和生命崇拜（十）》	李升平	《生肖集邮》	2007	第五期	22

续表

文章篇名	作者	出处			
		名称	年份	期数	页码
《甲骨文字"猪""狗""猴""蛇"辨》	贾宝源	《生肖集邮》	2007	第五期	27
《试解十二生肖起源之奥秘——属相动物来自古人的生殖和生命崇拜（十一）》	李升平	《生肖集邮》	2007	第六期	16
《趣说"鼠文化"——鼠年说鼠》	余崶	《生肖集邮》	2008	第一期	21
《试解十二生肖起源之奥秘——属相动物来自古人的生殖和生命崇拜（十二）》	李升平	《生肖集邮》	2008	第一期	24
《再话鼠文化》	翟瀚	《生肖集邮》	2008	第二期	25
《〈红楼梦〉与生肖文化》	郑万钟	《生肖集邮》	2008	第二期	27
《试解十二生肖起源之奥秘——属相动物来自古人的生殖和生命崇拜（十三）》	李升平	《生肖集邮》	2008	第二期	29
《试解十二生肖起源之奥秘——属相动物来自古人的生殖和生命崇拜（十四）》	李升平	《生肖集邮》	2008	第三期	22
《要正确地传播生肖文化》	李本泉	《生肖集邮》	2008	第四期	20
《试解十二生肖起源之奥秘——属相动物来自古人的生殖和生命崇拜（十五）》	李升平	《生肖集邮》	2008	第四期	23
《日本〈集邮周〉纪念邮票中的生肖内涵》	周治华	《生肖集邮》	2008	第四期	25
《试解十二生肖起源之奥秘——属相动物来自古人的生殖和生命崇拜（十六）》	李升平	《生肖集邮》	2008	第五期	22
《牛年话牛文化》	翟瀚	《生肖集邮》	2008	第六期	14
《对贵州生肖场的几点考证》	张铁宝	《生肖集邮》	2008	第六期	16
《试解十二生肖起源之奥秘——属相动物来自古人的生殖和生命崇拜（十七）》	李升平	《生肖集邮》	2008	第六期	18
《试解十二生肖起源之奥秘——属相动物来自古人的生殖和生命崇拜（十八）》	李升平	《生肖集邮》	2009	第一期	20
《生肖邮票上的篆字辩误（一）》	贾宝源	《生肖集邮》	2009	第二期	21
《生肖与形象思维（上）》	骆远鑫	《生肖集邮》	2009	第三期	13
《试解十二生肖起源之奥秘——属相动物来自古人的生殖和生命崇拜（十九）》	李升平	《生肖集邮》	2009	第三期	15
《生肖邮票上的篆字辩误（二）》	贾宝源	《生肖集邮》	2009	第三期	18
《龙虎风云牛偕月——漫话与月相关的牛典》	朱兴乔	《生肖集邮》	2009	第四期	14
《生肖与形象思维（中）》	骆远鑫	《生肖集邮》	2009	第四期	16
《试解十二生肖起源之奥秘——属相动物来自古人的生殖和生命崇拜（二十）》	李升平	《生肖集邮》	2009	第四期	18
《生肖邮票上的篆字辩误（三）》	贾宝源	《生肖集邮》	2009	第四期	20
《道家文化与生肖文化小考》	张铁宝	《生肖集邮》	2009	第五期	12
《生肖与形象思维（下）》	骆远鑫	《生肖集邮》	2009	第五期	15
《试解十二生肖起源之奥秘——属相动物来自古人的生殖和生命崇拜（二十一）》	李升平	《生肖集邮》	2009	第五期	17
《中国生肖文化探源》	高道同	《生肖集邮》	2009	第六期	15
《试解十二生肖起源之奥秘——属相动物来自古人的生殖和生命崇拜（二十二）》	李升平	《生肖集邮》	2009	第六期	17
《虎神·虎威·虎俗》	郑万钟	《生肖集邮》	2010	第一期	17
《试解十二生肖起源之奥秘——属相动物来自古人的生殖和生命崇拜（二十三）》	李升平	《生肖集邮》	2010	第二期	24

续表

文章篇名	作者	出处 名称	出处 年份	出处 期数	出处 页码
《试解十二生肖起源之奥秘——属相动物来自古人的生殖和生命崇拜（二十四）》	李升平	《生肖集邮》	2010	第三期	14
《生肖邮票上的篆字辩误（四）》	贾宝源	《生肖集邮》	2010	第三期	16
《试解十二生肖起源之奥秘——属相动物来自古人的生殖和生命崇拜（二十五）》	李升平	《生肖集邮》	2010	第四期	23
《试解十二生肖起源之奥秘——属相动物来自古人的生殖和生命崇拜（二十六）》	李升平	《生肖集邮》	2010	第五期	27
《从干支邮戳生肖邮票说到年岁虚实》	封翁	《生肖集邮》	2010	第五期	34
《十二生肖与十二星座》	李伟伦	《生肖集邮》	2010	第六期	14
《生肖原地考》	骆远鑫	《生肖集邮》	2010	第六期	15
《试解十二生肖起源之奥秘——属相动物来自古人的生殖和生命崇拜（二十七）》	李升平	《生肖集邮》	2010	第六期	18
《中国的十二地支文化》	翟瀚	《生肖集邮》	2010	第六期	20
《令人着迷的兔文化》	林猷熙	《生肖集邮》	2011	第一期	21
《试解十二生肖起源之奥秘——属相动物来自古人的生殖和生命崇拜（二十八）》	李升平	《生肖集邮》	2011	第一期	24
《围棋中的"十二生肖"元素》	顾建刚	《生肖集邮》	2011	第二期	15
《辛卯识兔》	翟瀚	《生肖集邮》	2011	第二期	17
《试解十二生肖起源之奥秘——属相动物来自古人的生殖和生命崇拜（二十九）》	李升平	《生肖集邮》	2011	第二期	21
《试解十二生肖起源之奥秘——属相动物来自古人的生殖和生命崇拜（三十）》	李升平	《生肖集邮》	2011	第三期	17
《生肖与古代文明》	骆远鑫	《生肖集邮》	2011	第三期	20
《兔生肖的发展与流传》	吴志欣	《生肖集邮》	2011	第四期	21
《试解十二生肖起源之奥秘——属相动物来自古人的生殖和生命崇拜（三十一）》	李升平	《生肖集邮》	2011	第四期	23
《试解十二生肖起源之奥秘——属相动物来自古人的生殖和生命崇拜（三十二）》	李升平	《生肖集邮》	2011	第五期	18
《论生肖地名场的场期》	张铁宝	《生肖集邮》	2011	第五期	27
《试解十二生肖起源之奥秘——属相动物来自古人的生殖和生命崇拜（三十三）》	李升平	《生肖集邮》	2011	第六期	14
《试解十二生肖起源之奥秘——属相动物来自古人的生殖和生命崇拜（三十四）》	李升平	《生肖集邮》	2012	第二期	21
《龙与帝王象征》	吴志欣	《生肖集邮》	2012	第三期	15
《试解十二生肖起源之奥秘——属相动物来自古人的生殖和生命崇拜（三十五）》	李升平	《生肖集邮》	2012	第三期	17
《试解十二生肖起源之奥秘——属相动物来自古人的生殖和生命崇拜（三十六）》	李升平	《生肖集邮》	2012	第四期	19
《试解十二生肖起源之奥秘——属相动物来自古人的生殖和生命崇拜（三十七）》	李升平	《生肖集邮》	2012	第五期	23
《南阳汉画观龙》	王军	《生肖集邮》	2012	第六期	18
《李诩〈戒庵老人漫笔·卷七·十二生肖〉今译》	骆远鑫	《生肖集邮》	2012	第六期	20
《蛇年、话蛇文化》	王军	《生肖集邮》	2013	第三期	15
《东西蛇文化撷英》	林猷熙	《生肖集邮》	2013	第四期	19

续表

文章篇名	作者	出处			
		名称	年份	期数	页码
《试解十二生肖起源之奥秘——属相动物来自古人的生殖和生命崇拜（三十八）》	李升平	《生肖集邮》	2013	第四期	21
《东西方蛇文化之比较》	李毅	《生肖集邮》	2013	第六期	10
《澳门生肖邮票小型张的"五行"奥秘》	曹东辉	《生肖集邮》	2013	第六期	15
《百千骏马奔相来——从马部汉字看马文化》	郑万钟	《生肖集邮》	2014	第一期	23
《趣谈云南生肖地名》	华锦欣	《生肖集邮》	2014	第一期	35
《十二生肖有浓郁的农耕情愫》	赵玉明	《生肖集邮》	2014	第一期	25
《美源于羊 羊赋以美》	郑万钟	《生肖集邮》	2015	第一期	20
《中国人也是羊的传人》	王娟	《生肖集邮》	2015	第二期	13
《羊为大美——漫话中国传统羊文化》	纪勇	《生肖集邮》	2015	第三期	13
《试解十二生肖起源之奥秘——属相动物来自古人的生殖和生命崇拜（三十九）》	李升平	《生肖集邮》	2015	第三期	17
《"三阳（羊）开泰"漫谈》	骆远鑫	《生肖集邮》	2015	第四期	15
《从"猴年马月"说到"积闰添寿"》	潘安生	《生肖集邮》	2015	第四期	31
《试解十二生肖起源之奥秘——属相动物来自古人的生殖和生命崇拜（四十）》	李升平	《生肖集邮》	2015	第五期	19
《话说"人猿相揖别"》	郑万钟	《生肖集邮》	2015	第六期	12
《试解十二生肖起源之奥秘——属相动物来自古人的生殖和生命崇拜（四十一）》	李升平	《生肖集邮》	2015	第六期	13
《生肖邮票上的篆字辩误（续）》	贾宝源	《生肖集邮》	2015	第六期	18
《"猴年马月"终于即将来到了》	潘安生	《生肖集邮》	2015	第六期	22
《试解十二生肖起源之奥秘——属相动物来自古人的生殖和生命崇拜（四十二）》	李升平	《生肖集邮》	2016	第一期	21
《"猴年马月"来源一说》	肖讯	《生肖集邮》	2016	第一期	24
《试解十二生肖起源之奥秘——属相动物来自古人的生殖和生命崇拜（四十三）》	李升平	《生肖集邮》	2016	第二期	17
《今日欢呼孙大圣 只缘妖雾又重来》	叶兴龙	《生肖集邮》	2016	第二期	29
《试解十二生肖起源之奥秘——属相动物来自古人的生殖和生命崇拜（四十四）》	李升平	《生肖集邮》	2016	第三期	16
《试解十二生肖起源之奥秘——属相动物来自古人的生殖和生命崇拜（四十五）》	李升平	《生肖集邮》	2016	第四期	20
《试解十二生肖起源之奥秘——属相动物来自古人的生殖和生命崇拜（四十六）》	李升平	《生肖集邮》	2016	第五期	22
《试解十二生肖起源之奥秘——属相动物来自古人的生殖和生命崇拜（四十七）》	李升平	《生肖集邮》	2016	第六期	15
《神禽·福禽·德禽》	郑万钟	《生肖集邮》	2017	第一期	29
《试解十二生肖起源之奥秘——属相动物来自古人的生殖和生命崇拜（四十八）》	李升平	《生肖集邮》	2017	第一期	30
《"生肖"被列入中央实施中华优秀传统文化传承发展工程的重点任务之内》	本刊编辑部	《生肖集邮》	2017	第二期	3
《生肖何时起源？龙也有公母吗？》	郭润康	《生肖集邮》	2017	第二期	23
《寻觅生肖姓氏》	张永年	《生肖集邮》	2017	第二期	24
《试说生肖票"合家欢"及"龙有公母"》	吉维明	《生肖集邮》	2017	第三期	27
《生肖渊源与历史记载》	张佩尚	《生肖集邮》	2017	第三期	29

续表

文章篇名	作者	出处			
		名称	年份	期数	页码
《中国古代铜镜上的生肖情节——苏州东吴博物馆藏文物中的十二生肖情缘（一）》	陈凤九 郭友敏	《生肖集邮》	2017	第五期	26
《趣谈古代十二生肖俑》	张卫东	《生肖集邮》	2017	第五期	28
《唐三彩上的生肖元素——苏州东吴博物馆藏文物中的十二生肖情缘（二）》	陈凤九 郭友敏	《生肖集邮》	2017	第六期	14
《公龙有角有须 母龙无角无须》	周治华	《生肖集邮》	2017	第六期	21
《中国古代青铜器上的生肖动物——苏州东吴博物馆藏文物中的十二生肖情缘（三）》	陈凤九 郭友敏	《生肖集邮》	2018	第一期	24
《狗：人类第一位动物朋友》	郑万钟	《生肖集邮》	2018	第一期	26
《中国古代石雕的生肖动物造型——苏州东吴博物馆藏文物中的十二生肖情缘（四）》	陈凤九 郭友敏	《生肖集邮》	2018	第二期	11
《畅谈生肖文化》	孙少颖	《生肖集邮》	2018	第四期	3
《中国古代陶器上的生肖动物造型——苏州东吴博物馆藏文物中的十二生肖情缘（五）》	陈凤九 郭友敏	《生肖集邮》	2018	第四期	22
《"五行"与生肖组成的藏历纪年法》	王健正	《生肖集邮》	2018	第四期	24
《中国古代瓷器中的生肖动物元素——苏州东吴博物馆藏文物中的十二生肖情缘（六）》	陈凤九 郭友敏	《生肖集邮》	2018	第六期	11
《干支纪月 干支纪日 干支纪时》	王健正	《生肖集邮》	2018	第六期	13
《中国古代瓷器鸡首壶的艺术欣赏——苏州东吴博物馆藏文物中的十二生肖情缘（七）》	陈凤九 郭友敏	《生肖集邮》	2019	第二期	24
《由公元纪年快速求干支纪年的方法》	王健正	《生肖集邮》	2019	第一期	28
《值得探讨的"生肖文化"问题》	吕维邦	《生肖集邮》	2019	第二期	29
《从生辰说到生肖》	潘安生	《生肖集邮》	2019	第二期	35
《"啥是佩奇"？古代江苏人这样告诉你》	于锋	《生肖集邮》	2019	第三期	19
《文物中的"猪"故事》	付裕	《生肖集邮》	2019	第三期	21
《中国古代玉器中的生肖动物造型——苏州东吴博物馆藏文物中的十二生肖情缘（八）》	陈凤九 郭友敏	《生肖集邮》	2019	第三期	23
《〈诗经〉与十二生肖动物初探（一）》	郑万钟	《生肖集邮》	2019	第三期	24
《刍议驯猪》	吴志欣	《生肖集邮》	2019	第三期	25
《对"由公元纪年快速求干支纪年法"的理解和应用》	叶兴龙	《生肖集邮》	2019	第三期	27
《〈诗经〉与十二生肖动物初探（二）》	郑万钟	《生肖集邮》	2019	第四期	28
《你现在看到的"龙"是他定的型》	王晶晶	《生肖集邮》	2019	第五期	22
《〈诗经〉与十二生肖动物初探（三）》	郑万钟	《生肖集邮》	2019	第五期	23
《〈诗经〉与十二生肖动物初探（四）》	郑万钟	《生肖集邮》	2019	第六期	12
《中国木雕上的生肖动物元素——苏州东吴博物馆藏文物中的十二生肖情缘（九）》	陈凤九 郭友敏	《生肖集邮》	2020	第一期	31
《〈诗经〉与十二生肖动物初探（五）》	郑万钟	《生肖集邮》	2020	第二、三期	45
《〈诗经〉与十二生肖动物初探（六）》	郑万钟	《生肖集邮》	2020	第四期	34
《〈诗经〉与十二生肖动物初探（七）》	郑万钟	《生肖集邮》	2020	第五、六期	39
《京剧"十二生肖"合作戏的故事》	彭菊生	《生肖集邮》	2020	第五、六期	42
《生肖——中华民族的审美符号》	骆远鑫	《生肖集邮》	2021	第一期	31

续表

文章篇名	作者	出处			
		名称	年份	期数	页码
《生肖渊源新说》	张佩尚	《生肖集邮》	2021	第四期	13
《学习生肖文化知识提高生肖集邮水平》	陈援朝	《生肖集邮》	2022	第二期	24
《我国少数民族十二生肖探源》	高道同	《生肖集邮研究会成立五周年纪念集》			126
《论发挥生肖文化的教化作用》	黄继光	《生肖集邮研究会成立五周年纪念集》			131
《对生肖文化的哲理思考》	余岢	《生肖集邮研究会成立五周年纪念集》			137
《云贵川生肖地名来源及时间初探》	张铁宝	《生肖集邮研究会成立五周年纪念集》			216
《生肖属相与自然界中的动物》	周治华	《周治华集邮文选》			27
《干支纪年纪月又纪日纪时》	周治华	《周治华集邮文选》			152
《生肖还是从正月初一算起为好》	周治华	《周治华集邮文选》			154
《简述生肖文化的积极因素》	周治华	《周治华集邮文选》			155
《十二生肖在亚洲》	周治华	《周治华集邮文选》			159
《亚洲生肖之异同》	周治华	《周治华集邮文选》			163
《十二生肖何为首》	周治华	《周治华集邮文选》			164
《十二生肖与阴阳五行》	周治华	《周治华集邮文选》			168
《十二生肖应列入非物质文化遗产名录》	周治华	《周治华集邮文选》			171
《"鼠咬天开"创奇功 十二生肖鼠为首》	周治华	《周治华集邮文选》			198
《猪年吉祥》	周治华	《周治华集邮文选》			266
《龙生九子不成龙》	周治华	《周治华集邮文选》			295
《凤凰原型本是鸡》	周治华	《周治华集邮文选》			301
(二) 生肖集邮研究					
《浅谈生肖集邮的定义》	姚正宇	《生肖集邮》	1999	第一期	18
《研究生肖很有意义》	吴凤岗	《生肖集邮》	1999	第五期	3
《加强基础研究，充分发挥创造性》	沈曾华	《生肖集邮》	2000	第四期	1
《谈生肖集邮的审美理念》	黄继光	《生肖集邮》	2000	第五期	15
《生肖集邮前途无量》	唐无忌	《生肖集邮》	2001	第一期	1
《生肖集邮 大有希望》	周治华	《生肖集邮》	2001	第二期	3
《弘扬民族文化当仁不让 推荐一篇文章指导研究》	许孔让	《生肖集邮》	2001	第三期	8
《为生肖集邮喝彩》	王新中	《生肖集邮》	2001	第四期	1
《生肖集邮的发展前景》	李毅民	《生肖集邮》	2001	第五期	1
《对"生肖集邮"的几点浅见》	林衡夫	《生肖集邮》	2002	第一期	2
《我对于生肖集邮的一点浅见》	潘安生	《生肖集邮》	2003	第三期	5
《谈谈生肖集邮的学术研究》	黄继光	《生肖集邮》	2003	第五期	3
《生肖邮票的由来》	晏星	《生肖集邮》	2004	第五期	18
《生肖集邮要单立门类才能扬眉吐气》	俞兆年	《生肖集邮》	2004	第六期	3
《多关注对生肖票品的微观研究——兼谈二〇〇五年有奖贺片"大变脸"》	黄继光	《生肖集邮》	2004	第六期	4
《关于"生肖"英译讨论的综述》	会务	《生肖集邮》	2004	第六期	6
《对"生肖"英译的来信》	唐无忌	《生肖集邮》	2004	第四期	5

续表

文章篇名	作者	出处			
		名称	年份	期数	页码
《"生肖集邮"英译之我见》	罗琳	《生肖集邮》	2004	第六期	7
《"生肖"英文译名探讨》	刘方宣	《生肖集邮》	2004	第六期	8
《试译本会及会刊英文名称》	李升平	《生肖集邮》	2003	第四期	13
《金鸡歌盛世 众手谱华章》	常增书	《生肖集邮》	2005	第一期	3
《对我会可持续发展的思考——马驎顾问在本会三届二次理事会上的讲话》	录音整理	《生肖集邮》	2005	第二期	11
《我会会名、刊名的英文名称试用意见》	会务	《生肖集邮》	2005	第四期	20
《关于"生肖"英文译名的思考》	马佑璋	《生肖集邮》	2005	第四期	20
《"生肖"的英译》	余存齐	《生肖集邮》	2005	第四期	21
《生肖集邮是开创性的》	林轩	《生肖集邮》	2005	第五期	3
《生肖集邮有自己的独特内容》	童国忠	《生肖集邮》	2005	第六期	10
《论生肖集邮审美》	黄继光	《生肖集邮》	2006	第五期	18
《浅论生肖集邮的文化特性》	王育忠	《生肖集邮》	2006	第六期	24
《论生肖集邮审美（续一）》	黄继光	《生肖集邮》	2006	第六期	30
《生肖集邮已正式成为新的集邮门类——在〈丁亥年〉特种邮票首发式暨第三届全国生肖集邮展览开幕式上的讲话》	常延廷	《生肖集邮》	2007	第一期	12
《生肖集邮是苏州城市文化重要部分——在〈丁亥年〉特种邮票首发式暨第三届全国生肖集邮展览开幕式上的讲话》	朱建胜	《生肖集邮》	2007	第一期	13
《发展生肖集邮是先进文化建设的有机组成部分——在生肖集邮研究会成立十周年庆祝大会上的讲话》	杜国玲	《生肖集邮》	2007	第二期	13
《生肖集邮已进入一个新的发展阶段——在生肖集邮研究会成立十周年庆祝大会上的讲话》	常延廷	《生肖集邮》	2007	第二期	14
《论生肖集邮审美（续二）》	黄继光	《生肖集邮》	2007	第三期	18
《论生肖集邮审美（续三）》	黄继光	《生肖集邮》	2007	第四期	21
《论生肖集邮审美（续四）》	黄继光	《生肖集邮》	2007	第五期	28
《生肖集邮刍议》	杜洪位	《生肖集邮》	2007	第五期	29
《论生肖集邮》	骆远鑫	《生肖集邮》	2008	第五期	16
《集邮新门类——生肖集邮从中国崛起》	李齐品	《生肖集邮》	2008	第五期	20
《丰硕的成果 精彩的展示——在全国首届生肖集邮学术研讨会上的讲话》	王新中	《生肖集邮》	2010	第四期	3
《生肖之源与生肖集邮特色》	骆远鑫	《生肖集邮》	2010	第四期	7
《用生肖邮票激活少年儿童的方寸情趣》	刘战	《生肖集邮》	2010	第四期	11
《生肖审美文化形态的演变》	胡白鸥	《生肖集邮》	2010	第五期	9
《〈生肖之源与生肖集邮特色〉补遗》	骆远鑫	《生肖集邮》	2011	第三期	23
《生肖集邮在全国集邮联关心支持下快速发展》	周治华	《生肖集邮》	2012	第三期	3
《源自生肖 高于生肖——为祝贺〈生肖集邮〉创刊十五周年而作》	郭润康	《生肖集邮》	2012	第五期	4
《生肖集邮 何人所提》	胡志辉	《生肖集邮》	2013	第二期	15
《生肖集邮之延伸——生肖紫砂壶》	林衡夫	《生肖集邮》	2014	第一期	22
《生肖集邮的"魅力"探微（上）——浅说生肖集邮可持续发展的原动力》	骆远鑫	《生肖集邮》	2014	第二期	24

续表

文章篇名	作者	出处			
		名称	年份	期数	页码
《生肖集邮之延伸——十二生肖铜雕（二）》	林衡夫	《生肖集邮》	2014	第三期	9
《生肖集邮的"魅力"探微（下）——浅说生肖集邮可持续发展的原动力》	骆远鑫	《生肖集邮》	2014	第三期	14
《生肖集邮研究要向广度和深度发展》	周治华	《生肖集邮》	2015	第五期	3
《生肖邮票与文化的影响力正与日俱增》	张轶博	《生肖集邮》	2015	第五期	5
《生肖集邮之延伸——生肖"红包"（三）》	林衡夫	《生肖集邮》	2015	第六期	10
《生肖集邮之延伸——干支纪年银圆（四）》	林衡夫	《生肖集邮》	2016	第三期	14
《丁酉絮语话生肖》	李近朱	《生肖集邮》	2017	第三期	3
《生肖集邮的延伸——十二生肖电话磁卡（五）》	林衡夫	《生肖集邮》	2017	第四期	20
《集邮文化的奇葩——生肖集邮》	吉维明	《生肖集邮》	2017	第六期	4
《对生肖集邮的理解》	杨安成	《生肖集邮》	2018	第三期	34
《生肖集邮是改革开放的产物》	周治华	《生肖集邮》	2018	第五期	4
《浅析搞好生肖集邮的三个根基》	张荣源	《生肖集邮》	2018	第六期	4
《生肖集邮融入青少年群体的可行性研究》	严克昌	《生肖集邮》	2019	第四期	30
《全国集邮联常务副会长赵晓光：生肖集邮，我们要支持》	王宏伟	《生肖集邮》	2021	第二期	3
《生肖邮票与生肖集邮——2011.12.1台湾邮政博物馆演讲大纲》	周治华	《周治华集邮文选》			34
《生肖邮票的发行及其专题集邮的兴起》	周治华	《周治华集邮文选》			37
《漫话生肖邮票的发行和生肖集邮的兴起》	周治华	《周治华集邮文选》			40
《中国的生肖集邮》	周治华	《周治华集邮文选》			48
《生肖集邮和生肖集邮研究会的发展之路》	周治华	《周治华集邮文选》			50
《英译"生肖"意见出台》	周治华	《周治华集邮文选》			87
《生肖集邮为何有魅力》	周治华	《周治华集邮文选》			116
《偶然中的必然——生肖集邮研究会诞生记》	周治华	《周治华集邮文选》			124
《越是民族的 才越是世界的》	周治华	《周治华集邮文选》			391
（三）生肖邮票研究					
《牛年话牛文化》	周治华	《生肖集邮》	1997	第一期	15
《牛年生肖邮票漫话（中）》	周治华	《生肖集邮》	1997	第二期	5
《生肖邮票的界定》	吴鸿钧	《生肖集邮》	1997	第二期	21
《最早出现的戊寅虎年生肖邮票》	苏水	《生肖集邮》	1998	第一期	3
《牛年生肖邮票漫话（下）》	周治华	《生肖集邮》	1998	第一期	4
《试析中国二轮生肖邮票的"生肖味道"》	王国平	《生肖集邮》	1998	第二期	19
《小议生肖邮票的界定和价值》	林猷熙	《生肖集邮》	1998	第二期	21
《美国生肖邮票记趣》	戴定国	《生肖集邮》	1998	第四期	11
《试论"生肖邮票"定义》	周治华	《生肖集邮》	1998	第四期	19
《对界定生肖邮票的三点认识》	王国平	《生肖集邮》	1998	第四期	20
《论设计生肖邮票约稿的特殊性》	虞平	《生肖集邮》	1998	第五期	4
《试述与贺年十二生肖邮票相关词汇词组的英文表述》	李升平	《生肖集邮》	1998	第五期	15
《生肖邮票界定的"界定"》	余岢	《生肖集邮》	1998	第六期	18
《漫话己卯兔年生肖邮票（上）》	周治华	《生肖集邮》	1999	第一期	5

续表

文章篇名	作者	出处 名称	年份	期数	页码
《细说美国〈鸡年〉邮票——美国生肖系列邮票介绍之一》	戴定国	《生肖集邮》	1999	第一期	7
《台湾生肖邮票小识》	戴礼	《生肖集邮》	1999	第一期	10
《中华文明走向世界的象征》	李毅民	《生肖集邮》	1999	第二期	1
《漫话己卯兔年生肖邮票（中）》	周治华	《生肖集邮》	1999	第二期	5
《〈狗年〉邮票和生肖系列的诞生——美国生肖系列邮票介绍之二》	戴定国	《生肖集邮》	1999	第二期	7
《生肖邮票的思考》	周治华	《生肖集邮》	1999	第三期	3
《漫话己卯兔年生肖邮票（下）》	周治华	《生肖集邮》	1999	第三期	5
《古巴生肖邮票——连接中古集邮界的纽带》	朱祖威	《生肖集邮》	1999	第三期	8
《美国的猪年鼠年和牛年猴跃到鸡鸣——生肖邮票走向世界的回顾与思考——美国生肖系列邮票介绍之三》	戴定国	《生肖集邮》	1999	第三期	10
《中国首轮生肖邮票纵横谈（上）》	李毅民	《生肖集邮》	1999	第四期	4
《中国首轮生肖邮票纵横谈（中）》	李毅民	《生肖集邮》	1999	第五期	14
《浅析世界生肖邮票的整体设计》	王国平	《生肖集邮》	1999	第五期	18
《从虎啸、猴跃到鸡鸣——生肖邮票走向世界的回顾与思考》	黄继光	《生肖集邮》	1999	第六期	3
《中国首轮生肖邮票纵横谈（下）》	李毅民	《生肖集邮》	1999	第六期	7
《千年龙岁喜说龙》	周治华	《生肖集邮》	2000	第一期	9
《中华文化浓郁的新加坡生肖邮票——国外生肖邮票赏析之一》	张春山	《生肖集邮》	2000	第六期	18
《从传说看蛇的高贵历史》	周治华	《生肖集邮》	2000	第一期	10
《要把握好民族特色和世界影响这两个基本点》	周治华	《生肖集邮》	2001	第四期	4
《随政治气候二变化的韩国生肖邮票——国外生肖邮票赏析之二》	张春山	《生肖集邮》	2001	第四期	12
《借鉴海外生肖邮票的成功经验》	戴定国	《生肖集邮》	2001	第五期	4
《漫谈生肖邮票》	万维生	《生肖集邮》	2002	第一期	7
《回眸十二载 得失任评说——第二轮生肖邮票的回顾与思考》	陈文骐	《生肖集邮》	2003	第三期	3
《论"生肖邮票"定义》	周治华	《生肖集邮》	2003	第五期	13
《生肖邮票是具有十二生肖图案和文字的邮资凭证》	王正	《生肖集邮》	2003	第五期	15
《新年邮票的经纬》	晏星	《生肖集邮》	2003	第六期	7
《"三世猴"出世的前前后后——访国家邮政局邮资票品管理司司长刘建辉》	李潮	《生肖集邮》	2004	第一期	3
《说说父亲邵柏林》	邵新	《生肖集邮》	2004	第二期	29
《生肖邮票无原地吗？》	曹风增	《生肖集邮》	2004	第五期	4
《谈谈生肖邮票的原地》	屠富强	《生肖集邮》	2004	第五期	5
《生肖邮票原地谈》	范伟	《生肖集邮》	2004	第五期	6
《中国第一轮生肖邮票"蛇"版式研究》	王怀璞	《生肖集邮》	2004	第六期	15
《找"新年邮票"的碴儿？》	晏星	《生肖集邮》	2005	第一期	16
《夏威夷"生肖邮票"的真相》	戴定国	《生肖集邮》	2005	第一期	18
《高卢雄鸡向东方致意》	戴定国	《生肖集邮》	2005	第二期	5

续表

文章篇名	作者	出处			
		名称	年份	期数	页码
《朝鲜鸡年邮票又有新特色》	朱祖威	《生肖集邮》	2005	第三期	4
《新西兰和爱尔兰鸡年邮票属性》	戴定国	《生肖集邮》	2005	第三期	13
《〈甲申年〉特种邮票系列的版式研究》	方定坚	《生肖集邮》	2005	第三期	14
《史可鉴事 亦可鉴人——谈〈庚申年〉猴票的发行始末》	邵柏林	《生肖集邮》	2005	第三期	19
《中国生肖邮票出台揭秘》	黄继光	《生肖集邮》	2005	第四期	19
《我国最近发行一套别具特色的生肖邮品——〈岁岁平安〉个性化服务专用邮票简介》	周治华	《生肖集邮》	2005	第六期	4
《在中国生肖邮票的启动与票名拟定》	孙少颖	《生肖集邮》	2005	第六期	14
《美国生肖邮票与李健文先生》	刘开文	《生肖集邮》	2006	第一期	13
《迎丙戌新春 回顾台邮生肖邮票36年往事》	封翁	《生肖集邮》	2006	第二期	28
《试述T46猴票试模印样型式》	廖镇威	《生肖集邮》	2007	第二期	31
《"生肖邮票"一词最早出现于何种文献?》	周治华	《生肖集邮》	2007	第四期	29
《浅谈中国香港生肖邮票》	王殿祥	《生肖集邮》	2008	第三期	12
《浅谈世界首本生肖邮票小本票》	林为众	《生肖集邮》	2008	第四期	26
《日本生肖贺年邮票浅谈》	潘光华	《生肖集邮》	2008	第五期	8
《"以民为本"是中国生肖邮票的"灵魂"——中国生肖邮票发展历程"解码"》	黄继光	《生肖集邮》	2009	第五期	20
《香港生肖电子邮票概述》	唐志祥	《生肖集邮》	2009	第六期	10
《张仃"大公鸡"与〈辛酉年〉生肖邮票解读》	吉维明	《生肖集邮》	2010	第四期	36
《生肖邮票的文化内涵与美学特征》	田圣德	《生肖集邮》	2010	第五期	6
《不丹生肖邮票概述》	王健正	《生肖集邮》	2011	第四期	16
《浅说战后日本贺年生肖邮票的发行和使用》	余育中	《生肖集邮》	2011	第六期	17
《中国生肖邮票的艺术魅力》	郭友敏	《生肖集邮》	2012	第四期	25
《蒙古的生肖邮票》	王健正	《生肖集邮》	2012	第六期	14
《中国第三轮生肖邮票策划始末》	刘建辉	《生肖集邮》	2013	第三期	11
《澳门生肖邮票版式的特点》	狄超英	《生肖集邮》	2013	第三期	1
《谈我国的三轮生肖邮票》	周治华	《生肖集邮》	2015	第二期	15
《民俗文化的现代"范式"传统人文的时尚"图腾"——评中国第三轮生肖邮票》	吉维明	《生肖集邮》	2015	第二期	17
《中国三轮生肖邮票各具特色》	陈文骐	《生肖集邮》	2015	第二期	25
《从"轮"改"辑"口谈生肖邮票的改革》	郭润康	《生肖集邮》	2015	第四期	23
《也谈生肖邮票的"轮"与"辑"》	曹东辉	《生肖集邮》	2015	第四期	24
《动物邮票≠生肖邮票》	程一鹤	《生肖集邮》	2016	第一期	25
《一份材料佐证中国生肖邮票始发前的一段史实》	戈中博	《生肖集邮》	2016	第二期	27
《鸡年话鸡生肖邮票》	周治华	《生肖集邮》	2017	第二期	15
《生肖邮票首获全国佳邮评选最佳邮票》	林为众	《生肖集邮》	2017	第三期	5
《〈丙申年〉猴票的版号编码》	程春	《生肖集邮》	2017	第四期	26
《澳门鸡年生肖电子邮票》	郭基玉	《生肖集邮》	2017	第六期	23
《香港十二生肖电子邮票概述》	郭基玉	《生肖集邮》	2018	第一期	31
《香港生肖电子邮票收藏中的热点话题》	郭基玉	《生肖集邮》	2018	第二期	22
《狗年话狗生肖邮票》	周治华	《生肖集邮》	2018	第三期	15

续表

文章篇名	作者	出处			
		名称	年份	期数	页码
《香港兔、龙、蛇生肖电子邮票》	郭基玉	《生肖集邮》	2018	第四期	30
《老挝十二生肖邮票（1975—2010）探析》	李升平	《生肖集邮》	2018	第五期	19
《猪年话猪生肖邮票》	周治华	《生肖集邮》	2019	第二期	10
《世界发行生肖邮票热是新中国国际地位空前提高的体现》	周治华	《生肖集邮》	2019	第五期	3
《试述越南生肖邮票的特点》	马恩运	《生肖集邮》	2020	第一期	34
《2019年世界各国（地区）发行的生肖自动化邮票概述》	曾培鑫	《生肖集邮》	2020	第五、六期	30
《〈庚申年〉邮票套色移位考证印刷墨序》	蔡世杰	《生肖集邮》	2021	第四期	20
《"老顽童"（黄永玉）的生肖情缘》	龚达才	《生肖集邮》	2023	第一期	39
《浅评中国发行四轮兔生肖邮票的设计风采》	李峰	《生肖集邮》	2023	第一期	48
《外国发行第一套生肖电子邮票——直布罗陀猴年生肖电子邮票研究与展示》	孙海平	《生肖集邮》	2023	第二期	18
《试论"生肖邮票"定义》	周治华	《生肖集邮研究会成立五周年纪念集》			91
《生肖邮票与圣诞邮票》	戴定国	《生肖集邮研究会成立五周年纪念集》			155
《中华生肖邮品（票）各具特色光芒四射》	刘开文	《生肖集邮研究会成立五周年纪念集》			199
《谈谈认定日本发行世界第一套生肖邮票的依据》	周治华	《生肖集邮研究会成立二十周年纪念集》			104
《〈庚申年〉猴票"检验成品号"的位置》	王宏伟	《生肖集邮研究会成立二十周年纪念集》			122
《世界第一套生肖邮票》	周治华	《周治华集邮文选》			23
《生肖邮票同贺年邮票的联系和区别》	周治华	《周治华集邮文选》			26
《"岁岁平安"专用邮票属"生肖"范畴》	周治华	《周治华集邮文选》			30
《生肖邮票的思考》	周治华	《周治华集邮文选》			56
《世界生肖邮票"热"透析》	周治华	《周治华集邮文选》			58
《善于创新的中国香港生肖邮票》	周治华	《周治华集邮文选》			176
《外国生肖邮票的中国特色》	周治华	《周治华集邮文选》			179
《美国连年发行生肖邮票不寻常》	周治华	《周治华集邮文选》			181
《突出中华传统文化的澳洲生肖邮票》	周治华	《周治华集邮文选》			183
《异形生肖邮票》	周治华	《周治华集邮文选》			185
《生肖邮票生肖形象的设计》	周治华	《周治华集邮文选》			189
《十二生肖个性化邮票简介》	周治华	《周治华集邮文选》			193
《欧洲发行生肖邮票的国家和地区年年增加》	周治华	《周治华集邮文选》			196
《百虎迎春贺庚寅》	周治华	《周治华集邮文选》			208
《兔年生肖邮票60年》	周治华	《周治华集邮文选》			214
《百兔争春贺"辛卯"》	周治华	《周治华集邮文选》			217
《龙行天下值"壬辰"》	周治华	《周治华集邮文选》			228
《"龙"在国外》	周治华	《周治华集邮文选》			231
《蛇年话蛇生肖邮票》	周治华	《周治华集邮文选》			233
《灵蛇呈瑞值"癸巳"》	周治华	《周治华集邮文选》			237

续表

文章篇名	作者	出处			
		名称	年份	期数	页码
《马年吉祥 马到成功——简述世界马年生肖邮票》	周治华	《周治华集邮文选》			242
《天马临世庆"甲午"》	周治华	《周治华集邮文选》			246
《羊年说羊 吉羊吉祥》	周治华	《周治华集邮文选》			251
《群猴闹春春更浓》	周治华	《周治华集邮文选》			256
《"百鸡争鸣"春满园》	周治华	《周治华集邮文选》			259
《迎"狗年"话狗生肖邮票》	周治华	《周治华集邮文选》			263
《十二生肖大团圆》	周治华	《周治华集邮文选》			269
《一次发行的十二生肖邮票小版张》	周治华	《周治华集邮文选》			271
《要把握好民族特色和世界影响这两个基本点》	周治华	《周治华集邮文选》			397
(四)生肖邮品研究					
《浅议生肖邮戳的界定》	吴鸿钧	《生肖集邮》	1997	第一期	18
《第一枚生肖企业拜年卡》	王晋枫	《生肖集邮》	1997	第二期	9
《漫话台湾贺年生肖邮资片》	徐凯	《生肖集邮》	1998	第一期	7
《企业拜年卡(生肖图案)目录》	王晋枫	《生肖集邮》	1998	第三期	7
《生肖邮品又一族——生肖邮资标签》	赵五洲	《生肖集邮》	1998	第三期	9
《生肖·地名·邮戳(上)》	吴鸿钧	《生肖集邮》	1998	第三期	16
《生肖·地名·邮戳(下)》	吴鸿钧	《生肖集邮》	1998	第四期	23
《1998年企业拜年卡(生肖图案)目录》	王晋枫	《生肖集邮》	1998	第五期	9
《〈企业拜年卡(生肖图案)目录〉补正》	赵五洲	《生肖集邮》	1999	第二期	12
《1999年企业拜年卡(生肖兔图案)目录》	史联萌	《生肖集邮》	1999	第三期	14
《"生肖地名"与"动物地名论"》	郭润康	《生肖集邮》	2000	第三期	20
《2000年有生肖图企业拜年卡目录》	赵五洲	《生肖集邮》	2001	第二期	13
《收集生肖地名邮戳散记(一)》	吴鸿钧	《生肖集邮》	2003	第四期	25
《收集生肖地名邮戳散记(二)》	吴鸿钧	《生肖集邮》	2003	第五期	27
《收集生肖地名邮戳散记(三)》	吴鸿钧	《生肖集邮》	2003	第六期	23
《香港生肖电子邮资标签琐谈》	许率真	《生肖集邮》	2003	第四期	11
《〈生肖猴〉普通邮资片邮资图变异研究》	方定坚 范志如	《生肖集邮》	2004	第三期	19
《贺年邮资明信片纵横谈》	张洪	《生肖集邮》	2004	第五期	9
《清代干支戳上的新发现》	陆树笙	《生肖集邮》	2004	第五期	20
《T46猴票的应用品——试析一件寄美国的改退封》	余耀强	《生肖集邮》	2005	第二期	26
《从传统集邮角度收集2005年中国邮政贺年(有奖)明信片》	吴琦华	《生肖集邮》	2005	第四期	16
《清代蒙自火车邮路上的干支邮戳》	杨尧冬	《生肖集邮》	2005	第六期	22
《谈以地支命名的"戌街"邮戳》	吴鸿钧	《生肖集邮》	2006	第四期	35
《生肖极限片探析》	朱炳荣	《生肖集邮》	2007	第五期	37
《生肖邮戳展品初探》	许率真	《生肖集邮》	2007	第六期	19
《一九八〇年前有没有"猴场戳"——让事实说话》	曹志和	《生肖集邮》	2009	第一期	22
《生肖交替拜年邮品》	许率真	《生肖集邮》	2010	第四期	40
《日本首套贺年邮资片的诞生》	徐宝煌	《生肖集邮》	2011	第二期	28
《生肖极限片表现形式初探》	文少林	《生肖集邮》	2011	第五期	23
《日本1919年羊戳并非不用年月日》	黎伟民	《生肖集邮》	2011	第五期	26

续表

文章篇名	作者	出处		
		名称	年份	期数	页码
《日本1919年羊戳明信片》	林衡夫	《生肖集邮》	2011	第六期	18
《日本贺年（生肖）电报用纸和生肖贺年邮票》	孙复东	《生肖集邮》	2012	第五期	20
《建设银行十二生肖储蓄卡》	李景珍	《生肖集邮》	2012	第六期	17
《新兴的生肖邮票图利是封》	李升平	《生肖集邮》	2013	第三期	20
《挖掘"交替封"制作"交替封"》	郭润康	《生肖集邮》	2013	第三期	25
《驿站封上的干支文字》	王锡泽	《生肖集邮》	2013	第四期	25
《日本的贺年交替封》	方定坚	《生肖集邮》	2013	第四期	41
《生肖邮戳交替封》	郭润康	《生肖集邮》	2013	第五期	21
《新中国首套邮政贺年（有奖）明信片初探》	张汝奎	《生肖集邮》	2013	第六期	13
《日本客邮"羊戳"之历史见证》	黎伟民	《生肖集邮》	2014	第三期	13
《全套双尾猴片的特殊信息》	泉畔游侠	《生肖集邮》	2014	第四期	17
《清代邮政干支日戳的沿用——"癸卯二年"双年份特例》	曹东辉	《生肖集邮》	2014	第五期	32
《我对生肖题材极限片是不是抽象题材的看法》	周治华	《生肖集邮》	2014	第六期	15
《记录世界邮展的生肖邮品》	李升平	《生肖集邮》	2014	第六期	16
《"生肖极限片是不是抽象题材"之我见》	贾宝源	《生肖集邮》	2015	第一期	21
《发展才是硬道理——也谈生肖极限片》	凌宝京	《生肖集邮》	2015	第二期	19
《一九一九年日本羊戳的变异邮品》	黎伟民	《生肖集邮》	2015	第三期	20
《邮票上"生肖动物"的属性决定"生肖极限片"的题材属性》	吉维明	《生肖集邮》	2015	第五期	23
《生肖地名日戳原地浅探》	郭润康	《生肖集邮》	2015	第五期	24
《生肖之原地》	张佩尚	《生肖集邮》	2015	第五期	25
《贵州瓮安猴场因何名气大》	吴鸿钧	《生肖集邮》	2015	第五期	29
《与第一轮生肖票同时发行的生肖铜质纪念章》	何铭	《生肖集邮》	2016	第五期	17
《民国26年贵州猴场戳》	何辉庆	《生肖集邮》	2016	第五期	30
《珍罕的日本干支纪年戳实寄封》	黎伟民	《生肖集邮》	2016	第六期	20
《日本早期"酉鸡"贺年》	文少林	《生肖集邮》	2017	第三期	19
《谁是美国第一枚中文生肖纪念邮戳？》	王威	《生肖集邮》	2017	第三期	28
《佳邮选片上的十二生肖形象》	李忠英	《生肖集邮》	2017	第三期	23
《中国邮政发行戊戌狗年约投挂号邮资封》	吴更	《生肖集邮》	2018	第五期	6
《中国猪年约投邮资封欣赏》	张德钢	《生肖集邮》	2019	第一期	11
《法国生肖自助邮票极限片》	黄勇	《生肖集邮》	2019	第六期	21
《世界首枚鼠地贺年戳——简介日本"鼠关"戳记鼠年活动》	黎伟民	《生肖集邮》	2020	第二、三期	57
《纪念测试钞上的十二生肖》	孙守銮	《生肖集邮》	2020	第四期	9
《〈庚申年〉邮票发行18年后使用贴邮1407改退批条实寄封鉴赏》	蔡世杰	《生肖集邮》	2021	第四期	18
《一组自助式彩色邮资签上"牛"信息》	方伟兵	《生肖集邮》	2021	第四期	23
《"五牛争腾"TS71型邮资机戳宣传戳赏析》	曾培鑫	《生肖集邮》	2021	第四期	32
《生肖邮品的极限度》	陈亚雄	《生肖集邮》	2022	第二期	22
《十二生肖首日封遨游太空见证辉煌》	冯清海	《生肖集邮》	2022	第四期	36
《鉴赏兔年干支纪年（日）戳》	黎伟民	《生肖集邮》	2023	第一期	24

续表

文章篇名	作者	出处			
		名称	年份	期数	页码
《江苏吴江邮政的生肖戳印（2019—2023）》	袁农基	《生肖集邮》	2023	第二期	32
《世界兔生肖邮票邮品之最》	黎伟民	《生肖集邮》	2023	第二期	37
《浅谈生肖题材极限片的界定》	姚正宇	《生肖集邮研究会成立五周年纪念集》			101
《新中国首套邮政贺年（有奖）明信片纪念（邮）戳》	张汝奎	《生肖集邮研究会成立二十周年纪念集》			123
《生肖交替纪念封》	周治华	《周治华集邮文选》			282
《中国集邮总公司"拜年封"走过20载》	周治华	《周治华集邮文选》			285
《生肖"双花"封片》	周治华	《周治华集邮文选》			293
《澳大利亚的生肖邮资封》	周治华	《周治华集邮文选》			299
《漫话生肖纪念邮戳》	周治华	《周治华集邮文选》			302
《趣说"龙"字地名邮戳》	周治华	《周治华集邮文选》			305
《我对"生肖题材极限片是不是抽象题材"的看法》	周治华	《周治华集邮文选》			432
（五）生肖邮集研究					
《任重而道远——生肖邮品组集谈》	马佑璋	《生肖集邮》	2000	第一期	1
《生肖专题集邮的兴起和发展》	周治华	《生肖集邮》	2000	第三期	13
《试谈生肖邮集的编组与评审》	王国平	《生肖集邮》	2001	第一期	13
《谈金奖邮集〈中国邮政贺年（有奖）明信片〉》	余岢	《生肖集邮》	2001	第四期	18
《从文化入手 讲生肖故事——〈生肖自述〉专题邮集赏析》	宋晓文	《生肖集邮》	2001	第五期	17
《让大家走进龙的故事——尝试以邮戳编组生肖集》	余耀强	《生肖集邮》	2003	第六期	18
《编组〈中国第二轮生肖邮票〉的体会》	方定坚	《生肖集邮》	2007	第二期	23
《编组〈中国第一轮生肖邮票〉的体会》	杨福才	《生肖集邮》	2007	第三期	22
《编组〈中国首轮生肖邮票〉邮集的体会》	廖镇威	《生肖集邮》	2007	第四期	24
《思路开放 编组新颖——〈本命年的生肖情〉开放类邮集点评》	王晋枫	《生肖集邮》	2007	第六期	23
《介绍〈1950年日本虎年生肖邮票〉邮集》	邓树铺	《生肖集邮》	2008	第二期	15
《浅谈组编生肖专题邮集》	林衡夫	《生肖集邮》	2008	第三期	24
《我的〈中国首轮生肖邮票〉邮集》	唐孝飞	《生肖集邮》	2009	第一期	25
《香港第一轮十二生肖变异票》	何国康	《生肖集邮》	2009	第四期	23
《编组〈日本贺年邮票（1936—1957）〉邮集的体会》	张磊	《生肖集邮》	2010	第三期	18
《我的〈生肖的故事〉邮集》	徐宝煌	《生肖集邮》	2010	第三期	20
《〈澳门生肖邮票小本票〉邮集介绍》	刘莲禧	《生肖集邮》	2010	第四期	27
《香港生肖电子邮票》	袁秦生	《生肖集邮》	2010	第四期	29
《生肖邮集同质化倾向刍议》	蒋宇冰	《生肖集邮》	2010	第五期	4
《生肖极限集邮与生肖极限明信片》	凌宝京	《生肖集邮》	2011	第二期	24
《大连会员王嘉琪生肖邮集荣获日本世界邮展大镀金奖》	王威	《生肖集邮》	2011	第五期	29
《从71分到82分——谈〈生肖文化的魅力〉邮集的进步》	李少可	《生肖集邮》	2013	第二期	25
《组建"交替封"邮集大有可为》	郭润康	《生肖集邮》	2013	第四期	28

续表

文章篇名	作者	出处			
		名称	年份	期数	页码
《〈生肖极限片的表现形式〉邮集获奖感言》	文少林	《生肖集邮》	2014	第二期	31
《〈贺年有奖明信片（普通型）1992—1996〉组编体会》	郁根荣	《生肖集邮》	2014	第三期	23
《中华全国邮展的第一部生肖邮集》	广为　吴志欣	《生肖集邮》	2014	第三期	24
《编组〈日本贺年邮票（1936—1954）〉的体会》	方定坚	《生肖集邮》	2014	第五期	22
《寻求〈清代广东干支日戳〉之路》	邹道崇	《生肖集邮》	2014	第五期	24
《香港乙未"羊年"生肖地铁纪念卡》	朱钟明	《生肖集邮》	2015	第五期	12
《编组〈辛亥年广东干支日戳（1911—1912）〉一框邮集的体会》	邹道崇	《生肖集邮》	2016	第二期	25
《王嘉琪〈日本贺年邮票〉再创佳绩的奥秘》	王威	《生肖集邮》	2016	第四期	27
《盘点丙申年 感受做邮集》	林衡夫	《生肖集邮》	2017	第三期	40
《一框邮集《戊戌年》邮票研究》的编组》	徐阳	《生肖集邮》	2018	第六期	22
《〈子鼠迎春 破晓天开〉——一框极限邮集编辑体会》	仇永基	《生肖集邮》	2020	第二、三期	53
《〈T70 壬戌年〉邮集欣赏》	胡不为	《生肖集邮》	2023	第二期	51
《编组〈中国邮政贺年（有奖）明信片〉邮集体会》	杨福才	《生肖集邮研究会成立五周年纪念集》			264
（六）生肖集邮活动					
《卷首语（发刊词）》	周治华	《生肖集邮》	1997	第一期	1
《欢呼"零"的突破》	龚璇（于宗琪）	《生肖集邮》	1998	第一期	1
《生肖集邮研究会一九九七年度会务工作报告》	周治华	《生肖集邮》	1998	第四期	
《弘扬生肖文化 促进世界和平》	黎泽重	《生肖集邮》	1998	第六期	1
《五岳起方寸》	陆文夫	《生肖集邮》	1999	第一期	1
《好风凭借力 生肖文化情》	高山	《生肖集邮》	1999	第一期	2
《我们确实很重视生肖集邮研究会》	陈文骐	《生肖集邮》	1999	第五期	1
《生肖集邮研究会一九九八年度会务工作报告》	周治华	《生肖集邮》	1999	第五期	6
《生肖集邮研究会一九九九年度会务工作报告》	周治华	《生肖集邮》	2000	第五期	4
《继往开来 为新世纪生肖集邮工作的发展而共同努力——生肖集邮研究会第二次会员代表会议会务工作报告》	周治华	《生肖集邮》	2001	第三期	11
《满园春色关不住 生肖盛会出邮坛（各地报刊对生肖集邮研究会报道综述）》	肖平	《生肖集邮》	2001	第五期	24
《生肖集邮研究会大事记（1997年至2000年）》	会务	《生肖集邮》	2002	第一期	24
《会务工作报告（2001年4月—2002年7月）》	周治华	《生肖集邮》	2002	第五期	29
《生肖集邮研究会2002年大事记》	会务	《生肖集邮》	2003	第一期	28
《扎根民俗沃土 远播四海五洲》	常增书	《生肖集邮》	2003	第二期	1
《神舟邮苑一奇葩——记生肖集邮研究会》	葛建亚	《生肖集邮》	2003	第六期	3
《会务工作报告（2001年4月—2003年12月）》	周治华	《生肖集邮》	2004	第二期	13
《生肖集邮研究会2003年大事记》	会务	《生肖集邮》	2004	第三期	29
《生肖集邮研究会2004年大事记》	会务	《生肖集邮》	2005	第一期	29
《2004年会务工作报告》	周治华	《生肖集邮》	2005	第二期	13
《对兴旺发达的生肖集邮研究会的探视》	劳逸	《生肖集邮》	2005	第二期	17

续表

文章篇名	作者	出处			
		名称	年份	期数	页码
《邮票印制局一九九五年在苏州召开生肖邮票设计研讨会》	周治华	《生肖集邮》	2005	第五期	16
《生肖集邮研究会2005年大事记》	会务	《生肖集邮》	2006	第一期	39
《二〇〇五年会务工作报告》	周治华	《生肖集邮》	2006	第二期	10
《生肖集邮研究会2006年大事记》	会务	《生肖集邮》	2007	第一期	39
《二〇〇六年会务工作报告》	周治华	《生肖集邮》	2007	第二期	42
《会务工作报告（2004年1月—2007年12月）》	周治华	《生肖集邮》	2008	第二期	9
《二〇〇八年会务工作报告》	周治华	《生肖集邮》	2009	第一期	39
《二〇〇九年会务工作报告》	周治华	《生肖集邮》	2010	第一期	35
《喜闻生肖会员超两千》	王新中	《生肖集邮》	2009	第二期	3
《全国首届生肖集邮学术研讨会在苏州召开》	屠富强	《生肖集邮》	2010	第四期	5
《生肖邮票的"世博会"——祝贺首届最佳生肖邮票评选活动》	王新中	《生肖集邮》	2010	第五期	3
《我心目中的世界虎年生肖"佳邮"》	蒋宇冰	《生肖集邮》	2010	第六期	5
《二〇一〇年会务工作报告》	周治华	《生肖集邮》	2011	第一期	37
《抓住机遇 顺势而上 为促进生肖集邮文化活动的更大发展而努力！——在生肖集邮研究会第五次会员代表大会上的会务工作报告》	周治华	《生肖集邮》	2012	第一期	19
《"邮"谊牵两岸 生肖连海峡——生肖集邮研究会赴台交流访问活动掠影》	郑炜	《生肖集邮》	2012	第一期	44
《四千生肖集邮大军在前进》	王新中	《生肖集邮》	2012	第四期	3
《我收藏的生肖邮品最好归宿——2013年1月5日在捐赠世界生肖邮品仪式上的讲话》	周治华	《生肖集邮》	2013	第一期	3
《二〇一二年会务工作报告》	周治华	《生肖集邮》	2013	第一期	37
《在苏州生肖邮票博物馆开馆仪式上的致辞》	陈嵘	《生肖集邮》	2013	第四期	3
《在苏州生肖邮票博物馆开馆仪式上的讲话》	周治华	《生肖集邮》	2013	第四期	3
《苏州生肖邮票博物馆隆重开馆》	蒋宇冰	《生肖集邮》	2013	第四期	5
《五千生肖大军向太阳》	王新中	《生肖集邮》	2013	第五期	3
《学金坛建昌 推进农村生肖集邮发展》	周治华	《生肖集邮》	2013	第六期	3
《2013年会务工作报告》	周治华	《生肖集邮》	2014	第一期	41
《我们一定高度重视、热情支持生肖集邮研究会的发展壮大》	杨利民	《生肖集邮》	2015	第一期	3
《2014年会务工作报告》	周治华	《生肖集邮》	2015	第一期	34
《六千生肖集邮大军喜迎春》	王新中	《生肖集邮》	2015	第二期	3
《青少年生肖集邮有无限的拓展空间》	罗邦顺 瞿硕	《生肖集邮》	2015	第三期	30
《趣说集邮从娃娃抓起》	周治华	《生肖集邮》	2015	第五期	30
《2015年会务工作报告》	周治华	《生肖集邮》	2016	第一期	33
《积极探讨新模式 力争参加世界邮展》	常增书	《生肖集邮》	2016	第二期	3
《情缘不断二十载——写在生肖集邮研究会成立二十周年之际》	陈文骐	《生肖集邮》	2016	第四期	8
《生肖集邮已发展到邮政民间组织"双轮推动"新阶段——江苏省邮协与生肖集邮研究会在苏州召开座谈会，同庆首个"集邮与生肖日"》	蒋宇冰	《生肖集邮》	2016	第五期	5

续表

文章篇名	作者	出处			
		名称	年份	期数	页码
《生肖集邮研究会的空前盛会》	王新中	《生肖集邮》	2017	第一期	3
《全国集邮联杨利民会长＜在生肖集邮研究会第六次会员代表大会暨成立20周年大会上的＞讲话》		《生肖集邮》	2017	第一期	15
《抓住机遇，开拓进取，为生肖集邮新发展而努力——在生肖集邮研究会第六次会员代表大会上的会务工作报告》	周治华	《生肖集邮》	2017	第一期	19
《为"生肖会"第七千名会员刘达威点赞》	许家骏	《生肖集邮》	2017	第一期	33
《想不到的和想到的——参观苏州生肖邮票博物馆有感》	陈文骐	《生肖集邮》	2017	第三期	16
《把生肖集邮的快乐带给每一位会员——纪念〈生肖集邮〉创刊二十周年》	本刊编辑部	《生肖集邮》	2017	第四期	3
《生肖集邮研究会的创新发展》	王新中		2018	第一期	4
《2017年会务工作报告》	周治华	《生肖集邮》	2018	第一期	40
《2018年会务工作报告》	周治华	《生肖集邮》	2019	第一期	42
《大力发展校园生肖集邮——在第二届全国青少年生肖集邮联谊会上的讲话》	周治华	《生肖集邮》	2019	第二期	3
《生肖集邮之花引来美国"蜜蜂"——美国明尼苏达州孔子学院师生访问苏州生肖邮票博物馆》	蒋宇冰	《生肖集邮》	2019	第三期	9
《要适应新形势下的新变化》	周治华	《生肖集邮》	2019	第四期	3
《2019年会务工作报告》	周治华	《生肖集邮》	2020	第一期	44
《行稳致远 风华正茂 中国生肖集邮发展未来可期——在生肖集邮研究会六届五次理事（扩大）第二次会议上的讲话》	郑炜	《生肖集邮》	2021	第一期	7
《沐浴着生肖集邮新年新希望的阳光——祝贺生肖集邮研究会第七次会员代表大会胜利召开》	王新中	《生肖集邮》	2022	第一期	145
《行稳致远 创新发展 推动生肖集邮研究会再上新台阶》	郑炜	《生肖集邮》	2022	第一期	6
《在生肖集邮研究会"七大"上的讲话》	葛建亚	《生肖集邮》	2022	第一期	6
《最佳世界生肖邮票评选活动回顾与解读》	束建德	《生肖集邮》	2022	第一期	27
《求新求深再发展——写在生肖集邮研究会成立25周年之际》	郑炜	《生肖集邮》	2022	第二期	3
《守正创新 生肖集邮工作再上新台阶——生肖集邮研究会2022年工作汇报》	郑炜	《生肖集邮》	2023	第一期	3
《生肖集邮研究会五年大事记（1997年6月至2002年6月）》	会务	《生肖集邮研究会成立五周年纪念集》			313
《生肖集邮研究会大事记（2012年7月至2017年6月）》	会务	《生肖集邮研究会成立二十周年纪念集》			229
《十年回顾和展望——庆祝生肖集邮研究会成立10周年》	周治华	《周治华集邮文选》			91
《加强地方会员组织建设 努力开创工作新局面》	周治华	《周治华集邮文选》			94
《编刊〈生肖集邮〉十年回顾》	周治华	《周治华集邮文选》			96
《具有鲜明中国特色的生肖集邮研究会》	周治华	《周治华集邮文选》			110
《蓬勃发展的生肖集邮研究会》	周治华	《周治华集邮文选》			113
《谈谈老年人集邮（生肖集邮最适宜老年集邮）》	周治华	《周治华集邮文选》			441
（七）生肖集邮展览					

续表

文章篇名	作者	出处			
		名称	年份	期数	页码
《生肖集邮 进军展场》	郭润康	《生肖集邮》	1998	第二期	1
《首届生肖集邮展览述评》	马佑璋	《生肖集邮》	2001	第三期	16
《拟定〈生肖集邮展品评审规则〉势在必行》	李明	《生肖集邮》	2002	第五期	1
《生肖集邮展览评审总规则（讨论稿）》	广州会员小组	《生肖集邮》	2003	第二期	12
《生肖集邮展览专门类集邮展品评审特别规则（讨论稿）》	广州会员小组	《生肖集邮》	2003	第二期	13
《生肖集邮展览专题类集邮展品评审特别规则（讨论稿）》	广州会员小组	《生肖集邮》	2003	第二期	14
《跳出"小天地"开拓新境界——对生肖集邮展品评审规则的思考》		《生肖集邮》	2003	第二期	15
《浅议生肖类集邮展品的二级类别及编组方式》	广州会员小组	《生肖集邮》	2003	第二期	17
《关于〈生肖集邮展品评审专用规则（讨论稿）〉的几点说明》	李明	《生肖集邮》	2003	第四期	18
《祝贺与展望——第二届全国生肖集邮展览述评》	马佑璋	《生肖集邮》	2004	第二期	19
《生肖集邮展品评审专用规则（讨论二稿）》	李明	《生肖集邮》	2004	第二期	27
《北京市集邮协会生肖集邮类展品评审专用规则（试行）》	肖讯	《生肖集邮》	2004	第四期	5
《细说金奖邮集〈T46 猴〉》	胡晓明 江流	《生肖集邮》	2004	第四期	15
《平步起青云 更上一层楼——第三届全国生肖集邮展览述评》	马佑璋	《生肖集邮》	2007	第二期	20
《二〇一〇年第四届全国生肖邮展述评》	李汇祥	《生肖集邮》	2010	第二期	7
《第四届全国生肖集邮展览参展作品点评与现场交流》	李少可	《生肖集邮》	2010	第二期	9
《"2011·中国新兴集邮联展"思考》	赖景耀	《生肖集邮》	2012	第二期	19
《当金猴群舞的时候——浙江省首届生肖集邮展览观感》	李少可	《生肖集邮》	2013	第一期	29
《全国生肖集邮展览评审规则》《生肖集邮展品评审指导要点》	会务	《生肖集邮》	2013	第三期	40
《骏马奔腾报捷来——2014 第五届全国生肖邮集述评》	李汇祥	《生肖集邮》	2014	第一期	16
《素材·故事·研究·外观——第五届全国生肖集邮展览观感》	李少可	《生肖集邮》	2014	第三期	20
《全国生肖集邮展览评审规则》《生肖集邮展品评审指导要点》	会务	《生肖集邮》	2017	第五期	42
《生肖文化遍全球 生肖邮集竞风流——2018 年第六届全国生肖邮展述评》	李少可	《生肖集邮》	2018	第一期	13
《浙江省第四届生肖集邮展览述评》	李少可	《生肖集邮》	2018	第六期	14
《新作令人欣喜 展品还须改进——全国第二届生肖集邮新作展览述评》	李少可	《生肖集邮》	2019	第二期	31
《老鼠虽小占鳌头 一框虽小难做好——第二届全国生肖集邮一框展览述评》	李少可	《生肖集邮》	2020	第二、三期	50
《2021 第七届全国生肖集邮展览述评》	李少可	《生肖集邮》	2021	第一期	10
《2023 第九届全国生肖邮展评审笔记》	王宏伟 李少可 夏育磊	《生肖集邮》	2023	第一期	9

续表

文章篇名	作者	出处			
		名称	年份	期数	页码
《中华全国邮展的第一部生肖邮集》	金广为 吴志欣	《生肖集邮研究会成立二十周年纪念集》			152
《浙江省第二届生肖集邮展览述评》	李少可	《生肖集邮研究会成立二十周年纪念集》			194
《生肖邮展正走向普及》	周治华	《周治华集邮文选》			63
（八）生肖集邮人物					
《积厚之光 其流自远——生肖集邮研究会副会长任连荣访谈录》	段平作	《生肖集邮》	1997	第二期	10
《亲历开国大典的朱祖威》	李锦林	《生肖集邮》	1999	第六期	20
《深切怀念方培基先生》	苏清	《生肖集邮》	1999	第六期	23
《开门见喜——周巍峙先生入会有感》	周治华	《生肖集邮》	2000	第二期	1
《邮坛宿将郭润康》	王殿臣	《生肖集邮》	2000	第五期	24
《孜孜求索方寸间——记余岢老师的集邮情结》	贾传宇	《生肖集邮》	2001	第一期	24
《钟情生肖趣不移——记吴鸿钧生肖集邮几件事》	徐昌荣	《生肖集邮》	2001	第二期	24
《乐为邮圃作"垦牛"——记方定坚教授集邮二三事》	黄继光	《生肖集邮》	2003	第四期	26
《"王新中效应"的思考》	周治华	《生肖集邮》	2004	第三期	3
《马不停蹄的袁大哥——记本会先进会员袁秦生》	区锡文	《生肖集邮》	2004	第六期	30
《骆旭旦和他的生肖集邮情结》	周秉谦	《生肖集邮》	2005	第一期	26
《梅花香自苦寒来——访李齐品先生》	陈昭根	《生肖集邮》	2005	第二期	28
《老骥伏枥吴季贤》	吴志欣	《生肖集邮》	2006	第一期	35
《痴迷生肖情未了——记我会十二生肖收藏奇人须元吉》	翟瀚	《生肖集邮》	2006	第二期	37
《生肖集邮热心人叶士昌》	方建平	《生肖集邮》	2006	第三期	33
《我与生肖集邮结缘》	刘开文	《生肖集邮》	2006	第四期	40
《我与生肖集邮研究会的渊源》	陈文骐	《生肖集邮》	2007	第二期	32
《一位美国老太（原联合国总部会计多萝西·安德森夫人）的生肖情结》	曹东辉	《生肖集邮》	2007	第二期	35
《南海"邮痴"黄继光》	区锡文	《生肖集邮》	2007	第二期	38
《与生肖集邮研究会结缘的郭润康》	翟瀚	《生肖集邮》	2007	第三期	4
《奔走于海峡两岸的集邮人——记台湾集邮家杨浩》	区锡文	《生肖集邮》	2007	第三期	36
《一篇邮文使他走上生肖集邮之路——访生肖源流研究者李升平》	区锡文	《生肖集邮》	2007	第四期	34
《熊崇荣的剪纸多次上邮票》	曹东辉	《生肖集邮》	2007	第五期	41
《军旅集邮半世纪 生肖集邮获殊荣（记杨福才）》	李祖光	《生肖集邮》	2009	第三期	29
《北京生肖会的带头人刘开文》	曹大德	《生肖集邮》	2009	第四期	39
《走进唐孝飞的方寸世界》	王子周	《生肖集邮》	2010	第三期	33
《生肖邮缘——记三次相会著名集邮家林衡夫先生》	李万迪	《生肖集邮》	2010	第四期	49
《徐星瑛先生永远活在我的心中》	周治华	《生肖集邮》	2011	第三期	39
《潜心求索 修成正果——记广州生肖集邮研究会副会长廖镇威》	区锡文	《生肖集邮》	2011	第五期	36
《身残志坚 情牵生肖——推荐特殊邮友生肖会员徐克定的发言稿》	刘佳维	《生肖集邮》	2012	第五期	32
《游（开国）老与生肖集邮》	陈一军	《生肖集邮》	2012	第五期	34

续表

文章篇名	作者	出处			
		名称	年份	期数	页码
《在中国集邮发展中发挥了积极作用的生肖集邮会员李锦林》	任维钧	《生肖集邮》	2013	第三期	32
《〈邮缘〉情无限"三迷"谱新章》	周治华	《生肖集邮》	2013	第四期	34
《得天下邮票 会四海宾朋——毛友直的集邮生活》	刘国良	《生肖集邮》	2013	第四期	29
《常增书先生与生肖集邮》	方定坚	《生肖集邮》	2014	第二期	38
《生肖会员中四位属马的全国集邮联会士》	孙少颖	《生肖集邮》	2014	第四期	30
《用心耕耘 老有作为——记方定坚先生的生肖集邮事迹》	李升平	《生肖集邮》	2014	第六期	26
《沉痛哀悼王育忠同志》	周治华	《生肖集邮》	2015	第一期	44
《84岁的生肖会新会员吴俊》	王新中	《生肖集邮》	2015	第四期	36
《活在邮人心中——缅怀名誉会长周巍峙》	林衡夫	《生肖集邮》	2015	第四期	45
《斯人已逝 笑容犹存——深深怀念敬爱的王炜阿姨》	郑炜	《生肖集邮》	2015	第四期	47
《郭润康与生肖集邮》	束建德	《生肖集邮》	2015	第五期	33
《中国邮坛圣贤郭润康——恭贺郭润康先生百岁华诞》	周治华	《生肖集邮》	2016	第二期	4
《沉痛哀悼方定坚先生》	周治华	《生肖集邮》	2016	第二期	11
《深切怀念方定坚先生》	李升平	《生肖集邮》	2016	第二期	12
《难忘方定坚先生的音容笑貌》	郑炜	《生肖集邮》	2016	第二期	13
《执着追求生肖集邮的孙世巍》	曹大德	《生肖集邮》	2016	第三期	28
《痛惜鸿远西归去 永记生肖集邮请——沉痛哀悼李鸿远同志》	周治华	《生肖集邮》	2017	第二期	10
《孙复东·沉醉邮票六十载》	孙晓	《生肖集邮》	2017	第二期	38
《郭润康集邮精神永放光芒》	周治华	《生肖集邮》	2017	第三期	8
《李鸿远与生肖集邮》	陈一军	《生肖集邮》	2017	第三期	14
《八桂生肖集邮最亮之星——陆义琨》	龙炳寰	《生肖集邮》	2017	第四期	36
《剪纸情 集邮情 生肖情——记扬州工艺美术大师熊崇荣》	曹东辉	《生肖集邮》	2017	第五期	34
《点赞"乙未同龄群"的领头羊——丰国需》	吴志欣	《生肖集邮》	2017	第六期	30
《沉痛哀悼生肖集邮功臣叶士昌先生》	周治华	《生肖集邮》	2017	第六期	39
《孙少颖先生入会感言》	周治华	《生肖集邮》	2018	第二期	3
《我的生肖集邮情结》	孙跃	《生肖集邮》	2018	第二期	39
《怀思郭润康挚爱生肖集邮》	唐孝飞	《生肖集邮》	2018	第二期	46
《北京生肖集邮研究会的好顾问王晋枫》	曹大德	《生肖集邮》	2018	第四期	39
《改革开放令我成为集邮迷》	陆义琨	《生肖集邮》	2018	第五期	33
《陈佑菡,众人培育的小邮花》	罗邦顺、叶筠	《生肖集邮》	2019	第二期	40
《带头人和热心人（周治华）》	戴定国	《生肖集邮》	2019	第三期	3
《陈嘉信与〈生肖邮趣〉》	曹东辉	《生肖集邮》	2020	第一期	40
《方寸世界写春秋（悼念周治华）》	朱永新	《生肖集邮》	2020	第二、三期	3
《功德昭邮坛 风范留人间——缅怀著名集邮家周治华先生》	葛建亚	《生肖集邮》	2020	第二、三期	20
《他是生肖集邮的开拓者领头人——追忆周治华会长》	陈文骐	《生肖集邮》	2020	第二、三期	23

续表

文章篇名	作者	出处			
		名称	年份	期数	页码
《勤奋的品格 严谨的作风——深切怀念周治华同志》	许洪祥	《生肖集邮》	2020	第二、三期	25
《周治华会长，您一路走好！》	郑炜	《生肖集邮》	2020	第二、三期	28
《生肖集邮达人姚正根》	高华	《生肖集邮》	2020	第四期	43
《与朱祖威老师二、三事》	黄勇	《生肖集邮》	2021	第二期	48
《追忆何祉昌先生》	束建德	《生肖集邮》	2022	第二期	40
《答〈集邮博览〉"集邮九问"》	周治华	《周治华集邮文选》			423
《怀想集邮老人王鸿飞先生》	周治华	《周治华集邮文选》			492
《王育忠：生肖集邮的楷模》	周治华	《周治华集邮文选》			511
《周治华简历》	周治华	《周治华集邮文选》			513

（九）生肖集邮书刊

● 书评

文章篇名	作者	出处			
		名称	年份	期数	页码
《〈世界生肖邮票大观〉的六个特点》	苏州市集邮协会	《生肖集邮》	1997	第二期	14
《〈中华世界邮票目录（亚洲卷）〉生肖邮票方面校正》	周治华	《生肖集邮》	1998	第五期	21
《〈中外生肖邮票〉序》	周治华	《生肖集邮》	2004	第一期	28
《我国第一份生肖集邮报刊〈生肖邮报〉》	周治华	《生肖集邮》	2006	第一期	27
《一本早期的〈世界生肖邮票目录〉》	刘福全	《生肖集邮》	2006	第五期	23
《〈生肖集邮概说〉一书审稿会议在高邮举行》	会务	《生肖集邮》	2006	第六期	41
《〈世界生肖邮票目录〉编写记》	周治华	《生肖集邮》	2007	第六期	37
《〈生肖集邮概说〉出版发行》	肖讯	《生肖集邮》	2008	第一期	40
《解读〈世界生肖邮票目录〉的编辑观念》	邵林	《生肖集邮》	2008	第五期	42
《读〈世界生肖邮票目录〉有感》	狄超英	《生肖集邮》	2008	第六期	38
《〈生肖集邮概说〉读后感》	王健正	《生肖集邮》	2009	第一期	38
《生肖集邮的大胆实践者李齐品——〈邮乐人生序〉》	周治华	《生肖集邮》	2014	第一期	29
《〈周治华集邮文选〉目录》	会务	《生肖集邮》	2016	第三期	35
《三生花草梦苏州——由〈周治华集邮文选〉想到的》	李毅民	《生肖集邮》	2016	第四期	36
《邹道崇著〈清代广东邮戳史（1897—1911）〉出版》	肖讯	《生肖集邮》	2016	第四期	40
《"知与行"和"思与录"——读〈周治华集邮文选〉有感》	李近朱	《生肖集邮》	2016	第五期	38
《莫道桑榆晚 为霞尚满天——读〈周治华集邮文选〉有感》	林衡夫	《生肖集邮》	2016	第五期	41
《记录中国生肖集邮发展的重要著述——初读〈周治华集邮文选〉体会》	李升平	《生肖集邮》	2016	第六期	31
《一曲集邮人生的美妙赞歌——读〈周治华集邮文选〉有感》	郭友敏	《生肖集邮》	2016	第六期	34
《生肖集邮爱好者的年度"盛会"——姚正根主编的"生肖年话邮"系列图书》	夏照强	《生肖集邮》	2019	第六期	34
《惟有创新，方能发展——祝贺〈戴定国生肖集邮专辑〉出版》	郑炜	《生肖集邮》	2021	第三期	1
《中国生肖集邮和〈世界生肖邮票目录〉——〈世界生肖邮票目录〉编著记》	郑炜	《生肖集邮》	2022	第三期	篇首语
《重读〈周治华集邮文选〉》	束建德	《生肖集邮》	2023	第一期	42

续表

文章篇名	作者	出处 名称	出处 年份	期数	页码
《全国"十优"集邮报刊之首——〈生肖集邮〉——贺会刊发行150期》	孙守鎏				
《〈世界生肖邮票大观〉后记》	周治华	《周治华集邮文选》			452
《〈中华世界邮票目录（亚洲卷）〉生肖邮票内容校正》	周治华	《周治华集邮文选》			453
《〈世界生肖邮票精品〉丛书后记》	周治华	《周治华集邮文选》			455
《谈谈我的〈生肖邮票〉丛书出版经过》	周治华	《周治华集邮文选》			459
《对〈生肖集邮文献的集藏〉一文补正》	周治华	《周治华集邮文选》			464
《〈山东生肖日戳——山东生肖地名邮政日戳〉序》	周治华	《周治华集邮文选》			485
●书（刊）目					
《生肖集邮》（总1期—152期）		生肖集邮研究会会刊	1997年9月—2023年12月内部出版		
《世界生肖邮票大观》	周治华著	江苏人民出版社出版	1997年12月		
《世界生肖邮票精品》（鼠-猪1套12册）	周治华著	上海人民出版社出版	2000年3月—2003年10月		
《邮林别韵——生肖集邮研究会成立五周年纪念集》	周治华主编		2002年8月内部出版		
《生肖文化与生肖集邮》	黄斌、吴晓玲编著	北京国际文化出版公司出版	2003年11月		
《中外生肖邮票》	李毅民、赵志贤编著	陕西科学技术出版社出版	2003年11月		
《生肖地名戳资料汇编》	生肖集邮研究会编印	内部出版	2004年6月		
《邮坛新音——生肖集邮研究会成立十周年纪念集》	周治华主编	内部出版	2007年8月		
《生肖集邮概说》	周治华主编	陕西人民出版社出版	2008年4月		
《世界生肖邮票目录》	周治华、徐星瑛、黄秉泽编著	人民邮电出版社出版	2008年7月		
《生肖集邮学术研讨会论文集（2010）》	中华全国集邮联合会学术委员会、江苏省集邮协会、生肖集邮研究会编印	内部出版	2010年6月		
《世界生肖邮票目录（2011）》	周治华、郑炜编著	人民邮电出版社出版	2012年1月		
《邮苑异葩——生肖集邮研究会成立十五周年纪念集》	周治华主编	内部出版	2013年7月		
《周治华集邮文选》	周治华著	人民邮电出版社出版	2016年7月		
《邮海曙光——生肖集邮研究会成立二十周年纪念集》	周治华主编	内部出版	2018年1月		

续表

文章篇名	作者	出处			
		名称	年份	期数	页码
《最佳世界生肖邮票评选活动专刊》（首届"庚寅年"至第十二届"辛丑年"）	生肖集邮研究会编印	内部出版			
《生肖集邮研究会会员通讯录》（2001年12月第一版至2018年2月第九版）	郑炜	内部出版			
《生肖集邮·戴定国专辑》	生肖集邮研究会会刊（专辑一）	内部出版	2021年9月		
《生肖集邮·世界生肖邮票目录（第3版）》	生肖集邮研究会会刊（特刊）	内部出版	2022年9月		
《生肖集邮·T46〈庚申年——中国第一枚生肖邮票〉》	生肖集邮研究会会刊（特刊）	内部出版	2023年7月		

附录2 历年发行生肖邮票的世界各国和地区个数速查表
（1950—2023年）

发行年份	发行生肖		亚洲各国和地区个数	欧洲各国和地区个数	非洲各国和地区个数	大洋洲各国和地区个数	美洲各国和地区个数	世界各国和地区总数
1950	庚寅	虎	1					1
1951	辛卯	兔	1					1
1952	壬辰		0					0
1953	癸巳		0					0
1954	甲午	马	1					1
1955	乙未		0					0
1956	丙申		0					0
1957	丁酉		0					0
1958	戊戌	狗	2					2
1959	己亥		0					0
1960	庚子	鼠	2					2
1961	辛丑	牛	3					3
1962	壬寅	虎	1					1
1963	癸卯	兔	2					2
1964	甲辰	龙	2					2
1965	乙巳	蛇	2					2
1966	丙午	马	3					3
1967	丁未	羊	4					4
1968	戊申	猴	4					4
1969	己酉	鸡	5					5
1970	庚戌	狗	5					5
1971	辛亥	猪	5					5
1972	壬子	鼠	5					5
1973	癸丑	牛	3					3
1974	甲寅	虎	3					3
1975	乙卯	兔	2					2
1976	丙辰	龙	4					4
1977	丁巳	蛇	4					4
1978	戊午	马	4					4
1979	己未	羊	3					3
1980	庚申	猴	4					4
1981	辛酉	鸡	4					4
1982	壬戌	狗	4					4
1983	癸亥	猪	4					4
1984	甲子	鼠	5					5
1985	乙丑	牛	6					6
1986	丙寅	虎	5					5

续表

发行年份	发行生肖		亚洲各国和地区个数	欧洲各国和地区个数	非洲各国和地区个数	大洋洲各国和地区个数	美洲各国和地区个数	世界各国和地区总数
1987	丁卯	兔	8					8
1988	戊辰	龙	7					7
1989	己巳	蛇	7					7
1990	庚午	马	7					7
1991	辛未	羊	8					8
1992	壬申	猴	9					9
1993	癸酉	鸡	12		1	1	1	15
1994	甲戌	狗	14	1	5	7	7	34
1995	乙亥	猪	13	1	3	8	7	32
1996	丙子	鼠	15	1	7	10	9	42
1997	丁丑	牛	16	2	11	10	10	49
1998	戊寅	虎	17	1	10	10	10	48
1999	己卯	兔	16	3	11	10	10	50
2000	庚辰	龙	17	3	8	13	10	51
2001	辛巳	蛇	17	4	7	12	11	51
2002	壬午	马	18	3	10	13	15	59
2003	癸未	羊	17	2	7	12	15	53
2004	甲申	猴	17	2	7	11	13	50
2005	乙酉	鸡	15	4	4	9	12	44
2006	丙戌	狗	15	4	3	6	9	37
2007	丁亥	猪	16	3	5	8	7	39
2008	戊子	鼠	14	3	2	9	7	35
2009	己丑	牛	15	2	3	8	12	40
2010	庚寅	虎	15	4	7	7	10	43
2011	辛卯	兔	18	5	10	8	8	49
2012	壬辰	龙	19	9	14	7	9	58
2013	癸巳	蛇	18	10	14	14	6	62
2014	甲午	马	18	13	16	13	11	71
2015	乙未	羊	18	12	14	14	8	66
2016	丙申	猴	12	15	14	12	5	58
2017	丁酉	鸡	18	15	20	14	7	74
2018	戊戌	狗	20	14	20	15	7	76
2019	己亥	猪	20	14	19	14	11	78
2020	庚子	鼠	20	19	8	3	8	58
2021	辛丑	牛	20	15	5	11	10	61
2022	壬寅	虎	20	17	8	7	8	60
2023	癸卯	兔	20	15	12	7	8	62

发行生肖邮票的世界各国和地区合计总数（1950—2023年）

总数量	亚洲	欧洲	非洲	大洋洲	美洲
137	25	30	31	24	27

附录3 世界各国和地区各年度发行生肖邮票速查表
（1950—2023年）
（按洲分列，国家和地区以首次发行生肖邮票的年度为序）

（1）亚洲

公元纪年	干支纪年	日本	韩国	琉球地区	越南	中国香港	中国台湾	蒙古国	老挝	中国大陆（内地）	中国澳门	朝鲜	泰国	菲律宾	不丹	哈萨克斯坦	吉尔吉斯斯坦	新加坡	柬埔寨	马尔代夫	马来西亚	塔吉克斯坦	印度尼西亚	孟加拉国	阿塞拜疆	尼泊尔
首发年份		1950	1958	1961	1966	1967	1969	1972	1975	1980	1984	1987	1991	1992	1993	1993	1994	1996	1997	2002	2000	2002	2007	2010	2009	2010
1950	庚寅	虎																								
1951	辛卯	兔																								
1952	壬辰																									
1953	癸巳																									
1954	甲午	马																								
1955	乙未																									
1956	丙申																									
1957	丁酉																									
1958	戊戌	狗	狗																							
1959	己亥																									
1960	庚子	鼠	鼠																							
1961	辛丑	牛	牛	牛																						
1962	壬寅	虎																								
1963	癸卯	兔		兔																						
1964	甲辰	龙		龙																						
1965	乙巳	蛇		蛇																						
1966	丙午	马		马	马																					
1967	丁未	羊	羊	羊		羊																				
1968	戊申	猴	猴	猴		猴																				
1969	己酉	鸡	鸡	鸡		鸡	鸡																			
1970	庚戌	狗	狗	狗		狗	狗																			
1971	辛亥	猪	猪	猪		猪	猪																			
1972	壬子		鼠	鼠		鼠	鼠	十二生肖																		
1973	癸丑	牛				牛	牛																			
1974	甲寅	虎				虎	虎																			
1975	乙卯	兔							兔																	

附录3 / Appendix

续表

公元纪年	干支纪年	亚洲																							
		日本	韩国	琉球地区	越南	中国香港	中国台湾	蒙古国	老挝	中国大陆（内地）	中国澳门	朝鲜	泰国	菲律宾	不丹	哈萨克斯坦	吉尔吉斯斯坦	新加坡	柬埔寨	马尔代夫	马来西亚	塔吉克斯坦	印度尼西亚	孟加拉国	阿塞拜疆	尼泊尔
首发年份		1950	1958	1961	1966	1967	1969	1972	1975	1980	1984	1987	1991	1992	1993	1993	1994	1996	1997	2002	2000	2002	2007	2010	2009	2010
1976	丙辰	龙	龙			龙	龙																			
1977	丁巳	蛇	蛇			蛇	蛇																			
1978	戊午	马	马			马	马																			
1979	己未	羊	羊				羊																			
1980	庚申	猴	猴				猴			猴																
1981	辛酉	鸡	鸡				鸡			鸡																
1982	壬戌	狗	狗				狗			狗																
1983	癸亥	猪	猪				猪			猪																
1984	甲子	鼠	鼠				鼠			鼠	鼠															
1985	乙丑	牛	牛		牛		牛			牛	牛															
1986	丙寅	虎	虎				虎			虎	虎															
1987	丁卯	兔	兔	猫	兔		兔			兔	兔	兔														
1988	戊辰	龙	龙			龙	龙			龙	龙	龙														
1989	己巳	蛇	蛇			蛇	蛇			蛇	蛇	蛇														
1990	庚午	马	马			马	马			马	马	马														
1991	辛未	羊	羊			羊	羊			羊	羊	羊	羊													
1992	壬申	猴	猴			猴	猴			猴	猴	猴	猴	猴												
1993	癸酉	鸡	鸡		鸡	鸡	鸡			鸡	鸡	鸡	鸡	鸡	鸡											
1994	甲戌	狗	狗		狗	狗	狗			狗	狗	狗	狗	狗	狗	狗										
1995	乙亥	猪	猪		猪	猪	猪			猪	猪	猪	猪	猪	猪	猪										
1996	丙子	鼠	鼠		鼠	鼠	鼠			鼠	鼠	鼠	鼠	鼠	鼠	鼠		鼠								
1997	丁丑	牛	牛		牛	牛	牛			牛	牛	牛	牛	牛	牛	牛		牛	牛							
1998	戊寅	虎	虎		虎	虎	虎			虎	虎	虎	虎	虎	虎	虎		虎	虎							
1999	己卯	兔	兔		猫	兔	兔			兔	兔	兔	兔	兔	兔	兔		兔	兔							
2000	庚辰	龙	龙		龙	龙	龙			龙	龙	龙	龙	龙	龙	蜗牛		龙	龙		龙					
2001	辛巳	蛇	蛇		蛇	蛇	蛇			蛇	蛇	蛇	蛇	蛇	蛇	蛇		蛇	蛇		蛇					
2002	壬午	马	马		马	马	马			马	马	马	马	马	马	马		马	马	马	马					
2003	癸未	羊	羊		羊	羊	羊			羊	羊	羊	羊	羊	羊	羊		羊	羊		羊					
2004	甲申	猴	猴		猴	猴	猴			猴	猴	猴	猴	猴	猴	猴		猴	猴		猴					
2005	乙酉	鸡	鸡		鸡	鸡	鸡			鸡	鸡	鸡	鸡	鸡	鸡	鸡		鸡	鸡		鸡					
2006	丙戌	狗	狗		狗	狗	狗			狗	狗	狗	狗	狗	狗	狗		狗	狗		狗					
2007	丁亥	猪	猪		猪	猪	猪			猪	猪	猪	猪	猪	猪	猪		猪	猪				猪			
2008	戊子	鼠	鼠		鼠	鼠	鼠			鼠	鼠		鼠	鼠	鼠	鼠		鼠	鼠				鼠			
2009	己丑	牛	牛		牛	牛	牛			牛	牛		牛	牛	牛	牛		牛	牛				牛		牛	
2010	庚寅		虎		虎	虎	虎			虎	虎		虎	虎		虎		虎			虎			虎	虎	虎
2011	辛卯	兔	兔		猫	兔	兔			兔	兔		兔	兔		兔		兔			兔		兔		兔	

续表

公元纪年	干支纪年	亚洲																								
		日本	韩国	琉球地区	越南	中国香港	中国台湾	蒙古国	老挝	中国大陆（内地）	中国澳门	朝鲜	泰国	菲律宾	不丹	哈萨克斯坦	吉尔吉斯斯坦	新加坡	柬埔寨	马尔代夫	马来西亚	塔吉克斯坦	印度尼西亚	孟加拉国	阿塞拜疆	尼泊尔
首发年份		1950	1958	1961	1966	1967	1969	1972	1975	1980	1984	1987	1991	1992	1993	1993	1994	1996	1997	2002	2000	2002	2007	2010	2009	2010
2012	壬辰	龙	龙		龙	龙	龙	龙		龙	龙	龙	龙	龙		龙	龙				龙	龙	龙		龙	
2013	癸巳	蛇	蛇		蛇	蛇	蛇	蛇		蛇	蛇	蛇	蛇	蛇		蛇	蛇				蛇	蛇	蛇		蛇	
2014	甲午	马	马		马	马	马	马		马	马		马	马	马	马	马				马	马	马		马	
2015	乙未	羊	羊		羊	羊	羊	羊		羊	羊	羊	羊	羊	羊	羊	羊				羊		羊		羊	
2016	丙申	猴			猴		猴	猴		猴	猴	猴	猴	猴			猴			猴					猴	
2017	丁酉		鸡		鸡	鸡		鸡		鸡	鸡	鸡	鸡	鸡	鸡	鸡	鸡			鸡	鸡	鸡	鸡		鸡	
2018	戊戌		狗		狗	狗	狗	狗		狗	狗	狗	狗	狗	狗	狗	狗			狗	狗	狗	狗		狗	
2019	己亥		猪		猪	猪	猪	猪		猪	猪		猪	猪	猪	猪	猪	猪		猪	猪	猪	猪		猪	
2020	庚子		鼠		鼠	鼠	鼠	鼠		鼠	鼠		鼠	鼠	鼠	鼠	鼠	鼠		鼠	鼠	鼠	鼠		鼠	
2021	辛丑		牛		牛	牛	牛	牛		牛	牛		牛	牛	牛	牛	牛	牛		牛	牛	牛	牛		牛	
2022	壬寅		虎		虎	虎	虎	虎		虎	虎		虎	虎	虎	虎	虎	虎		虎	虎	虎	虎		虎	
2023	癸卯		兔		猫	兔	兔	兔		兔	兔		兔	兔	兔	兔	兔	兔		兔	兔	兔	兔		兔	

(2) 欧洲

公元纪年	干支纪年	泽西岛	爱尔兰	瑞典	英属马恩岛	法国	奥地利	塞尔维亚	斯洛文尼亚	拉脱维亚	爱沙尼亚	克罗地亚	列支敦士登	波黑	直布罗陀	立陶宛	保加利亚	匈牙利	摩尔多瓦	根西岛	乌克兰	奥兰群岛	白俄罗斯	荷兰	马恩岛	挪威	亚美尼亚	罗马尼亚	波兰	英国	斯洛伐克
首发年份		1994	1997	1999	2001	2005	2005	2010	2010	2011	2011	2012	2012	2012	2012	2013	2013	2014	2014	2014	2014	2014	2015	2015	2016	2016	2016	2019	2020	2021	2022
1994	甲戌	狗																													
1995	乙亥	猪																													
1996	丙子	鼠																													
1997	丁丑	牛	牛																												
1998	戊寅	虎																													
1999	己卯	兔	兔	兔																											
2000	庚辰	龙	龙	龙																											
2001	辛巳	蛇	蛇	蛇	蛇																										
2002	壬午	马	马		马																										
2003	癸未	羊	羊																												
2004	甲申	猴	猴																												
2005	乙酉	鸡	鸡			鸡	鸡																								
2006	丙戌	狗	狗			狗	狗																								
2007	丁亥	猪	猪			猪																									
2008	戊子	鼠	鼠			鼠																									
2009	己丑	牛				牛																									
2010	庚寅	虎		虎		虎	虎																								
2011	辛卯			兔		兔	兔			兔																					
2012	壬辰					龙	龙	龙	龙	龙	龙			龙																龙	
2013	癸巳			蛇	蛇	蛇	蛇	蛇	蛇	蛇																				蛇	
2014	甲午			马	马	马	马	马	马	马	马																			马	
2015	乙未		羊	羊	羊	羊	羊	羊			羊		羊			羊	羊														
2016	丙申	猴		猴	猴	猴	猴	猴		猴	猴	猴						猴	猴	猴										猴	
2017	丁酉	鸡		鸡	鸡	鸡	鸡	鸡	鸡	鸡		鸡	鸡				鸡	鸡												鸡	
2018	戊戌	狗		狗	狗	狗	狗	狗				狗				狗	狗			狗			狗							狗	
2019	己亥	猪			猪	猪	猪	猪		猪						猪		猪	猪				猪				猪			猪	
2020	庚子	鼠		鼠	鼠	鼠	鼠	鼠				鼠				鼠	鼠	鼠	鼠	鼠	鼠		鼠				鼠	鼠		鼠	
2021	辛丑	牛		牛	牛	牛	牛					牛				牛	牛	牛	牛		牛	牛	牛					牛	牛	牛	
2022	壬寅	虎		虎	虎			虎				虎				虎	虎	虎			虎	虎	虎	虎		虎		虎	虎	虎	虎
2023	癸卯	兔		兔	兔			兔		兔				兔		兔		兔			兔	兔	兔	兔		兔		兔	兔	兔	兔

(3) 非洲

公元纪年	干支纪年	南非·博普塔茨瓦纳	南非·文达	南非	冈比亚	塞拉利昂	加纳	乌干达	坦桑尼亚	圣多美和普林西比	多哥	赞比亚	纳米比亚	马里	尼日尔	赤道几内亚	中非	马达加斯加	利比里亚	索马里	刚果（金）	几内亚	乍得	贝宁	莫桑比克	几内亚比绍	科特迪瓦	吉布提	布隆迪	加蓬	卢旺达	刚果（布）
首发年份		1993	1994	1995	1994	1994	1994	1994	1996	1996	1997	1997	1997	1997	1997	1997	1998	1999	1999	1999	2000	2000	2000	2002	2010	2011	2013	2012	2012	2012	2012	2015
1993	癸酉	鸡																														
1994	甲戌		狗		狗	狗	狗	狗																								
1995	乙亥		猪	猪	猪																											
1996	丙子		鼠	鼠	鼠	鼠	鼠	鼠																								
1997	丁丑		牛	牛	牛	牛	牛			牛	牛	牛	牛	牛	牛																	
1998	戊寅		虎	虎	虎	十二生肖	虎	虎		虎	虎	虎					虎															
1999	己卯		兔	兔	兔	兔	兔	兔		兔							兔	兔	兔	十二生肖												
2000	庚辰		龙	龙	龙			龙									龙	龙	龙													
2001	辛巳		蛇	蛇	蛇	蛇											蛇	蛇														
2002	壬午		马	马	马	马	马		十二生肖	马							马	马			马											
2003	癸未		羊	羊	羊	羊	羊		羊								羊															
2004	甲申		猴	猴	猴	猴				猴							猴	猴														
2005	乙酉		鸡	鸡	鸡		鸡																									
2006	丙戌		狗	狗	狗																											
2007	丁亥		猪	猪	猪			猪									猪															
2008	戊子		鼠														鼠															
2009	己丑			牛				牛									牛															
2010	庚寅			虎		虎	虎	虎									虎			虎	虎											
2011	辛卯			兔	兔	兔	兔	兔		兔							兔				兔	兔	兔									
2012	壬辰						龙		龙	龙	龙	龙	龙				龙	龙		龙	龙	龙	龙		龙	龙	龙					
2013	癸巳			蛇	蛇	蛇	蛇	蛇		蛇	蛇	蛇	蛇		蛇		蛇	十二生肖	蛇	蛇	蛇											
2014	甲午			马	马	马	马	马	马	马	马	马	马	马	马	马	马	马	马	马	马											
2015	乙未			羊	羊	羊	羊	羊	羊	羊	羊	羊	羊	羊		羊	羊	羊	羊	羊	羊	羊				羊						羊
2016	丙申			猴	猴		猴	猴	猴	猴	猴					猴	猴	猴	猴	猴	猴	猴	猴									猴
2017	丁酉			鸡	鸡	鸡	鸡	鸡	鸡	鸡	鸡	鸡	鸡		鸡	鸡	鸡	鸡	鸡	鸡	鸡	鸡	鸡		鸡	鸡	鸡	鸡	鸡	鸡	鸡	鸡
2018	戊戌			狗	狗	狗	狗	狗	狗	狗	狗	狗	狗		狗	狗	狗	狗	狗	狗	狗	狗	狗		狗	狗	狗	狗	狗	狗	狗	狗
2019	己亥			猪	猪		猪	猪	猪	猪	猪	猪	猪		猪	猪	猪	猪	猪	猪	猪	猪	猪		猪	猪	猪	猪	猪	猪	猪	猪
2020	庚子			鼠					鼠			鼠	鼠		鼠	鼠	鼠			鼠	鼠	鼠	鼠		鼠	鼠	鼠	鼠	鼠	鼠	鼠	鼠
2021	辛丑			牛				牛				牛	牛																			
2022	壬寅			虎	虎				虎			虎				虎		虎			虎				虎							
2023	癸卯			兔	兔		兔	兔			兔		兔		兔	兔		兔			兔	兔	兔		兔							

（4）大洋洲

公元纪年	干支纪年	法属波利尼西亚	基里巴斯	圣诞岛	瑙鲁	图瓦卢	新喀里多尼亚	所罗门群岛	密克罗尼西亚联邦	马绍尔群岛	托克劳	巴布亚新几内亚	帕劳	皮特凯恩群岛	诺福克岛	汤加	新西兰	纽阿福欧	瓦利斯和富图纳	瓦努阿图	斐济	库克群岛	艾图塔基	萨摩亚	彭林
首发年份		1993	1994	1994	1994	1994	1994	1994	1995	1995	1995	1995	1996	1996	1996	1996	1997	1998	2009	2010	2012	2013	2013	2013	2013
1993	癸酉	鸡																							
1994	甲戌	狗	狗	狗	狗	狗	狗	狗																	
1995	乙亥	猪	猪	猪		猪	猪	猪	猪																
1996	丙子	鼠	鼠		鼠	鼠	鼠		鼠	鼠	鼠	鼠													
1997	丁丑	牛	牛		牛		牛	牛	牛	牛		牛	牛												
1998	戊寅	虎	虎		虎			虎	虎		虎	虎	虎	虎		虎									
1999	己卯	兔	兔	兔			兔	兔	兔			兔	兔	兔	兔										
2000	庚辰	龙		龙	龙	龙	龙	龙		龙		龙	龙	龙	龙										
2001	辛巳	蛇	蛇		蛇	蛇	蛇	蛇	蛇		蛇		蛇	蛇	蛇										
2002	壬午		马		马	马	马	马	马		马		马	马	马										
2003	癸未	羊	羊		羊	羊	羊	羊	羊		羊		羊	羊	羊										
2004	甲申		猴		猴	猴		猴	猴	猴	猴		猴	猴	猴										
2005	乙酉		鸡			鸡		鸡	鸡		鸡		鸡	鸡	鸡										
2006	丙戌		狗					狗	狗		狗			狗											
2007	丁亥		猪			猪		猪	猪		猪			猪											
2008	戊子		鼠		鼠	鼠		鼠	生		鼠			鼠											
2009	己丑		牛		牛	牛		牛			牛					牛	牛								
2010	庚寅	虎			虎			虎			虎					虎		虎							
2011	辛卯	兔	兔		兔	兔	兔	十二生肖			兔														
2012	壬辰	龙			龙	龙	龙				龙						龙								
2013	癸巳	蛇	蛇		蛇	蛇	蛇		蛇		蛇	蛇									蛇	蛇	蛇	蛇	
2014	甲午	马			马	马	马		马		马	马									马	马	马	马	
2015	乙未	羊			羊	羊	羊		羊		羊	羊									羊	羊	羊	羊	
2016	丙申	猴			猴	猴					猴	猴	猴								猴	猴	猴	猴	
2017	丁酉	鸡	鸡		鸡	鸡		鸡			鸡	鸡									鸡	鸡	鸡	鸡	
2018	戊戌	狗	狗		狗	狗		狗			狗	狗	狗						狗	狗	狗	狗	狗		
2019	己亥	猪	猪		猪		猪	猪			猪	猪	猪						猪	猪	猪	猪		猪	
2020	庚子	鼠	鼠								鼠														
2021	辛丑	牛	牛	牛		牛		牛		牛	牛	牛					牛	牛							
2022	壬寅	虎	虎	虎		虎					虎						虎	虎							
2023	癸卯	兔	兔	兔							兔										兔	兔			

（5）美洲

公元纪年	干支纪年	美洲																										
		美国	圭亚那	多米尼克	安提瓜和巴布达	圣文森特和格林纳丁斯	格林纳达	格林纳达-格林纳丁斯	古巴	尼维斯	尼加拉瓜	加拿大	荷属安的列斯	巴西	乌拉圭	贝基亚	圣基茨	尤宁岛	阿根廷	秘鲁	蒙特塞拉特	墨西哥	库拉索	苏里南	特克斯和凯科斯	荷属圣马丁	阿鲁巴
首发年份		1993	1994	1994	1994	1994	1994	1994	1995	1996	1997	1997	2001	2002	2002	2002	2002	2009	2009	2009	2010	2011	2012	2013	2019	2019	2023
1993	癸酉	鸡																									
1994	甲戌	狗	狗	狗	狗	狗																					
1995	乙亥	猪	猪	猪		猪	猪	猪																			
1996	丙子	鼠	鼠	鼠	鼠	鼠	鼠	鼠	十二生肖																		
1997	丁丑	牛	牛	牛		牛	牛		牛	牛	牛	十二生肖															
1998	戊寅	虎	虎	虎		虎	虎	虎	虎		虎	虎															
1999	己卯	兔	兔	兔		兔	兔	兔	兔		兔	兔															
2000	庚辰	龙	龙	龙		龙	龙	龙			龙	龙															
2001	辛巳	蛇	蛇	蛇		蛇	蛇	蛇	蛇		蛇	蛇															
2002	壬午	马	马	马		马	马	马	马		马	马		马	马	马	马										
2003	癸未	羊	羊	羊	羊		羊	羊		羊	羊			羊	羊	羊	羊										
2004	甲申	猴	猴	猴	猴	猴	猴	猴		猴	猴					猴	猴										
2005	乙酉	十二生肖	鸡	鸡	鸡	鸡	鸡	鸡		鸡	鸡					鸡											
2006	丙戌	十二生肖	狗		狗		狗	狗	狗		狗	狗															
2007	丁亥		猪	猪		猪	猪				猪	猪															
2008	戊子		鼠		鼠		鼠	鼠			鼠	鼠															
2009	己丑		牛		牛	牛		牛	牛		牛	牛							牛	牛	牛						
2010	庚寅		虎	虎	虎		虎		虎		虎	虎									虎	虎					
2011	辛卯		兔	兔	兔			兔												兔		兔					
2012	壬辰		龙	龙	十二生肖		龙	龙				龙								龙		龙	龙				
2013	癸巳		蛇	蛇		蛇		蛇												蛇		蛇					
2014	甲午		马	马	马		马			马				马						马	马		马				
2015	乙未		羊	羊			羊			羊				羊							羊		羊				
2016	丙申		猴	猴			猴							猴									猴				
2017	丁酉		鸡	鸡	鸡		鸡	鸡				鸡								鸡		鸡					
2018	戊戌		狗	狗		狗	狗			狗				狗								狗					
2019	己亥		猪	猪		猪	猪				猪									猪		猪				猪	猪
2020	庚子		鼠	鼠		鼠					鼠									鼠		鼠					
2021	辛丑		牛	牛		牛		牛	牛		牛									牛		牛		牛			
2022	壬寅		虎	虎		虎						虎								虎		虎		虎			
2023	癸卯		兔	兔		兔					兔									兔		兔		兔			兔

附录 4 中国农历和公历对照表
1948 年（戊子鼠年）—2030 年（庚戌狗年）

中国农历正月初一	公元年月日	中国农历除夕日	公元年月日	农历闰月
戊子鼠年正月初一	1948-02-10	十二月三十日	1949-01-28	
己丑牛年正月初一	1949-01-29	十二月三十日	1950-02-16	农历闰七月
庚寅虎年正月初一	1950-02-17	十二月二十九日	1951-02-05	
辛卯兔年正月初一	1951-02-06	十二月三十日	1952-01-26	
壬辰龙年正月初一	1952-01-27	十二月三十日	1953-02-13	农历闰五月
癸巳蛇年正月初一	1953-02-14	十二月二十九日	1954-02-02	
甲午马年正月初一	1954-02-03	十二月三十日	1955-01-23	
乙未羊年正月初一	1955-01-24	十二月三十日	1956-02-11	农历闰三月
丙申猴年正月初一	1956-02-12	十二月三十日	1957-01-30	
丁酉鸡年正月初一	1957-01-31	十二月二十九日	1958-02-17	农历闰八月
戊戌狗年正月初一	1958-02-18	十二月三十日	1959-02-7	
己亥猪年正月初一	1959-02-08	十二月二十九日	1960-01-27	
庚子鼠年正月初一	1960-01-28	十二月二十九日	1961-02-14	农历闰六月
辛丑牛年正月初一	1961-02-15	十二月三十日	1962-02-04	
壬寅虎年正月初一	1962-02-05	十二月二十九日	1963-01-24	
癸卯兔年正月初一	1963-01-25	十二月二十九日	1964-02-12	农历闰四月
甲辰龙年正月初一	1964-02-13	十二月三十日	1965-02-01	
乙巳蛇年正月初一	1965-02-02	十二月二十九日	1966-01-20	
丙午马年正月初一	1966-01-21	十二月二十九日	1967-02-08	农历闰三月
丁未羊年正月初一	1967-02-09	十二月三十日	1968-01-29	
戊申猴年正月初一	1968-01-30	十二月三十日	1969-02-16	农历闰七月
己酉鸡年正月初一	1969-02-17	十二月二十九日	1970-02-05	
庚戌狗年正月初一	1970-02-06	十二月三十日	1971-01-26	
辛亥猪年正月初一	1971-01-27	十二月三十日	1972-02-14	农历闰五月
壬子鼠年正月初一	1972-02-15	十二月三十日	1973-02-02	
癸丑牛年正月初一	1973-02-03	十二月三十日	1974-01-22	
甲寅虎年正月初一	1974-01-23	十二月三十日	1975-02-10	农历闰四月
乙卯兔年正月初一	1975-02-11	十二月三十日	1976-01-30	
丙辰龙年正月初一	1976-01-31	十二月三十日	1977-02-17	农历闰八月
丁巳蛇年正月初一	1977-02-18	十二月二十九日	1978-02-06	
戊午马年正月初一	1978-02-07	十二月二十九日	1979-01-27	
己未羊年正月初一	1979-01-28	十二月二十九日	1980-02-15	农历闰六月
庚申猴年正月初一	1980-02-16	十二月三十日	1981-02-04	
辛酉鸡年正月初一	1981-02-05	十二月三十日	1982-01-24	
壬戌狗年正月初一	1982-01-25	十二月三十日	1983-02-12	农历闰四月

续表

中国农历正月初一	公元年月日	中国农历除夕日	公元年月日	农历闰月
癸亥猪年正月初一	1983-02-13	十二月三十日	1984-02-01	
甲子鼠年正月初一	1984-02-02	十二月三十日	1985-02-19	农历闰十月
乙丑牛年正月初一	1985-02-20	十二月三十日	1986-02-08	
丙寅虎年正月初一	1986-02-09	十二月二十九日	1987-01-28	
丁卯兔年正月初一	1987-01-29	十二月二十九日	1988-02-16	农历闰六月
戊辰龙年正月初一	1988-02-17	十二月二十九日	1989-02-05	
己巳蛇年正月初一	1989-02-06	十二月三十日	1990-01-26	
庚午马年正月初一	1990-01-27	十二月三十日	1991-02-14	农历闰五月
辛未羊年正月初一	1991-02-15	十二月三十日	1992-02-03	
壬申猴年正月初一	1992-02-04	十二月三十日	1993-01-22	
癸酉鸡年正月初一	1993-01-23	十二月二十九日	1994-02-09	农历闰三月
甲戌狗年正月初一	1994-02-10	十二月三十日	1995-01-30	
乙亥猪年正月初一	1995-01-31	十二月三十日	1996-02-18	农历闰八月
丙子鼠年正月初一	1996-02-19	十二月二十九日	1997-02-06	
丁丑牛年正月初一	1997-02-07	十二月二十九日	1998-01-27	
戊寅虎年正月初一	1998-01-28	十二月三十日	1999-02-15	农历闰五月
己卯兔年正月初一	1999-02-16	十二月二十九日	2000-02-04	
庚辰龙年正月初一	2000-02-05	十二月二十九日	2001-01-23	
辛巳蛇年正月初一	2001-01-24	十二月三十日	2002-02-11	农历闰四月
壬午马年正月初一	2002-02-12	十二月二十九日	2003-01-31	
癸未羊年正月初一	2003-02-01	十二月三十日	2004-01-21	
甲申猴年正月初一	2004-01-22	十二月三十日	2005-02-08	农历闰二月
乙酉鸡年正月初一	2005-02-09	十二月二十九日	2006-01-28	
丙戌狗年正月初一	2006-01-29	十二月三十日	2007-02-17	农历闰七月
丁亥猪年正月初一	2007-02-18	十二月三十日	2008-02-06	
戊子鼠年正月初一	2008-02-07	十二月三十日	2009-01-25	
己丑牛年正月初一	2009-01-26	十二月三十日	2010-02-13	农历闰五月
庚寅虎年正月初一	2010-02-14	十二月三十日	2011-02-02	
辛卯兔年正月初一	2011-02-03	十二月二十九日	2012-01-22	
壬辰龙年正月初一	2012-01-23	十二月二十九日	2013-02-09	农历闰四月
癸巳蛇年正月初一	2013-02-10	十二月三十日	2014-01-30	
甲午马年正月初一	2014-01-31	十二月三十日	2015-02-18	农历闰九月
乙未羊年正月初一	2015-02-19	十二月二十九日	2016-02-07	
丙申猴年正月初一	2016-02-08	十二月三十日	2017-01-27	
丁酉鸡年正月初一	2017-01-28	十二月三十日	2018-02-15	农历闰六月
戊戌狗年正月初一	2018-02-16	十二月三十日	2019-02-04	
己亥猪年正月初一	2019-02-05	十二月三十日	2020-01-24	
庚子鼠年正月初一	2020-01-25	十二月三十日	2021-02-11	农历闰四月
辛丑牛年正月初一	2021-02-12	十二月二十九日	2022-01-31	
壬寅虎年正月初一	2022-02-01	十二月三十日	2023-01-21	
癸卯兔年正月初一	2023-01-22	十二月三十日	2024-02-09	农历闰二月
甲辰龙年正月初一	2024-02-10	十二月二十九日	2025-01-28	

续表

中国农历正月初一	公元年月日	中国农历除夕日	公元年月日	农历闰月
乙巳蛇年正月初一	2025-01-29	十二月二十九日	2026-02-16	农历闰六月
丙午马年正月初一	2026-02-17	十二月二十九日	2027-02-05	
丁未羊年正月初一	2027-02-06	十二月二十九日	2028-01-25	
戊申猴年正月初一	2028-01-26	十二月二十九日	2029-02-12	农历闰五月
己酉鸡年正月初一	2029-02-13	十二月三十日	2030-02-02	
庚戌狗年正月初一	2030-02-03	十二月二十九日	2031-01-22	

附录5 中国清代干支邮戳汇集详表

（邮戳文见第七章第四节生肖·干支邮戳）

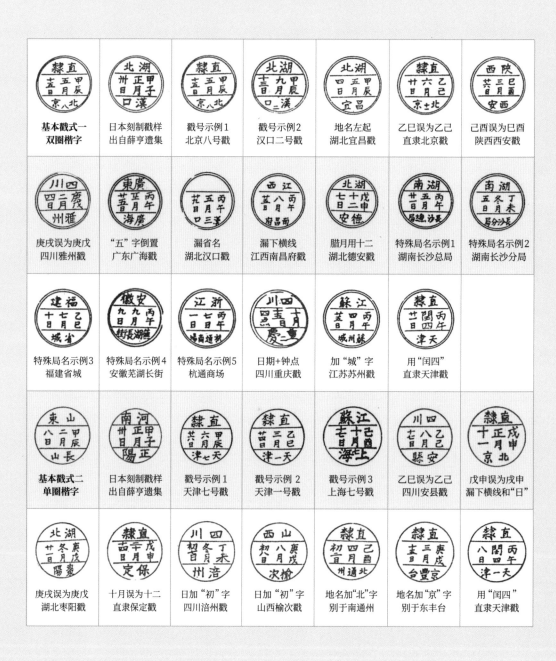

附录 5　　　　　　　　　　　　　　　　　　　　　　　　　　　　　Appendix

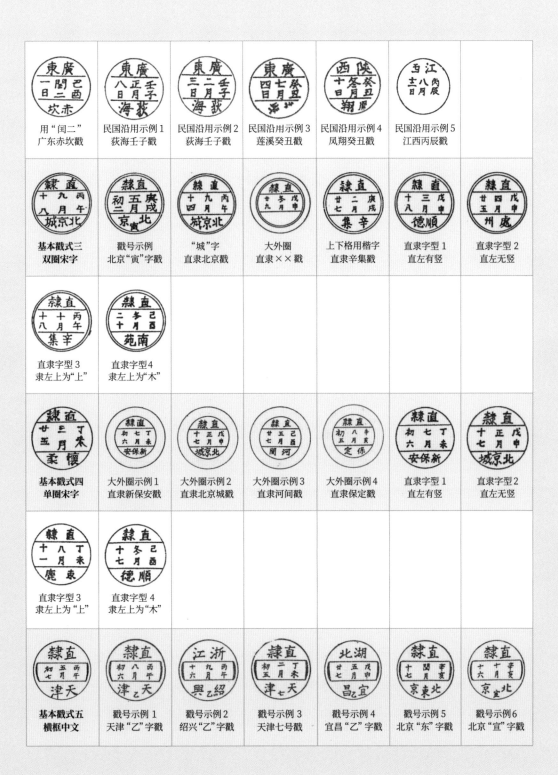

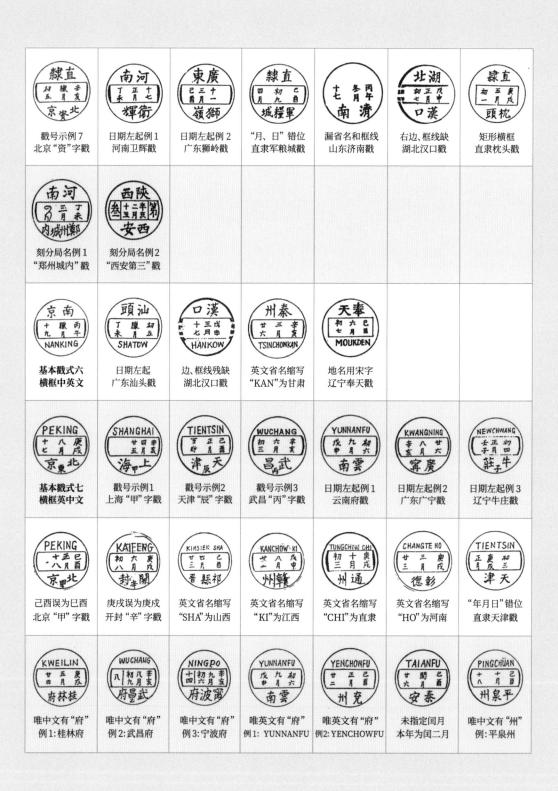

附录 5　　　　　　　　　　　　　　　　　　　　　　　　　　　　　　　　　　Appendix

附录6　中国生肖地名邮戳资料表
（1）十二生肖地名邮戳

生肖名	地名邮戳	邮政编码
鼠（2处）	贵州省安顺市鼠场	561004
	贵州省长顺县鼠场	550711
牛（10处）	贵州省眉潭县牛场	564104
	贵州省织金县牛场	552102
	贵州省福泉县牛场	550508
	贵州省贞丰县牛场	562201
	云南省弥渡县牛街	675606
	云南省彝良县牛街	657613
	云南省洱源县牛街	671201
	云南省罗平县牛街	655811
	云南省石屏县牛街	662209
	云南省镇雄县牛场	553512
虎（1处）	云南省南涧县虎街哨	675701
兔（2处）	贵州省独山县兔场	558201
	云南省南华县兔街	675209
龙（10处）	贵州省纳雍县龙场	553305
	贵州省贞丰县龙场	562205
	贵州省织金县龙场	552105
	贵州省凯里市龙场	556009
	贵州省威宁县龙场	553104
	云南省澄江县龙街	652502
	云南省彝良县龙街	657603
	云南省宣威县龙场	655403
	云南省江川县龙街	652605
	云南省大姚县龙街	675405
蛇（3处）	贵州省兴义市蛇场	562414
	贵州省修文县蛇场	550214
	广西区隆林县蛇场	533418
马（8处）	贵州省开阳县马场	550307
	贵州省大方县马场	551606
	贵州省普定县马场	562105
	贵州省平坝县马场	561113

生肖名	地名邮戳	邮政编码
马（8处）	贵州省福泉县马场坪	550501
	云南省陆良县马街	655605
	云南省罗平县马街	655813
	云南省麻栗坡县马街	663611
羊（14处）	贵州省龙里县羊场	551205
	贵州省镇远县羊场	557703
	贵州省紫云县羊场	550807
	贵州省盘县羊场	561628
	贵州省开阳县羊场	550309
	贵州省大方县羊场坝	551608
	云南省元谋县羊街	651304
	云南省元江县羊街	653305
	云南省红河县羊街	654412
	云南省寻甸县羊街	655209
	云南省开远市羊街	661602
	云南省建水县羊街	654308
	云南省禄丰县羊街	661201
	云南省华宁县羊街	652802
猴（3处）	贵州省普定县猴场	562108
	贵州省紫云县猴场	550802
	云南省元谋县猴街	651309
鸡（8处）	贵州省大方县鸡场	551611
	贵州省安顺市鸡场	561014
	贵州省晴隆县鸡场	561407
	贵州省普定县鸡场坡	562106
	贵州省盘县鸡场坪	561624
	云南省西畴县鸡街	663504
	云南省个旧市鸡街	661411
	云南省禄丰县鸡街	651203
狗（2处）	贵州省紫云县狗场	550806
	云南省宜良县狗街	652101
猪（1处）	贵州省兴义市猪场	562414

（2）生肖文字地名邮戳

生肖名	省（自治区、直辖市）名	邮戳地名	所在地名	邮政编码
鼠（2处）	河北省（1处）	黄鼠村	河北省献县	062252
	江苏省（1处）	白鼠	江苏省宝应县	225818
牛（93处）	辽宁省（11处）	牛营子	辽宁省凌源市	122517
		牛官屯	辽宁省盘锦市	115101
		牛心台	辽宁省本溪市	117009
		卧牛石	辽宁省法库县	110416
		依牛堡	辽宁省法库县	110414
		法哈牛	辽宁省新民市	110325
		黑牛营子	辽宁省朝阳县	122000
		二牛	辽宁省康平县	110513
		蔡牛	辽宁省铁岭县	112614
		达牛	辽宁省台安县	114104
		牛庄	辽宁省海城市	114217
	山东省（5处）	牛溪埠	山东省莱西市	266611
		牛齐埠	山东省即墨市	266216
		牛堡	山东省商河县	251603
		牛店	山东省东阿县	252217
		牛泉	山东省莱芜市	271124
	山西省（6处）	黄牛蹄	山西省潞城县	047504
		大牛店	山西省原平市	034113
		牛杜	山西省临猗县	044101
		牛尾	山西省忻州县	034001
		牛川	山西省和顺县	032706
		牛村	山西省盂县	045108
	河北省（4处）	牛桥	河北省隆尧县	055353
		牛驼	河北省固安县	065501
		金牛	河北省青县	062650
		牛头崖	河北省抚宁县	066300
	北京市（2处）	牛堡屯	北京市通州区	101104
		牛栏山	北京市顺义区	101301
	贵州省（3处）	牛大场	贵州省施秉县	556204
		牛郎	贵州省松桃县	554109
		牛棚子	贵州省威宁县	553107
	四川省（10处）	牛佛	四川省富顺县	643208
		牛石	四川省乐山市沙湾区	614907
		牛华	四川省乐山市五通桥区	614801

续表

生肖名	省（自治区、直辖市）名	邮戳地名	所在地名	邮政编码
牛（93处）	四川省（10处）	牛尾	四川省荣县	643106
		金牛	四川省成都市	610091
		富牛	四川省眉山县	612160
		汗牛	四川省小金县	624207
		石牛庙	四川省盐亭县	621609
		牛牛坝	四川省美姑县	616450
		青牛	四川省广元市	628025
	湖北省（4处）	牛庄	湖北省五峰县	443409
		牛河	湖北省丹江口市	441909
		牛首	湖北省襄阳县	441134
		金牛	湖北省大冶市	435119
	陕西省（7处）	牛耳川	陕西省山阳县	726409
		牛家梁	陕西省榆林市	716200
		牛家佃	陕西省宜川县	719000
		牛头店	陕西省镇坪县	725602
		黄牛铺	陕西省凤县	721702
		牛东	陕西省户县	710312
		牛武	陕西省富县	727504
	内蒙古自治区（7处）	大牛群	内蒙古自治区喀喇沁旗	024407
		小牛群	内蒙古自治区喀喇沁旗	024406
		牤牛沟	内蒙古自治区扎兰屯市	162692
		卧牛河	内蒙古自治区扎兰屯市	162693
		牛耳河	内蒙古自治区根河市	022361
		牛古吐	内蒙古自治区敖汉旗	024313
		牤牛营子	内蒙古自治区赤峰市	024325
	新疆维吾尔自治区（3处）	扎库齐牛录	新疆维吾尔自治区察布查尔	835308
		种牛场	新疆维吾尔自治区呼图壁县	831201
		牛圈子	新疆维吾尔自治区沙湾县	832008
	浙江省（2处）	牛头山	浙江省长兴县	313102
		乌牛	浙江省永嘉县	325103
	河南省（5处）	牛店	河南省新密市	452370
		牛屯	河南省滑县	456486
		牛庄	河南省开封市	475000
		牛城	河南省柘城县	476212
		白牛	河南省邓州市	474164
	黑龙江省（2处）	牛家	黑龙江省五常县	150221
		卧牛吐	黑龙江省齐齐哈尔市	161027
	江西省（1处）	牛田	江西省乐安县	344311
	吉林省（3处）	牛心顶	吉林省梅河口市	135011
		放牛沟	吉林省九台市	130505
		牛心	吉林省磐石市	132315

续表

生肖名	省（自治区、直辖市）名	邮戳地名	所在地名	邮政编码
牛（93处）	湖南省（3处）	牛鼻滩	湖南省鼎城县	415124
		牛车河	湖南省桃源县	413412
		石牛山	湖南省双峰县	411509
	安徽省（4处）	金牛	安徽省庐江县	231521
		牛镇营	安徽省太湖县	246470
		牛埠	安徽省无为县	238351
		牛头山	安徽省池州市	247100
	海南省（2处）	潭牛	海南省文昌县	571349
		牛漏	海南省万宁县	571534
	江苏省（1处）	奔牛	江苏省武进市	213131
	广东省（4处）	西牛	广东省英德市	513228
		牛湾	广东省新会县	529158
		牛牯岭	广东省新会县	529100
		望牛墩	广东省东莞市	511777
	广西壮族自治区（2处）	牛庙	广西壮族自治区钟山县	542600
		大牛窝	广西壮族自治区玉林市	537000
	云南省（2处）	牛角寨	云南省元阳县	662407
		牛寨	云南省盐津县	657505
虎（61处）	辽宁省（7处）	虎山	辽宁省宽甸县	118218
		斗虎屯	辽宁省清原县	113315
		大虎山	辽宁省黑山县	121406
		卧虎沟	辽宁省喀左县	122301
		老虎屯	辽宁省瓦房店市	116322
		虎石台	辽宁省沈阳市	110022
		老虎滩	辽宁省大连市	116013
	云南省（3处）	猛虎	云南省永仁县	651405
		老虎山	云南省个旧市	661402
		虎跳峡	云南省中甸县	674402
	重庆市（3处）	虎威	重庆市丰都县	408202
		虎城	重庆市梁平县	404219
		虎溪	重庆市巴县	401331
	河南省（2处）	虎岗	河南省郸城县	477162
		焦虎	河南省滑县	456478
	黑龙江省（4处）	座虎滩	黑龙江省嫩江县	161413
		老虎岗	黑龙江省安达市	151426
		虎峰	黑龙江省尚志市	150635
		虎头	黑龙江省虎林市	158405
	山东省（6处）	虎山	山东省日照市	276806
		赵虎	山东省德州市	253503
		斗虎屯	山东省聊城市	252039
		虎滩	山东省利津县	257449

续表

生肖名	省（自治区、直辖市）名	邮戳地名	所在地名	邮政编码
虎（61处）	山东省（6处）	黑虎庙	山东省梁山县	274809
		虎路线	山东省蓬莱市	265621
	贵州省（1处）	虎庄	贵州省凯里市	556006
	河北省（3处）	白虎沟	河北省隆化县	068162
		龙虎庄	河北省永清县	065650
		王虎屯	河北省怀安县	076196
	福建省（3处）	虎浿	福建省宁德市	362114
		虎岗	福建省永定县	364103
		虎邱	福建省安溪县	362435
	江西省（4处）	虎圩	江西省东乡县	331804
		虎山	江西省信丰县	341609
		高虎脑	江西省广昌县	344908
		虎形山	江西省东乡县	331808
	湖北省（1处）	黑虎	湖北省郧西县	442625
	江苏省（2处）	虎丘	江苏省苏州市	215008
		龙虎塘	江苏省常州市	213031
	甘肃省（2处）	虎洞	甘肃省环县	745715
		虎桥	甘肃省漳县	748302
	天津（1处）	西龙虎峪	天津市蓟县	301912
	四川省（4处）	伏虎	四川省南部县	637315
		成虎	四川省宣汉县	636168
		虎跳	四川省广元市	628025
		龙虎	四川省新都市	610512
	浙江省（1处）	老虎山	浙江省江山市	324100
	吉林省（2处）	威虎岭	吉林省敦化市	133705
		卧虎	吉林省双辽市	136402
	陕西省（1处）	麻虎	陕西省白河县	725801
	山西省（1处）	恶虎滩	山西省兴县	035310
	湖南省（2处）	虎踞	湖南省茶陵县	412413
		踏虎	湖南省泸溪县	416106
	内蒙古自治区（4处）	五虎山	内蒙古自治区乌海市	016042
		新巴尔虎左旗	内蒙古自治区新巴尔虎左旗	021200
		新巴尔虎右旗	内蒙古自治区新巴尔虎右旗	021300
		陈巴尔虎旗	内蒙古自治区陈巴尔虎旗	021500
	新疆维吾尔自治区（2处）	老虎台	新疆维吾尔自治区拜城县	842308
		巴里坤（意为老虎腿）	新疆维吾尔自治区巴里坤县	839200
	广西壮族自治区（1处）	龙虎	广西壮族自治区恭城县	542505
	广东省（1处）	虎门	广东省东莞市	511761
兔（11处）	云南省（2处）	者兔	云南省广南县	663316
		兔峨	云南省兰坪县	671407
	四川省（1处）	白兔	四川省渠县	635226

续表

生肖名	省（自治区、直辖市）名	邮戳地名	所在地名	邮政编码
兔（11处）	山西省(2处)	西白兔	山西省长治市	046002
		兔坂	山西省临县	033214
	江西省(1处)	兔子山	江西省新余县	336502
	陕西省(2处)	尔林兔	陕西省神木县	719318
		小壕兔	陕西省榆林市	719002
	湖南省(1处)	白兔潭	湖南省醴陵市	412207
	江苏省(1处)	白兔	江苏省句容市	212403
	山东省(1处)	白兔丘	山东省淄博市临淄区	255401
龙（510处）	四川省(64处)	双龙	四川省宜宾县	644614
		龙台	四川省安岳县	642353
		龙华	四川省屏山县	645354
		龙江	四川省资中县	641233
		龙市	四川省隆昌县	642154
		龙正	四川省仁寿县	612572
		龙台	四川省中江县	618101
		回龙	四川省冕宁县	615600
		双龙	四川省达州市	635026
		新龙	四川省新龙县	626800
		龙虎	四川省新都县	610512
		龙马	四川省仁寿县	620572
		黑龙	四川省青神县	612461
		回龙	四川省营山县	638161
		龙女	四川省武胜县	638484
		驯龙	四川省安岳县	642367
		白龙	四川省剑阁县	628308
		蟠龙	四川省乐至县	641513
		泥龙	四川省平昌县	635421
		白龙	四川省峨眉山市	614208
		望龙	四川省合江县	646201
		骑龙	四川省富顺县	643211
		龙日坝	四川省红原县	624401
		龙山	四川省苍溪县	628425
		龙台	四川省广安市	638566
		龙源	四川省剑阁县	628301
		龙泉	四川省盐亭县	621605
		九龙	四川省仪陇县	637625
		卧龙	四川省汶川县	623006
		伏龙	四川省岳池县	623006
		二龙	四川省阆中县	637411
		龙桥	四川省仪陇县	637621
		镇龙	四川省平昌县	636462

续表

生肖名	省（自治区、直辖市）名	邮戳地名	所在地名	邮政编码
龙（510处）	四川省（64处）	卧龙	四川省梓潼县	622155
		龙潭	四川省荣县	643104
		五龙	四川省苍溪县	628405
		龙藏寺	四川省新都县	610502
		罗龙	四川省南溪县	644104
		青龙	四川省彭山县	612706
		回龙	四川省中江县	618114
		飞龙	四川省武胜县	638451
		回龙	四川省威远县	642462
		催龙	四川省岳池县	638364
		回龙	四川省富顺县	643208
		巨龙	四川省冕宁县	615600
		云龙	四川省简阳县	641408
		龙会	四川省威远县	642463
		盘龙	四川省南部县	637331
		龙蟠	四川省南充市	637131
		龙潭寺	四川省成都市	610052
		龙泉驿	四川省成都市龙泉驿区	610100
		龙树	四川省三台县	621109
		龙结	四川省资中县	641211
		龙门	四川省乐至县	641504
		象龙	四川省乐至县	641511
		九龙	四川省邻水县	638510
		骑龙	四川省南川县	648405
		金龙	四川省金堂县	610402
		金龙场	四川省梓潼县	622153
		双龙	四川省阆中县	637401
		安龙	四川省都江堰市	611835
		龙门	四川省芦山市	625606
		龙门	四川省绵阳市	621002
		九龙	四川省九龙县	626200
	青海省（1处）	龙羊峡	青海省共和县	811800
	辽宁省（10处）	龙港	辽宁省葫芦岛市	125000
		龙头	辽宁省大连市	116041
		龙潭	辽宁省岫岩县	118422
		龙塘	辽宁省大连市	116044
		龙湾大街	辽宁省葫芦岛市	125003
		龙首山	辽宁省铁岭市	112600
		龙王庙	辽宁省东港市	118321
		留龙沟	辽宁省义县	121117
		卧龙	辽宁省本溪县	117011

附录6

续表

生肖名	省（自治区、直辖市）名	邮戳地名	所在地名	邮政编码
龙（510处）	辽宁省（10处）	五龙背	辽宁省丹东市	118005
	海南省（8处）	龙波	海南省儋县	571827
		龙门	海南省定安县	571226
		龙滚	海南省万宁县	571521
		龙马	海南省文昌县	571329
		龙楼	海南省文昌县	571333
		云龙	海南省琼山县	571137
		亚龙湾	海南省三亚市	572015
		龙舌坡	海南省海口市	570001
	黑龙江省（13处）	依龙	黑龙江省依安县	161520
		龙爪	黑龙江省林口县	157618
		二龙山	黑龙江省富锦市	156126
		龙头	黑龙江省宝清县	156602
		龙门	黑龙江省五大连池市	164145
		黑龙宫	黑龙江省尚志市	150605
		青龙山	黑龙江省建三江市	156333
		龙凤	黑龙江省大庆市	163711
		龙安桥	黑龙江省富裕县	161221
		龙泉	黑龙江省拜泉县	161715
		引龙河	黑龙江省五大连池市	164141
		龙庙	黑龙江省巴彦县	151804
		土龙山	黑龙江省桦南县	154453
	浙江省（10处）	白龙桥	浙江省金华市	321025
		龙泉	浙江省龙泉市	323700
		龙溪	浙江省临海市	317025
		龙游	浙江省龙游县	324400
		龙源	浙江省淳安县	311724
		龙水	浙江省温州市	325001
		龙坞	浙江省杭州市	310000
		龙屿	浙江省象山县	315702
		龙汗	浙江省玉环县	317600
		龙山	浙江省慈溪市	315311
	上海市(2处)	龙华	上海市	200232
		龙门路	上海市	200021
	重庆市(35处)	石龙	重庆市巴南区	401344
		龙射	重庆市彭水县	408604
		回龙	重庆市梁平县	404209
		宝龙	重庆市潼南县	402673
		龙池	重庆市秀山县	408904
		龙宝	重庆市万州区	404103
		龙沙	重庆市万州区	404103

续表

生肖名	省（自治区、直辖市）名	邮戳地名	所在地名	邮政编码
龙（510处）	重庆市（35处）	大龙	重庆市万州区	404113
		龙河	重庆市丰都县	408212
		玉龙	重庆市大足县	402300
		回龙	重庆市大足县	402364
		龙水	重庆市大足县	402368
		代龙桥	重庆市九龙坡区	400043
		南龙	重庆市巴南区	401349
		飞龙	重庆市丰都县	408205
		九龙	重庆市云阳县	634508
		龙溪	重庆市巫山县	404709
		龙门	重庆市江津县	402282
		龙门	重庆市梁平县	404215
		盘龙	重庆市荣昌县	402471
		龙门	重庆市涪陵市	408033
		龙潭	重庆市酉阳县	408812
		青龙	重庆市奉节县	404605
		黄龙	重庆市忠县	404305
		龙角	重庆市云阳县	404503
		龙驹	重庆市万州区	404117
		龙溪	重庆市渝北区	401147
		龙岗	重庆市垫江县	408300
		龙山	重庆市江津县	402282
		龙兴	重庆市渝北区	401135
		龙潭	重庆市涪陵市	408029
		健龙	重庆市璧山县	402764
		仙龙	重庆市永川县	402187
		双龙	重庆市长寿县	401241
		龙华	重庆市江津县	402260
	吉林省（12处）	龙门	吉林省和龙市	133504
		和龙市	吉林省和龙市	133500
		龙水	吉林省和龙市	133502
		伏龙泉	吉林省农安县	130213
		二龙	吉林省扶余市	131237
		二龙	吉林省东丰县	136318
		兴龙	吉林省双辽市	136421
		龙泉	吉林省靖宇县	135201
		龙潭	吉林省吉林市	132021
		龙凤	吉林省蛟河县	132526
		龙山	吉林省公主岭市	136128
		双龙	吉林省公主岭市	136128
	山西省（9处）	龙镇	山西省平顺县	047404

续表

生肖名	省（自治区、直辖市）名	邮戳地名	所在地名	邮政编码
龙（510处）	山西省（9处）	黑龙关	山西省濮县	041204
		龙马	山西省洪洞县	031613
		蟠龙	山西省武乡县	046307
		苏龙口	山西省原平县	034107
		龙居	山西省运城市	044002
		龙交	山西省石楼县	032505
		龙凤	山西省介休县	031207
		黄龙池	山西省偏关县	036413
	江西省（24处）	龙头	江西省定南县	341911
		龙冈	江西省永丰县	331517
		龙溪	江西省临川县	344118
		龙布	江西省安远县	342113
		龙口	江西省兴国县	342413
		鼎龙	江西省兴国县	342429
		晓龙	江西省会昌县	342612
		龙源坝	江西省全南县	341805
		三龙	江西省浮梁县	333414
		汶龙	江西省龙南县	341709
		长龙	江西省崇义县	341321
		程龙	江西省龙南县	341715
		小龙	江西省泰和县	342612
		新龙	江西省安远县	342104
		九龙	江西省余干县	335103
		龙岗	江西省石城县	342712
		古龙岗	江西省兴国县	342404
		九龙山	江西省新余市	336514
		龙华	江西省南康县	341413
		龙门	江西省永新县	343406
		龙廷	江西省寻乌县	342205
		龙下	江西省全南县	341814
		龙安	江西省黎川县	344600
		龙南	江西省龙南县	341700
	山东省（19处）	卧龙	山东省临朐县	262612
		蛟龙	山东省临朐县	262608
		龙岗	山东省临朐县	262618
		龙山	山东省临清县	252600
		龙山	山东省章丘县	250216
		龙山	山东莒县	276519
		龙池	山东省昌邑县	261304
		龙山店	山东省蓬莱市	265611
		龙桑寺	山东省商河县	251606

续表

生肖名	省（自治区、直辖市）名	邮戳地名	所在地名	邮政编码
龙（510处）	山东省（19处）	龙家圈	山东省沂水县	276401
		龙泉	山东省牟平县	264112
		龙须岛	山东省荣成市	264321
		龙泉	山东省淄博市淄川区	255144
		龙口	山东省龙口市	265701
		龙固	山东省巨野县	274918
		大龙堂	山东省济南市历城区	250103
		龙王庙	山东省单县	273727
		龙阳	山东省滕州市	277532
		龙头路	山东省枣庄市	277114
	内蒙古自治区（7处）	宝龙山	内蒙古自治区科尔沁旗	029315
		青龙山	内蒙古自治区奈曼旗	028314
		双龙	内蒙古自治区土默特左旗	014113
		九龙	内蒙古自治区突泉县	137515
		二龙	内蒙古自治区宁城县	024206
		四龙	内蒙古自治区宁城县	024233
		龙山	内蒙古自治区喀喇沁旗	024409
	新疆维吾尔自治区（2处）	金龙	新疆维吾尔自治区克拉玛依市	834003
		玉龙喀什	新疆维吾尔自治区洛浦县	848205
	西藏自治区（1处）	堆龙德庆	西藏自治区堆龙德庆县	851400
	广西壮族自治区(25处)	龙头	广西壮族自治区宜州市	546316
		东龙	广西壮族自治区贵港市	537128
		龙田	广西壮族自治区巴马县	547506
		石龙	广西壮族自治区象州县	545801
		镇龙	广西壮族自治区横县	530307
		迥龙	广西壮族自治区钟山县	542607
		龙水	广西壮族自治区贺州市	542821
		加龙	广西壮族自治区凌云县	533107
		龙岸	广西壮族自治区罗城县	546413
		龙江	广西壮族自治区永福县	541812
		龙岩	广西壮族自治区环江县	547110
		龙头	广西壮族自治区扶绥县	532101
		镇龙	广西壮族自治区邕宁县	530206
		那龙	广西壮族自治区南宁市	530043
		龙门	广西壮族自治区浦北县	535300
		硕龙	广西壮族自治区大新县	532314
		古龙	广西壮族自治区滕县	543315
		驮龙	广西壮族自治区宁明县	532501
		龙江	广西壮族自治区鹿寨县	545603
		龙安	广西壮族自治区兴业县	537015
		龙州	广西壮族自治区龙州县	532400

附录6 Appendix

续表

生肖名	省（自治区、直辖市）名	邮戳地名	所在地名	邮政编码
龙（510处）	广西壮族自治区(25处)	龙光	广西壮族自治区德保县	533708
		上龙	广西壮族自治区龙州县	532401
		龙门港	广西壮族自治区钦州县	535034
		金龙	广西壮族自治区龙州县	532413
	湖北省(23处)	乌龙泉	湖北省武汉市	430213
		回龙山	湖北省团凤县	436123
		石龙	湖北省京山县	431822
		龙泉	湖北省武汉市	430204
		龙潭	湖北省咸宁市	437028
		龙坝	湖北省竹溪市	442313
		黄龙	湖北省通城县	437424
		鱼龙	湖北省利川市	445411
		龙湾	湖北省潜江市	433108
		龙马	湖北省恩施市	445028
		活龙	湖北省咸宁市	445609
		龙泉	湖北省宜昌县	443112
		黄龙	湖北省襄阳县	441109
		龙口	湖北省洪湖市	433222
		回龙	湖北省汉川县	432320
		迴龙	湖北省团凤县	436820
		龙门	湖北省南洋县	441514
		龙港	湖北省阳新县	435209
		龙尾山	湖北省天门市	431734
		龙王	湖北省襄阳县	441129
		龙感湖	湖北省黄梅县	436503
		黄龙	湖北省十堰市	442004
		黄龙	湖北省蒲圻市	437323
	湖南省（30处）	龙渣	湖南省炎陵县	412516
		龙塘	湖南省安化县	413503
		龙泛	湖南省桃源县	415717
		龙溪	湖南省武冈县	422411
		龙潭	湖南省嘉禾县	424503
		龙潭	湖南省桃源县	415717
		龙潭	湖南省花恒县	416403
		双龙	湖南省澧县	415531
		龙溪铺	湖南省新邵县	422915
		回龙铺	湖南省宁乡县	410606
		龙鼻嘴	湖南省古丈县	416301
		黄龙桥	湖南省株洲市	412112
		龙溪	湖南省炎陵县	412504
		龙洞	湖南省湘乡市	411403

续表

生肖名	省（自治区、直辖市）名	邮戳地名	所在地名	邮政编码
龙（510 处）	湖南省（30 处）	龙口	湖南省湘潭县	411218
		金龙	湖南省平江县	410408
		龙凤山	湖南省宁乡县	410605
		龙确	湖南省衡南县	421155
		金龙	湖南省会同县	418305
		大龙站	湖南省常德市鼎城区	415111
		集龙	湖南省汝城县	424118
		马龙	湖南省通道县	418508
		回龙寺	湖南省新宁县	422713
		跃龙	湖南省浏阳县	410322
		龙山	湖南省龙山县	416800
		龙潭	湖南省溆浦县	419315
		龙潭河	湖南省慈利县	427228
		龙潭桥	湖南省汉寿县	415905
		衡龙桥	湖南省益阳县	413062
		龙光桥	湖南省益阳县	413046
	陕西省（18 处）	龙亭	陕西省洋县	723303
		龙头	陕西省城固县	723205
		龙镇	陕西省米脂县	718113
		龙江	陕西省汉中市	723000
		迥龙	陕西省镇安县	711512
		佐龙	陕西省岚皋县	725403
		黄龙	陕西省黄龙县	515700
		黑龙口	陕西省商州县	726014
		龙驹寨	陕西省丹凤县	726200
		龙高	陕西省彬县	713503
		白龙	陕西省西乡县	723205
		卧龙寺	陕西省宝鸡市	721004
		龙门	陕西省韩城市	715405
		龙背	陕西省渭南市	714003
		盘龙	陕西省韩城市	715404
		双龙	陕西省安康市	725022
		双龙	陕西省黄陵县	727306
		盘龙	陕西省延安市	716002
	河北省（14 处）	龙泉关	河北省阜平县	073207
		龙王庙	河北省青龙县	066501
		龙王庙	河北省大名县	056904
		龙门	河北省赤城县	075529
		龙头山	河北省围场县	068400
		龙街	河北省文安县	302850
		龙虎庄	河北省永清县	302650

附录6 Appendix

续表

生肖名	省（自治区、直辖市）名	邮戳地名	所在地名	邮政编码
龙（510处）	河北省（14处）	龙湾	河北省雄县	071800
		龙宫	河北省藁城县	052160
		大龙华	河北省易县	074209
		龙华	河北省景县	053511
		西龙头	河北省围场县	068461
		青龙	河北省青龙县	066500
		卢龙	河北省卢龙县	066400
	江苏省（23处）	龙河	江苏省仪征市	211405
		龙固	江苏省沛县	226113
		龙山	江苏省盱眙县	211715
		龙虎塘	江苏省常州市	213031
		龙袍	江苏省六合县	211513
		青龙港	江苏省海门县	226123
		北龙港	江苏省盐都县	224033
		龙奔	江苏省高邮市	225614
		龙堤	江苏省大丰县	224173
		龙庙	江苏省沭阳县	223642
		龙苴	江苏省灌云县	222212
		斗龙	江苏省大丰县	225614
		青龙	江苏省常州市	213021
		三龙	江苏省大丰县	224154
		龙河	江苏省赣榆县	222117
		龙山	江苏省江浦县	211807
		龙都	江苏省江宁县	211126
		龙冈	江苏省盐都县	224011
		龙河	江苏省连云港市	222001
		龙舌	江苏省如皋县	226544
		来龙	江苏省宿迁市	223851
		龙集	江苏省泗洪县	211943
		龙集	江苏省睢宁县	221214
	河南省（23处）	双龙	河南省双峡县	474563
		龙湖	河南省新郑县	451191
		龙王庄	河南省范县	457521
		高龙	河南省偃师县	471931
		豫龙	河南省荥阳县	450121
		龙亭	河南省开封市	475001
		龙泉	河南省叶县	467222
		龙岗	河南省永城县	476632
		龙井	河南省信阳县	464114
		来龙	河南省潢川县	465112
		黑龙集	河南省镇平县	474267

续表

生肖名	省（自治区、直辖市）名	邮戳地名	所在地名	邮政编码
龙（510处）	河南省（23处）	龙塘	河南省民权县	476822
		张龙	河南省内黄县	456350
		五龙	河南省上蔡县	463801
		龙泉	河南省安阳市	455003
		黑龙潭	河南省鄢城县	462313
		黑龙	河南省唐河县	473408
		龙潭	河南省唐河县	473410
		火龙	河南省禹州市	452590
		龙门	河南省洛阳市	471023
		二龙	河南省镇平县	474292
		回龙	河南省桐柏县	474725
		龙口	河南省新蔡县	463547
	福建省（10处）	龙门	福建省龙岩市	364015
		龙岩	福建省龙岩市	364000
		龙湖	福建省泰宁市	354409
		龙门	福建省安溪县	362442
		龙海	福建省龙海县	363101
		龙华	福建省仙游县	351264
		龙门滩	福建省德化县	362502
		龙川中路	福建省龙岩市	364000
		龙海	福建省龙海县	363100
		后龙	福建省泉州市	362113
	云南省（42处）	龙蟠	云南省丽江县	674112
		双龙商场	云南省昆明市	650091
		青龙	云南省华宁县	652803
		乌木龙	云南省永德县	677604
		老回龙	云南省文山县	663003
		龙潭	云南省昆明市	650108
		西龙	云南省弥勒县	652313
		龙山	云南省丽江县	674104
		盘龙	云南省砚山县	663108
		小龙潭	云南省开远市	661001
		青龙	云南省安宁县	650308
		龙朋	云南省石屏县	662201
		卧龙谷	云南省开远市	661003
		小龙街	云南省景东县	676211
		双龙	云南省丘北县	663207
		龙潭	云南省漾濞县	672504
		龙潭	云南省墨江县	654811
		云龙	云南省云龙县	672700
		龙树	云南省寻甸县	657108

附录6　　　　　　　　　　　　　　　　　　　　　　　　　　　　　　　　　Appendix

续表

生肖名	省（自治区、直辖市）名	邮戳地名	所在地名	邮政编码
龙（510处）	云南省（42处）	乌龙	云南省东川县	654111
		马龙	云南省马龙县	655100
		五龙	云南省师宗县	655707
		雨龙	云南省双柏县	675101
		安龙堡	云南省双柏县	675104
		独龙江	云南省贡山县	673503
		云龙	云南省禄劝县	651505
		勐龙	云南省景洪县	666112
		龙江	云南省龙陵县	678311
		青龙	云南省华宁县	652803
		大龙口	云南省姚安县	675307
		青龙	云南省元江县	653307
		龙门	云南省永平县	672601
		九龙	云南省禄劝县	651514
		云龙	云南省禄劝县	651515
		转龙	云南省禄劝县	651505
		龙庆	云南省师宗县	655706
		大龙潭	云南省峨山县	653205
		文龙	云南省景东县	676205
		龙坝	云南省墨江县	654817
		龙潭	云南省陆良县	655613
		龙翔街	云南省昆明市	650031
		龙头山	云南省鲁甸县	657106
	甘肃省（9处）	龙门	甘肃省灵台县	744408
		龙山	甘肃省张家川县	741506
		龙林	甘肃省礼县	742221
		龙泉	甘肃省东乡县	731401
		元龙	甘肃省天水市	741033
		四龙	甘肃省白银市	730910
		伏龙坪	甘肃省兰州市	730050
		显龙	甘肃省两当县	742405
		鱼龙	甘肃省武都市	746031
	广东省（36处）	龙江	广东省顺德市	528318
		铁龙	广东省翁源县	512629
		龙眼	广东省东莞市	511700
		龙归	广东省广州市	510145
		龙口	广东省鹤山县	529737
		龙湖	广东省潮安县	515636
		龙门	广东省龙门县	311200
		龙华	广东省深圳市	518109
		龙川	广东省龙川县	517300

857

续表

生肖名	省（自治区、直辖市）名	邮戳地名	所在地名	邮政编码
龙（510处）	广东省（36处）	镇龙	广东省增城县	511363
		龙尾	广东省揭东县	515527
		龙村	广东省五华县	514447
		大龙华	广东省丰顺县	514351
		龙颈	广东省清新县	511867
		龙母	广东省龙川县	517358
		龙头	广东省湛江市	524054
		石龙	广东省东莞市	511721
		龙江	广东省龙门县	511230
		龙洞	广东省广州市	510520
		九龙	广东省英德县	513438
		龙门	广东省雷州市	524272
		龙塘	广东省清远市	511540
		素龙	广东省罗定县	527227
		龙南	广东省佛冈市	511695
		龙溪	广东省博罗县	516121
		龙北	广东省兴宁县	514548
		龙田	广东省兴宁县	514542
		龙山	广东省顺德县	528319
		龙坪	广东省连州市	513438
		回龙	广东省德庆县	526641
		新龙	广东省南雄县	512441
		龙潭	广东省连州市	513442
		龙岗	广东省丰顺县	514349
		龙潭	广东省从化县	510945
		回龙	广东省河源县	517029
		龙归	广东省曲江县	512138
	安徽省（18处）	黄龙	安徽省怀宁县	246112
		回龙	安徽省砀山县	235321
		白龙	安徽省肥东县	231636
		珠龙	安徽省滁州市	239070
		九龙岗	安徽省淮南市	232035
		真龙池	安徽省霍山县	237236
		龙门	安徽省黄山市黄山区	242701
		龙山	安徽省涡阳县	233663
		龙亢	安徽省怀远县	233428
		龙王	安徽省阜南县	236300
		龙杨	安徽省亳州市	236842
		龙潭	安徽省霍邱县	237453
		龙眼	安徽省淮南市	232001
		龙庵	安徽省无为县	238300

续表

生肖名	省（自治区、直辖市）名	邮戳地名	所在地名	邮政编码
龙（510处）	安徽省（18处）	龙岗	安徽省天长县	239316
		龙集	安徽省天长县	239313
		龙山	安徽省来安县	239221
		龙集	安徽省灵璧县	234214
	贵州省（18处）	蟠龙	贵州省六盘水市	553021
		甘龙	贵州省松桃县	554107
		迴龙	贵州省习水县	564613
		回龙	贵州省兴仁县	562305
		洛龙	贵州省道真县	563517
		养龙司	贵州省息峰县	551106
		龙宫	贵州省安顺市	561021
		大龙	贵州省玉屏县	554001
		龙昌	贵州省福泉县	550508
		龙塘	贵州省石阡县	555112
		龙溪	贵州省余庆市	564401
		龙坪	贵州省遵义市	563129
		龙田	贵州省岑巩县	557809
		龙滩坝	贵州省清镇县	551414
		龙街子	贵州省威宁县	553109
		龙家	贵州省余庆市	564406
		龙额	贵州省南平县	557306
		龙山	贵州市安龙县	552405
	北京市（5处）	九龙山	北京市	100022
		青龙桥	北京市	100091
		海龙大厦	北京市	100080
		龙翔路	北京市	100083
		龙湾屯	北京市	101306
	天津市（3处）	龙潭路	天津市	300040
		岳龙	天津市宁河县	301502
		西龙虎峪	天津市蓟县	301912
蛇（7处）	山东省（1处）	蛇窝泊	山东省栖霞市	265313
	山西省（1处）	大蛇头	山西省岚县	035205
	广东省（1处）	水蛇冲	广东省东莞市	511708
	江苏省（1处）	白蛇馆	江苏省镇江市金山寺	212002
	天津市（1处）	蛇口道	天津市	300010
	河南省（1处）	蛇尾	河南省西夏县	474563
	辽宁省（1处）	东蛇山子	辽宁省新民市	110302
马（384处）	北京市（7处）	马坊	北京市平谷县	101214
		马昌营	北京市平谷县	101205
		马连道	北京市	100055
		马驹桥	北京市通州区	101102

续表

生肖名	省（自治区、直辖市）名	邮戳地名	所在地名	邮政编码
马（384处）	北京市（7处）	马神庙	北京市通州区	100037
		骡马市	北京市	100052
		马坡	北京市顺义区	101300
	上海市（2处）	天马山	上海市松江区	201603
		马桥	上海市闵行区	201111
	天津市（5处）	东马路	天津市	300090
		北马路	天津市	300120
		三马路	天津市	300100
		东马圈	天津市武清县	301717
		马伸桥	天津市蓟县	301909
	山西省（13处）	马家皂	山西省阳高县	038107
		马家埝	山西省偏关县	036414
		马军营	山西省大同市	037006
		龙马	山西省洪洞县	031613
		喂马	山西省和顺县	032709
		杜马	山西省平陆县	044310
		五马	山西省长治市	046012
		侯马	山西省侯马市	043000
		马坊	山西省方山县	033105
		马首	山西省寿阳县	045402
		西马坊	山西省宁武县	036007
		白马石	山西省应县	037605
		良马	山西省安泽县	042505
	河北省（10处）	洗马林	河北省万全县	076281
		驿马图	河北省崇礼县	076381
		乌马营	河北省南皮县	061500
		走马驿	河北省涞源县	102909
		马兰庄	河北省迁安县	064405
		马圈子	河北省承德市	067301
		马兰峪	河北省遵化市	064206
		马头营	河北省乐亭市	063604
		马庄	河北省固安县	065502
		马厂	河北省青县	062650
	辽宁省（16处）	马家岗	辽宁省东港市	122419
		马架子	辽宁省新宾县	113221
		马家寨	辽宁省开原市	112318
		马圈子	辽宁省抚顺县	113114
		马友营	辽宁省北票市	122107
		马三家子	辽宁省沈阳市	122419
		马风	辽宁省海城市	114204
		南五马路	辽宁省沈阳市	110006

附录 6

续表

生肖名	省（自治区、直辖市）名	邮戳地名	所在地名	邮政编码
马（384处）	辽宁省（16处）	赛马	辽宁省凤城市	118113
		西马	辽宁省灯塔县	111302
		下马塘	辽宁省本溪县	117015
		伊马图	辽宁省阜新县	123129
		马道口	辽宁省庄河市	116409
		马家岗	辽宁省东港市	118307
		马家店	辽宁省东港市	118319
		马厂	辽宁省建平县	122419
	吉林省（9处）	驿马	吉林省磐石市	132305
		宫马	吉林省磐石市	132304
		野马	吉林省洮南市	137122
		马号	吉林省敦化市	133718
		马川子	吉林省珲春县	133305
		四马架	吉林省扶余县	131226
		三马路	吉林省四平市	136001
		饮马河	吉林省九台县	130503
		马滴达	吉林省珲春县	133312
	黑龙江省（5处）	上马场	黑龙江省黑河市	164301
		代马沟	黑龙江省穆棱市	157512
		乌马河	黑龙江省伊春市	163011
		马延	黑龙江省尚志市	150621
		马桥河	黑龙江省穆棱市	157517
	江苏省（14处）	马站	江苏省赣榆县	222113
		马安	江苏省六合县	211526
		马集	江苏省六合县	211525
		马棚	江苏省高邮市	225602
		马群	江苏省南京市	210049
		马荡	江苏省阜宁县	224424
		马镇	江苏省江阴市	214406
		马塘	江苏省如东县	226401
		马杭	江苏省武进县	213162
		马甸	江苏省泰兴市	225434
		石马	江苏省丹徒县	212113
		洋马	江苏省射阳县	224325
		嘶马	江苏省江都市	225217
		南马厂	江苏省淮安市	223243
	安徽省（10处）	马井	安徽省萧县	235231
		马店	安徽省凤台县	232161
		马坝	安徽省繁昌县	241213
		马衙	安徽省池州县	247100
		马厂	安徽省全椒县	239551

续表

生肖名	省（自治区、直辖市）名	邮戳地名	所在地名	邮政编码
马（384处）	安徽省（10处）	马桥	安徽省当涂县	243171
		马头	安徽省六安县	237157
		马寨	安徽省阜阳县	236112
		五马	安徽省亳州市	236827
		新马桥	安徽省固镇县	233704
	山东省（25处）	马头	山东省郯城县	276126
		马营	山东省梁山县	272611
		马庄	山东省泰安市	271041
		马桥	山东省恒台县	256405
		马头	山东省东明县	254507
		马集	山东省嘉祥县	272414
		马埠	山东省肥城市	271616
		马集	山东省定陶县	274102
		马庄	山东省费县	273413
		马站	山东省沂水县	276403
		马道	山东省荣城市	264318
		马集	山东省齐河县	251105
		马山	山东省长清县	250304
		引马	山东省鄄城县	274608
		北马	山东省龙口市	265702
		饮马	山东省昌邑县	261317
		司马	山东省金乡县	272205
		石马	山东省博山县	255208
		化马湾	山东省泰安市	271042
		常马庄	山东省蒙阴县	276213
		马牧池	山东省沂南县	276315
		马石店	山东省乳山县	264502
		马岭岗	山东省菏泽市	274012
		马连庄	山东省莱西市	266617
		马山子	山东省无棣县	251907
	浙江省（14处）	南马	浙江省东阳县	322121
		义马	浙江省桐乡县	314511
		竹马	浙江省金华市	321021
		五马	浙江省温州市	325001
		马桥	浙江省海宁市	314418
		马目	浙江省建德市	311604
		马渚	浙江省余姚市	315408
		马屿	浙江省瑞安市	325208
		马金	浙江省开化县	324307
		马剑	浙江省诸暨市	311803
		马山	浙江省绍兴市	312085

续表

生肖名	省（自治区、直辖市）名	邮戳地名	所在地名	邮政编码
马（384处）	浙江省（14处）	马涧	浙江省兰溪县	321115
		马岙	浙江省宁海县	315614
		马海	浙江省绍兴市	312074
	江西省（8处）	马埠	江西省峡江县	331411
		马影	江西省湖口县	332507
		马市	江西省泰和县	343713
		马圩	江西省东乡县	331804
		马挡	江西省彭泽县	332719
		马洪	江西省新余市	336524
		马回岭	江西省九江县	332102
		黄马	江西省南昌县	330203
	福建省（9处）	马甲	福建省泉州市	362014
		马尾	福建省福州市	350015
		马鼻	福建省连江市	350500
		马巷	福建省厦门市	361101
		马头	福建省福安市	355006
		马坑	福建省华安市	363812
		马铺	福建省云霄县	363301
		马坪	福建省漳浦县	363219
		止马	福建省光泽县	354101
	湖南省（19处）	赤马	湖南省浏阳市	410325
		跳马	湖南省长沙县	410123
		洗马	湖南省洪江县	418111
		马头卜	湖南省澧县	415511
		马家堰	湖南省湘潭县	411235
		马底驿	湖南省沅陵县	419603
		马颈坳	湖南省吉首市	416013
		马王堆	湖南省长沙市	410001
		马合口	湖南省桑植县	427103
		马杜桥	湖南省祁东县	421623
		马头桥	湖南省新宁县	422713
		马头巷	湖南省郴州市	423018
		马江	湖南省茶陵市	412416
		马田	湖南省永兴县	423301
		马桥	湖南省汝城县	424103
		马龙	湖南省通道县	418508
		火马冲	湖南省辰溪县	419512
		白马寺	湖南省湘阴县	410505
		驷马桥	湖南省道县	425307
	湖北省（24处）	马良	湖北省荆门市	448263
		马口	湖北省汉川市	432301

续表

生肖名	省（自治区、直辖市）名	邮戳地名	所在地名	邮政编码
马（384处）	湖北省（24处）	马山	湖北省荆州市	434031
		马前	湖北省利川市	445402
		马河	湖北省荆门市	448157
		马桥	湖北省保康县	441605
		马湾	湖北省天门县	431715
		马桥	湖北省咸宁县	431020
		马畈	湖北省蕲春县	436318
		洗马	湖北省浠水县	436229
		白马	湖北省江陵县	434052
		歇马	湖北省保康县	441603
		走马	湖北省鹤峰县	445801
		龙马	湖北省恩施县	445028
		汉马路	湖北省武汉市	430101
		甲马池	湖北省咸丰县	445604
		东马坊	湖北省应城市	432407
		马河	湖北省咸丰县	445601
		马市	湖北省江陵县	434048
		马安	湖北省郧西县	442633
		马店	湖北省京山县	431809
		马集	湖北省襄阳县	441123
		走马岭	湖北省武汉市	430043
		马家河	湖北省竹溪县	442319
	河南省（26处）	马头	河南省太康县	461415
		马坊	河南省鄢陵县	461212
		马栏	河南省鄢陵县	461223
		马畈	河南省光山县	465435
		马堽	河南省固始县	465245
		马庄	河南省延洼县	453214
		马桥	河南省永城县	476622
		马头	河南省夏邑县	476434
		马山	河南省内乡县	474363
		马村	河南省清丰县	457313
		马楼	河南省台前县	457631
		马厂	河南省太康县	461422
		马家	河南省安阳县	455136
		马庄	河南省镇平县	474271
		马楼	河南省鲁山县	467321
		马庄	河南省延津县	453214
		大马	河南省鄢陵县	461233
		白马	河南省郸城市	477171
		马振扶	河南省唐河县	473414

续表

生肖名	省（自治区、直辖市）名	邮戳地名	所在地名	邮政编码
马（384处）	河南省（26处）	马屯营	河南省孟津县	471141
		马投涧	河南省安阳县	455132
		马谷田	河南省泌阳县	463721
		白马寺	河南省洛阳市	471013
		驻马店	河南省驻马店市	463000
		军马河	河南省西峡县	474562
		大马	河南省尉氏县	475515
	广东省（15处）	马安	广东省惠阳市	516257
		马圩	广东省德庆县	526643
		马山	广东省惠东县	516332
		马踏	广东省电白县	525434
		马岗	广东省开平县	529353
		马宫	广东省汕尾市	516426
		马头	广东省新丰县	511130
		马宁	广东省怀集县	526454
		马水	广东省阳春县	529627
		马安	广东省高要县	526118
		马贵	广东省高州市	525237
		马市	广东省始兴县	512523
		石马	广东省清新县	511560
		石马	广东省兴宁县	514544
		司马浦	广东省潮阳市	515149
	广西壮族自治区（20处）	马岭	广西壮族自治区荔浦县	546601
		马坡	广西壮族自治区陆川县	537712
		马山	广西壮族自治区马山县	530600
		马蚌	广西壮族自治区西林县	533509
		马练	广西壮族自治区平南县	537318
		马山	广西壮族自治区横县	530303
		马堤	广西壮族自治区龙胜县	541708
		马庄	广西壮族自治区乐业县	233201
		马岭	广西壮族自治区横县	530306
		马山	广西壮族自治区柳城县	545211
		马隘	广西壮族自治区德保县	533709
		马路	广西壮族自治区岭溪县	543201
		那马	广西壮族自治区邕宁县	530202
		白马	广西壮族自治区北流县	537419
		巴马	广西壮族自治区巴马县	547500
		百马	广西壮族自治区大化县	530805
		安马	广西壮族自治区宜州市	546312
		平马	广西壮族自治区横县	530316
		灵马	广西壮族自治区武鸣县	530108

续表

生肖名	省（自治区、直辖市）名	邮戳地名	所在地名	邮政编码
马（384处）	广西壮族自治区（20处）	走马	广西壮族自治区昭平县	546804
	贵州省（15处）	马蹄	贵州省遵义县	563111
		马山	贵州省湄潭县	564106
		马宫	贵州省普定县	562101
		马厂	贵州省镇宁县	561211
		马号	贵州省施秉县	556202
		马岩	贵州省铜仁市	554313
		马临	贵州省习水县	564614
		马村	贵州省赤水县	564707
		马王庙	贵州省贵阳市	550013
		马家桥	贵州省修文县	550218
		野马川	贵州省赫章县	553208
		五马	贵州省仁怀县	564508
		合马	贵州省仁怀县	564502
		洗马	贵州省龙里县	551202
		云马	贵州省安顺市	561019
	四川省（45处）	宝马	四川省阆中县	637401
		宝马	四川省仁寿县	612574
		走马	四川省南充市	637105
		五马	四川省阆中县	637421
		白马	四川省眉山县	612160
		盘马	四川省阆中县	637425
		龙马	四川省新津市	611438
		骊马	四川省资中县	641214
		养马	四川省简阳市	641402
		龙马	四川省仁寿县	612574
		羊马	四川省崇州市	611231
		回马	四川省大英县	629101
		上马	四川省纳溪县	646313
		赛马	四川省武胜县	638493
		化马	四川省仪陇市	637601
		天马	四川省都江堰市	611836
		天马	四川省三台县	621107
		白马	四川省罗江县	618007
		唤马	四川省岭溪县	628415
		五马坪	四川省沐川县	614503
		驷马桥	四川省成都市	610081
		走马街	四川省成都市	610021
		马井	四川省什邡市	618405
		马踏	四川省井研县	612666
		马道	四川省西昌市	615031

续表

生肖名	省（自治区、直辖市）名	邮戳地名	所在地名	邮政编码
马（384处）	四川省（45处）	马湖	四川省雷波县	616554
		马鞍	四川省仪陇县	637615
		马家	四川省遂宁县	629002
		马鹿	四川省青川县	628115
		马家	四川省达县	635016
		马祖	四川省中江县	618106
		马家	四川省高坪县	637107
		马河	四川省遂宁县	629009
		罗科马	四川省炉霍县	626504
		马尼干戈	四川省德格县	627251
		马尔康	四川省马尔康县	624001
		马庙	四川省犍为县	614403
		马迎	四川省梓潼县	622158
		马村	四川省夹江县	614101
		马托	四川省汉源县	625306
		石马	四川省绵阳市	621002
		石马	四川省苍溪县	629103
		走马	四川省资中县	641208
		天马	四川省安岳县	642352
		木马	四川省剑阁县	628307
	重庆市（15处）	马嘴	重庆市南川县	408409
		马喇	重庆市黔江县	409705
		马武	重庆市石柱县	409100
		马鞍	重庆市渝北区	401139
		马头	重庆市万州区	404024
		马宗	重庆市江津县	402283
		马武	重庆市涪陵区	408026
		马王坪	重庆市巴南县	400010
		马家堡	重庆市巴南县	400038
		马王场	重庆市巴南县	400038
		歇马	重庆市北碚区	400011
		驸马	重庆市万州区	404048
		石马	重庆市大足县	402360
		马安	重庆市涪陵区	408032
		五马	重庆市奉节县	404603
	青海省（3处）	马海	青海省大柴县	817301
		马营	青海省民和县	810806
		过马营	青海省贵南县	813101
	云南省（21处）	万马	云南省永仁县	651403
		勐马	云南省孟连县	665801
		昔马	云南省盈江县	679314

续表

生肖名	省（自治区、直辖市）名	邮戳地名	所在地名	邮政编码
马（384处）	云南省（21处）	董马	云南省西畴县	663505
		耿马	云南省耿马县	677500
		马塘	云南省文山县	663001
		马楠	云南省永善县	657304
		马登	云南省剑川县	671306
		马台	云南省临沧县	677006
		马树	云南省巧家县	654612
		马鸣	云南省马龙县	655104
		马路	云南省会泽县	654206
		马坪	云南省宁蒗县	674302
		马站	云南省腾冲县	679101
		马金铺	云南省呈贡县	650503
		马鞍山	云南省巍山县	672402
		马过河	云南省马龙县	655101
		马龙	云南省马龙县	655100
		马关	云南省马关县	663700
		白马庙	云南省昆明市	650118
		马吉	云南省福贡县	673406
	陕西省（22处）	马连	陕西省乾县	773302
		马湖	陕西省浦城县	715505
		马召	陕西省周至县	710401
		马栏	陕西省旬邑县	711307
		白马滩	陕西省黄龙县	715104
		三马路	陕西省渭南市	714001
		骏马	陕西省礼泉县	713202
		马家湾	陕西省高陵县	710201
		马营镇	陕西省宝鸡市	721013
		马蹄沟	陕西省子洲县	718411
		试马	陕西省商南县	726309
		上马营	陕西省宝鸡市	721013
		马家庄	陕西省合阳县	715304
		马畅	陕西省洋县	723301
		马镇	陕西省神木县	719307
		马庄	陕西省咸阳市	712031
		马合	陕西省榆林市	719014
		马坊	陕西省永寿县	713407
		马额	陕西省西安市临潼区	710609
		马家	陕西省淳化县	711203
		马道	陕西省留坝县	724106
		马额	陕西省三原县	713805
	甘肃省（21处）	马集	甘肃省临夏县	731806

续表

生肖名	省（自治区、直辖市）名	邮戳地名	所在地名	邮政编码
马（384处）	甘肃省（21处）	马鹿	甘肃省张家川县	741504
		马岭	甘肃省庆阳县	745113
		马渠	甘肃省镇原县	744511
		马街	甘肃省武都市	746021
		马峡	甘肃省华亭县	744111
		马河	甘肃省陇西县	748103
		马力	甘肃省武山县	741317
		马跑泉	甘肃省天水市	741022
		马家堡	甘肃省和政县	731205
		饮马	甘肃省玉门市	735201
		白马	甘肃省华池县	745606
		玄马	甘肃省庆阳县	745114
		五马	甘肃省武都市	746053
		贡马井	甘肃省榆中县	730118
		马营	甘肃省通渭县	743306
		马坡	甘肃省榆中县	730115
		马元	甘肃省西河县	742116
		马宗山	甘肃省肃北县	736301
		马家山	甘肃省临洮县	730511
		昌马	甘肃省玉门市	735216
	宁夏回族自治区（3处）	下马关	宁夏回族自治区同心县	751304
		马儿庄	宁夏回族自治区盐池县	751505
		马家滩	宁夏回族自治区灵武县	751408
	海南省（2处）	马井	海南省儋州县	571742
		龙马	海南省文昌县	571329
	西藏自治区（1处）	康马	西藏自治区康马县	857500
	新疆维吾尔自治区（1处）	五马场	新疆维吾尔自治区奇台县	831814
	内蒙古自治区（4处）	萨马街	内蒙古自治区扎兰屯市	162681
		马蹄营子	内蒙古自治区喀喇沁旗	024414
		马坊子	内蒙古自治区太仆寺旗	027025
		架马吐	内蒙古自治区科尔沁左翼中旗	029331
羊（109处）	云南省（10处）	羊岔街	云南省元江县	653302
		南羊街	云南省宜良县	652108
		羊岭	云南省剑川县	671305
		羊拉	云南省德钦县	674507
		羊邑	云南省保山县	678015
		羊方凹	云南省昆明市	650206
		牧羊	云南省嵩明县	651712
		羊仙坡	云南省昆明市	650033
		羊甫	云南省昆明市	650214
		北羊街	云南省宜良县	652107

续表

生肖名	省（自治区、直辖市）名	邮戳地名	所在地名	邮政编码
羊（109处）	贵州省（8处）	羊街子	贵州省威宁县	553112
		羊桥	贵州省岑巩县	557806
		羊艾	贵州省贵阳市	550032
		羊昌	贵州省贵阳市	550022
		羊矼	贵州省桐梓县	563208
		羊坪	贵州省镇远县	557704
		排羊	贵州省台江县	556305
		古羊	贵州省长顺县	550707
	湖南省（9处）	羊角	湖南省安化市	413501
		羊石	湖南省城步县	422506
		羊脑	湖南省安仁县	423609
		羊楼司	湖南省临湘县	414307
		羊耳山	湖南省澧县	415530
		羊角塘	湖南省祁阳县	421765
		石羊硝	湖南省麻阳县	419405
		石羊	湖南省新田县	425704
		白羊田	湖南省临湘县	414317
	四川省（11处）	青羊宫	四川省成都市	610072
		石羊场	四川省成都市	610041
		青羊小区	四川省成都市	610075
		石羊	四川省安岳县	642357
		宰羊	四川省石棉县	625402
		羊安	四川省邛崃县	611535
		羊凤	四川省巴中市	635506
		羊木	四川省广元市	628015
		羊马	四川省崇州市	611231
		羊口	四川省南充市	637115
		石羊	四川省都江堰市	611838
	重庆市（9处）	白羊	重庆市万州区	434022
		白羊	重庆市铜梁区	432564
		山羊	重庆市酉阳县	408800
		羊头铺	重庆市彭水县	408601
		羊石	重庆市江津县	402295
		羊角	重庆市綦江县	401442
		羊角	重庆市武隆县	408508
		羊叉	重庆市綦江县	401448
		走马羊	重庆市巴南区	401320
	内蒙古自治区（6处）	羊场	内蒙古自治区敖汉旗	024306
		羊场	内蒙古自治区巴林右旗	025158
		羊群滩	内蒙古自治区正镶白旗	013817
		羊群沟	内蒙古自治区和林格尔县	011511

附录 6   Appendix

续表

生肖名	省（自治区、直辖市）名	邮戳地名	所在地名	邮政编码
羊（109处）	内蒙古自治区（6处）	黄羊城	内蒙古自治区察哈尔右中旗	013559
		黄羊木头	内蒙古自治区临河市	015409
	甘肃省（7处）	羊沙	甘肃省临潭县	747504
		羊永	甘肃省临潭县	747501
		羊路	甘肃省民勤县	733300
		羊下坝	甘肃省武威市	733024
		黄羊	甘肃省武威市	733006
		黄羊川	甘肃省古浪县	733008
		黄羊河	甘肃省武威市	733108
	山东省（11处）	羊岚	山东省龙口市	265712
		羊口	山东省寿光市	262714
		羊里	山东省莱芜市	271118
		羊郡	山东省莱阳市	265224
		羊亭	山东省威海市	264204
		羊山	山东省金乡县	272206
		羊流	山东省新泰市	271208
		羊庄	山东省滕州市	277526
		大羊	山东省东平县	271503
		北羊	山东省淄博市临淄区	255424
		双羊	山东省高密县	261514
	辽宁省（5处）	羊圈子	辽宁省盘山市	124102
		羊角沟	辽宁省喀左县	122307
		羊山	辽宁省朝阳县	122614
		羊安	辽宁省兴城市	125100
		双羊	辽宁省凌海市	121213
	陕西省（2处）	羊泉	陕西省富县	727506
		青羊驿	陕西省勉县	724200
	广东省（2处）	羊角	广东省电白县	525423
		五羊邮	广东省广州市	510600
	江苏省（3处）	羊寨	江苏省阜宁县	224415
		羊尖	江苏省无锡市锡山区	214107
		宿羊山	江苏省邳州市	221354
	广西壮族自治区（3处）	羊角山	广西壮族自治区柳州市	545007
		羊头	广西壮族自治区钟山县	542605
		三只羊	广西壮族自治区都安县	530713
	河南省（2处）	羊册	河南省泌阳县	463744
		黑羊山	河南省原阳县	453501
	河北省（4处）	羊平	河北省曲阳县	073102
		羊二庄	河北省黄骅市	061109
		羊市道	河北省邢台市	054001
		羊渠河	河北省成安县峰峰矿区	056201

871

续表

生肖名	省（自治区、直辖市）名	邮戳地名	所在地名	邮政编码
羊（109处）	湖北省（2处）	羊尾	湖北省郧西县	442626
		羊楼洞	湖北省赤壁市	437318
	山西省（3处）	白羊暨	山西省阳泉市	045001
		羊角	山西省左权县	032604
		羊头崖	山西省寿阳县	045407
	宁夏回族自治区（2处）	红羊	宁夏回族自治区海原县	756106
		黄羊滩	宁夏回族自治区永宁县	750104
	安徽省（1处）	刘羊营	安徽省太湖县	246445
	浙江省（1处）	羔羊	浙江省桐乡县	314512
	福建省（1处）	羊牯	福建省长汀县	366318
	青海省（1处）	龙羊峡	青海省共和县	818000
	黑龙江省（1处）	羊草	黑龙江省安达市	151403
	新疆维吾尔自治区（2处）	羊毛工	新疆维吾尔自治区米泉县	831403
		种羊场	新疆维吾尔自治区阿克陶	845562
	西藏自治区（1处）	羊八井	西藏自治区当雄县	851501
	海南省（1处）	羊栏	海南省三亚市	572023
	北京市（1处）	羊耳峪	北京市房山区	102500
猴（6处）	辽宁省（1处）	猴石	辽宁省清原县	113322
	吉林省（1处）	猴石	吉林省东丰县	136303
	福建省（1处）	猴屿	福建省长乐市	350216
	内蒙古自治区（1处）	猴头沟	内蒙古自治区赤峰市	024033
	江苏省（1处）	猴嘴	江苏省连云港市	222069
	云南省（1处）	猴山	云南省景洪市	666101
鸡（33处）	云南省（2处）	鸡飞	云南省昌宁县	678102
		金鸡	云南省保山市	678006
	黑龙江省（3处）	鸡东	黑龙江省鸡东县	158220
		鸡林	黑龙江省鸡东县	158224
		鸡西	黑龙江省鸡西县	158100
	湖南省（3处）	鸡笼	湖南省衡阳县	421211
		竹鸡	湖南省韶山市	411303
		野鸡坪	湖南省邵东县	422824
	辽宁省（3处）	鸡冠山	辽宁省凤城市	118102
		鸡冠山	辽宁省灯塔市	111315
		鸡冠山	辽宁省铁岭市	112603
	陕西省（4处）	金鸡滩	陕西省榆林市	719000
		中鸡	陕西省神木县	719317
		宝鸡	陕西省宝鸡市	721300
		宝鸡	陕西省宝鸡市	721000
	河北省（2处）	野鸡坨	河北省迁安县	064410
		鸡泽	河北省鸡泽县	057350
	广西壮族自治区（3处）	金鸡	广西壮族自治区滕县	534406

续表

生肖名	省（自治区、直辖市）名	邮戳地名	所在地名	邮政编码
鸡（33处）	广西壮族自治区（3处）	金鸡	广西壮族自治区南宁县	530046
		金鸡	广西壮族自治区武宣县	545906
	广东省（3处）	谢鸡	广东省高州市	525244
		金鸡	广东省罗定县	527221
		金鸡	广东省开平市	529386
	四川省（1处）	鸡唱	四川省宣汉县	636168
	重庆市（1处）	金鸡	重庆市忠县	404305
	河南省（1处）	鸡公山	河南省信阳县	464134
	江西省（1处）	鸡冠山	江西省上栗县	337012
	浙江省（1处）	鸡山	浙江省玉环县	317605
	海南省（1处）	金鸡岭	海南省定安县	571235
	内蒙古自治区（1处）	忽鸡沟	内蒙古自治区固阳县	014212
	吉林省（2处）	鸡冠	吉林省汪清县	133214
		鸡鸣山	吉林省九台市	130506
	天津市（1处）	宝鸡东道	天津市	300052
狗（2处）	广东省（2处）	瘦狗岭	广东省广州市	510610
		石狗	广东省四会市	526246
猪（2处）	内蒙古自治区（1处）	野猪沟	内蒙古自治区巴林左旗	025468
	吉林省（1处）	野猪河	吉林省梅河口市	135007
说明	1. 本表来源为生肖集邮研究会2004年6月编印《生肖地名戳资料汇编》，属于内部资料，仅供参考。 2. 因行政区域和各地邮局、邮戳的调整变化，本表有可能与实际状况不完全符合，使用时须以实际为准。			

附录7 生肖集邮展品评审专用规则
（试行）

第一条 生肖集邮

生肖邮品是邮政部门发行的以生肖属相或生肖文字为图案的邮资票品。

生肖集邮是收集、研究、鉴赏世界各国和地区发行的，以中国干支纪年的十二种生肖为题材，以及有干支纪年特征的邮资票品及相关素材的集邮方式。

第二条 竞赛性邮展

为规范生肖集邮竞赛性展品的评审和指导参展者编组邮集，按照《中华全国集邮联合会集邮展览规则》，参照FIP集邮展览相关评审规则，特制定本规则。

第三条 竞赛性展品

生肖类集邮展品，就是在本规则第四条所规定的范围内，选择一种最适当的组集模式，围绕一个生肖主题，并按照一定的逻辑关系将所收集到的相关素材编组的展品。

第四条 展品组成原则

1. 生肖集邮展品由适用的生肖集邮素材和拓展生肖专题的相关素材组成。

适用的生肖集邮素材包括：

(1) 发行目的或题材是生肖的、带有生肖图案或文字信息的邮资票品；

(2) 官方或私人用生肖邮票制作出来的反映生肖题材的复合邮品；

(3) 带有生肖图案或文字的各类邮戳；

(4) 其他特殊素材，如粘附于实寄的邮政复合品上带有生肖图文的挂号标签或签条、生肖纪念卡等；

(5) 拓展生肖专题的相关素材，包括在专题信息上切题的各种非生肖集邮邮政素材。

2. 生肖集邮展品的分类

(1) 专门研究类：包含传统、邮政史、邮政用品集邮。对生肖邮资票品自身进行传统研究，或对生肖集邮相关邮政历史、邮政用品的专门研究模式。

(2) 专题集邮类：表现一个生肖主题的专题模式。

(3) 极限集邮类：利用生肖邮票制作的极限片表现一个生肖主题的模式。

(4) 青少年集邮类：青少年集邮者以本规则中所列模式制作的展品，包括A组（10—15岁），B组（16—18岁），C组（19—21岁）。

(5) 集邮文献类：生肖邮品和生肖集邮的书籍、报刊及目录等。

(6) 开放集邮展品：由50%以上的生肖集邮素材和50%以下的与生肖有关的非集邮素材组成，讲述一个生肖故事。

(7) 试验集邮类：反映生肖的原地、首日封专集。

(8) 一框、现代集邮展品及其他模式。

不接受以"占卜"文化为主题的展品。

3. 生肖集邮展品的规模

除一框集邮展品、集邮文献类，其他类别均为 5 框。

第五条 展品的评定标准和奖级

展品的评定标准和奖级按照《中华全国集邮联合会集邮展览规则》，参照 FIP 集邮展览相关评审规则和指导要点实施。

展品评定标准的说明

1. 处理和重要性

处理能力体现在参展者如何面对生肖素材而选择恰当的题目，以及如何利用所收集的素材去表现这个题目。展品的标题、计划和内容应连贯一致。考虑到生肖是民俗的体现，传说、故事以及一定的虚拟情节是允许的。

展品的重要性体现在所选题目在年代、区域、规模及其素材的集邮价值。

2. 知识和研究

知识是指展品中对生肖邮品和生肖文化认知的深度和广度。研究是指参展者对生肖邮品基本要素的研究，展品应尽可能体现出作者对生肖文化与生肖集邮知识的了解和学习，并应注意对生肖集邮素材的正确运用。展品还应展示一定的研究成果，特别是集邮方面的。

3. 品相和珍罕性

品相是指素材的完好程度。

珍罕性是指素材的珍贵程度、相对稀缺度和收集难度。鉴于生肖集邮素材相对现代，因此，收集难度将成为衡量素材质量的重要尺度。

4. 外观

展品整体布局均衡、整洁，文字设置合理、清晰。

文献类展品可结合其生肖集邮文化，参照 FIP 集邮文献展品的有关评分标准评审。

传统、邮政历史、邮政用品、现代、试验集邮类及其一框展品，须由中国干支纪年特征的邮资票品及相关生肖集邮素材组成；其他类别展品，中国干支纪年特征的邮资票品及相关生肖集邮素材须占 80% 以上。

第六条 其他

1. 本规则的解释权归生肖集邮研究会，最终解释权在全国集邮联邮展工作委员会。

2. 本规则自公布之日起试行。

附录 8　苏州历年举办的全国性生肖集邮展览一览表

（2001—2024 年，共 22 次）

年份	邮展全称	展览地点	邮展时间	支持单位	主办单位	承办单位	协办单位	组委会主任	展品部数	展品框数
2001	2001 首届生肖集邮展览	苏州国贸展览中心	2001-4-7—9	—	《中国邮政报》社、国家邮政局邮票印制局、江苏省集邮协会、苏州邮政局	生肖集邮研究会、苏州市集邮协会	《集邮报》社、上海天力集藏文化传播有限公司、安徽合肥专题邮票社、苏州新世纪大酒店	陈文骐	49	149
2004	2004 第二届全国生肖集邮展览	苏州图书馆	2004-1-5—7	—	《中国邮政报》社、国家邮政局邮票印制局、中国邮电总公司、江苏省集邮协会、苏州邮政局、苏州市文化广播电视局	生肖集邮研究会、苏州市集邮协会	《集邮报》社、苏州市广播电视总台	顾汶	70	220
2005	全国生肖邮币卡券藏品展览	苏州图书馆	2005-1-5—6	—	国家邮政局	江苏省邮政局、苏州市人民政府、生肖集邮研究会	—		48	117
2006	生肖艺术品藏品展览	苏州图书馆	2006-1-5—7	—	江苏省集邮协会、苏州邮政局、苏州文化广播电视局	生肖集邮研究会、苏州市集邮协会	《集邮》杂志社、《集邮报》社		94	200
2007	2007 第三届全国生肖集邮展览	苏州图书馆	2007-1-5—7	—	中华全国集邮联合会、江苏省集邮协会	生肖集邮研究会、苏州市集邮协会	《中国集邮报》社、《集邮报》社	刘平源（荣誉）谭小为 陈洪涛	139	417
2008	生肖集邮国际交流邮展	苏州图书馆	2008-1-5—6	中国人民对外友好协会	江苏省集邮协会、苏州邮政局	生肖集邮研究会、苏州市集邮协会	《集邮》杂志社、《集邮报》社	周治华	59	201
2009	生肖集邮新作展	苏州图书馆	2009-1-5—6	—	江苏省集邮协会、苏州邮政局	生肖集邮研究会、苏州市集邮协会	《集邮》杂志社、《集邮报》社	—	94	200
2010	2010 第四届全国生肖集邮展览	苏州图书馆	2010-1-5—6	中华全国集邮联合会	江苏省集邮协会	生肖集邮研究会、苏州市集邮协会	《集邮》杂志社、《中国集邮报》社、《集邮报》社	陈洪涛	149	442
2011	2011 生肖集邮展览	苏州图书馆	2011-1-5—6	—	江苏省集邮协会	生肖集邮研究会、苏州市集邮协会	《集邮》杂志社、《中国集邮报》社、《集邮报》社	—	75	175
2012	2012 生肖集邮展览	苏州图书馆	2012-1-5—6	—	江苏省集邮协会	生肖集邮研究会、苏州市集邮协会	《集邮》杂志社、《中国集邮报》社、《集邮报》社	—	66	169
2013	2013 生肖集邮展览	苏州图书馆	2013-1-5—6	—	江苏省集邮协会	生肖集邮研究会、苏州市集邮协会	《集邮》杂志社、《中国集邮报》社、《集邮报》社	—	73	184

附录 8　　Appendix

评审员名单	大金奖			金奖			金奖证书			特别奖	
	展品名称	类别	参展者	展品名称	类别	参展者	展品名称	类别	参展者	周治华奖	名城苏州奖
刘广实、马佑璋、徐星瑛、唐无忌、葛建亚、邓树镛	—			生肖自述	专题	李齐品/福建	—			—	—
				中华生肖文化	专题	王国平/江苏					
				中国贺年（有奖）明信片	邮政用品	杨福才/南京					
刘广实、马佑璋、李明、戈中博、孙海平、邓树镛	—			中国生肖邮票	传统	陈敬忠/广东	—			—	—
				龙与生肖	专题	方定坚/广州					
				清代干支戳	邮政史	陆树笙/江苏					
				中国邮政贺年（有奖）明信片	邮政用品	杨福才/南京					
观众投票评选	本届邮展未评奖										
观众投票评选	本届邮展未评奖										
常增书、马佑璋、马骥、孙海平、李汇祥、林衡夫、李宏、王晋枫、王洪新、张烨、李静波	—			中国首轮生肖邮票	专门研究	廖镇威/广东	—			—	—
				中国第一轮生肖邮票	专门研究	杨福才/南京					
				邮政与干支	专门研究	刘莲禧/广东					
—	本届邮展未评奖										
—	本届邮展未评奖										
马佑璋、孙海平、林衡夫、李汇祥、马骥、邵林、瞿百顺	—			清代邮政干支	专门研究	杨浩/广东	—			—	—
				2010	专门研究	张磊/安徽					
				1993年中国邮政贺年（有奖）明信片	专门研究	刘德利/浙江					
				香港生肖电子邮票	专门研究	袁秦生/广东					
				十二生肖	专门研究	陈忆时/上海					
	本届邮展未评奖										
	本届邮展未评奖										
	本届邮展未评奖										

年份	邮展全称	展览地点	邮展时间	支持单位	主办单位	承办单位	协办单位	组委会主任	展品部数	展品框数
2014	2014 第五届全国生肖集邮展览	苏州图书馆	2014-1-5—6	中华全国集邮联合会	江苏省集邮协会、中国邮政苏州市分公司	生肖集邮研究会、苏州市集邮协会	《集邮》杂志社、《中国集邮报》社、《集邮博览》杂志社、《集邮报》社	顾汶	129	392
2015	2015 生肖集邮展览	苏州图书馆	2015-1-5—6	—	江苏省集邮协会	生肖集邮研究会、苏州市集邮协会	《集邮》杂志社、《中国集邮报》社、《集邮报》社	—	61	155
2016	2016 首届全国生肖集邮一框展览	苏州图书馆	2016-1-5—6	—	江苏省集邮协会、苏州邮政局	生肖集邮研究会、苏州市集邮协会	《集邮》杂志社、《中国集邮报》社、《集邮博览》杂志社、《集邮报》社	顾汶	150	150
2017	2017 全国生肖集邮新人新作展览	苏州文化艺术中心	2017-1-5—6	—	中国邮政江苏省分公司、江苏省集邮协会	生肖集邮研究会、苏州市集邮协会	《中国集邮报》社、《集邮报》社	顾汶	121	217
2018	2018 第六届全国生肖集邮展览	苏州文化艺术中心	2018-1-5—6	—	江苏省集邮协会、中国邮政苏州市分公司	生肖集邮研究会、苏州市集邮协会	《集邮》杂志社、《中国集邮报》社、《集邮博览》杂志社、《集邮报》社	江淞宁 周治华	165	344
2019	2019 全国生肖集邮新人新作展览	苏州久光百货	2019-1-5—6	—	中国邮政江苏省分公司、江苏省集邮协会	生肖集邮研究会、苏州市集邮协会	《集邮》杂志社、《中国集邮报》社、《集邮博览》杂志社、《集邮报》社	马小群 周治华	128	248
2020	2020 第二届全国生肖集邮一框展览	苏州文化艺术中心	2020-1-5—6	—	中国邮政江苏省分公司、江苏省集邮协会	生肖集邮研究会、苏州市集邮协会	《集邮》杂志社、《中国集邮报》社、《集邮博览》杂志社、《集邮报》社	黄一芳 周治华	107	107

附录 8

续表

评审员名单	大金奖			金奖			金奖证书			特别奖	
	展品名称	类别	参展者	展品名称	类别	参展者	展品名称	类别	参展者	周治华奖	名城苏州奖
马佑璋、孙海平 郑炜、李汇祥 马骥、王宏伟 郑钢、施邑屏 梅海涛	—			中国首轮生肖邮票	专门研究	张兰青 / 上海	—			—	—
				日本贺年邮票（1936—1954）	专门研究	方定坚 / 广东					
				日本贺年邮票（1936—1951）	专门研究	王嘉麒 / 辽宁					
				清代广州干支日戳的使用	专门研究	邹道崇 / 广东					
				清代干支邮戳	专门研究	谌宽业 / 湖南					
本届邮展未评奖											
马佑璋、孙海平 郑炜、李汇祥 王宏伟、施邑屏	—			日本贺年虎生肖邮票（1950年）	专门研究	林冬平 / 广东	—			—	—
				辛亥年广东干支日戳（1911—1914）	专门研究	邹道崇 / 广东					
				中国首轮生肖邮票	专题	陆义琨 / 广西					
				T107 丙寅（虎）年邮票	专门研究	廖镇威 / 广东					
				日本 1919 年（农历羊年）和平纪念邮戳	专门研究	黎伟民 / 广东					
				新中国首轮生肖鸡小本票	专门研究	向世健 / 四川					
				日本贺年邮票（1935—1951）	专门研究	徐宝煌 / 江苏					
本届邮展未评奖											
马佑璋、孙海平 杨桂松、郑炜 李汇祥、马骥 王宏伟、李少可 杨成录	—			香港生肖自动化邮票（1987—1998）	专门研究	郭基玉 / 江西	—			—	—
				中国首轮生肖小本票	专门研究	兴洋 / 辽宁					
				新中国贺年邮资明信片（1981—1990）	专门研究	倪郁烈 / 浙江					
				澳门第一套生肖自动化邮票——蛇年	专门研究	高勇 / 山东					
马佑璋、孙海平 郑炜、李汇祥 王宏伟、杨桂松 李少可、马骥	—			香港首轮生肖邮票	专门研究	廖镇威 / 广东	蛇年	试验类	林庆伟 / 福建	—	—
				澳门狗年生肖自动化邮票	专门研究	李辉 / 江西					
马佑璋、孙海平 郑炜、李汇祥 杨桂松、李少可 马骥、王宏伟	—			中国干支纪念邮戳	专门研究	戴宇 / 上海	—			—	—
				香港龙年生肖自动化邮票	专门研究	郭基玉 / 江西					
				龙游天下	专题	谢小融 / 广东					

年份	邮展全称	展览地点	邮展时间	支持单位	主办单位	承办单位	协办单位	组委会主任	展品部数	展品框数
2021	2021第七届全国生肖集邮展览	苏州图书馆	2021-1-5—6	—	江苏省集邮协会、中国邮政苏州市分公司	生肖集邮研究会、苏州市集邮协会	《集邮》杂志社、《中国集邮报》社、《集邮博览》杂志社	黄一芳	130	256
2022	2022第八届全国生肖集邮展览	苏州虎丘塔影园民俗文化展厅	2022-1-5—6	—	江苏省集邮协会、中国邮政苏州市分公司	生肖集邮研究会、苏州市集邮协会	《集邮》杂志社、《中国集邮报》社	黄一芳	91	148
2023	2023第九届全国生肖集邮展览	苏州桃花坞历史文化片区桃花坞美术馆	2023-1-5—6	—	江苏省集邮协会、中国邮政苏州市分公司	生肖集邮研究会、苏州市集邮协会	《集邮》杂志社、《中国集邮报》社	陈喆	71	126
2024	苏州2024中华全国生肖集邮展览	苏州桃花坞历史文化片区桃花坞美术馆	2024-1-5—7	—	中华全国集邮联合会	中国邮政江苏省分公司、江苏省集邮协会	中国邮政苏州市分公司、生肖集邮研究会、苏州市集邮协会	赵晓光 陈智泉	191	462
	合计								2260	5079

附录 8

续表

评审员名单	大金奖			金奖			金奖证书			特别奖	
	展品名称	类别	参展者	展品名称	类别	参展者	展品名称	类别	参展者	周治华奖	名城苏州奖
马佑璋 孙海平 杨桂松 郑炜 李汇祥 马骥 王宏伟 李少可 郑敏敏 乌伟	—			干支纪年戳	专门研究	戴宇/上海	生肖狗来了	试验类	何成刚/北京	林衡夫	戴宇
				澳门猪年生肖自动化邮票	专门研究	郭基玉/江西	T46庚申年（猴）邮票	试验类	张仕飞/浙江		
				—	—	—	世界首套生肖自动化邮票——香港"兔年"	试验类	康康/江西		
				—	—	—	新加坡鼠年生肖自动化邮票	试验类	索二花/安徽		
				—	—	—	中国首轮生肖小本票（1981—1991）	试验类	姚建新/江苏		
马佑璋 孙海平 杨桂松 郑炜 李汇祥 马骥 王宏伟 乌伟 郑敏敏	—			世界上最早的生肖邮票（日本1950—1954）	专门研究	戴宇/上海	清代己酉（1909）干支邮政日戳	试验类	徐建伟/浙江		刘德利
				1993中国邮政贺年（有奖）明信片企业金卡	邮政用品	刘德利/浙江	香港鼠年生肖自动化邮票	试验类	郭基玉/江西		
马佑璋 杨桂松 郑炜 李汇祥 王宏伟 马骥 李少可 胡不为 郑敏敏 乌伟 夏育磊	—			亚洲生肖邮票（1950—1980）	专门	蔡世杰/江苏	—			孙海平	蔡世杰
				直布罗陀生肖电子邮票（2016—2019）	专门	孙海平/广东					
焦晓光 刘劲 王雅玏 寇磊 胡不为 张雄 孙海平 梅军 王志刚 瞿百顺 杨桂松 曾晓炜 张巍巍 李少可 梅海涛 张左 许明亮 徐久宏 葛浩 张玉茹 唐孝飞 乌伟 郎金霞 张毅 祝业平	中国第一轮生肖邮票版式研究	传统	郑炜/江苏	中国清代干支邮戳（1902—1911）	邮政历史	曹勇进/广东	大清邮政干支纪年日戳-甲辰年	邮政历史	陈山/江苏	—	—
				中国贺年邮资明信片（1981—1990）	邮政用品	倪郁烈/浙江					
	1			44			9			2	3

索引
一、要览索引

音序	内容	页数
A	ACPF 邮展规则	630、708、709
	澳门地区第一套生肖邮票	212
B	"本命年"会员联谊活动	340、751
C	传统集邮类	397、630、632、670、708、709、717
	传统集邮类型的生肖集邮展品	634、635
D	电子邮票	239、240、241、242、245、536、540、605、634、659、685、697
	单元邮品	87、411、523、525、528、539
F	FIP 竞赛性展品评审总规则	520、521、719、730、732
	复合邮品	80、82、88、412、517、523、524、525、528、539、608、614、686、687、716
	FIP 邮展规则	539、630、706、708
G	干支纪年	93、95、97、100、101、103、105、106、108、125、126、133、152、173、175、195、256、264、271、309、310、438、456、573、589、664、695、716
	干支邮戳	88、526、573、637、664
	干支代号邮戳	589
	国际生肖集邮论坛	75、325、326、367、368、735
	《庚申年》邮票首日封	264、266、581
	郭润康	90、331、358、371、372、376、391、392
H	贺年邮资明信片	559、670、713
	火票	529、595
	华洋书信馆封	598
	韩国第一套生肖邮票	188、492、500
	黄永玉	87、195、201、254、257、258、260、264、267、288、290、353、484、610
L	老挝第一套生肖邮票	190
	琉球第一套生肖邮票	188
M	美国第一轮生肖邮票	224、386、786
	民信局封	529、596
	蒙古第一套生肖邮票	172
P	排单	529、592
	普拉科·吉拉凯特	73、325、326、367、368、733
Q	全国生肖集邮嘉年华	326、327
	全国生肖个性化邮票青少年设计大赛	337、338、615、755
	全国首届生肖集邮学术研讨会	363、388、756
R	日本第一套生肖邮票	170、187、253、492、496

续表

音序	内容	页数
S	世界第一套生肖邮票	422
	生肖集邮	67、68、72、76、77、78、79、80、82、85、86、87、91、93、130、138、149、152、153、154、155、157、158、159、160、161、163、165、166、167、173、186、199、305、306、310、312、313、315、316、317、319、327、328、330、332、333、334、336、337、338、339、340、345、349、351、353、355、363、365、368、369、372、373、375、376、377、378、379、381、384、385、386、388、389、394、395、396、398、401、416、419、430、526、527、530、542、616、630、633、683、697、713、714、716、718、722、724、729、730、734、746、753、756、768、772、775、777、795
	生肖集邮研究会	67、72、73、75、83、91、167、172、198、199、306、312、316、318、319、323、327、328、329、330、331、334、337、340、341、343、344、345、351、355、356、357、362、363、365、376、377、378、379、384、385、394、398、582、615、714、715、717、733、734、749、751、752、753、754、755
	《生肖集邮》	73、90、91、172、319、329、331、332、334、336、351、356、376、377、378、379、398、419、435、450、471、631、714、752、756
	生肖文化	77、78、80、81、85、86、88、93、95、109、110、115、118、125、126、127、129、132、133、134、135、136、137、138、139、148、150、151、153、154、155、156、159、160、161、164、165、181、185、189、194、199、200、219、230、233、246、249、251、253、271、274、279、281、283、290、294、305、306、310、312、313、316、318、325、328、333、334、335、340、345、349、350、352、353、355、357、358、361、363、367、368、371、372、376、379、381、396、398、399、416、429、430、431、432、435、436、437、439、441、442、443、447、449、450、451、454、472、495、496、497、498、502、515、516、525、530、551、570、581、599、603、614、663、682、683、689、713、720、722、725、726、727、728、733、737、743、745、746、755、759、760、761、770、772、777、781、782、783、788、789、790、791、794、795、796、798、799
	生肖邮票	67、76、78、79、80、81、88、93、133、138、140、141、142、144、145、148、149、150、152、153、156、161、162、163、165、167、170、171、172、173、174、181、184、185、186、187、188、189、191、193、194、198、199、200、201、204、205、207、208、209、211、212、214、215、216、217、218、220、222、225、228、229、230、232、234、235、236、237、251、253、254、256、264、266、267、271、272、273、274、277、278、279、281、282、284、285、288、293、294、295、305、306、309、310、313、314、316、324、334、345、346、347、349、350、352、353、354、355、357、358、360、361、368、369、372、373、376、378、379、385、389、396、398、401、402、405、410、411、412、413、414、415、416、419、421、422、423、425、428、429、431、436、441、442、443、444、446、447、449、450、451、452、453、454、455、456、457、458、462、463、464、465、467、470、471、472、473、474、475、476、477、479、484、485、489、492、494、495、497、498、500、501、502、504、505、508、509、510、512、514、515、516、517、524、525、526、527、528、529、530、532、535、537、538、540、542、543、544、545、546、549、550、551、552、553、565、566、569、580、584、600、603、605、606、608、610、611、612、614、615、622、625、637、639、654、690、692、695、697、700、713、716、718、724、725、727、728、734、738、743、745、749、751、753、754、755、758、759、760、769、770、771、774、777、782、783、785、786、787、788、789、790、791、794、795、796、797、798
	生肖邮政用品	526、528、529、553、567、580、670、671、700
	生肖邮集	73、80、83、87、312、328、334、335、355、373、377、384、389、392、394、396、397、416、432
	生肖集邮文献	80、83、397
	生肖邮票的审美	422、432
	生肖起始时间	106
	生肖集邮文化	67、72、86、93、133、150、152、155、156、157、158、166、312、325、327、396、734、735、781、782
	生肖邮票定义	167、171、172、370、524、562、756

续表

音序	内容	页数
S	生肖电子邮票	163、215、246、247、249、392、536、537、538、659
	生肖集邮研究会历届理事会	320
	生肖集邮研究会奖	323、324、715
	苏州 2024 中华全国生肖集邮展览	325、326、336、565、632、638、665、715、733、735、736、737、743
	生肖邮票博物馆	350、351、352、353、354、389、752
	生肖集邮学术	75、78、312、355、379、802
	生肖集邮展览	72、79、312、313、373、381、385、394、396、397、398、416、565、629、697、703、714、715、719、720、725、728、734、736、743
	《世界生肖邮票目录》	313、329、356、373、378、379、419、421、757、797
	生肖邮品	154、163、167、312、335、341、353、355、373、401、422、428、498、517、520、524、525、526、527、528、529、530、531、532、536、537、545、552、554、557、558、562、563、565、573、581、585、589、592、598、617、631、634、638、685、718、726、729、730、737、788
	生肖邮品定义	524、565
	生肖邮票首日封片	534
	生肖邮票实寄封片	534
	生肖邮票原地封片	626
	生肖邮资信封	553
	生肖邮资明信片	559
	生肖邮资邮简	567
	生肖邮资信卡	567、569
	生肖电报纸	570、571
	生肖纪念邮戳	82、580、581、583、584、637、775
	生肖地名邮戳	585、586、588、637、729、730、842、843
	十二生肖地名邮戳	587、842
	生肖文字地名邮戳	637、843
	史前生肖邮品	592
	生肖邮政标签	599、600
	生肖邮政单据	601
	生肖印花（税票）	602、603
	生肖极限明信片	605、697
	生肖纪念张	610、611、612
	生肖图画明信片	614、615、700
	生肖集邮展品	73、326、381、396、630、631、632、633、635、637、663、664、670、681、693、700、713、716、717、718、722、724、728、730、737、874、875、876
	《生肖集邮展品评审专用规则（试行）》	631、714、874
	生肖邮品专门研究类	397、631
	生肖专题集邮类	397、631
	生肖集邮试验类	397、631、700
	生肖专题集邮类展品	682、683、685、687、688
	生肖极限集邮类展品	693、697
	生肖集邮开放展品	700
	生肖集邮试验类展品	700

续表

音序	内容	页数
S	生肖原地集邮类展品	700
	生肖首日封类展品	700
	邵柏林	195、254、257、258、260、261、264、266、274、279、282、283、486、581
	生肖集邮的英文译名	90
	生肖集邮的研究方法	85
	生肖文化定义	126
	生肖集邮文化定义	155、156
	生肖集邮定义	310
	生肖集邮活动定义	313
	生肖集邮"名城苏州奖"	323、324、384、397
	生肖邮集定义	396
	生肖集邮展览定义	397
	生肖地名定义	585
T	T.46《庚申年》邮票	195、253、261、581、638、655
	T.46《庚申年》邮局全张	146、269、489、638
W	文报局封	597
X	香港地区第一套生肖邮票	204
Y	驿递封	526、592、597
	邮政历史类	397、630、632、663、664、665、668、681、708、709、717
	邮政历史类型的生肖集邮展品	663、664
	一框类生肖集邮展品	693
	邮政用品类	397、542、630、632、634、670、708、709、717
	越南第一套生肖邮票	190
Z	周治华	72、76、106、167、171、172、314、318、323、329、331、340、341、342、343、350、352、353、357、358、360、362、363、365、372、373、378、387、389、391、419、421、549、749、751、752、753、755、756、757
	周治华奖	323、324、397、715
	最佳世界生肖邮票评选	388、755
	中国贺年邮资明信片	670
	中华全国生肖集邮展览	73、325、384、396、398、399、566、708
	中国第一轮生肖邮票版式研究	325、638、656
	自动化邮票	82、240、242、245、536、537、659
	专题集邮类	333、630、632、681、708、709、717、718、875

二、图片索引

彩色插页

彩插 1	P3	黄永玉先生"庚申年"手书
彩插 2	P5	T.46《庚申年》邮票画稿
彩插 3	P7	T.46《庚申年》邮票邮局全张
彩插 4	P9	日本 1950 年贺年邮票
彩插 5	P11	韩国 1958 年贺年邮票（无齿小型张）
彩插 6	P656	获得中华全国生肖邮展大金奖、全国邮展金奖＋特别奖的邮集《中国第一轮生肖邮票版式研究》（传统集邮类）精选贴片
彩插 7	P800	国际集邮联合会（FIP）主席普拉科·吉拉凯特先生、荣誉主席郑炳贤先生签名的中国第一轮生肖邮票

第一章

图 1	p74	国际集邮联合会荣誉主席郑炳贤（左）成为生肖集邮研究会荣誉会员
图 2	p74	生肖集邮研究会会长郑炜（右1）向国际集邮联合会主席普拉科·吉拉凯特介绍生肖邮票特展展品
图 3	p75	全国集邮联合会常务副会长赵晓光在国际生肖集邮论坛上致辞
图 4	p79	全国集邮联合会副会长高洪涛参加 2024 第二届全国生肖集邮嘉年华活动
图 5	p84	时任全国集邮联合会副会长王新中在观看生肖邮展
图 6	p84	集邮家林衡夫在与集邮者交流生肖邮集的编组心得

第二章

| 图 7 | p96 | 神农架 |
| 图 8 | p100 | 先秦典籍《鹖冠子·环流》中的宇宙论 |

图 9	p102	殷墟出土的甲骨文
图 10	p107	十二生肖排序——SB(11)《甲子年》小本票内页
图 11	p109	香港特区《西方十二星座》邮票
图 12	p111	睡虎地出土秦简
图 13	p111	2012-25《里耶秦简》特种邮票套票全张
图 14	p114	2012年马来西亚发行的华人龙袍异型小型张2枚
图 15	p115	严复
图 16	p116	东汉墓出土的铜镜、牌饰上的龙纹图案拓片
图 17	p119	清院本《十二月令图册》之五月——龙舟竞渡局部
图 18	p120	现藏于陕西省历史博物馆的唐代生肖陶俑
图 19	p122	连年有余图
图 20	p123	加拿大2020年1月17日发行的鼠年生肖邮票
图 21	p123	国家博物馆展出过的陕西凤翔泥塑生肖作品
图 22	p124	2010-16《珠江风韵·广州》特种邮票（4-1）五羊衔谷雕塑
图 23	p124	2000-4《龙（文物）》特种邮票（6-2）战国·龙形玉佩
图 24	p125	铸有董奉行医民间传说故事的生肖命钱
图 25	p126	个5《天安门》个性化服务专用邮票副票——华表
图 26	p145	集邮者们在听生肖邮票的升值潜力讲座
图 27	p152	生肖集邮活动走进梅州
图 28	p162	美丽邂逅

第三章

图 29	P172	蒙古国1972年发行的《东方十二生肖与太空探测器》邮票小版张（蒙古国第一套生肖邮票）
图 30	P174	2024年《龙腾贺岁》贺年专用邮票
图 31	P174	菲律宾2022虎年生肖邮票

图 32	P175	多哥 2014 马年生肖邮票小型张和小全张
图 33	P177	日本连续 12 年发行的干支文字邮票小版张（2005—2016），第 1 枚为 2005 鸡年
图 34	P178	美国 1993 年发行的中国农历新年邮票小版张
图 35	P180	塞拉利昂 1996 年发行的中国农历十二生肖小版张
图 36	P180	尼加拉瓜 1996 年发行的中国农历十二生肖小版张
图 37	P181	中国香港地区 1987 兔年电子生肖邮票
图 38	P181	古巴 1996 年发行的鼠年生肖邮票
图 39	P182	格林纳达和格林纳丁斯 1994 年发行的"香港'94 邮展"小全张
图 40	P182	新加坡 1997 年发行的中国香港地区第 11 届亚洲邮展小全张
图 41	P183	奥地利 2005 年发行的星座邮票
图 42	P184	个 10《岁岁平安》个性化专用邮票
图 43	P188	琉球地区 1961 牛年生肖邮票（琉球地区第一套生肖邮票）
图 44	P188	韩国 1958 年贺年邮票（30 圜面值票为韩国第一套生肖邮票）
图 45	P190	越南 1966 马年生肖邮票（越南第一套生肖邮票）
图 46	P190	老挝 1975 兔年生肖邮票（老挝第一套生肖邮票）
图 47	P190	泰国第一轮生肖邮票
图 48	P191	泰国第二轮生肖邮票小全张
图 49	P192	泰国第二轮十二生肖邮票烫金全息小全张
图 50	P196	T.46《庚申年》邮票，黄永玉签名和姜伟杰签名
图 51	P196	T.46《庚申年》邮票，邵柏林签名"永玉先生原画"
图 52	P197	SB（3）《辛酉年》小本票
图 53	P200	2005-1《乙酉年》特种邮票
图 54	P201	2023-1《癸卯年》特种邮票
图 55	P202	2017 贺年专用邮票《富贵吉祥》
图 56	P202	2018 贺年专用邮票《祥瑞平安》

图 57	P202	2019 贺年专用邮票《福寿圆满》
图 58	P203	个 10《岁岁平安》邮票上的 12 处暗记文字
图 59	P204	中国香港地区 1967 年发行的《岁次丁未》生肖邮票（中国香港地区第一套生肖邮票）
图 60	P205	香港特区 1998 年发行的《岁次戊寅》生肖邮票及小全张
图 61	P206	香港特区 1999 年贺年邮票
图 62	P207	香港特区 1999 年发行的十二生肖邮票小版张
图 63	P208	香港特区发行的金银邮票小型张
图 64	P210	香港特区发行的十二生肖金银邮票小型张
图 65	P212	中国澳门地区发行的十二生肖大团圆小全张
图 66	P213	中国澳门地区 1996 鼠年生肖邮票和小型张
图 67	P214	澳门特区 2008 年发行的鼠年生肖邮票和小型张
图 68	P215	澳门特区蛇年生肖电子邮票
图 69	P219	美国华人社团最早的邮票设计稿
图 70	P220	李健文设计的鸡年邮票图稿及正式发行的邮票
图 71	P221	美国第一轮生肖邮票（1993—2004）的刷色效果
图 72	P222	用邮票边纸及已发行的 11 枚生肖邮票贴合成的信封
图 73	P223	美国第一轮生肖邮票大团圆小全张正反面
图 74	P223	美国第一轮生肖邮票第二种大团圆小全张
图 75	P226	美国发行的第二轮中国农历新年邮票开场版张
图 76	P227	美国发行的第二轮生肖邮票（2008—2019）
图 77	P226	美国 2020—2024 年面具图案新年生肖邮票
图 78	P229	联合国发行的第二轮虎年小版张
图 79	P231	加拿大 1997 牛年生肖邮票小全张
图 80	P231	法国 2005 鸡年生肖邮票
图 81	P231	法国 2009 年个性化网络生肖邮票

图 82	P232	澳属圣诞岛 2019 年发行的第二轮生肖邮票不干胶小全张
图 83	P237	汤加 2015 年发行的 DIY 立体可折叠生肖邮票
图 84	P238	列支敦士登发行的激光镂空生肖邮票（2012—2023）
图 85	P243	法国的自助服务邮局
图 86	P243	法国发行的世界上第一枚电子邮票
图 87	P244	中国邮政第一套电子邮票
图 88	P247	中国香港地区发行的世界上首轮生肖电子邮票
图 89	P248	中国澳门地区发行的首轮十二生肖电子邮票
图 90	P249	新加坡发行的十二生肖电子邮票
图 91	P249	直布罗陀发行的猴年生肖电子邮票
图 92	P249	西班牙发行的龙年生肖电子邮票

第四章

图 93	P259	邵柏林设计的《庚申年》邮票草图及首日封、戳样稿
图 94	P262	邵柏林手绘的《庚申年》印刷墨稿，解决了黑猴翻红问题
图 95	P263	猴票背面的"挂脏"
图 96	P265	《庚申年》邮票首日封和签名纪念封
图 97	P268	第一轮生肖邮票（1980—1991）
图 98	P269	T.46《庚申年》特种邮票邮局全张 A 版（上格）和 B 版（下格）
		A 版（上格）：检验流水号 61264，版号 53351，印刷日期 1980 年 7 月 4 日
		B 版（下格）：检验流水号 61412，版号 02618，印刷日期 1980 年 2 月 5 日
图 99	P272	邮电部通知发行《庚申年》特种邮票的文件
图 100	P275	T.58《辛酉年》特种邮票邮局全张和 T.70《壬戌年》特种邮票邮局全张
图 101	P276	第二轮生肖邮票（1992—2003）
图 102	P280	第三轮生肖邮票（2004—2015）
图 103	P282	原稿和修改后的《甲申年》邮票

图 104	P287	2004-1《甲申年》特种邮票版式三
图 105	P289	第四轮生肖邮票前 9 套（2016—2024）
图 106	P291	2024-1《甲辰年》特种邮票
图 107	P292	中国邮政、香港特区邮政、澳门特区邮政共同印制《甲辰年》邮票小全张
图 108	P304	T.102《乙丑年》、T.107《丙寅年》、T.124《戊辰年》、T.133《己巳年》特种邮票邮局全张

第五章

图 109	p312	香港特区第四轮生肖邮票（2012—2023）
图 110	p315	生肖集邮研究会在苏州召开成立会议
图 111	p318	北京生肖集邮研究会举行生肖本命年联谊活动
图 112	p324	中国生肖集邮"周治华奖"和"名城苏州奖"颁奖仪式
图 113	p326	郑炜向普拉科·吉拉凯特颁发生肖集邮研究会荣誉会员证书
图 114	p326	全国集邮联合会副会长高洪涛（左）与国际集邮联合会荣誉会长郑炳贤（右）参加在苏州举办的 2024 第二届全国生肖集邮嘉年华活动
图 115	p328	生肖邮票设计者为生肖集邮爱好者签名
图 116	p328	《中国生肖集邮》编撰工作启动
图 117	p330	2012 年、2022 年生肖集邮研究会连续两次被评为全国先进集邮组织
图 118	p333	《生肖集邮》创刊号
图 119	p342	甲午本命年会员大联欢
图 120	p344	苏州三元宾馆深夜排队购买生肖邮票的队伍
图 121	p346	首届（庚寅年）最佳世界生肖邮票评选纪念明信片背图
图 122	p348	美国《林氏邮票新闻》报道最佳世界生肖邮票评选活动
图 123	p352	苏州生肖邮票博物馆内景
图 124	p359	中国第三轮生肖邮票设计研讨会在苏州举行
图 125	p360	第二轮生肖邮票设计印制研讨文集和中国第三轮生肖邮票设计研讨会论文集

图 126	p364	全国首届生肖集邮学术研讨会在苏州举办
图 127	p369	李齐向荣在国际生肖集邮论坛上发言
图 128	p369	霍慧晓在国际生肖集邮论坛上发言
图 129	p369	纪觉英在国际生肖集邮论坛上发言
图 130	p370	中国首部生肖集邮专著《世界生肖邮票大观》
图 131	p374	《世界生肖邮票目录（2011）》封面
图 132	p382	"苏州2024中华全国生肖集邮展览"期间，苏州街头1000平方米的集邮广告大屏，每隔5分钟滚动播出至深夜
图 133	p383	《中国集邮报》整版刊登活动内容
图 134	p388	生肖集邮研究会、文献集邮研究会、原地封研究会、东联原地集邮研究会在无锡亚洲国际邮展期间联合发行个性化邮票小版张
图 135	p391	杨利民（左二）在周治华（左一）、郑炜（右二）陪同下参观全国生肖集邮新作展览
图 136	p395	在"苏州2024中华全国生肖集邮展览"上，生肖集邮研究会会长郑炜夺得唯一大金奖

第六章

图 137	P408	无锡至香港地区一轮猴票首日实寄封
图 138	P412	日本发行的虎图案贺年邮票小全张
图 139	P415	贴一轮猴票横四连的国际航空挂号实寄封
图 140	P417	《龙的传奇》专题邮集第22页
图 141	P420	《世界生肖邮票目录》第3版
图 142	P423	《癸酉年》生肖邮票
图 143	P426	陕西凤翔县泥塑马
图 144	P431	鼠年生肖邮票极限片
图 145	P434	澳门特区第三轮生肖邮票（2008—2019）

图 146	P462	SB（3）《辛酉年》小本票
图 147	P464	《癸亥年》小本票中的过桥票，作伪者利用它臆造成猪票漏印变体
图 148	P464	2006-1《丙戌年》特种邮票
图 149	P466	2012-1《壬辰年》邮局全张
图 150	P469	2010《庚寅年》虎票邮局全张第 4 票位
图 151	P469	癸巳蛇票假票之一
图 152	P480	一轮生肖邮票"猴"—"虎"广州至澳门挂号实寄封（其中 T. 107 虎票齿孔移位）
图 153	P483	加拿大第二轮生肖邮票小型张（2009—2020）
图 154	P488	《庚申年》邮票雕刻原版样张示意图
图 155	P493	日本首发虎票及小全张原地首日实寄封正反面
图 156	P501	朝鲜 1988 龙年生肖邮票
图 157	P501	朝鲜 1989 蛇年生肖邮票
图 158	P501	韩国 1985 虎年生肖邮票
图 159	P501	韩国 1960 鼠年生肖邮票
图 160	P503	韩国 1992 猴年生肖邮票小型张
图 161	P503	韩国 1975 兔年生肖邮票小型张
图 162	P503	韩国 1993 鸡年生肖邮票小型张
图 163	P504	朝鲜 1993 鸡年生肖邮票小全张
图 164	P508	越南 1999 己卯猫年生肖邮票和小型张
图 165	P511	塔吉克斯坦 2003 羊年生肖邮票小型张
图 166	P511	蒙古国 1995 猪年生肖邮票
图 167	P512	法国 2014 马年生肖邮票的设计者李中耀与其作品
图 168	P513	法国首轮生肖邮票（2005—2016）
图 169	P515	图瓦卢 1996 鼠年生肖邮票小型张
图 170	P515	日本 2020 鼠年邮票，京都玩具"衔金币的小老鼠"

| 图 171 | P516 | 多米尼克发行《中国生肖邮票发行30周年》纪念邮票小全张 |

第七章

图 172	P521	《庚申年》邮票母模雕刻印样
图 173	P524	《辛未年》邮票设计师雷汉林手绘手写实寄封
图 174	P526	中国1999世界邮展邮资机符志，图案为吉祥物"玉兔"，寓意邮展举办年份是兔年
图 175	P532	《辛酉年》小本票1981年2月26日挂号实寄封
图 176	P536	《庚申年》特种邮票首日封
图 177	P536	己亥猪年生肖邮资机戳南昌实寄封
图 178	P537	2022壬寅虎年北京地方版邮资标签封
图 179	P538	直布罗陀《猴年》电子邮票首日封
图 180	P538	美籍华人蔡建利自制1996鼠年首日封
图 181	P541	日本第三轮马年小型张实寄封
图 182	P541	贴用《庚午年》邮票的8分邮资尾日封
图 183	P541	刘广实寄陈克宽第一轮猴票首日实寄封
图 184	P544	郭润康实寄《庚午年》邮票主题原地封
图 185	P544	《壬午年》邮票主题原地封
图 186	P544	盖山西黎城邮戳的生肖虎极限片
图 187	P544	日本1966年生肖邮票主图原地首日封，邮票图案为岩手草编玩具马，销岩手县花卷邮局风景邮戳和普通日戳，日期为邮票首发日
图 188	P547	新疆邮票公司发行的"鲁迅诗意"封
图 189	P547	北京市邮票公司1987年迎春纪念封
图 190	P547	中国集邮总公司2010年拜年封
图 191	P547	湖北黄石庚寅年辞旧迎新封
图 192	P547	寄自贵州兴义、安顺两地的乙亥、丙子年生肖交替封

图 193	P548	1986 丙寅虎年尾日封
图 194	P548	林咸祉手绘猴年马月封
图 195	P548	汪以文自制"六十甲子图"
图 196	P551	美国第二轮生肖邮票大团圆首日封之一
图 197	P551	美国第二轮生肖邮票大团圆首日封之二
图 198	P552	美国第二轮生肖邮票大团圆首日封之三
图 199	P555	韩国 1984 鼠年贺年邮资封
图 200	P555	中国邮政甲戌贺年邮资封
图 201	P556	戊戌狗年约投挂号实寄封，11 月 20 日上海寄广州
图 202	P556	定时递首日实寄封及背销 2017 年 1 月 20 日约投首日戳
图 203	P558	《衡水武强年画》普资封及邮资放大图
图 204	P558	澳大利亚 2014 马年贺年邮资封
图 205	P560	日本首枚生肖贺年邮资片及邮资图放大图
图 206	P560	HP1 邮资图及背面图案
图 207	P561	1992 年贺年有奖明信片
图 208	P561	1993 年贺年有奖明信片
图 209	P563	丁亥猪年异形贺年有奖明信片
图 210	P564	乙亥年获奖纪念邮资片之一
图 211	P564	《灵蛇报恩》获奖纪念邮资片之一（背图）
图 212	P564	《生肖猴》普通邮资明信片
图 213	P564	加印中国集邮总公司广告的《生肖猴》普资片
图 214	P564	全国最佳邮票评选专用选票邮资明信片
图 215	P564	苏州 2024 中华全国生肖集邮展览纪念邮资明信片
图 216	P566	哈萨克斯坦 1993 年邮资片与其首发生肖邮票同图
图 217	P568	澳门特区 2006 年度集邮订购邮资已付邮简
图 218	P568	中国香港地区 1988 年版航空邮资邮简，邮戳日期为寄东南亚航空邮资尾日

图 219	P568	2004 年贺年有奖邮资信卡
图 220	P568	香港特区甲午马年邮资已付贺年信卡之一
图 221	P571	日本 1938 虎年贺年电报纸
图 222	P571	日本 1951 兔年贺年电报拟稿纸背面
图 223	P574	四川重庆甲辰六月廿五日干支邮戳
图 224	P574	民国元年汉口民国纪年＋干支纪年日戳
图 225	P574	太原壬寅年干支戳实寄封
图 226	P576	河南归德府即今商丘市丙午年闰四月干支戳
图 227	P576	四川南郑丙午年干支戳
图 228	P576	湖北宜昌戊申年干支戳
图 229	P576	北京己酉年干支戳
图 230	P577	双圈和单圈楷字干支戳
图 231	P577	双圈和单圈宋字干支戳
图 232	P577	全中文腰框干支戳
图 233	P577	中英文腰框干支戳
图 234	P577	英中文腰框干支戳
图 235	P579	英中文有时刻＋天干编号干支戳
图 236	P579	英中文有时刻＋中文数字编号干支戳
图 237	P579	英中文无时刻干支戳
图 238	P579	全中文无时刻干支戳
图 239	P581	日本 1976 龙年贺年邮票首日纪念邮戳
图 240	P581	《庚申年》邮票发行纪念邮戳
图 241	P581	美国旧金山 1993 中国新年（鸡年）邮票首发地纪念邮戳
图 242	P582	中国集邮总公司拜年邮戳
图 243	P582	湖南岳阳丁亥年"给您拜年"连体邮戳
图 244	P582	苏州生肖集邮系列活动纪念邮戳

索引　　　　　　　　　　　　　　　　　　　　　　　　　　　　　　　　Indexes

图 245　P583　新加坡中国邮票展览纪念邮戳

图 246　P583　墨西哥中国邮票展览纪念邮戳

图 247　P584　上海集邮节纪念邮戳

图 248　P584　美国芝加哥第 104 届年度邮展的纪念邮戳

图 249　P586　甲子鼠极限片，盖甲子年正月初一长顺鼠场地名邮戳

图 250　P586　辛未羊年首日封：盖贵阳羊昌地名戳，原地名羊场堡，以未日赶场而名

图 251　P588　东莞虎门地名邮戳

图 252　P591　天津辰字戳

图 253　P591　福州甲字戳

图 254　P591　汉口甲字戳

图 255　P591　北京丑字戳

图 256　P591　西安丙字戳

图 257　P591　漳州亥字戳

图 258　P593　清光绪十五年，河北固安发天津驿递封

图 259　P594　清光绪五年，浙江按察使司发温处道排单

图 260　P594　清宣统元年，大同府发军机处排单

图 261　P595　光绪二十八年，兵部签发云南的火票，以朱笔写明当日未刻发出

图 262　P596　清末民信局封，绥城寄北京，经归化三盛信局收寄，背贴签条上书 X 日卯刻开往张家口

图 263　P597　光绪三十一年文报局封，自天津寄上海，手填发信日期为当日酉时

图 264　P598　清光绪六年，天津寄北京华洋书信馆实寄封

图 265　P600　《丙子年》挂号首日实寄封，贴鼠场邮政所挂号签条

图 266　P600　常州《龙腾虎跃》挂号纪念封，贴龙虎塘邮政所的挂号签条

图 267　P601　盖承德马圈子支局日戳的汇款单

图 268　P601　常州邮电局印制的十二生肖封口纸

图 269　P602　清代第一套印花税票

图 270	P604	江苏寒山寺图印花税票加盖"丙寅五月奖券专用"字样
图 271	P604	民国时期浙江鄞县（今宁波鄞州区）的婚书
图 272	P604	杭州商家账簿
图 273	P607	《丁亥年》生肖邮票极限片
图 274	P607	《甲子年》生肖邮票极限片
图 275	P607	《甲戌年》生肖邮票极限片
图 276	P607	《乙酉年》生肖邮票极限片
图 277	P609	徐悲鸿画马美术极限封
图 278	P609	1980 年最佳邮票评选纪念封
图 279	P609	用《集邮博览》夹赠封制作的戊辰龙年极限封
图 280	P613	1980 年最佳邮票评选纪念张
图 281	P613	十二生肖一轮评选纪念全张
图 282	P613	《集邮》杂志辛酉鸡年贺年纪念张
图 283	P616	辛卯年个性化邮票青少年设计大赛金奖集明信片封套及部分作品
图 284	P618	中国电信 1995 乙亥年电话卡
图 285	P618	中国集邮总公司 2004 甲申年集邮预售卡
图 286	P618	香港地铁公司 1990 庚午马年纪念票
图 287	P619	浙江省 1992 壬申年定额 500 克粮票
图 288	P619	湖北武汉 1992 全年轮渡月票
图 289	P619	中国农业银行武汉市分行《月月乐》奖息累进定额活期储蓄存单兑奖券
图 290	P620	宋代十二生肖厌胜钱
图 291	P620	中国乙酉鸡年银币
图 292	P620	澳大利亚乙酉鸡年银币
图 293	P620	乙未羊年贺岁双色金属币
图 294	P621	甲辰贺岁龙钞
图 295	P621	迎接新世纪纪念龙钞

图 296	P622	广东汕头龙丰糖果厂出品糖纸
图 297	P622	长沙火柴厂出的生肖火花"马"和"羊"
图 298	P623	湖北电视台《盛世佳节全民乐》1986 年春节文艺晚会的节目单
图 299	P623	香港特区邮政印制丁亥年红包
图 300	P624	龙生肖布艺吊件
图 301	P624	十二生肖铜镜

第八章

图 302	P638	《中国第一轮生肖邮票版式研究》首页
图 303	P640	《中国第一轮生肖邮票版式研究》厂铭研究示例
图 304	P641	表 11 中的例①
图 305	P641	表 11 中的例②
图 306	P643	猴票版模红点特征和数量
图 307	P644	图为 1 号位和 2 号位厂铭区分对比图
图 308	P645	《中国第一轮生肖邮票版式研究》版次研究实例
图 309	P645	"2 月 5 日"的印刷日期的叠印
图 310	P645	"7 月 4 日"的印刷日期的叠印
图 311	P646	猴票印刷全张上出现 7 次印刷日期号
图 312	P648	猴票印刷全张裁切控制线第二种形式式样
图 313	P649	猴票印刷全张裁切控制线第一种线型
图 314	P649	第二种线型的第一种样式
图 315	P649	第二种线型的第二种样式
图 316	P650	黑色标第 2 格边缘有缺口
图 317	P650	黑色标第 4 格中有白色圆点
图 318	P650	56 号票位的黑色标暗记
图 319	P650	72 号票位的黑色标暗记（局部放大）

图 320	P652	流水号为"65 235"的猴票
图 321	P653	兔票研究示例
图 322	P661	香港地区生肖兔自动化邮票研究
图 323	P661	香港地区生肖龙自动化邮票研究
图 324	P661	香港地区生肖蛇自动化邮票研究
图 325	P661	香港地区生肖猴自动化邮票研究
图 326	P662	香港地区生肖狗自动化邮票研究
图 327	P662	香港地区生肖鼠自动化邮票研究
图 328	P662	香港地区生肖牛自动化邮票研究
图 329	P662	香港地区生肖兔自动化邮票珍罕性研究
图 330	P667	地方使用的干支戳研究
图 331	P667	甲辰干支戳使用的研究
图 332	P667	干支戳全汉文戳式的研究
图 333	P667	干支戳英汉文戳式的研究
图 334	P669	西藏使用干支戳的研究
图 335	P669	快信上干支戳的研究
图 336	P669	公函封上干支戳的研究
图 337	P669	辛亥干支戳的研究
图 338	P676	《中国贺年邮资明信片（1981—1990）》首日使用
图 339	P676	《中国贺年邮资明信片（1981—1990）》印样
图 340	P679	原始邮政档案文件的展示示例
图 341	P690	《生肖文化的魅力》邮集英文版首页
图 342	P690	《生肖文化的魅力》邮集纲要中文版
图 343	P691	《生肖文化的魅力》邮集示例 1
图 344	P691	《生肖文化的魅力》邮集示例 2
图 345	P691	《生肖文化的魅力》邮集示例 3

索引　　　　　　　　　　　　　　　　　　　　　　　　　　　　　　　　　　　Indexes

图 346　P691　《生肖文化的魅力》邮集示例 4

图 347　P696　《大清邮政干支纪年日戳——甲辰年》邮集首页

图 348　P696　早期碑型干支纪年日戳使用实例

图 349　P696　三格式甲辰年干支纪年日戳在全国各省的使用实例 1

图 350　P696　三格式甲辰年干支纪年日戳在全国各省的使用实例 2

第九章

图 351　P714　观众在全国邮展上看"猴"票、数"猴"票的情景

图 352　P714　"苏州 2024 中华全国生肖集邮展览"颁奖大会

图 353　P715　刘广实（右二）、徐星瑛（左一）、马佑璋（左二）、邓树镛（右一）在苏州举办的 2001 首届生肖邮展上评审展品

图 354　P735　苏州 2024 中华全国生肖邮展评委会主任王志刚在颁奖大会上宣读评审报告

图 355　P739　《十二生肖——蕴含中华民族的智慧与憧憬》专题邮集首页

图 356　P739　十二生肖起源之谜的研究

图 357　P739　亘古神奇的十二生肖的探索

图 358　P739　生肖艺术，源远流长

图 359　P740　《十二生肖——中国传统文化的精髓》极限邮集首页

图 360　P740　十二生肖的文化渊源

图 361　P740　十二生肖文化神格与民间风俗

图 362　P740　十二生肖文艺作品鉴赏

图 363　P741　《直布罗陀生肖电子邮票》传统邮集首页

图 364　P741　直布罗陀生肖电子邮票特征

图 365　P741　伦敦直布罗陀办事处：机号 G101 自助邮票出售机打印的猴年生肖邮票

图 366　P741　直布罗陀邮政总局：机号 G102 自助邮票出售机打印的猴年生肖邮票

图 367　P742　《澳门第一套生肖自动化邮票——蛇年》传统邮集首页

图 368　P742　邮票的印制和发行

| 图 369 | P742 | 细体机设面值及打印特征研究 |
| 图 370 | P742 | 粗体机设面值、非机设面值及打印特征研究 |

第十章

图 371	P750	周治华对采访记者畅谈生肖集邮
图 372	P759	每年1月5日，在北京和苏州邮票销售网点前排队购买生肖邮票的集邮者
图 373	P762	"好精美呀！"——集邮者欣赏列支敦士登邮政的剪纸鸡年生肖邮票
图 374	P773	生肖集邮研究会会长郑炜在2016亚洲国际邮展论坛宣讲生肖集邮
图 375	P776	中国著名邮票设计家王虎鸣在北京邮票厂机台看样和出席生肖邮票首发活动
图 376	P778	加拿大发行的生肖邮票 (1997—2008)
图 377	P779	澳属圣诞岛发行的生肖邮票 (2008—2019)
图 378	P780	新西兰发行的生肖邮票（2012—2015）
图 379	P781	贺年邮资明信片上的民俗吉祥文化元素
图 380	P784	《己亥年》邮票设计者、雕刻者"喜相逢"
图 381	P789	法国2010虎年生肖邮票小版张
图 382	P789	秘鲁2009牛年生肖邮票
图 383	P790	加拿大2002马年生肖邮票小型张
图 384	P793	韩国生肖邮票小型张（2002—2013）
图 385	P794	苏州2024中华全国生肖集邮展览入场口

《中国生肖集邮》图片索引英译
China Shengxiao Philately Pictures Index

Colour Pages Section

1	P3	Handwritten Calligraphy of "庚申年" by Mr. Huang Yongyu
2	P5	Original artwork of the T.46 "Gengshen Year" stamp
3	P7	T.46 "Gengshen Year" stamp post office sheet
4	P9	1950 Greeting New Year stamp of Japan
5	P11	1958 Greeting New Year stamp of the Republic of Korea (imperforation miniature sheet)
6	P656	Selection of Traditional Philately Exhibit "Printing Plates of the 1st Cycle of Chinese Shengxiao Stamps" Award: Large Gold, Suzhou 2024 All-China Shengxiao Philatelic Exhibition Gold + Special Award, Beijing 2024 All-China Philatelic Exhibition
7	P800	The 1st Cycle of Chinese Shengxiao Stamps Signed by Dr. Prakob Chirakiti, FIP President Mr. Tay Peng Hian, FIP Honorary President

Chapter One

1	P74	Mr. Tay Peng Hian (the first from the right), Honorary President of FIP becoming Honorary Member of the Shengxiao Philatelic Society
2	P74	President Zheng Wei of the Shengxiao Philatelic Society (first from the right) introduces the exhibits of the Special Shengxiao Stamp Exhibition to Dr. Prakob Chirakiti, President of FIP
3	P75	Zhao Xiaoguang, Executive Vice President of the All-China Philatelic Federation, addresses at the International Shengxiao Philatelic Forum
4	P79	Gao Hongtao, Vice President of the All-China Philatelic Federation, presides over the 2nd National Shengxiao Philatelic Carnival in 2024
5	P84	Wang Xinzhong, former Vice President of the All-China Philatelic Federation, was watching the shengxiao philatelic exhibition

6	P84	Philatelist Lin Hengfu shares his experience in compiling shengxiao philatelic exhibit with stamp collectors

Chapter Two

7	P96	Shennongjia Forestry District
8	P100	The cosmology in the pre-Qin classic *Heguanzi: Circulation*
9	P102	Oracle bones inscriptions excavated from the Yin ruins
10	P107	Ranking of the twelve shengxiao signs—internal page of SB (11) "Jiazi Year" booklet
11	P109	Hong Kong SAR "Western Zodiac Signs" stamp
12	P111	Qin bamboo slips unearthed from Shuihudi
13	P111	Full sheet of 2012—25 "Liye Qin Bamboo Slips" special stamp
14	P114	2012, Malaysia issued two Chinese dragon robe style souvenir sheets
15	P115	Portrait of Yan Fu
16	P116	Rubbings of dragon patterns on bronze mirror and plaque unearthed from Eastern Han Dynasty tomb
17	P119	May—Part of "Loong Boat Race" of this Qing Dynasty painting album of the "The Twelve Months"
18	P120	The Tang Dynasty shengxiao pottery figurines currently housed in the Shaanxi Provincial Museum
19	P122	*Lian nian you yu* (wishing for continuous abundance)
20	P123	The year of the Rat stamp issued by Canada on January 17, 2020
21	P123	Shaanxi Fengxiang clay sculpture of shengxiao works exhibited in the National Museum
22	P124	2010-16 "Pearl River charm · Guangzhou" special stamp (4-1): the sculpture of Five sheep carrying grain
23	P124	2000-4 "Loong (cultural relics)" special stamp (6-2) Warring States: jade pendant in the shape of a Loong
24	P125	The shengxiao destiny coin with the folk story of Dong Feng medical treatment

25	P126	S5 special-use personalized service stamp's label of "Tian An Men" — ornamental column
26	P145	Stamp collectors listen to the appreciation potential of shengxiao stamps
27	P152	Shengxiao philatelic activities enter Meizhou
28	P162	Beautiful encounter

Chapter three

29	P172	Mongolia first set of shengxiao stamps issued in 1972, the miniature sheet of "Oriental Twelve Shengxiao signs and Aerial Detector" stamps
30	P174	2024 New Year's special stamp "Loong soaring to celebrate new year"
31	P174	Philippine 2022 "Year of the Tiger" shengxiao stamp
32	P175	Togo 2014 "Year of the Horse" stamp miniature sheet and souvenir sheet
33	P177	Japan has issued 12 consecutive "Years of Heavenly Sterns and Earthly Branches fonts" stamps plate mini-sheets, with the first one being the year of the Rooster in 2005
34	P178	United States 1993 "Chinese Lunar New Year" stamp plate mini sheet
35	P180	Sierra Leone 1996 "Chinese Twelve Shengxiao Signs" stamp plate mini sheet
36	P180	Nicaragua 1996 "Chinese Twelve Shengxiao Signs" plate mini-sheet
37	P181	Hong Kong 1987 "Year of the Rabbit" vending machine meter
38	P181	Cuba 1996 "Year of the Rat" stamp
39	P182	Grenada Grenadines 1994 "Hong Kong 94 Philatelic Exhibition" souvenir sheet
40	P182	Singapore 1997 "The 11th Asia Stamp Exhibition" souvenir sheet
41	P183	Austria 2005 "Constellation" stamp
42	P184	S10 "Year by Year Peace" special-use personalized service stamp
43	P188	Ryukyu Region in 1961 "Year of the Ox" shengxiao stamp (Ryukyu Region's first set of shengxiao stamp)

44	P188	The Republic of Korea's 1958 greet new year stamp (30 won denomination stamp for shengxiao, The Republic of Korea is the first set of shengxiao stamps)
45	P190	Vietnam 1966 "Year of the Horse" shengxiao stamp (Vietnam's the first set of shengxiao stamps)
46	P190	Laos, 1975 "Year of the Rabbit" shengxiao stamps (Laos' first set of shengxiao stamps)
47	P190	Thailand's first series of shengxiao stamp
48	P191	Thailand's second series of shengxiao stamp souvenir sheet
49	P192	Thailand's second series of shengxiao stamp gilding holographic souvenir sheet
50	P196	T46 "Gengshen Year" stamp, signed by Huang Yongyu and Jiang Weijie
51	P196	T46 "Gengshen Year" stamp, signed by Shao Bailin, original painting of Mr. Yongyu
52	P197	SB (3) "Xinyou Year" booklet
53	P200	2005-1 "Yiyou Year" special stamp
54	P201	2023-1 "Guimao Year" special stamp
55	P202	2017 greeting new year special-use stamp "Fortune and Auspiciousness"
56	P202	2018 greeting new year special-use stamp "Good luck and Peace"
57	P202	2019 greeting new year special-use stamp "Full of Blessing and longevity"
58	P203	12 hidden words in S10 special-use personalized service stamp of "Year by Year Peace"
59	P204	Hong Kong 1967 "Year of Dingwei" shengxiao stamp (Hong Kong's first set of shengxiao stamps)
60	P205	Hong Kong 1998 "Year of Wuyin" shengxiao stamp and souvenir sheet
61	P206	Hong Kong 1999 greeting new year stamp
62	P207	Hong Kong 1999 "Twelve shengxiao signs" plate mini-sheet

索引　　　　　　　　　　　　　　　　　　　　　　　　　　　　　　　　　　　　　　Indexes

63	P208	Hong Kong gold and silver miniature sheet
64	P210	Hong Kong twelve shengxiao signs gold and silver miniature sheet
65	P212	Macao twelve shengxiao signs reunion souvenir sheet
66	P213	Macao 1996 "Year of the Rat" stamp and miniature sheet
67	P214	Macao 2008 "Year of the Rat" stamp and miniature sheet
68	P215	Macao "Year of the Snake" electronic stamp
69	P219	Unaccepted original artwork of shengxiao stamp by Chinese American community
70	P220	"Year of the Rooster" original artwork by Clarence Lee and issued stamp
71	P221	Color proofs of the first series of shengxiao stamps of United States (1993—2014)
72	P222	An envelope by stamps edge paper and 11 issued shengxiao stamps
73	P223	United States souvenir sheet front and back of first series twelve shengxiao signs reunion stamps
74	P223	United States 2nd souvenir sheet of first series twelve shengxiao signs reunion stamps
75	P226	United States opening plate sheet of the second series of Chinese lunar new year stamps
76	P227	United States second series of shengxiao stamps (2008—2019)
77	P226	United States 2020—2024 new year shengxiao stamps with the patterns of masks sheet
78	P229	United Nations second series "Year of the Tiger" personalized plate mini-sheet
79	P231	Canada 1997 "Year of the Ox" souvenir sheet
80	P231	France 2005 "Year of the Rooster" stamp
81	P231	France 2009 personalized online shengxiao stamps
82	P232	Australian Christmas Island 2019 the second series of shengxiao self-adhesive stamps souvenir sheet
83	P237	Tonga 2015 DIY 3D Foldable Stamp
84	P238	Liechtenstein laser hollowed out shengxiao stamps (2012—2013)

85	P243	France self-service post office
86	P243	World's first ATM stamp issued by France
87	P244	China post first set of electronic stamps
88	P247	The world's first series of electronic stamps on shengxiao issued in Hong Kong
89	P248	Macao first series of shengxiao electronic stamps
90	P249	Singapore shengxiao electronic stamps
91	P249	Gibraltar "Year of the Monkey" shengxiao electronic stamps
92	P249	Spain "Year of the Loong" shengxiao electronic stamps

Chapter four

93	P259	Stamp sketch, first day cover and commemorative postmark sample manuscript of the "Gengshen Year" by Shao Bailin
94	P262	Mr. Shao Bailin's hand drawn ink draft of "Gengshen Year" has solved the problem of black monkeys turning red
95	P263	Ink stained mark on the back of the "Gengshen Year" stamp
96	P265	FDC of the "Gengshen Year" stamp and the issued first day souvenir signature cover
97	P268	First series of shengxiao stamps (1980—1991)
98	P269	T.46 "Gengshen Year" special stamp post office sheet A (top pane) and B (bottom pane)
99	P272	Notice for the issuance of "Gengshen Year" special stamps by the Ministry of Post and Telecommunications
100	P275	T.58 Xinyou Year and T.70 Renxu Year special stamp post office sheet
101	P276	Second series of shengxiao stamps (1992—2003)
102	P280	Third series of shengxiao stamps (2004—2015)
103	P282	Original artwork and revised "Jiashen Year" stamp
104	P287	2004-1 "Jiashen Year" special stamp 3rd plate setting
105	P289	Fourth series of shengxiao stamps first 9 sets (2016—2024)

106	P291	2024-1 "Jiashen Year" special stamp
107	P292	Jointly printed "Jiashen Year" stamp souvenir sheet by China Post, Hong Kong Post, and Macao Post
108	P304	T. 102 Yichou Year, T. 107 Bingyin Year, T. 124 Wuchen Year and T. 133 Jisi Year special stamp post office sheet

Chapter five

109	P312	Hong Kong fourth series shengxiao stamps (2012—2023)
110	P315	The establishment meeting of the Shengxiao Philatelic Society was held in Suzhou
111	P318	The shengxiao recurrent year in the twelve-year cycle friendship event by Beijing Shengxiao Philatelic Association
112	P324	Chinese Shengxiao Philately "Zhou Zhihua Award" and "Famous City Suzhou Award" Ceremony
113	P326	Zheng Wei presented the Honorary Member certificate of Shengxiao Philatelic Society to Dr. Prakob Chirakiti
114	P326	Gao Hongtao(the left), vice president and secretary general of the All-China Philatelic Federation, and Mr. Tay Peng Hian(the right), honorary president of FIP participated in the 2024 Second National Shengxiao Philatelic Carnival held in Suzhou
115	P328	Shengxiao stamp designer signs for shengxiao stamp collectors
116	P328	Launching of compilation work of *China Shengxiao Philately*
117	P330	Shengxiao Philatelic Society has been awarded the title of National Advanced Philatelic Organization for two consecutive times in 2012 and 2022
118	P333	First issuance of *Shengxiao Philately*
119	P342	Jiawu Year in the twelve-year cycle member's grand celebration
120	P344	The night queue at Suzhou Sanyuan Hotel to purchase shengxiao stamps

121	P346	Back side of first (Gengyin Year) Best World Shengxiao Stamp Selection commemorative postcard
122	P348	*Linn's Stamp News* reports on the Best World Shengxiao Stamp Selection event
124	P359	Interior of Suzhou Shengxiao Stamp Museum
125	P360	The third series of shengxiao stamps design seminar was held in Suzhou Cover of corpuses of the Second Series Shengxiao Stamps Design and Printing Seminar and Proceedings of the Third Series Shengxiao Stamp Design Seminar
126	P364	The First National Symposium on shengxiao philately was held in Suzhou
127	P369	Cynthia Li speaks at the International Shengxiao Philatelic Forum
128	P369	Huo Huixiao speaks at the International Shengxiao Philatelic Forum
129	P369	Kei Kok Ying speaks at the International Shengxiao Philatelic Forum
130	P370	The first Chinese shengxiao stamps collection monograph *World Shengxiao Stamp Grand View*
131	P374	Cover of *the World Shengxiao Stamp Catalogue (2011 edition)*
132	P382	During the "2024 National Shengxiao Philatelic Exhibition", a 1,000 square meter philatelic advertising screen on the streets of Suzhou was roll out every 5 minutes until late at night
133	P383	Full page publication of activity content in *China Philatelic News*
134	P388	Shengxiao Philatelic Society, Literature Philatelic Society, Locality Cover Research Association, Donglian Locality Philatelic Research Association jointly issued personalized stamp pane during the Wuxi Asian Stamp Exhibition
135	P391	Yang Limin(the second from the left), accompanied by Zhou Zhihua (the first from the left)and Zheng Wei(the second from the right), visited the National Shengxiao Philatelic Exhibition of New Exhibits

136	P395	At the "2024 National First Shengxiao Philatelic Exhibition", Zheng Wei, the president of the Shengxiao Philatelic Society, won the only large gold award

Chapter six

137	P408	FDC of "Monkey Stamp" mailed from Wuxi to Hong Kong
138	P412	Japan Tiger stamp souvenir sheet for greeting new year
139	P415	Block of four "Monkey Stamp" cover by international air registered mail
140	P417	"Legend of the Loong" thematic philatelic exhibit, Page 22
141	P420	Cover of the World Shengxiao Stamp Catalogue, 3rd edition
142	P423	"Guiyou Year" shengxiao stamp
143	P426	Clay sculpture horse in Fengxiang County, Shaanxi Province
144	P431	"Year of the Rat" shengxiao stamp maximum card
145	P434	Macao 3rd series of shengxiao stamps (2008—2019)
146	P462	SB (3) "Xinyou Year" stamp booklet
147	P464	Gutter of "Guihai Year" stamp booklet, was used by counterfeiters to create a variety of the pig stamp with missing perf.
148	P464	2006-1 "Bingxu Year" special stamp
149	P466	2012-1 "Renchen Year" stamp post office sheet
150	P469	2010 "Gengyin Year of Tiger" stamp post office sheet, the 4th position stamp
151	P469	One of the counterfeit stamps of "Guisi Year of Snake" stamp
152	P480	First series shengxiao stamps from "Monkey" to "Tiger" cover mailed from Guangzhou to Macao (among them, the perforation of T. 107 Tiger Stamps is shifted)
153	P483	Canada second shengxiao stamp minature sheets (2009—2020)
154	P488	Schematic diagram engraving plate of the "Gengshen Year" original stamp
155	P493	The font and back of Japan mailed FDC of first shengxiao stamp of "Tiger" souvenir sheet

156	P501	DPR Korea 1988 "Year of the Loong" shengxiao stamp
157	P501	DPR Korea 1989 "Year of the Snake" shengxiao stamp
158	P501	The Republic of Korea 1985 "Year of the Tiger" shengxiao stamp
159	P501	The Republic of Korea 1960 "Year of the Rat" shengxiao stamp
160	P503	The Republic of Korea 1992 "Year of the Monkey" shengxiao stamp miniature sheet
161	P503	The Republic of Korea 1975 "Year of the Rabbit" shengxiao stamp miniature sheet
162	P503	
163	P504	The Republic of Korea 1993 "Year of the Chook" shengxiao stamp miniature sheet
164	P508	DPR Korea 1993 "Year of the Chook" shengxiao stamp souvenir sheet
165	P511	Vietnam 1999 "Year of the Cat" shengxiao stamp and miniature sheet
166	P511	Tajikistan 2003 "Year of the Goat" shengxiao stamp miniature sheet
167	P512	People's Republic of Mongolia 1995 "Year of the Pig" shengxiao stamp Li Zhongyao, the designer of the French 2014 "Year of the Horse" stamp, with his work
168	P513	France first series Shengxiao Stamp (2005—2016)
169	P515	Tuvalu 1996 "Year of the Rat" stamp miniature sheet
170	P515	Japan 2020 "Year of the Rat" stamp, featuring the Kyoto toy "Little Mouse Carrying Gold Coins"
171	P516	Commonwealth of Dominica issues commemorative stamp souvenir sheet for "The 30th Anniversary of the Issuance of Chinese Shengxiao Stamp"

Chapter seven

172	P521	Print of the engraving mother set of the "Gengshen Year" stamp
173	P524	Stampon cover painted and wrote by Lei Hanlin, "Xinwei Year" stamp designer
174	P526	Pictural meter mark for the 1999 World Philatelic Exhibition in China features the mascot "Jade Rabbit", the symbolic year of the philatelic exhibition is the Year of the Rabbit

175	P532	"Xinyou Year" booklet stamps cover registered on February 26, 1981
176	P536	FDC of the "Gengshen Year" special stamp
177	P536	Jihai Year of the Pig meter mark cover mailed from Nanchang
178	P537	2022 Renyin Year of the Tiger Beijing local edition postage label cover
179	P538	Gibraltar's "Year of the Monkey" electronic stamp FDC
180	P538	Tsai Chien Lee, a Chinese American, made a FDC of the Year of the Rat in 1996 by himself
181	P541	Japan third series of the Year of the Horse miniature sheet cover
182	P541	8-cent "Gengwu Year" stamp last day cover
183	P541	A FDC of "Monkey Stamp" from Liu Guangshi mailed to Chen Kekuan
184	P544	Mr. Guo Runkang mailed "Gengwu Year" stamp theme locality cover
185	P544	"Renwu Year" stamp theme locality cover
186	P544	A maximum card of the Tiger Year bearing a Licheng (Shanxi)'s post mark
187	P544	A locality FDC of Japan's 1966 shengxiao stamp. The image of the stamp is a straw toy horse from in Iwate Prefecture, cancelled by scenery postmark and ordinary datemark of Hanamaki city, Iwate Prefecture with the date of the first day.
188	P547	"Lu Xun Poetry" envelope issued by Xinjiang Stamp Company
189	P547	1987 welcome spring commemorative cover issued by Beijing Stamp Company
190	P547	2010 greeting new year cover issued by China National Philatelic Corporation
191	P547	Greeting new year cover of Gengyin year issued by Huangshi City, Hubei Province
192	P547	Yihai and Bingzi Year replace cover mailed from Xingyi and Anshun in Guizhou Province respectively
193	P548	1986 Bingyin of the Tiger Year last day cover
194	P548	Monkey Year Horse Month envelope painted by Mr. Lin Xiaozhi

195	P548	Wang Yiwen's self-made "sixty-year Jia Zi cycle" painting
196	P551	United States FDC of the second series shengxiao stamps reunion, one
197	P551	United States FDC of the second series shengxiao stamps reunion, two
198	P552	United States FDC of the second series shengxiao stamps reunion, three
199	P555	The Republic of Korea 1984 "Year of the Rat" pre-stamped envelope
200	P555	China Post Jiaxu greeting new year pre-stamped envelope
201	P556	Wuxu Year of the Dog registered appointment delivery pre-stampeded envelope, mailed from Shanghai to Guangzhou on Nov. 20th
202	P556	Timed delivery FDC cancelled on Jan. 20, 2017 by appointment delivery postmark
203	P558	"Hengshui Wuqiang New Year Painting" definitive pre-stamped envelope and its enlarged stamp design
204	P558	Australia 2014 "Year of the Horse" pre-stamped envelope
205	P560	Japan first pre-stamped postcard for shengxiao greeting new year and its stamp design
206	P560	HP1 stamp design and its back
207	P561	1992 greeting new year lottery pre-stamped postcard
208	P561	1993 greeting new year lottery pre-stamped postcard
209	P563	"Dinghai Year of the Pig" greeting new year lottery special-shaped and pre-stamped postcard
210	P564	One of Yihai Year award commemorative pre-stamped postcard
211	P564	One of "Spirit Snake Returns Gratitude" award commemorative pre-stamped postcard (back image)
212	P564	Shengxiao sign of monkey definitive pre-stamped postcard
213	P564	Overprinted advertisements of China National Philatelic Corporation on shengxiao sign of monkey definitive pre-stamped postcard
214	P564	Dedicated ballot pre-stamped postcard for National Best Stamp Selection

215	P564	Suzhou 2024 All-China Shengxiao Philatelic Exhibition commemorative pre-stamp postcard
216	P566	Kazakhstan 1993 pre-stamped postcard shares the same design with shengxiao stamp
217	P568	China's Macao 2006 annual philatelic order postage prepaid letter sheet
218	P568	China's Hong Kong 1988 edition air pre-stamped letter sheet with postage rate to Southeast Asian, cancelled on last day by postal datemark
219	P568	2004 greeting new year lottery pre-stamped letter card
220	P568	One of China's Hong Kong Year of the Horse greeting new year prepaid letter card
221	P571	Japan 1938 Year of the Tiger greeting new year telegram
222	P571	Japan 1951 Year of the Rabbit greeting new year telegram back
223	P574	Sichuan Chongqing Jiachen June 25th heavenly sterns and earthly branches postmark
224	P574	Hankow Republic of China chronology and heavenly sterns and earthly branches chronology postal datemark in Republic of China first year
225	P574	Taiyuan Renyin Year cover cancelled by heavenly sterns and earthly branches postal datemark
226	P576	Guidefu(now Shangqiu City), Henan Province Bingwu year leap April heavenly sterns and earthly branches postal datemark
227	P576	Bingwu Year heavenly sterns and earthly branches postal datemark of Nanzheng, Sichuan Province
228	P576	Wushen Year heavenly sterns and earthly branches postal datemark of Yichang, Hubei Province
229	P576	Beijing Jiyou Year heavenly sterns and earthly branches postal datemark
230	P577	Double circle and single circle Kai font heavenly sterns and earthly branches postal datemark

231	P577	Double circle and single circle Song font heavenly sterns and earthly branches postal datemark
232	P577	Chinese character central-box heavenly sterns and earthly branches postal datemark
233	P577	Chinese-English character central-box heavenly sterns and earthly branches postal datemark
234	P577	English-Chinese central-box heavenly sterns and earthly branches postal datemark
235	P579	English-Chinese central-box heavenly sterns and earthly branches postal datemark with 12 two-hour periods of the day and heavenly sterns number
236	P579	English-Chinese central-box heavenly sterns and earthly branches postal datemark with 12 two-hour periods of the day and Chinese number
237	P579	English-Chinese central-box heavenly sterns and earthly branches postal datemark without 12 two-hour periods of the day
238	P579	Chinese character central-box heavenly sterns and earthly branches postal datemark without 12 two-hour periods of the day
239	P581	Japan 1976 Year of the Loong shengxiao stamp first day commemorative postmark
240	P581	Commemorative postmark for the issuance of the "Gengshen Year" stamp
241	P581	San Francisco, US commemorative postmark for the first day issuance district of 1993 Chinese New Year (Year of the Rooster) stamp
242	P582	China National Philatelic Corporation greeting new year postmark
243	P582	Dinghai new year "Happy New Year to You" conjoined postmark of Yueyang, Hunan Province
244	P582	Suzhou shengxiao philatelic series event commemorative postmark
245	P583	Singapore commemorative postmark for China stamp exhibition

246	P583	Mexico commemorative postmark for China stamp exhibition
247	P584	Commemorative postmark for Shanghai philatelic festival
248	P584	Chicago, US commemorative postmark for the 104th annual stamp show
249	P586	Jiazi Year of the Rat maximum card cancelled by Changshun postal datemark with Rat Field name on the first day of the first lunar month in the year of Jiazi
250	P586	Xinwei Year of the Sheep FDC cancelled by Guiyang postal datemark with Yangchang name, the original name was Yangchang Fort, named after the market on the Wei day
251	P588	Dongguan postal datemark with Humen name
252	P591	Tianjin "Chen" character postal datemark
253	P591	Fuzhou "Jia" character postal datemark
254	P591	Hankow "Jia" character postal datemark
255	P591	Beijing "Chou" character postal datemark
256	P591	Xi'an "Bing" character postal datemark
257	P591	Zhangzhou "Hai" character postal datemark
258	P593	Qing Dynasty 15th year of the Guangxu reign, pre-post delivery envelope from Hebei Gu'an to Tianjin
259	P594	Qing Dynasty 5th year of the Guangxu reign, transmitted delivery log form from Zhejiang inspection commissioner's office to Wenchu Dao
260	P594	Qing Dynasty first year of the Xuantong reign, transmitted delivery log form from Datong Prefecture to Military Affairs Office
261	P595	28th year of the Guangxu reign, transmitted in urgent by military from Ministry of War to Yunna. Using a red brush to write: sent out at the period of the day from 1 p.m. to 3 p.m.
262	P596	Late Qing Dynasty Minchu cover, sent from Suicheng to Beijing, received by Kweihwa Sansheng Private Mail Office
263	P597	31st year of the Guangxu reign cover of Delivery Agency for Foreign Affairs Documents, sent from Tianjin to Shanghai

264	P598	Qing Dynasty 6th year of the Guangxu reign, cover sent from Tianjing to Beijing Hwayang Mail Office
265	P600	"Bingzi Year" first day registered cover with registered label of Rat Field post office
266	P600	Changzhou "Loong Soaring and Tiger Leaping" registered commemorative cover with registed label of Lonng-Tiger pool post office
267	P601	Remittance receipt cancelled by the postal date mark of Chengde Maquanzi branch office
268	P601	Twelve shengxiao signs sealing paper printed by Changzhou post office
269	P602	Qing Dynasty first set of revenue stamp
270	P604	Revenue stamp painted with Jiangsu Hanshan Temple and overprinted with the words "Bingyin May Lottery Exclusive"
271	P604	Republic of China period marriage documents in Yin County (now Yinzhou District, Ninbo), Zhejiang Province
272	P604	Hangzhou Merchant Account Book
273	P607	Dinghai Year shengxiao stamp maximum card
274	P607	Jiazi Year shengxiao stamp maximum card
275	P607	Jiaxu Year shengxiao stamp maximum card
276	P607	Yiyou Year shengxiao stamp maximum card
277	P609	Xu Beihong's painting "Horse" art maximum envelope
278	P609	1980 National Best Stamp Selection commemorative envelope
279	P609	Wuchen Year of the Loong maximum envelope made by the *Philatelic Panorama* magazine gift envelope
280	P613	Commemorative sheet for the 1980 national best stamp popularity poll
281	P613	Twelve shengxiao signs commemorative miniature sheet for the national Best Stamps Selection
282	P613	Xinyou Year of the Chicken commemorative sheet for greeting new year by *Philately* magazine

283	P616	Postcards cover and some works of Gold Award Collection of Xinmao Year Personalized Stamp Youth Design Competition
284	P618	China Telecom 1995 Yihai Year telephone card
285	P618	China National Philatelic Corporation 2004 Jiashen Year annual philatelic pre-sale card
286	P618	Hong Kong MTR Corporation 1990 Gengwu Year of the Horse commemorative ticket
287	P619	Zhejiang Province 1992 Renshen Year annual quota 500g grain voucher
288	P619	Hubei Wuhan 1992 annual ferry monthly ticket of Wuhan, Hubei Province
289	P619	Agricultural Bank of China Wuhan Branch "Every Month Joy" progressive bonus interest rate by fixed amount current savings deposit certificate redeemed for lottery tickets
290	P620	Song Dynasty twelve shengxiao signs coin
291	P620	China Yiyou Year of the Rooster silver coin
292	P620	Australian Yiyou Year of the Rooster silver coin
293	P620	Yiwei Year of the Sheep double colors metal coin
294	P621	Jiachen Year greeting new year banknotes of year of Loong
295	P621	"Welcoming New Century" commemorative banknotes of year of Loong
296	P622	Guangdong Shantou Longfeng Candy Factory sugar paper
297	P622	Changsha Match Factory matchbox pictures of shengxiao signs of "horse" and "sheep"
298	P623	Program Schedule for the 1986 Spring Festival Gala of Hubei Television's "National Joy during Prosperous Times and Festivals"
299	P623	Hong Kong SAR Post printed Dinghai Year red Envelope
300	P624	Shengxiao Loong fabric hanging piece
301	P624	Twelve shengxiao signs bronze mirrors

Chapter eight

302	P638	Title page of the philatelic exhibit "Research on the Plate Settings of the First Series of Chinese Shengxiao Stamps"
303	P640	Example of research on printer's imprint in "Research on the Plate Settings of The First Series of Chinese Shengxiao Stamps"
304	P641	Example 1 in Table 11
305	P641	Example 2 in Table 11
306	P643	Red dot features and quantity of "Monkey Stamp" cliche
307	P644	The picture shows a comparison of printer's imprint at positions 1 and 2
308	P645	Example of the "Research on the Plate Settings of The First Series of Chinese Shengxiao Stamps"
309	P645	Double prints of the printing date of "Feb 5th"
310	P645	Double prints of the printing date of "July 4th"
311	P646	The printing date appears 7 times on the full printing sheet of "Monkey Stamp"
312	P648	The cutting control, 2nd line type of "Monkey Stamp" from a press sheet
313	P649	Printing full sheet cutting control 1st line type of "Monkey Stamp"
314	P649	The first pattern of the 2nd line type
315	P649	The second pattern of the 2nd line type
316	P650	A gap at the edge of the second circular black mark
317	P650	Circular black mark center imprint: Fourth white dot
318	P650	Circular black mark center imprint at position 72 stamp
319	P650	Circular black mark center imprint at position 72 stamp (partial enlargement)
320	P652	"Monkey Stamp" plate serial number "65 235"
321	P653	Example of research on Rabbit stamp
322	P661	Research on vending machine meter of Hong Kong shengxiao sign of Rabbit

323	P616	Research on ATM of Hong Kong shengxiao sign of Loong
324	P616	Research on ATM of Hong Kong shengxiao sign of Snake
325	P616	Research on ATM of Hong Kong shengxiao sign of Monkey
326	P662	Research on ATM of Hong Kong shengxiao sign of Dog
327	P662	Research on ATM of Hong Kong shengxiao sign of Mouse
328	P662	Research on ATM of Hong Kong shengxiao sign of Ox
329	P662	Rarity research on the Hong Kong ATM (Auto matenmarken) of shengxiao sign of Rabbit
330	P667	Research on the postmark type of heavenly sterns and earthly branches
331	P667	Research on the usage of Jiachen heavenly sterns and earthly branches postmark
332	P667	Research on the Chinese font postmark of heavenly sterns and earthly branches
333	P667	Research on the English-Chinese font postmark of heavenly sterns and earthly branches
334	P669	Research on the usage of heavenly sterns and earthly branches postmark in Xizang (Tibet)
335	P669	Research on postmark of heavenly sterns and earthly branches on express letter
336	P669	Research on postmark of heavenly sterns and earthly branches on official cover
337	P669	Research on the Xinhai Year postal datemark
338	P676	Philatelic exhibit "1981—1990 China Greeting New Year Pre-stamped Postcards" first day of issue
339	P676	Proof of the China greeting new year pre-stamped postcard (1981—1990)
340	P679	Example display of original postal archive files
341	P690	Title page of philatelic exhibit *The Charm of Zodiac Culture* (English version)

342	P690	Plan page of philatelic exhibit *The Charm of Zodiac Culture* (Chinese version)
343	P691	Develop page 1 of philatelic exhibit *The Charm of Zodiac Culture* (Chinese version)
344	P691	Develop page 2 of philatelic exhibit *The Charm of Zodiac Culture* (Chinese version)
345	P691	Develop page 3 of philatelic exhibit *The Charm of Zodiac Culture* (Chinese version)
346	P691	Develop page 4 of philatelic exhibit *The Charm of Zodiac Culture* (Chinese version)
347	P696	Title page of philatelic exhibit *Qing Dynasty Postal Datemark of Heavenly Sterns and Earthly Branches—Jiachen Year*
348	P696	Example of the usage of early stele type postal datemark of heavenly sterns and earthly branches year
349	P696	Examples of the usage of three-grid Jiachen Year of heavenly sterns and earthly branches chronological postal datemark in various provinces nationwide
350	P696	Examples of the usage of three-grid Jiachen Year of heavenly sterns and earthly branches chronological postal datemark in various provinces nationwide

Chapter nine

351	P714	Scene of the audience watching and counting "Monkey Stamp" at the national philatelic exhibition
352	P714	Awards ceremony of Suzhou 2024 All-China Shengxiao Philatelic Exhibition
353	P715	Liu Guangshi (the second from the right), Xu Xingying (the first from the left), Ma Youzhang (the second from the left) and Deng Shuyong (the first from the right) evaluated the exhibits at the 2001 First All-China Shengxiao Philatelic Exhibition held in Suzhou

354	P735	Wang Zhigang, director of the jury of 2024 All-China Shengxiao Philatelic Exhibition, read out the evaluation report at the award ceremony
355	P739	Title page of *Twelve Shengxiao signs—Containing the Wisdom and Aspiration of the Chinese Nation's* thematic philately class exhibit
356	P739	Research on the "Mystery of the Origin of the Twelve Shengxiao Signs"
357	P739	Exploration of the eternal and magical twelve shengxiao signs
358	P739	Art of shengxiao signs, a distant origin and a long development
359	P740	Title page of *Twelve Shengxiao Signs—Essence of Traditional Chinese Culture* maximaphila class exhibit
360	P740	The cultural origins of the twelve shengxiao signs
361	P740	The cultural divinity of the twelve shengxiao signs and folk customs
362	P740	Appreciation of "Literary Works of The Twelve Shengxiao Signs"
363	P741	Title page of *Gibraltar Shengxiao Signs electionis stamps* traditional philately class exhibit
364	P741	Characteristics of Shengxiao Signs electionis stamps of Gibraltar
365	P741	Gibraltar Philatelic Agency in London: G101 self-service stamp vending machine printed Year of the Monkey shengxiao stamps
366	P741	Gibraltar Main Post Office: G102 self-service stamp vending machine printed Year of the Monkey shengxiao stamps
367	P742	Title page of *Macao First Set of ATM—Year of the Snake* traditional philatelic collection
368	P742	Printing and issuance of stamps
369	P742	Research on the denomination setting and printing characteristics of fine font franking machine
370	P742	Research on the machine setting denomination, non-machine setting denomination, and printing characteristics of thick font franking machine

Chapter ten

371	P750	Zhou Zhihua talks to interviewers about shengxiao philately
372	P759	Every January 5th, stamp collectors queue up in front of stamp sales outlets in Beijing and Suzhou to purchase shengxiao stamps
373	P762	"How exquisite!"—stamp collectors appreciate the paper-cutting stamps of the "Year of the Rooster" shengxiao stamp of Liechtenste in Post
374	P773	Zheng Wei, President of the Shengxiao Philately Society, delivered a speech on shengxiao philatelic collection at the 2016 Asia International Philatelic Exhibition forum
375	P776	Wang Huming, a famous stamp designer in China, proof read at the Beijing Stamp Printing House, and attended the first day of issue event of shengxiao stamps
376	P778	Shengxiao stamps issued by Canada (1997—2008)
377	P779	Shengxiao stamps issued by Australian Christmas Island (2008—2019)
378	P780	Shengiao stamps issued by New Zealand (2012—2015)
379	P781	Folk and auspicious cultural elements on New Year pre-stamped postcard
380	P784	The designer and sculptor of the stamp "Year of Jihai" meet happily
381	P789	France 2010 "Year of the Tiger" plate mini sheet
382	P789	Peru 2009 "Year of the Ox" stamp
383	P790	Canada 2002 "Year of the Horse" miniature sheet
384	P793	Rep. of Korea shengxiao stamp miniature sheets (2002—2013)
385	P794	Suzhou 2024 All-China Shengxiao Philatelic Exhibition Entrance

参考文献

1. 中华全国集邮联合会．中国集邮大辞典：2009 年版 [M]．北京：中国大百科全书出版社，2009．

2. 李近朱．中国集邮史（1878—2018）[M]．北京：人民邮电出版社，2020．

3. 盛名环，黄宪明．中国集邮百科全书 [M]．北京：人民邮电出版社，1996．

4. 中华人民共和国信息产业部，《中国邮票史》编审委员会．中国邮票史·第九卷（1979—1991）[M]．北京：商务印书馆，2004．

5. 孙君毅．清代邮戳志 [M]．北京：中国集邮出版社，1984．

6. 张恺升．中国邮戳史·第四册．美国旧金山：自印，1993．

7. 生肖集邮研究会．生肖集邮概说 [M]．西安：陕西人民出版社，2008．

8. 周治华．周治华集邮文选 [M]．北京：人民邮电出版社，2016．

9. 史蒂芬·霍金．时间简史 [M]．长沙：湖南科学技术出版社，2010．

10. 伊波利特·丹纳．艺术哲学 [M]．北京：人民文学出版社，1963．

11. 王朝闻．美学概论 [M]．北京：人民出版社，1981．

12. 周治华．世界生肖邮票大观 [M]．南京：江苏人民出版社，1997．

13.《集邮》杂志社．中华人民共和国邮票目录 [M]．北京：人民邮电出版社，2018．

14. 中华全国集邮联合会．集邮博览增刊·中国当代集邮展览资料大全（1983—2012）[J]．集邮博览杂志社，2012．

15. 北京市集邮协会．中国现代集邮 [M]．北京：人民邮电出版社，2011．

16. 周治华，郑炜．世界生肖邮票目录 [M]．北京：人民邮电出版社，2011．

17. 生肖集邮研究会. 生肖集邮：世界生肖邮票目录（第3版）[M]. 苏州：内部出版，2022.

18. 朱祖威. 中华世界邮票目录·亚洲卷 [M]. 北京：人民邮电出版社，1994.

19. 高勇. 实用澳门邮票目录（1999—2018）[M]. 北京：人民邮电出版社，2021.

20. 陀乾秋. 澳门邮票目录. 澳门特区：自印，2016.

21. 武汉市集邮协会. 大家都来做邮集 [M]. 武汉：湖北科学技术出版社，2007.

22. 刘玉平. 集邮展览指南 [M]. 北京：人民邮电出版社，2008.

23. 金培，陈晓鹏. 话说中国邮政贺年有奖封片卡（1992—2021）[M]. 成都：四川省教育电子音像出版社，2018.

24. 张宇.《集邮》夹赠品研究 [M]. 香港：中国邮史出版社，2020.

25. 张宇，李永生.《集邮博览》附赠品图录（1984—2017）[M]. 长春：吉林大学出版社，2018.

26. 李毅民，赵志贤. 中外生肖邮票 [M]. 西安：陕西科学技术出版社，2003.

27. 李毅民. 集邮家的业绩 [M]. 西安：陕西人民出版社，2005.

28. 孙少颖. 山外集——孙少颖邮文选辑 [M]. 西安：陕西人民出版社，2006.

29. 中华全国集邮联合会. 国际集邮联合会（FIP）集邮展览评审规则 [M]. 北京：人民邮电出版社，2019.

30. 刘道宜. 实用中国邮资手册（完全版）[M]. 香港：中国邮史出版社，2010.

31. 中华全国集邮联合会学术委员，江苏省集邮协会，生肖集邮研究会. 生肖集邮学术研讨会论文选（2010）[C]. 苏州：内部出版资料，2010.

References

1. All-China Philatelic Federation, 2009, *The Philatelic Dictionary of China* [M]. Beijing: Encyclopedia of China Publishing House.

2. Li Jinzhu, 2020, *The Philately History of China (1878—2018)* [M]. Beijing: Posts and Telecom Press.

3. Sheng Minghuan, Huang Xianming, 1996, *Philatelic Encyclopedia of China* [M]. Beijing: Posts and Telecom Press.

4. Ministry of Industry and Information Technology of China & the Editorial Committee of this Book, 2004, *The History of Chinese Postage Stamps*, Volume 9 (1979—1991) [M]. Beijing: The Commercial Press.

5. Sun Junyi, 1984, *Records of Qing Dynasty Postmarks* [M]. Beijing: China Philatelic Publishing House.

6. Paul Ke-shing Chang FRPSL, *History of Postal Cancellation of China*, Volume 4 [M]. San Francisco, US: Self printed.

7. Shengxiao Philatelic Society, 2008, *Overview of Shengxiao Philately* [M]. Xian: Shaanxi People's Publishing House.

8. Zhou Zhihua, 2016, *Selected Philatelic Works by Zhou Zhihua* [M]. Beijing: Posts and Telecom Press.

9. Stephen Hawking, 2010, *A Brief History of Time* [M]. Changsha: Hunan Science and Technology Press.

10. H. A. Taine, 1963, *Philo sophie de l'art* [M]. Beijing : People's Literature Publishing House.

11. Wang Chaowen, 1981, *Introduction to Aesthetics* [M]. Beijing: People's Publishing House.

12. Zhou Zhihua, 1997, *A Grand View of World Shengxiao Stamps* [M]. Nanjing: Jiangsu People's Publishing House.

13. Philately Magazine, 2018, *Postage Stamps Catalogue of the People's Republic of China* [M]. Beijing: Posts and Telecom Press.

14. All-China Philatelic Federation, 2012, Philatelic panorama supplement · complete collection for contemporary philatelic exhibition materials of China [J]. Beijing: Philatelic Panorama Magazine.

15. Beijing Philatelic Association, 2011, *China Modern Philately* [M]. Beijing: Posts and Telecom Press.

16. Zhou Zhihua, Zheng Wei, 2011, *World Shengxiao Stamps Catalogue* [M]. Beijing: Posts and Telecom Press.

17. Shengxiao Philatelic Society, 2022, *Shengxiao Philately: World Shengxiao Stamps Catalogue*, 3rd Edition [M]. Suzhou: Internal Publishing.

18. Zhu Zuwei, 1994, Editor in Chief, *Dragon World Stamp Catalogue* (Volume of Asian) [M]. Beijing: Posts and Telecom Press.

19. Gao Yong, 2021, *Utility Postage Stamps Catalogue of Macao (1999—2018)* [M]. Beijing: Posts and Telecom Press.

20. Tuo Qianqiu, 2016, *Macao Postage Stamp Catalogue* [M]. Macao SAR: Self Printing.

21. Wuhan Philatelic Association, 2007, *Everyone, Come and Compile Philatelic Exhibit* [M]. Wuhan: Hubei Science and Technology Press.

22. Liu Yuping, 2008, *The Guide to Philatelic Exhibitions* [M]. Beijing: Posts and Telecom Press.

23. Jin Pei & Chen Xiaopeng, 2018, *Speaking About China Post's Greeting New Year Lottery Pre-stampeded Envelope, Postcard and Letter Card (1992—2021)* [M]. Chengdu: Sichuan Education Electronic Audio and Video Publishing House.

24. Zhang Yu, 2020, *Research on Giveaway by Philately Magazine* [M]. Hong Kong: China Postal History Press.

25. Zhang Yu & Li Yongsheng, 2018, *Giveaway Catalogue of Philatelic Panorama (1984—2017)* [M]. Jilin: Jilin University Press.

26. Li Yimin, Zhao Zhixian, 2003, *Chinese and Foreign Shengxiao Stamps* [M]. Xi'an: Shaanxi Science and Technology Press.

27. Li Yimin, 2005, *The Performance of Philatelists* [M]. Xi'an: Shaanxi People's Publishing House.

28. Sun Shaoying, 2006, *Outside the Mountain-Selected Collection of Sun Shaoying's Articles about Stamps and Philately* [M]. Xi'an: Shaanxi People's Publishing House.

29. All-China Philatelic Federation, *Regulations and Guidelines of the FIP for the Evaluation for Competitive Exhibits at FIP Exhibitions* [M]. Beijing: Posts and Telecom Press, 2019.

30. Liu Daoyi, 2010, *Practical Handbook of the Chinese Postage* (Revised Edition) [M]. Hong Kong: China Postal History Press.

31. Academic Committee of the All-China Philatelic Federation, Jiangsu Philatelic Association, Shengxiao Philatelic Society, 2010, *Proceedings of the Academic Symposium on Shengxiao Philately* [C]. Suzhou: Internal Publication Materials.

后记

《中国生肖集邮》是中国集邮家和世界各地生肖集邮爱好者集体智慧的结晶。

全书编辑过程中，分别召开5次编委会会议（1次在北京、3次在江苏苏州、1次在广东梅州），从初稿到付印，先后完成7稿，直至最后定稿。在此向编辑委员会、编撰工作委员会和特邀审稿等全体同仁表示崇高的敬意！

生肖邮票是世界性的主题邮票。在全书编辑过程中，得到了多国和地区邮票发行部门的支持，特别是中华全国集邮联合会和中国邮政的支持与协助，深表谢意！

在此，要特别感谢国际集邮联合会（FIP）主席普拉科·吉拉凯特先生和荣誉主席郑炳贤先生对中国生肖集邮的支持、鼓励和肯定。

全书在编撰过程中，得到了很多集邮家、学者和生肖集邮爱好者的支持与帮助。

陆游先生、刘劲先生对本书编撰工作给予了悉心指导。

刘广实先生、孙少颖先生、马佑璋先生、王新中先生对本书给予了关心和支持。

著名邮票设计家王虎鸣先生设计了精美的封面。王宏伟先生为本书提供了很多珍贵的图片。

焦晓光女士、王志刚先生、杨桂松先生、张巍巍先生、李宏先生、寇磊先生、赵岳先生、任永信先生、宋云丽女士、客文达先生、李志辉先生、夏敏女士、钟雪女士、倪郁烈先生、郎金霞女士对全书写作完善给予了很大的帮助。

后记

　　葛建亚先生、邵新先生、胡不为先生、张华东先生、高勇先生、黄一芳女士、李国庆先生、祝业平先生、张烨先生、魏金华先生、郑敏敏女士、戴宇先生、杨嘉宇先生、罗金良先生、陈波先生、束建德先生、马方平先生、徐杨先生、张晓钢先生、金培先生、陈晓鹏先生、张宇先生、黎伟民先生、王宏先生、卢伯雄先生、孙世巍先生、曹勇进先生、刘德利先生、郭小霖先生、葛莉莎女士、陈山先生、温白蒂女士等给本书提供了相关资料。

　　翟瀚先生、陈波先生在书稿出版前全力以赴，逐字逐句进行了文字校对；俞玮先生用较高的专业水准对相关内容进行了英文翻译。

　　赵国强先生、陈建政先生携秘书处金纯皓女士、王敏女士、张雅晴女士等在本书编辑过程中高质量完成了大量事务性工作，付出辛勤汗水。

　　在此，对所有为《中国生肖集邮》一书付出努力、提供支持的朋友们表示衷心的感谢！在编撰过程中有部分资料是编撰委员会辗转查找的，原作者及资料提供者可能会遗漏，在此一并表示感谢！全书如有不当之处，敬请读者指正。

　　生肖集邮已成为具有鲜明中国特色的世界性集邮门类，《中国生肖集邮》一书对于研究中国乃至世界生肖集邮的发展，有着重要的现实意义和历史意义。

　　希望通过《中国生肖集邮》一书的出版，推动更多的国家和地区发行中国生肖邮票，让中国生肖集邮产生更深更广的影响力，从而为世界邮坛造就一门全新的学科——生肖集邮学。

郑炜

携全体编者

2024 年 7 月 7 日

Postscript

China Shengxiao Philately is the crystallization of the collective wisdom of Chinese philatelists and shengxiao stamp collectors from all over the world.

During the editing process of the book, five editorial committee meetings were held in Beijing, Suzhou, and in Meizhou. From the first draft to the final one, seven drafts were completed. I would like to express my highest respect to all colleagues in the editorial committee, the editing committee, and the specially invited reviewers.

Shengxiao stamps are worldwide theme stamps. In the editing of this book, we received support from stamp issuing departments in many countries and regions, especially the All-China Philatelic Federation and China Post. We would like to express our deep gratitude for their support and assistance!

Here, we would like to express our special thanks to Dr. Prakob Chirakiti, President of FIP and Mr. Tay Peng Hian, Honorary President of FIP, for their support, encouragement, and affirmation of shengxiao philately.

During the editing process of this book, we received support and help from many philatelists, scholars, and enthusiasts of shengxiao philately.

Mr. David Lu and Mr. Liu Jin provided careful guidance for the compilation of this book.

Mr. Liu Guangshi, Mr. Sun Shaoying, Mr. Ma Youzhang, and Mr. Wang Xinzhong have shown concern and support to this book.

Mr. Wang Huming, a renowned stamp designer, designed exquisite covers. Mr. Wang Hongwei provided many precious photos to this book.

Ms. Jiao Xiaoguang, Mr. Wang Zhigang, Mr. Yang Guisong, Mr. Zhang

Weiwei, Mr. Li Hong, Mr. Kou Lei, Mr. Zhao Yue, Mr. Ren Yongxin, Ms. Song Yunli, Mr. Ke Wenda, Mr. Li Zhihui, Ms. Xia Min, Ms. Zhong Xue, Mr. Ni Yulie, and Ms. Lang Jinxia have provided great help in improving this book.

Mr. Ge Jianya, Mr. Shao Xin, Mr. Hu Buwei, Mr. Jack H.D. Zhang, Mr. Gao Yong, Ms. Huang Yifang, Mr. Li Guoqing, Mr. Zhu Yeping, Mr. Zhang Ye, Mr. Wei Jinhua, Ms. Zheng Minmin, Mr. Dai Yu, Mr. Yang Jiayu, Mr. Luo Jinliang, Mr. Paul B. Chen, Mr. Shu Jiande, Mr. Ma Fangping, Mr. Xu Yang, Mr. Zhang Xiaogang, Mr. Jin Pei, Mr. Chen Xiaopeng, Mr. Zhang Yu, Mr. Li Weimin, Mr. Wang Hong, Mr. Lu Boxiong, Mr. Sun Shiwei, Mr. Cao Yongjin, Mr. Liu Deli, Mr. Guo Xiaolin, Ms. Ge Lisha, Mr. Chen Shan, Ms. Wan Pak Tai Betty Provide relevant materials for this book.

Mr. Zhai Han and Mr. Paul B. Chen worked hard to proofread it word by word before the manuscript was published. Mr. Yu Wei translated the relevant content into English at a high professional level.

Mr. Zhao Guoqiang, Mr. Chen Jianzheng, along with Ms. Jin Chunhao, Ms. Wang Min, and Ms. Zhang Yaqing in the secretarit and so on completed a large amount of administrative work with high quality and worked hard during the editing process of this book.

Here, we would like to express our sincere gratitude to all the friends who have made efforts and provided support for the book! During the process, some materials were searched by the compilation committee, and the original authors and information providers may be missed. We would like to express our gratitude here! If there are any inappropriate parts in this book, please kindly point them out.

Shengxiao philately has become a global philatelic category with distinct Chinese characteristics. The book *China Shengxiao Philately* has important practical and historical significance for the study of the development of Chinese and even the global shengxiao philately.

We hope that through the publication of the book *China Shengxiao Philately*, more countries and regions will issue shengxiao stamps, allowing shengxiao philately to have a deeper and wider influence, thereby creating a brand-new discipline for the world philatelic community—shengxiao philatelogy.

Zheng Wei

with the All Editor Member

July 7, 2024